Über dieses Buch

Irving Stone, ein Meister des biographischen Romans, hat mit diesem Buch über Mary und Abraham Lincoln einen hinreißenden Liebesroman geschrieben. Er zeigt ihr Schicksal vor dem Hintergrund einer stürmisch bewegten Zeit und läßt vor dem Auge des Lesers eine historisch ungemein interessante Epoche lebendig werden.
Als Mary Todd dem hageren jungen Rechtsanwalt Abraham Lincoln im Hause ihrer Schwester zum erstenmal begegnete, wähnte sie gleich die Größe, die in ihm steckte. Und obgleich ihre Schwester diesen Mann unmöglich fand, entschloß sie sich, ihn auf seinem Lebensweg zu begleiten. Sie teilte mit ihm seine Rückschläge und freute sich über seine Siege – und sie zog mit ihm ins Weiße Haus ein.
Die ehrgeizigen Wünsche der beiden wurden erfüllt, Lincoln wurde Präsident der Vereinigten Staaten, Mary die erste Dame des Landes. Eine harte Aufgabe für den Mann, keine weniger harte für die Frau, denn der Süden, dem sie entstammte, wandte sich gegen sie, und der Norden machte sie zur Zielscheibe erbitterter persönlicher Angriffe. In ihnen spiegelte sich der Bürgerkrieg mit seinen entfesselten Leidenschaften wider. Um wieviel härter aber war es, als sie den gewaltsamen Tod ihres Mannes miterleben mußte.
Dieses Buch schildert ihr ungewöhnliches und bewegendes Leben an der Seite eines großen Mannes.

Januar 1979
Vollständige Taschenbuchausgabe
Droemersche Verlagsanstalt Th. Knaur Nachf.
München/Zürich
Lizenzausgabe mit freundlicher Genehmigung
des Scherz Verlages, Bern und München
Titel der Originalausgabe »Love Is Eternal«

Einzige berechtigte deutsche Übersetzung aus dem Amerikanischen

Umschlaggestaltung Creativ Shop München
Adolf + Angelika Bachmann
Satz IBV Lichtsatz KG, Berlin
Druck und Bindung Mohndruck, Gütersloh
Printed in Germany
ISBN 3-426-00584-0

Irving Stone:
Ewig ist die Liebe

Mary und Abraham Lincoln –
ihr Leben, ihre Liebe und ihre Zeit

Ein biographischer Roman

Droemer Knaur

Erstes Buch

Jugend ist die Zeit der Saat

Sie beugte sich über den Toilettentisch und blickte in den goldgerahmten Spiegel an der Wand. Seltsam, dachte sie, wieviel Zeit man damit verbringen kann, sein eigenes Gesicht zu betrachten und es nachher doch nicht zu kennen. Ihre Nase wenigstens veränderte sich nie; sie war kurz und gerade; doch alles andere schien sich mit ihrer Stimmung zu wandeln. Ihre Oberlippe war dünn, beinahe spröde, die Unterlippe voll und sinnlich; die Locken über der kräftigen Stirn waren blond, doch das übrige Haar, das in Wellen über die Schultern fiel, kastanienbraun. Ihre großen Augen standen weit auseinander, dunkelblau, klar, ihr Blick durchdringend, wenn auch nicht immer ohne eine gewisse Trübung; heute abend war sie glücklich, und der Fremde, der manchmal hinter ihnen lauerte, ließ sich nirgends erspähen.

Sie spürte, daß sie beobachtet wurde, sah in den rechten Winkel des Spiegels und bemerkte, daß die Blicke ihrer fünfzehnjährigen Schwester Ann auf ihr ruhten.

»Für ein Mädchen, das mit den Jungen gar so zimperlich tut«, meinte Ann mit ihrer hohen Stimme, »entfaltest du, was Ma ein übertriebenes Maß an Busen nennt.«

Mary schaute auf den üppigen, blauen Seidenstoff hinunter; sie selbst hatte dieses Kleid entworfen, die Schultern waren entblößt, die kurzen Puffärmel mit Spitzen garniert. Nur selten fanden die Leute, daß ihr Gesicht schön sei, obgleich sie oft meinten, es sei lieblich. Doch keiner bestritt, daß sie die köstlichsten Schultern und Arme in Lexington besaß.

Im Spiegel sah sie, wie Ann sich eifrig bemühte, ihr Kleid an der richtigen Stelle aufzubauschen.

»Sei nicht so ungeduldig, Ann... eines Tages kommt das auch...«

»Sieh nur zu, daß sich dieses Abendessen lohnt, Mary. Ma sagt, es sei dein letztes – wenn es dir nicht gelingt, Sandy zu einem Heiratsantrag zu bringen!«

Mary drehte sich brüsk um.

»So etwas hat Mutter nicht gesagt!«

Ihre Stimme hob sich, das war nicht mehr der leise, beherrschte Klang, die Röte stieg ihr in die Wangen. Doch dann setzte sie ruhiger fort: »Du magst wohl gehört haben, daß sie sich von diesem Abend einen Heiratsantrag für mich erhofft.«

»Das ist doch dasselbe, nicht?«
»Nur für dich, Ann.«
Sie trat ans Fenster, das nach dem Garten hinter dem Haus und auf den Rasen blickte, der sich bis zum Bach des Hügels zog. Sekundenlang dachte sie daran, wie unbehaglich es ihr noch immer war, daß sie ihre Stiefmutter, Betsy Humphreys, Mutter nannte, und dann kam ihr in den Sinn, wie groß der Unterschied zwischen vier Schwestern derselben Eltern sein konnte. Ihre älteste Schwester, Elizabeth, die verheiratet war und in Springfield im Staate Illinois lebte, war ganz wie die Mutter: warmherzig, von glücklichem, stets gleichbleibendem Temperament. Obgleich Elizabeth erst elf gewesen war, als die Mutter starb, hatte sie doch die jüngeren Kinder um sich zu sammeln verstanden und zärtlich betreut. Ihre zweite Schwester, Frances, die jetzt bei Elizabeth in Springfield wohnte, war schweigsam und zurückhaltend. Ihre eigenen Züge glichen einer Wetterfahne; sie konnte nichts verhehlen, was sie empfand. Und dann war da Ann, die den Sinn von Worten so verdrehte, daß sie die Menschen gegeneinander aufbrachte.
Aus dem Vorraum wurden schwere Schritte vernehmbar. Mammy Sally öffnete die Tür. Sie war eine große, unförmige Frau und hatte nicht nur Mary und ihre Schwestern großgezogen, sondern auch schon deren Mutter, denn sie war das Hochzeitsgeschenk gewesen, das Großmutter Parker Eliza Parker Todd gemacht hatte. Die alte Negerin wiegte beifällig den Kopf, als sie Marys Kleid betrachtete.
»Dein Liebster ist unten, Kind. Ich hab' gewußt, daß ich dir das doch gleich berichten sollte. Schade, daß er so alt ist! Sonst würde er dir noch heute einen Antrag machen!«
Mary lachte; vor etwa acht Jahren, als sie zwölf war, hatte ihr Vater ihr ein weißes Pony geschenkt; wenige Tage später war sie die anderthalb Meilen nach Ashland zu dem Haus Henry Clays galoppiert. Henry Clay saß eben mit wichtigen politischen Persönlichkeiten bei Tisch. Er hatte sich sofort bei seinen Freunden entschuldigt und war auf die Vordertreppe seines Hauses getreten.
»Sehen Sie nur mein neues Pony, Mr. Clay. Vater hat es mir vorige Woche gekauft!«
»Es ist ebenso munter wie sein Jockey.« Dann hatte er sie aus dem Sattel gehoben. »Du kommst gerade recht zum Essen!«
Sie wurde zwischen Mr. Clay und John J. Crittenden gesetzt, den Präsidenten des Repräsentantenhauses von Kentucky; sie bekam bei dieser Gelegenheit gleich einen wütenden Angriff auf den Präsidenten Andrew Jackson zu hören, der dem Obersten Gerichtshof trotzte und durch sein wiederholtes Veto die ganze Gesetzgebung hemmte.
Während einer Gesprächspause hatte sie ausgerufen: »Mr. Clay, mein

Vater sagt, Sie würden der nächste Präsident der Vereinigten Staaten sein. Ich wollte, ich könnte nach Washington gehen und im Weißen Haus wohnen!«
Da hatte Mr. Clay gelacht. »Schön, wenn ich je Präsident werde, dann soll Mary Todd unter meinen ersten Gästen sein.«
Mit vollendetem Neigen des Köpfchens nahm sie diese Einladung an und sagte: »Wenn Sie nicht schon verheiratet wären, Mr. Clay, würde ich auf Sie warten.«

Sie legte eine Schnur kleiner Perlen um den Hals und eilte leichtfüßig die teppichbelegte Treppe hinunter; sie trat hinaus auf die weißgekieste Auffahrt, blieb unter einer Sykomore stehen. Von hier aus konnte sie die Männer im Pavillon sehen. Henry Clay war der Mittelpunkt aller Aufmerksamkeit, mit ihm sein Kollege Crittenden, der andere Senator von Kentucky, ferner der junge Richard Menifee, der derzeit Lexington im Kongreß vertrat, und ihr Vater. Robert Todd war achtundvierzig, eine anziehende Erscheinung, nur daß sein runder Kopf fast ohne Hals zwischen den Schultern saß. Das lange schwarze Haar war über die Ohren gekämmt, er trug einen gutsitzenden blauen Rock, die weißen Leinenhosen waren mit Stegen unter den Schuhen befestigt, aus dem Spitzenhemd hob sich ein hoher Kragen. Er war ein ruhiger Mann, der nur gelegentlich in Zorn aufflammen konnte; einer der bestangezogenen Männer im Staat und mit ausgeprägt gutem Schönheitssinn begabt. Er hatte Mary sein Temperament und seinen Geschmack vererbt, doch trotz ihrer Ähnlichkeit der Charaktere standen sie einander sehr nahe.
Als er sie unter der Sykomore erblickte, rief er:
»Mary, Kind, komm doch her und sag ein paar alten Freunden guten Tag!«
Mit ihrem lebhaften Schritt ging sie über den Weg, und schon hatte Mr. Clay seine knochigen Hände nach ihr ausgestreckt und küßte sie schallend auf beide Wangen.
»Nun, Miss Mary? Ein Vergnügen, Sie wiederzusehen!« rief er wohlgelaunt. »Jedesmal wenn ich aus Washington komme, sehen Sie reizender aus. Warten Sie noch immer auf mich?«
»Ja, ich warte noch immer«, erwiderte sie, und ihre Augen blitzten schelmisch... »darauf, daß Sie zum Präsidenten gewählt werden!«
Sie setzte sich mitten unter die Männer, die in ihrem und in ihres Vaters Leben hier in Lexington eine so wichtige Rolle spielten, lauschte auf jedes Wort.
Als Sohn eines der sechs Gründer von Lexington hatte ihr Vater die Universität von Transylvanien besucht und in Latein, Griechisch, Philosophie und Geschichte ehrenvoll abgeschnitten. Wenn er auch mit zwanzig Jah-

ren bereits sein Anwaltexamen abgelegt hatte und als einer der fähigsten jungen Männer von Lexington angesehen wurde, war er nie darauf aus gewesen, eine Praxis auszuüben, obgleich seine Tochter den Beruf des Juristen für den interessantesten aller Berufe hielt. Statt dessen war er Inhaber einer Lebensmittelfirma in der Stadt, besaß Wolle- und Hanffabriken auf dem Land, war Direktor der Filiale der Bank von Kentucky in Lexington, zog es vor, Fabrikant zu sein und große Summen in neue Unternehmungen zu stecken, statt jene glänzenden Geistesgaben zu entfalten, die sie an Männern wie Clay und Crittenden fesselten.
Die Politik war seine Nebenbeschäftigung, seine Zerstreuung; einundzwanzig Jahre hatte er im Repräsentantenhaus von Kentucky als Sekretär fungiert, und sein Heim war das inoffizielle Hauptquartier der Whig-Partei in Lexington. Und doch hatte er sich immer damit begnügt, hinter der Szene tätig zu sein, und kein Amt angestrebt.

Das Haus erstrahlte im Licht. Die Kristallüster funkelten, und in den vorderen und hinteren Salons waren die grünen Brokatsofas zu beiden Seiten der Kamine an die Wand geschoben worden.
Mary stieg die vier Steinstufen hinauf, die von der Auffahrt ins Haus führten, und trat durch die breite Tür mit ihren handgeschnitzten Füllungen. Trotz einer gewissen Spannung zwischen den beiden Frauen empfand Mary doch eine tiefwurzelnde Achtung vor ihrer Stiefmutter, Betsy Humphreys Todd. Sie entsann sich ihres Worts: »Sieben Generationen braucht es, um eine Lady zu schaffen.« Und Mary mußte zugeben, daß dieses Heim, dieser Garten die Schöpfung einer Dame von Geschmack waren – um so mehr, als das Haus ursprünglich William Palmateers Gasthaus gewesen war, das Robert Todd aus der Konkursmasse erworben hatte.
Wie schon oft in den letzten zwölf Jahren, nachdem ihr Vater sich wiederverheiratet hatte, fragte Mary sich: Hätten wir einander liebgewinnen können, wenn Grandma Parker uns Kinder nicht gegen sie aufgehetzt hätte? Jahrelang hatte Betsy unter dem Bannstrahl der Unerwünschtheit leben müssen. War das der Grund dafür, daß sie sich auf den Tag freute, an dem wir alle verheiratet sein würden... und aus dem Haus? Heute abend würde Betsy nicht herunterkommen; sie hatte sich von der Geburt ihres sechsten Kindes noch nicht erholt; doch Mary wußte, daß das nicht die wirkliche Ursache war. Sie blieb oben, um Mary die volle Freude daran zu gönnen, daß sie bei diesem Fest die Hausherrin spielen durfte.
Sie hörte, wie die Musikanten im hinteren Salon ihre Instrumente stimmten.
Von der Auffahrt tönte Hufschlag; ein einzelner Reiter war es, der absprang. Sie vernahm Sandy McDonalds Stimme.

McDonald war mittelgroß, Haar und Augen sandfarben, ebenso seine Wangen, die mit Myriaden von Sommersprossen besät waren, wovon einige sich bis unter die Lippen vorgewagt hatten. Seine Hautfarbe und seine schottische Herkunft hatten ihm den Namen Sandy eingetragen; nur der Registrator der Universität von Transylvanien wußte, daß sein richtiger Vorname Thomas war.

»Guten Abend, Sandy! Sie sehen ja prächtig aus in dieser braunen Weste und dem blauen Rock!«

»Eigens für Ihre Gesellschaft angefertigt, Ma'am. Ich nehm's auch nach Mississippi mit. Ich werde der grünäugige Neid jedes Mannes im Land sein.«

Jetzt war es zehn geworden, die offenen Wagen rollten von der Hauptstraße her vor das Haus, und bald füllten sich die Räume mit heiterster Laune. Mary war ungewöhnlich angeregt; wie sehr liebte sie es, Gesellschaften zu geben! Die Freude, von guten Freunden umgeben zu sein, ließ ihre Augen funkeln, die prachtvollen Schultern, der Busen zogen bewundernde Blicke auf sich. Sie wußte instinktiv, wie man Gäste empfing – ein warmer Händedruck, ein rascher Kuß auf die Wange, eine interessierte Frage, ein freundliches Wort über ein neues Kleid oder einen neuen Rock.

Kurz nach zehn erschien das letzte Paar. Die Musik setzte ein, und sie und Sandy führten die Polonäse an, die sich durch die beiden Salons, die Halle, die Bibliothek ihres Vaters und das Wohnzimmer der Familie schlängelte. Dann ging die Musik zu einem Rundtanz über, und die Gäste drehten und wendeten sich und umkreisten die ganze Länge der beiden Salons. Mit unermüdlicher Anmut vollführte Mary sämtliche Figuren und tanzte ebenso gern mit dem einen jungen Mann wie mit dem andern.

Als es Mitternacht schlug, und nachdem die Musiker einen sehr beliebten Tanz mehrmals wiederholt hatten, öffnete Nelson, der Butler, die Türen des Eßzimmers. Der große Nußholztisch war zu seiner ganzen Länge ausgezogen worden, die Eßzimmerstühle mit ihrer schwarzseidenen Bespannung standen den Wänden entlang. Ein Dutzend Kerzen in silbernen Kandelabern strahlten über dem damastenen Tischtuch, auf dem das Buffet angerichtet war – Silberschalen mit eisgekühlten Melonen, Pasteten aus Frankreich, Austern, Schüsseln mit Truthähnen, mit Hickoryholz geräucherten Schinken, und vom Traiteur des Ortes, Monsieur Giron, Meringues und Makronen in gesponnenem Zucker. Nelson, die Gläser mit Champagner auf dem Tablett, ging von einer Gruppe zur andern.

Nachdem der erste Hunger gestillt war, wandte sich die Unterhaltung den morgigen Promotionsfeierlichkeiten an der Universität von Transylvanien zu, die Mädchen erinnerten sich an die Debatten in den verschiedenen Studentenklubs, an denen sie teilgenommen hatten, die jungen Burschen hatten einander bei den Frühjahrsrennen für ihre Lieblingspferde Hals- und Beinbruch gewünscht, und auch der Theaterstücke entsann man sich, die man gesehen hatte: Shakespeares »Kaufmann von Venedig« und »König Lear«, ferner Komödien wie »Die stumme Schöne« und »Der häusliche Herd«. Die jungen Leute sprachen von ihren Studien und von ihren Zukunftsaussichten.

Mary schob ihre Meringue beiseite, ihr Gesicht war ernst geworden, das helle Licht in ihren Augen verblichen. Morgen wäre auch für sie eine Promotion. Ohne akademischen Aufzug, ohne daß die Morrisonkirche von bewundernden Verwandten und Freunden gefüllt wäre, keine gelehrten Professoren würden Reden halten, kein Präsident ihr ein Diplom überreichen, in dem ihr Name in goldenen Lettern stand. Dennoch beendete sie morgen ihre Ausbildung, und niemand konnte behaupten, daß sie nicht ebenso fleißig gewesen wäre wie irgendeiner der jungen Leute, die hier um sie herumsaßen.

Niemand? Natürlich konnte niemand es sagen... weil niemand es wußte. In den zwei Jahren, nachdem sie das Institut von Madame Mentelle verlassen, hatte sie Vorlesungen an der Universität besucht, Bücher durchstudiert, Aufsätze geschrieben und sie mit ihrem früheren Lehrer, Dr. John Ward, erörtert, der allein ihre Pläne kannte.

Sie sah auf, ihre Blicke wanderten über die Gesichter ihrer Freunde. Die meisten fühlten sich durch Marys Interesse an ihren Büchern und Studien geschmeichelt, andere aber hatten sie gefragt, warum sie sich um diese Dinge kümmerte, da doch Philosophie und Geschichte kaum der Aufmerksamkeit eines reizenden Mädchens wert sein konnten. Nun, diese Täuschung war recht unschuldig; und jetzt war es ohnehin vorüber.

Sandy, der ihr zunächst saß, fragte:

»Warum so schweigsam, Mary?«

»Ich denke gerade...«

Er beugte sich zu ihr.

»Komm doch mit mir hinaus. Ich möchte gern mit dir reden.«

Sie standen in der Mitte der Brücke am Fuß des Toddschen Gartens, ihre Schultern berührten einander leicht. Sandy sprach von River View, dem Wohnsitz der Familie McDonald in Mississippi; sein Vater war Ostern gestorben, und als einziger Sohn würde er die Leitung der großen Plantage übernehmen.

»Das Haus ist von mächtigen Eichen umstanden und hat elegante dorische Säulen mit tiefen schattigen Galerien an drei Seiten. Die Zimmer sind achtzehn Fuß hoch, mit Glastüren, die in den Garten führen. Es müßte alles ein wenig aufgefrischt werden; die Tapeten sind altmodisch, und du würdest wohl auch die geschnitzten Kamineinfassungen entfernen wol-

len. Geld ist für all das reichlich vorhanden, und Mutter würde dir vollkommen freie Hand lassen...«
Es schwindelte ihr ein wenig... Sandy machte ihr einen Heiratsantrag! Wie gut, wie gründlich kannte er sie doch, meinte sie, daß er ihr anbot, ein stattliches Herrenhaus nach ihrem Gutdünken neu einzurichten.
»... die Plantagenarbeit ist Sache des Herrn«, fuhr er fort, »alles andere aber dreht sich um die Hausherrin. Das Glück aller hängt von ihr ab, nicht nur das der Familie, sondern auch das von zweihundert Sklaven. Sie ist sozusagen die Schloßherrin, sie hat die Schlüssel der Vorratsräume, kümmert sich um die Negerkinder, ihr unterstehen die Gärtner, das Küchenpersonal, die Zimmermädchen, sie gibt den Kranken ihre Medizin, sie pflegt sie. Es ist ein Leben voll von... Verantwortung... aber eines, für das du Begabung hast.«
Er streckte die Hände nach ihr aus, ergriff sie bei den Schultern, und in seiner Geste war mehr Leidenschaft zu spüren, als er in den langen Jahren ihrer Freundschaft gezeigt hatte.
»Mary, heiraten wir doch morgen nach der Promotionsfeier. Mit Monsieur Giron habe ich schon gesprochen; er sagt, für dich wolle er das glänzendste Hochzeitssouper, den prächtigsten Ball veranstalten, die Lexington je gesehen hat. Wir laden den ganzen Jahrgang ein...«
Sie schmiegte ihre Wange an seine und merkte erstaunt, daß sie weinte. Sandy fühlte ihre Tränen.
»Hoffentlich weinst du, weil du glücklich bist, Mary!«
Sie entzog sich ihm und spähte über seine Schulter dorthin, wo das Haus der Todds sich, hell durch die Nacht schimmernd, erhob.
»Sandy, Lieber... ich glaube, es ist... Dankbarkeit... es ist mein erster Heiratsantrag.«
»Der erste? Wieso denn? Du bist doch das reizendste Mädchen im ganzen Staat!«
Ja, wie kam es? Das fragte sie sich selber. War es, weil sie nie beonderes Interesse an jungen Männern gezeigt hatte? Oder weil die jungen Leute kein Interesse an ihr hatten? Als eine Todd war sie überall eingeladen, im ganzen Staat gut aufgenommen worden; seit etwa fünf Jahren hatte sie an allen Gesellschaften, Picknicks, Bällen, Soupers teilgenommen, hatte mit den Studenten und den Professoren der Universität verkehrt. Sie hatte die jungen Burschen gern, mit denen sie aufgewachsen war, man hatte sich köstlich miteinander unterhalten. Sie hatte gesehen, wie ihre Schulkameradinnen bei Madame Mentelle sich verliebt, wie sie geheiratet hatten. Und doch war sie keine umworbene Schönheit gewesen. Warum nicht? Vielleicht, weil sie ungerührt, unbereit geblieben war?
Von frühester Kindheit an hatte sie gewußt, welchen Männertypus sie bevorzugte. Das herkömmliche gute Aussehen war für sie nie besonders

wichtig gewesen. Sie hatte Männer von hervorragenden Geistesgaben bewundert. Männer, die das Triebwerk der zivilisierten Welt kannten; Männer wie Henry Clay, ja, oder, so sehr sie auch seine Politik mißbilligte, wie Andrew Jackson. Sie wünschte sich davon eine verjüngte Ausgabe, einen Anfänger, doch stets und jederzeit hatte sie sich einen Kämpfer vorgestellt, einen Mann, dessen Sinn danach stand, in der großen, faszinierenden Welt zu dienen.

»Ich weiß nicht, warum das mein erster Heiratsantrag ist, Sandy; vielleicht weil ich noch nie jemanden geliebt habe.«

»Mir bist du eine gute Freundin gewesen, Mary.«

»Ich habe dich wirklich lieber gehabt als die andern Burschen. Aber ich fürchte, ich bin unehrlich gewesen...«

»Ach, Mary, ich kenne deine Fehler. Dein überschäumendes Temperament, dein Witz, der manchmal grausam sein kann. Aber unehrlich bist du nie gewesen.«

»Sandy, ich war gekränkt und wütend, weil die Universität keine Frau in ihre geheiligten Pforten eintreten lassen wollte, und so habe ich auf eigene Faust studiert. Vielleicht hättest du dich gar nicht so für mich interessiert, wenn du gewußt hättest, warum ich so oft mit dir zusammengekommen bin.«

»Ach, Mary, das wußte ich ja längst!«

Ungläubig starrte sie ihn an, auf ihrer Stirne erschienen zwei rote Flekken.

»Das ist doch unmöglich! Ich habe doch nie ein Wort davon gesagt. Du wirst doch nicht behaupten, daß jeder Mensch im Ort das weiß?«

»Nein, das glaube ich nicht. Aber ich selber habe gleich von Anfang an den Schlüssel gefunden; und wenn ich's nicht gewußt hätte, wie hätte ich dir so behilflich sein können?«

Sie war sichtlich niedergeschlagen, ihre Schultern schienen einzusinken.

»Ach Gott, so durchsichtig war das alles... und ich glaubte doch, so überklug zu sein!«

Sandy zuckte die Achseln, als wäre das eine höchst belanglose Frage, und dann nahm er ihr Gesicht sanft zwischen seine beiden Hände.

»Mary, du hast immer soviel Heiterkeit um dich verbreitet; und wenn sie nicht vorhanden ist, so weißt du sie zu schaffen. Ich liebe das, weil ich selber ja eher... stumpf bin...«

O Sandy, dachte sie, das ist es ja eben; was ich um mich herum brauche, ist Spannung, Erregung...

»... natürlich könnte ich dir kaum einen Vorwurf daraus machen, wenn du Lexington nicht verlassen willst«, setzte er wehmütig hinzu. »Es ist ganz sicher die schönste Stadt im ganzen Land, mitten in den sanft gewellten Hügeln...«

Liebte sie Lexington wirklich so sehr, daß sie es nicht verlassen würde? Sie war stolz auf seinen Beinamen »Athen des Westens«, auf seine hervorragende Universität, auf die Bibliothek, die Schulen, die Buchhandlungen, die Debattierklubs, die Theater, die Musikgesellschaften. Es war nicht nur der gesellschaftliche Mittelpunkt des Staates, sondern auch – weil Henry Clay hier seinen Wohnsitz hatte – das politische Hauptquartier. Es war eine Stadt, deren Straßen gepflastert waren, Akazien säumten sie schattenspendend, und der Verkehr ebbte nie ab. Und wie peinlich sauber war die Stadt! Behäbige Backsteinhäuser waren in Baumgruppen und Gebüsch eingebettet. Selbst Besucher aus New York, Boston und Philadelphia mußten bestätigen, daß Lexington in allen Fragen des guten Geschmacks, der gesellschaftlichen Verfeinerung, des Komforts, der Eleganz mit den großen Städten des Landes wetteifern konnte.

In das Schweigen drang das Klirren von Metall, drang der Ton einer leisen Klage. Es war ein Zug von Sklaven, der sich vorüberschleppte, die Männer zu zweit durch schwere Eisenketten aneinandergefesselt, die Frauen, je zwei aneinandergebunden, manche mit schlafenden Kindern im Arm. Seit etwa zwanzig Stunden mochten sie auf der Straße sein; die Sklavenkerker in Lexington waren ihre nächste Raststätte. Seit sechs Jahren, seit sie in dieses Haus an der Main Street übersiedelt waren, hatte Mary diese Sklavenzüge beobachtet. Nie verfehlte dieser Anblick, ein Grauen in ihr zu wecken; drüben, jenseits des Bachs, war ein Zeichen am Zaun zu bemerken, und entlaufene Sklaven wußten, daß sie dort eine Freistatt und Lebensmittel finden konnten. Marys Eltern hatten keine Ahnung davon; ihr Vater, der mit dem tiefen Süden Handel trieb, hätte sich verpflichtet gefühlt, zu protestieren. Sie und Mammy Sally aber hüteten das Geheimnis wohl.

Sie sah Sandy ins Gesicht.

»Nein, Sandy, ich könnte Lexington verlassen … wenn eine Kraft groß genug wäre, um mich anderswohin zu ziehen.«

»Und diese Kraft bin ich nicht?«

Er war verletzt. Sie beugte sich vor, berührte seine Wange mit ihren Lippen. Ihre Stimme war jetzt leise und von der eigenen Verwirrung erfüllt.

»Wir sind gute Freunde gewesen. Ja, aber, Sandy, muß Liebe nicht mehr sein als das?«

Die Frühstücksglocke weckte sie pünktlich um acht. Sie sprang aus dem Bett, schob die roten Vorhänge zur Seite; ja, es gab schönes Wetter für das Fest. Bevor sie in ihr Wollmusselinkleid schlüpfte, warf sie einen prüfenden Blick auf ihre Gestalt im Spiegel des Toilettetisches. Alle Todds hatten eine gewisse Neigung zur Rundlichkeit, und um ihre schlanke Taille zu bewahren, mußte sie häufig auf Monsieur Girons Leckereien verzichten. Wenn sie sich ein wenig bückte, konnte sie auch ihr Gesicht sehen; es hatte keineswegs die Herzform, welche die jungen Leute von Kentucky als wünschenswert bezeichneten, doch mit der rosigen Haut, den großen blauen Augen unter den langen seidigen Wimpern wirkte es ungewöhnlich lebendig und ausdrucksvoll.

Welche Freude bereitete es ihr, in diesem Zimmer zu erwachen! Vor zwei Jahren, als sie von einem Besuch bei Elizabeth in Springfield heimgekehrt war, hatte ihr Vater ihre Stiefmutter dazu überredet, Mary bei der Einrichtung dieses Zimmers freie Hand zu lassen. Es wurde eine Mischung von Schlaf- und Wohnzimmer daraus, und als es mit den bauschigen Vorhängen, demselben dunkelroten Stoff als Baldachin über dem Sheraton-Himmelbett, der goldblau gestreiften Seide, die Bett und Chaiselongue bedeckte, fertig war, da bemerkte Betsy trocken, für ihren Geschmack sei es zu üppig. Mary und ihr Vater gestanden einander, das Zimmer sei vielleicht wirklich um eine Spur zu reich ausgestattet; doch daß es ihnen auf diese Art sehr gefalle.

Sie ging an das große Fenster der Halle, um zu sehen, was auf der Hauptstraße los war. Vor dem Maxwellschen Haus erkannte sie Dr. Warfields Wagen. Mrs. Maxwell mußte wieder einmal einen Anfall haben. Dann kam der Doktor aus dem Haus. Jetzt sah sie, wie der alte Nelson einen Schubkarren mit Fleisch, Obst und Gemüse über die Straße rollte. Sie durchquerte die Halle und trat in das Schlafzimmer der Kinder, um die zweieinhalbjährige Emilie aus dem Bett zu nehmen. Emilie war die Schönheit der Familie; sie und Mary waren unter all den Geschwistern und Halbgeschwistern am engsten befreundet. Bei Marys Anblick erhellten sich Emilies blaue Augen. Mary wusch ihr Gesicht und Hände, bürstete das rotblonde Haar, zog ihr ein Kleid an, hob das Kind auf die linke Schulter und ging mit ihm die Treppe hinunter ins Eßzimmer.

Ihr Vater war bereits fort, Betsy noch nicht unten. Um den Tisch saßen ihre Halbschwestern, die zehnjährige Margaret, die sechsjährige Martha und auch die beiden schönen Halbbrüder, Samuel, der neun, und David, der sieben Jahre alt war. Ann stand nie zum Frühstück auf; ihr eigener vierzehnjähriger Bruder George, bei dessen Geburt die Mutter gestorben war, aß in der Küche; das gehörte zu dem geheimnisvollen, abgekehrten Leben, das er sich eingerichtet hatte – vielleicht um sein Stottern besser zu verbergen. Von den Kindern wurde sie geräuschvoll begrüßt.

»... schön war's ... so hübsch warst du, Mary ... ach, du schlimme Mary, wir haben ja deine Knöchel gesehen ...!«

Dem verhaltenen Unbehagen in ihrer Beziehung zu der Stiefmutter zum Trotz, liebte sie diese Kinder mit den frischen Gesichtern mehr als die Kinder ihrer eigenen Mutter – Elizabeth ausgenommen. Die enge Beziehung zu den eigenen Brüdern, nach der sie sich gesehnt hatte, war in diesen Jahren unmöglich geworden, denn Levi war ein Trinker, und der junge George machte ein verdrossenes Gesicht, wenn jemand in Sicht kam. Und so hatte sie sich Samuel mit dem hellen Gesicht und dem dunklen Haar zugewendet, David mit dem roten Schopf; das waren ihre Gefährten auf langen Ritten, ihnen las sie abends Geschichten vor.

Jetzt hörte Mary den leichten und doch festen Schritt ihrer Stiefmutter auf der Treppe, und gleich darauf trat Betsy Todd ein. Sie trug einen rotsamtenen Schlafrock. Nie war Mary imstande gewesen, das wirkliche Alter ihrer Stiefmutter zu erfahren, doch sie schätzte sie auf etwa achtunddreißig. Mary hatte sie nie für hübsch gehalten; die Nase war zu lang, zu knochig, der Mund zu schmal, zu streng, und doch mußte Mary anerkennen, daß das Gesicht durch seine stets wache Intelligenz anziehend wirkte. Eine Frau von streng moralischen Grundsätzen, hatte sie nie ihre Pflicht gegenüber den sechs mutterlosen Kindern vernachlässigt, obgleich sie selber sechs Kinder zur Welt brachte.

Kaum hatte Betsy das Zimmer betreten, als sie auch schon fragte:

»Du hast seinen Antrag nicht angenommen?«

»Nein, Mutter, ich konnte nicht.«

»Offen gestanden – ich bin enttäuscht. Sandy ist aus einer so guten Familie.«

»Du möchtest doch nicht, daß ich einen Mann heirate, den ich nicht liebe?«

»Man kann seinen Sinn auch gegen die Liebe verschließen.«

»Wie macht man das?«

»Indem man unbedingt ein Schulmädchen bleiben will. Bist du gewiß, daß du nicht auf einen Ritter in schimmernder Rüstung wartest?«

»Ich glaube nicht, daß ich eine törichte Romantikerin bin. Aber ich habe es ja nicht so eilig. Oder doch?«

Mrs. Todds Lider flackerten, doch sie beherrschte sich rasch.

»Das ist eine kluge Frage. Nein, du brauchst dich nicht zu beeilen. Du hast hier dein Heim, und kein Mensch wird dich hinausdrängen.«

Ein Gefühl des Mitleids mit ihrer Stiefmutter stieg in Mary auf; sechs Jahre lang hatte sie im Bett der ersten Mrs. Todd geschlafen, Tür an Tür mit Großmutter Parker leben müssen, deren unversöhnlicher Haß gegen die Frau, die den Platz ihrer toten Tochter einnahm, der armen Betsy die Tage vergiftet hatte. Als sie ihren Mann schließlich bestimmen konnte, Palmateers Gasthaus zu ersteigern, war Robert Todd genötigt gewesen, ein Stück vom Grundbesitz seiner ersten Frau zu verkaufen, um das Geld für den Kauf und die Herrichtung des neuen Hauses flüssig zu machen. Mary streckte die Hand aus, legte sie auf die Hand ihrer Stiefmutter, die weiß und schmal auf dem Tisch ruhte.

Mrs. Todd griff nach dem ›Observer‹ und las laut:

»Mrs. D. Bartholtz aus Baltimore, Maryland, gibt sich die Ehre, die Bürger von Lexington gebührend davon in Kenntnis zu setzen, daß sie am ersten Montag des Monats Mai in den Schulräumen des Reverends J. Ward ein Seminar für junge Damen zu eröffnen gedenkt.«
»Um deinetwillen, Mary, bin ich froh, daß Dr. Ward das Unterrichten aufgibt; er war das letzte Hindernis auf deinem Weg, glaube ich.«
»Dem Weg wohin, Mutter?«
»Deinen Platz in der Welt der Erwachsenen einzunehmen.«
»Ich bin doch erst zwanzig!« Ihre Stimme war lauter geworden. Sie beherrschte sich. »Der Tag für mich wird kommen. Und wenn er kommt, dann werde ich ihm begierig entgegeneilen!«

Sie zog ein zitronenfarbenes Organdykleid an, das mit Rüschen garniert war, nahm ein paar Leinenhandschuhe von der Kommode und einen Strohhut mit zitronenfarbenem Band, und dann trat sie den vertrauten Weg zur Schule an.
Dr. Wards Akademie war ein großes Backsteingebäude an der Ecke der Market und der Second Street. Als sie durch die verödete Eingangshalle ging, sah sie zu beiden Seiten die Klassenzimmer, in denen sie sechs Jahre verbracht hatte, von der Zeit, als sie acht Jahre alt gewesen war, bis zur Abschlußprüfung mit vierzehn Jahren. Die meisten Eltern hatten Dr. Wards Experiment, Burschen und Mädchen innerhalb derselben Mauern zu unterrichten, mit einiger Skepsis betrachtet, Robert Todd aber hatte die günstige Gelegenheit gern ergriffen, um Mary eine wirkliche Bildung zu sichern.
Mit vierzehn hatte sie Dr. Wards Akademie absolviert; damals kaufte ihr Vater gerade das Haus in der Main Street und ihre Schwester heiratete Ninian W. Edwards, einen Studenten der Rechte und Sohn des ersten Gouverneurs von Illinois. Robert Todd wußte, was Mary fühlen mochte, als sie Elizabeth verlor, und so schickte er sie rasch in das Pensionat der Madame Victoria Charlotte LeClerc Mentelle. Bei Madame Mentelle war Mary glücklich gewesen, und das von jenem ersten Montag an, als Nelson sie im Wagen hinaufgefahren und ihre Koffer auf dem Platz vor dem niedrigen, efeufarbenen Schulgebäude abgesetzt hatte.
Marys eifriges Studium bei Dr. Ward hatte in der Schule des Ehepaars Mentelle Früchte getragen; sie beendete die Schule als Beste ihrer Klasse, und als sie mit achtzehn fertig war, zeigte sich Robert Todd so entzückt über ihre Erfolge, daß er ihr freie Hand gab, sich eine neue Garderobe von Kleidern, Schuhen, Hüten, Handschuhen, Mänteln zu kaufen; und auch eine Reise nach Springfield zu ihrer verheirateten Schwester Elizabeth wurde ihr zugestanden.
Im Herbst danach war sie zu Dr. Ward gegangen und hatte ihn gefragt,

ob sie eines seiner Zimmer benützen dürfe, von dem aus man die Universität sah; und dort wollte sie ihre Ausbildung fortsetzen.
Sie hörte Schritte auf den Stufen, leicht wie fallende Herbstblätter. Dr. Ward trat ein, beide Hände zum Gruß ausgestreckt, das weiße Haar umkräuselte seinen Kopf. Er trug stets einen undefinierbaren blauschwarzen Anzug, sein Geist aber war sich nie an zwei aufeinanderfolgenden Tagen völlig gleich, es war ein immer erneuter strahlender Enthusiasmus, mit dem er vor seine Schüler trat.
Aus der Morrisonkirche tönten die Klänge der Musik. Mary und Dr. Ward standen am Fenster und lauschten.
»Ich kann dir leider kein Dokument mit dem Namen Mary Todd überreichen«, sagte er. »Wärst du als Knabe geboren...«
»Vielleicht war es ein Fehler, daß ich von Springfield nach Lexington zurückgekehrt bin«, erwiderte sie. »Aber ich wollte keine – Verbannte werden; und doch – bin ich nicht in meiner eigenen Stadt ein Paria? Sagen die Leute nicht schon, daß all dieses Studium mich unweiblich gemacht hat?«
»Heute schließe ich meine Tore zum letzten Mal«, sagte Dr. Ward ruhig, »und du trittst auf die Straße hinaus und hast keine Pläne mehr, auf die du deine Zukunft stützen kannst?« Sekundenlang schaute er auf seine dünnen, gelblichen Finger. »Für mich ist es in Wahrheit ein Ende, Mary, aber für dich ist es ein Anfang. Du darfst nie aufgeben!«
»Aufgeben – was?« Über den ganzen Umfang der Verwirrung, die ihre Stimme so offen kundgab, war sie überraschter als er. »Wohin soll eine Frau sich wenden? Wo kann sie beginnen? Kann ich Anwalt werden, Arzt, Architekt...?«
»Ich wollte ein großer Mann der Kirche werden, aber meine Gesundheit ließ es nicht zu... und so habe ich mein Leben damit ausgefüllt, Kinder heranzubilden. Ich will lieber dein Lehrer gewesen sein als dein Geistlicher; auf längere Sicht werde ich wohl mehr vollbracht haben...«
»Sie meinen, daß die Zwischenfälle des Geschicks nicht so wichtig sind wie die Gegebenheiten des Charakters?«
»... vielleicht wirst du dir deinen Platz in der Welt durch einen Gatten oder einen Sohn schaffen. Du darfst diese Form des Zugangs zum Leben nicht geringschätzen... wenn es nun einmal alles ist, was dir offensteht. Aber jetzt geh, Mary, sonst beginnt Präsident Marshall mit seiner Rede, und die Kirchentür wird geschlossen. Es wird vielleicht lange dauern, bis du entdeckt hast, was das Leben noch für dich birgt, doch am Ende wird es gut sein und seinen Lohn in sich tragen.«
»Ich danke Ihnen, Dr. Ward, jetzt haben Sie mir ein Diplom mit goldenen Lettern überreicht.«

Nachdem die Promotionsfeier vorüber war, sagte Mary ihrem Gefährten Lebewohl und schlug den Heimweg ein; so erfüllt war sie von dem Erlebnis des Morgens, daß sie nicht über die gewohnten Straßen ging. Erst als sie merkte, daß der Platz zwischen der Church und der West Short Street mit Reihen von Fahrzeugen angefüllt war, deren Deichseln aufwärts ragten, kam ihr zum Bewußtsein, daß heute ja der Montag war, an dem die Friedensrichter im Gerichtsgebäude von Lexington zusammenkamen, um die Fälle des Monats zu erledigen, und daß die Menschen von dreißig Meilen im Umkreis zu diesem Anlaß herbeigeströmt waren.
Es war schwierig, auf dem Trottoir zu bleiben, und so überquerte sie die Straße und wollte über den gestutzten Rasen vor dem Gerichtsgebäude gehen, doch das stellte sich noch als bedeutend schwieriger heraus, denn hier drängten sich die Kühe mit ihren Kälbern, Zuchtstuten mit Füllen und Hunderte von Pferden, von ihren Besitzern mit dem Aufwand all ihrer Stimmkräfte zum Verkauf ausgeboten. Sie quetschte sich durch die Menge, erreichte die Main Street und wollte gerade in den Garten ihres Hauses einbiegen, als sie sie erblickte.
Ihre erste Regung war, davonzulaufen, so schnell sie nur konnte, doch ihre Füße schleppten sie zu dem Block an der Südwestecke des Platzes; ursprünglich war dieser mächtige Block aufgestellt worden, um Frauen das Absteigen von ihren Pferden zu erleichtern, doch nun wurde er, seit sie sich erinnern konnte, für Sklavenversteigerungen benützt.
Ihre Blicke wandten sich zunächst dem Auktionator in seinem langen Schwalbenschwanzrock, der schottischen Weste, den Kalbslederstiefeln und dem Biberhut zu, den er in den Nacken geschoben hatte. Auf der einen Seite des Blocks standen die Sklaven, die am Abend vorher an Marys Haus vorübergezogen waren. Vermutlich waren es Neger aus Kentucky; sechs Jahre vorher hatten ihr Vater, Henry Clay, sein Vetter Cassius Clay und ihre Freunde, die Breckinridges und Crittendens ein Gesetz durchzubringen vermocht, das die Einfuhr von Sklaven in den Staat zum Zweck des Weiterverkaufs untersagte. Seither waren die Sklavenkerker ziemlich leer gewesen. Jetzt stand etwa ein halbes Dutzend der führenden Sklavenhändler der Stadt in der ersten Reihe und musterte ein junges Negermädchen.
»Nur immer näher, meine Herren! Was bieten Sie für dieses prächtige Weibsstück? Garantiert gesund an Leib und Seele. Wird eine gute Köchin, Wäscherin, Plätterin abgeben. Nur heran, meine Herren! Wer bietet?!«
Als die ersten, niedrigen Beträge genannt wurden, fuhr der Auktionator fort: »Nun, nun, meine Herren, das ist ein Frauenzimmer, wie wir's nicht an allen Gerichtstagen zu sehen bekommen, gesund an Gliedern«, er hob ihr den Rock, »und an Rumpf«, er riß ihr das Kleid bis zu den Hüften herunter. »Wer bietet mehr?«

Mary senkte den Kopf; sie erinnerte sich an jenen Nachmittag, als sie mit ihrer Büchertasche von Dr. Wards Akademie heimgegangen war und ein Bild gesehen hatte, von dem ihre Augen sich nie mehr vollkommen zu befreien vermochten. Mit den Handgelenken an den zehn Fuß hohen Strafpfahl gebunden, hing ein Neger, dessen Rücken nichts als blutige Striemen war. Erstarrt war sie stehen geblieben, während der Sheriff das Urteil von »neununddreißig wohlgezählten Hieben« zu Ende vollstreckte. Dann wurde der Mann losgebunden, und eine junge Negerin bis zum Gürtel entblößt; ihre eine Brust trug ein Zeichen eingebrannt. Nun wurde sie an den Pfosten gebunden, und eine Peitsche aus gedrehter Kuhhaut schwang sich über den narbenbedeckten Rücken.
Mary schrie auf, drängte sich blindlings durch die Menschenansammlungen und lief nach Hause; ihr Körper zuckte krampfhaft. Man hatte sie sofort ins Bett legen müssen. Dr. Ward wurde aufgeboten, doch erst als ihr Vater heimkam, sich an ihr Bett setzte und sie an die Brust drückte, berichtete sie, was sie gesehen hatte. Robert Todd schluckte mehrmals.
»Vater, warum erlaubt man solche Dinge? Hier in Lexington? Warum fügen Menschen das – andern Menschen zu?«
»Wir geben uns alle Mühe, Kind; kein Tag vergeht, ohne daß wir daran arbeiten, diese Greuel abzustellen. Aber diese Sklaven stellen einen Wert von Millionen Dollar dar. Wir müßten sie ihren Besitzern abkaufen. Woher sollen wir das viele Geld nehmen?« Er stand auf und ging erregt durchs Zimmer. »Der Sklaverei kann kein Mensch ein Ende machen.«
»Vater, können wir ihnen nicht sagen, daß wir das alles nicht billigen?«
»Nein... das würden die Besitzer als persönliche Beleidigung ansehen. Mary, diese furchtbaren Dinge ereignen sich nicht gar so oft; du mußt nicht daran denken. Erinnere dich nur, daß die Sklaven bei uns in Kentucky besser behandelt werden als sonstwo im Land. Keiner unserer Bekannten schlägt seine Sklaven oder brennt ihnen ein Mal ein. Neben dem Sklavenhändler ist niemand erbärmlicher als der, der seine Neger schlecht behandelt.«
Ihre Gedanken fanden in die Gegenwart zurück. Das Negermädchen auf dem Block war für vierhundert Dollar verkauft worden, die Mutter für fünfhundert Dollar nach Natchez, den Vater kaufte ein Händler für den Sklavenmarkt in Mississippi, und zuletzt wurde der achtjährige Sohn auf den Block gestellt und brachte zweihundert Dollar ein.
Die vier Mitglieder ein und derselben Familie wurden in getrennte Kerker geschleppt; ihre Schreie gellten über den Platz. Sie wandte sich ab, doch da griff jemand nach ihrem Arm, und eine Stimme sagte hart vor ihrem Ohr:
»Nein, warte, sieh dir nur alles an, und dann wirst du keinen Tag leben können, ohne dich gegen diese Ungeheuerlichkeit aufzulehnen.«

Es war Cassius Clay, einer der besten Freunde der Familie Todd.
»Cass, wie froh bin ich, daß du da bist; ich war einer Ohnmacht nahe.«
Seine Kraft schien sich auf sie zu übertragen. Sie wußte nicht, ob es nur die physische Stärke seiner Hand auf ihrem Unterarm war, die das bewirkte, oder der Umstand, daß neben ihr ein Mann stand, der den Mut besaß, den Kampf gegen die Sklaverei ganz offen zu führen.
Cassius Clay hatte als Student bei Todds gewohnt. Damals war sie erst elf Jahre alt gewesen und Cassius zwanzig, doch er hatte sie nie als Kind behandelt. Er war der anziehendste Mann, den sie je kennengelernt hatte, von kräftigem Wuchs, unerschütterliche Entschlossenheit in den Zügen, mit trotzigen Augen, einem vorspringenden Kinn, einer edlen geraden Nase und einer Fülle dunkelbraunen Haars. Er hatte Jura studiert, sich dann aber entschlossen, sein Leben der Politik zu weihen. Seit zwei Jahren in der Gesetzgebenden Versammlung, begann er, gegen die Sklaverei zu sprechen und zu schreiben. In ihm war ein Löwe und ein Lamm geboren worden. Mary gegenüber war er immer sanft, doch sie hatte auch schon seine Wutausbrüche miterlebt. Nach Beendigung seiner Studien heiratete er Mary Jane Warfield. Mary Todd hatte ihn immer lieb gehabt, wie ein heranwachsendes Kind einen Erwachsenen liebhaben mag, doch schon damals hatte sie gefühlt, daß er der einzige Mann in Lexington war, den sie gern geheiratet hätte.
Als der letzte Neger abgeführt worden war, bahnten sie und Cassius sich ihren Weg durch die Menge.
»Mary, du bist ja ganz grün«, sagte Clay. »Gehen wir doch zu Monsieur Giron hinüber, ein Eis essen.«
Neben der Ecke der Mill und der Short Street erhob sich Mathurin Girons zweistöckiges Backsteinhaus, dessen Erdgeschoß die berühmteste Konditorei von Kentucky beherbergte.
Ein Glöckchen ertönte, als Cassius die Tür offenhielt. Auf dem Ladentisch gab es gewürzte Korinthenkuchen, Torten mit rosafarbenen Zuckerrosen verziert und hohen Pyramiden von Meringues. Mathurin Giron war Marys Freund und Bewunderer von der Zeit her, als sie mit dem Unterricht bei Mentelles begonnen und Französisch gelernt hatte. Jetzt trat er zwischen den Vorhängen hervor, die die Backstube abtrennten, ein Mann ohne ein Haar auf dem Kopf, fünf Fuß hoch und, nach der beschworenen Aussage der Studenten, die nach den Vorlesungen seinen Laden füllten, genau fünf Fuß um die Taille messend. Kaum hatte er Mary und Cassius erblickt, als er auch schon die Arme hochwarf und sich an Bewillkommnungen gar nicht genugtun konnte.
Nachdem der Franzose sich zurückgezogen hatte und sie sich niedergelassen hatten, sagte Mary: »Grandma Humphreys hat in ihrem Testament alle ihre Sklaven freigegeben, und Vater und Mutter wollen das auch tun.

Aber, Cass, wäre es richtig, unsere Haussklaven jetzt wegzuschicken? Einige unter ihnen, wie Nelson und Sally, sind alt. Wie sollten sie leben? Nie hat Vater einen unserer Neger bestraft. Manchmal sind sie recht schlimm gewesen. Wie zum Beispiel das dumme junge Kindermädchen, das sich betrunken hatte, unsere kleine Emilie auf die Straße führte und verlor. Selbst dann ist sie nur gescholten worden.«
Monsieur Giron war wieder da. Mary betrachtete die beiden hoch über den Rand gefüllten Becher, die er ihnen servierte.
»Cass, ist es nicht gefühllos von uns... Eis zu essen... und diese armen Geschöpfe, die wir eben erst gesehen haben...«
»Daß wir Eis essen, kann ihnen in keiner Beziehung schaden. Was ihnen aber schaden kann, ist deine Verteidigung einer beschränkten Aufrechterhaltung der Sklaverei.«
»Ich für Sklaverei... aber Cass Clay...«
»Du glaubst, daß du mit der Beseitigung des Übels abwarten kannst, Mary; eben nur ein halbes Dutzend Haussklaven, in Wirklichkeit doch geradezu Familienangehörige... nie aber frei, ihren Weg zu gehen. Nein, mein Kind, es gibt einige wenige Unbedingtheiten in der Welt, und die Sklaverei gehört dazu. Sie ist ein unbedingtes Übel. Wer auch immer einen Zipfel davon berührt, wird sich schließlich mitten hineingerissen sehen.«
»Bist du nicht ein Extremist?«
Er nahm keinen Anstoß an dem Wort.
»Ja, Mary, irgendwer muß Extremist sein; mit dem Nach-und-nach geht's zu langsam. Morgen ist es zu spät.«
Cassius Clay hatte darauf gewartet, daß sie wieder aufsehen würde. Und als ihre Blicke einander begegneten, sagte er langsam und bekümmert:
»Dein Vater wird, wie jedermann, früher oder später in eine Lage geraten, in der er gezwungen sein wird, etwas ebenso Verwerfliches zu tun wie diese Sklavenverschacherer, die heute die unglückliche Familie vom Block weg gekauft und verkauft haben.«

Sie kam heim und fand die Familie in größter Aufregung; ein Brief war eben von ihrer Schwester Frances eingetroffen, die mitteilte, sie habe William Wallace, Arzt und Apotheker in Springfield, geheiratet. Robert Todd schwankte zwischen der Freude, seine zweite Tochter endlich verheiratet zu sehen, und der Kränkung darüber, daß er so völlig aus dem Spiel gelassen worden war. Er war ein Mann mit starkem Familiensinn, und es bestand kein Zweifel daran, daß es ihn verletzte, auf so beiläufige Art durch die Post verständigt zu werden. Über seinen Augen erschienen rote Flecken, als er ausrief:
»Ich bin überzeugt, daß dieser William Wallace ein prächtiger Junge ist.

Frances sagt, daß die Kunden seiner Apotheke ihn drängen, auch als Arzt zu praktizieren, aber ich sehe trotzdem nicht ein, daß meine Tochter heiraten muß, ohne mich auch nur zur Hochzeit einzuladen.«
»Nun, Vater«, meinte Mary versöhnlich, »nach Springfield ist es eine Reise von drei Wochen, und sie weiß, wieviel du zu tun hast...«
»Ich habe nicht so viel zu tun, daß ich nicht bei der Hochzeit meiner Tochter dabei sein könnte«, rief er laut, als wollte er, daß Frances im Westen, in Illinois, ihn hören solle. »Werden alle Kinder meiner... meiner ersten Frau... derart ihre eigenen Wege gehen... ihre Geschäfte, ihre Heiraten privat erledigen... ohne je ihren Vater zu fragen?«
Mary wagte noch einen Versuch.
»Es liegt daran, daß man in Springfield ziemlich rasch und ohne große Zeremonien heiratet. Die jungen Leute gehen miteinander, solange sie meinen, es gehöre sich so, und an dem Tag, da sie sich entschließen zu heiraten, lassen sie sich eben trauen. Ich erinnere mich ganz genau – als ich bei Elizabeth war, da hatten zwei junge Leute ihre Heiratserlaubnis erst auf dem Weg zur Trauung erhalten.«
»Scheint mir doch überstürzt und barbarisch zu sein.« Besänftigt setzte er hinzu: »Nun, wenn es dort so Brauch ist... warum mieten sie aber ein Zimmer in einem Gasthaus? Ist das eine Art, eine Ehe zu beginnen?«
»Auch das ist in Springfield Sitte«, erklärte Mary. »Ein Gasthaus draußen im Westen bedeutet ein Hotel, nicht wie hier ein Ort, wo getrunken wird. Das ›Globe‹ ist ein neu hergerichtetes Hotel und der Mittelpunkt des ganzen gesellschaftlichen Lebens.«
»Vermutlich wirst du es sein, die uns nächstens verläßt?« fragte er leise. »Elizabeth hat Frances bis zur Heirat ein Heim geboten. Kein Zweifel, daß sie auch deinetwegen schreiben wird...«
Jetzt erschienen die roten Flecken auf Marys Stirn.
»Ich bin noch nicht eingeladen worden. Und zudem suche ich gar nicht so verzweifelt nach einem Mann.«
Sie ärgerte sich über sich selber, weil ihre Stimme heiser geworden war, ein sicheres Zeichen tiefer Erregung. Ihr Vater lud sie mit einer Geste ein, sich neben ihn auf das leinenbezogene Sofa zu setzen. Als sie ihn jetzt in ihrem gekränkten Stolz ansah, bemerkte sie erschrocken, daß seine Augen dunkel gerändert waren.
»Sei nicht gekränkt, mein Kind. Nur – du weißt – ich habe dich und Ann und eure beiden Brüder lieb... und es ist, als wäre ich euch immer weiter entrückt. Kannst du mir erklären, was mit Ann los ist? Vielleicht läßt sie dich ihre Geheimnisse... oder ihre Absichten wissen? Levi möchte in ein Hotel übersiedeln. Und George! Was kann im Geist dieses Burschen von vierzehn Jahren vorgehen?«
Mary wollte darauf keine Antwort geben, doch ihr Vater sah sie scharf

an. Ein Schweigen folgte, bevor Robert Todd es über sich brachte, weiterzureden.

»Mary, du bist doch nicht unglücklich hier? Du wirst doch nicht davonlaufen... und mir dann einen Brief schicken und schreiben, daß du dich mit einem wildfremden Menschen verheiratet hast?«

»Nein, ich... ich bin nicht unglücklich.«

»Das freut mich, Mary. Mutter hat dich wirklich gern. Sie hat sich solche Mühe gegeben, dich aufzuziehen...«

Er saß da und wartete stumm auf ein Wort der Bestätigung.

Als sie ihm antwortete, klang ihre Stimme sanft.

»Es ist ein Glück für mich, daß Mutter und ich viel gemeinsam haben; und darum ist es wirklich ganz bedeutungslos, wenn wir manchmal verschiedener Meinung sind. Dein Haus brauchte eine Frau, die es dir führte... und du hast auch Liebe gebraucht...«

Dankbar küßte er sie.

»Du bist immer mein kluges Kind gewesen.«

»Du hast eine Menge kluger Kinder.«

Er wurde rot vor Stolz.

»Wir haben vor, nächste Woche nach Buena Vista zu gehen. Du bist diesen Winter so viel über deinen Büchern gesessen, daß dir ein wenig Erholung auf dem Land gut tun wird.«

Mary schaute aus dem Fenster auf die Rosensträucher, die gerade zu blühen begonnen hatten. In Buena Vista würde die ganze große Familie versammelt sein, und das Haus voller Gäste. Keinen Augenblick, keinen Winkel würde sie für sich allein haben.

Sie wandte sich wieder zu ihrem Vater.

»Ich glaube, ich werde im Sommer in Lexington bleiben. Ich werde mich um George kümmern können, und es muß doch jemand das Haus führen, wenn du in die Stadt kommst. Überdies gibt es eine Menge, worüber ich nachdenken muß.«

Die heißen, trockenen Tage des Juni-Endes senkten sich über die Blaugras-Prärien Kentuckys. Das Land litt unter der Dürre, der Mais stand keine zwölf Zoll hoch, der Hanf war spärlich. Die Leute von Lexington zogen auf ihre Sommersitze hinaus.

Die meisten Stunden verbrachte Mary allein, nur bestand sie darauf, daß George einen Teil jedes Tages bei ihr blieb. Alle Zärtlichkeit ihres eigenen bedürftigen Herzens verschwendete sie an ihn.

In den frühen Morgenstunden, wenn sie an ihrem Toilettentisch saß und ihr langes Haar bürstete, oder abends, wenn sie sich für die Nacht zurechtmachte, bemerkte sie, daß der Fremde, der hinter ihren Augen hauste, ihr in Zeiten innerer Unsicherheit etwas Verschleiertes verlieh, eine leichte Verschattung der Haut unter ihrem linken Auge hervorrief. In solchen Stunden war sie nicht schön, doch wie konnte man schön sein, wenn einen die Unsicherheit überkam, wenn einem die eigenen Augen aus dem Spiegel kalt entgegenstarrten? Sie brauchte Zeit, um nachzudenken, doch was hatte sie im Grunde in den Tagen, die bereits vergangen waren, zu entwirren oder zu entscheiden vermocht?

Des Alleinseins müde, sandte sie Botschaften an etliche Freunde und lud sie für den kommenden Sonntag zu einem Picknick am Elkhorn Creek, am Ende des Toddschen Gartens ein, Tische mit weißen Tischtüchern wurden unter den Bäumen aufgestellt, die den Bach säumten. Da gab es Fäßchen mit Eisgetränken, kaltes Huhn, Obst, und zur Erheiterung der Gäste war eine Schar wandernder Taschenspieler aufgeboten worden, die mit ihrer Fingerfertigkeit ergötzliche Tricks vorzuführen wußte.

Die Fröhlichkeit des Tages, der Kreis der Gefährten, das alles tat seine Wirkung; der Fremde hinter ihren Augen verzog sich.

Kaum ließ am nächsten Tag die Morgensonne ihre Strahlen durch die Läden sickern, als Mary die Nachricht erhielt, daß Großmama Parker sie zu sehen wünschte.

Großmama Parkers Haus stand neben Marys Geburtshaus, einem schmucken Backsteinbau, wo sie ihre ersten, sorglosen Jahre verlebt hatte. Großmama Parkers Haus war einer der ersten Backsteinbauten in Lexington gewesen und noch immer der größte; es sah aus wie ein Kuchen im Rokokostil mit überreicher Verzuckerung, und das Schlafzimmer krönten zwei Türme, Wachttürmen gleich, wie Kapitänsfrauen sie sich errichten ließen. Dort stand Großmama Parker endlose Stunden und spähte nach dem Horizont.

Einmal hatte Mary gefragt:

»Warum schaust du immer nach einem Schiff aus, Großmama, wenn wir doch schon Schwierigkeiten mit einem Ruderboot auf dem Elkhorn Creek haben?«

»Ich beobachte von hier aus die Stadt, und so weiß ich alles, was geschieht.«

Die Toddkinder hatten alle Ursache, zu glauben, daß das keine leere Prahlerei war. Mary seufzte, als sie auf die Eingangstür zuging; Großmutter Parker wußte zweifellos schon alles von Sandys Heiratsantrag... davon, daß sie den Sommer allein in der Stadt blieb...

Doch als Mary durch die riesigen Salons mit ihren hohen Decken und Fenstern, überladenen Marmorkaminen, reich mit Blumen und Blättern gezierten Gesimsen ging, da lachte sie vor sich hin: Großmama Parker besaß Geld, Energie, Appetit, aber keinerlei Geschmack.

Sie stieg die getäfelte Treppe hinauf und dann zum zweiten Turm. Hier stand Großmama Parker und schaute aus dem Fenster. Mary verharrte sekundenlang schweigend, beobachtete den breiten Rücken und das festgeflochtene Haar, das sich um den siebzigjährigen Kopf wand. Nur elf Jahre war sie verheiratet gewesen, als ihr Mann starb; neununddreißig Jahre war das jetzt her, doch kein Mann hatte sich erlauben dürfen, ihr als Liebender zu nahen.

»Eine wahre Frau liebt nur ein einziges Mal«, hatte sie erklärt, als ihr Cousin sie fragte, ob er nicht einen Verehrer mitbringen dürfe. Ihrer Ansicht nach traf das auch auf Männer zu, und darum hatte sie es ihrem Schwiegersohn nie verziehen, daß er ein zweites Mal geliebt und geheiratet hatte.

Ohne sich umzudrehen, sagte die alte Frau:

»Du hast ihm dein Jawort nicht gegeben? Dem jungen Menschen aus Mississippi?«

»Ich liebe ihn nicht.«

Großmama Parker wandte sich um.

»Er war doch ein Freund, und jetzt, wenn er fortgeht, wird es eine Leere in deinem Leben geben.«

Im Turm stand ein harter, schwarzer Stuhl aus Nußholz. Mary fühlte sich ein wenig schwach in den Knien und setzte sich.

»Da hast du natürlich recht. Ich bin einsam. Und sogar... verängstigt...«

»Ja, aber warum, Kind? Du bist doch ein gesundes, reizvolles junges Mädchen.« Die Stimme der alten Dame wurde rauh. »Laß dich doch nicht von diesem Frauenzimmer, dieser Betsy Humphreys, aus Lexington vertreiben, wie sie es mit Frances getan hat!«

»Sie vertreibt keinen Menschen, Großmama.«

Das überhörte die Großmama Parker.

»Sieh aus diesem Fenster; dorthin, wo die Sonne auf die Felder scheint. Ich kenne jeden Grashalm, jedes Tier, jeden Hügel, jeden Bach. Der Himmel kann nur ein zweites Kentucky sein. Draußen, in der Weite des Blaugraslandes, Mary, ist auch ein Gefährte für dich!«

»Leider lassen die in Frage Kommenden kein Inserat im ›Observer‹ erscheinen«, sagte Mary trocken.

Ihr Blut geriet in Wallung; sie stand auf und sah ihre Großmutter mit flammenden Blicken an.

»Ich will einen Mann, der mich als gleichwertig anerkennt. Ich will einen Mann, der so viel Vertrauen zu sich hat, daß er mich neben sich stehen läßt, statt mich als Zimmerschmuck zu behandeln. Ich will einen Mann, der etwas mehr ersehnt als ein hübsches Mädchen mit glatten Manieren; und vor allem will ich einen Mann mit Geist und Verstand, mit Ehrgeiz und Mut...«

»Du nimmst die jungen Männer viel zu ernst.« Nach einer kurzen Weile fuhr Großmama Parker fort. Das eine Auge hatte sie halb zugekniffen,

als wollte sie Mary zublinzeln. »Sie wissen wirklich nicht, was sie in einer Frau suchen. Du mußt dir den besten aus der ganzen Schar aussuchen; du mußt ihn glauben lassen, daß du alles bist, was er sich von einer idealen Frau ersehnt. Und dann, wenn du ihn im Schlepptau hast, änderst du nach und nach seine Ideen – ohne daß er es auch nur zu merken braucht.«
»Hast du es mit Großvater so gemacht?«
»Ja, natürlich, Kind! Er war kein vollendeter Ehemann, als ich ihn heiratete. In der Öffentlichkeit deckte ich ihn, aber in unserem Heim innerhalb unserer Ehe brachte ich nach und nach Kompromisse zuwege, die ihn erst zum richtigen Mann für mich machten. Die Ehe ist das längste Rennen von allen, und nichts braucht man so sehr wie Ausdauer. Wirf deine Bücher weg, Kind, leg dieses ganze geistreiche Getue ab. Du hast prachtvolle Augen, laß sie leuchten, du hast den schönsten Busen von Kentucky, laß ihn sehen! Nütz deinen Charme, deine Wärme, die natürliche Heiterkeit, die du anscheinend für den Sommer aufgespeichert hast; such dir den Mann aus, den du haben willst, und du wirst ihn im Nu gefügig machen.«
Als Mary langsam heimging, hatte sie nur das eine im Sinn – also machte sich auch Großmama Parker Sorgen, weil sie nicht heiratete!

Mammy Sally kam ihr an der Tür entgegen; sie hielt einen Brief in der Hand, der eben mit dem Zug gekommen war. Es war ein Brief von Elizabeth. Sie beschrieb darin das weiße Satinkleid, das Frances bei der Trauung getragen hatte, ferner den fünfstöckigen Hochzeitskuchen, den sie selbst für die Gäste gebacken hatte. Und dann kam ein Satz, den Mary sekundenlang verdutzt anstarrte:
»Jetzt, wo Frances verheiratet ist, Mary, Liebste, und in das ›Globe‹ übersiedelt, macht sich in unserem Haus eine Lücke bemerkbar.«
»Eine Lücke!« Als ob es gelte, eine Stellung auszufüllen!
Ihre Gedanken schweiften zu der Zeit zurück, als sie vor zwei Sommern bei Elizabeth zu Besuch gewesen war. Springfield war ein Dorf von weniger als fünfzehnhundert Einwohnern gewesen, inmitten einer öden Prärielandschaft und mit dem Phantasiemangel eines Schachbretts angelegt. Die Siedlung verlor sich in Maisfeldern, und unter einem harten blauen Himmel segelten Krähen durch die heiße, atemraubende Luft. Die Straßen waren nicht gepflastert, es gab keine Trottoire; sechs Meilen waren es bis zum nächsten Gewässer, dem Fluß Sangamon, und sie hatte den Bach am Ende ihres Gartens bitter vermißt. Der Markt mit seinem grünen Rasen bot ein heiteres Bild, da gab es ein Kurzwarengeschäft, ein Lebensmittelgeschäft, eine Apotheke und eine Buchhandlung, die recht gut versorgt war. Doch nach Lexington und dem Blaugrasland wirkten Springfield und der Sangamon-Distrikt ziemlich eintönig und reizlos.

Und doch hatte sie den Sommer genossen. Erstaunlich viele Leute in Springfield waren von Lexington und hungerten nach Neuigkeiten und Klatsch aus ihrer Vaterstadt. Neben den zwei Schwestern und dem Schwager hatte sie auch drei nette Cousins in Springfield, die dort als Anwälte tätig waren – John Todd Stuart, John J. Hardin und Stephen T. Logan. Einer ihrer Lieblingsonkel, Dr. John Todd, war Arzt. Ihr Schwager, Ninian Edwards, der Sohn des Gouverneurs von Illinois, hatte beträchtlichen Besitz an Ländereien und Geld von seinem Vater geerbt; das Haus der Edwards war nicht nur eines der größten im Ort, es war auch der Mittelpunkt des geselligen Lebens von Springfield. Binnen weniger Tage hatte sie die Gedanken an gewisse Unbequemlichkeiten, an die Reizlosigkeit von Springfield schon in den Hintergrund gedrängt und freute sich von ganzem Herzen an der Lebenskraft der jungen Siedlung in der Prärie.
Kaum ein Tag verging ohne Empfang oder Ball zu ihren Ehren: sie konnte sich kaum vor Staunen darüber fassen, daß dieses rauhe Grenzdorf so viele elegant gekleidete Damen aufwies, so schöne Wagen und vor allem eine so starke intellektuelle Atmosphäre; die Debatten der jungen Männer waren nicht minder anregend als alles, was sie im Adelphi-Klub oder in der Philosophischen Gesellschaft gehört hatte. Die beiden Zeitungen, das ›Sangamon Journal‹ und der ›Illinois Republican‹, füllten ihre Spalten mit brillanteren Leitartikeln und politischen Berichten, als sie sie je in den Lexingtoner Zeitungen finden konnte. Das war die Seite des Lebens in Springfield, die sie am meisten entzückte – seine Bewohner aßen, tranken, schliefen mit Politik. Obgleich der Ort mit seinen Sympathien vorwiegend den Whigs nahestand, waren doch auch die Demokraten zahlreich, geräuschvoll und wirksam. Vier Monate vor ihrer Ankunft hatte die Gesetzgebende Versammlung von Illinois beschlossen, den Sitz der Regierung von Vandalia nach Springfield zu verlegen, und noch bevor sie, im Herbst des Jahres 1837, heimgereist war, hatte man schon begonnen, den Platz aufzureißen, um dort ein prächtiges Regierungsgebäude zu errichten.
Die drei Monate waren in einem heiteren Wirbel vergangen; doch nicht der Hauch eines romantischen Abenteuers war zu spüren gewesen. Die Männer, für die sie sich interessierte, waren erst im Begriff, sich eine Stellung zu schaffen, und dachten anscheinend noch lange nicht daran, sich die Bürde von Frau und Kindern aufzuhalsen. Sie war nicht nach Springfield mit der Idee gegangen, hier einen Mann zu finden, und Elizabeth hatte sie auch nicht aufgefordert, über den Sommer hinaus zu bleiben. Mary wußte sehr wohl, warum. Wie eine Mutter Wert darauf legt, die ältere Tochter vor der jüngeren zu verheiraten, so wollte Elizabeth nicht, daß Frances an der jüngeren Schwester eine Konkurrentin haben

sollte. Als ihr Aufenthalt zu Ende ging, hatte sie von ihren neuen Freunden Abschied genommen, war mit der Post nach Alton gefahren, wo sie den ersten Flußdampfer für die Heimreise nach Lexington benützte. Doch jetzt war Frances verheiratet. Und nun gab es eine »Lücke«!

Die Familie Todd kam früher im September von Buena Vista zurück, als sie erwartet hatte; in der Bank hatte es geschäftliche Rückschläge gegeben. Lange war es her, daß Mary ihren Vater so besorgt gesehen hatte; seine sonst rosige Haut wirkte jetzt grau und eingefallen. Die Verantwortung lag auf seinen Schultern, denn als Direktor hatte er das Geschäft gutgeheißen, und nun war Stevens, ein großer Pflanzer und Hanffabrikant, tot, und seine Angelegenheiten befanden sich in einem chaotischen Zustand.

Sie war gerade im Kaufhaus, um ein Stück Kaschmir umzutauschen, als Cassius Clay eintrat, der einen Spazierstock kaufen wollte. Er begrüßte sie herzlich, und dann sagte er:

»Tut mir leid, daß dein Vater diese Sorgen hat, Mary, aber ich glaube, daß er die Sache zu schwer nimmt.«

»Ich wünschte, du kämst mit mir, Cass, und würdest ihm das selber sagen.«

»Ich kann nicht; gerade jetzt bin ich meinem guten Freund, deinem Vater, feindlich gesinnt.«

»Du ihm feindlich gesinnt? Ja, warum?«

»Er hat eben den Auftrag gegeben, die Sklaven von Stevens' Pflanzung versteigern zu lassen. Ohne die Einschränkung, daß Familien nicht auseinandergerissen werden dürfen; ohne die Bedingung, daß die Neger nicht flußabwärts verkauft werden sollen.«

Mary schwieg, hörte zu. Als Clay gesprochen hatte, erwiderte sie:

»Das tut mir sehr leid, Cass. Ich weiß, wie unglücklich dich das machen muß.«

Sie legte den Stoff weg, den sie ausgesucht hatte, und machte sich auf den Heimweg.

Ihr Vater war noch nicht da. Sie ging in ihr Zimmer und schloß die grünen Läden zum Schutz gegen die Sonne des Spätnachmittags.

Um sechs Uhr kehrte Robert Todd heim. Er sah sehr müde und überreizt aus.

»Vater, ich bin heute Cass begegnet. Er sagt, daß du Stevens' Neger auf dem Block versteigern lassen willst.«

»Wir müssen.«

»Du bist doch immer gegen diese Methode gewesen. Du hast gesagt, es sei unmenschlich...«

Ihr Vater rang die Hände.

»Wir müssen aus den Sklaven den letzten Dollar herausholen. Das ist die einzige Möglichkeit, unseren Verlust einzudämmen.«

»Kannst du nicht darauf bestehen, daß die Familien wenigstens zusammen verkauft werden? Laß nicht zu, daß die Händler sie getrennt kaufen!«

»Das würde ihren Wert vielleicht auf die Hälfte herabsetzen. Ich hatte die Bank gegen alles gesichert, nur nicht gegen Stevens' Tod. Wenn es nur mein eigenes Geld wäre, das auf dem Spiel steht, könnte ich vielleicht... aber es steckt das Geld vieler Leute darin, der andern, die mit mir die Bank gegründet haben, der Einleger...«

Schwer setzte er sich, das Gesicht in den Händen. Sie trat rasch zu ihm, legte die Arme um ihn.

»Es muß doch noch einen andern Weg geben!«

Er schaute auf, schüttelte traurig den Kopf.

»Nein, Mary. Ich bin in der Falle. Stevens' Neger müssen an den Meistbietenden verkauft werden, ebenso seine Pferde, seine landwirtschaftlichen Geräte. Das alles gehört zu unserer geschäftlichen Organisation. Und solange ich Direktor der Bank bin...«

»Ist dieser Preis nicht zu hoch? Selbst für einen Direktorposten?«

Todd warf ihr einen scharfen Blick zu.

»Mary, du redest wie ein Kind. Du mußt jetzt erwachsen sein und dich mit den Realitäten des Lebens abfinden. Ich habe die Sklaverei in Kentucky nicht eingeführt; ich arbeite daran, daß sie abgeschafft wird, das weißt du. Ich habe Stevens nicht umgebracht; ich habe ihm einfach eine Menge Geld der Bank geliehen. Ich muß meine Verantwortung tragen, ob es mir gefällt... und ob es meiner idealistischen Tochter gefällt oder nicht...«

Sie waren so im Kampf mit ihren eignen Gefühlen, daß sie Betsy nicht gehört hatten, die unterdessen eingetreten war. Jetzt fiel sie mit funkelnden Augen über Mary her.

»Wie kannst du es wagen, deinen Vater zu verdammen? Mit welchem Recht sitzt du hier und fällst ein Urteil? Was ermächtigt dich dazu, die Heilige zu spielen...«

»Betsy, bitte!«

»Nein, Robert, misch dich nicht ein! Ich werde nicht zulassen, daß dieses Mädchen dir das Leben noch mehr verbittert als nötig.« Sie packte Marys Arm. »Du solltest dich schämen, daß du deinem Vater noch neue Sorgen aufläds. Glaubst du nicht, daß er genug Gründe hat, beunruhigt zu sein? Auch ohne die Moralpredigten eines Schulmädchens? Regierst du etwa in diesem Haus? Machst du die Arbeit, nimmst du eine Verantwortung auf dich? O nein, du mischt dich nur ein, wenn etwas geschieht, das dir nicht paßt. Nun, uns paßt es auch nicht. Weder Stevens' Tod noch all die

Sorge, all die Verluste. Aber wir machen einander keine Vorwürfe wegen Dingen, die nun einmal getan werden müssen. Wir helfen einander, die Bürde zu tragen. Es ist an der Zeit, daß du das lernst.«

Ihr Zorn hatte sich erschöpft und ihre Kraft auch. Robert Todd legte die Arme um seine Frau.

»Betsy, du sollst dich nicht so aufregen... in deinem Zustand...«

Mary glaubte nicht recht zu hören. Betsy war also schon wieder schwanger. Wo doch Alexander erst sechs Monate alt war! Man hatte ihr nichts davon gesagt – aber warum sollte man auch? Was ging es sie am Ende an?

Sie stand auf, beherrschte sich, trat zu ihrer Stiefmutter. Ihre Stimme klang heiser, demütig.

»Du hast ganz recht, Mutter. Vater tut sein Bestes; das weiß ich.«

»Er hat es immer getan und wird es immer tun.«

Betsys Stimme tönte stark und klar. Mary beobachtete die Augen ihrer Stiefmutter, die immer noch vor Entrüstung funkelten. Wie wunderbar muß es sein, einen Mann so zu lieben, dachte sie. Seine Interessen, sein Wohlergehen über das eigene zu stellen! Bei ihrer zarten Veranlagung! Und dazu schwanger! Wie eine Tigerin zu kämpfen – gegen eine Welt!

Sie küßte Betsy auf die Stirn.

»Ich hatte unrecht, Mutter. Ich verspreche dir, daß es nie wieder geschehen wird.«

Der alte Nelson verstaute ihre Koffer und Kisten im Wagen. Sie hatte von ihren Halbbrüdern und Halbschwestern lange und zärtlich Abschied genommen. Emilie weinte, und das schmeichelte Mary sehr. Auch Margaret und Martha waren traurig, als sie sie gehen sahen. Samuel und David wollten wissen, warum Lexington nicht ebensogut sei wie dieses dumme Springfield, das Marys Ziel war. Im letzten Augenblick sprang George hinter einem Baum im Garten hervor, stieg in den Wagen und verbarg sein Gesicht an ihrer Schulter.

Ihr Vater war durchaus nicht glücklich. Er wußte, daß sie alle ihre Habe mitnahm, darunter auch zwei Kisten mit Büchern; selbst wenn sie nicht ständig in Springfield blieb, würde sie doch kaum mehr nach Lexington zurückkehren.

Nelson schnalzte, das Pferd zog an, Sally und die anderen Dienstleute standen vor der Tür und winkten ihr Abschiedsgrüße zu.

Zweites Buch

Beginn einer Liebe

Sie lächelte, als sie die weiße Kerze in den silbernen Leuchter steckte und ins Fenster des nördlichen Salons stellte – als Zeichen für die jungen Leute von Springfield, daß sie daheim war. Wie seltsam würde den Leuten in Lexington dieser Brauch erscheinen! Als sie sich in dem riesigen Salon umsah, in dem Edwards ihre Tees, Soireen und Bälle gaben, sagte sie sich, welch eigentümliche Verbindung der Raum doch darstellte; da gab es die kostbaren Möbel im Sheraton- und Chippendalestil, die reichgeschnitzten Tische, die Silberschalen und Kristallvasen, die Ninian samt den Familienbildern geerbt hatte, während die übrige Einrichtung Elizabeths einfachen, anspruchslosen Geschmack verriet. Die Möbel aus Rosenholz und Mahagoni mit einfachem Stoff bezogen, die gemusterte Tapete, den weißen Kamin mit dem niedrigen Sims hatte Elizabeth ausgewählt. Zum Ausgleich hatte Ninian hohe Fenster in dunkle, polierte Holzrahmen setzen lassen, und den Boden bedeckte ein üppig gemusterter französischer Teppich aus dem Salon seines Vaters in Belleville. Die Zusammenstellung hätte unerträglich sein können, doch, wie die Edwardssche Ehe, erwies sie sich als ein Erfolg und schuf eine gewisse Gemütlichkeit.

Sie strich ihr weißes Tüllkleid mit der schwarzen Samtschärpe und Schleife glatt und musterte die Kristallschalen mit Zuckerwerk und Mandeln, als ihre Schwester Elizabeth triumphierend über die Schwelle trat, in den Händen den ersten Baumkuchen, den Springfield je gesehen hatte, eine herrliche fünfstöckige Schöpfung, bedeckt mit Zuckerglasur. Elizabeth war einen halben Kopf größer als sie, breitschultriger, mit schmalerem Kopf; sie trug ihr Haar streng in der Mitte gescheitelt, ließ es beide Ohren bedecken, bevor es sich im Nacken zu einem dichten Knoten schlang, und obwohl sie nur fünf Jahre älter war als Mary, schimmerte doch schon zu beiden Seiten des Scheitels ein zarter Anflug von Grau.

Ninian Edwards trat ein; mit dreißig war er bereits Generalanwalt des Staates und saß zum zweitenmal in der Gesetzgebenden Versammlung. Von seinem Vater hatte er Ländereien, Farmen, Stadthäuser, wie auch einen der besten Namen von Illinois geerbt. Er war ein stattlicher Mann, sechs Fuß groß, mit tintenschwarzen, starken Brauen; Kinn und Nase sprangen kräftig vor. Sein Vater, von Präsident Madison im Jahre 1809 zum Gouverneur des neuen Territoriums Illinois ernannt, hatte zum erstenmal Kultur und Tradition in diese Wildnis gebracht, hatte ein geräu-

miges Haus gebaut und schönste französische Möbel kommen lassen. Ninian streckte Mary beide Hände entgegen.
»Ich sehe, daß du ein Licht ins Fenster gestellt hast«, sagte Ninian. »Du wirst bestimmt viele Gäste haben.«
»Glaubst du, daß Stephen Douglas kommt?« fragte Mary.
»Ich zweifle, daß diese Dampfmaschine in Reithosen jemals den Fuß wieder in unser Haus setzt.« Ninians Lippen zogen sich verärgert zusammen. »Sich mitten auf dem Platz mit John Stuart zu raufen!«
»Nun, nun, Ninian, unser Cousin John hat sich ja auch gerauft«, meinte Elizabeth besänftigend. »Wir müssen die Steitigkeiten anderer Leute nicht bei uns im Haus weiterführen. Steve wird eines Tages ein großer Mann im Staat sein, auch wenn er Demokrat ist, und ich möchte, daß er unser Freund bleibt.« Sie wandte sich zu Mary. »Ich bin überzeugt, daß er kommen wird, Liebe; er erkundigt sich immer nach dir.«
Während sie noch sprach, wurde der Türklopfer von gebieterischer Hand in Bewegung gesetzt. Stephen Douglas war ein kleiner Mann, auf dessen mächtigem Schädel sich dichtes braunes Haar wellte, das ihm bis in den Nacken reichte und beide Ohren bedeckte.
Elizabeth ging ihm entgegen und begrüßte ihn. Dann spürte Mary, wie ihre beiden Hände mit festem Griff umschlossen wurden, während seine dunkelblauen Augen unter den buschigen Brauen ihr freundlich entgegenfunkelten.
»Wunderschön, daß Sie wieder da sind, Mary! Soviel ich höre, bleiben Sie uns diesmal erhalten!«
»Das hoffe ich, Steve. Kommen Sie, erzählen Sie mir alles, was Sie in der Zwischenzeit getan haben. Ich weiß nur, daß Sie für den Kongreß kandidiert haben... und anscheinend haben Sie sich mit meinem Cousin John Stuart gerauft.«
Sie saßen auf einem schwarzen, mit Satin bespannten Divan eng nebeneinander, während Elizabeth und Ninian sich diskret ins Wohnzimmer der Familie zurückzogen. In Brandon als Sohn eines Arztes geboren, der starb, als das Kind nur wenige Wochen alt war, hatte Stephen Douglas als Lehrling bei einem Kunsttischler gearbeitet, mit neunzehn Jahren aber war er nach dem Westen gegangen und hatte in weniger als zwei Jahren sein Jurastudium beendet. Sehr rasch hatte sich sein Aufstieg zum Generalanwalt und Mitglied der Gesetzgebenden Versammlung vollzogen.
Douglas lachte leise.
»Ja, ich habe mit Ihrem Cousin vor der alten Markthalle diskutiert, und da sagte ich etwas, das ihm gegen den Strich ging. Da hat er mich beim Kopf gepackt und um die Markthalle geschleppt. Ich mußte ihm den halben Daumen abbeißen, damit er mich losließ. Dann zogen wir uns in Herndons Laden zurück und kämpften weiter, bis wir beide sozusagen be-

wußtlos liegen blieben. Nur eines bedaure ich – daß Stuart zuerst auf den Gedanken kam, ein Faß Whisky für die Zuschauer zu kaufen.«
Von ihrem früheren Besuch her wußte sie, daß in diesem Fall das Wort »Laden« die Umschreibung für eine Bar war. Nachdenklich schüttelte sie den Kopf über die Primitivität der Grenzerpolitik.
»Steve, ich schäme mich für Sie; was ist das für eine Methode, um festzustellen, wer von euch der geeignetere Kandidat für den Kongreß ist!«
»Das bin ich«, erwiderte Douglas, und seine Augen leuchteten. »Und das ist's auch, was die Wähler von Illinois meinen. Warten Sie nur, ich werde John Stuarts Sitz erobern, bevor er ihn warm gesessen hat. Bei allem Respekt vor Ihrer geschätzten Familie, Mary, von den Whigs in Springfield ist doch Abe Lincoln der fähigste und anständigste.«
Sie hatte den Namen schon bei ihrem letzten Besuch nennen gehört: Lincoln war etwa zwei Monate vor ihrer Ankunft in Springfield Partner in John Stuarts Anwaltskanzlei geworden, doch sie hatte den Mann nie kennengelernt und wußte auch nicht, ob er noch immer der Partner ihres Cousins war.
»Steve, Sie sind ja im Aufstieg! Warten sie nur Ihre Zeit ab... eines Tages werden Sie Kandidat für das Weiße Haus sein.«
Seine Augen blickten, als hätte sie ihm einen Schlag versetzt. Doch dann merkte er, daß sie im Ernst gesprochen hatte. Und da hellten seine Züge sich auf, er beugte sich so weit vor, daß seine Lippen ihr Ohr berührten.
»Mary Todd, Sie sind die durchtriebenste junge Dame, die ich je kennengelernt habe. Ich bin froh, daß Sie in Springfield bleiben... für immer.«

Am folgenden Nachmittag zog sie sich in ihrem Schlafzimmer an, das genau über dem Eßzimmer lag und nach Süden blickte. Der Raum bildete einen starken Kontrast zu ihrem üppigen Schlafzimmer in Lexington, doch gab es einen recht hübschen Tisch mit Marmorplatte und Spiegel, es gab Bücherregale, einen kleinen Schreibtisch und einen Kamin.
»Mary, wir werden zu spät zur Versammlung kommen.«
Es war Ninians Stimme, die durch das eichengetäfelte Treppenhaus heraufttönte. Während sie die Bänder ihres Häubchens knüpfte, kam ihr wieder in den Sinn, wie völlig von der Politik besessen Springfield war. Obgleich die Präsidentenwahlen des Jahres 1840 doch erst in einem Jahr stattfanden, blieb nur der Sonntag von geräuschvollen Debatten verschont, denn er war dem Gottesdienst vorbehalten.
Sie warf einen Blick in den Spiegel in der Halle und fand, daß sie mit den leuchtenden Augen und den roten Wangen sehr gut aussah. Obgleich sie erst seit wenigen Tagen in Springfield war, schienen die wirren Gedanken beim Abschied von Lexington und die Ungewißheit darüber, was sie von

der Zukunft erwartete, verschwunden zu sein; und damit auch der dunkle Schatten auf ihren Wangen. Sie konnte sich nicht entsinnen, sich je so gut unterhalten zu haben wie am Abend zuvor, umringt von etwa dreißig jungen Menschen, wie sie selber einer war, und umschwirrt von einem halben Dutzend politischer Diskussionen zu gleicher Zeit.

Elizabeth und Ninian saßen bereits im Wagen, als Mary aus der Haustür trat. Elizabeth raffte die Falten ihres Rocks, um Mary neben sich Platz zu machen. Ninian saß ihnen gegenüber, den Rücken den beiden eisengrauen Pferden zugewandt.

Sie fuhren durch schattenreiche Eichengehölze und über eine Holzbrücke. Als sie an der eben erst vollendeten hölzernen Kirche vorüberkamen, beugte Ninian sich zu Mary.

»Elizabeths Kuchen sind der Eckstein dieser Episkopalkirche!«

Jetzt wandte der Wagen sich ostwärts, bis sie zum Platz kamen. Das Gerichtsgebäude aus Backstein war niedergerissen worden, und das zweistöckige Regierungsgebäude aus Kalkstein noch nicht fertig; Steinhaufen und Werkzeugschuppen umgaben es. Viele von den Blockhäusern rund um den Platz waren durch schöne Backsteinbauten ersetzt worden. Es herrschte maßlose Bauwut im Ort. Die Staatsbeamten waren hierher übersiedelt, und so gab es mehr als hundert Heimstätten in den verschiedensten Stadien der Vollendung, und dazu gesellten sich noch neue Hotels, Geschäfte, Amtsgebäude.

Ihr Wagen hielt vor einem der Lagerhäuser, das vorübergehend als Gerichtsgebäude des Sangamon-Distrikts verwendet wurde. Sie traten in einen Raum, in dem die Bänke von Wand zu Wand standen und den bereits etwa zweihundert Zuschauer füllten. Mary erkannte die meisten ihrer Gäste vom Vorabend.

Die Luft war stickig, denn eine Ventilation gab es nicht. Stephen Douglas winkte sie zu sich; er hatte es fertiggebracht, drei Plätze auf seiner Bank für sie freizuhalten.

Der erste Redner, Edward Baker, trat auf das Podium. Mary war mit einem Mal im Hexenkessel nationaler und staatlicher Politik. Ninian Edwards und die Whigs klatschten häufig Beifall, Douglas, der Ire Shields und ihre demokratischen Gesinnungsgenossen saßen auf den Händen, und der Ausdruck ihrer Züge verfinsterte sich ständig.

»Wo immer ein Landamt ist«, rief Baker mit großer Geste, »gibt es auch eine demokratische Zeitung, um seine Korruption zu verteidigen.«

Sie spürte, wie Stephen Douglas aufsprang; er war der Leiter des Landamts gewesen. Doch der Demokrat John B. Weber, der Bruder des Mannes, dem das demokratische »Register« gehörte, hatte seine Stimme früher gefunden.

»Herunter mit ihm!« schrie er und wies auf Baker.

Rund um sie brüllten jetzt die Männer: »Herunter mit ihm!« Und Douglas und die Demokraten drangen durch den Mittelgang vor. Doch auch die Whigs waren aufgesprungen, um ihren Sprecher zu verteidigen. Inmitten des Wirrwarrs hatte sie den Eindruck, daß sie plötzlich den Verstand verloren hatte, denn aus einer Falltür über dem Redner tauchten jählings zwei Füße auf, dann ein Paar Kalbslederstiefel, dann lange Beine, die sich immer tiefer in den Raum streckten, Beine, die den ganzen Abstand zwischen der Falltür und dem Rednerpult einzunehmen schienen. Als sie ganz benommen hinstarrte, kam endlich auch der Rest des Mannes zum Vorschein, ein langer Rumpf, ein Hals, Arme, die anscheinend noch länger waren als die unglaublichen Beine, ein dunkles, hageres, häßliches, knochiges Gesicht und ein zerraufter Schopf von dichtem, schwarzem Haar.

Sie wandte langsam den Kopf und bemerkte, daß die Männer in den Gängen und auf dem Podium wie gebannt stehen blieben. Nach wenigen Sekunden eines Schweigens, das in der Luft hing wie eben noch die seltsame Erscheinung, begann der Mann mit hoher, nasaler Stimme zu sprechen.

»Halt, meine Herren. Wir sind im Land der freien Rede. Baker hat ein Recht zu reden, und wenn ihr ihn vom Podium herunterholt, so müßt ihr mich auch herunterholen.«

Es war keinerlei Zorn in dieser Stimme, nicht der leiseste Hauch einer Drohung – nur Autorität. Mary spürte das, und als sie den Männern, die sie umstanden, ins Gesicht sah, wußte sie, daß auch diese Männer es spürten, daß es sozusagen unmöglich wäre, diesen Riesen herunterzuholen, der scheinbar zwölf Fuß maß. Stephen Douglas war es, der das Schweigen brach.

»Gut, Freunde, setzt euch! Lassen wir Baker reden!«

Baker fuhr in seiner Rede fort, wenn er sich diesmal auch ein wenig mäßigte. Der hagere, dunkle Mann saß am Rand des Podiums, die Knie höher gezogen als das Kinn, die langen, dünnen Arme um die Beine geschlungen. Mary vermochte den Blick nicht von seinem hohlwangigen Gesicht mit den tiefliegenden, brennenden Augen zu wenden.

»Wer... ist das?« flüsterte sie Ninian zu.

»Der Partner deines Vetters Stuart. Sie haben im oberen Stock ihre Kanzlei. Bei Verhandlungen vermieten sie sie als Sitzungszimmer.«

»Und dieses Loch in der Decke... wie konnte er...?«

»Ach, Lincoln liegt gern auf dem Boden über der Falltür und hört den Verhandlungen zu... oder Versammlungen wie dieser hier...«

»Ist er ein Freund von dir?«

»Nun... in der Politik stehen wir auf derselben Seite, das ist alles.«

»Aber bei euch habe ich ihn nie gesehen.«

»Er geht kaum in Gesellschaft.«

»Habt ihr ihn eingeladen?«
»Er gehört nicht zu unseren Kreisen. Lincoln ist ein ganz amüsanter Kerl, aber er ist kein Mann, für den eine Todd sich interessieren würde.«

Nach der Versammlung ging sie mit ihrem Cousin John J. Hardin durch das kühle Zwielicht des Novembers zu John Stuarts Haus. Cousin John J., wie Mary ihn nannte, war ebenfalls Anwalt und Whig-Abgeordneter; manchmal hatte Mary den Eindruck, als bestünde die ganze Gesetzgebende Versammlung von Illinois ausschließlich aus ihren Verwandten. Und das weckte in ihr ein warmes Gefühl der Zugehörigkeit.
Die Gesellschaft bei John Stuart bestand diesmal nicht nur aus einer Menge von Verwandten, sondern auch aus Freunden der Familie, die aus Kentucky nach Illinois ausgewandert waren. Zehn Uhr wurde es, bevor sie mit den Begrüßungen fertig war, und sie verspürte ein leises Gefühl der Enttäuschung. Cousin Johns Partner war auch hier nicht eingeladen worden, oder aber er hatte keinen Wert darauf gelegt, zu kommen.
Ihr Vetter John Stuart war ein breitschultriger, grobknochiger, umgänglicher Mann. Als Mary eine Weile mit ihm allein war, fragte sie:
»Was wird aus deiner Praxis, während du fort bist?«
»Lincoln wird sich schon um alles kümmern. Er kennt alle meine Klienten und alle meine Fälle. Er sieht vielleicht nicht gerade aus, wie man sich einen Anwalt vorstellt, aber du weißt doch, wie gut er mit einem Richter und mit Geschworenen umzugehen vermag.«
»Nein, das weiß ich nicht. Ich habe ihn nie vor Gericht gesehen«, erwiderte Mary. »Ich habe ihn überhaupt bisher noch nicht kennengelernt.«
»Was?! Du hast Lincoln noch nicht kennengelernt? Das ist aber erstaun... nein, es ist gar nicht erstaunlich. Er geht überall hin, wo Männer sind, aber fast nirgends, wo auch Frauen eingeladen werden. Ich hatte ihn für heute abend eingeladen, aber er sitzt wahrscheinlich in Josh Speeds Laden mit einem Dutzend seiner Spießgesellen am Kamin, und sie spinnen ihr Garn und reden über Politik.«
»Weißt du, John, ich hätte gedacht, er wäre der letzte Mensch, den du dir als Partner aussuchen würdest.«
Stuart nahm ihren Arm und führte sie auf eine Veranda an der Seitenfront des Hauses; es war dunkel und kalt, doch sie waren fern von dem betäubenden Lärm der Salons. John Stuarts Stimme schien aus seinem tiefsten Innern zu dringen.
»Ich bin ihm zum erstenmal begegnet, als wir im Jahre 1832 miteinander draußen im Indianerkrieg waren; er war ein ungeschlachter Bursche, scheu, grämlich, sehr verbauert, doch als er sprach, erkannte ich, daß er einen natürlichen Verstand besaß; er war von seinen Freunden in New Salem zum Hauptmann seiner Kompanie gewählt worden. Scheint, daß

er den Häuptling einer Rowdybande von Clarys Grove hinausgepeitscht hat, und so machten sie ihn zu ihrem Führer. Wir haben nie einen Indianer zu Gesicht bekommen, geschweige denn mit einem Indianer gekämpft, aber wir hatten ganz gewiß gute Zeiten, als wir versuchten, Soldaten zu spielen. Ich erinnere mich an einen Tag, als Lincoln seine Kompanie an einen Zaun führte und nicht wußte, wie er sie hinüberkriegen sollte. Da schrie er mit einer hohen, näselnden Stimme: ›Halt! Die Kompanie löst sich auf und versammelt sich augenblicklich auf der andern Seite des Zauns!‹«

Mary lachte. »Klingt wie ein Advokatenkniff!«

»Nein, nein, er war damals noch nicht Anwalt, weit davon entfernt! Er arbeitete in einem Geschäft in New Salem, hatte aber schon großen Appetit auf Bücher und Studium. Mir erzählte er, er habe wenige Monate, bevor er sich zum Dienst meldete, gehört, ein Farmer in der Nachbarschaft besitze ein Exemplar von Kirkhams Grammatik. Da überredete er den Mann, ihm das Buch zu leihen, und büffelte monatelang darin, und dann fand er, wenn Grammatik als Wissenschaft gelte, könnte er sich doch auch eine andere Wissenschaft aneignen. Ich fragte ihn, ob er im Sinne habe, Jura zu studieren. Diese Idee schien in abzuschrecken, er sagte, dafür habe er nicht genug Vorbildung. Bis zu seinem fünfzehnten Jahr hatte er weder einen Bleistift noch ein Rechenbuch in der Hand gehabt. Ich sagte ihm, wenn er sich entschließen könnte, zu mir nach Springfield zu kommen, würde ich ihm zeigen, daß die Gesetzbücher nicht schwerer sind als Kirkhams Grammatik. Und richtig, im nächsten Frühjahr kam er die zwanzig Meilen nach Springfield gegangen, um sich bei mir juristische Bücher auszuleihen. Mit seinem Sold aus dem Indianerkrieg kaufte er sich in New Salem ein Geschäft, doch es ging nicht sehr gut, und er hatte reichlich Zeit zu studieren. Es war geradezu erstaunlich, wie er auf dem Heimweg las, und wenn er ankam, hatte er schon dreißig oder vierzig Seiten eines Buches durchgearbeitet.«

»Hast du ihm aus jener Herzensgüte heraus geholfen, die du jedermann gegenüber beweist?«

Stuart errötete über dieses Kompliment, dann schüttelte er den Kopf.

»Er ist ein merkwürdiger Mensch; man ist ihm gewissermaßen verfallen. Gerade, wenn man glaubt, jetzt habe ihn eine hoffnungslose Schwermut gepackt und er werde in den Wald gehen und sich erschießen, da erhellt sich sein Gesicht, und er erzählt einem eine Geschichte mit solchem Schwung, daß man nur den Kopf zurückwerfen und laut auflachen kann.«

Stuart schwieg sekundenlang und entsann sich verschiedener Geschehnisse. Mary kreuzte die Arme über der Brust, um sich ein wenig zu erwärmen.

»Er hat viel Pech gehabt. Er hatte eine kleine Stellung als Postmeister, und daneben studierte er genug Mathematik, um bei einem Feldmesser zu arbeiten; anders hätte er sich kaum erhalten können. Doch die Leute in der Gegend hatten ihn gern und wählten ihn im Jahr 1834 in die Gesetzgebende Versammlung. Ich schlug ihm vor, in Vandalia zu mir ins Zimmer zu ziehen. Wenn man mit einem Mann im selben Zimmer schläft, lernt man ihn mit der Zeit leidlich gut kennen. Ich stellte ihn meinen Freunden vor, brachte ihn in verschiedene Ausschüsse und lehrte ihn alles, was ich selber von der Politik wußte. Nie habe ich einen Mann gesehen, der so schnell lernen kann. Nachdem er alle juristischen Bücher gelesen hatte, die er in Springfield finden konnte, erhielt er die Bewilligung, zu praktizieren. Damals entschloß mein Partner sich, wegzuziehen, und da fragte ich Lincoln, ob er bei mir eintreten wolle.«

Sie hatte die Züge ihres Cousins während dieser Schilderung beobachtet. Sie sagte: »Du hast mir jetzt eine Menge über Mr. Lincoln erzählt, John; aber du hast nicht erklärt, warum du ihn gern hast.«

Stuart war verdutzt; er forschte in ihren Zügen.

»Wie soll man einem Mann die Bewunderung versagen, der hundert Meilen unter dem Boden anfängt, der nichts und niemanden hat, der so häßlich ist, daß man wohl vermuten darf, er werde nie die Liebe einer Frau erringen können? Das dürfte auch der Grund seiner Schwermut sein: die Einsamkeit. Und das ist es auch, wozu sein Humor ihm dienen soll: die Menschen durch ihr Lachen ein wenig näher an sich heranzuziehen.«

Das kann ich verstehen, dachte sie. In Lexington, selbst als ich von Familie und Freunden umgeben war, hatte ich manchmal das Gefühl, ich würde den Rest meiner Tage in Einsamkeit verbringen müssen.

Das letzte, was sie in jener Nacht sah, als sie die Decke über die Schultern zog und die Augen zum Schlaf schloß, war ein Paar unendlicher Beine, die vom Himmel herunterstiegen; irgendwo in der Ferne hörte sie Ninian Edwards erklären, daß solche Beine vom gesellschaftlichen Standpunkt aus unmöglich seien.

Am nächsten Morgen ging sie ins ›Globe‹, durchschritt die heiter ausgestatteten Räume und stieg die Treppe zu ihrer Schwester Frances hinauf. Nie hatte Mary ihre Schwester so anziehend gefunden. Das Schlafzimmer des Ehepaares Wallace war von bescheidener Größe, doch es hatte ein behagliches Himmelbett, einen riesigen französischen Kleiderschrank, ein kleines Sofa und einen Kamin, vor dem man sitzen konnte. Die Fenster blickten nach Osten und Norden, und man hatte die Aussicht auf den Platz.

»Sollen wir dir dieses Zimmer reservieren, Mary? Es ist angenehm genug... um hier seinen Laden aufzuschlagen.«

Mary sah ihre Schwester an, die seit einigen Monaten schwanger war, und dann erinnerte sie sich, daß John Stuart mit seiner jungen Frau nach der Trauung gleichfalls dieses Zimmer bezogen hatte.
»Ja«, meinte sie halblaut, »trag meinen Namen ein, da es nun einmal eine Familientradition ist. Aber glaubst du nicht, daß man das Datum noch offen lassen sollte?«
Sie gingen miteinander zu Tinsley, wo Mary ein Stück Kaschmir kaufte und Frances ein Paar Handschuhe. Dann überquerten sie den belebten Platz und stießen auf eine Menschenmenge, die einer politischen Debatte lauschte. Auf der Estrade stand Colonel Dick Taylor, ein schwülstiger Redner, der die Whigs als Aristokraten und Reaktionäre beschimpfte, denen es nur darauf ankam, Reichtum anzuhäufen und ihre Privilegien zu erhalten, während er und seine demokratischen Gesinnungsgenossen arme, einfache Menschen und ausschließlich an der Wohlfahrt des Volkes interessiert seien.
Während dieser letzten Sätze war ein Mann langsam von hinten her auf die Estrade gestiegen, hatte sich neben den Obersten gestellt, und als die Rede fertig war, packte er des Sprechers Rock, riß ihn auf und ließ das Publikum ein kostbares Seidenhemd, eine goldene Uhrkette mit Petschaften und andere prächtige Schmuckstücke sehen.
Mary stimmte in das herzliche Gelächter der Zuschauer ein. Sie hatte in dem Mann sogleich jenen Eindringling erkannt, der durch die Falltür mitten in eine politische Versammlung herabgestiegen war. Jetzt hob er die Arme in die Höhe, und es wurde still.
»Freunde, ich bin der bescheidene Abraham Lincoln. Während Colonel Taylor seine Anklagen gegen die Whigs erhob, während er in prächtigen Karossen durchs Land fuhr, Seidenhemden trug, Glacéhandschuhe, massive goldene Uhrketten und dazu einen Stock mit goldenem Griff schwang, war ich ein armer Junge, arbeitete für acht Dollar im Monat auf einer Fähre, hatte nur ein einziges Paar Hosen, und die waren aus Wildleder. Nun, Wildlederhosen haben es an sich, daß sie eingehen, wenn sie naß werden und an der Sonne trocknen; und so sind meine Hosen eingegangen, bis zwischen dem obern Rand meiner Socken und dem untern Rand meiner Hosen ein paar Zoll von meinen Beinen nackt und bloß waren. Und als ich wuchs, wurden sie noch kürzer und so eng, daß sie einen blauen Streifen rund um meine Beine preßten, den ihr noch heute sehen könnt. Wenn ihr das aristokratisch nennt, dann plädiere ich für das Urteil ›schuldig‹!«
Die Menge applaudierte, und dann gingen die Leute ihren Geschäften nach. Der Sprecher blieb stehen und sah, wie sie sich verliefen. Mary verharrte reglos dort, wo sie vorher am äußersten Rand der Menge gestanden war. Jetzt dehnte sich zwischen ihr und der langen Gestalt auf der Estrade

ein leerer Raum. Keiner von beiden sah den andern an, und doch war jeder sich der Gegenwart des andern deutlich bewußt.
Sie wandte sich zu Frances und sagte ruhig:
»Gelegentlich einmal möchte ich Mr. Lincoln kennenlernen.«

Eines Morgens begann es zu regnen. Es regnete zwei ganze Wochen lang Tag und Nacht. Mary war ans Haus gefesselt, denn die Straßen waren nicht gepflastert, und hatten sich in einen Sumpf von zähem, schwärzlichem Schlamm verwandelt, den kein Wagen durchdringen konnte, und Trottoire gab es keine. Nun, im Haus fanden sich eine Menge guter Bücher, und außerdem nähte Mary verschiedene neue Kleidchen für ihre Nichte, die kleine Julia Edwards.
Als sie es schließlich satt hatte, eingesperrt zu sein, sandte sie eine Botschaft an Mercy Levering, mit der sie sich angefreundet hatte.

Liebe Mercy,
ich habe einen Haufen flache Steine, und wenn man sie vor sich in die schlimmsten Löcher fallen läßt, könnten wir uns vielleicht treffen, ohne im Schlamm zu ertrinken. Hast du Lust zu diesem Abenteuer?

Mercy kam sie holen. Den Hügel hinunter, auf dem das Haus der Edwards stand, war es nicht so schlimm, denn der Regen war in den Furchen abgelaufen, doch als sie einmal unten waren, dehnte sich vor ihnen ein Meer von Schlamm, und Marys Steine reichten nur für die Hälfte des Wegs zu Watsons Konditorei. Die beiden Mädchen waren bis zu den Knien bespritzt und beschmutzt, als sie bei Watson eintraten, um Eis und frischgebackenen Kuchen zu essen. Sie traten auf den Platz hinaus, um den langen Heimweg, jetzt ohne Steine, zu bestehen. In diesem Augenblick kam ein zweirädriger Karren, von einem schlammbedeckten Bauernpferd gezogen, langsam über die Straße geholpert. Es war ein Karren, in dem Mary bereits allerlei Frachtgut gesehen hatte – Kisten, Heuballen, Schweine.
»Mercy«, rief sie, »das ist Ellis Hart mit seinem Karren! Und uns vom Himmel geschickt!«
»Mary, wir können doch unmöglich in diesem alten Karren fahren. Der ganze Ort wird empört sein.«
»Schön, dann wird man vielleicht endlich Trottoire anlegen! Ach, Mr. Hart, könnten wir Ihren Karren mieten, damit er uns heimbringt?«
Hart hielt seinen Gaul an und kratzte sich den roten Stoppelbart.
»Sie heimbringen? Ja, warum nicht, Miss Todd? Wenn Sie's aushalten, ich und mein Gaul können's gewiß!«
Mary kletterte hinauf, aber Mercy weigerte sich.
»Das kann ich einfach nicht, Mary. Mein Bruder würde das für unpassend halten. Aber fahr du nur zu!«

Marys weiße Hutfedern wehten im Wind, als Hart um das unvollendete Regierungsgebäude fuhr, bevor er sich südwärts zum Edwardsschen Haus wandte. Unterdessen hatten sich sämtliche Geschäfte geleert, und Kunden und Angestellte standen auf der Straße und gafften; auch die Fenster in den oberen Stockwerken hatten sich mit Männerköpfen gefüllt, die den Mund aufsperrten. Mary konnte nicht einsehen, was denn so Seltsames an einem Mädchen war, das in dem einzigen erreichbaren Vehikel nach Hause fuhr.

Doch um die Teestunde wimmelte es bereits von jungen Leuten, die gekommen waren, um sie mit ihrem Abenteuer zu necken. Der erste, der erschien, war Stephen Douglas, der in der Mitte des Zimmers stehen blieb, die Hand zwischen zwei Knöpfen seines Rocks wie Napoleon und mit großen Gesten deklamierte:

Am Montag durch den Straßenschlamm
Hört ich zwei Räder knarren
Und sah ein zartes Mägdelein,
Das fuhr auf einem Karren.

Da sagt ich: »Süßes Mägdelein,
Du hast wohl einen Sparren!«
Doch sie: »Wenn's keine Kutsche gibt,
Dann tut es auch ein Karren.«

Kaum hatte Douglas geendet, als James Shields ins Zimmer sprang, als wäre es eine Bühne:

Aus allen Fenstern schaun die Leut'
Und spähen wie die Narren
Nach Seidenkleid und Federhut
Des Mädchens auf dem Karren.

Sie aber denkt: Ihr guten Leut'
Das schert Euch einen Schmarren!
Und fährt vor Edwards Hause vor.
Das Mädchen auf dem Karren.

»Wer hat denn dieses Epos gedichtet?« rief Mary lachend.

Doch bevor ihr jemand antworten konnte, trat ein Diener ein und meldete Dr. Elias Merryman, der schon von der Tür her rief:

»Ich bin der Dichter, Mary, und diese andern schlechten Komödianten haben nur ihre Rollen eingelernt. Hören Sie aber noch das Ende an:

Ihr Damen, merkt Euch die Moral:
Statt kläglich auszuharren,
Bis zu den Knien im Straßenkot,
Nehmt lieber einen Karren!«

Lautes Gelächter und Applaus erscholl. Ninian Edwards trat ein. Ach mein Gott, dachte Mary, habe ich meinem Schwager Ungelegenheiten bereitet!

Doch Ninian war nicht zimperlich; er gab Mary einen Kuß und sagte: »Nun, Miss Todd, Sie sind ja der Stolz des Ortes! Und mit deiner Demonstration ist es dir auch gelungen, uns etwas vor Augen zu führen, wofür wir blind gewesen sind. Jetzt werden wir unsere Stadtväter bestürmen, damit sie uns ein Trottoir bauen, das bei der Monroe Street beginnt und bis zum Platz führen soll. Tatsache ist, daß ich schon einen unserer Gemeinderäte eingeladen habe. Er kratzt sich nur noch draußen den Schlamm von den Stiefeln. Josh Speed hat mich gefragt, ob er ihn mitbringen darf.«

Und nun erschien Joshua Speed, gefolgt von Vetter Stuarts Partner. Sie hörte nicht, wie er ihr vorgestellt wurde, sie wußte nur, daß ihre Hand in der seinen war, gefangen im kräftigsten Griff, den sie je empfunden hatte. Dann sah sie auf, und zum erstenmal begegneten ihre Augen den Augen Abraham Lincolns und wurden tief in deren unauslotbares graues Dunkel hineingezogen.

Er blieb länger als die anderen Gäste; mehr, wie Mary meinte, weil er nicht recht wußte, auf welche Art er Abschied nehmen sollte, als weil er entschlossen war zu bleiben. Elizabeth und Ninian waren zum Abendessen eingeladen; auch Mary war zu Leverings eingeladen, aber sie hatte abgesagt. Er redete fast gar nicht, und sie hörte sich doppelt soviel reden, um keine Stille eintreten zu lassen. Offenbar war eine Salonkonversation nicht Mr. Lincolns Sache. Er hatte den Tee, der ihm angeboten wurde, abgelehnt, und um sieben Uhr dachte sie, er müsse rechtschaffen hungrig sein.

»Die Dienstboten sind schon in ihrem Quartier, aber ich weiß, daß gebratene Wachteln da sind, frischgebackenes Brot, Heidelbeerkonfitüre und Rahm. Wollen Sie sich nicht mit mir unterhalten, während ich das alles herrichte, und dann können wir einen Tisch hier vors Feuer schieben...«

Sogleich sprang er verlegen auf, und seine Hand tastete nach dem Türknauf.

»Nein... nein... ich dachte nicht... ich bin gar nicht hungrig...«

Ohne seine Antwort abzuwarten, ging sie durch das Eßzimmer voraus in die große Küche, die mit dem Haus durch einen gedeckten Gang verbunden war. Nur eine einzige Kerze flackerte auf dem rohen Holztisch. Mary reichte sie Lincoln, der die große Lampe über dem Herd anzündete. Die Küche war sorgfältig geschrubbt und strömte den angenehmen Duft von gutem Essen aus, das hier zubereitet und verzehrt wurde. Sie nahm zwei Wachteln von einer Schüssel und schob sie in den Herd, dann schnitt sie Brot. Lincoln folgte ihren behenden Schritten mit langsamem Stapfen und wollte ihr behilflich sein.

»Sie waren doch schon in Springfield, als ich vor zwei Jahren herkam«, sagte Mary. »Wieso habe ich Sie damals nicht kennengelernt?«

»Nun, ich war in Gesellschaft recht unbeholfen. Nicht, daß ich damals nicht einen Freund gebraucht hätte. Das Leben in Springfield war für mich ziemlich langweilig. Ich war hier ebenso einsam, wie ich es überall in meinem Leben gewesen bin. In jenen ersten Monaten hat nur eine einzige Frau zu mir gesprochen, und auch sie hätte es nicht getan, wenn es zu vermeiden gewesen wäre.«

»Mr. Lincoln, ich bin überzeugt, daß das nicht wahr ist. Als Partner meines Cousins John Stuart wären Sie zum mindesten in jedem Toddschen Haus willkommen gewesen.«

Er warf ihr einen dankbaren Blick zu, in den sich allerding auch ein gewisser Zweifel mischte.

»Ach, Miss Todd, ich bin damals sogar nicht in die Kirche gegangen, weil mir bewußt war, daß ich keine Ahnung hatte, wie ich mich benehmen sollte.«

Es war keinerlei Mitleid mit sich selbst in seinem Ton, noch eine Bitte um Mitgefühl; es war die einfache Feststellung einer Tatsache. Trotzdem war sie verärgert. Sie wandte dem Herd den Rücken, lud Lincoln mit einer Geste zum Sitzen ein und sah ihn vorwurfsvoll an.

»Nun, Mr. Lincoln, das ist nichts als Widerspruchsgeist! Was verlangt man in der Kirche schon an Benehmen? Sie treten ein, setzen sich auf eine Bank, singen mit, hören dem Prediger zu, beugen den Kopf zum Gebet. Das ist doch einfach... ebenso einfach, wie es gewesen wäre, wenn Sie vor zwei Jahren mit Steve Douglas oder einem meiner Cousins durch diese Tür getreten und mit uns fröhlich gewesen wären. Dann hätten wir die ganze Zeit Freunde sein können, statt einander heute abend als Fremde gegenüberzusitzen.«

Er lächelte ein langsames, zögerndes Lächeln, das irgendwo tief in seinem Geist seinen Ursprung hatte, dann das Dunkel der Augen erhellte und sich über seine Lippen breitete. Sie fragte sich erstaunt, warum eigentlich jedermann ihn häßlich fand. Nein, das war er nicht – zum mindesten nicht, wenn er lächelte.

»Als ich das letzte Mal, weit draußen auf dem Land, in die Kirche ging, da überschrieb der alte Baptistenpfarrer den Text seiner Predigt: ›Ich bin Christus, den ich heute vertreten werde.‹ Er trug Hosen aus grobem Leinen und ein Hemd aus dem gleichen Stoff. Kaum hatte er mit seiner Predigt begonnen, als eine kleine blaue Eidechse ihm an der Hose hinauf lief. Der Geistliche wollte sie verscheuchen, doch alle seine Bemühungen waren ohne Erfolg, das kleine Ding kletterte höher und höher. Der Pfarrer setzte seine Predigt fort, öffnete aber den obersten Knopf seiner Hose und entledigte sich des Kleidungsstücks, in der Hoffnung, sich gleichzeitig auch der Eidechse zu entledigen. Doch Fräulein Eidechse war bereits unter das Hemd des Geistlichen geschlüpft. Es war eine rechte Marter für den armen Mann, aber er wollte um keinen Preis in seiner Predigt einhalten, und so öffnete er auch den Kragenknopf, und schon hatte er das Leinenhemd ausgezogen. In diesem Augenblick erhob sich eine alte Dame auf einer der hintersten Bänke und rief: ›Wenn Ihr Christus vertretet, dann bin ich mit der Bibel fertig!‹«

Als er mit seiner Geschichte begann, hatte er die Füße breit auf den Boden gesetzt; mitten drin hob er langsam das rechte Bein. Als er den Höhepunkt erreichte, schlug er es über das linke, warf den Kopf zurück und lachte hemmungslos.

Sie dachte: Cousin John Stuart sagt, daß dieser Mann seine Geschichten erzählt, um sich in seiner Einsamkeit anderen Menschen zu nähern, ich glaube aber, daß sie seine Form der Konversation sind, das Kleingeld, mit dem er sich den Weg zu menschlicher Gemeinschaft erkauft.

Sie reichte ihm die Schüssel, dazu Teller und Besteck, und dann ging sie ihm voraus, um ein Tischtuch auf einen kleinen runden Kirschholztisch vor dem Kamin zu legen. Als sie sich gesetzt hatten, fragte sie:

»Haben Sie Springfield jetzt lieber, nachdem Sie einige Jahre hier gewohnt haben?«

»Ein Mann kam zu unserem Staatssekretär und bat ihn um die Bewilligung, in einem der Säle des Regierungsgebäudes eine Reihe von Vorträgen zu halten. ›Darf ich fragen, worüber Sie sprechen wollen?‹ fragte der Staatssekretär. ›Aber gewiß! Über die Wiederkunft unseres Herrn.‹ Da meinte der Staatssekretär: ›Das hat keinen Zweck. Wenn der Herr schon einmal in Springfield gewesen ist, kommt er ganz bestimmt nicht wieder.‹«

Zunächst war sie entrüstet. Gibt denn dieser Mann nie eine unmittelbare Antwort? Muß er immer eine Geschichte erzählen? Dann aber stimmte sie in sein Gelächter ein.

»Mr. Lincoln, Sie sind das vollendetste Original, dem ich je begegnet bin!«

Er hatte angefangen, seine Wachtel zu essen, jetzt aber legte er mit einer Grimasse die Gabel hin.

»Das hat man mir schon früher gesagt... weniger freundlich.«
Impulsiv streckte sie die Hand aus, und seine knochigen Finger umschlossen sie sofort.
»Sie interessieren mich! Und das ist doch der Anfang der Freundschaft, nicht?«
»Der beste«, meinte er. »Nicht viele junge Damen haben mich interessant gefunden.«
»Haben Sie sich denn schon für viele junge Damen interessiert?«
»Für zwei oder drei vielleicht. Als ich noch ein kleiner Junge war, da brach vor unserem Haus ein Wagen mit einer Dame und zwei Mädchen und einem Mann darin zusammen; und während man den Wagen reparierte, haben sie in unserer Küche gekocht. Die Frau hatte Bücher mit und las uns Geschichten vor, und das waren die ersten Geschichten, die ich je gehört hatte. Ich faßte eine große Neigung für eines der beiden Mädchen, und als sie fort waren, dachte ich viel an sie, und eines Tages, als ich neben dem Haus in der Sonne saß, dachte ich mir eine Geschichte aus. Ich erfand, daß ich meines Vaters Pferd sattelte, daß ich den Frauen folgte und daß sie überrascht waren, als sie mich erblickten. Ich sprach mit dem Mädchen und überredete sie dazu, mit mir durchzubrennen, und am selben Abend hob ich sie auf mein Pferd und sprengte mit ihr über die Prärie. Nach mehreren Stunden langten wir bei einem Rasthaus an, und als wir es näher betrachteten, entdeckten wir, daß es just das Rasthaus war, das wir einige Stunden zuvor verlassen hatten. Am nächsten Abend versuchten wir es abermals, und da wiederholte sich dieselbe Geschichte; und da entschieden wir, daß wir nicht durchbrennen durften. Das mag bei mir der Anfang der Liebe gewesen sein. Und wie hat bei Ihnen die Liebe angefangen, Mary Todd?«
Sie sah ihn schweigend an und dachte:
Es hat noch keinen Anfang gegeben. Wenigstens bis jetzt noch nicht.

Auf die Regenfälle folgte scharfer Frost, und die weite Prärie war mit Schnee bedeckt. Statt der Wagen fuhren jetzt Schlitten. Die jungen Leute von Springfield unternahmen Ausflüge über das mondbeglänzte Land, die häufig im Hause Edwards bei heißen Getränken, bei Spielen, bei politischen Debatten endeten. Oder auch mit einem Tanz.
»Ich bin nicht ganz sicher, daß ich verstehe, was geschehen ist«, vertraute Mary ihrer Schwester Elizabeth an, als sie in überschäumender Stimmung die Tür hinter dem letzten Gast schloß und ihrer Schwester eine Tasse Schokolade brachte. »Alles, was in Springfield passiert, regt mich viel mehr an, als die Ereignisse in Lexington mich je angeregt haben. Ich habe jedermann gern, und jedermann scheint mich gern zu haben. Für die nächste Woche habe ich sicher ein Dutzend Einladungen zu Gesell-

schaften. Zum Teil verdanke ich das alles eurer großen Güte, Liz, weil ihr ein so offenes Haus führt, um für meine Unterhaltung zu sorgen.«

»Ach nein, mein Kind«, unterbrach sie Elizabeth. »Dach und Kost genügen nicht. Du allein bist es, die die jungen Leute hierher zieht, und die Mädchen sind in deiner Gesellschaft ebenso glücklich wie die Männer. Das bedeutet, daß Freude für sie alle von dir ausstrahlt. Du bist auch nie schöner gewesen.«

»Ich fühle das selber! Sieh nur, der Schatten unter meinem Auge ist völlig verschwunden, und ich bin nie mehr so schlank gewesen, seit ich von Mentelles fort bin.« Sie tanzte zu Elizabeths Spiegel hinüber. »Ich glaube, daß meine Nase ein wenig *retoussé* ist. Warum habe ich das in Lexington nie bemerkt?« Der Ausdruck ihrer Augen war weicher geworden, gereifter. Ihre Hände waren schön geformt und weiß; da sie darüber schon viele Komplimente gehört hatte, war sie durchaus nicht abgeneigt, sie in anmutigen Gesten zur Geltung zu bringen. Jetzt streckte sie sie der Schwester entgegen und rief:

»Wäre es doch nur daheim so gewesen, Liz, hätte ich mich doch so behaglich gefühlt... wär' ich so geduldig gewesen! Hier bin ich nie aufgeregt... meine Stimmungen haben jede Schärfe verloren... Es ist, als hätte die Reise mit Dampfern, Booten, Postwagen mich nicht von einem Ort zum andern geführt, sondern eher... von der Kindheit... zur Weiblichkeit.«

Elizabeth lächelte leicht.

»Daheim gab es Einflüsse, die dich in Schranken hielten. Einen Druck, der noch von der Kinderzeit her auf dir lastete. Als du zum erstenmal herkamst, hattest du noch das ›Halt dich fern, ich bin eine grüne Frucht‹ an dir.«

»Und jetzt bin ich reif?«

»Vollkommen.«

Mary erhob sich vom Rand des Betts ihrer Schwester, trat ans Fenster und schaute auf die schneebedeckten Felder hinaus.

»Wen ziehst du vor?« fragte Elizabeth mit verschmitztem Lächeln. »Den Yankee, den Iren, den stattlichen Geschäftsmann? Bestimmt wird es nie der rohe Diamant sein.«

Ein Mundwinkel Marys hob sich schelmisch.

»Der Yankee, wie du Steve Douglas nennst, würde stets gegen Henry Clay ins Feld ziehen! Jimmy Shields, der Ire, hat den Stein von Blarney, der einen beliebt macht, zu spät geküßt. Und Josh Speed verliebt sich ebenso schnell, wie er wieder anderer Meinung wird... und der rohe Diamant? Nun, das würde davon abhängen, wie klar und fleckenlos er unter der Oberfläche wäre. Einen vollendeten Diamanten zu schleifen wäre die Aufgabe eines ganzen Lebens.«

Elizabeths Züge gewannen einen mütterlichen Ausdruck.

»Es gibt leider keine Möglichkeit, zu sagen, was unter der Oberfläche verborgen ist, solange man nicht die ganze Arbeit getan hat. Und wenn du entdeckst, daß der Stein wertlos ist, dann ist es zu spät.«
»Gibt es nicht irgendeine zuverlässige Wünschelrute... wie etwa die Liebe? Ach, ich spiele jetzt nicht auf Lincoln an, ich kenne ihn ja viel weniger als die andern. Wenn man aber einen Mann liebt... irgendeinen Mann... muß man da nicht in jedem Fall viel Vertrauen haben?«

Elizabeths Sohn kam Sonntag, am 15. Dezember, zur Welt. Das Fest im American House zu Ehren der neuen Gesetzgebenden Versammlung sollte am folgenden Tag bei Kerzenlicht stattfinden, und Elizabeth, in ihrem Jubel darüber, daß sie ihrem Mann einen Erben geschenkt hatte, verlangte, daß Ninian Mary zu der Feier mitnehmen sollte.
Kurz vor sieben brachen sie auf. Mary trug ihr Haar in Locken, die ihr auf die Schulter fielen, hatte es aber energisch aus der Stirn gebürstet, als wollte sie beweisen, daß sie sehr weibliche Locken tragen und doch nicht leichtfertig wirken konnte. Ihr Kleid war aus einer Seide, deren Glanz zwischen blau und feuerrot wechselte. Der weite Rock wurde von einem Dutzend gestärkter Unterröcke gebauscht. Der Oberteil war tief ausgeschnitten.
Das American House, das größte private Gebäude in Springfield, konnte zweihundert Gäste aufnehmen. Die Fassade wirkte einfach, doch im Innern war es mit französischen Tapeten, mit Möbeln und Teppichen üppig eingerichtet. Der Damensalon diente als Garderobe. Mary war erstaunt, als sie bemerkte, daß viele der jungen Damen Bündel trugen. Sie blieb auf der Schwelle stehen und fragte sich, was sie selber mitzubringen versäumt hatte, doch da begannen die Bündel zu strampeln und zu quäken, die Mütter öffneten sie, holten ihre kleinen Kinder hervor und gaben ihnen ihr Abendessen. Das war nicht weiter schwierig, denn all die schönen Seiden- und Satinkleider waren ebenso tief ausgeschnitten wie Marys.
Am Ende des Speisesaals, der zum Ballsaal umgewandelt war, erhob sich eine Estrade, auf der die Musikkapelle von Springfield mit ihren Blasinstrumenten, ergänzt durch ein halbes Dutzend Geigen und Gitarren, saß. Der Raum war prächtig von Kerzen erhellt, die in Wandarmen steckten oder aus den Kronleuchtern funkelten.
Bei der ersten Quadrille war Ninian Marys Partner, und dann tanzte sie in rascher Folge Walzer, Kotillon und Rundtänze mit den andern jungen Leuten. Joshua Speed brachte einen jungen Mann zu ihr, den sie schon auf der Straße bemerkt hatte.
»Mary, darf ich mir erlauben, Ihnen Billy Herndon vorzustellen? Er droht, aus dem Hotel über meinem Geschäft auszuziehen, wenn ich ihm nicht einen Walzer mit Ihnen verschaffe.«

Mary entsann sich, daß er der Sohn von Archer G. Herndon war, dem Besitzer eines Gasthauses. Der junge Herndon hatte ein Jahr in Jacksonville studiert, war aber nicht zum College zugelassen worden und nach Springfield heimgekehrt. Mit seinem Vater lag er wegen der Sklaverei in Streit, und nachdem er sich in verschiedenen Berufen versucht hatte, war er schließlich im Geschäft Joshua Speeds gelandet.

»Ein großes Vergnügen für mich, Sie kennenzulernen, Miss Todd. Die Musik wird gleich wieder anfangen. Wenn es ein Walzer ist, darf ich um die Ehre bitten...?«

Es war ein Walzer, und bevor sie noch ein Wort sagen konnte, wirbelte Herndon sie schon durch den Saal. Er tanzte gut, überschwemmte sie aber mit einer Flut von Reden, und es schwindelte Mary; als der Tanz zu Ende war, sah er sie bewundernd an und sagte:

»Ich möchte Ihnen doch ein Wort darüber sagen, wie anmutig Sie tanzen. Sie gleiten durch den Walzer geschmeidig wie eine Schlange.«

Sie fühlte, wie ihr das Blut in die zwei roten Flecken auf der Stirn stieg. Ihre Stimme war kalt, als sie erwiderte:

»Mr. Herndon, der Vergleich mit einer Schlange ist nicht sehr schmeichelhaft.«

Damit löste sie ihren Arm aus seinem.

Was für ein Tölpel, dachte sie. So etwas möchte ich nicht noch einmal ausgesetzt sein.

Von der Entrüstung erfüllt, die ihr das Blut in die Stirn trieb, wollte sie nicht zu ihrem eigenen Kreis zurückkehren und ging zum anderen Ende des Saals. Lautes Gelächter schlug an ihre Ohren. Hinter einer Pflanze versteckt, hatte sie die günstige Gelegenheit, mitten in eine Gruppe von Männern zu schauen, die sich um einen Tisch drängten. Auf dem Rand eines Stuhls räkelte sich, in schwarzem Anzug, Abraham Lincoln. Sie hatte schon erwartet, ihn irgendwo auftauchen zu sehen, denn er gehörte zu den Veranstaltern des Balls. Er erzählte gerade eine seiner Geschichten, und Stimme und Geste betonten jede Einzelheit. Als er damit fertig war, lachte sie spontan vor allen anderen. Er hörte das, richtete sich in seinem Stuhl kerzengerade auf und erspähte sie zwischen den Blättern der Pflanze.

Er stand auf, verließ den Kreis der Männer und trat zu ihr.

»Miss Todd, ich möchte mit Ihnen tanzen, so schlecht es nur geht!«

Sie blieben schweigend stehen, bis die Musik begann. Eine Fülle von Vergleichen jagten durch ihren Geist; sie tanzte mit einer zerbrochenen Windmühle, mit einem Schiff im Sturm, mit einem Fahnenmast, der im Wind schwankte. Es war recht erheiternd, wenn auch ein wenig schmerzhaft, denn zumeist tanzte er auf ihren Füßen, statt auf seinen. Als die Musik endete, sagte sie wehmütig:

»Mr. Lincoln, Sie haben Ihren Ergeiz zu befriedigen vermocht.«
Erst starrte er sie verständnislos an, doch dann warf er den Kopf zurück und lachte entzückt:
»Ausgezeichnet, Miss Todd! Haben Sie etwas dagegen, daß ich Ihre Antwort in mein Repertoire aufnehme?«
Sie dachte: Um wieviel klüger ist er doch als ich! Warum habe ich über Billy Herndon nicht einfach gelacht? Ihre Blicke stiegen mühsam, fast wie wenn jemand eine hohe, steile Klippe erklimmt, aufwärts bis zu Lincolns Höhe von sechs Fuß und vier Zoll.
»Ich gebe Ihnen *carte blanche*, Mr. Lincoln, die Antwort nach Gutdünken zu benützen. Wenn sie Ihnen aber nicht gefallen hätte, so wäre mir nichts übrig geblieben, als mich zu entschuldigen.«

Sie fand, daß der rohe Diamant, wie ihre Schwester ihn genannt hatte, mit der Zeit immer weniger geschliffen war und von der Presse deswegen scharf hergenommen wurde. Gewiß, das ›Register‹ war eine oppositionelle Zeitung, doch nur selten geriet es einem Whig gegenüber derart in Zorn, wie diesmal, da es sich um Mr. Linclon handelte. Nachdem zugegeben worden war, daß er in einer Debatte mit Stephen Douglas durch seine Geschichten manche Wirkung erzielt hatte, hieß es in dem Artikel:
»Mr. Lincoln hat in seiner Art sich zu verhalten etwas Possenreißerisches angenommen, das ihn nicht gut kleidet... manchmal will er, daß seine Sprache sich diesen Hanswurstmanieren anpaßt, und so vermag er unter den Whigs, die ihm zuhören, lautes Gelächter hervorzurufen, doch dieses ganze Schalksnarrenspiel kann niemanden übezeugen... wir empfehlen Mr. Lincoln in allem Ernst, diese Clownsmethoden abzulegen, bevor sie ihm über den Kopf wachsen...«
Hanswurstmanieren und die Fähigkeit, zum Lachen zu bringen – war das ein und dasselbe? War es die Tat eines Possenreißers, Colonel Richard Taylors Rock zu öffnen, um dessen kostspieliges Hemd und goldene Schmuckstücke zu zeigen? Oder die Tat eines Mannes, der weiß, daß Lachen das beste Mittel gegen Anmaßung ist? Welch ein erstaunlicher Gegensatz waren doch die beiden, Douglas und Lincoln, jeder der Führer der jugendlichen Flügels seiner Partei; obgleich Douglas eine ausgesprochene Begabung für Konversation besaß, brachte er dennoch keinen Spaß zuwege. Lincoln seinerseits versuchte, alles, was kompliziert war, auf den Nenner einer gängigen Geschichte oder eines guten Worts zu bringen, wie etwa, als Ninian Edwards sich anbot, auf den Angriff des ›Registers‹ zu antworten und Lincoln antwortete:
»Nein, danke, Ninian; jeder muß sein eigenes Stinktier häuten!«
Sie beschloß, ihm das nächste Mal zuzuhören, wenn er eine Rede hielt, und sich selber ein Urteil zu bilden.

Sie wußte, daß es für unpassend gehalten würde, wenn sie allein zu einer öffentlichen Diskussion ging und hatte schon fast die Hoffnung aufgegeben, Lincoln zu hören, als sie erfuhr, daß Simeon Francis, der Besitzer des ›Sangamon Journal‹, und seine Frau zum Tee kamen, bevor er zu einer Versammlung ging, über die er berichten wollte.
»Haben Sie etwas dagegen, wenn ich mit Ihnen gehe?« fragte sie, als die beiden sich verabschieden wollten.
Mrs. Francis warf ihr einen prüfenden Blick zu.
»Um Mr. Lincoln zu hören? Durchaus nicht, mein Kind, wir werden uns sehr freuen.«
Sie saß zwischen den beiden; Simeon Francis war ein dicker, überschwänglicher, gutmütiger Mann von dreiundvierzig, seine Frau auch recht umfangreich, mit mächtigem Busen. Sie war selber eine ausgezeichnete Journalistin, wurde aber durch den Umstand lahmgelegt, daß keine der Neuigkeiten, die sie im Kreis der Frauen erfuhr, im ›Journal‹ gedruckt werden konnte; der Name einer Frau durfte nur zweimal in einer Zeitung erscheinen, einmal, wenn sie heiratete, und noch einmal, wenn sie starb. Nichtsdestoweniger waren ihre Kenntnisse aller Begebenheiten im Distrikt nicht ganz verloren, denn sie war eine erprobte Heiratsvermittlerin und hatte schon mehr als zwanzig Ehen gestiftet.
»Sie müssen nachher zum Abendessen zu uns kommen, Kind«, flüsterte sie Mary zu. »Mr. Lincoln kommt auch.«
»Nein, nein, ich möchte mich nicht aufdrängen...«
»Still, still, das wird der beste Teil des Abends sein. Sie können uns helfen, Mr. Lincolns Rede für die Zeitung zu redigieren.«
Mary schaute im Saal umher. Es waren nur wenig Leute gekommen. Allerdings war der zweite Weihnachtstag auch ein unglückliches Datum, selbst wenn diese Versammlung das Ende einer lebhaften Diskussion darstellte. Als Mr. Lincoln sah, daß sonst kein Mensch auftrat, erhob er sich, zog seine Rede aus der Tasche und begann verdrossen:
»Mitbürger, es ist besonders peinlich für mich, heute abend eine Fortsetzung der Diskussion zu versuchen, die in diesem Raum während der letzten Abende stattgefunden hat. Und zwar darum, weil an jedem dieser Abende erheblich mehr Zuhörer vorhanden waren als heute, ohne daß ein anderer Grund für diese Tatsache ersichtlich wäre, als daß die Gemeinde sich für die früheren Redner mehr interessiert als für den, der sich jetzt an sie wendet. Ich fürchte wirklich, daß die wenigen, die erschienen sind, es mehr darum getan haben, weil sie mir eine Demütigung ersparen wollten, als in der Hoffnung, daß irgend etwas, das ich zu sagen vermöchte, sie interessieren werde. Dieser Umstand belastet meinen Geist mit einer Hemmung, die ich im Verlauf des Abends gewiß nicht zu überwinden imstande sein werde.«

»Ach Gott, was für ein unglückseliger Anfang«, sagte Simeon Francis. »Jetzt, wenn überhaupt, könnte er doch ein wenig von seiner Possenreißerei anbringen!«
Mary beobachtete Lincolns Ausdruck und steife Haltung, und dann meinte sie:
»Wäre es möglich, daß der Artikel, der seine Manieren kritisierte, ihm einen Schrecken eingejagt hat? Dann wird in seiner ganzen Rede bestimmt kein einziger Spaß vorkommen.«
Sie hatte beinahe recht. Anfangs fand sie seine Stimme unangenehm hoch, knarrend und näselnd. Doch nach und nach ließ sie sich von dem Rhythmus packen, mit dem er seine Argumente vorbrachte, seinen geschickt verfaßten Text las, und merkte, daß diese durchdringende Stimme sie im Innersten traf.
Der Wagen, mit dem man zu Francis fuhr, war ziemlich eng für vier Personen, und so wurde sie gegen Lincolns schweren, schwarzen Anzug gepreßt. Doch er merkte so wenig von ihr, als wenn sie in ihrem Blaugrasland gewesen wäre. Er saß, den Blick einwärts gekehrt, da, die Hände über den Knöcheln verschränkt. Ihr wurde es vor dieser tiefen Verdrossenheit unbehaglich zumute; hätte es eine Möglichkeit gegeben, auszusteigen und zu Fuß heimzugehen, sie hätte es getan. Das Haus des Ehepaars Francis lag nordöstlich vom Regierungsgebäude und war nur durch wenige Bauplätze vom ›Journal‹ entfernt.
Das Abendessen stand schon bereit auf dem Tisch, Truthahn, gefüllt mit englischen Walnüssen, dazu frisch gebackenes Maisbrot und Kaffee. Lincoln wollte nichts anrühren.
»Ich hab' die Hypo gekriegt«, brummte er, ohne jemanden anzusehen. »Diese Rede hat mir den Appetit gründlicher verdorben als General Harrison.«
Simeon Francis bemerkte, wie verdutzt Mary dreinsah, und erläuterte: »Hypo ist die Abkürzung für Hypochondrie. Man kann es geradezu als Kosenamen bezeichnen, so viel Freude hat er dran.«
Sie sah, wie Lincoln das Gesicht verzog, doch Francis und seine Frau kannten ihn bereits seit 1834, als Francis Vertreter des ›Journal‹ in New Salem gewesen war, und sie behandelten ihn wie einen Sohn.
»Ihre Rede, Mr. Lincoln, war die klarste Darstellung des Whigschen Standpunkts, die ich seit langem zu hören bekam«, sagte Mary ernst. »Überdies«, und ihre Stimme hatte die südliche Weichheit wiedergewonnen, »haben Sie nach besten Kräften gehandelt. Was kann man mehr von Ihnen verlangen?«
Der Mann, der ihr gegenübersaß, ihre Gegenwart überhaupt erst zur Kenntnis nehmen mußte, straffte sich in seinem Stuhl und sah sie an. Ein Lächeln stieg in seinen Augen auf.

»Wenn ich Ihre Frage beantworten soll, Miss Todd, muß ich daran denken, wie ich einmal auf einem Waldweg einer Frau zu Pferd begegnete. Ich blieb stehen, um sie vorüberzulassen, doch da hielt sie ihr Pferd an, musterte mich eingehend und sagte: ›Ich glaube wirklich, daß Sie der häßlichste Mann sind, den ich je getroffen habe.‹ Darauf erwiderte ich: ›Sie haben wahrscheinlich recht, Madam, aber dagegen kann ich nichts machen.‹ ›Nein‹, meinte sie, ›Sie können nichts dagegen machen, doch zu Hause bleiben könnten sie wenigstens‹.«

Die beiden Francis und Lincoln lachten laut, Mary dagegen war stumm und ein wenig blaß. Warum erzählte er so grausame Geschichten über sich selber?!

Dann spürte sie, wie ein Blick sie umfing. Sie sah auf und merkte, daß Mrs. Francis sie und Lincoln mit demselben gebannten Blick ansah.

Atemlos erhob sie sich. »Jetzt muß ich wirklich gehen. Mr. Francis, könnten Sie mich heimfahren?«

Ihr Vater hatte ihr zu Weihnachten einen ansehnlichen Betrag geschickt, und im selben Brief machte er ihr noch eine wichtige Mitteilung; nach dem Testament ihrer Mutter kamen Mary achtzig Morgen guten Ackerbodens in Indiana zu, über die sie verfügen konnte, sobald sie heiratete. Es war immerhin tröstlich zu wissen, daß sie nicht mit ganz leeren Händen in die Ehe treten würde. Doch bis zu einer Heirat war, ihrem Gefühl nach, derzeit noch ein weiter Weg, und so gab sie die Hälfte des Weihnachtsgeldes für Seidensamt, Merino und italienischen Krepp für neue Kleider aus.

Dem Brief ihres Vaters lag eine kleine Botschaft ihrer Stiefmutter bei und ein Gekritzel von Emilie. Sie saß allein vor dem prasselnden Feuer in ihrem Zimmer und empfand ein seltsames Heimweh nach ihrer Familie, zumal nach den Kindern und nach dem Haus in der Main Street. Es waren ihre ersten Weihnachten fern von Lexington, wo dieses Fest den gesellschaftlichen Höhepunkt des Jahres darstellte, vierzehn Tage vor Weihnachten bereits die eleganten Soupers und Bälle einsetzten, die sich bis in das neue Jahr hinein erstreckten.

In Springfield war der Neujahrstag das gesellschaftliche Ereignis. Man erwartete, wie Mary bald feststellte, daß sie bei allen Bekannten Besuch machte und, falls die Familie nicht daheim war, eine Karte in das Körbchen warf, das am Türknauf hing. Ninian hatte vorgehabt, den Tag ohne Festlichkeit vorübergehen zu lassen, weil Elizabeth ihr Zimmer im oberen Stockwerk noch nicht verlassen konnte, Elizabeth aber meinte, Mary könne sie sehr gut vertreten.

»Mary, sag der Köchin, sie soll gebackene Austern, Hühnersalat und Desserts vorbereiten. Und du solltest dich bereithalten, sobald es hell wird;

am ersten Neujahrstag, den wir hier verbrachten, kam ein Junggeselle, als wir noch im Bett lagen.«

Der erste Junggeselle erschien allerdings schon um neun Uhr morgens, doch Mary war bereit. Sie hatte im Salon überall Schalen mit Orangen verteilt, die für den Neujahrstag obligat waren. Um eins hatte sie bereits fast hundert Gäste empfangen. Als Francis und Dr. Wallace kamen, um Ninian behilflich zu sein, war Mary ihrer Hausfrauenpflichten ledig. Die Straßen von Springfield wimmelten geradezu von Wagen aller Art. Um zwei hatte sie bereits ein Dutzend Besuche gemacht, doch keinen Menschen daheim angetroffen, denn jetzt war alles unterwegs.

Erst um zehn Uhr abends verließ der letzte Besucher das Haus Edwards. Sie stand, ihre Schuhe in der Hand, am untern Ende der Treppe und wollte sich endlich zurückziehen, als sie ein leises Klopfen hörte. Rasch schlüpfte sie wieder in die Schuhe, stellte die Lampe, die sie trug, auf einen Tisch und öffnete die Tür.

Draußen, den großen Biberhut an die Brust gedrückt, einen schüchternen Ausdruck in den Augen, stand Abraham Lincoln.

»Mr. Lincoln! Der Letzte, doch nicht der Geringste! Wollen Sie nicht eintreten?«

»Vielen Dank, Ma'am. Ich habe gewartet, bis ich sicher war, daß alle anderen Besucher sich verzogen hatten, denn ich wollte doch ein paar Minuten mit Ihnen allein sein.«

Marys Brauen hoben sich leicht, doch sie sagte nichts. Sie führte ihn in den Salon und wies auf zwei Lehnstühle, die er an den Kamin schob.

»Wollen Sie ein Glas Eierpunsch? Oder vielleicht Kaffee?«

»Nein, vielen Dank, Ma'am.«

Sie saßen da, schauten in die Flammen, die immer neue Muster woben; das Prasseln der Scheite schuf eine träumerische Stimmung, doch schließlich entspann sich ein freundliches Gespräch. Sie beugten sich vor, und die Köpfe berührten einander beinahe. Sehr überrascht stellten sie fest, daß sie weniger als hundert Meilen voneinander entfernt in Kentucky geboren waren, daß sie ungefähr im gleichen Alter ihre Mütter verloren hatten. Seine Familie war nach Indiana übersiedelt, als er sieben war, und seine Erinnerung an Kentucky war nicht mehr sehr deutlich; so erzählte sie ihm denn von Lexington, von Ashland, von Henry Clay, und gemeinsam beklagten sie Clays Niederlage bei dem Parteiconvent in Harrisburg. Kurz berichtete sie auch von Dr. Wards Akademie und von Mentelles Institut, und dann fragte sie ihn nach seiner Jugend und Lehrzeit.

»Meine Jugend? Sie läßt sich in dem einzigen Satz zusammenfassen: ›Der Armen kurze, einfache Annalen‹.«

»Das ist doch aus Grays ›Elegie‹, nicht?«

»Ja.« Er lächelte ein wenig wehmütig. »Ich ging sozusagen in kleinen Portionen in die Abc-Schule, zwei oder drei Monate da oder dort, alles in allem nicht einmal ein Jahr. Vom Lehrer wurde gerade nur verlangt, er müsse lesen, schreiben und rechnen können. Nichts war vorhanden, was die Lust nach einer Ausbildung wecken konnte. Als ich älter wurde, wußte ich nicht viel, aber irgendwie konnte ich doch lesen, schreiben und rechnen. Seither bin ich nicht mehr in die Schule gegangen.«
»Ihre Rede war aber doch ausgezeichnet geschrieben. Sie besitzen ganz gewiß ebenso viel Wissen wie ich mit meinen dreizehn Schuljahren. Woher haben Sie es nur genommen?«
»Nun, wir besaßen kein anderes Buch als die Bibel, aber ein Nachbar hatte Bunyans ›Pilgrim's Progress‹, und der Inhaber des nächsten größeren Geschäfts besaß die Werke von Robert Burns. Wenn man nur wenige Bücher hat, so liest man sie immer wieder, bis man sie auswendig kennt. Da gab es, ein paar Meilen entfernt, einen Farmer, einen gewissen Crawford, und der lieh mir Weems ›Lebensgeschichte Washingtons‹. Ich las sie in der Nacht, bis die Kerze ausgebrannt war; einmal legte ich das Buch auf einen Holzstoß, und es regnete darauf. Da mußte ich drei Tage für Crawford arbeiten, bis ich den Preis des Buchs eingebracht hatte, doch das war mir gleichgültig, denn jetzt gehörte es ja mir. Jedes Jahr fand ich irgendwo auf dem Land ein anderes Buch, Aesops Fabeln, Robinson Crusoe, das Leben Henry Clays. Als ich fünfzehn war, ging ich jeden Abend anderthalb Meilen weit bis zum Krämer und las die Zeitungen, um zu erfahren, was in der Welt vorging. Meine Stiefmutter ermutigte mich und nahm gegen den Vater meine Partei. Er konnte weder lesen noch schreiben, gerade nur genug, um seinen Namen zu unterzeichnen; doch das war nicht seine Schuld. Er war erst sechs Jahre alt, als sein Vater draußen auf dem Feld von einem Indianer erschossen wurde, und er war nie in eine Schule gegangen – nicht einmal in kleinen Portionen.«
Sekundenlang schwieg er nachdenklich, während er sich gefährlich nahe über das Feuer beugte.
»Er hatte nie die geringste Schulbildung genossen, und so hatte er Angst davor und mißgönnte sie andern. Er pflegte zu sagen: ›Du hast's wohl noch immer mit der Bildung! Ich hab's versucht, sie dir auszutreiben, aber du hast dir's mal in den Kopf gesetzt, und da kriegt man's nicht raus. Ich hab' nie keine Bildung nicht gehabt, aber ich bin bessser damit ausgekommen, als wenn ich sie gehabt hätt'.‹ Doch so war es gar nicht; er war ein geschickter Kunsttischler und hätte meiner Mutter in Elizabethtown ein besseres Leben bereiten können, aber er war nie zufrieden, irgendwo länger zu bleiben. Sie dürfen nicht glauben, daß er unfähig oder faul gewesen wäre; er hat immer Land und Pferde gehabt, nur daß er Pech hatte... verbunden mit Mangel an Urteilskraft. Jedesmal wenn wir auf eine neue

Farm zogen, in Kentucky, in Indiana, am Sangamon hier in Illinois, stellte sich heraus, daß der Boden nicht viel wert war, oder das Wetter schlecht, oder die Eigentumsverhältnisse nicht stimmten, und er wurde um die Früchte seiner Tätigkeit gebracht. Und dann luden wir unsere Habseligkeiten auf einen Bauernkarren und zogen woandershin. Aber er liebte meine Stiefmutter Sarah, und sie trat für mein Recht ein, zu lesen und in meinen freien Stunden zu studieren.«

Sie bemerkte bei diesem letzten Satz einen scharfen Umschlag in seiner Stimme, als erwachte in seinem Geist ein schmerzlicher Kontrast. Sie fragte ihn so leise, daß die Frage sein Ohr nicht erreichen mußte, wenn er nicht wollte:

»Und Ihre Mutter hat er nicht geliebt?«

»Erst als meine spätere Stiefmutter ihn abwies und einen anderen Mann heiratete, nahm er meine Mutter zur Frau. Meine Mutter hätte es wissen können; vielleicht ist das der Grund, weshalb ich sie in meiner Erinnerung immer als ... als Unterlegene sehe.« Auch seine Worte tönten so leise, als ob sie nie wieder zu wirklichem Leben erwachen könnten. »Als sie starb ... und Sarah Witwe war, da arbeitete er sich bis Elizabethville durch, um sie zu gewinnen. Sie sah, daß wir in einem schmutzigen Blockhaus lebten, zerlumpt und halb verhungert; meine zwölfjährige Schwester hatte ihr möglichstes getan, doch sie war eben zu jung. Meine Stiefmutter verwandelte die unvollendete, einsame Hütte in ein sauberes, liebevolles Heim.«

Er wandte Mary sein Gesicht zu. Es strahlte von innen heraus.

»Sie schenkte uns Liebe. Und Liebe brauchten wir ... so dringend ...«

»So geht es uns allen.«

Sie schwiegen, doch zwischen ihnen war eine Gemeinschaft entstanden. Nach einer Weile fragte sie:

»Und Ihre Schwester? Wo ist die?«

»Tot. Wie meine Mutter. Beide hätten nicht sterben müssen.« Seine Züge waren vom Kummer überschattet. »Als mein Vater mit uns aus Kentucky in die Wildnis von Indiana zog, war alles, was er baute, ein paar Wände und ein Reisigdach. Eine Seite war dem Schnee, der Kälte geöffnet. Wir litten sehr in jenem Winter, meine Mutter am meisten. Selbst im nächsten Winter, als er ein richtiges Blockhaus baute, hatte es keinen festen Boden. Sie besaß nicht die Kraft, das Milchfieber zu überstehen.«

Lange schwieg er, bevor er fortfuhr.

»Meine Schwester war erst neunzehn, als sie Aaron Grigsby heiratete. Er ließ sie ohne Pflege im Kindbett sterben. Liebe ... Ehe ... wie oft töten sie!«

Sie streckte teilnahmsvoll die Hand aus. Er fuhr zurück, als hätte ihn Feuer gesengt.

»So muß es nicht sein, Mr. Lincoln. Die Welt ist voll von Menschen, die lieben und heiraten und einander nur Gutes tun.«
Er sah sie forschend an; in seinen Augen schwelte dunkle Glut.
»Dürfte ich Sie Molly nennen?«
»Molly?« Sie war verblüfft. »Sie meinen als Kosenamen?«
»Ja.«
»Ich hatte nie einen Kosenamen. Warum wollen Sie das aber?«
Er rückte unbehaglich auf seinem Stuhl und antwortete, ohne sie anzusehen:
»Nun, ich kannte ein anderes Mädchen, das Mary hieß... vor einigen Jahren in New Salem. Das ist nicht sehr gut ausgegangen... und der Name Mary ist noch immer ein wenig schmerzlich für mich...«
»Dann nennen Sie mich meinetwegen ruhig Molly.«
»Vielen Dank! Und wenn ich darf, hätte ich gern eine Tasse Kaffee, Molly.«
Sie ging in die Küche; den Kopf hatte sie auf die Seite gelegt. Molly, fragte sie sich. Und was soll jetzt kommen?

Das Haus Edwards war festlich erleuchtet, als Elizabeth ihre Rückkehr in die Gesellschaft von Springfield feierte. Sie trug das bauschige Kleid aus französischer Seide, das Mary ihr geschneidert hatte; darin kam sie jetzt die Treppe herunter, um die hundertfünfzig Gäste zu empfangen, die eingeladen worden waren, um Benjamin und Helen Edwards, Ninians jüngeren Bruder und dessen Frau, kennenzulernen. Vor vier Monaten hatten die beiden geheiratet und kamen jetzt aus New Haven, um sich in Springfield niederzulassen. Ninian hatte seiner Frau zum Dank für den ersten Sohn einen Flügel geschenkt, und Mary und Stephen Douglas spielten vierhändig, während die Gäste kamen.
Mary saß auf der Klavierbank neben Stephen, und manchmal berührten ihre Schultern sich leicht. Mary spürte dann die Wärme und Kraft des Mannes. Unbezähmbar war er, vom Ehrgeiz gepeitscht, ein glänzender Kopf. Ganz allein hatte er die radikal neue, aber wirksame Organisation der Demokratischen Partei in Illinois aufgebaut und leitete seine Partei zum Kampf für die Wiederwahl des Präsidenten Martin Van Buren. Am Vorabend hatte sie gehört, wie Ninian bei Tisch zu seinem jüngeren Bruder sagte, als von den Anwälten in Springfield die Rede war:
»In schlimmen Fällen ist Stephen Douglas der beste Anwalt in Illinois. In einem schlimmen Fall ist Abraham Lincoln der schlechteste.«
Der Mann neben ihr, mit dem großen Kopf, dem dichten Haar, dem wuchtigen Rumpf, den kurzen Beinen, sang ihr leise ins Ohr und flirtete sehr unbekümmert mit den Blicken. Ein Mann von hervorragenden Geistesgaben und offenbar in sie verliebt. Sie dachte an ihn, wie Ninian ihn

charakterisiert hatte, als ›Dampfmaschine in Reithosen‹, und freute sich an der stürmischen Beweglichkeit seines Geistes, dessen Beine zweifellos lang genug waren, um bis auf den Boden jeder Situation zu reichen. Sie hatte ihn gern, sie bewunderte ihn, er erregte, amüsierte sie. Liebte sie ihn aber?

Sie sah sich im Wintergarten um, in dem sich etwa fünfzehn junge Männer aufhielten, tranken, lebhaft schwatzten, durchwegs liebenswürdige Männer mit guten Aussichten im Leben. Sie hatte sie alle gern, und sie hatte Grund zu glauben, daß auch die jungen Leute sie gern hatten. Doch sie begünstigte keinen mehr als den anderen. Sie waren jung, gesund, anziehend, lebensfroh. Und das alles war sie auch.

Stephen Douglas schloß mit einem Crescendo und sprang auf.

»Jetzt ist's mir heiß geworden, und ich habe Durst. Kommen Sie, Mary, kredenzen Sie mir ein Glas Weinpunsch!«

Als sie sich den Weg durch den überfüllten Raum bahnten, packte ein Anwalt aus Jacksonville Douglas beim Arm.

»Steve! Seit dem neuen Jahr habe ich Sie ja noch nicht gesehen! Das wird Ihr großes Jahr werden. Wir bringen Van Buren durch, und dann können Sie sich den Senat der Vereinigten Staaten von innen her beschauen.«

Sie sah, wie Douglas die Röte in die Wangen stieg, und merkte, daß auch sie rot geworden war. Stephen Douglas im Senat der Vereinigten Staaten! Neben Henry Clay, John Calhoun, Daniel Webster! Als sie weitergingen, fragte sie:

»Ist das wahr, Steve?«

»Wenn die Demokraten eine Mehrheit erzielen... sie sind's, die den nächsten Senator für Illinois zu bestimmen haben. Und da ich die Führerschaft übernommen habe... es sieht so aus, als käme ich an die Reihe.«

»Ja, aber, Steve, Sie sind doch noch nicht dreißig... Sind Sie auch darauf vorbereitet?«

»Vorbereitet? Wie kann ich das wissen, bevor ich dort bin und meine Flügel ausprobiere? Es müssen doch die jungen Leute in die Höhe kommen, nicht? Wissen Sie, wer von Illinois in den Senat geschickt werden könnte, wenn die Demokraten verlieren?«

»Nein, wer?«

»Ihr abwesender Freund Abraham Lincoln.«

»Abraham Lincoln!« Ihre Stimme tönte so laut, daß sie beide erstaunt waren. »Das kann ich kaum glauben!«

»Ich freue mich, zu sehen, daß Sie mich als das geringere Übel betrachten.«

»Ach, Steve, ich war nur so überrascht, weil Sie so jung sind. Wenn Sie sich darauf versteifen, in den Senat zu kommen, dann werden Sie schließlich ganz bestimmt Ihr Ziel erreichen.«

»Das klingt schon besser. Als ich zum erstenmal daran dachte, daß ich gewählt werden könnte, da habe ich eine Woche lang nicht geschlafen.«
Nachdem sie ihm ein Glas eingeschenkt und er sich in der Bibliothek zu Ninian und einer Gruppe von Männern gesellt hatte, entsann sie sich seiner Worte: Ihr abwesender Freund!
Ja, es war so. Sie hatte ihn nicht gesehen. Warum? War er nicht eingeladen worden? Oder hatte er sich einfach nicht die Mühe genommen, zu kommen? Plötzlich spürte sie, daß jemand hinter ihr stand.
»Nein, er ist nicht hier, Mary.«
Rasch drehte sie sich um.
»Um Himmels willen, Liz, hör auf, in meinen Gedanken zu lesen!«
»Gern! Nur mußt du aufhören, dir das Gesicht mit deinen Gedanken zu beschmieren, wie mit Heidelbeerkonfitüre. Er ist nicht eingeladen worden, weil er in keiner Beziehung zu unserem Kreis gehört. Ein Mann mit einem Bett über Josh Speeds Laden und Freitisch bei Butlers!«
»Aber du hast doch auch andere junge Leute eingeladen, die kein Heim haben. Lyman Trumbull schläft in einem Ausschußzimmer im Regierungsgebäude. Josh ist hier, und er schläft doch auch über seinem Laden.«
»Sie haben keine Heime, wo sie Gäste empfangen können, aber sie gehören zur Gesellschaft, laden einander in gute Hotels und Restaurants ein und beweisen dadurch, daß sie ihren Platz unter uns einnehmen wollen. Lyman gehört der siebenten Generation der Trumbulls in Amerika an, während Joshua Speed immerhin aus einer hochangesehenen Familie in Kentucky stammt. Gesellschaftlich ist Mr. Lincoln nicht vorhanden.«
»Wird ihn das nicht kränken? Ich an seiner Stelle würde uns alle versnobt und widerwärtig finden.«
»Mein Kind, du kennst Lincoln nicht. Der größte Gefallen, den wir ihm erweisen konnten, war, ihn nicht auf unsere Liste zu setzen. Er hat keinen Zweifel daran gelassen, daß er nicht zu der Gesellschaft von Springfield zu gehören wünscht, und ich habe gar keinen Grund, seinen Wünschen zuwiderzuhandeln.«
Es ist wahr, dachte sie, nachdem Elizabeth sich abgewandt hatte, ich verstehe Lincoln nicht. Wie aber soll man einen Mann begreifen lernen, den man beinahe nie zu sehen bekommt?

Eines Nachmittags, Mitte Februar, ging sie durch die Sixth Street, als Mrs. Simeon Francis in weißer Baumwollschürze, einen dicken, gestrickten Shawl um die Schultern, ein schwer beladenes Tablett auf den Händen, aus ihrem Haus auftauchte. Mrs. Francis ging das halbe Dutzend Stufen hinunter zu den losen Planken, die ihr Mann zwischen Bureau und Wohnung gelegt hatte. Sie erblickte Mary und rief ihr zu:

»Hallo, Mary, kommen Sie doch herüber und helfen Sie mir Sim füttern!«
Mary stieg über den gefrorenen Schlamm der Sixth Street und sah, daß Mrs. Francis nicht nur Kaffee trug, sondern auch reichlich Proviant. Eine stämmige Frau mit flachem Gesicht und schweren Brüsten, die eine ganze Generation nähren könnte, meinte Mary. Sie war in Springfield eine volkstümliche Erscheinung, wenn sie im Winter mit heißer Suppe, im Sommer mit kalter Milch und Obstpunsch die Straße hinunterstapfte.
»Warum bauten Sie Haus und Redaktion nicht nebeneinander mit einer Verbindungstür? Das hätte Ihnen manchen Marsch erspart!«
»Zwanzig Märsche im Tag ungefähr. Sim ist heute früh um sechs vor dem Frühstück fortgegangen. Vor zehn Uhr abends bekomme ich ihn nicht aus dem Laden. Ich meinte, ich könnte die beiden Teile seines Lebens voneinander trennen und in unserem Heim einen Ort der Ruhe, der Erholung schaffen.«
Mary stieß die Tür des ›Sangamon Journal‹ auf und trat hinter Mrs. Francis ein. Simeon stand mit dem Rücken zur Tür. Er wandte rasch den Kopf, aber seine rundlichen Finger hörten darum nicht auf, die Lettern aneinanderzureihen.
»Hallo, Mutter, schon Zeit zum Abendessen? Nur herein, Mary, machen Sie sich's bequem!«
Sie war versucht zu fragen: wo? Denn das Bureau des ›Sangamon Journal‹ war ein einziger großer Raum, der Papierballen, Tinte, Lettern, Kisten und Presse enthielt. In einer Ecke stand ein Schreibtisch, doch ohne Stuhl. Weder für den Eigentümer noch für Gäste gab es einen Sitzplatz.
Simeon Francis war in Connecticut geboren, hatte seine Zeit als Setzerlehrling in New Haven verbracht, dann in New London und Buffalo Wochenschriften veröffentlicht. Nach dem Westen war er 1831 gekommen, um hier mit dem neuen Gemeinwesen zu wachsen. Anfangs war er erfolglos geblieben, weil viele der südlichen Ansiedler von Springfield ihn im Verdacht hatten, ein ›verdammter Yankee‹ zu sein. Jetzt war seine Zeitung das offizielle Sprachrohr aller Whigs in Illinois, doch konnte er sich mit einer Wochenschrift von vier Seiten unmöglich ernähren, und so mußte er seine Druckpresse mit allem füttern, was sich fand.
»Die einzige Möglichkeit, meine Leitartikel zu verfassen, ist, daß ich hier vor den Setzkästen stehe und meine Gedanken gleich setze, wie sie mir zufliegen«, erklärte er.
Mrs. Francis sagte ruhig: »Abe hilft dir, soviel er kann.«
Die beiden Francis waren die einzigen Menschen in Springfield, die Lincoln bei seinem Vornamen nannten.
»Ja, Abe ist eine große Hilfe«, gab Simeon zu. »Er schreibt Artikel und Briefe, um die Spalten zu füllen.«

»Ist es wahr, daß er unser nächster Senator sein könnte, wenn die Whigs siegen?« Sie war sich bewußt, daß sie mit dieser Frage herausgeplatzt war, doch Simeon schien das nicht zu bemerken.
»Er ist bei weitem unser bester Mann.«
»Warum meinen Sie das?« fragte Mary, die fand, daß Ninian Edwards alle anderen Whigs um Haupteslänge überragte. »Mich verwirrt dieser Mr. Lincoln. Was ist denn eigentlich los mit ihm?«
Simeon und Eliza Francis sahen einander an, der Raum füllte sich mit ihren Gedanken, die sich nach allen Richtungen vortasteten. Eliza war es, die zuerst sprach.
»Als er im April 1837 nach Springfield kam, saß er auf einem geborgten Pferd und hatte seinen gesamten irdischen Besitz in den Satteltaschen. Er hatte nicht die siebzehn Dollar, die notwendig gewesen wären, um sich ein möbliertes Zimmer zu mieten. Josh Speed erzählte mir, Abe habe gesagt: ›Wahrscheinlich ist es billig genug, aber ich muß doch gestehen, daß ich, so billig es auch sein mag, nicht das Geld habe, um es zu bezahlen. Wenn Sie mir bis Weihnachten Kredit geben wollen und ich hier als Anwalt Erfolg habe, dann kriegen Sie Ihr Geld. Habe ich keinen Erfolg, dann werde ich Sie wahrscheinlich nie bezahlen können.‹ Josh sagt, er habe in seinem Leben noch kein so schwermütiges Gesicht gesehen, und so bot er ihm die Hälfte des großen Doppelbetts über dem Laden an. Ohne ein Wort zu sagen, nahm Abe seine Satteltaschen, ging hinauf, kam sofort wieder mit strahlendem Gesicht herunter und sagte: ›Schön, Speed, ich bin eingezogen‹.«
»Ist es wahr, daß er die ganze Zeit bei Butler gegessen hat, ohne etwas dafür zu bezahlen?«
Die beiden Francis sahen verlegen drein; das war eine der Fragen, die man nicht stellte! Schließlich übernahm Simeon es, zu erwidern.
»Sie müssen begreifen, wie die Dinge hier draußen an der Grenze sich verhalten. Wir sind kein geordnetes Gemeinwesen wie Lexington. Wir nehmen die jungen Leute bei uns auf und behandeln sie wie Söhne, geben ihnen nicht nur die Verpflegung, die sie brauchen, sondern sind ihnen auch bei allem andern behilflich. Das ist nun einmal so Sitte. Wenn Abe bei Butlers sein Essen nicht bezahlt hat, so liegt's daran, daß Butlers klar und deutlich ausgesprochen haben, daß sie es nicht annehmen würden. Sie sind seine Freunde. Man nimmt kein Geld von Freunden, wenn sie bei einem am Tisch sitzen. Übrigens wird ihm sein Honorar sehr oft in Gemüse, Spezereiwaren und Geflügel bezahlt, und das alles bringt er zu Butlers.«
Jetzt setzte Eliza Francis die Verteidigung fort.
»Verstehen Sie, Mary – Abe übernimmt keinen Fall, wenn er nicht glaubt, daß sein Klient im Recht ist. Unlängst hörte er sich die Darstellung

eines Mannes an, der ihn als Anwalt haben wollte, und dann sagte er: ›Ja, vom rein gesetzlichen Standpunkt aus ist Ihr Fall gut, aber wenn es um Recht und Gerechtigkeit geht, ist er recht schlecht. Sie müssen zu einem anderen gehen, damit er den Prozeß für Sie gewinnt.‹ Auch erinnere ich mich daran, wie ein Mann fragte: ›Was wird es kosten, Mr. Lincoln, wenn Sie mich vor Gericht vertreten?‹ Und Abe erwiderte: ›Nun, das wird Sie zehn Dollar kosten. Wenn Sie sich aber mit Ihrem Gegner einigen könnten, kostet es Sie gar nichts.‹ Und sie haben sich geeinigt, und Abe erhielt kein Honorar.«

In der Stille, die nun eintrat, dachte Mary: Er versucht, zu tun, als lebte er in einer Welt, in der es so etwas wie Geld überhaupt nicht gibt. Doch das geht nicht, mein Vater könnte ihn das lehren.

Simeon Francis ging wieder an seine Arbeit. Doch bald unterbrach er sich.

»Als sein Laden in New Salem zugrunde ging, weil sein Partner Berry anfing zu trinken und schließlich starb, da übernahm Abe alle Verpflichtungen; elfhundert Dollar! Er nennt das seine nationale Schuld. Und seither zahlt er daran ab. Berrys Schulden hätte er nicht zu zahlen brauchen, aber er hat die volle Verantwortung für seinen Partner auf sich genommen.«

»Das ist lobenswert, aber es ist nicht mehr, als was mein Vater und seine Partner in Lexington tun.«

»Zugegeben. An nichts, was Eliza oder ich Ihnen von Abe erzählen können, ist etwas wirklich Ungewöhnliches. Und doch summiert sich alles an ihm zu etwas Ungewöhnlichem. Er besitzt eine gewisse Weisheit – und darum glauben wir, daß er es sehr weit bringen kann ... bis zum Gipfel ... worin es auch sein mag.«

Es wurde an das Straßenfenster geklopft, und da stand Lincoln im hohen, staubigen Biberhut und Mantel und Rock, die viel zu weit für seine Gestalt waren. Er lächelte ihnen zu, und vom Zimmer her wurde gewinkt und gelächelt.

In dem Augenblick, den Lincoln brauchte, bis er an der Tür war und den Knauf drehte, trat Eliza Francis neben Mary und fragte:

»Wie steht's, Mary? Finden Sie Abraham häßlich?«

Die Gesetzgebende Versammlung hatte sich vertagt, und der Ort leerte sich beinahe sofort. Marys Verwandte und Freunde hatten sich fast alle in den neuen Wahlkampf gestürzt. Lincoln und Simeon Francis feuerten die erste Salve ab, indem sie eine Zeitung ›Der alte Soldat‹ druckten; vierzehn Tage später brachten Stephen A. Douglas und das ›Register‹ eine Antwort in der Form einer Wochenschrift ›Der alte Hickory‹ heraus, und Mary fand, diese Zeitung sei gut gemacht; doch als sie Lincoln auf dem

Platz traf und ihn über seine Ansicht von Stephens Leitartikel befragte, verzog er den Mund zu einem Lächeln und sagte:
»Es gehört zu unserer Politik, daß wir überhaupt nicht von Douglas sprechen. Ist das nicht die beste Art, eine so winzige Angelegenheit zu behandeln?«
»Mr. Lincoln, das ist Ihrer unwürdig.« Ihr Stimme hatte sich erhoben und auf der Stirn erschienen zwei rote Flecken. »Keines Menschen Eigenschaften sollten nach der Größe beurteilt werden, die er von der Natur mitbekommen hat, ob er nun zu klein ist wie Mr. Douglas...«
»Oder zu lang wie ich?«
»Sie sind so groß, wie Gott Sie geschaffen hat. Mr. Douglas ist so klein, wie Gott ihn geschaffen hat. Sie setzen mich in Erstaunen, Mr. Lincoln. Ich habe Sie bisher nie derart herabsetzend über einen Menschen sprechen gehört.«
Er wurde ein wenig blaß, und dann fragte er halblaut:
»Würden Sie mit dem gleichen Eifer für mich eintreten, wenn jemand herabsetzend über mich spräche?«
»Natürlich würde ich das!«
»Ich danke Ihnen, Molly. Ich werde nie wieder abschätzig von Douglas sprechen; die Wahrheit ist, daß er berechtigt war, unsere Idee einer Wochenschrift für die Wahlzeit nachzuahmen, denn ich habe von ihm seinen Plan der Organisation des Staates entliehen.«
Früh im März eröffnete das Gericht des Sangamon-Distrikts seine Session. Zahlreiche Anwälte von ganz Illinois kamen mit Klienten, Zeugen, Partnern nach Springfield. Abgesehen von einer Verhandlung in Lexington über die Auspeitschung eines Sklaven, bei der ihr Vater Geschworener gewesen war, hatte Mary noch nie eine Gerichtssitzung miterlebt. Hier, in Springfield aber, verstand es sich von selbst, daß man zu den Verhandlungen ging. Ninian Edwards selber hatte keinen Fall zu vertreten; als sie ihn fragte, wieso, sagte er, es liege nichts vor, was ihn interessiere, und die Honorare seien sehr niedrig.
Die Räume im neuen Gerichtsgebäude waren noch nicht fertig, und so tagte das Gericht in demselben Lagerhaus, wo sie Abraham Lincoln von oben her erscheinen gesehen hatte. Eine Gruppe von Anwälten stand beisammen. Richter Samuel Treat trug einen gutsitzenden schwarzen Anzug und war auf seinem Richtersitz ebenso überlegen und sicher, wie er in Gesellschaft junger Damen schüchtern und linkisch war. Zunächst erschien Stephen Douglas und gewann binnen weniger Minuten zwei Prozesse. In rascher Reihenfolge gewannen auch Edward Baker, Stephen Logan und James Conkling ihre Fälle oder konnten sie doch zu ihrer Befriedigung beilegen. Fast war es Essenszeit, als Lincoln aufgerufen wurde. Sie beugte sich auf ihrem Platz vor, um zu sehen, wen Lincoln vertrat.

Er nahm seinen Klienten ins Verhör, und die Aussage lautete, der Klient habe dem Beklagten eine Geldsumme geliehen, die der Beklagte nicht zurückgezahlt habe. Der Beklagte aber sagte aus, er habe das Geld zurückgezahlt. Sein Anwalt fragte ihn, ob er einen Beweis dafür in Händen habe, und da zog der Beklagte eine Quittung aus der Tasche. Sie sah, wie Lincoln auf seinen Klienten zutrat und ihn musterte:

»Wußten Sie, daß er diese Quittung besaß?«

»Ja, Mr. Lincoln, aber ich glaubte, er hätte sie vergessen.«

Lincoln drehte sich um und ging mitten durch den Saal zur offenen Tür. Mary war ganz verdutzt. Was war denn das für ein seltsames Benehmen!

»Mr. Lincoln, wo gehen Sie hin? Wollen Sie nicht warten, bis der Fall entschieden ist?«

Lincoln war blaß. Er erwiderte:

»Ich gehe meine Hände waschen.«

Mary lehnte sich halb erheitert, halb bestürzt in ihrem Sitz zurück. Was für ein unglückseliger Anfang für Lincoln! Und doch, wenn sie sich daran erinnerte, was die beiden Francis ihr erzählt hatten, wie charakteristisch für ihn!

Nach Tisch war er der erste, der wieder vor den Schranken erschien. Er vertrat einen Mann, der eines großen Betrages wegen belangt worden war. Es handelte sich darum, ob Lincolns Klient dem Kläger eine dauernde Schädigung zugefügt hatte oder nicht. Der Kronzeuge war ein in Illinois sehr bekannter Chirurg, der aussagte, daß die Schädigung sehr schwer sei. Lincoln sah den Arzt prüfend an, und dann sagte er, jedes Wort betonend:

»Doktor, wie groß ist das Honorar, das Sie für Ihre Aussagen in diesem Prozeß erhalten?«

Der Chirurg wandte sich zum Richter:

»Euer Ehren, muß ich auf diese Frage antworten?«

»Ja«, sagte der Richter. »Sie ist zulässig.«

»Ja... dann... ich soll dreihundert Dollar bekommen.«

Marys Verblüffung wurde vom ganzen Saal geteilt. Lincoln wies mit seinem langen Zeigefinger auf den Chirurgen und sagte mit einer Stimme, die von Entrüstung erfüllt war:

»Meine Herren Geschworenen – fettes Honorar, fette Aussage!«

Lincolns Klient wurde freigesprochen.

Erst am vierten Tag kam ein Fall zur Verhandlung, der den ganzen Ort erregte. Mary, Mercy Levering und Julia Jayne kamen ein wenig zu spät und mußten an der Wand stehen. Im Verlauf des August war ein gewisser Henry Lockwood in einem Camp erschossen worden. Ein Zeuge, Sovine, war zum Sheriff gegangen und hatte eine so genaue Schilderung der unglückseligen Schießerei geliefert, daß ein gewisser Grayson des Mordes angeklagt worden war. Graysons Mutter hatte versucht, ältere, erfahrenere Advokaten zur Übernahme des Falles zu veranlassen, doch da sie mittellos war, blieb sie erfolglos, und so hatte sie sich an Lincoln gewandt.

Der Staatsanwalt verhörte Sovine, der beschwor, er habe gesehen, daß Grayson den Schuß abgefeuert habe und weggelaufen sei, während er selber, Sovine, den schwer verletzten Lockwood aufgerichtet habe, der dann in seinen Armen gestorben sei.

Es sah hoffnungslos aus. Mary sah mit Interesse, daß Lincoln sich während der Aussage keine Notizen machte, noch auch nur einen einzigen Einwand erhob. Als der Staatsanwalt geendet hatte, erhob sich Lincoln aus seinem Stuhl.

»Mr. Sovine, Sie sagen, daß Sie kurz vorher mit Lockwood beisammen gewesen waren und gesehen haben, wie geschossen wurde. Waren Sie in nächster Nähe der beiden Männer?«

»Nein, nicht in nächster Nähe. Im Gehölz.«

»Was für ein Gehölz?«

»Buchen.«

»Im August sind die Blätter der Buchen ziemlich dicht, nicht wahr?«

»Ja.«

»Gab es dort, wo Lockwood und Grayson standen, eine Kerze?«

»Nein.«

»Wie konnten Sie die Schießerei also beobachten?«

»Bei Mondlicht.«

Mary sah, wie Lincoln in die Tasche griff und ein Heft mit blauem Umschlag herauszog, eine Seite aufschlug, und das Heft als Beweismaterial auf den Richtertisch legte. Als er es wieder in Händen hatte, begann er:

»Durch das Zeugnis dieses Kalenders, des offiziellen Kalenders, der in Springfield und im Staat Illinois benützt wird, haben wir jetzt den unbestreitbaren Beweis dafür, daß in der Nacht des 9. August weder Mr. Sovine noch sonstwer den Mond sehen konnte, und zwar aus dem einfachen Grund, weil der Mond erst um ein Uhr mogens aufgegangen ist.«

Sovine brach zusammen und gestand, daß er selber den verhängnisvollen Schuß abgefeuert hatte.

Entrüstet erinnerte sich Mary daran, daß Ninian behauptet hatte, in einem schlimmen Fall sei Abraham Lincoln der schlechteste Anwalt in Illinois. Offensichtlich gab es für Lincoln keine schlimmen Fälle ... abgesehen von jenen, die er für unanständig hielt; und bei solchen wusch er sich, wie er selber gesagt hatte, die Hände.

Die Gerichtssession hatte kaum ihr Ende erreicht, um dann, mit ihrem Gefolge von Anwälten von Distrikthauptort zu Distrikthauptort zu wan-

dern, als ein Ungewitter über Springfield hereinbrach, von dem auch die Familie Todd betroffen wurde.
Als Mary im Jahre 1837 zum ersten Mal zu Besuch gekommen war, hatte eine ihrer Cousinen aus Kentucky, Lucy Hardin, sich mit ihrem Mann, Marcus Chinn, in dem benachbarten Ort Jacksonville niedergelassen; sie hatten zwei Sklaven mitgebracht. Da die im Jahre 1818 für den Staat Illinois niedergelegte Verfassung die Sklaverei verbot, teilte eine Gruppe, die für die Sklavenbefreiung eintrat, den beiden Negern mit, daß sie gesetzlich frei seien, und brachte die beiden bei sich unter. Es gelang Chinn aber, sich des Negers zu bemächtigen und ihn flußabwärts zum Verkauf zu schicken. Die Frau strengte einen Prozeß an, um zu beweisen, daß sie nach dem Gesetz von Illinois frei war. Da die Stimmung in Jacksonville dem Siedepunkt nahe war, verlegte der Gerichtspräsident die Verhandlung in den Hauptort des Distrikts.
Mary wollte es nicht glauben, als Ninian berichtete, Stephen T. Logan habe den Bitten Lucy Chinns nachgegeben und den Fall übernommen. Und als er wieder einmal vorbeikam, zog sie ihn in den Wintergarten.
»Cousin Steve«, sagte sie, »ich kann nicht begreifen, daß du Chinns vertrittst! Auch wenn du ihr Cousin bist! Du wirst doch nicht wollen, daß die Sklaverei in Illinois wieder gesetzlich erlaubt wird?!«
»Nein, Mary, das ist gewiß nicht meine Absicht, aber jedermann hat Anspruch darauf, daß seine Person und sein Eigentum vor Gericht geschützt wird. Wenn die Frage der Sklaverei entschieden wird, dann müssen beide Aspekte des Falles mit äußerster Präzision dargestellt werden.«
»Wenn du aber den Sklavenhalter vertrittst, werden die Leute nicht daraus schließen, daß du die Sklaverei begünstigst?«
»Das glaube ich nicht, Mary; Anwälte müssen nicht alles unterschreiben, war ihre Klienten glauben, tatsächlich könnten sie das auch gar nicht. Der Anwalt gehört zum Gericht; sein Amt ist es, darüber zu wachen, daß jeder Paragraph des Gesetzes zur Anwendung kommt, das sich auf den betreffenden Fall bezieht. Ich werde meine Pflicht gründlich und leidenschaftslos erfüllen.«
Beim Abendessen erzählte sie Elizabeth und Ninian von diesem Gespräch. Ninian hörte nachdenklich zu, und dann sagte er:
»Irgendwer muß Chinns vertreten, sie haben das Recht auf einen Beistand, und wahrscheinlich ist es, alles in allem, besser, wenn der gewiegteste Anwalt von Illinois sie vertritt. Sind Chinns mit ihren Advokaten unterlegen, so haben wir einen Präzedenzfall geschaffen, den niemand mehr umstürzen kann.«
»Wenn Steve aber siegt, können Tausende von Familien aus dem Süden mit ihren Sklaven nach Illinois kommen, und wir werden ein Sklavenstaat.«

»Er wird nicht siegen«, erwiderte Ninian. »Ich verteidige die Schwarze.« Völlig verblüfft starrte Mary ihn an. War das der Mann, den man beschuldigte, ein eiskalter Aristokrat zu sein? Bei der letzten Session hatte er keinen Fall übernommen, weil die Honorare zu geringfügig waren, und jetzt trat er in einer Sache vor Gericht, wo es überhaupt kein Honorar geben würde. Sie stand auf, ging um den Tisch, küßte ihren Schwager herzlich, wandte sich dann zu Elizabeth und sagte:
»Schwester, du hast wahrhaftig einen rechten Mann geheiratet!«
Sie lud Stephen Douglas und Abraham Lincoln zum Tee. Es war das erstemal, daß sie die beiden beisammen hatte, und während die Männer einen Mordfall erörterten, fand sie die Möglichkeit, sie genau zu beobachten. Sie boten, nebeneinander in der Mitte des Salons stehend, ein beinahe groteskes Bild: Douglas, den Kopf zurückgeworfen, um Lincoln ins Gesicht sehen zu können, Lincoln zu Douglas heruntergebeugt. Sie erzählte ihnen von ihren Gesprächen mit Logan und Ninian über den Fall Chinn, und dann fragte sie:
»Hätten Sie, meine Herren, die Vertretung Chinns übernommen?«
In Douglas vollzog sich der Denkprozeß blitzschnell. Er sagte:
»Das ist eine Laienfrage, meine liebe Mary; es beweist Ihre Unkenntnis von der Justiz als Beruf. Ihr Cousin Logan hat recht. Ich bin ein unbedingter Gegner der Sklaverei. Ich würde einen Sklaven weder kaufen, noch verkaufen, noch als Geschenk annehmen; wenn aber Chinns zu mir kämen und mich ersuchten, sie gegen den Verlust ihres gesetzlichen Eigentums zu schützen, so würde ich mich als Anwalt verpflichtet fühlen, ihren Fall zu übernehmen und mit aller Kraft, die mir zu Gebot steht, für ihr Recht eintreten.«
Sie wandte sich zu Lincoln, der jetzt seine sechs Fuß vier Zoll zu voller Höhe aufgerichtet hatte und zur Decke blickte.
»Und Sie, Mr. Lincoln? Sind Sie mit meinem Cousin Logan einverstanden?«
Lincolns Denken war ebenso schwerfällig, wie Douglas' Denken behend. Fast vermochte Mary dem schmerzlichen Vorgang zu folgen. Schließlich senkte er den Blick wieder.
»Ich würde meine Stimme nie für die Sklaverei erheben; meiner Ansicht nach ruht sie auf Ungerechtigkeit und schlechter Politik. Die Weißen können sich befreien, die Schwarzen können es nicht. Darin ist die grundlegende Tragödie der Sklaverei beschlossen. Ich sehe es nicht als eine meiner beruflichen Verpflichtungen an, jemanden zu vertreten, der in einem freien Land die Sklaverei einführen will.«
»Wenn ihr zwei Abolitionisten mich entschuldigen wollt«, sagte Douglas. »Ich muß jetzt zum ›Register‹ hinüber, um den Leitartikel der Woche zu korrigieren.«

Nachdem er gegangen war, zogen Mary und Lincoln ihre Stühle nebeneinander vors Feuer. Lincoln sagte leise:
»Ich bin kein Abolitionist. Ich glaube, daß Sklavenhalter in Sklavenstaaten ein Recht auf ihren Besitz haben. Ich habe zu viele Beispiele dafür gelesen, daß Abolitionisten den Besitzer gegen den Sklaven aufgebracht und dem Neger das Leben erschwert haben.« Er hielt sekundenlang inne, und dann sah er sie an. »Ich habe nie gelebt, wo es Sklaverei gab. Tatsächlich habe ich sie nur zweimal mitangesehen, und zwar bei Reisen nach New Orleans, wenn ich mit dem Schiff den Mississippi hinunter zum Markt fuhr. Wie ist es, wenn man von der Sklaverei umgeben ist?«
Sie bemühte sich, ihre Gedanken zu sammeln, und dann sagte sie:
»Nun, als Kind schien es mir natürlich und gut. Mammy Sally hätte mich nicht mehr lieben können, wenn sie meine eigene Mutter gewesen wäre, und wir haben sie auch sehr lieb gehabt. Alle unsere Haussklaven gehörten zur Familie, ja, auf ihre Launen wurde häufig mehr Rücksicht genommen als auf unsere. In unserer ganzen Familie wie auch auf den Pflanzungen unserer Freunde wurden die Neger gut behandelt, und es bestand immer ein gutes Verhältnis zwischen Schwarzen und Weißen. Daß es grausame und böse Sklavenhalter gibt, erfuhr ich erst, als ich acht Jahre alt war und in Dr. Wards Akademie geschickt wurde.«
Sie erzählte ihm, wie sie die Auspeitschung junger Farbiger mitangesehen hatte, erzählte von den aneinandergeketteten Sklaven, die an ihrem Haus vorübergetrieben, von dem Versteigerungsblock, von den Familien, die auseinandergerissen wurden, von einer Mrs. Turner, die einen kleinen Negerknaben vom Fenster des obersten Stockwerks in den Hof geworfen hatte. Schließlich erzählte sie ihm auch noch von dem peinlichen Dilemma, vor das ihr Vater gestellt worden war, und von Cassius Clays Ausspruch, daß die Sklaverei ein unbedingtes Übel, und daß jeder, der auch nur an einer Form der Sklaverei teilnahm, für das ganze Übel verantwortlich sei.
Lincoln senkte ds Kinn, dann hob er die Augen, als wollte er Mary über eine Brille hinweg anschauen.
»Sie haben diesen Cassius sehr gern, Molly?«
»Ob ich ihn gern habe? Ich werde es Mary Jane Warfield nie vergeben, daß sie ihn geheiratet hat, bevor ich Zeit hatte, erwachsen zu sein.«

Im April, zu Anfang eines sehr zeitig einsetzenden Frühjahrs, begann der Wahlfeldzug in Illinois. In diesem Jahr sollten sowohl die Wahlen in die Gesetzgebende Versammlung stattfinden wie auch die Präsidentenwahl. Zwei Drittel von Marys Freunden waren auf Reisen, redeten in den verschiedensten Orten, kehrten für ein paar Rasttage zurück, um dann gleich wieder aufzubrechen.

Stephen Douglas blieb der aufmerksamste, höflichste unter den jungen Leuten; wann immer er für einige Tage Springfield verlassen mußte, vergaß er nie, zu kommen und ihr *au revoir* zu sagen, und bei seiner Heimkehr brachte er ihr stets ein kleines Geschenk mit, ein Spitzentaschentuch oder Parfum. Sie gab sich über die Natur dieser Aufmerksamkeit keinen Täuschungen hin, denn sie wußte, daß er es bei anderen Mädchen ebenso hielt.

Da die Männer so oft abwesend waren, bildeten die Frauen den Fußgängerklub, der sich Sonntag morgens versammelte, mit wohlgefüllten Körben durch die Prärie wanderte, wilde Blumen pflückte, um sich dann zum Mittagessen ins Gras zu strecken und sich die Frühlingssonne ins Gesicht scheinen zu lassen. Von einem solchen Ausflug heimgekehrt, wurde Mary Mr. Lincoln gemeldet. Rasch zog sie ein anderes Kleid an, befestigte das Haar im Nacken und nahm aus einer Lade einen Spitzenshawl. Zum Unterschied von Stephen Douglas hielt Lincoln es nie für nötig, sie wissen zu lassen, wann er den Ort verließ oder wieder zurückkam. Wenn sie unzeremonielle kleine Gesellschaften gab und an die jungen Leute Einladungen versandte, kam er sehr häufig nicht, dann aber ließ er sich zu sehr ungelegenen Stunden melden, wenn sie gerade bei Näharbeiten beschäftigt war oder Elizabeth beim Bad eines ihrer Kinder half oder sich, wie jetzt, ausruhen wollte.

Sie trat ins Wohnzimmer der Familie, wo er auf einem gradlehnigen Mahagonistuhl saß, die Arme auf die Schenkel gestützt, den Kopf fast bis zu den Knien gesenkt. Sie blieb in der Mitte des Zimmers stehen und wartete, bis er aufschauen und ihre Anwesenheit bemerken würde, doch nach einer Weile hatte er noch immer keine Ahnung, daß sie im Zimmer war. Sie hüstelte höflich und ging auf ihn zu. Als er den Kopf hob, sah sie, daß sein linkes Auge völlig schief stand. Man hatte nicht unbedingt den Eindruck, daß er schielte, sondern eher, daß die beiden Augen auf ungleicher Höhe funktionierten.

Sekundenlang sah er sie an, offenbar überrascht, dann wandte er langsam den Kopf und musterte das Zimmer, als wollte er sich zurechtfinden.

»Mr. Lincoln, ist etwas nicht in Ordnung? Sind Sie krank?«

»Nein ... nur ... schreckliche Kopfschmerzen ... ich war beinahe blind vor Schmerz.«

»Sind's die Augen, die Ihnen Beschwerden verursachen?«

Brüsk stand er auf und sagte heiser:

»Warum fragen Sie?«

»Weil Sie gesagt haben, Sie seien beinahe blind vor Schmerz.«

»Nein, das ist's nicht ...«

»Haben Sie nicht eines der Mittel gegen Kopfschmerzen versucht, wie sie immer im ›Journal‹ angezeigt werden?«

Er lächelte schwach.
»Diese Mittel sind fast reiner Alkohol; eine Flasche kuriert die Kopfschmerzen, aber am nächsten Morgen sind sie verzehnfacht wieder da.«
»Möchten Sie also eine Tasse Tee? Daheim, in Lexington, wenn wir uns nicht wohl fühlten, war das erste, was wir verlangten, eine Tasse Tee.«
»Tee? Wissen Sie, daß ich nur einmal oder zweimal im Leben Tee getrunken habe? Aber das hört sich nicht schlecht an. Ich hätte ganz gern eine Tasse.«
Sie goß ihm eine Tasse starken chinesischen Tee auf und brachte sie ins Wohnzimmer. Er schlürfte ihn langsam. Als er fertig war, schien sich der Schmerz verzogen zu haben. Er dankte ihr für ihre Freundlichkeit, und dann gestand er:
»Als Sie eintraten und ich sah, wo ich mich befand, da war ich vollkommen überrascht, daß ich in Ninians Haus war. Ich kann mich nur entsinnen, daß ich mit diesen Schmerzen durch die Straße ging, und ich dachte an Sie, wie Sie am letzten Sonntag Ihr Häubchen mit wilden Blumen füllten und sich eine Kette daraus machten, die Sie durch Ihr Haar geflochten haben. Das war das letzte, an das ich mich erinnern konnte, bis ich aufschaute und Sie vor mir standen.«
»Ich bin froh, daß Sie Ihren Weg hierher gefunden haben. Kommen Sie nur, wann immer Sie leiden ... aber kommen Sie auch, wenn Sie glücklich und heiter sind und wenn Sie Grund zu einem Lachen haben, das Sie mit mir teilen möchten.«
Er sah sie prüfend an, versuchte, den Sinn ihrer Worte zu ergründen. Dann lächelte er. Es war ein sanftes Lächeln.
»Das wäre nur gerecht; nicht, Molly?«
Der nächste Sonntag war ein schöner, warmer Tag. Der Fußgängerklub traf sich am Mittag nach der Kirche im Hause Edwards und trat den Marsch nach einer Farm an, die fünf Meilen entfernt lag. Einige der jungen Leute sollten sich den Damen anschließen.
Lincoln erschien im Hause Edwards, das Haar frisch geschnitten, von der hohen Stirn zurückgekämmt. Auch frisch rasiert war er, und obgleich sich unterhalb der hohen Backenknochen noch immer Höhlungen abzeichneten, wirkte die Haut doch weicher, als sie sie in Erinnerung hatte. Er trug einen neuen Anzug aus gutem schwarzem Stoff, in den auch ein wenig Grau eingewoben war, damit er nicht gar so begräbnishaft wirkte wie die Anzüge, die er gewöhnlch trug, einen frischen weißen Kragen und eine Krawatte aus schimmernder Seide. Als Mary die Tür öffnete, um ihn einzulassen, konnte sie ein erfreutes Lächeln nicht unterdrücken.
»Ja, wie Sie sich herausgeputzt haben, Mr. Lincoln! Sie werden der bestangezogene Mann unter all den wilden Blumen sein!«
»Ach, ich wollte die heimische Industrie unterstützen«, erklärte er, als

müßte er sich entschuldigen. »Vor ein paar Jahren in New Salem, als ich in rotem Hemd und groben Baumwollhosen vom Holzfällen heimkam, da fing mich ein kluger junger Neger ab. Er erzählte mir, er sei Barbier, aber ohne Arbeit und ohne Geld. Da nahm ich ihn in das Haus mit, wo ich wohnte, und verschaffte ihm bei den Mietern Arbeit, genug für ein paar Tage. Dann habe ich ihn nach Springfield geschickt.«
»Eine sehr gute Erklärung, Herr Advokat«, neckte sie ihn. »Ich meinerseits glaube, daß es eher die Frühlingssäfte sind, die in Ihnen steigen.«
Er errötete, berührte linkisch ihren Arm.
»Hoffentlich haben Sie recht, Molly, hoffentlich haben Sie recht!«
Der Morgen war ungewöhnlich schön, und sie genoß die Wanderung durch die Wiesen. Die Mädchen hielten sich von Lincoln und dem schüchternen Samuel Treat fern, so daß Mary den größten Teil des Weges mit den beiden zurücklegte. Auf der Farm deckten sie den Tisch unter einer mächtigen Eiche mit weißen Tischtüchern aus ihren Körben, und dann wurde das Mittagessen ausgepackt, das aus gebratenen Hühnern, geräuchertem Schinken und Kuchen aus Watsons Konditorei bestand.
Als Stephen Douglas eine Axt im Hof liegen sah, schlug er vor, man solle doch ausprobieren, wer imstande wäre, die Axt zu heben und mit gestrecktem Arm vor sich zu halten. Ein halbes Dutzend der jungen Männer beteiligte sich an dem Spiel, jeder legte sich die Axt zurecht, bückte sich, griff nach dem hölzernen Stiel und versuchte, sie aufzuheben. Die Schneide war aber außerordentlich schwer, und obgleich der eine oder der andere, vor allem Douglas, es fertigbrachte, die Axt mit gestrecktem Arm ein Stück zu heben, gelang es doch keinem, sie in Armhöhe zu halten.
Während der letzten Versuche beobachtete Mary Lincoln, dessen Züge einen seltsamen Ausdruck angenommen hatten. Als die andern es aufgaben, wandte sie sich zu ihm.
»Mr. Lincoln, Sie sind der einzige Mann, der es nicht versucht hat. Glauben Sie nicht, daß Sie die Axt heben können?«
»O Molly, ich habe die ersten zwanzig Jahre meines Lebens damit verbracht, solche Äxte zu handhaben.«
»Sie haben meine Frage nicht beantwortet. Können Sie die Axt auf Schulterhöhe heben?«
Die Männer drängten ihn, und so ging er an den Tisch, zog den funkelnagelneuen Rock aus und faltete ihn sorgsam. Dann bückte er sich, griff nach dem Stiel und hob mit langsamer, eleganter Bewegung die Axt, bis er sie in Armhöhe vor sich ausgestreckt hielt.
Als alle Beifall klatschten, warf er den Kopf zurück und sagte:
»Wenn ich mich schon produziere, kann ich euch auch was wirklich Gutes zeigen. Ist noch eine zweite Axt vorhanden?«
Die zweite Axt wurde herbeigeschafft, Lincoln legte die beiden Äxte in

kleinem Abstand voneinander auf den Boden, dann ergriff er mit jeder Hand einen Stiel, hob langsam die Äxte und hielt sie mit gestrecktem Arm vor sich.
Mary hatte eine solche Kraftleistung noch nie erlebt; durch die Kleider hindurch konnte sie die mächtigen Muskeln spielen sehen, als er jetzt – selber der Eiche ähnlich, unter der er stand – sein Kunststück zeigte, ein unglaublich männlicher Stamm, an dem Arme und Beine zähe, lange Zweige waren.
Er ließ sie Äxte sinken, zog ein Taschentuch hervor und wischte sich den Schweiß von der Stirn. Mary wandte sich ab; sie fühlte sich einer Ohnmacht nahe.

Sie war von ihrer Schwester Frances und ihrem Schwager William Wallace ins ›Globe‹ zum Essen eingeladen. Der Tisch stand abseits in einer Ecke des Speisesaals, denn selbst jetzt, da weder die Gesetzgebende Versammlung noch das Gericht tagte, waren etwa hundert Männer und Frauen anwesend. Kellner eilten geschäftig hin und her, Gäste kamen und gingen, und so war der Saal von Geräusch erfüllt. Mary fragte sich, wie Frances es fertiggebracht hatte, das Leben in diesem Hotel länger als ein Jahr auszuhalten. Doch Frances erwiderte auf diese Frage:
»Es hat mir sogar Spaß gemacht; ich mußte aus mir herausgehen, habe eine Menge Menschen kennengelernt und hatte meine Freude daran. Es ist erstaunlich, mit wie vielen Menschen man sich glücklich fühlen kann, wenn man nur in seinem Innern glücklich ist.«
Wie klug hatte Frances gewählt, dachte Mary. Dr. Wallace war ein grundgütiger Mensch und, zum Unterschied von den Männern in Marys Kreis, der Politik und dem Debattieren abgeneigt. Nicht daß er nicht auch seinen eigenen Standpunkt einnahm und vertrat; er war ein heftiger Gegner jener Form der Medizin, die in Springfield praktiziert wurde, verwarf allzu heftigen Aderlaß, allzu starke Zugpflaster, allzu energische Kuren. Er übte seine Kunst auf seine eigene Art.
Am Ende eines reichlichen Essens sagte Frances:
»Wir ziehen um. Wir haben ein reizendes Häuschen neben Dr. Helm gekauft und wollen es nächsten Monat an einem Samstag einweihen. Kann ich dir Mr. Lincoln als Partner einladen?«
Mary hatte einen Löffel voll Schokoladencréme zum Mund gehoben, doch jetzt ließ sie den Löffel sinken.
Warum hatte Frances diese seltsame Frage gestellt? Sie war sich nicht bewußt, besonderes Interesse an Lincoln verraten zu haben. Wollte Frances auf diese Weise ausdrücken, daß sie meinte, Mary sollte ihn begünstigen? Bevor sie antwortete, suchte sie einen leichten Ton, wie sie etwa ein Kleid aus ihrem Schrank wählen mochte.

»Warum gerade Mr. Lincoln, Frances?«
»Ich hatte geglaubt, daß sie mehr für Steve Douglas übrig hat«, warf Dr. Wallace ein.
»Nun, Mary, mein Eindruck ist, daß du eher Mr. Lincoln bevorzugst.«
Mary kaute an diesen Worten und fragte sich, ob ihre Schwester am Ende recht hatte.
»Ja, Mr. Lincoln ist interessant«, erwiderte sie langsam. »Kommt das aber nicht daher, daß er der originellste ist? Persönliche Gefühle sind da nicht im Spiel, Frances. Ich habe an ihn nicht anders gedacht als an alle andern. Es ist mir lieb, wenn du ihn einlädst, aber nicht ausdrücklich für mich.«
Frances' offizieller Eintritt in die Gesellschaft von Springfield war ein großer Erfolg. Im Hinterhof war eine Estrade errichtet worden, wo getanzt werden konnte, und die übliche Kapelle sorgte für die Musik. Lincoln forderte Mary auf, ihn am folgenden Tag zu Dr. Houghan zu begleiten, wo er für eine Versammlung der Whigs in der kommenden Woche verschiedene Anordnungen zu treffen hatte. Sie war einverstanden, vorausgesetzt, daß er sie vorher in die Kirche begleitete. Er zauderte sekundenlang, doch dann erklärte er sich bereit.
»Weil wir gerade von Versammlungen sprechen«, fuhr sie fort. »Sie haben ja, wie ich höre, in Belleville große Erfolge für die Whigs errungen.«
»Nein.« Er schüttelte mit gutgespielter Verzweiflung den Kopf. »Ich habe mich nicht ausgezeichnet. Ich hielt eine wohlvorbereitete Rede über die Krise von 1837, in die Van Buren und die Demokraten uns hineingesteuert hatten. Ich hatte gehört, daß just am Morgen ein Pferd für nur fünfundzwanzig Dollar verkauft worden war, und so benützte ich das, um zu zeigen, wie schlecht die Zeiten seien. Als ich fertig war, rief der Polizist, der das Pferd gekauft hatte, aus der Menge: ›Das Pferd hat nur ein Auge gehabt!‹ Und damit war ich erledigt.«
»Ich habe doch im ›Register‹ gelesen, Ihre Rede in Belleville sei ›klärend, kräftig und wirksam‹ gewesen. Ich erinnere mich daran, weil mir das Wort ›klärend‹ aufgefallen ist.«

Als sie am nächsten Morgen die Kirche verließen, gestand er, daß er sich durchaus nicht unbehaglich gefühlt hatte; nur die Predigt sei allzu demutsvoll gewesen.
Sie gingen miteinander in nördliche Richtung, der Größenunterschied war nicht gering, aber Lincoln tat seinen langen Beinen Zwang an, so daß sie recht gut mit ihm Schritt halten konnte und nicht laufen mußte. Das gefiel ihr an ihm, denn er wollte offenbar, daß sich die Menschen in seiner Gesellschaft wohl fühlen sollten.
Dr. Houghans Haus stand inmitten von vierzehn Morgen bewaldetem Gelände. Der Vorbau mit den korinthischen Säulen erinnerte sie an die

architektonischen Reize der Häuser im Blaugrasland. Auf ihr Klopfen erschien Dr. Houghan in roter Samtjacke, einem türkischen Fez mit einer Troddel daran und einer mächtigen, tabakfleckigen Meerschaumpfeife. Mary hatte ihn bei ihrem Onkel, Dr. Todd, kennengelernt; während Lincoln damit beschäftigt war, die vier Wege zu markieren, die zum Ort der Versammlung führten, und dann die Stellen besichtigte, wo am offenen Feuer Rinder und Schweine am Spieß gebraten werden sollten, ging sie von Zimmer zu Zimmer. Mary war entzückt über die Weite und die Großzügigkeit, die sie noch in keinem anderen Haus in Springfield gefunden hatte.

»Dr. Houghan, Ihr Haus ist ein Kunstwerk!« rief sie.

»Ja, wir lieben es sehr ... und doch wollen wir es verkaufen; es ist zu groß für uns.«

»Verkaufen! Das ist genau das Haus, in das ich einziehen möchte, wenn ich heirate!«

Dr. Houghan zog an seiner Pfeife, dann blickte er aus dem Fenster.

»Meinen Glückwunsch, Miss Todd! Kenne ich den bevorzugten jungen Herrn?«

Verlegen biß sie sich auf die Lippe.

»Das war nur eine *façon de parler*, Doktor. Ich habe keinerlei Heiratspläne.«

»So, so, ich verstehe. Nun, es eilt mir gar nicht so sehr mit dem Verkauf. Wenn ich ein Angebot erhalte, so werde ich mich vorher an Sie wenden.«

Keckheit und Humor, fand sie, waren die besten Auswege aus dieser Lage.

»Gut! Auf diese Art warten wir alle beide auf ein Angebot.«

Auf dem Rückweg sprach Mary begeistert von dem Haus Dr. Houghans. Lincoln sagte gelassen:

»Aber Molly, es ist doch so ein großes Haus!«

»Nun, ich habe immer eine Vorliebe für schöne Häuser gehabt; gefallen sie Ihnen denn nicht, Mr. Lincoln?«

»Offen gestanden habe ich nie viel darüber nachgedacht«, erwiderte er. »Den größten Teil meines Lebens verbrachte ich in Blockhäusern, und in den letzten drei oder vier Jahren habe ich über Joshs Geschäft geschlafen. Das Innere eines eleganten Hauses habe ich erst zu sehen bekommen, als ich bei Ihrem Cousin John Stuart eingeladen wurde. Für Sie ist aber ein Haus sehr wichtig, nicht?«

»Ja, sehr.«

Tausende von Whigs strömten aus Indiana, Iowa, Missouri und Illinois nach Springfield. Mary wanderte mit ihren Freunden nach Dr. Houghans Park hinaus, wo sie drei Stunden lang die Reden der Whigs anhörte, bevor man zum Essen ging. Mr. Lincoln organisierte die Feuerstellen, wo Hunderte von Rindern und Schweinen brieten, um die Menge zu sättigen. »Die Leute müssen gegen die Redeflut gekräftigt werden«, knurrte er. Er selber war der neunzehnte Redner, der auf die kleine Estrade stieg; es war bereits elf Uhr abends geworden, und das Gelände wurde von Hunderten von Fackeln erleuchtet. Mary fragte sich erschöpft, was er jetzt noch sagen könnte, das nicht bereits gesagt worden war.

Doch trotz den linkischen Gesten, der hohen, nasalen Stimme strahlte etwas von ihm aus, das seine Züge, die Rednertribüne und die ganze Front des Hauses mit stärkerem Licht erhellte als die flackernden Fackeln rund um ihn. Was es war, vermochte sie nicht zu sagen; nicht einmal den Sinn dieser Erscheinung konnte sie begreifen.

Mitternacht war vorüber, als sie mit Elizabeth, Ninian und Stephen Logan zu den verschiedenen Rednern ging, um ihnen die Hand zu drücken. Kein Mensch zollte Lincoln besondere Aufmerksamkeit; er war gerade nur aufgetreten, um sich der Menge zu zeigen und stand ziemlich niedergeschlagen beiseite. Sie aber ging auf ihn zu:

»Abraham«, sagte sie, »ich kann mich an keine Silbe von dem erinnern, was Sie gesagt haben, aber ich war trotzdem ergriffen.«

Es war das erste Mal, daß sie ihn bei seinem Vornamen genannt hatte.

»Ich habe selber kein Wort gehört.« Er preßte ihren Arm. »Aber Sie sind sehr gütig, Molly.« Er holte tief Atem und sagte gutmütig: »Ich sollte heute ein glücklicher Mann sein; zu der Organisation des Bratens von Rindern und Schweinen wurde mir allgemein gratuliert.«

Die Menge begann den Park zu verlassen, die Wege wurden von Fackelträgern erhellt. Elizabeth wandte sich um und sah, daß Lincoln mit Mary Arm in Arm ging. Es war ein langer Weg durch den Ort, von den nördlichen Ausläufern der Siedlung bis zum südwestlichen Zipfel. Als sie bei der Veranda des Edwardsschen Hauses angekommen waren, streckte Mary die Hand aus.

»Das ist ein *au revoir* für einige Zeit, Abraham. In wenigen Tagen fahre ich zu meinem Onkel, Richter Todd, und zu meiner Cousine Anne nach Missouri.«

»Nach Missouri? So! Aus irgendeinem bestimmten Grund?«

Sie hätte es nicht für sehr zartfühlend gehalten, ihm zu berichten, daß ihr Onkel ihr geschrieben hatte, es gebe eine Schar möglicher Bewerber, die sie in höchster Spannung erwarteten.

»Nur... nur... ein Klimawechsel... während der heißen Sommermonate.«

»Sie werden mir fehlen.«

»Wirklich? Dann schreiben Sie mir doch manchmal. Alles Gute für Ihren Wahlfeldzug! Ich weiß bestimmt, daß Sie großen Erfolg haben werden.«

Sie standen auf Armlänge voneinander entfernt. Er hielt ihre Hand in der seinen, dann waren sie einander näher als je während ihrer Beziehung, er schien sich beinahe verlangend zu ihr herabzuneigen. Ungeschickt, doch heftig lehnte er sein Gesicht an das ihre. Sie wandte ihm die Wange zu, und dann, unversehens, ohne daß sie wußte, wie ihre Stellung zueinander sich geändert, wie sie sich dazu entschlossen, wann die Veränderung begonnen hatte, war der Abstand zwischen ihnen verschwunden, seine Lippen lagen auf ihren Lippen, und sie hielten einander in den Armen. Alles Trennende, jeder Unterschied war aufgehoben, sie waren zwei einsame Menschen, für einen Augenblick vereint, bevor sie schieden und ihrer Wege gingen.

Dann löste er seinen Mund, löste seine kräftigen Arme von ihr und wandte sich ab, ohne ein Wort zu sagen.

Drittes Buch

Mein Herz und mein Fleisch

Sie erwachte aus ihrem Schlummer in der dunstigen Nachmittagshitze von Missouri. Langsam kehrten ihre Gedanken zurück. Ihre Blicke ruhten auf der Reglosigkeit der Bäume vor dem Fenster; es war ein unheilverkündendes Wetter, heiß und windstill. Wenn es nur keinen Sturm gab! Auf dem andern Bett drehte Anne sich um, ein leises Lächeln um den herzförmigen Mund. Mary lachte, als sie sich an die Geschichte erinnerte, die ihr Onkel, Richter David Todd, gestern abend erzählt hatte – wie er auf der Richterbank eingeschlafen war, während einer der Anwälte eine lange Rede hielt. Er war plötzlich aufgewacht und hatte gerufen: »Herr Protokollführer, dem Richter Todd wird eine Buße von zehn Dollar wegen Mißachtung des Gerichts auferlegt; ich werde es ihm schon abgewöhnen, bei hellem Tag zu schlafen!«

Anne setzte sich im Bett auf, war sogleich wach.

»Worüber lachst du, Mary?«

Sie erzählte es Anne, und dann fügte sie hinzu: »Mr. Lincoln wird diese Geschichte gefallen; er wird sie seinem Repertoire einverleiben.«

»Du hast ihn gern, diesen Lincoln?«

»... ja...«

»Mehr als die anderen jungen Leute?«

»Ich weiß nicht. Vielleicht.« Ihr Herz pochte.

»Ich erinnere mich an ihn. Er ist gewiß...« sie zauderte, war ein wenig unsicher, suchte nach dem passenden Wort... »auffallend.«

»Ich gebe zu, daß er nicht der schönste Mann der Welt ist«, sagte Mary, »aber er könnte ein großer Präsident werden.«

Anne sprang aus dem Bett. Sie furchte die Stirn.

»Du wirst doch bestimmt einen Mann nicht deswegen heiraten!?«

»Warum heiratest du denn deinen Verehrer?« Mary ärgerte sich über sich selber, weil sie das Thema nicht fallengelassen hatte.

Anne wurde rot. »Ich heirate ihn, weil ich ihn liebe! Was sonst ist die Ehe, wenn nicht Liebe?«

»Eine bestimmte Lebensform...« Sie war froh, als jetzt Onkel Davids Stimme ertönte und sie rief: »Gehen wir doch hinunter!«

Ihr Onkel David war der liebenswürdigste von allen Todds, ein großer, gesprächiger Mann, der tüchtig arbeitete, tüchtig aß, trank und schlief und Energie für hundert Steckenpferde hatte. Eines davon war die Genealogie der Familie Todd. Wenn die Schüsseln und Teller vom Abendessen fortgeräumt waren und eine große Lampe in die Mitte des Tischs gestellt worden war, breitete er seine Karten aus und führte Mary von Ast zu Ast des Stammbaums. Seine kurzen, plumpen Finger zeigten ihr die Herkunft der Familie bis zum Jahre 1679 in Schottland, und dann berichtete er von dem ersten Todd, der sich 1720 in Pennsylvanien niedergelassen hatte. Während ihr Onkel so redete, erinnerte sie sich des peinlichen Schweigens, das folgte, als sie Abraham Lincoln nach seiner Herkunft gefragt hatte. Er hatte ein paar Worte über die Lincolns gesagt, obgleich ihm sichtlich nichts an ihnen lag; ursprünglich waren sie Quäker gewesen, die aus Pennsylvanien nach Virginien und dann westwärts nach Kentucky gewandert waren. Als er auf die Familie seiner Mutter zu sprechen kam, hatte er sich gesetzt, den Kopf gesenkt und lange geschwiegen, bevor er mit heiserer Stimme hervorbrachte:

»Sie stammte aus einer nicht sehr angesehenen Familie in Virginien... einer zweitklassigen Familie, könnte man wohl sagen.«

Sie riß sich zusammen. Ich benehme mich ja wie ein Schulmädchen. Was auch immer geschieht, ich beziehe es auf Lincoln. Doch mit welchem Recht ist es dahin gekommen? Und zu welchem Zweck? Eliza Francis hatte ihr erzählt, die wenigen Freundinnen, die er in New Salem gehabt hatte, seien wohlbehütete, verständige, verheiratete Frauen gewesen: Mrs. Bowling Green, die ihm half, wenn er in Schwierigkeiten war, Mrs. Jack Armstrong, die ihm Hemden nähte und seine Hosen flickte.

»Es ist Zeit, sich für den Ball anzuziehen, Mary.«

Es war Anne, die ihre Träumerei unterbrach. Die Mädchen kehrten in ihr Schlafzimmer zurück. Mary hatte angekündigt, sie werde nur eine sehr begrenzte Zeit bleiben, doch Columbia, der lebhafte Hauptort des Bezirks und das Zentrum des Tabakbaus, von etwa siebenhundert Menschen bewohnt, dachte anders; jeden Nachmittag gab es Tees, es gab Abendessen und jetzt schon den vierten Ball in einer Woche zu ihren Ehren, denn Onkel David hatte überall verlauten lassen, sie sei nicht abgeneigt, in Missouri unter die Haube zu kommen. Und so wurde sie von einem halben Dutzend junger Leute umschwärmt, die alle neu im Staat waren und auf der Suche nach einer Frau.

Die beiden Mädchen zogen sich an, und um acht Uhr wurden sie zu einem Backsteinhaus am Ende des Broadways gefahren. Die Räume zu ebener Erde waren für den Empfang und für den Ball hergerichtet worden. Es wurden die traditionellen virginischen Tänze gespielt, doch viel schneller, als Mary es gewohnt war. Ihr Partner für den Abend war der Enkel Patrick Henrys, den Onkel David offenbar an erster Stelle als Bewerber für sie erwählt hatte. Am Nachmittag ihrer Ankunft schon hatte er ihr erzählt:

»Der junge Henry ist ein sehr netter Mensch und ein ausgezeichneter

Anwalt, Mary. Ich glaube, daß er seinen edlen Vorfahren an Begabung übertrifft. Und ich glaube auch, daß du einen Anwalt heiraten solltest; du hast einen guten Kopf für Politik!«
»Ja, aber Onkel David«, neckte sie ihn, »was ist denn mit dem Zahnarzt, den du mir versprochen hattest? Ich habe so fest mit ihm gerechnet!«
»Der Idiot wollte nicht warten, sondern hat vor einer Woche geheiratet. Mach dir aber keine Sorgen, Mary; ich habe noch ein Dutzend vorzügliche Bewerber auf Lager, aufgereiht wie die Nachthemden an der Wäscheleine.«
Mr. Henry war sichtlich ins Herz getroffen. Nach einem der Tänze rief Mary:
»Ich kann mich noch gar nicht darüber beruhigen, mit welchem Schwung ihr hier eure Tänze tanzt! Wenn ich nach Springfield zurückfahre...«
»O Miss Mary, ich kann den Gedanken, daß Sie wieder wegfahren, nicht ertragen. Gefällt es Ihnen denn in Missouri nicht?«
Wie sollte sie diesem heiteren jungen Mann mit dem roten Haar und den leicht vorstehenden Augen beibringen, daß sie nicht wieder in einen Sklavenstaat zurückwollte? Daß jetzt, wo sie einmal in der Freiheit gelebt hatte, der Anblick der Sklaven, die auf Tabakfeldern arbeiteten, der Anblick ihrer kümmerlichen Hütten für sie ungefähr dasselbe war wie eine Reise in ein anderes Zeitalter?
Um zwei Uhr verließen sie und Anne den Ball, und nachher mußte sie im Dunkel des Treppenhauses warten, während ihre Cousine sich vor der Tür von ihrem Verehrer verabschiedete. Dann entledigten die Mädchen sich zahlloser Unterröcke, bürsteten ihr Haar, und Anne konnte sich nicht enthalten, in romantischer Begeisterung zu schwärmen.
»Es ist so wunderbar, zu lieben und geliebt zu werden, Mary! Ich kann mir gar nicht vorstellen, warum ein Mensch ohne Liebe leben will!«
Trotz aller Begeisterung war Anne eingeschlafen, sobald ihr Kopf die vertraute Einsenkung im Kissen gefunden hatte. Mary aber lag schlaflos da. Ja, warum sollte irgendwer ohne Liebe leben wollen? Sie gewiß hatte sich das nie gewünscht. Sie hatte mitangesehen, wie ihre Schulkameradinnen bei Mentelles, eine nach der anderen, sich verliebten, und sie hatte sich energisch gegen diese Art Romantik gesträubt. Sie besaß nur ein Leben und eine Liebe; sie wollte beides klug und richtig verwenden. Das hieß aber nicht, daß sie nicht eines Tages ebenso zärtlich, ja, und ebenso leidenschaftlich lieben würde wie irgendeine ihrer gefühlvollen Freundinnen; nie würde sie ihre Hand hergeben, wenn das Herz nicht dabei war. Wo aber war ihr Herz? Keine Minute war es ihr möglich gewesen, über der Musik, der Fröhlichkeit des lebensprühenden Columbia, Abraham zu vergessen. Sie war selber erstaunt darüber, mit welcher Zähigkeit er sie an sich fesselte. Liebe ich ihn? fragte sie sich. Es war nicht Liebe auf den

ersten Blick gewesen, auch nicht auf den fünfzehnten Blick. Ihre Gefühle waren langsam gereift.

Warum? Was waren Abrahams Eigenschaften, um derentwillen sie ihn lieben sollte? Seine Redlichkeit? Eine Menge Menschen waren redlich, sozusagen jeder, den sie kannte. Seine Einfachheit? An sich wäre das noch nichts Entscheidendes. Sein Mut? An der Grenze eine sehr allgemein verbreitete Eigenschaft; Stephen Douglas besaß ebensoviel davon wie Abraham Lincoln. Die physische Kraft? Auch ein ungeschlachter Tölpel hatte sie. Fromme Gesinnung? Nicht im herkömmlichen Maßstab, denn er war nicht mehr als ein Dutzendmal in der Kirche gewesen. Humor? Ja, manchmal hatte er Humor, häufig aber war es der Humor des Bauernhofs und nur selten Humor verfeinerter, geistiger Art. Tiefe? Er besaß nur geringe Bildung oder wirkliche Schulung. Persönlichkeit, Charme, Witz, Magnetismus? Es gab ein Dutzend Männer in Springfield und hundert in Lexington, die ihn darin binnen zehn Sekunden erledigen konnten. Unbestechlichkeit? Vielleicht, doch bisher hatte es nur selten Gelegenheit gegeben, sie zu erproben. Demut? Gott weiß, daß es Gründe genug für ihn gab, demütig zu sein!

Was immer auch Abrahams gute Eigenschaften sein mochten, keine andere junge Dame in Springfield hatte sie bemerkt. Und dennoch war unverkennbar etwas vorhanden. Die Rekruten im Indianerkrieg hatten das erkannt, die Whigs von Illinois erkannten es, ihr Cousin John Stuart hatte es erkannt. Führungstalent? Was bedeutet das? Daß er gelernt hatte, zu verhandeln, zu markten, Kompromisse zu schließen, sich zu beherrschen. Viele Männer waren Führer, deren Platz in den hintersten Reihen gewesen wäre.

Während sie still dalag, die Blätter der Sykomoren und Birken ansah, die der Mond beschien, stellte sie sich schließlich die schwierigste Frage: Liebt mich Abraham denn? Wenn ich liebe, wird meine Liebe Erwiderung finden?

Er war ein Mann, den die Liebe eingeschüchtert hatte. ›Liebe vernichtet‹, hatte er gesagt.

Doch das alles war vergangen. Er nannte sie Molly, oft genug mit zärtlicher Betonung. Wenn er müde oder bekümmert oder entmutigt gewesen war, hatte er den Weg zu ihr gefunden. Er war gern in ihrer Gesellschaft, bewunderte ihre Art zu reden, die Art, wie ihr Geist arbeitete. Gewiß, er war oft für Tage verschwunden, und als sie Springfield verließ, hatte er gesagt, sie werde ihm fehlen, und doch war kein einziger Brief von ihm gekommen, nur ein hingekritzelter Gruß auf einem Exemplar des ›Alten Soldaten‹, das er ihr geschickt hatte.

Trotzdem hatte sie im Verlauf der Monate vielerlei über ihn erfahren: er ging in kein anderes Haus in Springfield, wo es junge Mädchen gab, er hatte nur mit ihr getanzt, und als er ihr gesagt hatte: »Ich möchte die Welt nicht verlassen, ohne dazu beigetragen zu haben, daß sich in ihr ein wenig besser leben läßt«, da hatte er ihr seine innersten Gedanken offenbart...

Sie würde sehr behutsam urteilen müssen... über sich selbst und über Abraham.

An einem sonnigen 1. September kehrte sie nach Springfield zurück, und während sie ihre Kleider aufhängte, erzählte sie Elizabeth von ihren Erlebnissen. Ihr Onkel David war enttäuscht gewesen, als sie wegfuhr; er hatte geglaubt, sie würde bleiben. Beim Abschiedssouper, das Anne für sie veranstaltet hatte, waren viele der jungen Leute bereit gewesen, zu wetten, sie werde wiederkommen.

Elizabeth war zu einer Sitzung des Nähvereins der Kirche gegangen, und Mary rollte die Ärmel hoch, nahm die Gartenschere und ging hinaus, um einige von den Rosen zu schneiden, die im Überfluß vor ihrem Schlafzimmerfenster wuchsen. Etwa zwei Dutzend duftende Blumen hatte sie beisammen, als sie Schritte hörte. Sie sah auf und erblickte das lachende Gesicht von Stephen Douglas.

»Mary, eben jetzt habe ich gehört, daß Sie zurück sind. Springfield war ohne Sie verödet. Willkommen daheim!«

Die Herzlichkeit seiner Begrüßung entzückte sie. Seine Lippen berührten ihre Wange.

»Steve, es ist wunderbar, Sie wiederzusehen, selbst wenn Sie uns bei den Wahlen in die Gesetzgebende Versammlung schlagen sollten.«

»Ach, haben Sie bis in die Wildnis von Missouri davon gehört?« Er blähte sich geradezu vor Stolz. »Das ist aber nur die halbe Geschichte, Miss Henry-Clay-Whig-aus-Kentucky. Wir werden euch auch bei der Präsidentenwahl schlagen.«

Sie wollte sich in keine Debatte verwickeln lassen.

»Wird es für einen verdienten Demokraten einen Lohn geben, Steve?«

Er fuhr sich mit den Fingern durch das lange, buschige Haar.

»Das sollte es wohl! Ich habe so viele Monate meinen Feldzug geführt, daß ich völlig pleite bin; ja, ich werde tatsächlich wegen Schulden belangt.« Er klimperte mit einigen Geldstücken in seiner Hosentasche. »Sieht aus, als ob mir doch noch ein paar Cent übriggeblieben wären. Was würden Sie von einem Spaziergang zu Watson in die Konditorei halten?«

Sie hatte die Stiele ihrer Rosen gewunden.

»Mit Vergnügen! Aber erst müssen Sie sich gefallen lassen, daß ich Ihr Haupt mit Rosen bekränze.«

Sie lachten laut, während sie den Kranz fertig flocht und auf seinen mächtigen Schädel setzte; dann gingen sie Arm in Arm auf den Platz, ohne auf die gehobenen Brauen rundum zu achten. Sie aßen rasch ein Eis und gingen gleich wieder zurück.

Als Mary sich von Stephen verabschiedet hatte, fand sie Elizabeth und Ninian im Salon, die sie fröhlich begrüßten.

»Wir hatten bereits drei Besuche«, sagte Elizabeth. »Frauen, die euch Arm in Arm im Ort gesehen haben, Stephen deinen Rosenkranz auf dem Kopf; ihr habt euch anscheinend großartig unterhalten.«

»Wir sind einfach gute Freunde, die ihren Spaß miteinander haben.«

»Ach...« Elizabeths Stimme verlor allen Schwung. »Und wir meinten schon, du hättest dich vielleicht entschieden... drüben in Columbia...«

Da Marys Züge unverändert blieben, sank Elizabeth in einen Stuhl. Ninian ging zu seinem Zigarrenkistchen, zündete eine Zigarre an und paffte geräuschvoll. Elizabeth machte einen zweiten Versuch.

»Aber du hast ihn doch gern, Mary? Mit der Zeit könnte daraus auch Liebe werden, nicht?«

»Nein, Liz, das könnte es nie. Meine Gefühle haben sich in diesen drei Jahren, seit ich ihn kenne, nicht verändert.«

»Warum sagst du: ›Das könnte es nie‹?« Elizabeth erhob sich, trat zu ihr. »Warum hast du dich gegen ihn verschlossen? Er ist ein prächtiger Mensch und wird es weit bringen; du wärst die rechte Frau, um ihm zu helfen. Ihr könntet ein gutes Leben haben...«

»Es gibt Menschen, die nicht dazu bestimmt sind, einander zu lieben. Vielleicht sind sie einander zu ähnlich, wie das bei Stephen und mir der Fall ist; vielleicht ist keine starke Gefühlsströmung zwischen ihnen... und überdies...«

»Ja?« Elizabeth hatte die Veränderung im Ton gemerkt.

»Ich liebe einen andern.«

»Du liebst einen andern? Wer ist das?«

»Abraham Lincoln.«

Es wurde ganz still.

»Das ist unmöglich!« rief Elizabeth. »Er ist der letzte Mensch auf der Welt, den du lieben könntest.«

»Nicht der letzte, Liz; der erste. Der erste und einzige!«

»Wann ist es denn dazu gekommen? Du bist ja mehrere Monate fort gewesen... seit du zurück bist, hast du ihn noch nicht gesehen...«

Sie lächelte. »Vermutlich, als er zum ersten Mal in mein Leben trat... durch die Falltür in der Decke des Gerichtssaals.«

»Geradezu vom Himmel gefallen, wie?« Ninians Stimme war schneidender Spott. »Nun, du wirst keinen Engel in ihm finden.«

»Ich will ja auch keinen Engel, Ninian. Ich will einen Mann. Und du wirst nicht leugnen, daß er ein Mann ist?«

»Ich brauche weder etwas zu leugnen noch zu bestätigen. Ich sage einfach, daß ich ihn nicht in der Familie haben möchte.«
Sie sah, daß Ninian verärgert war. Sie trat auf ihn zu.
»Verzeih mir, Ninian; du weißt, wie nahe du mir stehst und wie ich deine Ansicht achte. Sag mir aber das eine: Warum kannst du Lincoln als Führer deiner Partei gelten lassen, ihm aber das Recht verweigern, mich zu führen... zum Glück?«
»Er ist ein guter Politiker im Rahmen des Staates«, erklärte Ninian. »Weiter aber wird er es nie bringen. Er hat keinen wirklichen Ehrgeiz, er führt ein armseliges Leben, wird nicht mit den richtigen Leuten verkehren und weiß nicht, wie er seine Tätigkeit so organisieren soll, daß sie ihm jenen Ertrag bringt, auf den er rechtmäßig Anspruch hat. An den guten Dingen des Lebens liegt ihm nichts, Mary – Kleidung, Wagen, ein Heim...«
»Ja aber, Ninian, diese Hemmungen sind das Ergebnis seiner schwierigen Jugend. Er kann es so weit bringen wie irgendein anderer Mann, weiter als die meisten.«
»Warum fühlst du dich zu dem Mann hingezogen, der dir am wenigsten bieten kann?« In der Stimme ihrer Schwester war der Schmerz unverkennbar.
»Weil er es ist, dem ich am meisten zu bieten habe. O Liz, ich weiß, daß es am besten ist, praktisch zu denken; soll ich aber kein Vertrauen zu meinem eigenen Urteil haben? Und zu meinen Fähigkeiten?«
Die Spätsommerfliegen summten an den Fenstern, ein schwerer Duft von Geißblatt lastete auf dem Haus. Elizabeth wurde jetzt ruhiger, geduldiger.
»Mary, es verhält sich nicht so, daß wir Mr. Lincoln nicht mögen oder ein Vorurteil gegen ihn haben, wir sind nur überzeugt, daß er nicht der richtige Mann für dich ist. Für ein anderes Mädchen mag er ein Segen sein, denk doch aber an die Unterschiede der Herkunft.«
»Das ist vielleicht richtig, aber ich kann euch darauf erwidern, daß es die Vergangenheit ist, von der ihr sprecht. Ich habe nicht die Absicht, in dieser Vergangenheit zu leben. Wir werden uns unsere eigene Zukunft schaffen.«
»Seit wann wächst die Zukunft nicht mehr aus der Vergangenheit?«
»Die Unterschiede, von denen ihr sprecht, sind Zufälligkeiten der Verhältnisse.« Jetzt war sie verletzt und konnte die beiden roten Flecken auf ihrer Stirne flammen spüren. Ihre Stimme wurde heiser. »Seine Eltern waren arm... sie haben an Grenzen gelebt, wo es keine guten Schulen gab... von der Stunde an, da er eine Axt heben konnte, hat er gearbeitet. John Stuart sagt, er habe einen natürlichen Verstand; und sieh doch, wie weit er es, allen Hindernissen zum Trotz, gebracht hat! Ich bin nicht dei-

ner Meinung, wenn du sagst, er sei träge, ohne Geschmack und Ehrgeiz. Es hat ihm einfach an den Möglichkeiten gefehlt, seine Manieren zu schleifen, das zu erwerben, was wir Todds Kultur nennen. Nun, ich hatte diese Möglichkeiten...« Ein Mundwinkel hob sich leicht. »Ich bin eine sorgfältig geschliffene Todd. Warum sollte nicht gerade ich die beste Gefährtin für einen Mann wie Abraham Lincoln sein? Du hast ihn einmal einen rohen Diamanten genannt, Liz. Erinnere dich doch daran, daß der Diamant der kostbarste aller Steine ist!«

»Und du willst ihn schleifen?«

»Ich habe die Erfahrung, ich habe die Liebe. Ich kann ihm das Milieu geben, das er braucht, ein schönes Haus...« Dr. Houghans Haus kam ihr in den Sinn, »... gefüllt mit Büchern, mit Musik... die richtige Umgebung für die richtigen Leute. Er hat seine Gaben, das hat Ninian zugestanden; ich habe meine. Warum sollten sie nicht vermählt werden?«

»Vermählt! Mr. Lincoln hat also schon um deine Hand angehalten?«

»Nein.«

Das Blut schoß ihr ins Gesicht – das war die verwundbare Stelle! Elizabeth sah ihr in die Augen, wie eine Mutter es getan hätte.

»Mary, hat er dir gesagt, daß er dich liebt?«

Sie wandte sich ab, zu sprechen vermochte sie nicht.

»Wie kannst du also annehmen... wie kannst du dich in deinen Gedanken so weit...«

»Weil er mich liebt; er hat es mir auf tausend Arten gesagt.«

Sie wollte nicht weinen, doch jetzt spürte sie, wie ihre Kraft sie verließ. Die Tränen kamen. Elizabeth nahm sie in die Arme, streichelte ihr Haar.

»Mein Liebling, du brauchst nicht unglücklich zu sein. Wir mußten aufrichtig mit dir reden. Wir werden uns nicht offen gegen Mr. Lincoln wenden. Du kannst ihn einladen, so oft du nur magst... je mehr du ihn siehst, desto weniger wahrscheinlich ist es, daß deine Liebe standhält.«

Kein Mensch im Ort hatte eine Ahnung, wo Abraham Lincoln steckte, und so mußte sie ins ›Journal‹ gehen, um es festzustellen. Eliza Francis hatte alle Hoffnung auf ein häusliches Leben aufgegeben und einen Küchenherd, einen Tisch, eine Bettstatt in die Druckerei geschafft. Simeon brachte jetzt nicht nur das ›Journal‹ heraus, sondern auch allwöchentlich den ›Alten Soldaten‹ und politische Flugschriften, mit denen die Whigs den Staat zu überschwemmen unternahmen. Gerade wegen der Niederlage bei den Wahlen in die Gesetzgebende Versammlung war Simeon mehr denn je entschlossen, die Stimmen von Illinois für General Harrison zu gewinnen.

»Wir haben eine ausgezeichnete Chance«, sagte er, müde an seine Presse gelehnt, während Eliza ihnen den umfangreichen Rücken zuwendete und eine Suppe kochte. »Nach zwölf wirren Jahren unter Jackson und Van Buren schreit das ganze Land nach einem Wechsel. Der Ausschuß wollte nicht, daß Abraham seine Zeit damit vergeuden sollte, im südlichen Illinois Stimmen zu sammeln, dort ist man immer für die Sklaverei und für die Demokraten gewesen; aber er hat doch Resultate erzielt.«

Dort also ist er, dachte sie; spricht zu Leuten, die ihn nicht hören wollen. Kein Wunder, daß er keine Briefe schreiben konnte!

»Simeon, kann ich helfen?«

»Sie sind engagiert, meine Liebe! Sie können diese Pakete mit dem ›Alten Soldaten‹ adressieren, dann können Sie diesen Berg von Zeitungen anderer Staaten durchgehen und die für uns guten Artikel zum Nachdruck ausschneiden.«

Sie legte den grauen Wollmantel ab, schob die Ärmel zurück und machte sich an die Arbeit.

Sie stand jeden Morgen um sieben auf, trank Kaffee, aß Obst und ging dann in das nördlich gelegene Schlafzimmer, das ausgeräumt worden war. Jetzt standen dort nur Tische, beladen mit Ballen von Flanell, Leinen, Seide, Bändern, Spitzen, dazu Faden, Schnüre, Nadeln. Elizabeth hatte den Wunsch nach einem Merinokleid mit Cape ausgesprochen, und Mary wollte sich einige warme Winterkleider mit gefütterten Röcken schneidern. Tag für Tag maß sie, schnitt sie, probierte sie und nähte bis Mittag, und dann, nach Tisch, ging sie in die Druckerei des ›Journal‹ und half dem Ehepaar Francis. Immer wieder erhielten sie Zeitungsausschnitte von Lincoln und gelegentlich auch einen Bericht über seine Tätigkeit. Auf diese Art war sie imstande, seine Reisen zu verfolgen.

Trotz aller Geschäftigkeit, aller Erwartungen, die sie an die Zukunft knüpfte, bedeutete der Verlauf der Tage und Wochen doch eine erhebliche Nervenanspannung für sie. Wenn es nur igendeine Möglichkeit gäbe, zu erkunden, was Abraham im Sinn hatte!

Gegen Ende September wohnte sie der Hochzeit ihrer Freundin Martha Jane Lowry mit Sidney Abell bei. Mary hatte Martha Janes Kleid aus einer Seide angefertigt, die golden und blau schimmerte. Die Zeremonie fand abends statt, weil das junge Paar den Postwagen nehmen wollte, der um zehn nach Chicago fuhr. Nach der Feierlichkeit setzte man sich zum Hochzeitsessen, und Watsons Kuchen, den eine Miniaturbraut mit wallendem Schleier und Orangenblüten krönte, wurde angeschnitten.

Mary kehrte ebenso erschöpft heim, wie sie glücklich war. Das war die Art fröhlicher Heirat, die sie für sich und Abraham ersehnte. Ihr allerdings wäre es lieber, wenn die Trauung um zehn Uhr morgens in der Kirche stattfinden könnte, und nachher gäbe es das Hochzeitsessen. Sie trug gar kein Verlangen, ihre Flitterwochen in Chicago oder St. Louis zu verbringen, wie das die meisten Paare aus Springfield taten; sie wollte nach

dem Osten, nach New York, Philadelphia, Boston, den großen Städten, von denen sie seit ihrer Kindheit gelesen hatte.
Sie saß mit Elizabeth und Ninian beim Abendessen, als sie bemerkte, daß die beiden verstohlen prüfende Blicke auf sie richteten. Sie legte die Gabel nieder.
»Ist irgendwas nicht in Ordnung?«
»Du weißt also nicht, daß Mr. Lincoln zurück ist?« platzte Elizabeth heraus.
Es durchzuckte sie heiß.
»Wann... ist er... gekommen?«
»Gestern, früh am Morgen.«
Trotz aller Bemühung, ihre Gefühle vor den kritischen Blicken zu verbergen, umflorten sich ihre Augen. Zwei volle Tage war er da und hatte es sie nicht wissen lassen! Ninians Stimme drang über den Tisch hinweg zu ihr; den Anfang des Satzes hatte sie nicht gehört.
»... dich zu beschützen.« Jetzt klärte sich ihr Denken. »Wir wollen nicht mitansehen, wie du in eine peinliche Lage gerätst, oder, noch schlimmer, wie du deine Jahre, deine Möglichkeiten vergeudest. Wenn der Mann auch nur eine Spur von Gefühl für das Schickliche hätte, wenn es ihm nicht völlig an der Einsicht fehlte, daß er dir und deiner Familie Rücksichten schuldet, könnte er dann so... gleichgültig bleiben?«
»Es ist... seine Art. Dutzende von Malen, wenn er verreist war, hat er nachher mehrere Tage verstreichen lassen...«
»Mary, wie kannst du dich derart bloßstellen, einen Mann zu lieben, der nie merken ließ, daß ihm überhaupt etwas an dir liegt?«
»Doch, es liegt ihm an mir.« Ihre Augen senkten sich, ihre Stimme klang hart, entschlossen.
Elizabeth schüttelte mißbilligend den Kopf und machte ihrem Mann ein Zeichen.
»Natürlich liegt ihm an dir! Du hättest dich gar nicht in ihn verliebt, wenn du keine Gegenliebe gespürt hättest.«
Dieser Abend und noch ein ganzer Tag gingen vorbei, ohne daß Lincoln von sich hören ließ. Sie wußte, wenn sie in die Druckerei des ›Journals‹ ging und dort ihre Arbeit fortsetzte, würde sie ihn treffen; doch mit einer zufälligen Begegnung konnte sie sich nicht zufrieden geben. Lincoln mußte zu ihr kommen.
Und das tat er. Um sieben Uhr, am nächsten Morgen, als Elizabeth und Ninian noch schliefen. Sie war in der Halle, eine halbleere Tasse Kaffee in der Hand, bereit, ins Nähzimmer hinauf zu gehen, als der Türklopfer schüchtern in Bewegung gesetzt wurde. Sie öffnete die Tür.
Da stand er, mager, hohlwangig, schäbig. Sie sahen einander über die Schwelle stiller, trennender Monate an. Endlich sagte sie leise:

»Nun, der abwesende Mr. Lincoln! Welchem Umstand verdanke ich die Ehre dieses morgendlichen Besuchs?«
»Morgendlich...?«
»Ja. Haben Sie schon gefrühstückt?«
»Nein, ich bin nicht deswegen hergekommen...«
»Das habe ich auch nicht angenommen, aber Sie sollen trotzdem ein Frühstück kriegen. Kommen Sie ins Eßzimmer, und Bertha wird Ihnen etwas bringen. Es sieht aus, als hätten Sie seit unserer Begegnung im Juni nichts mehr gegessen.«
»Ich habe eine ganze Menge geschluckt, darunter politische Bosheiten«, erwiderte er, »doch das kann man kaum als Nahrung bezeichnen: schlechtes, fettes Fleisch, durchweichte Natronkuchen, übelriechenden Kaffee aus gedörrtem Mais, zum Frühstück die Reste des Abendessens. Was würden wir Politiker nicht tun, um Stimmen zu gewinnen.«
Jetzt war sie nichts als Bußfertigkeit. Sie ging in die Küche, bat Bertha, für Mr. Lincoln ein möglichst reichliches Frühstück zu bereiten und brachte ihm selber eine Tasse heißen Kaffee. Ein wenig Farbe trat in seine Wangen, als er den vorzüglichen Kaffee des Hauses Edwards schlürfte, der aus Havanna importiert wurde. Schweigend saß sie da, während die Köchin Schüsseln mit warmem Schinken und Wild, Eier, Kuchen und eine Schale Honig auftischte. Sie beobachtete, wie er alles hinunterschlang.
Er war gerade damit fertig, als Elizabeth und Ninian die Treppe herunterkamen. Ninian vergaß, daß er einen Schwager in spe begrüßte, und erkundigte sich danach, wie es mit den Fortschritten der Whigs im Gebiet von Cairo stehe.
Mary zog sich zurück, um ihr Kleid zu wechseln und das Haar mit einem breiten Band zu binden. Als sie wieder hinunterkam, fand sie Lincoln allein im Wohnzimmer, behaglich in einem großen Schaukelstuhl. Und mit dem ersten unbefangenen Lächeln des Morgens sagte er:
»Ich wäre früher gekommen, aber ich war einfach zu müde, um zu leben. Ich freute mich im voraus, für diese Stunde zu erwachen. Und heute war es soweit.«
»Dann bin ich froh, daß Sie gekommen sind.«
»Wie haben Sie denn Ihren Sommer in Missouri verbracht, Molly?«
Es wurde ihr warm ums Herz, als er sie mit ihrem Kosenamen nannte.
»Ach, ich habe die Welt leichtgenommen.«
»In dieser harten Welt ist das eine richtige Leistung.« Er griff nach ihrer Hand. »Ihre Hände sind so weich und schön geformt. Sie haben mir gefehlt... wenn ich auch nie geschrieben habe. Simeon hat mir erzählt, wie Sie für die Wahlen gearbeitet haben. Ich war stolz darauf.«
Sie errötete über diese beiden Komplimente.

»Daheim habe ich meinem Vater immer bei der Wahl geholfen. Es tut mir leid, Abraham, daß die Demokraten eine so starke Mehrheit in der Gesetzgebenden Versammlung haben; aber Sie sind wiedergewählt worden...«
»Mit der geringsten Stimmenzahl unter allen Whigs. Es dürfte das letzte Mal sein, daß ich gewählt werde. Das Landvolk fängt an zu glauben, daß ich ein Städter geworden bin, aber die Stadt findet noch immer, ich sei ein Bauer.«
In seiner Stimme war keine Spur von Niedergeschlagenheit, er sagte das völlig sachlich. Dennoch kam sie ihm zu Hilfe.
»Sind acht Jahre in einer Gesetzgebenden Versammlung nicht völlig genug? Nun wäre es an der Zeit, daß Sie auf den nationalen Schauplatz hinüberwechseln. Und nach Harrisons Wahl werden Sie das wohl auch.«
Er schilderte die amüsanteren Seiten des Feldzugs; die Dorfgasthäuser, die kaum mehr waren als Scheunen, mit drei Doppelbetten in jedem Zimmer; es wurde so laut geschnarcht, daß er gar nicht erst versuchte zu schlafen, sondern die ganze Nacht beim Licht einer flackernden Kerze Burns und Shakespeare las, während seine Beine vom Knie abwärts aus den allzu kurzen Betten hinausragten. Dann wollte er wissen, was sie in Missouri von den Wahlen beobachtet hatte.
Sie ordnete das Material in ihrem Geist und erstattete ihm Bericht über das, was sie den lokalen und außerstaatlichen Zeitungen entnommen hatte. Er sah sie mit großen, glühenden Augen an, denn er wußte nicht, daß sie am Tisch ihres Vaters mit solchen Analysen der Lage aufgewachsen war.
Als sie verstummte, beugte er sich über den Zwischenraum zwischen ihnen und packte sie bei den Schultern.
»Molly, Sie sind die beste Sprecherin, die ich je kennengelernt habe. Es ist, als läse man Seiten aus einem Buch. Wenn ich nur so vor meinen Zuhörern reden könnte!«
»Abraham, Sie kommen aus der Einsamkeit; einem Blockhaus im Wald, die nächsten Nachbarn meilenweit entfernt, die Tage haben Sie im Wald allein mit Ihrer Axt verbracht, keine andere Gesellschaft als sich selber und die Bäume. Ich komme aus einem sehr geselligen Leben, wo ich dauernd von Menschen umgeben war; zwanzig im Haus, dreißig im Klassenzimmer, fünfzig beim Ball...« Sie lachte. »Und alle haben gleichzeitig geredet«, fügte sie hinzu.
Er schüttelte den Kopf.
»Molly, woher kommt's, daß Sie die einzige junge Dame sind, in deren Gesellschaft ich mich behaglich fühle?«
»Vielleicht, weil wir Freunde sind.«
Er sah sie sekundenlang an. Das Zimmer war still, die Welt ausgesperrt.

»Es ist mehr als das«, sagte er. »Aber ich weiß so wenig von dem, was jenseits der Freundschaft liegt...«
Dann waren ihre Lippen wieder aufeinander, so eng, so geheimnisvoll wie auf der Veranda im Juni, als sie sich getrennt hatten. Sie vermochte nicht zu denken, nicht solange Abraham sie in seine Arme preßte, doch sie wußte, was sie empfand: daß dies gut und recht war und für immer. Langsam, widerstrebend löste er seine Lippen von ihren, lockerte den Druck seiner Umarmung, rückte ein wenig ab, ohne sie doch ganz freizugeben, und sah sie, Ehrfurcht in den Augen, an.
»Ist das... was ich gemeint habe... daß wir einander lieben...?«

Sie erwachte früh, blickte in die hellen Strahlen der Oktobersonne, die auf ihrer Decke spielten. Sie dachte daran, wie gern sie eine große Gesellschaft geben würde, um die ganze Welt wissen zu lassen, daß sie verlobt war, wie gern sie sich mit ihrer Ausstattung beschäftigen, ein Haus kaufen und einrichten wollte. Doch wie sie es ihrem Vater in Lexington auseinandergesetzt hatte, als er über die Nachricht von Frances' plötzlicher Heirat aufgebracht gewesen war, entsprach es nicht der Sitte in Springfield, Verlobungen anzuzeigen oder den Tag der Trauung lange vorher festzulegen.
Um Mittag erschien Abraham. Sie lächelte, als er ganz überflüssigerweise den Kopf neigte, um durch die Tür zu treten, eine Gewohnheit, die sich in ihm während der Jahre der Blockhäuser eingewurzelt hatte. Er war frisch rasiert, roch angenehm nach Kölnisch Wasser, das Haar war geschnitten, gewaschen und rückwärts gebürstet, der Anzug gebügelt und das weiße Musselinhemd stach hell gegen die dunkle Haut ab.
Sie hob ihm den Mund entgegen, und er küßte sie auf die Lippen, legte aber nicht die Arme um sie, sondern ließ sie auf dem Rücken. Dann flüsterte er:
»Wie schön du heute bist!«
»Vielen Dank, Abraham; das kann ich auch von dir sagen.«
»Nun Molly, wenn wir einander ansehen, bin ich entschieden im Vorteil.«
»Stimmt gar nicht; die Liebe gibt uns beiden recht.«
Er nahm die Arme vom Rücken und brachte ein Päckchen zum Vorschein.
»Mr. Diller sagt, daß du dieses Lavendelwasser gern hast; es ist eben mit dem ›Great Western‹ aus England angekommen, der in New York angelegt hat.«
»Ach, Liebster, ich danke dir. Das war ein reizender Einfall! Ich habe kein Geschenk für dich. Ich bin noch nicht aus dem Haus gewesen.«
Er beugte sich tief zu ihr und flüsterte ihr ins Ohr:

»Bis auf das kostbarste Geschenk von allen... Molly, ich bin kein Mensch, der sich auszudrücken versteht. Wenn ich am tiefsten fühle, fehlen mir die Worte am meisten. Aber eines sollst du doch wissen: Du bist die einzige Frau, die ich je geliebt habe.«
Nach kurzer Pause sagte sie:
»Diesen goldenen Satz werde ich um mein Herz geschlungen tragen.«
Bei Tisch war die Stimmung ein wenig bedrückt. Die Männer wollten einander davon überzeugen, daß Harrison siegen werde und daß die Whigs in Washington in der Verwaltung sehr gut am Platz wären. Mary saß schweigsam dabei.
Nachher machte sie mit Abraham einen langen Spaziergang in südlicher Richtung durch die herbstlich buntgefärbten Wälder. Sie gingen in weitem Bogen um den Ort und landeten schließlich bei Dr. Houghans Besitz. Sie erinnerte sich daran, daß er die Wege markiert hatte, während sie durch die Räume gegangen war. Dr. Houghan war nicht da, doch ein Diener ließ sie ein. Mary machte Abraham auf die Flucht der Zimmer aufmerksam, die miteinander verbunden waren, auf schöne Einzelheiten der Schreinerarbeit, auf die wunderbaren Fenster, die Licht und Luft einströmen ließen. Wie symmetrisch war doch das Haus entworfen! In ihrem Entzücken merkte sie gar nicht, daß seine Stimmung sich verdüsterte.
»Es ist schrecklich groß. Das muß ja ein Vermögen gekostet haben!«
»Nicht unbedingt. Guter Geschmack ist nicht teurer als schlechter.«
Sie legte ihre Hand in die seine und führte ihn zu einem Vorderfenster, von dem aus man die schöne Veranda und den Wald dahinter sah.
»Liebster, darf ich dir etwas sagen? Du wirst mich nicht für anmaßend halten? Aber meine Mutter hat mir, als sie starb, achtzig Morgen Farmland in Indiana vermacht. Ich soll es bekommen, sobald ich... heirate.«
Jetzt redete sie schnell weiter, ohne ihn anzusehen. »Vater sagt, daß das Land im Wert gestiegen ist; es sollte doch so viel einbringen wie dieses Haus mit seinen fünfzehn Morgen kostet. Das wird... meine Mitgift sein...«
Er blieb stumm, hatte die Augen gesenkt. Wenn sie ihn nur nicht gekränkt hatte! Schließlich bekamen doch alle Mädchen aus guter Familie eine Mitgift, und was konnte daran Schlimmes sein, wenn sie ihrem Bräutigam von der Mitgift erzählte, die sie in die Ehe brachte? Als er den Kopf hob, merkte sie, daß er nicht gekränkt war; nein, um seinen Mund spielte ein Lächeln.
»Molly, ich habe nie auch nur das Bett besessen, in dem ich geschlafen habe, geschweige denn ein Zimmer oder ein Haus. Aus einem geborgten Bett geradewegs in einen Herrensitz zu springen...«
»Es ist kein Herrensitz, es ist einfach ein hervorragend durchdachtes Haus. Und was den Sprung betrifft – nun ja, er ist weit, aber nur darum,

weil er längst fällig war. Schließlich bist du mehr als dreißig, ein Führer unserer Partei und einer der besten Anwälte im Staat. Du hättest dir längst ein eigenes Haus leisten können, wenn du nur gewollt hättest.«
»Mit den Schulden, die noch auf mir lasten?«
Sie lächelte mitleidig.
»Ich weiß sehr wohl, wie man ein Haus zu führen hat. Ich werde ebenso sparsam sein, wie dein Einkommen es verlangt.«
»Was für ein Einkommen?« unterbrach er sie. »John Stuart in Washington und ich in den letzten sechs Wochen in Wahlkämpfen! Da ist unsere Praxis sehr zusammengeschrumpft. Für die nächste Gerichtssession hier in Springfield habe ich weniger Fälle...«
»Ja, aber ihr beiden, du und mein Cousin John, ihr baut euch doch eine Zukunft auf. Deine politische Laufbahn wird dir neue Freunde zuführen, und davon wird auch deine Praxis ihren Nutzen haben.«
»Hör, Molly, wenn ich Besitzer eines solchen Palastes wäre, würden die Demokraten mich sofort als Aristokraten anprangern.« Seine Augen lachten sie an. »Sie würden die Läden der Fenster meines Salons aufreißen, wie ich Colonel Taylor auf öffentlichem Platz den Rock aufgerissen habe. Zudem gehen alle jungen Paare hier für ein oder zwei Jahre in ein Hotel, damit die Frau ihre Freiheit genießen kann. Billiger ist es auch, wir könnten sparen.«
»Ich werde mich natürlich nach deinen Wünschen richten, aber gar so sehr bin ich nicht darauf versessen, unsere Ehe in einem Hotel zu beginnen. Da gibt es... doch... keine Absonderung... kein Privatleben... ich habe keine Angst davor, die Pflichten eines Haushalts auf mich zu nehmen. Im Gegenteil, das wäre mir sehr willkommen.«
Seine Blicke schweiften in den Wald, der sie umgab, und dann blieben sie an dem schönen Holzwerk des Houghanschen Hauses haften.
»Warum willst du aber gleich auf dem Gipfel beginnen? Wohin soll man dann noch aufsteigen?«
»Dieses Haus ist keineswegs der Gipfel, es ist nur eine zeitweilige Wohnstätte. In zwanzig Jahren werden wir in einem viel prächtigeren Haus wohnen, und wir werden es weder kaufen noch mieten müssen; das Volk wird uns dafür bezahlen, daß wir darin wohnen.«
Verdutzt fragte er:
»Was ist das für ein Haus?«
Sie lächelte ein strahlendes Lächeln.
»Das Weiße Haus!«

Für die Liebe war der Oktober ein wunderbarer Monat. Die Luft war durchscheinend, die Sonne wärmte noch immer, die Umgebung leuchtete im Braun und Rot herbstlicher Blätter.

Jeden Tag, nach dem Mittagessen, traf sie ihn in der Druckerei des ›Journals‹, wo sie Seite an Seite an den neuen Nummern des ›Alten Soldaten‹ arbeiteten, oder aber sie schrieb Briefe für ihn. Um vier schlossen sie sich dem Fußgängerklub an, der auszog, um Beeren oder Haselnüsse zu pflükken. Wenn es dämmerte, kam man bei diesem oder jenem Freund zu einem leichten Abendessen von Präriehuhn und Maisbrot oder Kuchen und dem Gemüse des herbstlichen Gartens zusammen; häufig gingen sie auch in den Tippecanoe-Gesangverein, dessen Lokal in dem Raum über dem ›Journal‹ lag. Dort versammelten sich alle jungen Whigs, und Mary spielte auf dem Klavier die Begleitung zu den Liedern der jungen Leute, die sich allabendlich einfanden. Abraham war in großer Stimmung. Welche Enttäuschungen er auch erlitten haben mochte, als die Demokraten in den Wahlen im Staat siegten, wurde das doch durch die Grundwelle wieder wettgemacht, die sich für Harrison erhob. Er hatte nur wenig Fälle und noch weniger Klienten; sobald die Politik abends ein Ende gefunden hatte, ging er unverzüglich zu Edwards. Wenn man Mary und ihn beisammen sah, so schrieb man das den Aufregungen des politischen Feldzugs zu. Bei ihren Spaziergängen richtete Abraham es so ein, daß sie nie mehr am Houghanschen Haus vorüberkamen. Und sie erwähnte es mit keinem Wort.

Viele Abende verbrachten sie vor dem Kamin im Wohnzimmer bei Edwards' und lasen laut. Er hatte eine Vorliebe für geschichtliche Werke, hörte vor allem gern, wie es bei andern Wahlen zugegangen war, und sie las ihm vor, obgleich ihn die Denkweise des Verfassers mehr zu interessieren schien als die Ereignisse selbst. So sagte er einmal gelassen:

»Dieser Schrifsteller vermag ein Höchstmaß an Worten in ein Mindestmaß an Gedanken zusammenzudrängen!«

In ihr hatte sich eine kunstlose Koketterie entwickelt; sie ließ ihre Hand in seine gleiten, streichelte seinen Arm, sagte Dinge, von denen sie wußte, daß sie ihm gefielen, verwendete unendliche Sorgfalt auf ihre Kleidung, um immer frisch und reizend zu wirken, verschmähte die anmutigen, fraulichen Gesten nicht, die sie bei andern verliebten Mädchen beobachtet und geringgeschätzt hatte... bis zum heutigen Tag, da sie selber verliebt war.

Er war in ihrer Gesellschaft glücklich. Da gab es keine Kopfschmerzen mehr, keine Anfälle der ›Hypo‹. Selbst als das Wetter jäh umschlug, hatte er, der sagte, er könne sich von Herbst bis Frühling nicht erwärmen, Farbe in den Wangen und schien sich ebenso behaglich zu fühlen wie seine Mitmenschen.

Die Aufmerksamkeiten, die er ihr ständig erwies, freuten sie, und das sagte sie ihm auch.

»Es ist nicht immer so gewesen. Nicht bei der anderen Mary. Einmal ritten wir nach Bowling Green. Wir kamen an einen tiefen Bach, und ich ritt voran, während die andern jungen Leute den Mädchen behilflich waren. Mary machte mir Vorwürfe, weil ich mich nicht um sie gekümmert hatte, und ich erwiderte darauf, ich hätte gewußt, sie sei geschickt genug, um sich selber zu helfen. Abends sagte sie zu ihrer Schwester, ich sei nachlässig in jenen kleinen Dingen, aus denen sich das Glück einer Frau zusammensetzt.«

»Du hast damals nicht geliebt, Abraham. Mich würdest du nicht in einem Bach halb ertrinken lassen, nicht wahr?«

»O Molly, natürlich nicht! Als meine Familie im Jahre 1830 in einem Ochsenkarren nach Illinois zog und wir uns mühsam durch Schnee und Eis eines Präriebachs geplackt hatten, da merkte ich, daß unser Hund am anderen Ufer geblieben war. Es wurde dunkel, und mein Vater sagte, deswegen dürfe ich nicht zurück. Aber ich zog Schuhe und Socken aus, watete durch den eisigen Bach und kam, das zitternde Tier unter dem Arm, wieder. So lieb hatte ich den Hund.«

»Nun, Abraham Lincoln, dieser Vergleich...«

Doch da sah sie, wie seine Augen zwinkerten; er hatte die Geschichte nur erzählt, um sie zum Lachen zu bringen.

Er war voll von Widersprüchen – die bäurischen Manieren stachen von seiner angeborenen Haltung ab, seine Schwermut von dem Humor, die Unbeholfenheit von der erstaunlichen Kraft, das Landschreicherleben von dem Ehrgeiz, aufzusteigen, die Possenreißerei von der durchdringenden Logik, der Hunger nach Liebe von der Schüchternheit im Umgang mit Frauen, die demokratische Herkunft von der Treue zu den Whigs; er konnte häßlich sein und doch wieder ausgesprochen anziehend. Es würde schwer sein, seinen Charakter zu entwirren, und eine schwachherzige Frau würde eine Ehe mit ihm nie ertragen. Doch eine schwachherzige Frau hätte sich auch nicht in ihn verliebt! So meinte Mary.

Wie seltsam war es doch! Sie hatte geplant, mit ihrem Vater nach Washington zu gehen, wenn Henry Clay gewählt wurde, und nun konnte ein Erfolg der Whigs ihr den Weg nach Washington an der Seite eines Gatten ebnen. Sie freute sich auf diese Aussicht, sie würde ein schönes Haus mieten, Gesellschaften geben, die Elite der Hauptstadt um sich versammeln, und ebenso die internationalen Kreise, die sich dort fanden, sie würde eine Atmosphäre schaffen, aus der Abraham hervorragen könnte wie ein hoher Leuchtturm, der er ja war.

Als die Zeit kam, als er Springfield für den letzten Wahlfeldzug verlassen mußte, fiel ihm der Abschied sehr schwer. Sie sah, wie elend ihm zumute war, und fragte:

»Mußt du? Hast du nicht schon alles getan, was du tun konntest?«

»Es wird nur vierzehn Tage dauern«, knurrte er.

Der Abschiedskuß war zärtlich. Als sie ihn die Straße hinuntergehen sah, dachte sie:
Sobald die Wahl vorüber ist und er heimkommt, heiraten wir!
Springfield war vom Fieber der Politik gepackt; das ganze Geschäftsleben stand still, während beide Parteien ihre letzten verzweifelten Anstengungen unternahmen, um sich die Stimmen zu sichern.
Am Wahltag, dem 2. November, waren sie, ihre Familie, ihre Freunde in heller Begeisterung, denn die Nachrichten von überallher lauteten äußerst günstig.
Doch in der Druckerei des ›Journals‹, einige Tage später, bot Simeon Francis durchaus nicht das Bild eines triumphierenden Journalisten.
»Was gibt's denn, Simeon? Um Mittag habe ich gehört, daß wir im Sangamon-Distrikt mit zwei zu eins gesiegt haben!«
»Sehen Sie diese Tabellen an, Mary. In Illinois liegen wir mit tausend Stimmen zurück, und viele der pro-demokratischen Distrikte im Süden stehen noch aus.«
»Abraham ist doch wochenlang dort gewesen. Er muß sie überzeugt haben...«
Simeon Francis sah sie prüfend an und dann sagte er:
»Darauf soll Abraham antworten.«
Es herrschte Schweigen in der Druckerei, die von dem Geruch der Tinte und des frischen Papiers erfüllt war.
»Er ist also wieder da?«
»Seit gestern abend.«
Sie war keineswegs auf den Anblick vorbereitet, der sich ihr bot, als Lincoln an jenem Abend bei Edwards im Salon erschien. Seine Haut war fahl. Um die Augen breitete sich ein wahres Netzwerk von Runzeln, das Grübchen in seinem Kinn wirkte tiefer, der Adamsapfel wölbte sich stark vor. Sein dichtes schwarzes Haar fiel ungekämmt in die Stirne, Schultern und Knie waren eingesackt. Doch das Schlimmste waren die Augen; undurchsichtig, von Schmerzen gepeinigt, das linke Auge schief, was dem Gesicht eine qualvolle Unausgeglichenheit verlieh.
Sie hätte um ihn weinen mögen. Sie hätte gewünscht, ihn in ihren Armen zu wiegen, ihm mütterlichen Schutz zu bieten. Sollte sie tröstliche Worte sagen? Sollte sie den Schmerz von den trockenen Lippen fortküssen?
»Nun, Abraham, ich merke, daß die Hypo dich erwischt hat. Hat diese reizende Freundin dich wieder in Banden geschlagen?«
»Nein; alles, was mich in Banden geschlagen hat, waren Stimmzettel. Demokraten. Sie haben gesiegt. Mit weniger als zweitausend Stimmen. Aber sie haben gesiegt. Ein ganzes Jahr meines Lebens vergeudet, meine Schulden größer als je, meine Praxis beim Teufel... und Stephen Douglas hat uns abermals besiegt.«

»Ich weiß. Und ich weiß, daß du Kopfschmerzen hast. Das kann ich deinen Augen ansehen. Aber das ist noch kein Grund, im Mitleid mit sich selber zu schwelgen.«
Er sank auf das Sofa und ließ die Arme hinunterhängen, so daß die Hände fast den Boden berührten.
»Das dürfte ich verdient haben.«
Sie lächelte mitleidig.
»Ich wollte dich ja nur wieder zum Leben erwecken.«
Sein Elend erfüllte derart den Raum, daß sie sich nicht länger beherrschen konnte. Sie trat auf ihn zu und legte ihm den Arm um die Schultern.
»Ich will dir eine Tasse Kaffee bringen... und etwas zu essen. Abraham, alles, was du brauchst, ist Ruhe und ein wenig Aufheiterung. Bist du nicht der Mann, der in seiner allerersten Rede in New Salem zu den Wählern gesagt hat: ›Wenn ihr es in eurer Weisheit für richtig haltet, daß ich nicht in die Höhe komme, nun, ich bin viel zu vertraut mit Enttäuschungen, um mich darüber sehr zu kränken‹?«
Seine Spannung schien sich zu lockern.
»Die Sache ist ernster, als du glaubst. Stuart und ich werden unsere Partnerschaft auflösen müssen... es ist zu wenig Arbeit übriggeblieben. In unserem ersten Jahr hatten wir bei der Julisession im Sangamon-Distrikt sechsundsechzig Fälle. Bei der Session, die am Montag beginnt, habe ich ganze achtzehn.«
»Mir tut's um meinen Cousin Stuart leid. Aber ihr habt euch beide der Politik ergeben. Du wirst einen neuen Partner finden. Du wirst neue Klienten finden. Du bist ein guter Anwalt. In der Gesetzgebenden Versammlung bist du der Führer der Whigs...«
Sein ganzer Körper krümmte sich abwehrend.
»Weißt du, wieviel ich in den verflossenen sechs Monaten verdient habe?«
Sie stand auf und holte ihm eine Tasse Kaffee aus der Küche, dann blieb sie vor ihm stehen und rief:
»Abraham, um Himmels willen, wo ist dein Sinn für Humor? Jetzt ist der Augenblick da, um Geschichten zu erzählen.« Sie ahmte die hohe, nasale Stimme nach, mit der er ihr einst einen Vorfall aus seiner Abgeordnetenzeit erzählt hatte: »Hast du je von meinem ersten Auftreten im Parlament gehört? Ich stand auf und wollte eine kurze Rede halten. Dreimal rief ich: ›Herr Präsident, ich empfange gerade...‹ Und schließlich rief einer der Abgeordenten: ›Herr Präsident, der ehrenwerte Gentleman hat dreimal empfangen und doch nichts zur Welt gebracht‹.«
Sein Blick erhellte sich sekundenlang, doch dann erlosch die spärliche Flamme. Schweigend, besiegt blieb sie stehen, dann wandte sie sich ab, verließ den Raum, verließ das Haus.

Am nächsten Morgen zog sie sich sehr früh an und ging zu ihrer Schwester Frances. Um Mittag kam Dr. Wallace aus seiner Apotheke in der Hoffman's Row.
»William, was sind die Ursachen der Hypochondrie?«
Der Doktor stand auf, ging zu dem Bücherschrank und griff nach einem Band seiner ›Enzyklopädie der praktischen Medizin‹.
»Dieses Buch nennt die Hypochondrie eine Krankheit, doch in Wirklichkeit ist sie nur ein nervöser Zustand. In weitem Ausmaß auf Furcht gegründet.«
»Furcht?« Es machte sie stutzig, daß er dieses Wort gebrauchte. »Furcht? Wovor?«
»Man kann es auch Besorgnis nennen; Besorgnis um Erfolg, um Sicherheit. Ein Anfall mag von Überarbeitung, Schwierigkeiten, Rückschlägen herrühren.« Er reichte ihr den zweiten Band der Enzyklopädie. »Hier, lies nur selber; es ist nicht gar zu wissenschaftlich ausgedrückt.«
Sie setzte sich hin und las:
›Hypochondrie ... eine Krankheit, die durch Niedergeschlagenheit, Angst vor den geringfügigsten Unannehmichkeiten charakterisiert ist. Jede Funktion des Lebens ist scheinbar in Unordnung und die Quelle akuten und beinahe ununterbrochenen Leidens. Die Patienten klagen über heftige, quälende Kopschmerzen, können kein Licht ertragen. Ein Druck auf die Schädeldecke droht das Bewußtsein zu rauben, der Kopf ist gleichsam in einem Schraubstock, man hat das Gefühl, als wollten die Augen aus den Höhlen treten. Der Patient leidet an beklemmenden Angstzuständen, es ist ihm, als müßte er versinken, ohnmächtig werden, und er fürchtet, jede Minute könnte seine letzte sein ...‹
Dr. Wallace trat zu ihr, als sie bei dem Absatz ›Behandlung‹ angekommen war. Er sah ihr über die Schulter und erklärte:
»Die Behandlung ist denkbar einfach; es bedarf keiner schlechtriechenden Medikamente, keines Aderlasses, keiner Zugpflaster, keines Medizinierens. Statt dessen gute Ernährung, Ruhe, Gesellschaft, Heiterkeit, Liebe ...«
»Liebe? Auch das kann eine bittere Medizin sein, William. Wie willst du den Patienten überreden, zu schlucken, wenn er die Zähne aufeinandergebissen hat?«
Viele Tage lang hatte sie keine Nachricht von ihm, dann erschien er eines Abends spät. Sie führte ihn ins Wohnzimmer. Er ging gebeugt, konnte sich kaum aufrecht halten.
»Mary, ich bin gekommen, um unsere Beziehung... zu lösen ...«
»Zu lösen?«
»Ja. Ich war ein Feigling. Ich hatte dir einen langen Brief geschrieben, doch als ich ihn Speed vorlas, da riß er ihn mir aus der Hand und warf

ihn ins Feuer. Wenn ich nur einen Funken Männlichkeit in mir hätte, erklärte er, müßte ich zu dir gehn und es dir sagen.«

Sie war zu tief getroffen, um die Bedeutung seiner Worte voll zu erfassen.

»Du hast mit Speed über unsere Beziehung gesprochen? Abraham, wie konntest du das tun?«

»Nun... er ist mein Freund... ich brauchte Hilfe...«

»Und ich bin nicht deine Freundin?« Die zwei roten Flecken zeichenten sich auf ihrer Stirn ab.

»Es liegt nicht daran, daß du etwas getan hast...«

»Das ist ungemein gütig«, erwiderte sie schroff. »Ich habe ja wirklich nichts getan, als mich in dich zu verlieben.«

»Du verdrehst meine Worte.«

»Etwas, das dich im Oktober anscheinend sehr glücklich gemacht hat und dich jetzt im November anscheinend ebenso unglücklich macht. Welchem Mr. Lincoln soll ich glauben? Dem Oktober-Lincoln oder dem November-Lincoln? Oder wird es im Dezember noch einen dritten geben?«

Er hatte nur ein leeres Lächeln.

»Der Zorn läßt dich so scharfe Worte brauchen.«

»Und die Hypochondrie hat dich stumpf gemacht. Weil du eine Niederlage erlitten hast, willst du dich verkriechen und sterben?«

»Nicht gerade sterben, aber einen Winterschlaf halten wie die Bären.«

»Und mich lädst du nicht in deine Höhle ein?« Ruhiger fuhr sie fort: »Abraham, liebst du mich nicht mehr?«

»Das habe ich nie gesagt... für mich gibt's aber keine Liebe... ich kann's mir nicht leisten, zu heiraten...«

»Abraham, liebst du mich?« fragte sie hartnäckig.

»Ja...«

Sie schloß die Augen, sie war einer Ohnmacht nahe.

»Ich kann's mir nicht leisten, zu heiraten; meine Aussichten sind einfach zu kläglich.«

»Wenn ich keine Angst habe, warum mußt du Angst haben?«

»Weil ich ja die Verantwortung tragen müßte. Ich möchte dich doch nie im Stich lassen.«

»Es gibt wichtigere Möglichkeiten, eine Frau nicht im Stich zu lassen.«

Er zuckte zusammen; und dann fuhr er mit verdrossener Stimme fort: »In deiner Welt herrscht solche Üppigkeit. Du hättest keine Aussicht, deine Armut geheimzuhalten.«

»Ich würde das gar nicht versuchen.«

»Gewiß, Mary, du hast deinen Stolz. Aber du bist nie an ein hartes Leben gewöhnt gewesen. Wenn ich an das prächtige Houghansche Haus denke, das du dir so sehnlich wünschst...«

Jetzt war sie es, die zusammenzuckte.
»Ich war verblendet. Es war sehr unrecht von mir, daß ich es dir aufzwingen wollte.«
»Nein, Mary«, rief er, »du hattest ganz recht, zu reden, wie du dachtest. Du verdienst so ein Haus. Du kommst aus dem Milieu, zu dem so ein Haus gehört. Du hast Kultur, Tradition...«
»Ach, dummes Zeug! Du kannst mir die Entscheidung darüber überlassen, ob ich ein Snob sein will.«
Er streckte die Hände aus, bewegte sie, die Handflächen nach oben gekehrt, auf und ab, als versuchte er, ein schweres Gewicht zu wägen.
»Ich bin dir nicht gewachsen, wenn's um Worte geht.«
»Wenn's um Liebe geht, auch nicht.«
»Mary, laß mich gehen. Ich bin unglücklich. Ich leide unter dieser Unsicherheit. Ich habe dir nichts zu bieten.«
»Wenn du mich liebst und dennoch sagen kannst, daß du mir nichts zu bieten hast, dann ist es besser, daß wir scheiden.«
Sie ging an ihm vorbei zur Tür.
»Du bist frei, mein Lieber.«
Sie öffnete die Tür, ohne ihn anzusehen.
»Leb wohl, Abraham.«
»Leb wohl, Mary.«
Er machte einen Schritt auf die Veranda zu, zauderte, wandte den Kopf. Und dann lagen sie einander in den Armen. Sie hörte ihn sagen:
»Verzeih mir, Mary. Ich habe es nicht so gemeint. Ich habe dir alles zu bieten... all meine Liebe...«
Die harte, trockene Spannung in ihr zerbrach. Sie hatte sich keine Rechenschaft darüber gegeben, unter welchem Druck sie gestanden hatte. Jetzt sank sie beinahe in seinen Armen zusammen.

Ihre Beziehung war nie mehr ganz so, wie sie in den idyllischen Wochen des Oktobers gewesen war. Und doch hatte sich auf andere Art ihre Liebe vertieft, war dadurch stärker geworden, daß sie einander ein Leid zugefügt hatten.
Weil sie sich so viele Abende für ihn angezogen hatte, dann allein bei Tisch gesessen war, in dem großen Stuhl im Salon kauerte, bis die Uhr neun schlug und sie wußte, daß er nicht mehr kommen werde, waren sie übereingekommen, daß er Sonntag mit ihr essen und Mittwoch und Samstag abends kommen sollte. Doch am ersten Mittwoch des Dezembers hatte er ihr schon eine Botschaft gesandt, daß er nicht kommen könne; und Samstag, spät am Nachmittag, kam die gleiche Botschaft. Als er schließlich Sonntag zum Essen kam, erklärte er ihr:
»Wir haben eine Art Klub gebildet und treffen uns in der Vorhalle des

neuen Regierungsgebäudes. Mitglieder des Senats und Repäsentantenhauses kommen dort zusammen. Wir ernennen zum Scherz Ausschüsse und führen erbitterte Debatten; packen alles aus, was wir nicht sagen können, wenn das Repräsentantenhaus oder der Senat wirklich tagt. So bin ich Mitglied des Ausschusses für Etikette, Höflichkeit und Zeremoniell.«

»Man hätte keinen besseren Mann wählen können«, sagte sie bitter.

Er überhörte ihre Worte.

»Wir haben bereits alle Spielbanken und Kaffeehäuser abgeschafft«, fuhr er fort. »Wir machen uns über all die törichten Gesetze lustig, die in den beiden Häusern eingebracht werden. Auf diese Art werden unsere Leute lernen, wie sie sich bei den wirklichen Sitzungen verhalten sollen.«

»Ich verstehe sehr gut, welchem Zweck das dient und was euch das für einen Spaß machen kann«, meinte sie. »Nur muß ich mich wohl selber in die Gesetzgebende Versammlung wählen lassen, wenn ich dich zu Gesicht bekommen will.«

Vor ihrer Auseinandersetzung waren sie dauernd unter dem Eindruck einer bevorstehenden Heirat gestanden. Jetzt schien dieses Gefühl verschwunden zu sein, als hätte Abraham sich damit ausgesöhnt, Mary zu lieben, den Gedanken an Heirat aber aus seinem Geist verdrängt.

Während der Session der Gesetzgebenden Versammlung war der Ort abermals voll von Abgeordneten und ihren Familien aus dem ganzen Staat; dazu kamen Anwälte und Geschäftsleute, die sich zusammenfanden, weil sie bestimmte Gesetze durchzubringen hofften. Das gesellschaftliche Leben von Springfield blühte auf, es gab fast jeden Abend der Woche Soupers und Bälle. Mary war sehr erstaunt, weil Abraham sie nicht begleiten wollte.

»Ich werde stolz darauf sein, dich am 10. Dezember zum Cotillon ins American House zu führen«, sagte er. »Aber die anderen Festlichkeiten, das ist zuviel Gesellschaft für mich. Ich bin nicht daran gewöhnt.«

»Es ist leicht genug, sich daran zu gewöhnen«, sagte sie bittend. »All die guten Leute möchten dich bei sich sehen. Und wenn ich nur die Hälfte aller Einladungen annehme, nur jene, die mir etwas bedeuten, und die anderen streiche? Ist das nicht ein gerechter Ausgleich... oder hätte ich mehr Aussichten, wenn ich heute abend in euren Klub käme und meine Sache dort vertreten würde?«

Er lachte; sie konnte bei ihm stets ihren Willen durchsetzen, wenn sie ihn mit einem Scherz zum Lachen brachte.

Ein eisiger Wind fegte über die Prärien. Elizabeth litt an einer schweren Erkältung. Mary brachte sie zu Bett. Als sie ihr ein Tablett ins Zimmer trug, sah sie, daß Elizabeth einen langen Brief von ihrer Cousine Mary

Virginia Stuart las, die ihren Gatten John zur Tagung des Kongresses nach Washington begleitet hatte.
»Mary«, rief Elizabeth, »hast du gewußt, daß Lincoln krank ist?«
»Krank?« Ihr Blicke schweiften durchs Zimmer. »Was fehlt ihm denn? Ich habe ihn doch erst gestern gesehen.«
»Er hat unseren Cousin Stuart anscheinend gebeten, Dr. Henry die Postmeisterstelle hier in Springfield zu verschaffen; er brauche ihn dringend.«
»Ach das ... das ist seine Hypochondrie. Dr. Henry redet sie ihm in wenigen Tagen aus.«
»Und warum hast du mir nichts davon gesagt, daß er nach Bogotá geht?«
»Bogotá? Wo ist das?«
»In Columbien ... in Südamerika ... Stuart schreibt, er werde, sobald Präsident Harrison sein Amt feierlich übernommen hat, alles tun, was in seiner Macht steht, damit Lincoln dort zum Geschäftsträger ernannt wird.«
Mary errötete.
»Hat er nie davon gesprochen, daß er dorthin will?«
Als sie Elizabeths Zimmer verlassen hatte, sandte sie eine Botschaft an Abraham und bat ihn, sie sobald wie möglich in der Gemäldegalerie zu treffen, die eben in dem neuen Gebäude Caffields auf der Südseite des Platzes eröffnet worden war. Rasch zog sie sich an, ging zu Caffield, zahlte ihre fünfundzwanzig Cent Eintrittsgeld, trat in den großen, getäfelten Saal und stand so verzückt vor Correggios ›Heiliger Familie in Ägypten‹, Albanos ›Urteil des Paris‹ und Grazianos ›Diana und Nymphen‹, daß all ihr Unbehagen schwand. Sie vergaß, weshalb sie gekommen war.
Sie blieb vor einem großen Gemälde stehen. ›Krönung der Königin Viktoria am 2. Juni 1838‹ hieß es und hing am Ende des Saals. Da spürte sie, daß er dicht hinter ihr stand. Ohne den Kopf zu wenden, sagte sie: »Hast du Bilder gern? Wir haben in Lexington nie eine bessere Ausstellung gehabt.«
Er hatte nicht einmal einen Blick auf die Bilder geworfen. Jetzt drehte sie sich um. Seine Augen fragten, warum sie ihn hierher bestellt hatte.
»Du hast also vor, dir die Welt anzusehen?«
»Ach ... Bogotá ... du hast davon gehört?«
»Auf dem Umweg über Washington. *Habla español?*«
»Ich habe nicht davon gesprochen, weil ich überzeugt war, daß Stuart mir den Posten doch nicht verschaffen kann.«
»Wie bescheiden du geworden bist! Im vorigen Sommer hast du noch vom Senat der Vereinigten Staaten geträumt, und jetzt geht dein Streben danach, dich in einem Loch im Dschungel zu begraben!«
»Man hat sein Auskommen ...«
»Seit wann bist du denn unfähig, dein Leben zu verdienen?« In ihrer

Stimme war die Entrüstung spürbar. Sie wartete sekundenlang, bis sie sich wieder beherrschen konnte. »O Abraham, wie kannst du nur auf den Gedanken kommen, davonzulaufen! Du, von allen Männern, die ich kennengelernt habe, der begabteste! Mit welchem Ziel würdest du in vier oder acht Jahren zurückkommen?«
»Ich käme aus demselben Loch, in das ich gegangen wäre.«
»Und deine politische Laufbahn? Wie steht's mit ihr?«
»Aus! Ich bin auf der Suche nach irgendwas, das meine Zukunft ausfüllen soll!«
»Du hast noch nicht gesagt, ob du die Absicht hattest, mich nach Bogotá mitzunehmen; aber du kannst ruhig wissen, daß ich mit dir ins Fegefeuer ginge, wenn ich glaubte, daß es deinen Zwecken nützlich ist. Ich würde mich aber weigern, in den Himmel zu gehn, wenn ich glaubte, daß es deine Zukunft beeinträchtigt.«
Ihre bildhafte Ausdrucksweise erheiterte ihn.
»Das ist Erpressung, Molly; du weißt, daß ich nicht ohne meine glühendste Bewunderin nach Columbien gehen könnte. Aber ich bin davongelaufen, nicht wahr!?« Das Dunkel in seinen Augen erhellte sich. Seine Blicke schweiften durch den Saal; weit und breit kein Mensch zu sehen. Da küßte er sie einmal nachdenklich und gab sie wieder frei.
»Du hast vollkommen recht, Molly. Diese greulichen Zweifel haben sich mir auf den Verstand gelegt, Bogotá ist fort... zurück in den Urwald...«

Gegen Ende November kam Cyrus Edwards, Ninians Onkel, von Alton, um seinen neu errungenen Sitz in der Gesetzgebenden Versammlung einzunehmen. Seine zwanzigjährige Tochter Matilda teilte Marys Zimmer. Sie war hochgewachsen und langbeinig, und trug ihr maisblondes Haar in einer Flechte um den Kopf gewunden.
»Sie ist nach Springfield gekommen, um einen Mann zu finden«, sagte Elizabeth zu Mary. »Ich werde ihr zu Ehren eine Gesellschaft geben.«
Etwa hundert Gäste stellten sich ein, sämtliche Junggesellen von Springfield. Nachdem gespeist worden war, stimmten die Musikanten in der Halle ihre Instrumente. Matilda war die Königin des Abends. Mary hielt sich im Hintergrund, war aber in bester Stimmung. Wangen und Augen glühten, sie unterhielt sich witzig und schlagfertig, spielte auf Elizabeths Flügel, wenn die Gäste singen wollten, und sang selber mit Stephen Douglas Duette.
Ohne es darauf angelegt zu haben, eroberte sie einen neuen Verehrer. Er hieß Edwin Webb, war ein kurzbeiniger, gedrungener, erfolgreicher Advokat und Abgeordneter von Carmi, Sproß einer vornehmen Familie aus Virginien, kürzlich verwitwet und hatte zwei kleine Kinder. Seine Züge wirkten zwar grob, aber seine Kleidung wie seine Manieren waren ein-

wandfrei elegant. Er wich nicht von ihrer Seite, und, obgleich ein alter Freund Lincolns, scheute er sich nicht, als Mitbewerber aufzutreten.
Im Musikzimmer wurden heiße, rumhaltige Getränke gereicht, und als Lincoln ablehnte, fragte Webb:
»Hätten Sie keine Lust, sich ein einziges Mal zu betrinken, nur um zu wissen, wie einem da zumute ist?«
»Hätten Sie keine Lust, die große Zehe auszustrecken und sich von einer Klapperschlange beißen zu lassen, nur um zu wissen, wie einem da zumute ist?« entgegnete Lincoln.
Edwin Webb griff in seine Rocktasche, holte eine Riesenzigarre hervor, reichte sie Abraham und sagte:
»Na, dann rauchen Sie wenigstens!«
»Vielen Dank, aber ich habe keine Laster.«
Webb schlürfte nachdenklich seinen heißen Trunk und erklärte:
»Nach meiner Erfahrung haben Männer ohne Laster auch verdammt wenig Tugenden.«
Lincoln brach in schallendes Gelächter aus. Das Orchester begann einen Walzer, Webb setzte sein Glas nieder, nahm Mary beim Arm und wirbelte sie durch den Saal, bevor sie auch nur den Mund öffnen konnte.
»Miss Mary, ich höre, daß Sie mit Lincoln einig sind.«
So hatte der Ort es also erraten!
»Seien Sie nicht vorschnell. Es gibt auch andere Fische im Meer.« Er nickte und seine Lippen hoben sich bekräftigend, als wäre er der lebende Beweis seiner Behauptung.
»Ach, Mr. Webb, ich bin Ihnen schon bei drei oder vier Gesellschaften begegnet, und Sie haben mich nie auch nur bemerkt. Dazu kommt das doppelbreite Trauerband an Ihrem Arm. Soll das uns Mädchen nicht bedeuten, daß wir hier nichts zu suchen haben?«
»Ja, es ist... oder vielmehr es war so, bevor ich Sie heute abend zum erstenmal richtig betrachten konnte. Ich habe beschlossen, Ihnen den Hof zu machen.«
»Nein, Mr. Webb, diese Gesellschaft findet zu Ehren Matildas statt. Sie ist es, der Sie den Hof machen müssen. Selbst Mr. Lincoln sagt, daß sie eine vollendete Schönheit ist.«
»Ausgezeichnet! Dann wollen wir es Lincoln überlassen, sich um Miss Matilda zu bewerben. Ich versichere Ihnen, Miss Mary, daß Sie bei diesem Tausch nur profitieren würden. Lincoln ist ein Mann, der eine Frau nicht nach Gebühr zu schätzen weiß. Er sollte Joshua Speed heiraten und über dem Laden seinen Haushalt aufschlagen.«
Marys Blicke suchten und fanden Abraham inmitten einer Gruppe lachender, gestikulierender Männer. Sie warf den Kopf zurück und lachte herzlich.

Am Tag vor Weihnachten machte sie gerade auf dem Platz ihre Einkäufe, als sie unversehens auf ihn stieß. Am Abend zuvor waren sie miteinander bei der größten Gesellschaft gewesen, die Springfield je gesehen hatte, einem Diner für dreihundertfünfzig Gäste, das in Walters' Hotel veranstaltet worden war. Er hatte gebrummt: »Springfield wird entschieden ein Mittelpunkt der Eleganz. Sieh nur all den Satin, all die Federn! Die Damen müssen ja Monate damit beschäftigt gewesen sein, all das fertigzukriegen.«
Ein Lächeln erhellte jetzt sein Gesicht, als er sie sah; er nahm ihren Arm und sagte klagend:
»Molly, ich würde alles dafür geben, wieder einmal einen ruhigen Abend mit dir verbringen zu können. Es ist lange her, seit wir zum letzten Mal vor dem Feuer saßen und du mir Burns oder Shakespeare vorgelesen hast und wir uns ausschwatzen konnten.«
»Dann können wir das heute haben.«
»Sind wir nicht bei Bakers zum Abendessen eingeladen?«
»Ich werde uns entschuldigen lassen. Elizabeth und Ninian nehmen Matilda mit, und so haben wir das Haus für uns allein. Was hättest du gern zum Essen?«
»Ich kann eine Speise nicht von der anderen unterscheiden, Molly. Selbst beim Kauen nicht. Äpfel hab' ich immer gern gegessen.«
Sie hatte von der Köchin ein Roastbeef braten lassen, im Wohnzimmer standen eisgekühlte Austern bereit. Er kam mit einem Päckchen in der Manteltasche und der glühendsten Umarmung, die sie seit vielen Tagen erlebt hatte. Als sie ihm das sagte, erwiderte er:
»Wenn's das ist, woran dir liegt, warum bleiben wir dann nicht häufiger daheim? Bei Abendgesellschaften für dreihundertfünfzig Personen geht das nun einmal nicht.« Er reichte ihr ein Etui. »Ich weiß, ich sollte dir dein Weihnachtsgeschenk erst morgen geben, aber...«
Sie öffnete das Etui und fand darin eine Korallenhalskette und ein dazu passendes Armband aus Korallen. Sie bewunderte die dunkle, leuchtende Färbung.
»Leg sie mir an.«
Erst legte er das Armband um ihr Gelenk, dann trat er hinter sie und befestigte die Halskette. Seine Arme waren um sie, seine Wange an ihrer Wange. Sie wandte sich in seinen Armen um und küßte ihn.
»Abraham, du hättest nicht so viel Geld ausgeben sollen, wenn du es doch nicht hast. Aber ich bin trotzdem glücklich darüber. Ist es töricht, wenn ich glaube, daß es ein Beweis deiner Liebe für mich ist?«
Nach dem Essen saßen sie am Kamin. Er hatte den Aesop mitgebracht und las einige Fabeln vor; nachher las sie aus Tocquevilles ›Demokratie in Amerika‹, dem Buch, das sie an diesem Nachmittag gekauft hatte.

Bis Mitternacht blieb er. Die letzte Stunde verbrachten sie auf dem mächtigen Lehnstuhl vor dem Feuer, in inniger Umarmung, schweigsam und zufrieden.
»Molly, ich habe dich manchmal gekränkt, und das war nie meine Absicht gewesen. Wenn's mit meiner Stimmung bergab geht und mir elend zumute ist, dann muß jeder darunter leiden, der mir in die Nähe kommt.«
»Ich verstehe...«
»Ich weiß, welchen Wert ihr Leute aus dem Blaugrasland auf Verlobungen legt... wär's dir recht, wenn wir uns öffentlich verloben würden?«
»Ja, Liebster, das wäre mir sehr recht.«
»Und wann willst du es bekanntgeben?«
»Am Neujahrstag veranstalten Elizabeth und Ninian ein großes Familiendiner. Wenn wir einander da zum neuen Jahr zutrinken, wäre das doch eine wunderbare Gelegenheit...«
»Gut; dann wollen wir es ihnen sagen.«
Zwei Tage später hörte sie Schlittenglocken von der Auffahrt her. Sie zog ihren schweren Mantel an, nahm Haube und Handschuhe, und Abraham wickelte sie in die Büffeldecke. Über die weiße Prärie fuhren sie, deren schwarze Bäume im Winterschlaf standen. Abraham hatte die Zügel in der linken Hand, den rechten Arm legte er um Mary. Die Sonne schien klar und kalt; wenn sie sprachen, dampfte ihr Atemhauch wie gefrorener weißer Rauch.
Nach einer Stunde Fahrt kamen sie zu einem Gasthaus an einer Wegkreuzung; es war kaum größer als ein Blockhaus mit zwei Räumen. Abraham bestellte etwas Warmes zu trinken oder zu essen. Der Wirt erwiderte:
»Niemand ist heute draußen! Bei so einer Kälte! Aber die Alte hat einen Topf Suppe aufgestellt.«
»Das ist gerade das Richtige«, meinte Mary.
Sie legten die schweren Mäntel ab, setzten sich auf eine Bank und streckten die Füße ans Feuer. Zwei Schalen mit dampfender Suppe wurden auf den Tisch gestellt; sie aßen und wärmten sich am Kaminfeuer.
»Ich sollte dich auf meinen Rundfahrten mitnehmen«, sagte er und streckte die Hand nach ihr aus. »So wohl fühle ich mich nie, wenn ich allen bin.«
»Liebster, du bist viel zu lang allein gewesen. Du brauchst jemanden, der für dich sorgt.«
»Ich brauche wenig Fürsorge.«
»Warum bist du dann so häufig krank? So ein kräftiger Mann wie du? Sicher nur, weil du schlecht ißt; und keine regelmäßigen Stunden einhältst...«
»Molly, du redest ganz wie meine Mutter.«

»Die griechischen Dramatiker sagen, in jeder Liebe sei ein wenig Inzest.«
Er verstummte, sein Gesicht verdüsterte sich. Der Schmerz, der in seine Augen trat, glich nichts, was sie bisher bei ihm wahrgenommen hatte. Mehrmals versuchte er zu sprechen, und doch brachte er kein Wort heraus.
»Abraham, du siehst aus, als ob etwas in dir schwären würde... ganz tief in deinem Innern.«
»Das tut's auch!«
Wie eine Explosion brachen die Worte aus ihm heraus, brachten beide aus der Fassung. Doch jetzt war wenigstens seine Zunge gelöst.
»Es ist... meine Mutter... ich habe mir tausendmal gesagt... das alles ist so lange her...«
Er hielt inne, atmete rasch, sammelte alle Kräfte, um sein Herz bloßzulegen. Nach einigen Sekunden hob er mühsam den Kopf.
»Es wäre gut und richtig, es gar nicht zu erwähnen. Doch da wir uns verloben sollen, hast du ein Recht, es zu erfahren... vorher... und von mir...«
Abermals verstummte er. Ihr pochte das Blut in den Ohren. Was war das Schreckliche, das er ihr zu sagen versuchte? Schließlich trafen sich ihre Blicke.
»Meine Mutter... war ein uneheliches Kind. Sie war in Virginien geboren. Ihre Mutter, Lucy Hanks, brachte sie nach Kentucky, als sie zwei Jahre alt war... ohne den Namen eines Vaters. Jedermann wußte...« Er hielt inne, er wollte die Wirkung beobachten, die seine Geschichte auf sie ausübte. »Ich weiß, was meine Mutter erduldet hat. In ihren Augen sah ich ihr Leid. Es war etwas, über das sie nie hinwegkommen konnte. Das gehört zu meinem Erbteil – ihr Leid; kaum ein Tag geht vorbei, ohne daß ich es in mir spüre, ohne daß es an mir nagt.«
Die Enthüllung war für sie ein Schlag. Sie entstammte einer vornehmen Familie, keinen Skandal, keine Unregelmäßigkeit hatte es je gegeben; nicht auf Vaters, nicht auf Mutters Seite. Als sie die Züge des Mannes beobachtete, den sie liebte, ihn auf der harten Bank sitzen sah, den Kopf gesenkt, die Hände beinahe den Boden berührend, da wußte sie, daß sein Leid dem Unglück der Mutter galt und seinem eigenen Bedürfnis, die furchtbaren Worte wieder einmal auszusprechen. Keines ihrer Worte konnte etwas für ihn bedeuten, wenn es nicht eine Eröffnung enthielt, die an Gewicht seiner gleichkam.
»Abraham, worauf sollen wir noch warten? Warum wollen wir unser gemeinsames Leben nicht mit dem neuen Jahr beginnen? Wir geben beim Champagner unsere Verlobung bekannt, und die Trauung mag dann nach Tisch stattfinden.«
Er richtete sich auf, Liebe und Dankbarkeit in den Augen. Dann aber, so

rasch beides gekommen war, verschwand es auch, und ein anderes Gefühl trat an ihre Stelle. Besorgnis? Angst? Sie wußte es nicht.
»... mehr Zeit... ein... zwei Jahre...«
»Und was werden wir in ein oder zwei Jahren haben, das wir nicht schon heute hätten? Mehr Jugend? Hoffnung? Mut?«
»Materielle... Sicherheit...«
»Liegt im Geld eine Sicherheit? Es kommt und vergeht so schnell! Ist nicht unsere Liebe unsere einzige Sicherheit?«
»Das ist wahr, Molly. Liebe ist ewig.«
»Dann, Liebster, bitte – heiraten wir doch schon jetzt!«
Schweigend saß er da, widersetzte sich nicht länger. Sie legte ihre Wange an seine.
»Ich danke dir, Abraham. Du wirst es nie bereuen; das verspreche ich dir.«

Elizabeth herrschte in der Küche, die warm und von den Wohlgerüchen der mit Walnüssen gefüllten Truthühner erfüllt war; Enten, Gänse, Wild wurden gebraten, Kürbispasteten gebacken. Mary half Elizabeth dabei. Sie hatte ihr noch nichts von der Verlobung, noch von der Trauung gesagt, doch als die Schwester daranging, den Teig für die Kuchen zu rühren, da wußte sie, daß der Augenblick gekommen war. Sie trat zu Elizabeth, die den Zucker und die Gewürze in die Schüssel tat, und legte ihre Hand auf die kräftigen, kundigen, mehlbestaubten Finger ihrer Schwester.
»Liz, es war lieb von dir, Lincoln zum Familiendiner einzuladen.«
»Du hast hier dein Heim«, sagte Elizabeth, ohne aufzuschauen. »Jeder, den du sehen willst, ist willkommen.«
»Wir... wir wollen unsere Verlobung bekanntgeben... wenn der Champagner eingeschenkt wird und man die Neujahrswünsche austauscht...«
Es folgte ein langes Schweigen; Mary spürte, daß Elizabeth jetzt alle ihre Hoffnungen und Träume überdachte, ihrer schwesterlichen Beziehung nachsann. Als sie schließlich zu sprechen begann, waren Konflikte und Sorgen aus ihren Zügen verschwunden.
»Verzeih, daß wir uns widersetzt haben, Mary. Angesichts der Hindernisse mußten wir einfach wissen, ob du deiner selber sicher warst. Wir werden Abraham in unserer Familie willkommen heißen. Wie lange wollt ihr verlobt sein?«
Ein strahlendes Lächeln verklärte Marys Gesicht.
»Die kürzeste Frist, die es je gegeben hat. Vor Tisch wollen wir unsere Verlobung bekanntgeben, und gleich nachher soll der Geistliche kommen.«
»Ein Hochzeitsessen also? Ja, da muß ich den Teig hier anders verwenden. Es soll doch ein Hochzeitskuchen daraus werden.«

»Liz, laß es aber noch keinen Menschen wissen. Es soll eine Überraschung sein.«

Der Tag war klar und kalt. Knapp vor eins kam sie hinunter. Sie trug Abrahams Korallenschmuck um Hals und Arm. Sie musterte die Schalen mit Orangen, Nüssen, Zuckerzeug und Äpfeln. Bald erschien die Familie; die Todds, die Wallace, die Hardins, die Edwards, alle mit ihren Kindern. Sie war maßlos glücklich und begrüßte die Verwandten überströmend. Sie hatte angeregt, Abraham solle pünktlich um halb zwei erscheinen, wenn die ganze Familie versammelt, der Champagner aber noch nicht ausgeschenkt war. Elizabeth suchte ihren Blick. Mary ging zur Uhr in der Halle. Nur wenige Schritte waren das. Die Zeiger standen auf halb zwei. Sie nickte Elizabeth zu. Wenn der Champagner geöffnet, eingeschenkt war, würde Abraham auftauchen. Sie stand in der Halle; sie wollte die erste sein, die ihn erblickte.

Doch keine Schritte ließen sich auf der Veranda vernehmen, niemand hob den Klopfer an der Tür. Die Mädchen, die man für diesen Tag zur Aushilfe engagiert hatte, brachten den Champagner. Sie wies das Glas zurück, das man ihr anbot. Was mochte geschehen sein, das ihn zurückhielt?! Jedermann hatte sein Glas in der Hand; eine der jungen Negerrinnen stand mit einem Tablett vor ihr. Ihr Cousin Hardin rief von der anderen Seite des Zimmers her.

»Mary, du bist doch keine Abstinenzlerin geworden?«

Sie warf einen raschen Blick über die Schulter nach der Uhr. Fünfzehn Minuten fehlten bis zwei. Ihr Herz pochte. Sie griff nach dem Glas, erzwang ein Lächeln und erwiderte:

»Hast du's denn noch nicht gehört, Cousin John J.? Ich habe mich den Washingtonern angeschlossen.«

Alles lachte über diese Anspielung auf die Abstinenzvereinigung, dann hob Ninian sein Glas hoch, und es wurde still.

»Auf das beste aller möglichen neuen Jahre!«

Die Mitglieder der Familie riefen: »Hört, hört!« tranken ihren Champagner, man schüttelte einander die Hände, man umarmte einander, die Stimmung im Salon hatte ihren Höhepunkt erreicht. Mary schmeckte der Champagner wie Essig. Die Uhr in der Halle schlug zwei. Mary trat zu ihrer Schwester.

»Liz, fangen wir ruhig mit dem Essen an. Abraham muß Schwierigkeiten mit der Heiratslizenz gehabt haben. Sobald serviert ist, wird er da sein.«

»Schön!«

Mary war dankbar dafür, daß es bei Tisch lebhaft zuging, und während geräucherter Fisch und Kaviar angeboten wurden, war sie bereits imstande, sich an der Unterhaltung zu beteiligen. Doch um halb drei, als der Braten serviert wurde, wußte sie, daß sie verloren hatte. Das Standesamt war am Neujahrstag den ganzen Tag offen, und Abraham hätte die Lizenz ohne Schwierigkeiten erhalten... hatte er sie überhaupt geholt? Jetzt war es so spät geworden... war er krank... doch hätte er dann nicht eine Botschaft gesandt?

Sie aß, sie sprach, als ob nichts geschehen wäre, doch sie konnte sich nur dadurch aufrechterhalten, daß die Finger ihrer linken Hand sich an den Stuhl klammerten. Als aber Elizabeth von ihrem Platz an der Spitze der Tafel aufstand, um in die Küche zu gehen und allen Schmuck von den Kuchen zu entfernen, da bat Mary um Entschuldigung, hastete hinauf in ihr Schlafzimmer, schloß die Tür ab, warf sich auf ihr Bett und drückte das Gesicht in die Kissen.

Der Schmerz, der ihr Herz gepackt hatte, war unerträglich. In ihren Armen, ihren Beinen, in ihrer Brust wuchs eine Starrheit, bis ihr Körper reglos und kalt dalag wie im Tod. Jeder Atemzug war eine Qual. Bald war auch das bloße Atmen eine erschöpfende Mühe; ihr Körper wurde schlaff, ihre Hände lösten sich, Tränen liefen ihr aus den Augen, erst die kalten Tränen, die sie von ihrer Erstarrung erlösten, dann die heißen Tränen des Mitleids mit sich selber. Heftig weinte sie, ihr ganzer Körper bebte. Und dann lag sie wieder still.

Es wurde dunkler und kälter im Zimmer. Sie stand auf, wusch sich die Augen, zog ein Hauskleid an, trat an den Kamin und schürte das Feuer.

Es war vollkommen klar, daß Abraham niemals damit einverstanden gewesen war, sie heute zu heiraten. Sie hatte es vorgeschlagen, hatte dafür gekämpft, seine Argumente widerlegt. Erst dann, als er nicht mehr wußte, was er sagen sollte, hatte er geschwiegen. Und in ihrem Eifer, im Überschwang ihrer leidenschaftlichen Liebe hatte sie sein Schweigen für Zustimmung gehalten.

Sie hatte versucht, ihn zu etwas hinzulenken, das, ihrer Ansicht nach, gut für ihn wäre, und hatte ihn doch nur zu etwas gezwungen, das seinem ganzen Wesen zuwiderlief: einen anderen Menschen im Stich zu lassen. Sie wußte, wie furchtbar er leiden mußte – die Vorwürfe, das Schuldbewußtsein, die Qual jedes Gedankens. Er tat ihr so schrecklich leid... und auch mit sich empfand sie Mitleid. Sie hätte ihre Verlobung haben können, das Bewußtsein, daß sie heiraten würden, sobald er reif dazu war. Und jetzt hatte sie nichts. Zu eifrig, zu hartnäckig war sie in ihren Plänen gewesen. Sie hatte ihn vertrieben, und Abraham würde sich selber nicht ohne weiteres verzeihen, was er getan hatte. Eine lange schmerzliche Straße würde der Rückweg sein... wenn es einen Rückweg gab...

Die Nacht verlief schlaflos, die Dämmerung sickerte aschgrau durch das südliche Fenster. Sollte Abraham völlig aus ihrem Leben verschwinden? Wenn er zur Verlobung nicht erschien; zu einer Bindung, die er selbst ausdrücklich gewünscht hatte, dann würde sie sich damit abfinden müssen, daß Lincoln ein hoffnungsloser Fall war, daß er sie nicht liebte, und selbst wenn er sie liebte, konnte sie ihn nun nicht mehr lieben. Ihre Achtung vor ihm wäre dahin, ihre Selbstachtung auch. Doch im Verlauf dieser schmerzerfüllten Nacht war sie sich bewußt geworden, daß er zur Verlobung erschienen wäre... wenn sie seine Verpflichtungen nicht vertausendfacht hätte.

Jetzt war sie dankbar dafür, daß niemand außer ihr selbst, Abraham und Elizabeth etwas von der geplanten öffentlichen Verlobung wußte. Was den Geistlichen betraf, der nach dem Essen zur Trauung erscheinen sollte – sie unterdrückte ein Stöhnen. Wenn Springfield das erfuhr, dann wäre ihre Demütigung größer, als sie ertragen könnte.

Am nächsten Morgen verrieten Elizabeths Züge keinerlei Neugier, ihre Stimme klang völlig unbefangen.

»Guten Morgen, Liebe. Eine Tasse Kaffee?«

»Danke, Liz. Ja, das könnte ich brauchen.«

»Ich auch. Wie kommt's nur, daß man nach Familiendiners am nächsten Morgen immer so hergenommen ist?!«

Es war eine rhetorische Frage, auf die keine Antwort erwartet wurde. Mary spürte, wie der Kaffee sie erwärmte. Springfield, dachte sie, ist so ein Nest, ein paar Straßen, ein paar Geschäftshäuser. Wenn er nicht hierher kommt, so werden wir einander früher oder später irgendwo treffen müssen, in einem Geschäft, bei einem Freund, auf dem Platz... und dann werden wir einander die Hand reichen... Worte werden überflüssig sein, und wir werden einander unsere Sünden vergeben.

Doch aller Hoffnung zum Trotz waren Tage und Nächte endlos; Marys Kopf war wie von einem eisernen Reif umschlossen, ihre Hände und Füße blieben kalt. Sie fügte sich in die Gewohnheiten des Alltags ein, machte Besorgungen, besuchte Freundinnen, ging zu den Gesellschaften, zu denen sie eingeladen wurde. Edwin Webb, der Witwer aus Carmi, wurde ihr Partner, führte sie zu Diners und Bällen, überschwemmte sie mit Gaben – Handschuhe, ein silberner Fingerhut, ein Fächer in Lackarbeit. Kein Mensch machte eine Bemerkung über die Abwesenheit Mr. Lincolns, nur bei den Mädchen ihres eigenen Kreises ertappte sie manchmal einen erstaunten Blick.

Ninian war es, der dieses Zwischenspiel unterbrach. Ninian, der sich nicht viel um die Nuancen in den Gefühlen anderer Menschen kümmerte. Eines Nachmittags kam er ins Wohnzimmer und sagte:

»Meinen Glückwunsch, Mary. Ich wußte, du würdest zur Vernunft kommen. Der ganze Ort spricht davon, daß du mit Abraham Lincoln gebrochen hast. Ich habe gehört, daß er ganz außer sich geraten ist, seit du ihm den Laufpaß gegeben hast.«

Sie bohrte die Zähne in die Unterlippe, die nicht aufhören wollte zu zittern. Wer hatte diese Geschichte unter die Leute gebracht? Abraham selber vielleicht, um ihr Gesicht zu wahren? Hatten die Leute es erfunden, weil man sie so lange nicht mehr zusammen gesehen hatte? Im Ort herrschte die Überzeugung, daß außer Mary kein Mädchen etwas an Abraham Lincoln finden konnte; war die Verbindung gelöst, so lag nichts näher als die Annahme, daß sie es war, die mit ihm gebrochen hatte.
Am folgenden Nachmittag erfuhr sie von ihrem Cousin John J., daß Lincoln an sein Bett bei Speed gefesselt war. Mit geschickten Fragen stellte sie fest, daß es keine Erkältung oder dergleichen war, sondern ein heftiger Anfall seiner Hypochondrie. Auch sie war leidend, schlief schlecht, aß wenig, doch sie besaß bei weitem nicht seine Fähigkeit, sich selber zu martern.
Zum erstenmal sah sie ihn eine Woche später, als sie mit ihrer Schwester Frances ausging. Sie griff nach dem Arm ihrer Schwester und zog sie in den nächsten Hausflur, um nicht gesehen zu werden. Lincoln ging vorüber, hager, Wangen und Augen tief eingesunken, und die Knochen seines Körpers waren beinahe durch den alten schwarzen Anzug hindurch sichtbar. Leise sagte Frances:
»Armer Mr. Lincoln, was hat er sich nur selber angetan!«
Mary war erschüttert von seinem Anblick. Und zu sich sagte sie: Mein Stolz hat mir nicht erlaubt, zusammenzubrechen.
Die Zeitungen meldeten sein Wiedererscheinen in der Gesetzgebenden Versammlung. Ihr Cousin Stuart schrieb aus Washington, erkundigte sich, was denn zwischen ihnen vorgefallen sei, und zitierte aus Lincolns letztem Brief:

»Ich bin der unglücklichste Mensch unter den Lebenden. Wenn das, was ich fühle, gleichmäßig unter dem Menschengeschlecht verteilt würde, gäbe es kein fröhliches Gesicht auf Erden mehr. Ob es mit mir jemals besser wird, vermag ich nicht zu sagen; ich fürchte aber sehr, daß es nicht dazu kommt. Zu bleiben, wie ich bin, ist unmöglich; ich muß sterben, oder es muß sich bessern.«

Einige Abende später kam James Conkling zu Besuch. Über seine Teetasse hinüber musterte er ihr Gesicht, und schließlich rief er:
»Armer Lincoln! Kaum daß er noch flüstern kann. Ich habe eben an Mercy geschrieben, daß sein Fall wirklich bejammernswert ist.« Er machte eine Pause. »Haben Sie sich entschlossen, Edwin Webbs Werbung anzunehmen, Mary?«
In jener Nacht, als sie in ihrem Bett lag, war sie froh, daß Matilda wieder heimgekehrt war und sie das Zimmer für sich hatte. Was hatte James Conkling über Edwin Webb gesagt? Ob sie sich entschlossen habe, Webbs

Werbung anzunehmen? Sie war ihm dankbar dafür, daß er ihr Ritter gewesen war, als sie so verzweifelt einen Menschen gebraucht hatte. Doch heiraten... dieser Gedanke war ihr nie gekommen.
»Dann sind Sie der einzige Mensch, dem dieser Gedanke nicht gekommen ist«, sagte Edwin Webb, als er ihr am folgenden Abend in aller Form einen Heiratsantrag machte. »Und wenn ich selber es nicht einen Monat lang jeden Tag gezeigt habe, so lag das nicht daran, daß ich es nicht versucht hätte.«
Sie sah Edwin Webb an.
»Sie sind ein guter Freund gewesen...«
»Ich verlange keine Freundschaft von Ihnen«, unterbrach er sie. »Ich bin bereit, Ihnen Liebe, Ehe, ein schönes gemeinsames Leben anzubieten; und meine beiden Kinder brauchen eine Mutter und werden Sie auch liebhaben. Und sie selber brauchen Kinder, nicht nur die zwei, sondern eigene. Viele eigene. Sie sollen sie haben.«
»Wer sorgt denn für Ihre Kinder, während Sie hier sind?«
»Die Mutter meiner Frau. Sie wohnt ganz in der Nähe...«
Wenn sie etwas an Edwin Webbs Aufmerksamkeiten als Balsam für ihren verwundeten Stolz, für ihre quälenden Gedanken empfunden hatte, so war das alles durch den Hinweis auf die Großmutter der Kinder erledigt. Ihre Lippen kräuselten sich, ihre Augen wandten sich ab.
»Was haben Sie dagegen?« fragte er.
»Ach nichts... meine eigene Großmutter kam mir in den Sinn. Großmutter Parker in Lexington...«
»Miss Todd, es ist mein heißester Wunsch, daß Sie mich heiraten, sobald die Tagung der Gesetzgebenden Versammlung beendet ist, und als meine Frau mit mir nach Carmi kommen.«

Sie entschloß sich, keine Nachrichten über Abraham einzuholen, doch Anfang Februar hörte sie, daß er seine Bleibe verloren hatte, denn Joshua Speed mußte sein Geschäft verkaufen und kehrte nach Kentucky zurück, um die Plantage seiner Mutter zu übernehmen. Lincoln nahm über jede Schulter eine Satteltasche und ging vier Blocks weiter gegen Nordwesten zu Butlers, wo er von jetzt an nicht nur essen, sondern auch wohnen sollte. In der Gesetzgebenden Versammlung führte er seine Partei in den Kampf, um die Demokraten daran zu hindern, daß sie fünf neue demokratische Richter in das Oberste Gericht von Illinois brachten. Als Stephen Douglas sie aufsuchte, um ihr zu berichten, er selber sei zum Richter am Obersten Gericht ernannt worden, da bestand sie darauf, eine Flasche Wein zu öffnen und auf seinen Erfolg anzustoßen.
»Richter am Obersten Gericht! Sie werden das großartig machen, Steve!«

»Ich werde mich an das halten, was Lincoln sagte: ›Nicht für das doppelte Geld möchte ich mich so benehmen, wie Sie sich von jetzt an benehmen müssen‹.«

Sie lächelte über Abrahams Worte, denn der ganze Ort hatte die politischen Manöver verfolgt, die nötig waren, um neue Richterposten für verdiente Demokraten zu schaffen.

Gegen Mitte Februar lud ihr Cousin Stephen T. Logan sie zum Sonntagessen ein. Er lebte in einem großen Haus, das auf einer Anhöhe stand. Nach Tisch mußte sie mit ihm in sein Arbeitszimmer gehen, dessen Wände von Büchern bedeckt waren, und einen Tropfen Cognac trinken; sie merkte, daß ihr Vetter mit den schmalen Lippen und der hohen Stimme langsam auf ein heikles Thema zusteuerte.

»Edward Baker und ich lösen unsere Partnerschaft. Ich brauche einen anderen Partner. Bisher habe ich noch nicht davon gesprochen... doch es könnte sehr wohl sein, daß Abraham Lincoln der rechte Mann für mich wäre. Ich bin bei verschiedenen Prozessen sein Gegner oder auch sein Mitarbeiter gewesen; er ist ein prächtiger Anwalt, einer der besten seines Schlags.«

Logan hatte nicht wörtlich hinzugefügt: ›Was hältst du davon?‹ Doch die Frage lag in der Luft. Merkwürdig, dachte sie, wie viele Mitglieder der Familie Todd den Wunsch hegten, Lincoln als Partner zu haben – mich selber inbegriffen.

»Das wäre doch eine großartige Chance für ihn«, rief sie. »Jedermann sagt, daß du unser erfahrenster Anwalt bist.«

Stephen Logan nickte kräftig. »Ich habe den Mann gern, und ich möchte ihn in meiner Kanzlei haben. Die Gesetzgebende Versammlung vertagt sich am 1. März, und dann könnte er bei mir eintreten.«

Sie konnte nicht anders, sie mußte aufstehen und Logan einen Kuß auf die Wange drücken. Wenn sich Abraham die beste Anwaltskanzlei von Springfield öffnete, dann würde er doch gewiß den Weg zur Gesundheit, zum Selbstvertrauen wiederfinden... zur Liebe...

Sie lud Edwin Webb zum Tee ein und erzählte ihm vom Tod ihrer eigenen Mutter, von Großmutter Parkers Haß gegen Betsy, von den Spannungen und Problemen, die das im Hause Todd geschaffen hatte.

»Mr. Webb, es wäre viel besser für Sie, eine Frau zu finden, die solche Verhältnisse nicht schon mitangesehen hat.«

»Dann wollen Sie also nicht erwägen, ob...«

»Gott möge mir verzeihen, aber ich muß von vorn anfangen, ein neues Leben mit einem neuen Mann, um eine eigene neue Familie zu gründen.«

Die Gesetzgebende Versammlung vertagte sich. In Washington starb Präsident Harrison, und Springfield trauerte um ihn. Lincoln und Logan

zeigten an, daß sie eine gemeinsame Praxis als Anwälte eröffneten. Doch noch immer kein Wort von Abraham. Als sie einander in den ersten Wochen des neuen Jahres nicht zufällig begegnet waren, kam sie zu der Einsicht, daß ein Zusammentreffen von ihm herbeigeführt werden müsse. Sie mied die Orte, wo sie auf ihn stoßen konnte, politische Versammlungen, Debatten, das Lyceum, die Druckerei des ›Journals‹, selbst die Straßen, auf denen er von Butlers in seine Kanzlei ging.
Der Zwang, den sie sich auferlegte, hatte zur Folge, daß ihre Nerven reizbar wurden. Sie steigerte den Rhythmus ihrer Tätigkeit, umgab sich mit jungen Leuten und jungen Mädchen, nahm alle Einladungen an, die ihr ins Haus schneiten. Obgleich sie wußte, daß sie diese erzwungene Lebhaftigkeit und Heiterkeit aus den tiefen Quellen ihrer Reserven schöpfen mußte, hatte sie doch allen Grund zu glauben, daß sie ihre Rolle überzeugend spielte.
Die Nächte allerdings waren schlimm. Mit weit offenen Augen lag sie im Dunkeln, die Komödie war vorüber. Immer wieder überkam sie eine völlig Erschöpfung, und dann schien ihr Hirn gegen den eisernen Reif zu pochen, der ihren Kopf umklammert hielt.
Der Frühling war zeitig gekommen, die Prärien waren mit wilden Blumen bedeckt, man spürte unter seinem Tritt, wie weich und fruchtbar die Erde war. Sie aber hatte das Gefühl, hart und unfruchtbar zu sein; nicht einmal die wachsende Wärme der Aprilsonne, der Maisonne vermochte das Eis um ihr Herz aufzutauen. Denn jetzt war es klar, daß die bloße körperliche und wirtschaftliche Erholung Abraham nicht zu ihr zurückführen würde.
Im Juni eröffnete das Gericht seine Session im Sangamon-Distrikt. Logan und Lincoln hatten die Vertretung in zahlreichen Fällen, aber auch vor dem Obersten Gerichtshof von Illinois sollten sie plädieren, der seine Sitzungen im Juli abhalten würde.
Er hatte zu ihr gesagt: ›Liebe ist ewig.‹ Ja, gewiß, dachte sie, wenn ich nur so lange leben kann!
Im Juni kam der Zirkus Angevine nach Springfield, und das Ehepaar Francis lud Mary zur Eröffnungsvorstellung ein. Sie saß auf einer Bank unter dem Segeltuchzelt, eingezwängt zwischen den beiden »umfangreichen« Freunden. Sie ließen das Auftreten der Clowns und die verschiedenen Dressurnummern verstreichen, bevor sie auf das Thema zu sprechen kamen, das zu erörtern offensichtlich der Zweck der Einladung gewesen war.
»Mary«, sagte Eliza, »wir haben Abe gestellt, sobald er wieder hier war. Er gebrauchte eine seltsame Wendung: ›Dieser verhängnisvolle 1. Januar.‹ Ich fragte ihn, ob Sie das Verhängnis herbeigeführt hätten oder er es selber gewesen war. Sie seien es gewesen, sagte er.«

Jetzt setzte Simeon Francis ein. »Daraufhin fragte ich ihn: ›Warum hast du es zu diesem verhängnisvollen Ersten kommen lassen? War es Unterlassung oder Absicht?‹ Und er erwiderte: ›Beides. Ich konnte mir nicht helfen... ich war krank.‹ Wir meinten, es wäre Ihnen gewiß lieb, zu wissen, daß er die volle Verantwortung auf sich nimmt.«
Ja, dachte sie, es ist gewiß recht und gut, das zu wissen, aber was nützt es mir in Wirklichkeit?
»Hatten Sie je etwas von jener anderen Mary gewußt?« fragte Eliza.
Mary nickte. »Abraham erzählte es mir.«
»Wir haben Ihnen einen Brief mitgebracht, den Sie lesen sollten. Abe hat ihn an Mrs. Orville Browning geschrieben; es handelt sich um etwas, das sich in New Salem ereignet hatte.«
Mary griff nach den Blättern, die mit der vertrauten Handschrift beschrieben waren, und während die Zirkusmusik schmetterte und die Akrobaten im Sägemehl ihre Künste zeigten, begann sie zu lesen:

Im Herbst 1836 schlug eine verheiratete Dame aus meinem Bekanntenkreis, die ihren Vater in Kentucky besuchen wollte, vor, sie wolle eine ihrer Schwestern mitbringen, und zwar unter der Bedingung, daß ich das Mädchen heirate. Ich hatte diese Schwester etwa drei Jahre zuvor kennengelernt, hatte den Eindruck gehabt, sie sei intelligent und angenehm, und so hatte ich keinen rechten Einwand dagegen, Hand in Hand mit ihr durch das Leben zu stapfen.
Nach einiger Zeit kam die Dame zurück und mit ihr die Schwester. Ich wußte, daß sie nicht schlank war, doch jetzt schien sie eine passende Partie für Falstaff zu sein. Aus ihrem Mangel an Zähnen und ihrem verwitterten Aussehen konnte ich schließen, daß nichts von all dem schon in der Jugend begonnen und daß sie ihren jetzigen Umfang unmöglich in weniger als vierzig Jahren erreicht haben konnte. Sie gefiel mir ganz und gar nicht. Doch ich hatte ihrer Schwester zugesagt, ich würde sie als Gattin heimführen.
In meinem ganzen Leben war ich in keine Bande verstrickt gewesen, weder wirkliche noch eingebildete, aus deren Versklavung ich mich so sehnlichst zu befreien gewünscht hatte.
Nach all meinem Leiden kam ich auf ganz unerwartete Art aus der Klemme. Ich hatte meinen Entschluß so lange hinausgeschoben, wie ich das in Ehren tun konnte, dann aber raffte ich mich auf und brachte meinen Antrag vor.
Doch, peinlich zu berichten, sie sagte ›Nein‹. Ich mußte aufgeben und merkte, höchst unerwartet, daß ich mich auf hundert verschiedene Arten gedemütigt fühlte. Meine Eitelkeit war tief verwundet, als ich mir sagen mußte, daß ich zu töricht gewesen war, um festzustellen, daß sie, die, wie

ich mir eingeredet hatte, kein anderer Mensch begehren würde, mich mit all meiner vermeintlichen Größe verwarf.
Andere sind von Mädchen genarrt worden, aber ich habe mich sehr nachdrücklich selber zum Narren gehalten. Ich bin zu dem Schluß gelangt, nie wieder an Heirat zu denken; ich könnte mich nie mit einer Frau zufrieden geben, die dumm genug wäre, mich zu nehmen.

Ihr aufrichtiger Freund
A. Lincoln

Mit gesenktem Kopf saß sie da, verstummt vor der Roheit und Grausamkeit des Briefs, einer Roheit, einer Grausamkeit in den Gedanken an sich selbst und an andere, die sie nur schwer mit seiner Überempfindlichkeit in Einklang bringen konnte.
Sie faltete die Blätter zusammen und gab sie Mrs. Francis zurück.
»Ich danke Ihnen dafür, daß Sie mir den Brief gezeigt haben, Eliza... es hilft mir... auf seltsame Art. Jetzt weiß ich um so bestimmter, daß ich nicht an die Wurzel seines Problems vorgedrungen bin.«
»Mary, wollen Sie, daß ich mit ihm rede?« fragte Eliza teilnahmsvoll.
»Vielen Dank – nein. Wie Abraham sagt: ›Jeder muß sein eigenes Stinktier häuten‹.«

Die Gewitterstürme des Juni waren die schlimmsten, die sie je miterlebt hatte. Ein Donnerschlag folgte auf den andern. Verängstigt lief sie in ihr Zimmer und versteckte sich unter der Decke. Elizabeth kam ihr nach, setzte sich auf den Rand des Bettes, nahm Marys Kopf in ihren Schoß.
»Nun, nun, Mary, der Donner wird dir nichts tun. Es ist nur Lärm und Getöse und hat weiter nichts zu bedeuten.«
Heftig peitschte der Regen gegen das Fenster. Mary weinte in Elizabeths Armen.
Elizabeth streichelte ihr besänftigend das Haar, sie wußte, daß es weit mehr als Donner war, worüber ihre Schwester weinte.
Der Sommer schlug sie in die Fesseln einer Hitze, die so drückend war, daß man kaum atmen konnte. Haus und Ort und Prärie waren erstickend.
Ihr Vater schrieb aus Lexington, forderte sie auf, die heißen Monate in Buena Vista zu verbringen; ihr Onkel in Missouri lud sie ein, ›die ganze Ernte neuer heiratsfähiger Junggesellen zu mustern‹, die er für sie bereithielt. Beide Einladungen lehnte sie ab.
Gegen Ende August kam Stephen Logan zu Tisch. Sie unterhielten sich über Abrahams Erfolg vor dem Obersten Gericht im Prozeß eines jungen Negermädchens, das wider das Gesetz als Sklavin verkauft worden war. Lincolns Bemühungen hatten dem Mädchen dauernde Freiheit gesichert, und ganz Springfield beglückwünschte ihn zu dem Schlag, den er gegen

die Sklaverei geführt hatte. Logan berichtete auch, daß Lincoln zu Joshua Speeds Familie auf die Plantage, wenige Meilen von Louisville entfernt, zu Besuch gefahren war.

Der Winter brach früh herein, der finsterste, trostloseste, regnerischste, schlammigste Winter, den Springfield je erlebt hatte. Das Geschäftsviertel wurde zu einem Meer von schwarzem Schlamm, in den man Fässer, Kisten, Planken warf, um doch eine Möglichkeit zum Gehen zu schaffen. An vielen Abenden tobten Schnee und Hagel derart, daß man Veranstaltungen absagen mußte, weil man einfach nicht durchkam.
Mary hatte eine Erkältung nach der andern, ihre Augen waren geschwollen und rot. Den schlimmsten Tag verbrachte sie im Bett. Es hatte auch in ihrer Kindheit Zeiten gegeben, wo sie überempfindlich gewesen war, doch nie während der vier Jahre bei Mentelles und nur gelegentlich während der zwei aufregenden Studienjahre unter der Leitung Dr. Wards. Jetzt hatte sie das Gefühl einer unablässigen Gereiztheit. Sie mußte dauernd dagegen ankämpfen, nicht scharf zu antworten oder schlechte Laune zu verraten. Elizabeth war gütig, doch sie verlor manchmal die Geduld. Warum konnte Mary sich denn nicht die Aufmerksamkeiten von James Shields oder von Lyman Trumbull gefallen lassen, die sich in der letzten Zeit sehr um sie bemühten?
Brüsk wurde sie sich bewußt, daß der Neujahrstag nahte, und in ihr wuchs das Vorgefühl, daß Abraham kommen werde; nicht mit der Fülle der Besucher, die sich schon am Morgen im Haus drängten, sondern genau wie vor zwei Jahren, nachdem alle gegangen waren und das Haus sich geleert hatte. Dann würde es an die Tür pochen, sie würde aufmachen, und er würde vor ihr stehen. Und sie würde sagen: »Mr. Lincoln! Der Letzte, doch nicht der Geringste!« Und er würde erwidern: »Dies ist heute mein erster Besuch, nicht mein letzter.« Sie merkte, daß ihre Erregung wuchs, sie entwarf das neue Kleid, das sie tragen wollte, verzog sich häufig in das sonst beinahe verlassene Nähzimmer.
Dutzende der Freunde des Hauses Edwards erschienen am Neujahrstag, doch Mr. Lincoln war nicht darunter.
Einen hohen Preis hatte sie für die Zeit seliger Vorfreude bezahlt; jetzt versank sie in vollkommene Lethargie, ihre Kopfschmerzen stellten sich in einer neuen Form ein; vor ihren Augen verwoben sich schwarze und weiße Formen. Nur ihr Stolz schien den Qualen zu widerstehen, die sie litt. Er allein gab ihr die Kraft, James Shields anzuhören, der vor den Sangamon-Garden eine Ansprache im Versammlungshaus der Methodisten hielt, oder die neue Eisenbahn nach Jacksonville auszuprobieren.
Dann, anfangs April 1842, erhielt sie einen Brief von Joshua Speed. Nach vielen peinigenden Zweifeln an seiner Eignung zum Ehestand hatte er

schließlich geheiratet und bekannte, er sei viel glücklicher, als er je erwartet hätte. Der wichtigste Teil des Briefes allerdings war eine Stelle, die er aus einem Brief abschrieb, den er jüngst von Lincoln empfangen hatte: ›Ich verletze die Wahrheit nicht, wenn ich dir sage, daß die kurze Spanne Zeit, deren ich bedurfte, um deinen letzten Brief zu lesen, mir mehr Freude bereitet hat als alles zusammen, was mich seit jenem verhängnisvollen 1. Januar 1841 erfreuen konnte. Seit damals habe ich den Eindruck, daß jemand noch immer unglücklich ist, zu dessen Unglück ich beigetragen habe. Und das martert noch immer meine Seele.

Ich kann mir nur einen Vorwurf daraus machen, wenn ich wünsche, glücklich zu sein, während sie es nicht ist. Sie ist letzten Monat in großer Gesellschaft mit der Eisenbahn nach Jacksonville gefahren, und bei ihrer Rückkehr sagte sie, so daß ich davon hören konnte, daß der Ausflug ihr ein außerordentliches Vergnügen bereitet hat. Gott sei bedankt dafür.‹

Nachdem sie diese Zeilen Abrahams gelesen hatte, starrte sie tränenblind auf das Blatt. Nochmals las sie die Worte ›daß jemand noch immer unglücklich ist, zu dessen Unglück ich beigetragen habe. Und das martert noch immer meine Seele.‹ Sie erinnerte sich an den Brief, den er über Mary Owens geschrieben hatte. Das war der Brief eines ungehobelten Kerls gewesen. Dies aber war der Brief eines zutiefst leidenden Mannes, eines, der an diesem Leiden gereift war. Abrahams Charakter hatte sich gesänftigt, gestärkt. Und dazu hatte sie beigetragen.

Doch sie spürte, wie heftig ihr Herz pochte. Kein Mann, der so sprach, vermochte seinen Schmerz über die Trennung noch viel länger zu ertragen. Großer Gott, das war es nicht, was sie geplant hatte; doch sie würde ihn nehmen, wie es eben kam...

Das Frühjahr brachte ein Ende der Kälte, des Schlamms mit sich. Aus den Zeitungen erfuhr sie, daß Mr. Lincoln nicht auf der Kandidatenliste für die Gesetzgebende Versammlung stand. Ob er selber sich geweigert hatte, zu kandidieren, oder ob er einfach vom Whig-Convent nicht mehr ernannt worden war und somit das Los teilte, das Ninian vor zwei Jahren getroffen hatte, vermochte sie nicht festzustellen.

Wieder kam der Sommer, und mit ihm die Hitze, die Langweile.

Dann, anfangs August, erhielt sie eines Morgens eine Botschaft von Eliza Francis, die sie zum Abendessen einlud. Eliza führte sie ins Wohnzimmer, wo die Läden gegen die brennende Sonne geschlossen waren. Es war dunkel. Aber in der Mitte des Raums stand Abraham Lincoln.

Beinahe zwei Jahre war es her, seit sie ihn zum letztenmal gesehen hatte. Seine Augen waren klar, die Züge um Mund und Kinn kräftig betont, er war mager, aber er war gesund und unversehrt.

Sie sagten kein Wort, und doch war es nicht still im Zimmer; halbgeformte Gedanken schossen durch Marys Hirn; hinter seinen leuchtenden Augen vermochte sie den Wirbel ähnlicher Gedanken zu spüren. Lange standen sie still, und dann war sie in seinen Armen, und seine Lippen lagen leidenschaftlich auf ihren Lippen.

»Mir tut's um all den Kummer leid, den ich dir verursacht habe.«

Als sie zu dem Wort ›Kummer‹ den Kopf schütteln wollte, preßte er sie fester an sich.

»Mehr als alles auf der Welt, Molly, sehne ich mich danach, daß wir beide zusammen sind. Ich wollte es schon damals, an jenem Neujahrstag, aber ich hatte nicht die Kraft... du mußt einen Weg finden, mir zu verzeihen.«

»Ich hatte dich gedrängt, Abraham; wir müssen einander verzeihen. Ist es nicht das, was die Liebe bedeutet?«

Sie saßen mit den beiden Francis um den Tisch im Eßzimmer, das Licht der grünbeschirmten Lampe sammelte in sich die Wärme der erneuten Freundschaft. Nach Tisch stand Mary auf; Lincoln folgte ihr in den Vorraum. Sie nahm Häubchen und Shawl.

»Sehe ich dich morgen wieder, Molly? Soll ich zu euch kommen?«

Sie zauderte.

»Nein, Abraham, wir wollen uns lieber hier treffen... vorläufig... es hat so viel Gerede gegeben...«

»Wie du willst, Molly. Um vier Uhr?«

Simeon und Eliza fuhren sie in ihrem Wagen heim. Wortlos eilte sie in ihr Zimmer hinauf, legte sich ins Bett und versank sogleich in tiefen Schlaf.

Kaum erwacht, zog sie sich an und ging aus dem Haus. Mercy Conkling war jung verheiratet, hatte mit ihrem Haushalt zu tun; so vertraute Mary sich denn ihrer Freundin Julia Jayne an, einem hochgewachsenen, dunkelhaarigen Mädchen mit viel Sinn für Humor, auf deren Verschwiegenheit sie bauen durfte.

»Julia, du mußt mir helfen. Elizabeth und Ninian sollen nichts davon erfahren, bevor ich nicht sicherer bin...«

Julia war entzückt von dem Gedanken, daß sie in das Geheimnis eingeweiht wurde.

»Dann komm mich morgen im Verlauf des Nachmittags holen. Wir wollen auf den Platz gehen, Besorgungen machen. Und nachher gehst du mit mir zu Francis. Ich werde eine Anstandsdame brauchen, damit der Ort nicht zwei und zwei zusammenzählt, bevor Abraham und ich nicht selber mit unserer Abrechnung fertig sind.«

Jeden Nachmittag um drei kam Julia sie holen. Sie gingen miteinander auf den Platz und dann auf allerlei Umwegen zu Francis.

Sie merkte, daß Abraham tatsächlich einen Meilenstein auf seinem Weg

erreicht hatte. In allen Dingen war seine Entschlossenheit deutlicher. Und anfangs Oktober kündigte er an:
»Ich muß in ein paar Tagen verreisen, um bei den Sitzungen des Gerichts anwesend zu sein. Das wird beinahe den ganzen Monat dauern. Ich freue mich keineswegs auf diese Trennung. Und wenn ich gegen den 1. November zurück bin, dann werde ich dich bitten, meine Frau zu werden.«
Sie ließ keine Erregung merken.
»Lassen wir das ruhen, bis zu zurück bist.«
»Schön, Mary; denk aber daran, daß du mich zwar noch nicht erhört hast, daß ich aber um deine Hand angehalten habe.«
Sie gab keine Antwort.
Keinem Menschen erzählte sie davon, nur Julia, die sich anbot, ihr beim Beschaffen der Ausstattung behilflich zu sein. Mary schüttelte den Kopf. Auch um ihre Lippen zeichnete sich ein entschlossener Zug ab.
»Nein, Julia, ich will das Schicksal nicht herausfordern. Diesmal spüre ich zwar festen Boden unter den Füßen, aber eine zweite Enttäuschung könnte ich kaum überleben.«
Am 1. November war er zurück. Er hatte eine große Anzahl von Prozessen geführt, und während er im Colesbezirk war, hatte er seinen Eltern vierzig Morgen Land gekauft, mit der Bestimmung, daß dieser Boden nie wieder verkauft werden dürfe. Die ersten Stunden des nächsten Tages hatte er bei seinem Freund, dem schwarzen Barbier, verbracht, sein Haar war säuberlich gestutzt, gewaschen, gekämmt. Er trug einen schimmernd frischen Kragen und eine schwarzseidene Krawatte. Sie trat einen Schritt zurück.
»Wenn du während deiner Reise so schön gewesen bist, mußt du ja eine Menge Eroberungen gemacht haben.«
»Ich bin von Natur aus monogam. Wollen Sie mich heiraten, Miss Todd? Morgen oder übermorgen?«
»Gehe ich auch ganz sicher, wenn ich Ihre Werbung annehme?« fragte sie mit gespielter Strenge, aber mit einem echten Zittern in der Stimme. »Werden Sie sich bestimmt nicht wieder für zwei Jahre verflüchtigen?«
»Sie haben nur den Ort zu bestimmen, und ich werde da sein. In funkelnagelneuem Anzug und mit frischgewichsten Stiefeln.«
Sie sah auf seine staubigen, vertragenen Stiefel hinunter, und dann warf sie den Kopf zurück und lachte laut.
»Jetzt erst darf ich es wirklich glauben. Wenn du dich so weit versteigst, daß du dir die Stiefel wichsen läßt, dann weiß ich, daß du einen unumstößlichen Entschluß gefaßt hast.«
Er verzog sein Gesicht zu einem breiten Grinsen.
»Wie wär's morgen nachmittag bei Reverend Dresser?«
Die Bilder von Elizabeth und Ninian schwebten vor ihrem Geist.

»Ich weiß, daß Springfield der Ort plötzlicher Eheschließungen ist, aber ich muß doch wohl... ein wenig... auseinandersetzen... wie...«
»Schön, Molly; du bestimmst den Kurs, und ich steuere das Boot. Gelandet wird, wo du befiehlst.«
Als sie am nächsten Morgen mit der großen Neuigkeit zu ihrer Schwester kam, fragte Elizabeth sachlich:
»Mary, mußt du noch heute abend verheiratet sein? Ich würde gern eine richtige Hochzeitsfeier veranstalten, eine, die einer Todd würdig ist. So wie ich es für Frances getan habe.«
»Vor etlichen zweiundzwanzig Monaten wäre das wunderbar gewesen, Liz«, flüsterte Mary wehmütig. »Ist es jetzt für solche Dinge nicht schon reichlich spät?«
»Dann mußt du ja noch vor der Zusammenkunft des Nähvereins der Kirche getraut werden!«
»Der Nähverein?! O Liz... nein!«
»Schön, dann verschieb's auf morgen. Ich werde das beste Abendessen vorbereiten.«
Julia Jayne war Ehrendame, Brautjungfern waren Onkel Johns Tochter Lizzie und Ann Rodney. Dr. Todd kam mit seiner Frau, ihre Schwester Frances und Dr. Wallace, Helen und Ben Edwards, Dr. Henry, das Ehepaar Butler, bei dem Lincoln so lange gewohnt hatte, waren da, Mrs. Butler in einem Abendkleid aus gelbem Satin.
Mary zog ein weißes Musselinkleid an, das sie sich zu Beginn des Sommers geschneidert, bisher aber nie angezogen hatte. Sie trug die Perlenkette, ein Geschenk ihres Vaters. Armer Vater, dachte sie, nun gibt es wieder eine Hochzeit, bei der er nicht dabeisein kann!
Abraham erschien sehr früh, begleitet von seinem Freund James Matheny, der sein Zeuge sein sollte, und von Richter Brown vom Obersten Gericht des Staates. Um fünf kam der Geistliche; die Gäste bildeten im Salon einen Kreis, und Reverend Dresser begann feierlich die Zeremonie:
»Meine Lieben, wir stehen hier vor Gottes Angesicht und vor der versammelten Gemeinde, um diesen Mann und diese Frau im heiligen Ehestand zu vereinen, der ein ehrwürdiger Stand ist und in den man darum nicht unberaten und leichtfertig treten soll, sondern ehrfürchtig, ernst, besonnen und in der Furcht Gottes...«
Schon ein wenig früher hatte es zu regnen angefangen. Jetzt peitschte der Regen mit aller Kraft gegen die Scheiben. Mary wußte, daß Regen auf Abraham immer bedrückend wirkte.
»Abraham, willst du diese Frau zum angetrauten Weibe nehmen, um mit ihr nach Gottes Gebot im heiligen Ehestand zu leben?«
»Ich will.«

»Mary, willst du diesen Mann zum angetrauten Gatten nehmen, um mit ihm nach Gottes Gebot im heiligen Ehestand zu leben?«

»Ich will.«

Der Geistliche wandte sich zu Lincoln: »So wiederhole die Worte: ›Mit diesem Ring nehme ich dich zum Weibe, und mit allen meinen weltlichen Gütern begabe ich dich‹.«

Richter Brown, der aufmerksam zugehört hatte, konnte sich nicht enthalten zu rufen:

»Allmächtiger Gott, Lincoln, das alles verlangt die Satzung?!«

Eine Sekunde lang dauerte die Verblüfftheit, dann brachen alle Anwesenden in lautes Gelächter aus, in das auch der Geistliche einstimmte. Und das Gelächter überdröhnte das Prasseln des Regens.

Nun reichte der Geistliche Lincoln einen goldenen Ring. Abraham streifte ihn über den dritten Finger von Marys linker Hand.

»Und somit seid ihr Mann und Frau.«

Es gab ein Abendessen mit zwei prächtigen Hochzeitskuchen. Eine kleine Musikkapelle war bestellt worden, es wurde getanzt, es herrschte Freundschaft und Fröhlichkeit, und Ninians ausgezeichneter Champagner floß in Strömen.

Kurz vor Mitternacht fuhren Abraham und Mary ins ›Globe‹.

Er blieb noch unten, um seinen Namen ins Hotelregister einzutragen, Mary ging in das Zimmer hinauf, das John Stuart mit seiner Frau bewohnt hatte und nach ihnen ihre Schwester Francis mit Dr. Wallace. Eine nagelneue Decke lag auf dem Himmelbett, überall standen Schalen mit Herbstblumen und reichfarbigen Blättern. Sie zog den einfachen goldenen Reif vom Finger, trat unter die Lampe und betrachtete ihn. In die Innenseite eingegraben standen die Worte:

LIEBE IST EWIG

Viertes Buch

Nun ist Abraham an der Reihe

Sie saß in dem heißen Wasser des runden Blechbottichs; draußen vor dem Nordfenster hing der Schnee wie ein Hemd an einer Wäscheleine, das Zimmer war vom Kaminfeuer erhellt und duftete nach Lavendelwasser. Abraham war in das Badezimmer für Männer gegangen, das neben der Küche des Hotels lag.

Sie rieb sich die schlanken Hüften mit der Windsorseife, und dann lehnte sie sich an den Rand des Bottichs und ließ ihre Blicke durch den Raum schweifen, den sie aus einem herkömmlichen Hotelzimmer zu etwas Besonderem, Persönlichem gemacht hatte. An der Südwand standen die Bücherregale, darauf eine Vase mit immergrünen Zweigen und links und rechts Figürchen aus Elfenbein. Die roten Kalikovorhänge hatte sie selber genäht und an die Stelle der senfbraunen samtenen gehängt, den runden Tisch hatte sie gekauft, um ihn vors Feuer zu stellen, und nun hatten sich darauf neben Schalen mit Orangen und Walnüssen ganze Stapel von Zeitungen angesammelt. Auf der Kommode neben dem Himmelbett lagen ihre silbernen Kämme und Bürsten.

Das ›Globe‹ hatte sich als unvermeidlich erwiesen, sie würde ein volles Jahr, vielleicht sogar zwei hier aushalten müssen, und so hatte sie einiges von dem Geld, das sie zur Hochzeit bekommen hatte, dazu verwendet, ein Ölbild und einige Stiche zu kaufen, die nun an den Wänden hingen, ferner einen wollenen Teppich, auf dem Abraham sich abends gern ausstreckte, um ihr Gedichte vorzulesen, und einen zierlichen französischen Schreibtisch, den sie vor das Bücherregal stellte; ihn benützte sie, um die Korrespondenz mit der Familie in Lexington zu erledigen.

Sie stieg aus dem Bad, trocknete sich ab, schlüpfte in die Kleider und zog die Glocke, um den Bottich hinaustragen zu lassen. Kurz darauf hörte sie Abraham durch den Korridor gehen, er erschien auf der Schwelle in dem blauwollenen Schlafrock und den Pantoffeln, die sie ihm zu Weihnachten geschenkt hatte.

Die Ehe tut ihm gut, dachte sie. Er sieht besser aus als je. Er hat Farbe, das Netzwerk unter den Augen ist verschwunden. Die Liebe mochte ewig sein, wie gut aber, daß sie auch den Körper betraf!

Er legte Kamm und Rasierzeug auf seinen Arbeitstisch unter dem Fenster, dann wandte er sich um und öffnete seine Arme. Sie schmiegte sich an seine Brust, während er sie auf die Schulter küßte und ihr zuflüsterte:

»Mmmm! Wie gut du riechst!«
»Du auch. Das ist die spanische Seife, nicht? Ich muß dir noch mehr davon besorgen.« Sie lehnte sich ein wenig zurück, musterte sein Gesicht. »Obgleich ich es selber nicht sagen sollte – ich bekomme dir gut!« Sie ahmte seine hohe, nasale Sprechweise nach: »Wenn wir einander ansehen, werde ich bald im Vorteil sein.«
Er warf den Kopf zurück und lachte.
»Jetzt, da wir beide frischgewaschen und schön sind, wünschte ich, ich hätte daran gedacht, mir für den Empfang heute abend meinen guten Anzug bügeln zu lassen.«
»Schon geschehen!«
»Haben wir uns auch daran erinnert, daß ich ein sauberes weißes Hemd und einen Kragen brauche?«
»Unterste Schublade in der Kommode. Wir dürfen doch kein Heimweh nach der guten alten Zeit im Zimmer über Josh Speeds Geschäft in dir aufkommen lassen.«
Sekundenlang stand er still, wandte den Kopf zur Seite, und seine Augen blickten staunend.
»Molly, warum hatten Speed und ich so eine Sterbensangst vor dem Heiraten? Anderthalb Jahre lang haben wir einander Briefe geschrieben, und jeder mußte sich mit den bösen Ahnungen des andern auseinandersetzen.«
»Und jetzt?«
Die ernste Stimmung war fortgewischt.
»Was immer ich dir auch in der Abgeschlossenheit unseres Boudoirs sagen mag, darf vor Gericht nicht als Beweismaterial verwendet werden. Aber an Sam Marshall, den Anwalt, habe ich einen Brief geschrieben, und darin heißt es: ›Hier gibt es nichts Neues außer meiner Heirat, die für mich eine Sache tiefsten Staunens ist.‹ Erst nachdem ich den dummen Brief auf die Post gegeben hatte, wurde mir bewußt, wie rasch und unwiderruflich ich mich verpflichtet hatte.«
Sie nahm ihn bei der Hand, führte ihn zu dem bequemen Schaukelstuhl vor dem Feuer, dann ließ sie sich vor ihm auf die Knie sinken.
»Du hast dich sogar noch rascher, noch unwiderruflicher verpflichtet, als du weißt.«
»Wie meinst du das, Molly?«
»Liebster... ich erwarte ein Kind.«
Seine grauen Augen wurden rund vor Überraschung.
»Bist du auch ganz sicher? Mein Gott, das ging aber schnell, nicht?«
»Im Augenblick, könnte man sagen. Was hätte ich aber von einem Mann anderes erwarten sollen, der zwei Äxte gleichzeitig mit gestreckten Armen vom Boden heben kann?«

Sie hatte erwartet, Abraham würde oft Kollegen, Staatsbeamte oder Geschäftsleute mitbringen, wie ihr Vater das getan hatte, doch mit Ausnahme des Ehepaars Francis gab es nie einen Gast. Offenbar zog ihr Gatte vor, Freundschaft und Ehe voneinander getrennt zu halten und mit all diesen Leuten in der Vorhalle des Regierungsgebäudes, in der Druckerei des ›Journals‹, auf der Post, in den Drugstores, an der Straßenecke zusammenzukommen und zu schwatzen.
Noch immer war er, wie Edwin Webb das ausgedrückt hatte, ein Mann für Männer.
Auch hielt er es nicht nötig, sich für die zahlreichen Einladungen zu Tisch oder zum Tanz zu revanchieren. Abgesehen von dem einen Essen, das sie hier im ›Globe‹ für ihre Familie veranstaltet hatte, wollte er niemanden bei sich sehen. Schon waren Mr. und Mrs. Abraham Lincoln während der letzten vierzehn Tage zu zwei oder drei eleganten Gesellschaften nicht mehr eingeladen worden.
Sie hatte es immer verschoben, sich mit ihm darüber auseinanderzusetzen; ihm lag ohnehin nichts an großen Gesellschaften. Er würde erwidern, einer der wichtigsten Gründe, weshalb sie im ›Globe‹ wohnten, wo sie nur vier Dollar in der Woche zahlten, sei es ja gerade, daß sie sparen könnten, seine Schulden zahlen und ein wenig Geld zur Seite legen. Doch als sie sehr auffällig zu einer Gesellschaft im ›Globe‹ nicht eingeladen wurden, bei der so ziemlich alle Ärzte, Anwälte und anderen Standespersonen des Ortes erschienen, meinte Mary, nun wäre es an der Zeit, das Thema zur Sprache zu bringen.
Sie wählte einen Abend dazu, als ein Hagelsturm gegen ihr Nordfenster prasselte, das Dunkel draußen undurchdringlicher und ihr helles Kaminfeuer gemütlicher machte.
»Abraham, da du nun einmal beabsichtigst, jeden Dollar dieser Schulden in New Salem abzuzahlen und unser Leben dadurch so sehr eingeengt ist, wie wäre es, wenn ich mein Land in Indiana verkaufen würde? Dann könnten wir unbelastet von neuem anfangen.«
Er sah von seinem Buch auf; der verdutzte Ausdruck auf seinem Gesicht schien zu fragen: Wie kommst du nur darauf?
»Nein, Mary«, sagte er, »ich kann nicht zulassen, daß du dein Land verkaufst, um Schulden zu bezahlen, die einzig und allein meine Schulden sind.«
»Ich kann deinem Gedankengang nicht folgen«, erwiderte sie ernst. »Wenn du dein Einkommen dazu verwendest, alte Schulden zu bezahlen, werden sie dadurch ja auch zu meinen Schulden. Ich verstehe, daß du dich verpflichtet fühlst, zu zahlen, was du schuldest, aber es gibt Verpflichtungen, die ich gelernt habe, ebenfalls als bindend anzusehen, und das sind gesellschaftliche Verpflichtungen.«

Sie sah, wie seine Brauen sich zusammenzogen; er versenkte sich wieder in sein Buch.

Um Mitte März kam ihre Schwester Ann, um die ›Lücke‹ im Hause Edwards zu füllen. In den dreieinhalb Jahren seit Marys Wegzug von Lexington hatte sie sich nur wenig verändert; noch immer war sie mager, flachbrüstig und hatte scharfe Züge. Mary lud sie ins ›Globe‹ ein, um sie Abraham vorzustellen. Wenige Minuten später kam er mit ein paar Männern und blieb plaudernd in der Tür stehen.

»Welcher ist nun Lincoln?«

»Der über die anderen hinausragt... mit dem schwarzen Schopf.«

Ann musterte ihren Schwager und machte gar keinen Versuch, ihre Enttäuschung zu verbergen. »Doch nicht der mit dem dunklen, gefurchten Gesicht? Na, mit dieser unpassenden Wahl hast du ganz gewiß nichts getan, um meine Heiratsaussichten hier in Springfield zu verbessern.«

Mary warf einen sehr vielsagenden Blick auf die Brust ihrer Schwester und erwiderte messerscharf:

»Wenn du ein wenig mehr von der Milch menschlicher Güte in dir hättest, würdest du so grausame Dinge nicht denken, geschweige denn aussprechen.«

Ann benahm sich so ablehnend, daß Abraham es merken mußte.

»Ich bin für deine kleine Schwester wohl eine Enttäuschung, Mary. Da werde ich sagen müssen, was der Staatsanwalt unlängst gesagt hat: Ein häßlicher Mann ist ganz auf seine Verdienste gestellt; die Natur hat nichts für ihn getan, und er spürt, daß er sich anstrengen muß, um diesen Mangel durch Liebenswürdigkeit und gutes Benehmen auszugleichen. Ein schöner Mann dagegen verläßt sich darauf, daß sein Gesicht Kopf, Herz und alles andere ersetzt.«

Ann kaute eine Weile an diesen Worten, hatte die Augen gesenkt, dann aber schaute sie auf, sah das Lachen auf Abrahams Gesicht und erwiderte es mit einem Lächeln. Mary dachte: Ich habe Feuer mit Feuer bekämpft; er löscht Feuer mit Lachen.

Anfang April mußten Abraham und die meisten Anwälte des Orts dem Gericht auf seiner Rundreise durch den Distrikt folgen. Mary vermißte ihn wohl, doch sie war nie einsam. Die Nachmittage verbrachte sie bei Elizabeth oder bei Frances und nähte für das Kind. Ein oder zweimal lud sie Freundinnen zu Tisch und zahlte das Essen mit ihrem Geld, damit es nicht auf die Rechnung kam.

Früh im Mai, als sie sich gerade anzog, um zum sonntäglichen Mittagessen bei Elizabeth zu gehen, hörte sie, vollkommen überrascht, auf dem Korridor vertraute Schritte. Sie riß die Tür auf, und da stand Abraham, müde und staubig, aber mit einem gewaltigen Schwung hob er sie auf, trug sie zum Schaukelstuhl am Feuer, setzte sich, nahm sie auf den Schoß

und verkratzte die zarte Haut ihres Gesichts mit seinen rauhen Bartstoppeln. Als sie endlich zu Atem kam, rief sie: »Wie hast du das fertiggebracht? Hättest du nicht in Livingstone sein sollen?«
»Ich hab's nicht länger ausgehalten. Als das Gericht Freitag seine Sitzung schloß, da habe ich ein Pferd gemietet... ich glaubte, ich würde diese sechzig Meilen nie hinter mich kriegen. Und nun haben wir heute und morgen für uns, bevor ich wieder aufbrechen muß.«
Während er unten im Badezimmer war, legte sie auf dem Sofa die frische Wäsche für ihn zurecht. Er ist der einzige Anwalt, dachte sie, der heimgekommen ist, um das Wochenende bei seiner Frau zu verbringen. Gott möge mir meine Eitelkeit verzeihen, aber ich werde mich im ganzen Ort mit ihm sehen lassen!

Als der Frühling kam, litt sie häufig unter Kopfschmerzen, zum Teil verschuldet durch die dröhnende Glocke auf dem Dach des ›Globe‹, die alle Ankünfte und Abfahrten von Postkutschen und Reisenden anzeigte. Wenn das Läuten sie aus dem Schlaf riß, saß sie zitternd im Bett auf. Hände und Füße waren eiskalt, nachts zitterte sie unter den Decken, schmiegte sich an ihren Mann, um sich zu wärmen. Soviel wie möglich verbarg sie diesen Zustand vor Abraham, doch wenn er mittags heimkam und sie hinter geschlossenen Läden, eine Decke über dem Kopf fand, da mußte sie ihm erklären, wie sehr Licht und Lärm ihr zusetzten.
Im ›Globe‹ war ein neuer Koch angestellt worden. Mary wußte nicht, ob ihr Zustand daran schuld war oder seine Küche, aber sie fand das Essen ungenießbar, vor allem tat er viel zuviel Natron in die Kuchen.
»Es ist nur gut, daß unsere Körper keine dicht verschlossenen Glasflaschen sind«, bemerkte sie gereizt, »sonst wären wir längst vor lauter Gärungen explodiert.«
»Was, Mary Todd von den Todds aus dem Blaugrasland, das ist das erste Mal, daß ich solche Stallknechtscherze aus deinem Mund höre.«
Sie suchte Dr. Wallace auf und klagte ihrem Schwager ihr Leid. Sie verschwieg ihm auch nicht, daß sie von Dingen geplagt wurde, unter denen seine eigene Frau während der Schwangerschaft nicht zu leiden gehabt hatte.
»Sprich als Arzt zu mir, William. Sag mir, was nicht stimmt.«
Dr. Wallace war zwar außerstande, sich selbst zu robuster Gesundheit zu verhelfen, doch gelang es ihm, die meisten Hilfesuchenden von ihren Leiden zu befreien. Obgleich er selber eine Apotheke besaß, suchte er seine Patienten, die er als Arzt behandelte, möglichst nicht mit Medikamenten vollzustopfen.
»Wenn du dir über deine leibliche Gesundheit oder über das Kind Sorgen machst, Mary, so kannst du sie vergessen. Nehmen wir aber einmal an,

daß ein Mann sich das Bein so bös gebrochen hat, wie du unter der Trennung von Abraham leidest. Es würde lange dauern, bis das Bein seine volle Kraft wiedergewinnt, und wenn der Bruch sehr schlimm war, so würde vielleicht ein kleiner Schaden übrigbleiben. Ist's nicht so?«

»Sprich nur weiter, William!«

»Ich versuche dir beizubringen, Mary, daß du während der zwanzig Monate quälenden Wartens ebenso an einer Krankheit gelitten hast, als ob du Diphtheritis gehabt hättest. Deine Versöhnung mit Abraham und eure Heirat haben dieser Krankheit ein Ende gemacht; doch das bedeutet noch nicht, daß deine Nerven sich völlig erholt haben.«

»Und wie lang kann es dauern, bis ich wieder ganz gesund bin... als ob jene Trennung nie gewesen wäre?«

Dr. Wallace stopfte sich seine Pfeife, dann legte er sie hin, ohne sie anzuzünden.

»Das läßt sich schwer sagen, Mary. Du brauchtest eine längere Zeit vollkommener Ruhe.«

Langsam kehrte sie ins ›Globe‹ zurück, ließ die Frühlingssonne ihr Gesicht erwärmen und ihre müden Augen baden. Sie bat den Portier im Hotel, Sarah Beck, die Besitzerin, zu ihr zu schicken. Und kaum hatte Mary es sich in dem Schaukelstuhl bequem gemacht, als diese auch schon an die Tür klopfte und auf der Schwelle erschien. Sarah Beck war eine grobknochige, stämmige Frau mit eisengrauem Haar und tiefen Furchen. Mary setzte ihr auseinander, daß sie bestimmte Dienste verlangen müsse, die zwar nicht üblich waren, die ihr Zustand aber erforderte und die sie gern bezahlen wolle.

»Eine schwangere Frau hat ein Recht auf dergleichen«, erwiderte Mrs. Beck mit tiefer Stimme.

Und so bat Mary, man möge ihr die Mahlzeiten im Zimmer servieren; ferner wolle sie ihre eigene Wäsche benützen und ihr Zimmer selber in Ordnung halten. Sie ging nur einmal im Tag durch die Halle des Hotels, wenn sie ihre Schwester oder Mercy oder Julia besuchen wollte. Zuerst bat sie Abraham, die Mahlzeiten mit ihr im Zimmer zu nehmen, doch bald merkte sie, daß das für ihn Zwang bedeutete. Ihm fehlte die Gemeinschaft mit lachenden, diskutierenden, schwatzenden Männern. Er kam gern mit seinen Freunden aus den anderen Distrikten zusammen, die ihm Nachrichten von politischen Entwicklungen, von Geschäften, von Prozessen brachten. So überließ sie ihn seinen Freunden, mit denen er im Speisesaal am Junggesellentisch saß.

Jetzt wurden sie nirgends mehr eingeladen. Sechs Monate ohne Gegeneinladungen hatten ihr gesellschaftliches Leben auf Besuche bei Marys Schwestern und Cousins oder bei dem Ehepaar Francis eingeschränkt, wo sie jeden Freitag zum Abendessen erwartet wurden.

Sie fand sich damit ab, ihren Tag zu erwarten, und vertraute darauf, daß, sobald das Kind geboren, ihr ›sorgloses Jahr‹ vorüber sein würde und sie Abraham dazu bestimmen könnte, in ein eigenes Haus zu übersiedeln. Und dann erst würde sie dafür sorgen, daß sie den ihnen angemessenen Platz einnehmen sollten.

Der Sommer erschien eines Morgens am östlichen Himmel so plötzlich wie ein Gewittersturm.
Nach wie vor räumte sie ihr Zimmer auf, wechselte die Bettwäsche jeden zweiten Tag, badete zweimal am Tag in lauem Wasser und nahm abends bei einer Nachbarin eine Klavierstunde.
Die Arbeitslast für Logan und Lincoln war dermaßen gewachsen, daß sie in ein größeres Bureau übersiedeln mußten. Vom Ostfenster ihres Hotelzimmers aus konnte Mary hinüberschauen. Die Rundfahrt mit dem Gericht fiel jetzt vollständig Abraham zu, überdies der größte Teil der Bureauarbeit in Springfield, denn Logan saß in der Gesetzgebenden Versammlung. Abraham hatte nichts dagegen, nur die Alltagstätigkeiten wie das Aufsetzen von Kontrakten, Hypothekarverträgen und dergleichen waren ihm zuwider; was ihn aber vor allem ärgerte, war, daß Logan ihm nur ein Drittel der Einnahmen der Kanzlei überließ.
»Als wir vor zwei Jahren anfingen, war das ein gerechtes Übereinkommen, denn die meisten Fälle hatte ja er mitgebracht; heute aber trage ich schon meine volle Last.«
Diese ungleiche Verteilung der Einnahmen war Mary neu.
»Kannst du nicht mit ihm darüber reden?«
»Nein, das sollte er selber merken. Nächstes Jahr bekommt sein Sohn David die Anwaltslizenz, und Logan möchte ihn in die Firma aufnehmen. Dann werden wir alles auf eine neue Grundlage stellen müssen.«
Am nächsten Morgen, nach dem Frühstück, kam ins ›Globe‹ ein Umschlag, der die Adresse A. Lincoln trug. In der linken oberen Ecke stand das Wort ›wichtig‹. Mary ging die wenigen Schritte zum Bureau der Firma Logan und Lincoln. Sie war noch nie oben im Bureau gewesen und war überrascht über die armselige Einrichtung; ein kleiner Schreibtisch beim Fenster, ein Tisch in der Mitte des Raumes, ein halbes Dutzend wenig zusammenpassender Stühle, am Ende des Zimmers ein Sofa. Abraham sah sie auf der Schwelle und sprang von dem langen Tisch auf, wo er vor einem Berg von Papieren arbeitete.
»Ach, Mrs. Lincoln! Eine große Ehre für uns, daß Sie mit Ihren juristischen Problemen zu uns kommen. Doch nicht etwa eine Scheidungsklage gegen Ihren Gatten?«
»Ich habe dir einen Brief gebracht. Es steht darauf ›wichtig‹. Ich meinte, du würdest ihn gleich lesen wollen.«

Von dem einzigen Schreibtisch des Zimmers stand Stephen Logan auf; neben seinem jüngeren Partner wirkte er so klein wie Lincolns Schatten in der mittäglichen Sonne. Eine Fülle roten Haars, das er in die Höhe bürstete, sollte ihn größer machen; es verlor bereits die Farbe, und an den Wurzeln wurde es hellgrau. Abraham zeigte ihm die Papiere, die Mary gebracht hatte, Logan dankte ihr, griff nach seinem Strohhut, entschuldigte sich und ging.

Ganz hinten in der Kanzlei saß ein Mann über ein Gesetzbuch gebeugt, der ihr den Rücken zuwandte. Jetzt drehte er den Kopf, und sie sah, daß es William Herndon war, der junge Mensch, der mit Abraham und Joshua Speed über Speeds Laden gehaust hatte, jener Unglückselige, der Mary mit einer Schlange verglichen hatte. In feindseligem Schweigen musterten sie einander, dann stand Herndon auf, machte etwas, das man als den Anflug einer Verbeugung bezeichnen konnte, und ging an ihr vorbei. Mary raffte die Röcke, um nur ja jede Berührung mit ihm zu vermeiden. Als er verschwunden war, fragte sie:

»Was macht der denn hier?«

»Billy? Ach, der studiert hier die Gesetzbücher.«

»In eurer Kanzlei? Würdest du ihn denn zu dir nehmen?«

»Nun, Billy ist ein netter Kerl.« Sein Widerspruch war sanft, hatte einen väterlichen Klang. »Er hat tagsüber in einem Geschäft gearbeitet, um Frau und Kind zu erhalten, und jetzt studiert er seit drei Jahren Jura. Wenn er mich bitten sollte...«

»Es muß doch viele junge Leute geben, die gern in deiner Kanzlei Jura studieren würden... verdientere...«

»Ich habe es noch weniger verdient, als dein Cousin Stuart mir die Möglichkeit gab, in seine Kanzlei einzutreten. Tatsächlich hat Billy einen ausgezeichneten Kopf. Er liest viel und kann binnen fünf Minuten mehr Worte und Ideen von sich geben als fünf andere zusammen. Manchmal sieht's aus, als wollte er alles in sich hineintrinken, was im ganzen Distrikt gedruckt wird.«

»Nicht zu vergessen, was in Flaschen gefüllt wird.«

»Ja, Billy trinkt manchmal ein wenig zu viel«, erwiderte er duldsam, aber das kommt nur daher, weil er sich bei dem Krämer unglücklich gefühlt hat. Jetzt, wo er bei uns studiert, ist er vollkommen nüchtern; ich wäre gar nicht überrascht, wenn er sich den Washingtonern anschließen würde.«

Mary fügte sich; sie merkte seiner Stimme an, wie ernst es ihm war.

»Ich bitte um Entschuldigung. Wen du in deiner Kanzlei studieren läßt, ist natürlich deine Sache.«

Am 1. August wurde ihr Sohn geboren. Erschöpft von der Geburt, war sie gerade am Einschlafen, als sie Abraham zu der Hebamme sagen hörte:
»Ein komischer Kerl! Sind Sie auch ganz sicher, daß er nicht eins von meinen langen und eins von Marys kurzen Beinen geerbt hat?«
Elizabeth und Frances kümmerten sich abwechselnd um sie, und wenn sie ihre eigenen Kinder nicht im Stich lassen konnten, kam Mrs. Bledsoe, eine Nachbarin, um Mary und dem Kind beim Bad zu helfen. Eliza Francis kam jeden Nachmittag und war stolz auf dieses dreißigste Kind, für das ihr Ehestiften verantwortlich war.
Freunde kamen und brachten Gaben, das Zimmer war voll von Blumen, Bonbons, Obst, Zeitschriften, Kleidchen für das Kind. Aus Paris kam ein Paket mit französischen Büchern, die ihre Stiefmutter Betsy schon vor Monaten bestellt hatte. Als der Kleine drei Tage alt war, fragte Mary:
»Möchtest du, daß dein erster Sohn, nach deinem Vater, Thomas heißt?«
»Nein.«
»Dann wollen wir ihn, nach meinem Vater, Robert nennen.«
»Hör, Mary, ich habe Speed versprochen... mein erster Sohn sollte Joshua heißen... nach ihm...«
»Joshua! Speed soll seine Söhne nennen, nach wem er will! Und jetzt bring mir den kleinen Robert, es ist Zeit zum Abendessen für ihn.«
Sie saß in einem Stuhl zwischen den beiden Fenstern, um ein wenig Luft zu schnappen, als die Glocke über ihrem Kopf erklang, um die Ankunft der Postkutsche von Alton anzuzeigen. Dann hörte sie Schritte auf der Treppe, sie erhob sich... in der Tür stand ihr Vater, das Haar weißer, als sie es in Erinnerung hatte, das gerundete Kinn auf den blendend weißen Kragen gestützt, auf dem Gesicht ein breites Lächeln, und schon lag sie in seinen Armen.
»Warum hast du mir nicht geschrieben, daß du kommst?«
»Ich habe die Zeit statt dessen zum Packen verwendet und den nächsten Wagen nach Frankfurt bestiegen. Kann ich den jungen Mann zu sehen bekommen? Von wem hat er mehr? Von den Todds oder von den Lincolns?«
»Vorläufig dürfte ihm das gleichgültig sein. Wenn er nur seine Mahlzeiten bekommt. Wir haben ihn nach dir genannt.« Sie nahm das Kind aus seiner Wiege. »Nach den vierzehn Kindern, die du aufgezogen hast, wirst du wohl wissen, wie man ein Kind hält.«
Etliche Zeit verstrich, bevor Robert Todd das Kind wieder aus den Armen ließ und sich nach seinen anderen drei Töchtern und nach Lincoln erkundigte.

»Er wird dir hoffentlich gefallen... obgleich ich einen Mann gewählt habe, der dir völlig entgegengesetzt ist. Komisch, nicht?«
»Wenn ich mich an die jungen Männer daheim erinnere, in die du dich nicht verlieben wolltest, muß er schon etwas ganz Besonderes sein.«
»Solltest du unter ›Besonderes‹ etwas ›Einzigartiges‹ verstehen, so stimmt's genau.« Nach der Szene mit Ann klang ihr Lachen nicht ganz ungekünstelt.
Diesen Augenblick wählte Abraham, um, den Mantel über dem Arm, die Stiefel und die zerdrückten Hosen mit Staub bedeckt, das Hemd schweißdurchnäßt, das Haar in wildester Unordnung, ins Zimmer zu stapfen.
»Siehe, der Bräutigam kommt«, flüsterte sie, als die beiden Männer einander halb verblüfft, halb ungläubig anstarrten. »Vater, dieser Handballspieler ist dein neuer Schwiegersohn. Man sollte glauben, er sei gescheit genug, seine Zeit nicht damit zu verbringen, in dieser Hitze einen kleinen Ball gegen die Mauer eines Hauses zu werfen.«
Aus seiner Rocktasche zog Abraham einen Ball und betrachtete ihn wehmütig.
»Ich hätte nichts gegen die Hitze einzuwenden, wenn ich nur gelegentlich eine Partie gewinnen könnte. Jetzt aber habe ich einen Haufen Zehncentstücke verloren; damit hätte ich Robert seine Studien bezahlen können. Anscheinend bin ich nicht zum Sportsmann geschaffen.«
Die beiden Männer lachten und schüttelten einander die Hand.
Am nächsten Abend veranstaltete Dr. John Todd zu Ehren seines Bruders ein Familiendiner. Mary ging bei dieser Gelegenheit zum ersten Mal wieder aus; sie war ganz aufgeregt, daß sie wieder ein enges Kleid anziehen konnte, denn sie wollte sich besonders schön machen, und so wählte sie ein blaues Kleid, dessen Rock sich über mehrere gestärkte Unterröcke bauschte. Ihre Perlen hatte sie ins Haar geflochten. Die Augen glänzten, die Wangen waren gerötet, und als Abraham ihr anbot, sie die Treppe hinunterzutragen, lehnte sie ab und stützte sich nur auf seinen Arm. Sie und ihr Vater waren die Helden des Abends; ihr Vater hatte seinen Bruder und seine Cousins seit etwa fünfzehn Jahren nicht mehr gesehen. Alle waren in bester Stimmung, als Ann plötzlich eine kurze Pause in der Unterhaltung benützte, um zu sagen:
»Ist es nicht wunderbar, daß Mary ein Kind hat? Sonst hätte Vater am Ende Springfield nie zu sehen bekommen.«
Eine tödliche Stille folgte; niemand konnte die Anspielung darauf entgehen, daß Elizabeth und Frances Kinder geboren hatten, ohne daß Robert Todd sich die Mühe genommen hatte, nach Springfield zu kommen. Doch Anns Triumph war nicht von langer Dauer. Robert Todd zog drei Dokumente aus der Tasche und reichte sie seinen drei verheirateten Töchtern. Als Mary ihr Dokument entfaltete, las sie, daß sie nun Besitzerin von

achtzig Morgen Waldland, nur drei Meilen südwestlich von Springfield war.
Am Abend darauf, nach dem Essen im ›Globe‹, hörte Mary schweigend zu, wie ihr Mann und ihr Vater über die kommende Präsidentenwahl sprachen. Dann sah sie zwei rote Flecken auf der Stirn ihres Vaters, als er sich bemühte, für das, was er auf dem Herzen hatte, die passenden Worte zu finden.
»Ich habe euch kein Hochzeitsgeschenk gemacht, wie es Elizabeth und Frances erhalten haben. Abraham, hätten Sie etwas dagegen, wenn ich Mary jeden Monat eine Kleinigkeit schicke... sagen wir zehn Dollar... damit sie sich ein paar der hübschen, törichten Dinge kaufen kann, die den jungen Frauen so viel Vergnügen machen?« Und nun sprach er hastig weiter, um Abraham keine Möglichkeit zu geben, ihn zu unterbrechen. »Ich fürchte, daß ich sie ziemlich verzogen habe... mit Kleidern und Schmuck und Geld... weil sie mich lieb gehabt hat...«
Mary hatte beobachtet, wie sich Abrahams Haut verdunkelte und seine Lippen sich mißgestimmt verzogen. Sie hatte ihrem Vater nichts von Abrahams Schulden oder ihrer sparsamen Lebensweise erzählt, und so fühlte sie sich schuldlos. Das sah Abraham ihr an, und so wich der verdrossene Zug aus seinem Gesicht, und er lächelte den beiden Todds über den Tisch hinweg zu.

Nach der ersten Septemberwoche ritt Abraham mit dem Gericht in die Orte der Umgebung. Er blieb nie länger als wenige Tage auf einmal weg und kam immer wieder zurückgeritten, um ein oder zwei Tage bei ihr und dem Kind zu verbringen. Doch als das Kind zwei Monate alt war, wollte es seine Milch nicht mehr nehmen, verlor an Gewicht und schrie so viel, daß die Gäste im oberen Stockwerk sich beschwerten. Mary rief Dr. Wallace.
»Der Junge hat einfach nicht genug Ruhe, Mary. Deshalb ißt er nicht. Weshalb kann er denn nicht schlafen?«
»Die verwünschte Glocke! Sie dröhnt bis Mitternacht und dann am Morgen um vier wieder... ich glaubte, er würde sich daran gewöhnen... obgleich, Gott weiß, ich mich nicht daran gewöhnt habe.«
»Pack doch ein paar Sachen zusammen und zieh zu uns, bis Abraham zurückkommt!«
»Vielen Dank, William, mein Lieber. Aber ich muß eine richtige Unterkunft finden.«
Und noch am selben Tag machte sie sich auf die Suche; Robert überließ sie der Obhut von Mrs. Bledsoe. Mr. Britton, der Immobilienagent auf dem Platz, konnte ihr zwei Häuser zeigen, das eine ein großes, kostspieliges Haus in rotem Backstein, das andere ein ländliches Haus von drei

Zimmern, die Küche im Schuppen mit einem offenen Herd. Und das, erklärte Mr. Britton kläglich, war alles, was sich in Springfield finden ließ. Sollte Mrs. Lincoln allerdings etwas kaufen wollen...

Ja, wir werden etwas kaufen müssen, erwog sie auf dem Heimweg. Ich werde die achtzig Morgen verkaufen, die Vater mir geschenkt hat. Abraham wird es nicht recht sein... wir werden darüber in Zank geraten wie über das Houghansche Haus... kommt aber nicht die Gesundheit unseres Kindes an erster Stelle?

Ihr Atem stockte. Sie wußte, daß sie keinen Bruch mit ihrem Mann riskieren wollte. Ihrer beider Glück war das Wichtigste in ihrem Leben. Wenn sich Roberts Zustand in den nächsten Tagen nicht besserte, würde sie Williams Einladung doch annehmen und zu Wallaces übersiedeln, solange Abraham unterwegs war. Und sobald er zurückkam, würde auch sie wieder ins Hotel ziehen. Sie waren jetzt beinahe ein Jahr verheiratet, und sie hatte ihre Worte und Handlungen sorgsam kontrolliert, um niemals irgendwelche Angstzustände in ihm zu wecken. Denn Angstzustände konnten zur ›Hypo‹ führen, der einzigen Bedrohung ihres Glücks.

Am nächsten Nachmittag sah sie einen Bauernwagen vor einem kleinen Haus in der Fourth Street, mitten im Block zwischen Adams und Monroe, vorfahren, und eine Familie trug ihre Habe aus dem Haus. Von der Frau erfuhr sie, daß das Haus möbliert an Seth Tinsley verkauft worden war. Mary ging hinein; von der Straße aus gelangte man in das Wohnzimmer, dahinter lagen eine Küche mit einem Kohleofen und auf der anderen Seite zwei Schlafzimmer, das eine mit einem unschönen Himmelbett und einem hölzernen Tisch möbliert, das kleinere dahinter leer und nicht getüncht.

Rasch ging sie in den Laden von Seth Tinsley, der Rosinen und Sirup, aber auch Tapeten und modische Seidenstoffe verkaufte. Tinsley war nicht nur Kaufmann, sondern auch der Bankier des Orts. Ihm setzte Mary jetzt atemlos ihre Wünsche auseinander.

»Ja, Mrs. Lincoln, ich hatte die Absicht zu verkaufen... wenn es aber gar so wichtig für Sie ist...«

»O Mr. Tinsley, es ist sehr wichtig. Ich würde das Haus instand setzen... was würden Sie als Miete verlangen?«

Tinsley machte im Kopf einen raschen Überschlag. »Möbliert fünf Dollar im Monat.«

Die Stunden schlichen; sie war wie in einem Fieber. Doch als Abraham heimkehrte, beherrschte sie sich, bis er sein Bad genossen hatte. Und dann berichtete sie alles in einem Atemzug. Die Sorge um die Gesundheit des Kindes vermengte sich mit dem Lobgesang auf das kleine Haus und auf den Umstand, daß es nicht kostspielig sein würde...

Abraham nahm sie in die Arme und küßte den beredten Mund.

»Das ist geradezu ein Appell an den Gerichtshof, Anwalt Todd. Schön, morgen früh ziehen wir ein.«
»Vielen Dank, Richter«, flüsterte sie.

Sie nähte rote und gelbe, locker gewobene Wollvorhänge und Überwürfe für ihr Schlafzimmer. Im Wohnzimmer hängte sie ihre Bilder auf, stellte ein wohlgefülltes Bücherregal an die Wand, räumte ihren Schreibtisch, Abrahams Arbeitstisch und die Lampen an ihren Platz, und das Haus gehörte ihnen. Das Kind schlief lang, aß gut, nahm zu; seine Augen hatten noch jetzt, nach vier Monaten, nicht ganz richtig sehen gelernt, das linke Auge hatte eine Neigung, einwärts zu blicken, wenn es die Bewegungen der Händchen beobachten wollte. Doch Elizabeth versicherte ihr, das werde sich geben. Obgleich sie keine Erfahrung im Umgang mit dem Kohlenofen besaß, halfen ihr doch die Jahre, in denen sie Elizabeth in der Küche unterstützt hatte, über die ersten Tage mit geschwärzten Töpfen, angebranntem Brot und nicht gar gekochtem Fleisch hinweg. Ausnahmsweise war sie dankbar dafür, daß Abraham, was Essen betraf, nicht heikel war. Am Ende eines Tages, erfüllt von Kochen, Nähen, Putzen, Geschirrwaschen und Kinderpflege, war sie so müde, daß sie damit zufrieden war, eine Stunde vor dem Feuer zu lesen und zu Bett zu gehen. Springfield sah diese Art von Hausbackenheit in einer Unterkunft, die sich kaum von einer Hütte unterschied, als gesellschaftlichen Abstieg an. Man ließ sie so gründlich und so vollständig fallen, als wären sie nach Oregon ausgewandert.
Sie war nicht weiter gekränkt. Sobald sie wieder gesellschaftsreif wäre, würde sie selber die Gesellschaft bedeuten.
Robert kräftigte sich; doch beunruhigte es sie immer mehr, als sie entdeckte, daß er mit sechs Monaten die Blicke nicht auf ein Spielzeug in seiner Hand vereinigen konnte. Eines Nachmittags nahm sie ihn auf, um ihm seine Nahrung zu geben, und da merkte sie, daß sein linkes Auge ganz im Winkel der Augenhöhle saß. Ihr Herz pochte vor Angst, sie legte ihn ins Bett, nahm einen Knäuel aus rotem Garn und folgte den Bewegungen der Augen des Kindes, während sie den Knäuel hin und her schwenkte. Das linke Auge vermochte nur bis zur Mitte der Augenhöhle zu folgen.
Es fröstelte sie. So rasch sie konnte, zog sie das Kind an und ging mit ihm in den Drugstore von Wallace und Diller.
Wallace und Diller hatten auf der einen Seite des Ladens eine Sodawasserfontäne eingerichtet, auf der andern standen Gestelle mit weißen Gefäßen, die Medikamente enthielten. In der Mitte des Ladens gab es einen quadratischen schwarzen Ofen und rundherum ein halbes Dutzend Stühle für die Männer, die, sobald die Kerzen angezündet wurden, hier

zusammenkamen, um zu schwatzen und über Politik zu reden. Abraham war auch immer darunter.

Dr. Wallace sah von seinem Schreibtisch im Hintergrund des Ladens auf. Sie setzte das Kind auf den Tisch.

»William, ich muß die Wahrheit wissen. Irgendwas mit Bobbys Augen stimmt nicht!«

»Ja... einer der Muskeln... ist nicht im Gleichgewicht...«

Ihr Herz verkrampfte sich. »O William;... und wird sich das nie wieder einrenken?«

»Es ist eine jener kleinen Unvollkommenheiten der Natur, Mary. Wir wissen nicht, wie es dazu kommt, aber es ist etwas, womit du dich abfinden mußt.«

»Du meinst, daß Bobbys Auge immer...« sie kämpfte um die Worte, »...immer so sein wird wie bei Abraham, wenn er seine Kopfschmerzen hat...?«

»Nein, nein«, unterbrach er sie. »Der Junge wird sich daran gewöhnen, das Auge zu gebrauchen, und es wird sich kräftigen. Abrahams Augen schielen manchmal aufwärts, wenn der Druck auf ihm lastet, der seine Kopfschmerzen erzeugt.«

Sie sank in einen Stuhl, bedeckte das Gesicht mit den Händen und weinte hemmungslos. William stand neben ihr und sagte beruhigend:

»Mary, das sollst du nicht! Denk daran, daß du jede überflüssige Aufregung vermeiden mußt.«

Pfarrer Dresser, der sie getraut und Robert getauft hatte, lud sie zum Sonntagsessen ein. Es war ein rauher, regnerischer Nachmittag, doch im Arbeitszimmer des Geistlichen, in dem sich die Bücherregale an den Wänden reihten, fühlte man sich sehr behaglich und unterhielt sich über den Deismus Abrahams, den der Geistliche zur Episkopalkirche zu bekehren suchte. Mary ging jeden Sonntag zum Gottesdienst, saß neben der Familie Edwards, und ohne daß ihr Mann davon wußte, hatte sie den vollen Beitrag für ein Jahr bezahlt.

Abraham war von Pfarrer Dressers Haus sehr beeindruckt, machte Mary auf die Solidität der Eichenkonstruktion aufmerksam, zeigte ihr jede Einzelheit des Baus. Und als sie auf dem Heimweg waren und das Kind bei Frances abholen wollten, fragte er begeistert:

»Findest du nicht auch, Molly, daß das ein großartig gebautes Haus ist? Das hält seine hundert Jahre aus!«

Ihr hatte das Haus nicht besonders gefallen, sie fand es eng, die Zimmer klein und dunkel, hatte aber keinen rechten Anlaß, an Abrahams Geschmack Kritik zu üben. Und so erwiderte sie: »Sehr behaglich!«

Wenn sie beobachtete, wie Abraham durch seine eigenen vier einfachen Räume wanderte, merkte sie, daß ein Haus zu haben auch für ihn eine

Freude war, obgleich er sie mahnte, nicht mehr Geld für das Haus auszugeben als nötig. Wenn er mit dem Gericht unterwegs war, bestanden seine gesamten Auslagen in den Kosten für sich und das Pferd. Irgendwelche persönlichen Wünsche kannte er nicht.
Kurz nach Neujahr hörte sie, wie er ins Schlafzimmer trat und sich hinter sie am Toilettentisch stellte. Sie wandte sich um. Auf seinen Zügen war ein Ausdruck, den sie noch nie bemerkt hatte, seine Augen strahlten, seine Lippen öffneten sich zu einem warmen Lächeln. Er schlang die Arme um ihre Schultern, legte seine Wange an ihre Wange. Und sie hob das Gesicht, so daß er sie küssen konnte.
»Ich habe ein Haus für uns gekauft, Molly. Ich habe gemarktet und... gehofft. Und heute ist's soweit, und unsere Namen stehen auf dem Kontrakt.«
»Du hast uns... ja, aber welches Haus... wo...?«
»Pfarrer Dressers Haus. Mir hat's immer gefallen. Erinnerst du dich? Ich habe dich gefragt, ob's dir auch gefällt, und da hast du ›ja‹ gesagt!«
Ihre Gedanken jagten sich. Das Haus des Pfarrers... nein, mir hatte es gar nicht gefallen. Es ist eng, es ist reizlos... was habe ich getan? Eine höfliche Antwort gegeben... und nun dieses Haus...
»Der Bau muß Dresser gute fünfzehnhundert gekostet haben«, fuhr er begeistert fort. »Ich habe siebenhundert bar zu bezahlen, dazu den Bauplatz, der uns gemeinsam mit Logan gehört... er ist auf dreihundert geschätzt...«
Er hob sie aus dem Stuhl, hielt sie in den Armen.
»Seit dem Tag unserer Heirat habe ich für diesen einzigen Zweck gespart – das Haus zu kaufen, das du dir so glühend gewünscht hast. Darum wollte ich auch nicht, daß du Geld für dieses Haus hier ausgeben solltest. Ich habe sogar aufgehört, Handball für zehn Cent die Partie zu spielen...«
Tränen traten ihr in die Augen. Wie ungerecht war sie gewesen, wie wenig großherzig! Und er hatte doch die ganze Zeit nur an sie gedacht. Was hatte doch jene andere Mary gesagt? Er lasse es in jenen kleinen Dingen an Aufmerksamkeit fehlen, aus denen sich die Kette des Glücks einer Frau schmiedet? Dann hatte er jene erste Mary eben nicht geliebt; sie aber liebte er, und solange sie lebte, durfte sie an dieser Liebe nicht zweifeln. Wie sollte sie ihm jetzt sagen, daß ihr Dressers Haus nicht gefiel? Welch ein kläglicher Lohn für seine Hingabe! Nein, sie würde einziehen und darin glücklich sein. Es war ein Anfang.

An einem Sonntagnachmittag gingen sie und Abraham zum Südostende des Orts, auf ihr neues Haus zu. Von der Tür, zu der von der Straße drei Stufen hinaufführten, konnte sie über die offenen Felder hinweg bis zum

Regierungsgebäude hinüber sehen. Ein Dienstmädchen öffnete, als sie klopften, und ließ sie in ein dunkles Vorzimmer eintreten, das kaum mehr als sechs Fuß breit war und von dem aus eine schmale Treppe in das obere Stockwerk führte. Sie wandte sich nach rechts in das Studierzimmer des Pfarrers, das zum Wohnzimmer der Familie werden sollte. Das würde sie behaglich einrichten, mit einem bequemen Sofa, Schaukelstühlen, Büchern, Schreibtischen, dem runden Tisch in die Mitte für Zeitungen und Zeitschriften. Das Zimmer gegenüber, das die gleiche Größe, die gleiche Form hatte, sollte zum offiziellen Empfangsraum, zum Salon werden, mit Teppichen und schweren Vorhängen ausgestattet, an den Wänden ihre Bilder, auf dem schwarzen Kaminsims ein paar Kunstgegenstände, schwarze Sofas, hochlehnige Stühle.

Sie setzte ihre Forschungsreise fort. Hinter dem Salon war ein Schlafzimmer, nicht breit genug für das Neun-Fuß-Bett, das sie Abraham versprochen hatte, doch ausreichend für ein Himmelbett und eine Wiege für Robert. Das Eßzimmer lag hinter dem Vorzimmer, an das Wohnzimmer anstoßend, und hinter dem Haus war eine offene, aber gedeckte Veranda. Von den zwei Räumen im Oberstock, in denen Abraham nur in der Mitte aufrecht stehen konnte, sollte der eine ihr Nähzimmer werden, der andere ein Zimmer, in dem Abraham sich ausruhen konnte.

Anfang Mai zogen Lincolns in das Haus. Als sie es in Besitz nahmen, war es vollkommen bezahlt. Doch bevor sie sich darin heimisch machen konnten, beanspruchte die Politik wieder ihr Recht.

Der Sommer brachte brütende Hitze und die Beschleunigung des Wahlkampfs um die Präsidentschaft. Jeden Abend richtete sie es so ein, daß jemand das Kind hütete, damit sie selber ins Blockhaus auf dem Platz gehen konnte, um Abraham und anderen Whigs zuzuhören, wenn über notwendige Fortschritte im Innern gesprochen wurde, über die Tarif- und die Bankfrage. Oft hatte sie sich gewünscht, ihn zu begleiten, wenn er durch den Staat reiste, und jetzt ging ihr Wunsch in Erfüllung. Sie fuhr mit ihm für eine Woche nach Vandalia, wo ein großes Treffen stattfand.

Abraham stellte Mary stolz einer Reihe von Familien aus dem ganzen Staat vor. Sechstausend Whigs hatten sich zusammengefunden, darunter etwa tausend Frauen. Mary führte sie durch die Stadt, sorgte dafür, daß jeder seinen Anteil an den gebratenen Rindern und Schweinen bekam, lauschte ganzen Tonnen von Reden in Zelten und unter Bäumen auf dem Platz. Sie war in bester Stimmung, fand an jedem Gefallen und hatte auch bei den Frauen viel Erfolg. Die Männer fanden, sie sei in der Politik gut beschlagen, sie mußte von ihren alten Freundschaften mit Henry Clay erzählen. Sie hatte viel Freude an ihrer Stellung als führende Dame in der Gesellschaft der Whigs und beschloß, nach ihrer Heimkehr diese Stellung durch eine Anzahl Abendessen im vertrauten Kreis zu festigen.

Vierzehn Tage später wurde Edward Baker in den Kongreß gewählt, Ninian und ihr Cousin Logan kamen in den Senat des Staates.
Das war alles, was die Whigs erreichten. Bei der Präsidentenwahl im November siegten die Demokraten nicht nur in Illinois, sondern im ganzen Land. Es war ein harter Kampf und ein knapper Sieg, aber Mary war sehr besorgt. Wenn in Washington die Demokraten herrschten, würden da im Sangamon-Distrikt genügend Kräfte bleiben, um Abraham in den Kongreß zu schicken, wenn er in zwei Jahren an die Reihe kam? Sollten sie ihr ganzes Leben damit verbringen, für ihre Sache zu kämpfen, und nie etwas anderes zu kosten bekommen als die bittere Speise der Niederlage?

Nach der Präsidentenwahl hatte Abraham plötzlich keine Freude mehr an der Zusammenarbeit mit Logan. Mary tat ihr möglichstes, um ihm das auszureden, denn die Anwaltsfirma Logan und Lincoln war eine der geachtetsten in Illinois geworden. Gegen Ende des Jahres fand sie eine passende Gelegenheit, um ihn zu fragen:
»Jetzt ist doch gewiß nicht der Augenblick, eine erfolgreiche Gemeinschaft zu lösen, wo wir doch mit einiger Bestimmtheit darauf hoffen dürfen, nach Washington zu gehen. Logan wird dann die Geschäfte weiterführen und dir dein Einkommen sichern müssen, und wenn er dich in Washington ablöst, kannst du die Kanzlei ganz nach deinem Willen führen.«
Er erklärte sich bereit, keinen brüsken Entschluß zu fassen.
Doch die nächste Entwicklung war ein harter Schlag für sie. Sie war zu Elizabeth gegangen, die sichtlich sehr gereizt war.
»Stimmt es, Mary, daß Abraham mit Logan gebrochen und William Herndon als Partner genommen hat?«
»Nein, das ist natürlich nicht wahr. Herndon sitzt lediglich in Abrahams Kanzlei und lernt.«
»Ninian sagt, Herndon habe vorige Woche seine Anwaltslizenz erhalten.«
Mary spürte, wie ein Zittern sie überkam; sie kehrte nach Hause zurück, setzte sich im Wohnzimmer ans Fenster und war zu aufgeregt, um an Abendessen zu denken. Schließlich sah sie Abraham vom Platz her quer über die Felder kommen. Reglos blieb sie sitzen, bis er Hut und Mantel im Vorzimmer aufgehängt hatte und ins Zimmer trat.
»Ist die Sache mit deiner Partnerschaft wahr, Abraham?« fragte sie.
»Dein Cousin Logan will seinen Sohn David in die Firma nehmen. Er meinte, für drei sei nicht genug Arbeit vorhanden. Ich habe einen anderen Partner gebraucht...«
»Und so hast du dir den letzten Mann in Springfield aufgegabelt! In ganz Illinois! Den letzten Mann, der dir irgendwas zu bieten hat!«

»Das stimmt nicht. Billy hat mir sehr viel zu bieten.«

»Was zum Beispiel?« Ihre Stimme erhob sich. Sie versuchte gar nicht, sich zu beherrschen. »Welches Ansehen genießt er? Welche Stellung hat er in der Anwaltschaft? Welchen Platz in der Gesellschaft von Springfield?«

»Billy ist sehr fleißig und wird ein guter Anwalt werden. Er hat sich bereit erklärt, die Bücher zu führen, die Alltagsgeschäfte zu erledigen, mir die tägliche Plackerei abzunehmen...«

»Wenn alle erfahrenen Anwälte im Staat, Männer mit guter Praxis, froh gewesen wären, deine Partner zu werden, warum mußt du darauf beharren, deine eigene Stellung zu schädigen?«

»Meine Stellung, soweit es so etwas gibt, beruht auf mir selber und wird davon bestimmt, wie ich meinen Beruf ausübe; von meinem Partner ist sie unabhängig.« Auch er wurde jetzt schärfer. »Ich bin acht Jahre lang der jüngere Partner gewesen, habe mir Belehrung und Leitung gefallen lassen. Von jetzt an werde ich die Kanzlei leiten, und Billy ist genau der jüngere Partner, den ich mir wünsche.«

Sie wußte, daß sie nicht beharren durfte, daß sein Entschluß feststand, doch sie konnte ihre Entrüstung nicht unterdrücken.

»Es ist geradezu eine Perversität von dir, wenn du dir ihn als Partner wünschst. Vor einem Monat noch war er in eine Schlägerei verwickelt und mußte die Nacht im Gefängnis verbringen. Er gehört in die niedrige Klasse der Gesellschaft von Springfield, unsere beiden Familien können nie miteinander verkehren.«

»Warum, Mary? Ich bin aus erheblich bescheideneren Verhältnissen. Und wenn ich gut genug war, um in die Aristokratie des Blaugraslandes einzuheiraten, warum sollen Billy und seine Frau für uns nicht gut genug sein?«

Auf dieses niederschmetternde Argument konnte sie nur erwidern: »Du glaubst, daß ich versnobt bin. Aber das ist es nicht. Ich finde nur, daß deine Stellung darunter leiden wird...« In ihrer Stimme war jetzt mehr Klage als Vorwurf. »Warum hat du ihn genommen, Abraham, wo du doch die besten Leute haben konntest?«

»Warum hast du mich genommen, Mary, wo du doch die besten Leute haben konntest?«

»Du warst der Beste.«

»Und Billy ist es auch. Gib ihm nur eine Chance.«

So viel Zärtlichkeit war in seiner Stimme, als er ›Billy‹ sagte, daß sie plötzlich erkannte, um wieviel mehr Freundschaft den Entschluß ihres Mannes bestimmt hatte, als Zweckmäßigkeit; darum hatte ihre Logik nicht die geringste Wirkung auf ihn ausgeübt. ›Molly‹ und ›Billy‹ waren die einzigen Kosenamen, die er verwendete; alle anderen Männer in

Springfield redete er mit ihrem Zunamen an, wie auch seine Partner Stuart und Logan. Sie empfand es als tiefe Kränkung, daß sie in Abrahams Gefühlen mit diesem ungehobelten jungen Menschen zusammengekuppelt wurde; doch offenbar war diese Freundschaft für ihren Mann von großer Bedeutung.

In ruhigerem Ton fuhr sie fort: »Du wirst ihm doch wohl nicht ein volles Drittel anbieten?«

»Ich habe ihm bereits die Hälfte angeboten.«

»Die Hälfte? Wofür denn?«

»Wenn ich Billy zu kurz kommen lasse, würde er mir das bald übelnehmen, wie ich selber es meinem Partner verübelt habe. Was ich für mich selber nicht wünsche, kann ich doch keinem anderen Mann zumuten.«

Sie streckte die Arme aus, die Handflächen abwehrend gegen ihn gehoben, als wollte sie ihn nicht sehen; dann ließ sie sie als geballte Fäuste sinken.

»Dein halbes Einkommen... nach all den Jahren von Arbeit und Vorbereitung... und einem Säufer als Partner...«

»Du mußt mir schon erlauben, daß ich mir meinen Partner selber aussuche. Das ist ein Teil meines Lebens, in den du nicht eindringen darfst. Dazu gibt die Heirat dir nicht das Recht.«

»Offenbar nicht«, bemerkte sie scharf. »Ich darf für dich ehrgeizig sein, ich darf dir auf gewissen Gebieten helfen und dich beraten, auf anderen aber bin ich nicht vorhanden. Wie soll ich denn die Grenzen erkennen, bis zu denen ich in dein Leben gehöre?«

»Du bist grausam, Mary.« Seine Stimme verriet, daß er litt. »Du bist in allem meine volle, gleichberechtigte Gefährtin. Ich achte dein Urteil, ich hole jederzeit deine Meinung ein. Aber hier handelt es sich um etwas, das du mir überlassen mußt...«

Sie blieben schweigend sitzen, dann verließ Abraham das Zimmer, nahm Hut und Mantel und ging wieder in den Ort zurück.

Das war ihr erster ernster Streit. Lange Zeit dauerte es, bis sie ihre Selbstbeherrschung wiedergewonnen hatte. Erst dann kam ihr in den Sinn, daß er in seine Kanzlei gegangen war, ohne zu Abend zu essen, und sie schämte sich. Wie sehr man sich auch über seinen Mann ärgern mochte, er mußte doch etwas zu essen bekommen!

Es war der mildeste Winter, seit sie nach Springfield gekommen war; die Tage waren warm wie im April. Als die Gesetzgebende Versammlung ihre Tagung begann, eröffneten Elizabeth und Ninian die Saison mit der größten Gesellschaft, dem größten Ball, den man in der Hauptstadt erlebt hatte. Mary war dankbar dafür, denn es ermöglichte ihr, zahlreiche wichtige freundschaftliche Beziehungen zu erneuern, die sich abgekühlt hatten. Man hob die Brauen, als man erfuhr, daß Lincoln sich Herndon als Partner gewählt hatte, doch in vielen Fällen arbeitete Abraham noch immer mit Logan zusammen, und wenn er mit dem Gericht durch den Distrikt reiste, tat er das nicht für die Anwaltsfirma Lincoln und Herndon, sondern er hatte in jedem Ort einen Partner, gewöhnlich den besten Anwalt, und so nahmen weder seine Stellung noch sein Einkommen Schaden. Abraham fühlte sich als älterer Partner viel wohler, denn Herdon nahm ihm einen großen Teil der Kleinarbeit ab, und so hatte Abraham mehr Zeit zum Lesen und zum Schreiben. Und sie selbst gab wieder Einladungen.

Ihr Haus eignete sich nicht dazu, auf elegante Art zu empfangen, Vorzimmer und Eßzimmer waren klein und dunkel, die Zimmer nicht bequem miteinander verbunden, doch sie wußte das alles mit ihrer angeboren Anmut und ihrer Geschicklichkeit als Hausfrau auszugleichen, begrüßte jeden Gast mit einem warmen Händedruck, einem leichten Kuß auf die Wange, einer teilnehmenden Frage.

Trotz ihrer vielen häuslichen Pflichten, denn nur gelegentlich hatte sie ein irisches Mädchen als Aushilfe, nahm sie doch eine führende Stellung im Nähverein der Kirche ein. An mehreren Nachmittagen der Woche fuhr ein grauer Bauernwagen vor dem Lincolnschen Haus vor, und wenn Mary mit ihrem mächtigen Nähkorb heraustrat, fand sie bereits Mercy Conkling und ein halbes Dutzend anderer Vereinsdamen mitten im Heuhaufen sitzend. Wenn sie eingestiegen war, fuhr der Wagen zum nächsten Haus, holte das nächste Mitglied, bis sämtliche Damen so eng im Heu aneinandergepreßt waren wie Porzellangeschirr.

Donnerstag, den 3. Juli merkte sie es – sie war wieder schwanger! Das Datum hatte sich ihr ins Gedächtnis geprägt, weil sie Abraham in der Nacht die große Neuigkeit mitgeteilt hatte, und dann redeten sie davon, wie sehr sie sich diesmal eine Tochter wünschten, und sprachen so lange, bis sie die Kirchenglocken hörten. Nur wenige Minuten schienen verstrichen zu sein, als Mary durch Kanonenschüsse geweckt wurde. Abraham riß gleichzeitig die Augen auf.

»All dieser Lärm, weil ich wieder ein Kind erwarte? Wie hat die Miliz das nur so schnell in Erfahrung gebracht?«

Abraham lachte verschlafen. »Das ist nur zum Teil dir zu Ehren, Mary; zum anderen Teil, um Springfield zur Feier des 4. Juli zu wecken.«

Mary versuchte, Dr. Wallaces Warnung zu beherzigen und sich möglichst wenig Sorgen zu machen. Aber die Angst, auch ihr zweites Kind könnte scheeläugig geboren werden, ließ sich nicht so leicht verdrängen.

Sehr erfreut war sie, als Abraham seinen Segen dazu gab, daß sie zum

neuen Jahr ein Fest veranstaltete; diese Tätigkeit würde ihre Gedanken erfüllen. Und so sandte sie an alle Freunde die Botschaft, daß sie im Hause Lincoln willkommen sein würden, bestellte bei Konditor Watson zwei Riesenpyramiden aus bräunlichen Makronen mit einem Gewebe von gesponnenem Zucker darüber, für jedes Ende des Buffets eine; in die Mitte setzte sie eine Schüssel mit Organgen, deren Schalen auf kunstvolle Art zerschnitten waren, zu beiden Seiten Silberschüsseln mit Rosinen, Mandeln und weißen Trauben, auch kochte sie aus Kalbsfüßen eine Sulz, und im letzten Augenblick, als Abraham den Blick abgewendet hatte, würzte sie den Eierpunsch mit Whisky aus Kentucky. Der Empfang wurde ein voller Erfolg.
In der zweiten Märzwoche kam dann in ihrem eigenen Haus, in ihrem eigenen Bett, ihr zweiter Sohn, Edward, zur Welt; die Enttäuschung darüber, daß es keine Tochter war, wich, als sie sich überzeugte, daß die Augen des Kleinen vollkommen normal waren. Das Schlafzimmer wurde zur Kinderstube, vor dem Feuer stand das kleine Waschbecken, auch das hölzerne Gestell, an dem seine Kleidungsstücke gewärmt wurden; neben dem Bett, auf hohen Beinen, hatte die Wiege ihren Platz, so daß Mary im Halbschlaf nur den Arm auszustrecken brauchte, um das Kind zu schaukeln, wenn es nachts schreien sollte. Robert aber wurde in den Oberstock übersiedelt.
Am 11. Mai wurde Abraham offiziell für den Kongreß nominiert.

Sie war bereit, auf der Stelle ihre Sachen zu packen und nach Washington zu übersiedeln, doch es würde noch ein Jahr vergehen, bevor Abraham seinen Platz einnehmen konnte. So beschloß sie denn, ein sehr ruhiges Leben zu führen und die lange Zwischenzeit mit den Vorbereitungen für diesen Aufenthalt und für einen Besuch bei ihrer Familie in Lexington auszufüllen. Den größten Teil ihrer Zeit verbrachte sie damit, zu nähen und für eine elegante Garderobe zu sorgen. Als Abraham zauderte, sich einen neuen Anzug und Schuhe zu kaufen, erklärte sie energisch:
»Abraham, du mußt! Ich will nicht wie arme Verwandte daheim anmarschieren!«
Da sie ihre gesellschaftliche Stellung wiedererobert hatte, brauchte sie keine Gäste mehr einzuladen. Sie wollten alle beide sparen: Abraham, um seine Schulden in New Salem zu bezahlen und als freier Mann in Washington anzufangen, sie, um ein schönes Haus zu mieten, Dienstboten nehmen zu können, auf eine entsprechend eindrucksvolle Umgebung für ihren Mann bedacht zu sein. Sie sperrte die Zuckerbüchse und andere kostspielige Lebensmittel ab, denn die irischen Aushilfen, die kamen und gingen, bedienten sich allzu reichlich; und wenn das Feuer über Nacht erlosch, dann ging Abraham am nächsten Morgen mit einer Schaufel zu

einem Nachbarn, Glut zu holen, um nicht die teuren Streichhölzer kaufen zu müssen.
Als Abraham sich eines Morgens anschickte, in seine Kanzlei zu gehen, bat sie ihn um ein wenig Geld. Er sagte, er werde es ihr mit seinem neuen Lehrling schicken. Und kurze Zeit später klopfte es an der Tür; sie öffnete, und ein blonder, blauäugiger junger Mann stand vor ihr.
»Mrs. Lincoln? Ich bin Gibson Harris. Mr. Lincoln hat mich beauftragt, Ihnen diesen Umschlag zu bringen.«
Seine Stimme war angenehm, sein Benehmen liebenswürdig. Sie ließ ihn eintreten. Mit anmutiger Verbeugung folgte er ihrer Einladung, und dann erzählte er ihr, daß er schon seit einigen Wochen bei Lincoln und Herndon seine Rechtsstudien betreibe. Mary fragte, ob er finde, daß Mr. Lincoln ein guter Lehrer sei. Da legte er den Kopf auf die Seite und in seinen Augen glänzte es.
»Wenn ich in den Regeln einer Beweisführung oder in irgendeiner technischen Frage unterwiesen werden will, so gehe ich zu Mr. Herndon. Bei Mr. Lincoln aber lerne ich, auf das Wesentliche zu kommen.«
Abends fragte sie Abraham, ob es nicht angezeigt wäre, Mr. Harris Sonntag zu Tisch zu laden.
»Ja, natürlich! Es wird ganz gut sein, einmal ein neues Publikum zu haben.«
Der junge Harris kam dann häufig am Sonntag zu Tisch; zweimal, als Abraham Geschäfte außerhalb des Ortes hatte und es verlockende Gesellschaften gab, regte er an, daß Mary sich von Harris begleiten lassen solle. Für Mary wurde er zu Abrahams Partner, und er nahm den Platz jenes Mannes ein, dessen Name in ihrem Haus nie erwähnt wurde.

Warm und lieblich stellte sich der Frühling ein, die Bäume blühten früh, auf den Prärien wuchsen die wilden Blumen; für Mary war es eine angenehme Zeit. Dr. Wallace hatte recht gehabt; was sie gebraucht hatte, war ein Leben ohne Druck, die Tätigkeit in einem einfachen Haushalt. Sie übte sich in Selbstzucht, verdrängte kleine Sorgen und Beschwerden. Es waren Monate des friedlichen Glücks. Abraham pflanzte Obstbäume, sie züchtete im Garten hinter dem Haus Blumen. Was sich nicht verdrängen ließ, das versuchte sie mit einem Mindestmaß an Aufregung zu ertragen. Eines Tages tobte ein furchtbares Gewitter, das Rollen des Donners erschütterte die Erde. Solange sie konnte, ging Mary den Geschäften ihres Haushalts nach, dann aber flüchtete sie sich ins Schlafzimmer und zog die Decke über den Kopf. Wenige Minuten später hörte sie die Haustür zuschlagen, und Abraham war neben ihr und umschlang sie mit seinen schützenden Armen.
»Abraham... warum bist du hier... mitten am Vormittag...?«

»Ich wußte, wie sehr das Gewitter dich aufregt, und als ich hörte, daß es immer schlimmer wurde, bin ich heimgelaufen.«

Er war zärtlich zu den Kindern, brachte ihnen Süßigkeiten mit, schleppte sie in ihren Wagen umher, erfand Spiele, um sie zu erheitern. Besonders hing er an Robert, der klug und gesprächig war. Er hatte seine Freude an dem stämmigen Wuchs des Knaben. Marys einzige Klage war, daß er nicht streng genug mit seinen Söhnen war; doch er erklärte:

»Es gibt genug Unglück in der Welt; mögen sie wenigstens eine glückliche Kinderzeit haben!«

Doch um Kinder glücklich zu machen, brauchte es bei Robert mehr als Nachsicht. Der Kleine wurde verdrossen, schweigsam, quälte seinen Bruder. Wenn Mary ihn ermahnte, lief er aus dem Haus, und sie mußte hinter ihm her schreien oder ihn suchen gehen. Wenn er gefunden wurde, bestrafte sie ihn, doch das hatte zur Folge, daß er nur noch häufiger durchbrannte. Dann, eines Nachmittags, kam er vom Spiel mit den älteren Jungen der Nachbarschaft, vergrub sein Gesicht in ihrer Schürze und schluchzte:

»Mama... warum rufen die Jungen... mich Scheelaug...?«

Ihr Herz zog sich zusammen. Sie beugte sich zu ihm, drückte ihn an sich; zu antworten vermochte sie nicht.

»Warum... machen sie sich... über mich lustig... warum müssen meine Augen... so sein, Mama? Kannst... du sie nicht... in Ordnung bringen?«

Roberts geheime Qualen dauerten an, und er fuhr fort, Edward das Leben schwer zu machen, zerbrach ihm seine Spielsachen, schlug ihn so fest, daß dem Kind das Blut aus der Nase floß. Abraham sagte bekümmert:

»Wie kann ein kleiner Junge nur so gemein sein?«

»Er rächt sich an dem Kind, weil Eddie Roberts Bürde nicht mittragen muß.«

Endlich war es soweit, die Reise nach Lexington konnte beginnen. Die Postkutsche fuhr um vier Uhr morgens vom ›Globe‹ ab. Lincolns wanderten durch die Dunkelheit zum Hotel, Abraham trug Robert, Edward schlief an Marys Schulter. Die achtundneunzig Meilen bis Alton nahmen zwei Tage in Anspruch; Mittwoch früh stiegen sie an Bord eines raschen Dampfboots nach St. Louis, doch schon nach sieben Meilen saß das Schiff auf einer Sandbank fest, und alle Passagiere mußten an Land gehen, damit man das Schiff wieder flottmachen konnte. In St. Louis stiegen sie in ein größeres Schiff um, das den Mississippi hinunterfuhr, dann bogen sie in den Ohio ein, um nach Louisville zu gelangen, eine Entfernung von siebenhundert Meilen.

Als sie sich, während der kurzen Bahnfahrt von Frankfurt, Lexington näherten und Mary die braunen Hanffelder, die Wiesen, dann die Hickory- und Ahornwälder wiederzuerkennen begann, da packte sie das Heimweh. Am Bahnhof holte sie, in seinem hellblauen Rock mit den langen Schößen und den silbernen Knöpfen, der alte Nelson ab. Ihr Herz pochte bis zum Hals, und sie konnte die vertrauten Geschäfte in der Main Street kaum sehen.

Sie ging als erste ins Haus, Edward auf dem Arm, und Abraham, der Robert trug, folgte ihr. Die Familie stand bei der Tür, Betsy breitete die Arme aus. In ihrem Haar zeigten sich graue Strähnen, ihr Gesicht war schmaler geworden, doch die Augen hatten ihre Lebhaftigkeit bewahrt. Dann kamen die Kinder an die Reihe, Martha vierzehn, Emilie elf, Elodie sieben, Katherine sechs, David, groß für seine fünfzehn Jahre, drückte sie an sich, daß sie ihre Rippen krachen zu hören glaubte, Samuel war vom Centre College herbeigefahren, ein großer, schöner Junge mit prächtigen weißen Zähnen, schließlich war auch der rothaarige Alexander da, den sie auf der Schulter getragen hatte. Jetzt war er acht Jahre alt.

Dann wartete die schwarze Familie, um ihr die Hand zu schütteln und die Kinder zu bewundern; vor allem Mammy Sally, größer und mehr aus der Form gegangen denn je, doch ein breites Grinsen auf den Zügen, als Mary sie küßte und ihr Edward in die Arme legte, dann Chaney, der Koch, der ausrief: »Miss Mary, Sie werden doch nicht behaupten, daß die irischen Mädchen dort drüben einen richtigen Kuchen backen können?!«

Abraham war unterdessen jedem Familienmitglied vorgestellt worden; er erkannte Emilie nach Marys Beschreibung, zog sie hinter Betsys ausladendem Rock hervor, hinter dem sie sich versteckte, und sagte: »Das ist also die kleine Schwester!«

Die Tür wurde aufgerissen, und Mary fiel in die Arme ihres Vaters. Das erst war die richtige Heimkehr für sie...

Betsy hatte Marys altes Schlafzimmer für die Familie Lincoln hergerichtet. Als sie auspackten, sagte Abraham:

»Mir gefällt dieses Haus sehr; es ist nicht so prunkvoll, nicht so kostspielig, wie ich es mir vorgestellt hatte.«

Mary lächelte vor sich hin. Abraham konnte ja nicht ahnen, wie kostspielig Betsys Einfachheit war!

Später, als er im Bett lag und den Lexingtoner ›Observer‹ las, gesellte sie sich zu ihrem Vater in der Bibliothek. Nach kurzem, gezwungenem Schweigen sagte er:

»Du wunderst dich wohl, wo deine Brüder stecken. Nun, ich habe sie ausdrücklich gebeten, zu kommen, doch du siehst... sie haben mir den Gefallen nicht getan. Levi wohnt in dem Haus, wo du auf die Welt gekommen bist, George in Megowans Hotel; er studiert Medizin und macht gute Fortschritte, will aber mit Betsy und ihren Kindern nichts zu tun haben.«

Erregt trat er an den Kamin; als er sich zu ihr umwandte, merkte sie, daß in seinen Augen Tränen standen. »Mary, du bist das einzige Bindeglied zwischen meinen beiden Familien, das einzige meiner Kinder, das beide Seiten lieb hat. Versprich mir, daß du deine Halbgeschwister lieb behalten und zu ihnen stehen wirst. Ich kann mich auf niemanden verlassen als auf dich.«

»Ich habe die Kinder ja immer lieb gehabt, Vater, und ich sehe in ihnen niemals bloß Halbgeschwister. Dr. Ward hat einmal gesagt, daß ich mich mit Brüchen nie auskennen werde.«

Am nächsten Morgen war die Novembersonne hell und warm. Mary ging mit Abraham über die weißen, von Rosensträuchern gesäumten Kieswege bis zum Bach, wo sie auf der kleinen Brücke stehenblieben und hinunterschauten. Nun mußte er auch noch die Stadt besichtigen, sie zeigte ihm die schönen Herrenhäuser, die Gärten, die gepflasterten Straßen und Trottoirs. Abraham war entzückt von Rasen und Blumen, auch davon, daß es in den Straßen weder Schweine noch Abfall gab. Monsieur Giron war fortgezogen, Dr. Ward war gestorben, doch College und Universität waren unverändert.

Als sie zu der Terrasse der Anlage kamen, hörten sie Stöhnen und Jammern. Abraham blieb wie erstarrt stehen; unter ihnen sahen sie durch einen spitzen Palisadenzaum in einen Hof auf Verschläge, gestopft voll mit Negern beiderlei Geschlechts. Einige standen, andere kauerten auf dem feuchten Backsteinboden. Ein Neger war in einem Winkel des Hofs mit den Gelenken an die Spitze eines Pfostens gefesselt. Jeder Tropfen Blut wich aus Abrahams Gesicht.

»Das ist Pullums Sklavenkerker«, sagte Mary ruhig. »Du siehst ja aus, als wolltest du ohnmächtig werden.«

Betsy gab zu ihren Ehren eine Gesellschaft und lud alle Freunde zu einem kalten Buffet ein. Die Jahre versanken für Mary, als sie die Freunde begrüßte, die Damen in ihren prächtigen Kleidern, von Juwelen glitzernd, die Herren in engen Hosen, hellfarbigen Westen und Röcken.

Ihr Bruder George kam spät, mit rotem Gesicht und leicht angetrunken. Er war klein geblieben, und die Sprachhemmung hatte sich zu einem schweren Stottern entwickelt. Mary versuchte, ihm zu sagen, wie sehr sie sich freute, ihn wiederzusehen, er wollte etwas erwidern, doch da kam gerade eine Gruppe von Gästen auf sie zu. Er entzog sich ihnen brüsk, ging ins Eßzimmer, goß sich ein großes Glas mit Whisky voll, und dann verschwand er. Levi hatte sich schließlich bereit erklärt, zu kommen, und brachte seine Frau Lousia mit, eine Frau mit rundlichem Gesicht, die ihm geholfen hatte, ein zuverlässiger Leiter der Hanffabrik der Familie in Sandersville zu werden.

Es war ein ungemein gelungener Abend. Mary erhielt Einladungen zu einem Dutzend Diners und Bällen. Ihre Freunde fanden anscheinend Gefallen an Abraham.
Abraham ging früh am Morgen mit Marys Vater aus dem Haus, besuchte das Gerichtsgebäude und die Backsteinhäuser in der Jordan's Row, wo die Anwälte von Lexington ihre Kanzleien hatten.
Nachmittags fand sie ihn in dem kleinen Wohnzimmer im Oberstock, wo er vor den Bücherregalen saß und las. Selten hatte sie ihn so glücklich und sorglos gesehen.
Eines Samstagabends gingen sie ins Market House, um Henry Clay sprechen zu hören, denn Abraham hatte seinen Helden noch nie gehört. Clays wohltönende Stimme und seine gewinnende Art begeisterten ihn, und er war vollkommen einig mit Clay.
Am Montag war Gerichtstag. Um Mittag gingen Mary und Abraham nach Cheapside, wo sich Mary der vertraute Anblick des Rasens vor dem Gerichtsgebäude bot, auf dem Pferde, Kühe und Ziegen zusammengedrängt standen, die hier verkauft werden sollten.
Bald darauf begann die öffentliche Versteigerung der Sklaven vor dem Tor des Gerichtsgebäudes. Abraham griff nach Marys Arm. Sie traten näher an die Sklavenhändler heran, die noch immer ihre Schwalbenschwanzröcke und Biberhüte trugen und die Qualitäten »dieses kräftigen, arbeitsfähigen Mannes, dieses dreiundzwanzigjährigen Frauenzimmers, das gut kochen kann« anpriesen.
Abrahams Finger preßten Marys Arm. Er flüsterte: »Komm fort!«
Sie bahnten sich den Weg durch die Menge, als Mary eine rauhe Stimme hörte, die vom Block her brüllte:
»Als nächstes fünf Neger und Negerinnen, Eigentum von Robert S. Todd und William A. Leavy; an den Meistbietenden zu verkaufen, um einem Pfändungsurteil zu genügen. Durchwegs gute Arbeiter, die Weiber schwanger, gesund an Leib und Gliedern...«
Sie hasteten weiter... und da stand Mary ihrem Vater gegenüber, der kreideweiß war.
»Mary, wirst du Abraham erklären, daß ich keine Wahl hatte? Ich hatte William Leavys Bruder einen großen Betrag geliehen, den er nicht zurückgezahlt hat. Diese Sklaven sind sein einziges Aktivum, und so hat das Gericht bestimmt, daß sie hier verkauft werden.«
Sie hängte sich in ihren Vater und in Abraham ein, und so gingen sie, ohne ein Wort zu reden, nach Hause. Sie wandte verstohlen den Kopf, um zu erraten, was ihr Mann von der Verantwortlichkeit ihres Vaters in dieser Angelegenheit denken mochte. Doch als Abraham sprach, geschah es in der Abgeschlossenheit ihres Zimmers, und er erwähnte Robert Todds Namen nicht.

»Wie leichthin habe ich gesagt, daß die Sklaverei dort, wo sie besteht, nicht abgeschafft werden muß, daß die Sklaven Privateigentum sind und daß die Verfassung sich dafür verbürgt, daß kein Mann ohne legales Verfahren seines Besitzes beraubt werden darf! Sind diese Kreaturen Privatbesitz, oder sind sie menschliche Wesen? Was kommt zuerst, das Leben oder das Gesetz? Was kann unsere Verfassung bedeuten, wenn sie diese Versklavung von menschlichen Körpern zuläßt?«
Sie wußte nicht, wie sie ihn trösten sollte.

Spät nachts, die schlafenden Kinder im Arm, kamen sie in Washington an. Nur wenige Minuten dauerte es, bis sie über das rauhe Pflaster der Pennsylvania Avenue zu Brown's Hotel gefahren waren, wo sie, durchfroren und erschöpft von einer Reisewoche, die Kinder in die Mitte des großen Betts legten und selber, nur halb ausgekleidet, sofort einschliefen.
Am Morgen frühstückten sie spät und gingen dann aus, um die Stadt zu besichtigen. Die verschlammten Straßen waren voll von Kehricht, von Schweinen, Gänsen und Hühnern, die im Abfall wühlten und scharrten. Offene Felder schoben sich zwischen die Wohnhäuser. Sie gingen über das Gelände des Weißen Hauses und des Capitols am Ende der Pennsylvania Avenue; gleich daneben war das State Department in einem zweistökkigen Haus untergebracht, Kriegs- und Marineministerium hatten gleichfalls zwei kleine Häuser bezogen, und das Gebäude des Schatzamtes war noch im Bau.
Auf der Pennsylvania Avenue kam ihnen eine Gruppe aneinandergeketteter Sklaven entgegen, die ein Kirchenlied sangen. Kurz bevor sie die Stelle erreicht hatten, wo Lincolns standen, wurden sie von ihren Wächtern in ein scheunenartiges Gebäude getrieben, den sogenannten Georgia-Pferch, und ein schweres hölzernes Tor schloß sich hinter ihnen. Kaum hörbar war Abrahams Stimme, als er sagte: »Wie entsetzlich, daß das in der Hauptstadt eines freien Landes geschehen kann!«
Um Mittag luden sie ihr Gepäck in einen Mietwagen und fuhren zu Mrs. Spriggs Pension, die auf einem Hügel stand und einen Blick über den Park des Capitols bot. Mary stellte entzückt fest, daß die First Street breit, von Bäumen gesäumt war und einen wohlabgegrenzten, mit Asche bestreuten Gehsteig hatte. Das Eckhaus bewohnte Duff Green, einer der bestbekannten Zeitungsherausgeber des Landes, dann kamen zwei Privathäuser, dann zwei Pensionen und schließlich das Haus Mrs. Spriggs.
Sie klopften leise an die Tür, die sofort von einem Neger, Mitte der Vierzig, mit angegrautem Haar und freundlichen Augen, eine Glocke in der Hand, geöffnet wurde. Er stellte sich als Willis vor – der Butler.
»Abendessen is' aufgetragen. Mr. und Mrs. Linkern.«

Der Speisesaal lag hinter dem großen Salon, ein langer, schmaler Raum mit einem langen, schmalen Tisch. Als Lincolns eintraten, waren alle anderen Gäste schon versammelt und erhoben sich, um vorgestellt zu werden.

Vierundzwanzig Gäste waren bei Tisch, Robert und Edward die einzigen Kinder darunter.

Montag begleitete sie Abraham ins Capitol; sie stieg die Treppe zur Galerie des Publikums hinauf und beobachtete von dort aus, wie die neuen Mitglieder die Lose zogen, die über ihre Plätze entschieden. Abraham fiel ungefähr der schlechteste Platz zu, in der hintersten Reihe. Willis hatte ihm den Anzug gebügelt, die schwarzen Stiefel gewichst, sie selber hatte für die wichtige Gelegenheit ein neues weißes Hemd, einen frischen Kragen und eine seidene Krawatte zurechtgelegt. Sie fand, er sähe recht gut aus, als er aus den übrigen Mitgliedern des Hauses herausragte; sein Haar war gewaschen und aus der Stirn zurückgekämmt, er war frisch rasiert, und seine Augen glänzten. Pünktlich um zwölf forderte der Präsident des Hauses die neuen Mitglieder auf, sich zu erheben, und Mary lächelte glücklich, als Abraham seinen Eid leistete.

Sie paßte sich dem Alltag der Pension an, denn sie wußte, daß sie es hier einige Wochen aushalten mußte, bevor sie sich mit Washington vertraut gemacht und das richtige Haus in der richtigen Umgebung gefunden haben würde. Da das Wetter günstig war, führte sie die Kinder in den Park und las, während sich die Jungen damit unterhielten, Schiffchen im Bassin des Springbrunnens schwimmen zu lassen.

Mary sagte Abraham nichts von ihrem Plan, ein Haus zu finden, doch das Bedürfnis nach einem Haus würde von selbst immer dringlicher werden; wenn sie eingeladen würden, wäre es doch unumgänglich, daß auch sie Leute einluden; es gab wichtige Männer, angesehene Familien, zu denen Abraham in nähere Beziehung zu kommen wünschen mochte.

Der Schnee fiel, schwere Regenstürme verwandelten die Stadt in einen Sumpf, der Schlamm lag kniehoch. Es war unmöglich, mit den Kindern in den Park zu gehen. Mary beschloß jetzt ernstlich, die gesellschaftliche Struktur Washingtons zu erkunden.

Der Neujahrstag war der Höhepunkt aller gesellschaftlichen Veranstaltungen in Washington. Der Präsident, der Vizepräsident, der Staatssekretär und alle angesehenen Familien hielten an diesem Tag offenes Haus. So zog Mary denn ein weißes Seidenkleid an, in das blaue Brokatblumen eingewoben waren. Sie mieteten einen Wagen, der sie zum Weißen Haus bringen sollte. Das Gelände war dem Publikum zugänglich, und Hunderte wanderten draußen über den Rasen. Die lange Wagenreihe mit den farbigen Livreen der Kutscher und den Wimpeln der fremden Botschafter bewies, daß der Empfang schon in vollem Gang war.

Mary und Abraham traten in einen Saal, in dem es von Kerzen und Spiegeln glitzerte. An dem einen Ende des Raums hatte sich eine Gruppe schöner, nach letzter Mode gekleideter Damen gesammelt, Brillanten in der Frisur und am Busen, am anderen Ende standen fünfzig bis sechzig Herren, ohne den Mund aufzumachen. In der Mitte des Saals sah man Präsident Polk, zu seiner Rechten Marcy, den Kriegsminister, hinter ihm saß Mrs. Polk in einem mächtigen Fauteuil. Mary und Abraham nahmen ihre Plätze am Ende einer langen Reihe ein, und etwa fünfzehn Minuten später, Zoll um Zoll erobernd, wurde Mary von Sarah Polk begrüßt, einer ungemein frommen Dame, die Tanz, Kartenspiel und andere Vergnügungen im Weißen Haus verbot.
Eine Sekunde später stand sie vor dem Präsidenten, einem kleinen Mann mit mächtiger Stirn und einem festen Mund. Er freue sich, sie zu begrüßen, sagte er, doch sie machte lediglich einen Knicks, um Abraham den Platz zu räumen. Er aber war noch schweigsamer als sie. Dann schob ein Saaldiener sie weiter und sagte: »Die Damen und Herren, die bereits vorgestellt wurden, mögen sich in den östlichen Saal begeben.«
Bevor sie wußten, wie ihnen geschah, waren sie bereits durch den östlichen Saal hindurchgeschleust worden, in dessen Vorraum eine Marinekapelle spielte, und standen auf der Straße.
Sie hatte darauf gezählt, daß alte Freunde ihr bei ihrem Eintritt in die Gesellschaft behilflich sein würden, doch nichts dergleichen geschah. Stephen Douglas, derzeit Senator, kam zum Abendessen in Mrs. Spriggs Pension, erwiderte die Einladung aber keineswegs. Mary war wütend über Abraham, als sie erfuhr, daß er die Gelegenheit benützt hatte, um eine Schuld Douglas' an einen von Abrahams Klienten einzuziehen. Als Henry Clay auftauchte, um als Anwalt vor dem Obersten Gerichtshof der Vereinigten Staaten zu plädieren, schickte sie ihm eine Botschaft in sein Hotel. Er lud sie noch am selben Abend zu Tisch, sprach von seinen eigenen Angelegenheiten und sagte schließlich, wie sehr er sich gefreut habe, sie zu sehen. Und das war das letzte Wort, das sie aus Henry Clays Mund zu hören bekam.
Senator Crittenden, einen alten Freund der Familie Todd, sparte sie sich für eine andere Gelegenheit auf. Sarah Benton wurde am Abend des 16. Januar getraut, und Senator Crittenden war zur Hochzeit eingeladen. Da die Familie Thomas Hart Benton an der Spitze der Washingtoner Gesellschaft stand, meinte Mary, wenn sie auch eingeladen würde, hätte sie ihre Stellung gesichert. Konnte Senator Crittenden ihr eine Einladung zu dieser Hochzeit verschaffen? Nein, das konnte er nicht. Und sie erkannte, daß es ein *faux pas* gewesen war, ihn darum zu bitten.
Von solchen Enttäuschungen erzählte sie Abraham nichts. Er war gern bei Mrs. Sprigg, ging gern Tag für Tag mit seinen Kollegen vom Kongreß

ins Capitol, saß nach den Mahlzeiten eine Stunde mit ihnen zu einem ausgiebigen Schwatz beisammen. Mehrmals in der Woche besuchte er auch mit den anderen Männern Casparis Kegelbahn, wo er nur selten gewann, die Gesellschaft aber mit seiner Ungeschicklichkeit und seinen Anekdoten erheiterte.

Ihre Vorstellung, daß sich das Bedürfnis nach einem Haus aus den Erfordernissen ihres gesellschaftlichen Lebens ergeben werde, hatte sich als falsch erwiesen, und so ging sie in den Wohnvierteln auf die Suche, wo die ständigen Regierungsbeamten lebten, und entdeckte ein rotes Backsteinhaus mit weißen Steinstufen und schmalen weißen Steinrahmen um die Fenster der beiden Stockwerke. Die Miete war hoch, dreihundert Dollar bis zum Ende der Session, also bis zum März des folgenden Jahres, doch die Einrichtung war recht freundlich, und sie konnte es rasch für Soupers, Tees und Tanzabende umgestalten.

Sie wartete am nächsten Samstag bis nach dem Abendessen, dann führte sie Abraham zu dem kleinen Backsteinhaus und sagte leichthin: »Sieh mal das reizende Häuschen!« Nachdem sie ihn herumgeführt, ihm die beiden Salons gezeigt hatte, die sich zu einem großen Raum vereinigen ließen, das stattliche Eßzimmer und oben die drei Schlafzimmer, blieb er plötzlich mitten auf der Treppe stehen und sagte:

»Was hast du eigentlich im Sinn, Mary? Warum hast du mich hierhergeschleppt?«

Sie holte tief Atem und platzte heraus.

»Wir sind jetzt mehr als zwei Monate in der Pension. Wir werden noch weitere fünfzehn Monate hier bleiben. Da sollten wir doch als Familie in unserem eigenen Heim leben.«

Er war wie aus den Wolken gefallen.

»Ich wußte nicht, daß du dich bei Mrs. Sprigg nicht wohl fühlst. Du hast doch gesagt, daß das Essen gut ist.«

»Kein Wort gegen Mrs. Sprigg, Abraham. Aber du weißt, daß ich nicht für das Leben in einer Pension geschaffen bin.«

»Warum bist du dann nach Washington gekommen? Unser Plan war doch, bei Mrs. Sprigg zu bleiben.«

Seine Stimme klang ein wenig rauh. Sie wußte, daß sie den Vorwurf verdient hatte.

»Ich kam, weil ich bei dir sein wollte, Abraham«, sagte sie sanft. »Und weil du die Kinder gern um dich haben willst. Ich bin auch gekommen...«

»Aber das Leben bei Mrs. Sprigg ist doch so einfach, so angenehm«, unterbrach er sie. »Es ist nicht teuer, und wir sind sehr gut aufgehoben. Warum mußt du alles umstürzen?«

»Weil wir nicht nach Washington gekommen sind, um es bequem zu haben. Wir sind gekommen, um Erfolg zu haben; du als Abgeordneter und ich als Gastgeberin.«

»Ach, darum geht's – die Gesellschaft!«

Sie überhörte das.

»Ich habe gute Dienstleute gefunden; Willis hat mir dabei geholfen. Ich bräuchte nicht länger als eine Woche, um dieses Haus für unsere Bedürfnisse instand zu setzen.« Bittend streckte sie die Hände aus. »Erkennst du denn nicht, Lieber, daß ich dir einen Rahmen schaffen will? Ich möchte die besten Familien von Washington einladen, die wichtigsten unter den hohen Beamten, nicht nur Mitglieder von Repräsentantenhaus und Senat, sondern Kabinettsmitglieder, ausländische Diplomaten...«

»Hoh, hoh, Mary, die Pferde sind durchgegangen und haben den Wagen stehen lassen. Kein Mensch hat sich in den Monaten, seit wir hier sind, um unsere gesellschaftliche Stellung gekümmert, und vermutlich hast du doch insgeheim allerlei Anstrengungen unternommen. Warum sollte man sich plötzlich um uns kümmern, wenn wir ein Haus mieten?«

Sie reckte sich zu ihrer vollen Größe auf. »Die Leute werden zu uns kommen; das verspreche ich dir.«

»Nein, Mary, sie werden nicht kommen. Ich will nicht aufdringlich sein und keine Leute einladen, die sich nichts aus uns machen. Wie ich höre, herrscht hier in Washington die vornehme Gesellschaft aus dem Süden. Es soll eine versnobte Bande von Weibern sein; sie werden uns nie bei sich aufnehmen.«

»Ich gehöre ebensogut zu der vornehmen Gesellschaft wie irgendeine Frau in dieser Stadt.«

»Zugestanden, Molly, die Lincolns aber nicht.«

Jetzt lachte er sie aus. Doch das brachte sie in Harnisch.

»Abraham, wir müssen aus dir etwas anderes machen als einen Anekdotenerzähler im Postamt des Repräsentantenhauses! Im November ist die Präsidentenwahl, und Polk ist kein beliebter Präsident gewesen. Wenn wir das nächste Mal siegen, so wäre es für dich von Vorteil, unter den ständigen Senatoren und Abgeordneten hier in Washington bekannt zu sein. Du willst es doch im Rat der Partei zu etwas bringen!«

»Ich sehe nicht ein, daß mir das gelingen wird, weil ich Leute zu Tisch in unser Haus einlade...«

Er ging die Treppe hinunter.

»Mir gefällt's bei Mrs. Sprigg. Die Gesellschaft paßt mir, es geht lustig und kameradschaftlich zu.«

»Nun, und mir gefällt's nicht.« Sie blieb stehen, ihre Hände umklammerten das Geländer. »Mir schmeckt die Suppe nicht, wenn mein linker Nachbar aus voller Kehle flucht, Fisch und Geflügel werden auch nicht schmackhafter dadurch, daß mein rechter Nachbar abwechselnd die Symptome seiner Verstopfung und seines Durchfalls schildert, und das Dessert gewinnt nichts an Reiz, wenn mein haariges Gegenüber sich den Schnupftabak in die Nase stopft.«

»Mein Gott, Mary, wir müssen die Menschen nehmen, wie sie sind.«

»Nein, das müssen wir nicht«, bat sie. »Es ist doch so ein reizendes Haus!«

»Dein Cousin Stuart und seine Frau haben auch bei Mrs. Sprigg gewohnt. Warum kannst du dich nicht damit befreunden, Mary?«

»Da du mich geheiratet hast und keine andere Frau, habe ich doch ein Recht zu der Vermutung, daß genau die Dinge, die mich von anderen Frauen unterscheiden, ein Grund für deine Wahl waren.«

Er streckte die Hand aus, als wollte er ihr über die Treppe hinunterhelfen.

»Ja, du bist was Besonderes, und ich liebe dich um all deiner Besonderheiten willen, selbst für die, mit denen ich mich auseinandersetzen muß. Für ein Haus wie dieses hier bin ich aber nicht zu haben. Ich würde mich hier ebenso unbehaglich fühlen, wie wenn ich irgendwo wäre, wo ich nicht hingehöre. Vielleicht, wenn wir das nächste Mal in den Kongreß gewählt werden... wenn wir bekannter sind... ich bin keineswegs der größte gesellschaftliche Trumpf auf der Welt... Stell dir vor, wie uns zumute wäre, wenn du einen großen Empfang vorbereitetest, und kein Mensch käme. Das würde dich doch sehr tief kränken, Molly. Wenn wir ruhig und einfach unsere Pflicht tun und dann, nach einer Session, heimfahren, werden wir nichts zu bereuen haben, werden auf keine Peinlichkeit, keine Niederlage zurückschauen müssen.«

Er legte die Hand auf den Knauf, öffnete die Tür und wartete auf sie. Noch immer klammerte sie sich hartnäckig an das Geländer.

»Du darfst nicht glauben, daß ich undankbar für das bin, was du für uns tun willst. Ich bewundere dich, und ich bin dir dankbar; aber, Molly, Liebste, ich mag es nicht... jetzt nicht... Muß es sein?«

Sein Hinweis darauf, daß er sich vielleicht nicht sperren würde, wenn sie ihn zwang, hatte sie vollkommen hilflos gemacht. Sie kam die Treppe herunter, hob seine große, knochige Hand, legte die Wange darauf, wischte die Tränen ab, die sie bisher zurückgehalten hatte.

»Nein, Lieber, es muß nicht sein.«

Abermals fiel der Regen und machte die Straße unbegehbar. Ein kalter Wind wehte vom Potomac und von den Sümpfen herüber. Wenn die Jungen unruhig wurden, zog sie ihnen dicke Mäntel und Halstücher an und führte sie an die Straßenecke, wo sie den Steinklopfern bei der Arbeit zusehen konnten. Es war unmöglich, sich zu setzen oder stehenzubleiben, dazu war die Kälte zu durchdringend.

Lincolns wurden nirgends eingeladen. Mary gab sich keine Mühe mehr, Beziehungen anzuknüpfen oder Leute einzuladen. Sie blieb ruhig in ihrem Zimmer, las oder schrieb Briefe und brachte es nicht über sich, den Damen der Washingtoner Gesellschaft einen Vorwurf zu machen, für die Lincolns vollkommen Fremde waren; auch sie würde sich ja gegen die Zudringlichkeit von Parvenus zur Wehr setzen. Dennoch war sie unglücklich, weil ihre Anwesenheit in Washington zwecklos war. Es war gar nicht auszudenken, was es hieß, ein ganzes Jahr in einem einzigen kleinen Zimmer zu verbringen, beständig die Kinder um sich, die bei schlechtem Wetter nirgends spielen konnten und im Zimmer nicht ruhig blieben. Es war ein Fehler gewesen, das Haus zu vermieten ... es war ein Fehler gewesen, hierher zu kommen. Eine Pension war nicht das Rechte für die Kinder, und ganz gewiß war es nicht das Rechte für sie selber.

Sie verbarg ihre Gefühle, so gut sie konnte vor Abraham, denn er hatte seine eigenen Sorgen.

Er war bestrebt, die Whigs zur Nominierung General Zachary Taylors als Präsidentschaftskandidaten zu bestimmen, denn der dreimal besiegte Henry Clay konnte nun einmal nicht siegen. Das entfremdete ihm die Anhänger Clays in Washington und machte ihn daheim unbeliebt.

Mary erkannte, daß sie in ihrem reizenden Haus nur jene Kongreßmänner unter den Whigs gesehen hätte, die als Gegenleistung nichts anderes zu bieten vermocht hätten als Einladungen in ihre Pensionen.

Sie wurde völlig apathisch. Als der frühere Präsident John Quincy Adams starb und Abraham ihr einen Platz auf der offiziellen Estrade verschaffen wollte, lehnte sie ab. Ein eiserner Reif umschloß ihren Kopf, das helle Sonnenlicht blendete ihre Augen.

Abraham erledigte seine Korrespondenz und schrieb in dem kleinen gemeinsamen Zimmer seine Reden nieder. Häufig waren die Kinder geräuschvoll, oder Robert quälte Edward, weil der Kleinere so oft auf Mutters Schoß saß und die Arme um ihren Hals geschlungen hatte. In die Aufenthaltsräume unten konnte sie die Kinder nicht bringen, weil dort andere Gäste lasen oder sich unterhielten, und sie selber hatte nicht die Geduld, sich mit den Kindern zu beschäftigen. Oft brachte Abraham ihr etwas mit, Bonbons oder einen neuen französischen Roman. Gerade diese sehr förmlichen Aufmerksamkeiten überzeugten sie davon, daß auch er es vorgezogen hätte, wenn sie daheim geblieben wäre wie die meisten Familien von Kongreßabgeordneten. Dann hätte er den Kopf für seine Tätigkeit frei gehabt und seine Zeit mit den anderen Männern verbracht.

Das sagte er aber nie. Und doch wußte sie, daß die Reise ein Irrtum gewesen war. Sie hatte die Lage falsch beurteilt. Nichts von dem, was sie geplant hatte, war geschehen, und wenn sie zusah, wie Abraham die Entwürfe zu seinen Reden, einen nach dem anderen, zerriß oder an Herndon und andere Korrespondenten gereizt über die politische Lage schrieb, wurde es ihr klar, daß auch er keineswegs glücklich war. Wie sollte sie nur die Monate durchhalten, bis der Kongreß sich vertagte und sie die geplante Ferienreise nach dem Osten antreten konnten – nach New York, New England, zu den Niagarafällen und den großen Seen? Wenn die Stimmung gegen Abraham bei der eigenen Partei daheim wuchs, würde diese Ferienreise, die gleichzeitig ein Wahlfeldzug werden sollte, wahrscheinlich nie zustande kommen. Sie würden einfach heimfahren und im ›Globe‹ absteigen oder bis zum November ein Haus mieten müssen. Dann erst konnten sie wieder das eigene Heim beziehen.

Gegen Ende März erhielt sie einen Brief von Betsy, die sie drängte, den Kindern doch die Ungebundenheit im Toddschen Garten zu gönnen.

Abraham fragte behutsam:

»Wäre es dir recht, deine Familie zu besuchen, Molly?«

»Willst du, daß ich gehe?«

»Mir ist's immer lieber, wenn du bei mir bist, aber du fühlst dich anscheinend so unglücklich hier... die Kopfschmerzen...«

»Ich kann hier kein Tätigkeitsfeld für mich finden, Abraham. Nicht einmal bei dem, was du schreibst, kann ich dir helfen...«

»Du hast so viel Energie, so viel Triebkraft in dir... und ich habe dir das einzige Feld versagt, auf dem du etwas leisten konntest – das Backsteinhaus.«

Es war großherzig, daß er die Schuld auf sich lud. Sie hob die Arme und nahm sein Gesicht zwischen ihre Hände.

»Es ist sicher das Beste. Den Kindern wird es gefallen. Ich fahre so bald wie möglich.«

Schon am nächsten Morgen brachte er sie zum Bahnhof. Als er das Gepäck auf den Bahnsteig stellte, dachte sie: Wir haben versagt, und ich weiß nicht, wo und wie.

Das Herz tat ihr weh, und sie spürte, daß es Abraham nicht anders ging. Er hielt in jedem Arm einen der beiden Jungen.

»Du brauchst nicht länger zu bleiben, als du Lust hast, Molly. Ruh dich ein paar Wochen aus und komm dann wieder. Vielleicht kannst du jemanden finden, der sich um die Kinder kümmert, und allein zurückkommen. Dann hättest du hier mehr freie Zeit...«

»Freie Zeit... um was zu tun, Abraham?«

»Bei mir zu sein... mir zu helfen...«

Es war eine heldenhafte Anstrengung, doch sie wußte, daß mehr das Mitleid als das Bedürfnis aus seinen Worten sprach. Sie schwiegen. Dann läutete der Lokomotivführer seine Glocke. Abraham fuhr bei dem Klang zusammen, sein Gesicht verzog sich schmerzlich. Seine Blicke suchten Marys Blicke.

»Gib gut acht auf die Kleinen, ja? Laß nicht zu, daß sie ihren Vater vergessen.«
»Ich werde schon für sie sorgen«, sagte sie; in ihrem Innern aber weinte sie, weil er imstande gewesen war, sie gehen zu lassen.

Bevor die Postkutsche in Lexington einfuhr, setzte Mary ein fröhliches Gesicht auf. Eine Todd vermochte alles zu ertragen, ohne daß jemand etwas davon erfuhr. Sie erzählte interessante Geschichten aus Washington, von den roten Lichtern in den Fenstern der Spielhäuser, oder wie die ganze Stadt an Sonntagnachmittagen in der Pennsylvania-Avenue spazierenging.
Unterwegs hatte sie Abraham ein paar Zeilen geschrieben, und sobald sie in Lexington angekommen war, schrieb sie ihm einen langen Brief, doch bekümmert mußte sie feststellen, daß ihr die rechte Unbefangenheit fehlte. Und auch Abrahams Briefe wirkten ein wenig förmlich, wenn sie auch das eine Tröstliche verrieten – Mary fehlte ihm.
Sie ritt mit David aus, der auch Robert reiten lehrte, und freute sich abermals an dem violetten Schimmer über den Feldern. Sie wurde häufig für einen Tag oder für ein Wochenende aufs Land eingeladen, den größten Teil ihrer Zeit aber verbrachte sie mit Emilie und ihren anderen Schwestern. Und manchen Abend blieb sie bei ihrem Vater in der Bibliothek. Es war eine Erlösung für sie, nicht mehr in der Pension zu leben, nicht mehr in dem Zimmer, das für sie zur Zelle geworden, nicht mehr in der Stadt, wo sie unbekannt und unerwünscht war. Hier, in Lexington, kehrte ihre Lebenslust wieder, sie las viel, führte lange Gespräche.
Abraham schrieb, wenn sie nicht nach Washington zurückkehren wolle oder könne, so würde er nach Lexington kommen, sobald der Kongreß sich im Juli vertagt hätte. Sie faßte keinen Entschluß. Um Mitte Juni, als die Sommerhitze über Lexington hereingebrochen war, übersiedelten Todds nach Buena Vista, in ein großes, weitläufiges Fachwerkhaus auf einem schönen Hügel, umstanden von mächtigen Akazien. Die Kinder verbrachten die Tage in Wäldern und Feldern, kein Mensch sagte ein Wort über Roberts Augen, Edward mit dem offenen Gesicht und seiner angeborenen Liebenswürdigkeit war bald der Liebling des ganzen Hauses. Robert Todd war überglücklich, die Enkel bei sich zu haben.
Endlich, Anfang Oktober, verließ sie mit den Kindern Lexington und fuhr nach Chicago, um Abraham zu treffen. Von der Sommersonne gebräunt, sah sie ungewöhnlich gut aus. Auch Abraham hatte sich zu seinen Gunsten verändert, seine Wangen waren voll, seine Augen blickten heiter. Er sollte abends bei einer Versammlung sprechen, und obgleich die Ankündigung erst sechs Stunden vorher erfolgt war, hatten sich so viele Menschen eingefunden, daß die Versammlung vom Gerichtsgebäude auf ei-

nen öffentlichen Platz verlegt werden mußte. Er war gereift. Von seinem Humor machte er sparsameren Gebrauch, und als er zu seiner wichtigsten These gelangte, daß eine Niederlage General Taylors bedeuten würde, das amerikanische Volk billige die Ausdehnung und Fortdauer der Sklaverei in den neu hinzugekommenen Gebieten, da setzte er das auseinander, ohne zum Haß gegen die Staaten des Südens aufzureizen. Sie fand, es sei die vollendetste Rede, die sie je von ihm gehört hatte; als sie am nächsten Morgen eine Nummer des ›Daily Jounal‹ von Chicago in die Hand nahm, entdeckte sie, daß die Zeitung mit ihr übereinstimmte und von der Rede schrieb, sie sei ›eine der besten, die wir seit Anfang der Wahlkampagne gehört oder gelesen haben‹. Sie reichte ihm das Blatt und unterstrich mit dem Fingernagel die Stelle.

»In Chicago hast du Erfolg. Du solltest häufiger kommen.«

Er lachte. »Verschiedene Leute haben mich gedrängt, mich ständig hier niederzulassen; es ist eine Stadt in der Entwicklung. Aber sie haben mir auch gesagt, daß die Winterwinde von den Seen her einem die Lunge aus der Brust blasen können.«

Es war gut, wieder daheim zu sein, die Möbel aus dem nördlichen Schlafzimmer hervorzuholen, zwischen seinen eigenen Sachen zu leben, im Kreis von Freunden und Gesinnungsgenossen. Mary fand, ihre Liebe habe sich nach ihrer Trennung völlig erneuert, sei ebenso schön wie in der ersten Zeit ihrer Flitterwochen.

Liebe ist ewig, hatte Abraham gesagt; und so war auch die Ehe, denn die Ehe war die irdische, gereifte Form der Liebe.

Nach zehn Tagen in der Heimat fuhr er nach Petersburg, Jacksonville, Tremont und Pekin, entschlossen, diese Bezirke für die Whigs und für Taylor zu erobern. Kein Mensch wußte, welchen Standpunkt General Taylor vertrat oder was für ein Präsident er sein werde, doch das störte Abraham nicht. Der Feldzug der Whigs wurde auf der Grundlage geführt, daß in den neuen, von Mexiko abgetretenen Gebieten keine Form der Sklaverei eingeführt werden dürfe.

Wo er auch sprach, strömten die Menschen in großen Massen herbei. Als einziger Kongreßmann der Whigs in Illinois vertrat er gewissermaßen jene Staatsverwaltung, die ans Ruder käme, wenn der General gewählt würde. Zum ersten Mal im Verlauf mehrerer Wahlkampagnen glaubte er aufrichtig an den Sieg der Whigs in Illinois.

Am Abend vor der Wahl kehrte er heim, um auch seine eigene Stimme in die Urne zu werfen; die Reise durch die nördlichen Bezirke hatte seine Stimmung gehoben. Da es ihm schwerfiel, seine langen Glieder in dem Bottich vor dem Küchenofen unterzubringen, nahm er frische Badetücher unter den Arm und ging ins City Hotel, wo es ein Badezimmer gab; dann hielt er sich auf dem Heimweg noch in Billys Barbierstube auf, um sich rasieren und die Haare schneiden zu lassen. Sie beobachtete ihn vom Fenster aus, wie er durch die Jackson Street stapfte. Er war sichtlich in bester Stimmung, wirkte jung und kräftig.

Aus der Redaktion des ›Journals‹ brachte er die Nachricht heim, daß New York zwei zu eins für Taylor stimmen werde und daß diese fünfunddreißig Wählerstimmen den Erfolg der Whigs sicherten. Lange lagen sie noch wach, friedlich und gesprächig, und erörterten, was die Zukunft für sie bringen mochte.

General Taylor trug den Sieg davon... aber nicht in Illinois. Hätten von hundertzehntausend abgegebenen Stimmen nur noch siebenhundert mehr ihm gegolten, so wäre das für Abraham ein großer Sieg gewesen. Wo Abraham gekämpft hatte, da hatte Taylor gewonnen. War er nicht einer der ersten, die für die Nominierung des Generals eingetreten waren? Hatte er nicht seit Monaten Briefe geschrieben, hatte er nicht dafür gearbeitet, hatte er nicht mitgeholfen, daß der Convent in Philadelphia sich zur Nominierung Taylors entschloß? Konnte es auch nur einen Augenblick lang zweifelhaft sein, daß General Taylor sich dankbar erweisen werde?

Wenig mehr als zwei Wochen lagen zwischen der Wahl und Abrahams Reise nach Washington zur zweiten und kürzeren Tagung des Kongresses. Die Frage, ob sie ihn begleiten sollte oder nicht, war noch nicht aufgeworfen worden. Als sie in Lexington war, hatte Abraham wohl nicht gewünscht, daß sie zu ihm kam; jetzt ließ er jedoch sehr deutlich merken, daß er, trotz dem Fehlschlag des ersten Aufenthalts, die Familie bei sich haben wollte. Vieles würde diesmal anders sein. Die Whigs kehrten triumphierend zurück, große Pläne zur Übernahme der Verwaltung waren bereits gefaßt worden. Abraham hatte, während seiner Wahlreise, eine bemerkenswert gute Presse gehabt. Man konnte ihn nicht länger als Unbekannten abtun. Die Tore des offiziellen Washington konnten Lincolns jetzt nicht mehr verschlossen bleiben.

Abraham war jetzt ein Mann, mit dem man rechnen mußte; er hatte den Anspruch, dem engeren Kreis anzugehören.

Eines Abends beschloß sie, Abraham, der im Wohnzimmer vor dem Feuer saß und die Zeitung las, zu prüfen.

»Abraham, ich fahre nicht mit dir nach Washington.«

Er hob die Augen, sah Mary an, als spähte er über den Rand einer Brille. Sie beobachtete ihn scharf, sie wollte wissen, ob ihre Mitteilung Enttäuschung oder Erleichterung für ihn bedeutete. Doch er ließ sich nichts anmerken. Er streckte die Arme nach Mary aus.

»Wenn du es um meinetwillen tust, Molly...«

Sie küßte ihn. »Für uns alle wird es so am besten sein. Nach dem Amtsantritt des Präsidenten, wenn wir wissen, was geschehen wird... dann können wir wieder zusammen sein.« Nach einer Weile fragte sie: »Was glaubst du? Was haben wir zu erwarten? Ist es möglich... daß du... ins Kabinett berufen wirst...?«

»Gar keine Rede«, platzte er heraus. Dann gestand sein verlegenes Lachen, daß auch ihm solche Gedanken schon gekommen waren. »Ich könnte das Landamt bekommen, da es immer an Illinois fällt, aber Ninians Onkel Cyrus hat sich von mir versprechen lassen, daß ich es ihm verschaffe. Ich will Baker für einen Posten im Kabinett vorschlagen.«

»Wenn du Edward ins Kabinett und Cyrus ins Landamt gebracht hast, was gedenkst du denn für dich selber zu beanspruchen?«

Er schüttelte den Kopf, bevor er antwortete: »Ich möchte nicht in die Regierung, Molly. Es ist, meiner Meinung nach, die größte Kunst, Menschen dazu zu verhelfen, sich selbst zu regieren. Was ich aber für mich verlangen könnte... wo ich mit meiner bescheidenen Herkunft und meinen begrenzten Fähigkeiten am geeignetsten wäre...«

Sie warf die Arme in die Höhe, wie Mammy Sally es tat, wenn sie verzweifelt war.

»Ich habe nichts dagegen, daß du in meiner Anwesenheit bescheiden bist, laß aber um Himmels willen solche Worte nicht in der Öffentlichkeit hören!«

Jeden Tag brachte die Post ihr einen Brief, ein Exemplar des Kongreßberichts oder eine Zeitung aus Washington, woraus sie entnehmen konnte, was vorging. Sehr bald erfuhr sie, daß Edward Baker keine Aussicht auf einen Posten im Kabinett hatte. Noch vermochte Abraham für Cyrus Edwards das Landamt zu erobern.

Sie hatten sich eingebildet, die Wahl Zachary Taylors auf Grund eines »Free Soil«-Programms, das die Sklaverei, wo sie bestand, nicht aufhob, würde dem Land den Frieden bringen. Doch im Kongreß stellte Abraham fest, daß das Gegenteil der Fall war. Die Vertreter der südlichen Staaten widersetzten sich heftig dem Anspruch neuer Territorien wie Kalifornien und New Mexiko, als Staaten in die Union aufgenommen zu werden, denn das hätte zur Folge, daß die gegen die Sklaverei wirkenden Kräfte im Kongreß ein stärkeres Gewicht erhielten. Eine Anzahl von südlichen Staatsparlamenten faßte den Beschluß, sich loszusagen, wenn ihre Rechte auf Sklavenhaltung in den neuen Territorien nicht geschützt würden. Abraham schrieb Mary von all diesen Dingen, aber von den Fragen, die ihre eigene Zukunft betrafen, kein Wort. Er würde bis zu Präsident Taylors Amtsantritt bleiben, und dann hätte er für einen Klienten aus Illinois einen Fall vor dem Obersten Gericht zu vertreten. Wenn der Präsident ein Amt für ihn übrig hätte, das eine Übersiedlung der Familie nach Wa-

shington bedingen würde, könnte Mary das Haus verkaufen und mit den Kindern nachkommen. Doch er warnte: ›An mir ist nichts, was mich berechtigen würde, an eine Stellung in der ersten Reihe zu denken; und etwas Zweitklassiges würde mich nicht dafür entschädigen, daß die anderen, die es für sich angestrebt hatten, mich anknurren könnten.‹
Seinen Pessimismus nahm sie nicht zur Kenntnis.
General Zachary Taylor wurde am 5. März feierlich in sein Amt eingeführt. Abraham war bei der Zeremonie anwesend, dann führte er seinen Prozeß vor dem Bundesgericht, und am letzten Tag des März war er daheim. Er war wie vor den Kopf geschlagen.
»Kein Mensch, den ich empfohlen habe, ist bisher in irgendein Amt berufen worden, sei es groß oder klein. Daß Illinois für die Whigs verlorengegangen ist, macht uns gewissermaßen zu armen Verwandten, die man im Vorzimmer sitzen lassen kann. Richter David Davis sagt, wenn ich das Landamt für mich selber bekommen könnte, sollte ich es nehmen. Nach diesen siebzehn Monaten ist mir keine Praxis mehr übrig geblieben; Billy hat sich kaum ernähren können.«
»Was bringt das Landamt?«
»Dreitausend im Jahr. Es ist eine Tätigkeit, die mir gefallen würde; Richtlinien für die Verteilung von öffentlichem Grund und Boden zu geben.«
Einige Tage später brach er auf, um seine Sache in Washington selbst zu verfechten.
Sie erhielt keine Nachricht, erwartete auch keine. Angstvoll harrte sie dem Einundzwanzigsten und Zweiundzwanzigsten des Monats entgegen, den Tagen, da die Entscheidung getroffen werden sollte. Wenn Abraham siegte, würde er telegraphieren. Doch keine Botschaft kam.
Noch eine Woche verging, noch immer keine Nachricht. Es wurde ihr unbehaglich zumute. Dann sah sie ihn vom Platz her über die Eighth Street kommen, in jeder Hand einen Koffer, die Züge verdüstert. Sie lief zur Haustür, riß sie auf; sein Gesicht war grau, unter seinen Augen spann sich ein Netzwerk von Fältchen, der Adamsapfel trat stark vor, die Wangen waren eingesunken, die Augen undurchsichtig, die linke Iris saß hoch oben in der Höhle.
Sie führte ihn ins Wohnzimmer, zu seinem Lieblingsplatz, brachte ihm eine Tasse starken schwarzen Kaffee, wartete, bis er einige Schlucke getrunken hatte. Dann konnte sie sich nicht länger beherrschen.
»Warum hat man dich nicht ernannt?«
Er streckte den langen Arm aus, um Tasse und Untertasse auf den Tisch zu stellen, sah zu ihr auf und sagte mit leerer Stimme:
»Viele Gründe... ich habe mich zu lange mit der Empfehlung von Cyrus Edwards verzögert... als ich am Einundzwanzigsten ins Landamt kam und erfuhr, daß Butterfield ernannt worden war, da taumelte ich in mein

Zimmer zurück, warf mich aufs Bett und blieb eine Stunde liegen. Ich sage dir, Molly, noch nie bin ich so enttäuscht worden ... oder habe so entsetzliche Kopfschmerzen gehabt.«
»Deinem Aussehen nach hast du seither noch kein Auge zugetan.«
»Nein; auch, soweit ich mich erinnern kann, nichts gegessen ... ich dachte nur daran, daß ich nach Hause wollte ... ich muß geradezu ein Magnet für Niederlagen sein.«
Sie saß ihm gegenüber. Sie schluckte. Keiner von beiden brachte ein Wort hervor.
Die nächsten Wochen bemühte sie sich, ihn der Hölle zu entreißen, in die seine ›Hypo‹ ihn geschleudert hatte. Endlose Stunden saß er da, starrte in den leeren Kamin, und sein Schweigen war undurchdringlicher als die dickste Mauer. Sie brachte ihn schließlich dazu, daß er ein wenig aß, ein wenig schlief.
Gegen Ende September kam Simeon Francis über die Straße gelaufen, sein rundes Gesicht schweißnaß, ein Telegramm schwenkend.
»Abraham ... du bist ernannt worden ... Gouverneur des Territoriums Oregon ... Gratuliere!«
Abraham nahm Simeon das Telegramm aus der Hand, las es schnell. Oregon, dachte Mary. Das fernste, wildeste Gebiet von Amerika! Zweitausend Meilen weg, über gewaltige Ebenen, noch gewaltigere Gebirgsketten, eine Wildnis an der pazifischen Küste, von der kein Mensch mehr wußte, als was in den Berichten Colonel Fremonts und in den Briefen der ersten Siedler enthalten war. Eine Gegend, die voll von Indianern steckte, ohne Städte, ohne Straßen, ohne Geschäfte, ohne Theater, ohne Konzerte, ohne jegliche Spur von Zivilisation.
Abraham verharrte reglos. Simeon fragte: »Willst du's annehmen, Abe?«
»Das muß ich mir überlegen.«
Nachdem die Tür sich hinter Simeon geschlossen hatte, legte Abraham den Arm um Marys Schulter, sie setzten sich nebeneinander auf das Sofa im Wohnzimmer, und dann begann er zu reden, doch nur in Satzfetzen.
»... erster Gouverneur des Territoriums Illinois ... er mußte dann Gouverneur des Staates werden ... daher stammt Ninians ganzer Reichtum ...«
»Ninian Edwards?«
»Damals war Illinois eine Wildnis ... ganz wie Oregon heute.«
»Aber nicht zweitausend Meilen entfernt, nicht durch Monate einer gefährlichen Reise vom übrigen Land abgeschnitten.«
»Dir gefällt der Gedanke also nicht, Mary?«
»Ich glaube, daß sie sich in Washington mit ihrem Gewissen aussöhnen wollen.«

»Das Angebot muß dennoch seiner eigenen Werte wegen bedacht werden. Hier in Illinois habe ich weder Macht noch Einfluß.«

»Du unterschätzt deine Zukunft.«

»Was für eine Zukunft?«

»Abraham, wir sitzen tief drin, das begreife ich; so tief, daß wir kaum den Himmel sehen, wenn wir aufschauen. Ich glaube aber nicht, daß wir die hilfreiche Hand jener ergreifen müssen, die vor allem daran schuld sind, daß du so tief gefallen bist.«

»Viel Bitterkeit spüre ich nicht im Herzen.«

»Wirklich nicht? Vielleicht, weil du dich nicht sehen konntest, wie ich dich gesehen habe, als du heimgekommen bist; wie enttäuscht, wie tief traurig du warst. Ich weiß, was ich für Mühe hatte, dich wieder gesund zu pflegen, dir ein wenig Eisen in die Seele zu gießen...«

»Es sind dreitausend Dollar im Jahr, Mary; ebensoviel wie das Gehalt beim Landamt. Es ist eine Möglichkeit, uns aus unserer Patsche zu reißen... ich müßte mir eine neue Praxis aufbauen... wenn die Nachrichten von den Goldfunden in Kalifornien der Wahrheit entsprechen, dann wird der Zug nach der pazifischen Küste sich vertausendfachen.«

»Abraham, ist diese Stellung etwas, das du dir wirklich wünschst?«

»Nein, ich habe sie mir nie gewünscht. Aber in diesen Zeiten...«

»Mein Vater lehrte mich, aus der Stärke zu schöpfen, nicht aus der Schwäche. Wenn wir diese Ernennung annehmen, geschieht das, weil wir Angst davor haben, von neuem zu beginnen. Du bist viel zuviel wert, Abraham, um einen wichtigen Schritt in einem Augenblick zu tun, in dem du schwach bist. Warte, bis du wieder stark bist, und dann handle!«

»Es besteht die Möglichkeit, als erster Senator für Oregon nach Washington zurückzukommen, sobald Oregon ein Staat wird.«

Sie schüttelte den Kopf.

»Das ist nichts als ein zweites Bogotá; um deine eigene Wendung zu gebrauchen – du könntest ebensogut aus demselben Loch kommen, in das du hineingegangen bist. Und was machst du dann?«

Eine Weile schwieg er. Seine Fußspitze zeichnete ein Muster in den Teppich, sein Kopf war gesenkt.

»Ich weiß es nicht, Molly. Ich kann nicht in der Zukunft lesen.«

Sie stand auf, trat ihm gegenüber und stemmte die Hände in die Hüften.

»Nein, aber wir können aus der Vergangenheit lernen, und die Vergangenheit sagt uns, daß wir nicht davonlaufen können. Hier ist unsere Heimat, hier ist es, wo wir uns eine Stellung schaffen müssen.«

Er sah zu ihr auf. Ein leises Lächeln spielte um seine Mundwinkel.

Fünftes Buch

Abstieg ins Fegefeuer

Da sie nun ebenso dauerhaft am Boden hafteten wie die Eichenbretter mit ihren hölzernen Pflöcken, war die Zeit gekommen, um das, was sie als zeitweilige Unterkunft angesehen hatten, zu einem ständigen Heim umzuwandeln. Abraham hatte seit sechs Monaten nichts verdient, sie aber besaß noch die Ersparnisse, die sie für das Washingtoner Abenteuer bestimmt hatte.

Sie nähte rote Seidenvorhänge für das Wohnzimmer, sie entfernte die abgetretenen Teppichfetzen, die überall herumlagen, und bedeckte den Boden von Vorzimmer und Wohnzimmer mit einem guten, farbigen Teppich. Das Empfangszimmer wurde dunkelgrün gestrichen, für das Wohnzimmer fand sie eine helle Tapete mit einem Muster von weißen und blauen Blumen. Sie kaufte zwei hochlehnige Bostoner Schaukelstühle, die vor den Kamin gestellt wurden, und dazwischen fanden noch zwei kleine Schaukelstühle für die Kinder Platz. Der große, runde Tisch aus dem ›Globe‹ beherrschte noch immer die Mitte des Raums, und auf ihm lagen Bücher und Zeitungen in hohen Stapeln. Zwischen die Fenster, von denen aus man auf die Eighth Street sah, stellte sie einen französischen Tisch mit einer Marmorplatte, auf dem ihr Nähkorb stand, und zu beiden Seiten des Kamins, auf kleinen Tischchen, grünten Farnkräuter. An Stelle ihrer Eßzimmereinrichtung kaufte sie einen Auszugtisch, an dem auch für zahlreiche Gäste Platz war, und Rohrstühle.

Sie hielt das Haus geradezu fanatisch sauber, obgleich sie weder Talent noch Lust zu dieser Tätigkeit hatte. Den größten Teil des Tages verbrachte sie in der Küche; wenn Abraham aus der Kanzlei kam, legte er Mantel und Stiefel im Vorzimmer ab, kam zu ihr, wusch sich Hände und Gesicht in den Schalen, die auf dem langen Holztisch standen, und dann rief er die Jungen und vergewisserte sich, daß sie sich die Ohren gründlich gewaschen hatten.

Bei den Mahlzeiten wurde nicht von Politik gesprochen. Die Whigs in Springfield waren entmutigt und desorganisiert. Seine Anwaltspraxis war kaum noch vorhanden. Sie wollte keinen Streit über William Herndon anfangen, doch da er seit beinahe zwei Jahren keine Einnahmen mehr zu verzeichnen hatte, fand sie, es wäre doch an der Zeit, eine neue Anwaltsfirma zu gründen.

»Bill ist mir treu gewesen«, erwiderte Abraham friedlich. »Er hat den Namen lebendig erhalten, während wir fort waren. Wenn ich etwas ändern wollte, wäre es eher der Ort als der Partner. Ich glaubte, Springfield würde sich zu unserer Großstadt entwickeln, doch Chicago hat uns den Rang abgelaufen. Grant Goodrich hat mir angeboten, mich dort zum Partner zu nehmen, aber bei meiner Neigung zur Schwindsucht...«

»Abraham, du bist doch stark wie ein Bär.«

»Wenn ich nach Chicago ginge, müßte ich mich hinsetzen und fleißig studieren. Und das würde mich umbringen.«

Zum Glück für ihre magere Börse gab es in Illinois immer reichlich Dumme, die den Streit liebten. Gelegentlich begleitete Mary Abraham in die umliegenden Gerichtsorte und sah, wie die Schar der Prozeßliebhaber sich um die Anwälte drängte, sobald sie auf den Platz kamen, und jeder suchte sich den Advokaten aus, von dem er gehört hatte, oder der ihm gefiel. Am Montag, als die Herbstsession des Gerichts für den Sangamon-Distrikt begann, hatten Lincoln und Herndon drei Klienten, am nächsten Tag schon sechzehn. Manche Fälle waren binnen weniger Minuten erledigt, das höchste Honorar betrug fünf Dollar.

Robert war alt genug, um Mr. Eastbrooks Schule zu besuchen, doch Mary zauderte; sie wollte ihn nicht neuen Kameraden aussetzen. Da sie darauf beharrte, daß man wegen seiner Augen irgend etwas tun müsse, empfahl Dr. Wallace ihr, Dr. Sanford Bell aufzusuchen, der früher Chirurg an der Fakultät in New York gewesen war. Dr. Bell zeigte ihr ein dickes deutsches Buch ›Über das Schielen und seine Heilung‹ von einem Dr. Dieffenbach, der einen Weg zur operativen Heilung solcher Fälle gefunden hatte. Die Illustrationen legten dar, wie der obere Augenmuskel durchschnitten wurde, so daß das Auge seine normale Stellung fand.

»Und wenn die Operation mißglückt, Doktor... was dann?«

»Dann, Mrs. Lincoln, bleibt die Iris im Außenwinkel des Auges. Warum aber an einen Fehlschlag denken?«

An dem Morgen, als sie Robert zur Operation brachte, wurde sie von Dr. Wallace begleitet. Als sie sah, wie die beiden Ärzte den Knaben mit einem festen Strick an den hohen, lederbezogenen Stuhl banden, wurde sie grün, und eine panische Angst packte sie. Wäre es nicht doch besser, ein Übel zu erdulden, mit dem man nun schon vertraut war?

William rief noch einen anderen Arzt zu Hilfe. Die beiden Männer hielten Robert fest, während der Chirurg die Lider mit doppelten Haken offenhielt. Er arbeitete schnell und geschickt.

Robert wand sich in Schmerzen, sie war der Ohnmacht nahe. Schließlich hatte Dr. Bell die Schere angesetzt und den Muskel durchschnitten. Die Operation war zu Ende. Roberts Auge wurde verbunden, die Stricke gelöst, er lief auf Mary zu. Und dann sank sie zusammen.

Sie saß eben an Roberts Bett und versuchte, ihm Mut zu machen, als ein Brief ihres Vaters mit der Mitteilung kam, in Lexington sei die Cholera ausgebrochen.
Das war das letzte Wort, das sie von ihm hörte. Dann kam ein Brief von Betsy in schwarzgerändertem Umschlag.
Sie saß im Schaukelstuhl vor der kalten Feuerstelle, Betsys Brief war auf den Boden gefallen. Ihr Vater tot! Die unverbrüchliche Liebe, die ihr Leben wie eine zweite Sonne durchleuchtet, sie in dunklen, mutlosen Stunden aufgerichtet hatte, war aus der Welt verschwunden. Tausend Erinnerungen fluteten heran. Robert Todd, der sie zu Clays und Crittendens an den Tisch setzte, der ihr aus New Orleans eine Puppe mitbrachte, ihr Geschichten von seinem Marsch durch den Schnee zum Fort Defiance im Krieg von 1812 erzählte. Ihre abendlichen Spaziergänge über die Kieswege des gepflegten Gartens, ihre sonntäglichen Ritte über die Felder bei Buena Vista. Er hatte ihr die Überzeugung eingeflößt, daß sie ein begabtes Mädchen und des besten Mannes würdig sei.
Dumpfer Schmerz nagte in ihr, als sie ein schwarzes Kleid aus dem Schrank nahm und zu Elizabeth ging. Im Salon, bei herabgelassenen Läden, auf schwarzen Stühlen saßen Elizabeth, Frances und Ann, die eben mit dem schwarzgeränderten Brief aus Carrollton gekommen war. Mary zog einen Stuhl heran und setzte sich, die Hände im Schoß, zu ihnen. Sie betrachtete ihre Schwestern. Elizabeth, jetzt fünfunddreißig, mit einem grauen Hauch an den Schläfen, kräftigen, mütterlichen, intelligenten Zügen, die Augen verschleiert, die Lippen aufeinandergepreßt; Frances, in Kindheitserinnerungen versunken, völlig dem Schmerz hingegeben, war still und starr wie ein Marmorstein, Ann, mit scharfen Zügen und beweglichen Augen, rückte unruhig auf ihrem Stuhl hin und her.
Mary wollte sprechen, weinen, trösten und getröstet werden, doch sie spürte keine echte Trauer in diesem dunklen, steifen Salon. Warum? Trauerten ihre Schwestern denn nicht darüber, daß ihr Vater von ihnen gegangen war? Hatte sie allein die Liebe zu ihm von Lexington hierher mitgebracht?
So konnte sie ihn nicht gehen lassen, wie ein unerwünschtes Gespenst! Sie begann von Robert Todd zu sprechen, ruhig, zärtlich, die Erinnerung an die schönen Zeiten ihrer Kindheit weckend, an Ausflüge, die er mit ihnen gemacht hatte, an Geburtstagsfeiern mit Kuchen und Kerzen und schönen Geschenken. Doch bald geriet sie ins Zaudern und verstummte. Denn nicht nur die Zungen ihrer Schwestern versagten, sondern auch ihre Ohren. Und so stand sie auf und verließ wortlos das Zimmer.

Die Operation von Roberts Auge war erfolgreich verlaufen; seine Augen konnten völlig normal nach beiden Richtungen schauen. Mit seinen re-

gelmäßigen Zügen war er jetzt ein ganz schöner junger Bursche. Als sie ihn in die Schule einschrieb, beobachtete sie, wie er auf eine Gruppe anderer Jungen zuging, von denen keiner ihn je zuvor gesehen hatte. Mit welchem Entzücken sah sie das Glück auf den Zügen ihres Sohnes.
Dann erkrankte Edward, obgleich es anfangs kaum mehr als eine allgemeine Müdigkeit war, seine Augen blickten stumpf, sein Gesicht war verzerrt. Als sie ihn an sich zog, bemerkte sie, daß er beim Atmen Schwierigkeiten hatte. Abraham mußte Dr. Wallace holen, der dem Kind in den Hals schaute.
»Die Mandeln sind rot und belegt. Er soll mit einer schwachen Chlorkalklösung gurgeln.«
Am nächsten Morgen hatte der Kleine Schluckbeschwerden. Um sieben Uhr morgens war Dr. Wallace schon da. Er sagte: »Abraham, gehen Sie zu Onkel Dr. Todd. Es wäre mir lieb, wenn er Edward in den Hals sehen würde.«
Ein jäher Schreck durchzuckte Mary.
Der Onkel kam keuchend die Treppe hinauf. Sie hörte die beiden Ärzte miteinander reden. Dann sagte Onkel Todd:
»Sieht wie der Anfang einer Diphtherie aus. Es hat mehrere Fälle im Ort gegeben.«
»Diphtherie!« Sie spürte, wie sie blaß wurde.
William löste zwanzig Gran Silbernitrat in einer Unze Wasser, befestigte einen Schwamm an einem Stück Fischbein und bepinselte Edwards Rachen. Das sollte Mary alle vier Stunden wiederholen.
Abends war die Diphtherie voll ausgebrochen. Fünf Tage wütete die Krankheit, Mary und Abraham kamen kaum aus den Kleidern, gönnten sich zwei oder drei Stunden Schlaf, wenn der Kleine gerade keine Pflege brauchte. Mary war unermüdlich, befolgte alles, was die Ärzte vorschrieben, zeigte dem Knaben ein heiteres Gesicht. Das liebenswürdige Wesen Edwards erleichterte ihr ihre Aufgabe.
Die Krise ging vorüber. Abraham hatte beabsichtigt, Edward zu seinem vierten Geburtstag im Mai ein richtiges großes Bett zu kaufen. »Warum kaufen wir's nicht schon jetzt?« rief Mary. »Ich werde das Nähzimmer räumen, und dann soll er sein eigenes Zimmer haben wie Bobby. Das wird ihm Freude machen.«
Abraham kaufte das Bett. Unterdessen räumte sie das Nähzimmer.
Weihnachten und Neujahr gingen vorüber, ohne daß es ihnen bewußt wurde. Wenn Abraham nicht bei Gericht zu tun hatte, saß er immer am Bett des Knaben. Hatte Mary ihn dann, nach achtzehn Stunden Pflege, dazu überredet, schlafen zu gehen, erwachte sie oft in tiefster Nacht und entdeckte, daß er wieder ins Krankenzimmer gegangen war, auf einem harten Sessel saß und das spitze Gesicht seines Sohnes beobachtete.

Edward war im zweiten Monat der Rekonvaleszenz, als sich abermals Schluckbeschwerden einstellten. Dr. Wallace stellte fest, daß Gaumen und Rachen gelähmt waren. Am nächsten Tag war die Sehkraft getrübt, und trotz der Hilfe befreundeter Ärzte breitete die Lähmung sich über den halben Körper aus. Und an dem regnerischen Morgen des 1. Februar, nach zweiundfünfzig Tagen Leiden, war Edward tot.

Zitternd, als ob sie Schüttelfrost hätte, legte Mary sich ins Bett und zog die Decken über den Kopf. Mit gebrochenem Herzen weinte sie, wie sie nie in ihrem Leben geweint hatte.

»Unser kleiner Junge ist dahin! O Abraham, was haben wir getan, daß er so leiden mußte!?«

»Der Herr hat gegeben, der Herr hat genommen. Unseren lieben kleinen Jungen hat er genommen; er wird uns noch mehr Kinder schenken.«

Das Begräbnis war für den Sonntag angesetzt. Abraham weckte sie frühzeitig, wusch ihr Gesicht mit einem feuchten Handtuch, richtete sie im Bett auf und führte eine Tasse starken schwarzen Kaffee an ihre Lippen.

»Trink das, Liebe, es wird dir guttun. Du mußt jetzt aufstehen. Pfarrer Smith wird sprechen; er ist ein prächtiger Mensch, seine Worte werden dich trösten.«

Sie glitt aus seinen Armen in die Kissen zurück. Auch seine Wangen waren eingesunken, auch in seinen Augen brannte der Schmerz.

»Mary, du mußt aufstehen. Der Wagen wartet.«

Ich... kann... nicht... gehen...«

Sie schloß die Augen. Es wurde still. Als sie sie wieder öffnete, stand er düster und dunkel vor ihr.

»Du mußt kommen, Mary; du wirst doch von Eddie Abschied nehmen wollen!«

»Ich habe schon Abschied genommen... zehntausendmal. O Abraham, ich bitte dich, zwing mich nicht zu gehen... mitanzusehen, wie sie ihn in die Erde legen... ich könnte es nicht ertragen.«

Er drängte sie nicht länger. Sie hörte, wie die Haustür sich schloß, ein Wagen abfuhr.

Fieber, Alpträume, Delirien packten sie. Sie schlief ein, sprang plötzlich auf, glaubte Edward habe sie gerufen. Schüttelfrost warf sie hin und her, durchzuckte ihren Körper mit kalten Flammen.

Am Ende der Woche konnte sie die ersten tastenden Schritte wagen; am Ende der zweiten Woche ging sie in die Küche, verrichtete einige Haushaltarbeiten, und das tat ihr gut. Und am folgenden Sonntag begleitete sie Abraham in die Presbyterianische Kirche, um Pfarrer James Smith predigen zu hören.

Der Schmerz ließ nach, der Gram begann sich abzustumpfen.

Da ihr Interesse an der Außenwelt geschwunden war, genoß Mary es um so dankbarer, daß Abraham seine Abende daheim verbringen konnte. Er kam früh heim; sie sah, wie er durch das Haus stapfte und sich schließlich in Strümpfen zu Tisch setzte. Ihre Bemühungen, seine häuslichen Manieren zu veredeln, waren auf unfruchtbaren Boden gefallen, die Gewohnheiten des Blockhauses wollten sich nicht aus dem rohen Diamanten herausschleifen lassen. Nachher räkelte er sich auf dem Boden und las die Zeitungen. Als sie ihn fragte, warum er laut lese, erwiderte er:
»Weil ich nur in der Abc-Schule Lesen gelernt habe. Ich versteh' nicht, was ich lese, wenn ich nicht laut lese und mit eigenen Ohren höre, was ich lese.«
Jede Woche brachte er ein neues heiteres Buch nach Hause. Einmal waren es Joe Millers ›Scherze‹. Und dann rief er durch das Zimmer:
»Wieviel Beine hat ein Schaf, wenn du auch den Schwanz dazurechnest?«
»Fünf.«
»Falsch! Davon, daß du ihn dazurechnest, machst du aus dem Schwanz noch kein Bein.«
Und so vermochte er manche einsame Stunde zu erhellen.
Sie wandte sich Robert zu, hoffte bei ihm etwas von der Zärtlichkeit zu finden, die Edward ihr so uneingeschränkt gespendet hatte. Doch Robert hatte sich unabhängig gemacht. Hatte er den Eltern nie vergeben, daß er mit dem Schaden an dem einen Auge auf die Welt gekommen war und daß diese Demütigung seine erste Kindheit bedrückt hatte?
Einmal, als Robert ihr auf seine kalte, feindselige Art trotzte, griff sie nach einem Stock, mit dem sie in der Asche gestochert hatte und versetzte dem Jungen einen tüchtigen Hieb. Robert lief in den Hof hinaus, und Abraham sagte bekümmert:
»Mary, Mary!« Und dann, um ihre Bürde nicht noch zu erschweren, setzte er lächelnd hinzu: »Der Korporalstock taugt nicht für Jungen.«
Als sie Pfarrer Dressers Haus kauften, stand es fast allein am Stadtrand; seither aber hatte man in den umliegenden Straßen beinahe zwanzig Häuser gebaut. Familien mit Kindern zogen ein, und so gab es bald eine ganze Schar von Spielkameraden für Robert. Mary leerte die Scheune und machte bekannt, daß hier die Kinder ihr Hauptquartier aufschlagen durften. Robert verwandelte die Scheune in ein Theater. Mary sah mit beklommenem Herzen zu, wie er allerlei wertvolle Möbel und andere Dinge aus dem Haus hinausschaffte, doch sie war entschlossen, jeden Preis zu zahlen, um die Zuneigung des Knaben zu erobern.
Eines Nachmittags hörte sie Hundegeheul aus der Scheune. Der Lärm war zwar greulich, aber sie biß sich auf die Lippen, entschlossen, sich nicht einzumischen. Bald darauf hörte sie jedoch hastige Schritte auf der

Straße, sah, wie Abraham über den hohen Zaun stieg, über den Hof eilte, nach einem Stecken griff und in die Scheune stürzte. Ein Rennen und Jagen wurde vernehmbar, dann ein kurzer Aufschrei. Und Abraham kam zur hinteren Veranda, den Stecken in der Hand, Erbitterung auf den Zügen.
»Warum hast du das geschehen lassen, Mary? Warum muß ein Nachbar mich aus der Kanzlei holen? Wie kannst du so gleichgültig mitansehen, daß die Jungen in der Scheune Hunde aufhängen?«
»Hunde aufhängen? Wovon redest du denn?«
In diesem Augenblick erschien Robert, einen jüngeren Freund an der Hand. Der Kleine weinte und lief auf Mary zu.
»Alle waren größer als ich... sie sind durch das Loch in der Mauer durchgebrannt... Mr. Lincoln hat mich geschlagen...«
Robert erklärte: »Wir wollten die Hunde Theater spielen lassen. Sie sollten lernen, auf zwei Beinen zu stehen, und das wollten sie nicht, da haben wir ihnen eben Stricke um den Hals gebunden, um sie auf den Hinterbeinen zu halten. Und dann ist Papa gekommen und hat geschrien: ›Was soll das heißen, Hunde aufzuhängen?‹ «
Mary warf ihrem Mann von der Seite her einen Blick zu und flüsterte mit seiner hohen, nasalen Stimme: »Abraham, Abraham! Der Korporalstock taugt nicht für Jungen!«
Robert spürte ihre Unterstützung, und am Nachmittag legte er einmal seine Wange kurz an ihre. Das wärmte ihr Herz. Und in jener Nacht war sie zum erstenmal, seit Edward dahingegangen war, wieder imstande, ihren Mann mit der ganzen Fülle ihrer Liebe zu umarmen.
Wenige Wochen später stellte sie fest, daß sie schwanger war.
»Abraham«, sagte sie, »du hast ja unlängst Euklids Geometrie gelesen! Wie stehen unsere mathematischen Aussichten, eine Tochter zu bekommen?«

Noch immer bewahrte Abraham alle seine Papiere in einem hohen schwarzen Hut auf. Wenn sie ihm eine Frage stellte, so schüttelte er Dutzende von Briefen und Zetteln aus dem Hut auf den Tisch und suchte. Nur selten erkundigte sie sich danach, wie es mit den Einnahmen stand. In der Kanzlei wurden keine Bücher geführt, und Abraham wußte kaum je, wieviel er verdiente. Wenn Honorare eingingen, so teilte er den Betrag, wickelte die Hälfte in ein Stück Papier, das er seinem Partner gab, und steckte die andere Hälfte in die Tasche. Als er für ein paar Tage nach einem benachbarten Bezirkshauptort fahren wollte, blieb ihm nichts übrig, als einem Freund zu schreiben und ihn zu bitten, er möge doch ein Honorar von fünfzig Dollar einkassieren – ›ich bin knapp mit Geld‹. Und als die fünfzig Dollar nicht ankamen, sagte er zu Mary:

»Wenn du kein Geld hast, kannst du immer zu Billy Herndon gehen, und er wird dir die Hälfte von allem geben, was eingelaufen ist.«
Sie machte eine Grimasse.
Am nächsten Morgen, als das Haus noch im Schlummer des Morgengrauens lag, wurde wuchtig an die Tür geklopft. Abraham ging im Flanellnachthemd hinunter. Als er wiederkam, begann er sich hastig anzuziehen.
»Ein Klient ... hat offenbar versucht, alle Whiskyfässer des Orts leer zu trinken ... ist in einen Laden eingebrochen ... ich muß zusehen, daß er nicht ins Loch kommt.«
Um acht war er wieder zurück.
»Wer war's denn, der dich mitten in der Nacht aus dem Bett geholt hat?« fragte sie, als sie ihm eine Platte Eier mit Schinken vorsetzte.
Er senkte die Blicke auf den Teller.
»Vier waren es ... erstens einmal der Sohn deines Vetters Logan ...«
»Warum hat Logan nicht selbst dafür gesorgt, daß man seinen Sohn nicht ins Loch steckt?«
Abrahams Adamsapfel bewegte sich an dem hageren Hals auf und ab, während er versuchte, eine andere Halbwahrheit zutage zu fördern. Schließlich hob er die Augen und sagte:
»Es war nicht der junge Logan, der nach mir geschickt hat. Es war Billy.«
»Billy? Du meinst Herndon? Er war in eine Wirtshausprügelei verwikkelt?«
»Ja.«
»Nun, hoffentlich brummt der Richter ihm sechs Monate auf!«
»Ach ... ich habe sie alle herausgekriegt ... ich habe das Geld aufgebracht, das nötig ist, um den Laden zu reparieren ...«
Sie zog die Brauen zusammen.
»Wo hast du das Geld hergenommen, um die Bürgschaft für vier Besoffene zu stellen?«
»Ich habe mich an Jacob Bunn gewendet; er ist mir noch von einer Vertretung hundert Dollar schuldig. Da er jetzt der Bankier des Orts ist, hatte ich ihn ersucht, mir das Geld aufzuheben.«
Er legte Messer und Gabel nieder.
»Ich wollte es bei ihm lassen ... für Notfälle.«
Jetzt war sie wütend. »Und Billy Herndons Saufexzesse sind die Notfälle, für die du das Geld aufgespart hast?«
»Wir haben alle unsere Schwächen. Wenn ich durch eine meiner Schwächen ins Gedränge käme, würde Billy auch für mich bezahlen. Das ist am Ende der Sinn einer Freundschaft.«
Sie ließ sich in einen Stuhl am Küchentisch fallen, Tränen der Erbitterung in den Augen.

»Es gibt Zeiten, wo ich den Eindruck habe, daß dir mehr an ihm liegt als an mir.«
»Nein, Mary. Billy steht mir als Partner nahe, und du bist meine Frau. Ich versuche, euch beiden ein guter Freund zu sein.« Er versuchte zu lächeln. »Wenn du dich betrinken und bei einem Krämer einbrechen wirst, werde ich mich auch für dich verbürgen.«
Sie schüttelte den Kopf, rote Flecken auf Stirn und Wangen.
»Eine sehr christliche Haltung, Mr. Lincoln.«

Sie wußte, daß er einmal im Jahr seine Familie in Coles County besuchte, und fragte sich, warum er eigentlich nicht wenigstens seine Stiefmutter, an der er sehr zu hängen schien, nach Springfield einlud. Sie entsann sich, wie aufgeregt er in Washington gewesen war, als er zwei Briefe erhalten hatte, einen von seinem Vater und einen von seinem Stiefbruder John Johnston, Sarah Bush Lincolns Sohn aus erster Ehe, und beide hatten Geld verlangt. Seinem Vater hatte er geschrieben, er sende ihm gerne die zwanzig Dollar, die Thomas Lincoln zu benötigen vorgab, weil ihm sonst sein Land verkauft würde, obgleich Abraham wußte, daß die Geschichte nicht wahr war; seinem Stiefbruder aber schrieb er, er halte es nicht für richtig, ihm die achtzig Dollar zu leihen, die John Johnston haben wollte, sondern er rate ihm, ›mit Zähnen und Nägeln für irgendwen zu arbeiten, der dafür bezahlt‹. Und er versprach ihm, für jeden Dollar, den sein Stiefbruder verdienen würde, aus seiner Tasche einen Dollar zuzulegen. Und als sein Stiefbruder schrieb, der Vater habe einen Herzschlag erlitten und liege im Sterben, da konnte Mary kaum begreifen, warum Abraham nicht auf der Stelle nach Hause fuhr. Drei Tage später kam die Erklärung in einem zweiten Brief. Der Vater war einfach erkältet gewesen und hatte sich inzwischen vollkommen erholt. Sie dachte an ihre eigenen Brüder, an George und Levi. Welche Familie hatte nicht ihre Komplikationen und mußte ihre Mitglieder wie ein lebendes Kreuz von Station zu Station schleppen?
Seit jener peinlichen Enthüllung hatte er auch nie mehr mit ihr über die uneheliche Herkunft seiner Mutter gesprochen. Während sie in Washington waren, hatte er sich mit verschiedenen Lincolns in Verbindung gesetzt, hatte versucht, festzustellen, ob sie mit seinen Großeltern verwandt waren; über die Frage der Familie seiner Mutter jedoch und ihres unbekannten Vaters hatte er Schweigen bewahrt.
Die Freude, mit der sie anfänglich ihre neue Schwangerschaft begrüßt hatte, wich der Sorge. Rührten ihre Rückenschmerzen von ihrer Ermüdung her oder waren Kräfte am Werk, die sich ihrer Herrschaft entzogen und sie abermals niederwerfen wollten?
Abraham hatte seine eigenen Sorgen. Das Frühjahr 1850 war mild, auf

den Prärien blühten die wilden Blumen, das Leben in Springfield verlief friedlich, doch die Drohung des großen nationalen Zwiespalts erfüllte die Luft. Seine bösen Ahnungen lasteten auf dem Haus, wenn er Mary über die Verschärfung des Sklavereikonflikts vorlas, über den die verschiedenen Zeitungen berichteten. Gewiß, die besten Köpfe des Landes waren damit beschäftigt, einen Kompromiß auszuarbeiten: wenn der Süden bereit war, für die Aufnahme Kaliforniens als freien Staat in die Union zu stimmen, dann würde der Norden dafür stimmen, daß entlaufene Sklaven nach einem Bundesgesetz ihren Eigentümern zurückgegeben werden müßten. Würde der Süden für die Zulassung von New Mexiko und Utah als Territorien ohne verfassungsmäßige Sanktionierung der Sklaverei stimmen, so würde der Norden darauf eingehen, daß in den neuen Territorien die Sklaverei nicht gesetzlich verboten wäre. Doch John Calhoun, der alte Staatsmann des Südens, verwarf jeden Kompromiß, drängte die südlichen Staaten dazu, sich aus der Union zurückzuziehen; die abolitionistischen Stimmen des Nordens, selbst die Horace Greeleys in der New Yorker ›Tribune‹, klangen ebenso schrill in dem Verlangen, der Süden solle aus der Union ausgestoßen werden.
Er schaute aus dem Meer von Zeitungen auf, das ihn auf dem Fußboden umwogte, und rief:
»Ich habe in Washington versagt... wenn ich jetzt dort wäre, könnte ich meine Stimme erheben... könnte mithelfen, die Extremisten vom Norden und Süden ein wenig näher aneinander zu bringen. Wie es jetzt steht, habe ich keinen Ort, wo ich mir Gehör verschaffen kann... und Präsident Taylor wird den Bürgerkrieg über uns heraufbeschwören! Habe ich alles getan, was in meiner Macht stand, um General Taylor ins Weiße Haus zu bringen, damit Präsident Taylor das Land an den Rand des Zerfalls führt?!«
Diese Atmosphäre der Angst steigerte Marys Nervosität, und Dr. Wallace verordnete ihr Bettruhe.
Ihr einziger Trost war, daß sie und Abraham in der Frage der Sklaverei miteinander übereinstimmten. Bei all den Stürmen im Kongreß, die ihre Köpfe umtobten, mitten in der Erregung, in den Steitigkeiten ihrer Freunde, bei ihrer eigenen, immer gegenwärtigen Angst, wußte sie nicht, wie sie das alles ausgehalten hätte, wären sie und Abraham über diese grundlegende moralische Frage nicht einer Meinung gewesen.
Nach drei Wochen bestand sie darauf, daß sie selber einige genießbare Mahlzeiten für die Familie kochen und das Haus von all dem Schmutz säubern müsse, den drei Dienstmädchen hinterlassen hatten, von denen jedes eine Woche geblieben war.
Am 4. Juli reiste Abraham nach Chicago zur Session des Distriktsgerichts der Vereinigten Staaten. Wenige Stunden nach seiner Abfahrt drang die

Nachricht nach Springfield, daß Präsident Taylor an der Cholera erkrankt war. Abraham hatte einmal gefragt: »Wie sollen wir uns vor einem Mann retten, der nicht begreift, daß er Präsident aller Bürger ist, aller Parteien, aller Staaten, und der, als Vater aller seiner Kinder, nichts dagegen tun kann, daß eines das andere vernichtet?«
Die Antwort erfolgte, als Präsident Taylor starb. Millard Fillmore, ein gemäßigter Mann, trat an seine Stelle. Mit Genugtuung erfuhr Mary, daß der frühere Kongreßmann Lincoln, der sich von der Politik zurückgezogen hatte, von den Whigs in Chicago aufgefordert worden war, die Gedenkrede für den toten Präsidenten zu halten, und daß er nicht glaubte, sich dieser Aufgabe entziehen zu dürfen.
Als er gegen Ende des Monats heimkehrte, herrschte im Land ein neues politisches Klima.
Friede senkte sich über Springfield und über die Vereinigten Staaten. Kluge, gemäßigte Männer hatten die Macht ergriffen. Im Mittelpunkt der Ereignisse, stärker als das Weiße Haus selber, stand Senator Stephen Douglas aus Illinois, in dem sich alle Kräfte vereinigten. Auf den Straßen, in den Geschäften, in den Häusern ihrer Freunde hörte Mary immer dieselbe Bemerkung:
»Stephen Douglas ist der nächste Präsident der Vereinigten Staaten.«
»Er hat die Stücke aufgehoben, die die alten Riesen nicht zusammenzusetzen vermochten«, gab Abraham zu. »Er hat uns vor dem Zerfall bewahrt. Dieses Organisationstalent ist es, warum uns Whigs von Illinois in den letzten zehn Jahren besiegt hat.«

Abermals mußte er dem Wandergericht nachreisen. Sie war im siebenten Monat, und das Gewicht ihres Zustandes lastete schwer auf ihr. Die Küche wurde zum Wohnzimmer, sie und Robert aßen ihre Mahlzeiten vor dem warmen Herd und blieben dort mit Fibel und Nähkorb sitzen, bis es Zeit war, zu Bett zu gehen. Seit Abrahams Niederlage im Kampf um das Landamt war er gegenüber der nationalen Politik und den Debatten im Kongreß gleichgültig geworden. Am wohlsten fühlte er sich immer noch in Männergesellschaft. Es war nicht nur die Erregung im Gerichtssaal, das rasche Erfassen der Rechtsfälle, wenn er sich in wenigen Minuten aus den Akten ein Bild machen mußte, es war auch die fröhliche Stimmung, wenn etwa der fast dreihundert Pfund schwere Richter David Davis sich vorbeugte und sagte: »Na, Mr. Lincoln, was meinen Sie dazu?« Und Abraham als offiziell anerkannter Humorist mit einer Anekdote antwortete, der schallendes Gelächter folgte. Die Nachtsitzungen im Hotelzimmer von Richter Davis, dem besten Zimmer des Gasthauses, waren für Abraham eine wahre Erholung. Hier hielten die Juristen die Parodie einer Sitzung ab, machten sich über die Geschehnisse des Tages lustig, die Flasche

ging im Kreise, es wurde gesungen, und man trennte sich erst um Mitternacht.
Auch die Unbequemlichkeiten dieser Reise schreckten ihn nicht, die verschlammten Straßen durch die Prärie, das ungenießbare Essen, die zwei oder drei Mann, mit denen man das Bett teilen mußte. Er saß in dem schäbigen Wägelchen hinter seinem Pferd Buck und studierte den Euklid oder Bücher über Erfindungen. Ihm machte es Spaß, hundert Fälle zu übernehmen, für seine Klienten zu siegen, die jungen Anwälte zu beraten, die sich an ihn wandten, für ein oder zwei Tage den Platz des Richters einzunehmen, wenn Davis verhindert war.
Während Abraham mit dem Gericht reiste und Robert in der Schule war, blieb das Haus still. Manchmal hatte Mary, wenn sie sich Tagträumen hingab, den Eindruck, als wäre sie noch ein junges Mädchen in Lexington, in einer Atmosphäre von heiterster Lebensfreude. Alles, was sich seither ereignet hatte, war ein Traum gewesen, sie war nie nach Springfield gekommen, hatte nie Abraham Lincoln kennengelernt, nie geheiratet, nie zwei Söhne geboren und den einen verloren, hatte nie aufwärts gestrebt, war nie in die Tiefe gefallen. Dann aber regte sich das Kind in ihr, der Traum wich dem greifbaren Leben und der Wirklichkeit von elf Jahren.

Ihr dritter Sohn war ein wahres Spiegelbild von Edward. Sie erkrankte am Kindbettfieber, und einen vollen Monat dauerte es, bis sie das Bett verlassen durfte. In ihrer Dankbarkeit für Dr. Wallaces aufopfernde Pflege nannten sie den Jungen William Wallace Lincoln.
Als sie ins Wohnzimmer kam, sah sie, wie Abraham mit gesenktem Kopf, die Hände auf dem Rücken, auf und ab ging.
»Es ist wieder mein Stiefbruder; er hat mir zwei Briefe geschrieben, mein Vater sei todkrank, und ich müsse auf der Stelle kommen. Hier ist noch ein dritter Brief! Jetzt klagt er mich an, ich nähme keinen Anteil an der Familie. Du weißt, daß das nicht wahr ist. Ich wünsche, daß weder Vater noch Mutter irgendeine Bequemlichkeit entbehren sollen, ob sie nun krank sind oder gesund, und sie haben bestimmt meinen Namen angegeben, wenn sie einen Doktor brauchten oder sonst irgend etwas haben wollten.«
Er schrieb an seinen Stiefbruder:

»Ich hoffe aufrichtig, daß Vater wieder gesund wird. Sag ihm, wenn wir uns jetzt begegnen würden, sei es ungewiß, ob das nicht eher peinlich als erfreulich wäre.«
Wenige Tage später erhielt Abraham die Nachricht, daß Thomas Lincoln gestorben war. Sie merkte, daß es nicht so sehr der Tod des Vaters war, unter dem er litt, als die Tatsache, daß er so wenig Trauer empfinden

konnte. Sie war überrascht, als sie entdeckte, daß er ebenso wenig verzeihen konnte wie ihre Schwestern.
Mit Abrahams Geschäften ging es nur langsam voran, obgleich die Alton- und Sangamon-Eisenbahngesellschaft ihm den Auftrag erteilte, bei der Session des Staatsparlaments ihre Interessen zu wahren, wenn neue Eisenbahngesetze beantragt wurden. Um fünf pflegte er zum Abendessen zu kommen, und dann spielte er mit dem Neugeborenen.
»Wir dürfen unsere Liebe für William nicht gar zu sehr merken lassen«, warnte Mary. »Robert ist zu jung, um zu begreifen, welchen Anteil an unseren Gefühlen die Dankbarkeit hat...«
Abraham las nicht mehr die neuen Bücher, die erschienen, doch als Robert in die Lateinklasse versetzt wurde, begann er mit dem Knaben zu studieren. Abends war er ruhelos, und das endete immer häufiger damit, daß er die Stiefel anzog, nach Mantel und Stock griff und in die Bibliothek des Obersten Gerichts ging, wo sich Anwälte und Parlamentarier trafen. Sie hielt es für rücksichtslos, daß er Abend für Abend ausging und sie mit den beiden Kindern allein im Haus ließ, doch sie war zu stolz, um ihm das zu sagen. Statt dessen kaufte sie Karten für einen Ball, der im neuen Saal über dem Postamt stattfand, und für Theatervorstellungen. Ihre Freundin Julia Jayne Trumbull kam aus Alton, und Mary lud dreißig Ehepaare zu Tisch. Als auch Lincolns daraufhin überall eingeladen wurden, murrte Abraham über das allzu anstrengende gesellschaftliche Leben. Doch das überhörte sie.
Als er sich Ende März darauf vorbereitete, für zehn Wochen mit dem Gericht zu reisen, ließ sie ihn nur ungern gehen.
»Abraham, kannst du diese Reise nicht mit Herndon teilen?«
»Dazu taugt Billy nicht. Ich schaffe viermal so viel wie er. Außerdem fühlt er sich unglücklich auf Reisen. Er will bei seiner Familie bleiben.«
Und du nicht, dachte sie. Darum bin ich sechs Monate im Jahr ohne Gatten.
Es war ihr nachgerade unheimlich, allein im Haus zu sein. Häufig glaubte sie auf der Hintertreppe Geräusche zu hören. Sie bat Howard Powel, den zwölfjährigen Freund Roberts, ob er nicht in Roberts Zimmer schlafen wolle. Für fünf Cent die Nacht erklärte er sich einverstanden.
Am Ende der zweiten oder doch der dritten Woche erwartete sie Abrahams Besuch, aber die Wochen vergingen und die vierte und fünfte auch. Als Abraham am Freitag der sechsten Woche nachmittags noch nicht gekommen war, sah sie sich genötigt, in seine Kanzlei zu gehen.
Sie zog ihr bestes Kleid an, dazu nahm sie einen rosa Shawl, und dann stieg sie die Stufen zur Kanzlei von Lincoln und Herndon hinauf. William Herndon erhob sich von dem einsamen Schreibtisch. Sie musterten einander über einen unüberbrückbaren Abgrund hinweg, er, das eine Auge

geschlossen, als könnte er sie so besser sehen. Sie sah, daß sein Haar und die Brauen noch immer leuchtend schwarz waren.

Sie wandte sich um und betrachtete die Kanzlei – die beiden verwahrlosten Arbeitstische, die in der Form eines T aneinandergerückt waren, die vier oder fünf Stühle, das lange, wacklige Sofa an der Wand, die Hinterfenster dunkel vor Staub, der Boden nicht gefegt; in einer Ecke waren Pflanzen aus den Samen gewachsen, die Abraham aus der Tasche gefallen waren, als er einmal Sämereien für den Garten aus Washington mitgebracht hatte.

Ihre Lippen verzogen sich vor Ekel, sie erinnerte sich an das Bureau ihres Vaters, das jeden Morgen geschrubbt worden war, bevor er es betrat, wie schön es mit seinen französischen Tapeten, den Jagdstichen, dem Schreibtisch und den Stühlen aus der Werkstatt der besten Möbelschreiner von Lexington ausgesehen hatte. Sie seufzte. Das war eine andere Welt, eine andere Zivilisation. Widerstrebend richtete sie die Blicke auf Herndon.

»Mein Mann hat mich ermächtigt, mir hier Geld zu holen, das ihm gehört.«

Sie hatte nie gewußt, daß ihr Ton so frostig sein konnte.

»Sie haben doch gewiß etwas zur Verfügung.«

Herndon öffnete die unterste Lade der rechten Schreibtischseite und wies auf eine Anzahl von Päckchen, jedes mit einer Schnur umwunden.

»Jedes Päckchen ist Mr. Lincolns Hälfte von einem Honorar. Bedienen Sie sich.«

Abermals musterte sie ihn, fühlte sich sehr versucht, ihm den Rücken zu drehen, durch die schmutzige Kanzlei und über die Treppe hinunter zu gehen, ohne das Geld anzurühren. Feuerrot und wütend über sich selber, bückte sie sich, nahm eine Handvoll der kleinen Päckchen, ließ sie in ihre Einkaufstasche fallen, fegte mit dem weiten Rock den Boden und verließ wortlos den Raum.

Um Mittag am nächsten Tag erschien Abraham und brachte zweihundert bare Dollar mit. Sie litt noch unter der peinlichen Szene des Vortags und darunter, daß sie neun Wochen lang nichts von ihm gehört hatte, und als er sich herunterbeugte, um sie zu küssen, entzog sie ihm die Wange.

»Wie soll man da nicht verdrossen sein?« warf ihr Abraham vor. »Ich habe die lange Reise nicht darum gemacht, um mich über das Wochenende hinweg zu zanken.«

Jeder lag auf seiner Seite des Betts, Mary so nahe am Rand, daß sie meinte, sie würde herausfallen. Nach einer Weile sagte er:

»Aber Molly, wir wollen doch nicht schmollen.«

Und damit war es wieder gut.

Der Sommer begann früh, heiß und stickig. Wieder schlug die Cholera zu, und mancher starb daran. Mary versuchte, Robert im Haus zu halten, doch er schrie, daß die Täfelung an den Wänden wackelte. Die einzige erfreuliche Erscheinung der drückenden Jahreszeit war, daß Abraham, während das Gericht in Springfield tagte, viel zu tun hatte. Eine Anzahl wichtiger Fälle aus Handelskreisen mit entsprechend höheren Honoraren fiel ihm zu.

In der zweiten Septemberwoche war er wieder auf der Reise, die bis Ende November dauern würde. Er versicherte ihr, er werde heimkommen, wann er nur könnte, doch einige Anwälte in den Bezirkshauptorten sparten jetzt ihre wichtigsten Fälle für ihn auf, und das hieß, daß er über das Wochenende mit den Akten beschäftigt war.

Sie fand ein hochgewachsenes, rothaariges, blauäugiges, sommersprossiges irisches Mädchen, das eben in Springfield angekommen war und sich nach einer Unterkunft umsah. Mary räumte ihr Nähzimmer aus und brachte dort die junge Sarah unter, die sich als gute Arbeitskraft erwies. Für Mary war es beruhigend, noch einen erwachsenen Menschen im Haus zu haben.

Sie erhielt keine Briefe von Abraham, nur gelegentlich eine Botschaft durch einen der Anwälte aus Springfield, der für ein Wochenende heimkam. Als er in der siebenten Woche nicht zurückgekehrt war und sie wußte, daß alle anderen Anwälte zum mindesten einmal bei ihrer Familie gewesen waren, fehlte er ihr nicht nur, nein, sie schämte sich. Ihre Demütigung geheimzuhalten war unmöglich. War er zu stark beschäftigt? Müde? Gleichgültig?

In den ersten Monaten ihrer Ehe war Abraham der einzige Anwalt gewesen, der die sechzig langen Meilen geritten war, um einen Samstagnachmittag und einen Sonntag bei seiner Frau zu verbringen. Und damals war sie stolz gewesen; war dies nun eine Strafe für ihren Stolz?

Die Wochen wurden zur Hölle. Ihre Kopfschmerzen stellten sich wieder ein, sie lag mit offenen Augen wach, fühlte sich elend, zählte die Stunden.

Am Ende der zehnten Woche gelangte sie zu der Überzeugung, daß ihr Mann grausam gegen sie und die Kinder war. Mit ein wenig Gefühl, mit ein wenig Güte hätte er doch um ihretwillen heimkommen müssen.

Und dann kam er knapp vor dem Mittag eines Waschtags, als das ganze Haus nach Seife und Dampf roch. Sie sah ihn über die Anfahrt herankommen, Wagen, Pferd und Abraham vom gleichen grauen Staub bedeckt. Als er durch den Hof und über die Stufen ging, sagte sie von einem der Bottiche her:

»Du hättest zu keiner gelegeneren Zeit kommen können… wenn du schmutzige Wäsche hast.«

Er musterte die Hinterfront eines breitschultrigen Mädchens mit roten Armen, gequollenen Fingern, das Wäsche an eine Leine hängte. Mary erklärte, Robert sei in der Schule und William mit einer Kolik im Bett. »Er ist nun einmal so geartet; Kolik bekommt er nur an Waschtagen. Was hast du denn da in diesem braunen Papier, Abraham? Eine Perlenschnur für mich?«

»Ein Beefsteak.«

Das Beefsteak kam zum Vorschein, roh an dem einen, verbrannt an dem anderen Ende, und als sie sich zu Tisch setzte, bemerkte sie, daß das Tischtuch mit der verkehrten Seite nach oben lag, im Brot war zu viel Natron, der Tee schmeckte wie verhext, die Milch war sauer. Sie hatte das Gefühl, daß in all dem eine gewisse strafende Gerechtigkeit zu spüren sei.

Sie hatte den Eindruck, als wäre ihr Gatte nicht in seiner Gesamtheit zurückgekehrt, zum mindesten nicht in das Haus in der Eighth Street. Es war wenig Freude in ihm, wenig Anteilnahme. Ein Dutzend Zeitungen lag ungeöffnet da, er gab sich nicht einmal die Mühe, Stephen Douglas' große Rede vor dem Senat der Vereinigten Staaten zu lesen. Sie erzählte ihm von den neuen Büchern, die sie während seiner Abwesenheit gekauft hatte, las ihm daraus vor, was sie für interessant hielt; er nickte ernst und saß schweigend da. Als Harriet Beecher Stowes ›Onkel Toms Hütte‹ in Buchform erschien, verschlang Mary das Buch auf einen Sitz; doch als sie es Abraham reichte, warf er nur einen Blick auf das Titelbild, den Holzschnitt einer Negerhütte, dann legte er das Buch beiseite und wandte keine einzige Seite um.

War er von den Ergebnissen seiner Reise enttäuscht? Er versicherte ihr, daß er keinen Mißerfolg erlebt hatte, ausgenommen einen oder zwei Fälle, die noch vor eine höhere Instanz kommen sollten.

Was also hatte ihn dahin gebracht, sozusagen wie in eine dunkle Winterhöhle zurückzukehren? Das Gefühl einer Schuld, weil er zehn Wochen lang nicht heimgekehrt war, gewiß nicht. Ihm war anscheinend nie bewußt geworden, daß sein Fernbleiben sie kränken könnte. War es, daß er sich während der zehn Wochen dieser Fahrt über tausend Meilen heiter und lebensfroh gefühlt hatte und daß er die Heimkehr als langweilig oder sinnlos empfand?

Als sie am nächsten Sonntagmorgen aus der Kirche kam, sah sie Abraham, der den Wagen mit dem einjährigen William schob. Bei der Kreuzung der Market Street fiel William aus dem Wagen auf den harten, schmutzigen Boden und erhob ein entsetzliches Gebrüll. Und dennoch war es nicht laut genug, um die Gedanken des Vaters zu durchbrechen, denn Abraham schob, den Kopf auf die Brust gesenkt, den leeren Wagen bis zur Ecke weiter.

Sie lief, so rasch ihre Reifröcke es erlaubten, hob das Kind auf und beruhigte es. Unterdessen hatte Abraham bei der Ecke kehrtgemacht und kam auf sie zu.
Als er sie erreichte, sie vor ihm stand und ihm den Weg versperrte, war er sehr überrascht, William in ihren Armen und nicht in seinem Wagen zu finden.
»Mr. Lincoln«, sagte sie, »welchen Weg müssen Sie in Ihren Gedanken zurückgelegt haben, wenn Sie nicht einmal merken, daß Ihr eigenes Kind aus dem Wagen gefallen ist!«
»Es ist eine harte Welt, Mary«, sagte er bekümmert. »Immer wieder fallen die Menschen aus dem Wagen. Willie mag sich nur rechtzeitig daran gewöhnen.«
Er hatte verschiedene wichtige Fälle, gewann Prozesse, doch seine Stimmung blieb bedrückt. Sie erkannte, was für eine ungeheure Leere übrigblieb, als die Politik aus ihrer beider Leben verschwunden war, wieviel ihrer Zeit dem Studium und der Erörterung der Ereignisse gehört hatte. Obgleich er zum Mitglied eines Staatsausschusses der Whigs ernannt worden war und auch ersucht wurde, bei der Auswahl der Delegierten für den nationalen Whig-Convent mitzuhelfen, entbehrte diese Tätigkeit jeder Stimulanz. Als Ninian Edwards die Partei der Whigs verließ und sich den Demokraten anschloß, der erste Abtrünnige in ihrem Kreis, war Abraham viel zu gleichgültig, um sich darüber aufzuregen.
In der ersten Aprilwoche hätte er wieder wegfahren sollen. Wenn sie ihm nicht sagte, was für eine harte Probe für ihre Nerven und ihre Gesundheit diese Trennung war, hatte sie dann ein Recht, ihn für rücksichtslos zu halten? Und wenn sie das Problem mit leichter Hand zu lösen versuchte? So begann sie eines Abends:
»Abraham, du wirst hoffentlich nicht so schwer arbeiten, daß du als der schwerreiche Geschäftsmann heimkommst, der du ja nicht sein willst.«
»Kleine Honorare, kleine Einnahmen.«
»Warum richtest du es nicht so ein, daß du zwei oder drei halbe Wochen daheim bist? Du könntest zwischendurch frische Wäsche brauchen ... und eine genießbare Mahlzeit ...«
Ihre Stimme klang heiter, und er ging darauf ein.
»Es heißt, die Küche daheim sei die beste.« Doch schon war es mit der Stimmung wieder vorbei. »Manchmal ziehen sich die Verhandlungen auch über Freitag und Samstag hin. Ich kann nicht wegen einer Samstagnacht und eines Sonntags fünfzig Meilen reiten.«
»Armer Mann, jetzt weiß ich, warum man dich ›Alter Abe‹ nennt.«
Er wurde rot, wandte sich ab.
»Laß doch einmal einen Gerichtsort aus. Dann kannst du Mitte Mai eine Woche daheim sein. Und die paar Dollar werden uns nicht fehlen.«

»Es geht nicht nur um das Geld... die Leute erwarten mich... Anwälte, Klienten... es wäre unkorrekt, wenn ich sie sitzen ließe.«
»Und ist es gerecht, mich sitzen zu lassen?« Ihre Stimme hatte sich gehoben. »Oder deine beiden Söhne?« Sie wartete, bis die Erregung in ihr abgeebbt war. »Es tut mir leid, daß ich scharf geworden bin, aber du kannst unmöglich wissen, wie schwer es für uns ist, wenn du so lange fortbleibst. Was soll ich Robert erwidern, wenn er sagt: ›Onkel Stuart oder Onkel Logan ist daheim, oder Ben Edwards... warum kommt mein Vater nicht auch?‹ Kann ich ihm sagen, daß wir ärmer sind als die anderen oder daß du uns weniger lieb hast?«
Er wurde weich. Schon machte sie sich Vorwürfe. Doch er war so unerbittlich gewesen.
»Schön, Mary, ich komme heim. Wann, das kann ich nicht genau sagen... wenn gerade weniger Verhandlungen sind.«
Sie wandte sich ab; die Auseinandersetzung hatte sie müde gemacht.
»Wenn du das Gefühl hast, daß du bleiben mußt, dann bleib; wir werden schon irgendwie überleben.«
Und so fuhr er los in dem schäbigen Wägelchen, hinter Buck, den grünen Regenschirm neben sich, den alten Hut auf dem Kopf, den blauen Radmantel aus Washington über den Schultern, ein Hosenbein in den Stiefel gesteckt. Sie brauchte nicht erst zu warten, um zu wissen, daß es keine Woche mit wenigen Verhandlungen geben werde, keine Woche, nicht einmal einen Tag dieser vergehenden Frühlingsmonate, der ihr gehören würde.

Gegen Mitte Juni kehrte er heim, kam eines Nachmittags spät vom Platz zum Haus, die Reisetasche in der Hand. Wagen und Pferd hatte er in einer Fuhrhalterei eingestellt. Mary saß am Fenster im Wohnzimmer und half Robert bei seinen Rechenaufgaben. William spielte auf dem Fußboden. Sie war blaß und mager, die beiden Furchen auf der rechten Seite ihres Gesichts hatten sich vertieft, der Fremde hinter ihren Augen war jetzt ihr ständiger Gefährte. Sie sah Abraham durch die Eighth Street gehen, das lange, schmale Gesicht verdrossen, mißgestimmt. Die Schwermut tropfte von ihm, sollte Herndon später schreiben. Sekundenlang blieb sie sitzen und dachte nach. Keinen verdrosseneren Mann konnte es auf der Welt geben! Und was war schwerer für eine Frau zu ertragen als das?!
Sie wartete im Vorzimmer, als er die Stufen zur Vordertür heraufkam. Als er nach dem Knauf griff, öffnete sie die Tür. Vor ihr stand der Abraham Lincoln des Novembers 1840, der nach der Niederlage zurückgekehrt war, so völlig ein Bild des Jammers, wie sie nur je eins gesehen hatte. Jetzt wie damals saß das linke Auge hoch unter dem Lid, war das Gesicht ein Gewebe wirrer Fältchen, seine Haut fahl, seine Lippen trocken und asch-

grau. Damals war er einige Wochen fort gewesen, hatte für die Wahl Harrisons gekämpft, die Hoffnung auf den Sieg der Whigs hatte ihn erfüllt und die Hoffnung auf einen wichtigen Posten; wenige Abende später war er dann zu ihr ins Haus gekommen, um ihr zu sagen, sie müsse ihn freigeben. Jetzt, als er in der offenen Tür vor ihr stand, tiefe dunkle Ringe unter den Augen, gebeugt, Erschöpfung und Verzweiflung im ganzen Körper, da fragte sie sich:

Welch furchtbare Niederlage muß er diesmal erlitten haben? Was wird er mir diesmal erzählen?

Nach dem Abendessen, nachdem er Robert eine Geschichte vorgelesen und mit William gespielt, nachdem er die Kinder zu Bett gebracht hatte, saßen sie Seite an Seite in den großen Schaukelstühlen vor dem erloschenen Feuer, und keine Verbindung knüpfte sich zwischen ihnen. Eine Frage würgte sie in der Kehle:

Warum sieht er so aus?

Schließlich begann sie zu reden, erzählte ihm, daß sie das Sakrament genommen hatte und der Ersten Presbyterianischen Kirche beigetreten war, verriet ihm aber nicht, wie dringend sie den Trost der Kirche benötigt hatte, sie erzählte ihm die tausend winzigen Geschehnisse dieser Wochen; was sie ihm nicht erzählte, war, daß der ganze Ort darüber klatschte, warum Abraham Lincoln nicht mehr heimkam.

Es war recht ironisch, daß er gerade diesmal ansehnliche Honorare heimbrachte – genug, um ihnen eine gewisse Behaglichkeit zu sichern. Was also hatte diese Niedergeschlagenheit, diesen heftigen Anfall seiner ›Hypo‹ verursacht, die sich weder durch Ruhe noch durch gute Verpflegung noch durch ein bequemes Bett noch durch finanzielle Sicherheit heilen ließ?

Während sie sich in der Küche beschäftigte, schob er sich einen Stuhl an die Wand, verschränkte die Hände über den Knien, sah bekümmert drein. Und das konnte stundenlang ununterbrochen andauern. Dann aber warf er plötzlich den Kopf zurück, erzählte ihr eine Anekdote. Oder er stand brüsk auf, stapfte aus dem Zimmer ... aus dem Haus.

Sie sah nur wenig von ihm. Den Sonntag verbrachte er in seiner Kanzlei am Schachbrett und kam nur heim, wenn sie Robert zu ihm schickte, um ihm zu sagen, das Essen sei bereit. Sie wehrte sich nicht gegen diesen Zustand, denn in seiner Abwesenheit war er für sie lebendiger als in seiner Gegenwart. Wenn er schließlich am Ende des Tages heimkam, saß er manchmal vier Stunden lang vor dem Kamin, den Kopf auf die Brust gesenkt, reglos wie ein Toter. Er war schweigsam, öffnete kaum die Lippen, nichts, was in ihm vorging, ließ er erraten, und so schwach war die Lebenskraft, die von ihm ausging, daß sie ihn manchmal weder hörte noch spürte, wenn er ins Zimmer trat. Sie hatte keinen Zugang zu dem, was

er in diesen langen Stunden denken mochte. Dachte er denn überhaupt oder ließ er sich einfach in einen Sumpf von Schwermut versinken?
Sie litt, wie sie in den zwanzig Monaten gelitten hatte, nachdem Abraham sich von ihr getrennt hatte. Jetzt hatte sie einen Gatten, zwei Kinder, ein Heim, doch ihr Leiden war heftiger, der Mißerfolg bohrte tiefer, die über allem lastende Tragödie war wuchtiger. Damals war sie ein junges Mädchen gewesen, dem der Verlust des Liebsten drohte. Jetzt war sie ein für allemal gebunden. Verlor sie die Liebe ihres Gatten, so war sie zu einem gescheiterten Dasein verdammt.
Die heißen, stickigen Sommertage waren nicht anders, als sie damals gewesen waren, aber jetzt war sie elf Jahre älter. Kränkungen, Narben hatten sich angesammelt. Edwards Tod, das Ende ihrer beider öffentlichen Laufbahn, ihres Ehrgeizes. Nicht länger konnte sie die Decken über den Kopf ziehen, sich vor der Welt verstecken. Abraham war nicht mit Absicht gleichgültig, manchmal versuchte er, ihr diese oder jene Bürde abzunehmen, doch die wahre Bürde – gegen die vermochte er nichts zu tun, denn er selbst war diese Bürde. Wie brachte sie es nur fertig, nicht darunter zusammenzubrechen?
Wenig Trost fand sie darin, daß er die übrige Umwelt nicht anders behandelte als seine Frau. Auf der Straße sah er Freunde blicklos an, schüttelte Hände, ohne zu merken, wem sie gehörten. Selbst vor Gericht umgab ihn diese Einsamkeit.
Früher, wenn er niedergeschlagen gewesen war, hatte sie bewußt Anstrengungen unternommen, um einen Ausgleich zu schaffen, dafür gesorgt, daß die Stimmung im Haus fröhlich war, sich gezwungen, ein heiteres Lächeln zu zeigen, hatte ihm seine Lieblingsspeisen bereitet oder eine neue Vase oder ein Bild gekauft. Jetzt aber besaß sie die Kraft dazu nicht mehr. Wenn sie diese Stunden öden Schweigens nicht länger ertrug, schrie sie ihn an, und dann ging er wortlos aus dem Haus und blieb den ganzen Tag fort. Einmal, als sie in höchster Erregung war, bemerkte er trocken:
»Mary, manchmal machst du dieses Haus unerträglich.«
»Ich mache dieses Haus unerträglich!« schrie sie. »Und was tragen denn deine charmanten Manieren dazu bei, dieses Haus glücklich zu machen?«
Nein, das Heim war verdüstert, belastet von Abrahams zähem Schweigen, von seinem rauhen Wesen. Kurze Lichtblicke gab es, Minuten verzweifelten Alleinseins, wenn das Bedürfnis nacheinander größer war als Ferne und Hindernisse, die das Geschick zwischen sie geschoben hatte. Doch das verging schnell im Dunkel des Unenträtselten, konnte nicht wiedergefunden werden, wenn die Sonne sich hob und die problembeladene Welt die Herrschaft wieder an sich riß.

Sie wußte, daß sie sich selbst wehtat, wenn sie ihren Stimmungen nachgab, doch sie besaß nicht länger die Kraft, sich zu beherrschen. Auf ihr lastete auch die bittere Erkenntnis, daß sie in dem jahrelangen Kampf gegen William Herndon unterlegen war. Früher hatte Abraham möglichst wenig Zeit in seiner Kanzlei verbracht, jetzt blieb er dem Haus fern, um mit dem Mann beisammen zu sein, den er so zärtlich Billy nannte. Fand Abraham bei seinem Partner Frieden? Fand er dort Entspannung?
Dieses Erlebnis erschütterte sie, alle Hilfsquellen in ihr waren aufgebraucht. Wie lange kann ich das aushalten? So fragte sie sich. Wenn ich vernichtet werden muß, warum kann es nicht im Rahmen einer großen Tragödie geschehen, wo ich mein Glück wenigstens für eine edle, gewaltige Sache aufopfere? Doch in dem gequälten Schweigen der Küche, in der Verständnislosigkeit im Wohnzimmer, in dem Gezänk des Schlafzimmers befangen zu sein – welche entsetzliche Art, ein Leben zu vergeuden! Welch schmähliches Ende!

Ihr früherer Verehrer Edwin Webb war von den Whigs für den Posten des Gouverneurs nominiert worden. Mary bot sich an, ihm behilflich zu sein, weil sie die zähe Kraft bewunderte, mit der er unter so hoffnungslosen Bedingungen den Kampf aufnahm. Henry Clay starb, und alle Todds waren mit ganz Springfield in der Trauer vereint.
Als am 16. Juni 1852 Stephen Douglas im Kampf um die Nominierung des demokratischen Präsidentschaftskandidaten von einem unbekannten Politiker aus New Hampshire, Franklin Pierce, besiegt wurde, hob Abraham die Brauen... erleichtert? Später, als sie sah, wie er Douglas' erste größere Rede während der Wahlkampagne las, bemerkte sie, daß er erst rot und dann aschgrau wurde. Darum war sie auch nicht weiter überrascht, als sie erfuhr, daß er Mr. Douglas öffentlich antworten wollte. Er schrieb seine Rede nicht daheim nieder. Sie wußte nicht einmal, ob ihm daran gelegen war, daß sie ihn zu der Versammlung begleitete, als er ins Wohnzimmer trat und sagte:
»Bist du noch nicht angezogen?«
Sie sah das als Aufforderung an und zog, so rasch sie konnte, ein dunkelblaues, sommerliches Leinenkleid an.
Es war das erste Mal, daß sie Abraham in einer öffentlichen Rede gehässige Wendungen benützen hörte, und es wurde ihr klar, daß er von Eifersucht verzehrt wurde. Vieles in Abrahams Rede fand sie stumpf und schlecht ausgedrückt; wenn er seine Stimme zu höchstem Falsett erhob, um ein Lachen zu ernten, waren seine Geschichten witzlos und mäßig geschmackvoll. Gedemütigt saß sie da; nicht einmal aus seiner ersten Zeit, als er noch nach Ausdrucksmitteln getastet hatte, konnte sie sich an eine so kümmerliche Leistung entsinnen.

Die brütende Sommerhitze dauerte an; ebenso die düstere Stimmung im Haus. Manchmal geriet sie über Dinge außer sich, die sie noch vor einem Jahr nicht beachtet hätte. Sie hatte Streit mit Kaufleuten, mit dem alten Gärtner, sie wollte einem der irischen Mädchen, Katy, den Wochenlohn nicht von 1,25 auf 1,50 erhöhen. Und so kündigte das Mädchen. Kurz darauf sah sie Katy mit Abraham auf der hinteren Veranda im regen Gespräch.

»Darf ich fragen, was ihr beiden zu flüstern habt?«

»Ach, ich habe Katy überredet, zu bleiben.«

Als sie am nächsten Samstag Katy 1,25 bezahlt hatte, schlich sie in die Küche und sah, wie Abraham dem Mädchen ein Geldstück zusteckte. Sie ging ins Wohnzimmer zurück und wartete, bis Abraham kam.

»Was hast du Katy gegeben?«

»Einen Vierteldollar.«

»Einen Vierteldollar? Wofür?«

»Damit sie bleibt. Es ist zu heiß, als daß du die schweren Hausarbeiten übernehmen könntest.«

»Du hast nicht das Recht, hinter meinem Rücken mit den Dienstboten zu verhandeln. Kein Wunder, daß sie sich über mich lustig macht!«

»Sie hat sich nicht über dich lustig gemacht. Sie ist nur froh darüber, daß sie den Lohn bekommt; den sie, ihrer Ansicht nach, verdient.«

»Ich suche die Dienstboten für dieses Haus aus, und ich weiß, was sie wert sind. Du wirst so freundlich sein, zu Katy zu gehen und ihr zu sagen, daß ich auf ihre weiteren Dienste verzichte.«

Sie plackte sich vom Morgen bis zum Abend durch tausend Geschäfte des Haushalts hindurch, aber es war schwierig, Abraham dazu zu bringen, daß auch er seinen Teil beitrug. Die Kiste für das Brennholz war häufig leer, und sie mußte rufen: »Feuer! Feuer!« So hoffte sie, ihn seiner Lethargie zu entreißen. Einmal, als sie das Abendessen kochen mußte und er in seinem Stuhl an der Wand saß und ihre Bitten um Feuerholz nicht beachtete, griff sie nach dem letzten Scheit in der Kiste und warf es nach ihm. Sie traf ihn an der Nase, die Haut war aufgerissen, und sie stürzte mit Wundpflaster und vielen Entschuldigungen herbei. Am nächsten Tag war die Geschichte stadtbekannt. Sicher hatte Herndon dafür gesorgt. Aber das hätte er ja nicht tun können, wenn Abraham ihm nicht enthüllt hätte, was am häuslichen Herd geschehen war.

Sie wußte auch, daß der Stadtklatsch sie für Abrahams Unglück verantwortlich machte. Seine Freunde sagten: »Armer Abraham Lincoln! Mit Mary Todd verheiratet zu sein!« Wenn sie die volle Wahrheit gekannt hätten, vielleicht hätten sie dann eher sagen können: »Arme Mary Todd! Mit Abraham Lincoln verheiratet zu sein!« Denn es gab auch Leute, die Abraham schwermuttriefend durch die Gassen wandern sahen und be-

griffen, was sie ertragen mußte. Sie hatte Freunde und teilnehmende Bekannte ebensogut wie Verleumder.
Dann, genau zwei Tage bevor er wieder seine Reise mit dem Gericht antrat, entdeckte sie, daß sie schwanger war. Mit bösen Ahnungen nahm sie es zur Kenntnis. Wie sollte sie das aushalten, da die schwere Last der Entzweiung auf ihr lag? Vielleicht, wenn sie es Abraham erzählte, würde ihn das aus seiner Eigenbrötelei reißen. Er wußte ja, wie sehr sie gelitten hatte, als sie William trug; vielleicht würde er jetzt häufiger heimkommen. Vielleicht weckte ihn diese Nachricht...
Aber Mitleid wollte sie nicht. Noch würde ihr Stolz ihr erlauben, aus ihrem Zustand einen Vorteil zu ziehen. Kein Wort würde sie sagen. Wenn er heimkam, würde er es ja selber merken, und dann wäre noch immer Zeit genug...
Am nächsten Morgen erwachte sie und fühlte sich elend. Sie konnte kaum die Hinterveranda aufräumen. Dort fand Abraham sie, trat hinter sie und fragte mitleidig:
»Mary, wovon bist du denn krank geworden?«
Sie antwortete nicht. Ihre Hände zitterten, in der frühen Morgensonne war ihr Gesicht senfgrün. Langer musterte er sie, und dann fragte er:
»Mary... bist du... ist's wieder ein Kind?«
Sie nickte. Er beugte sich zu ihr hinunter, strich mit dem Finger über ihre Wange. Und dann sagte er:
»Ich habe versprochen, in der kommenden Woche von Pekin nach Peoria zu fahren, und in der Woche darauf habe ich in Bloomington zu tun, doch nach der zweiten Woche kann ich herüberkommen und nach dir sehen...«
Sie stand auf, goß Wasser in ein Becken, benetzte ihr Gesicht.
»Mir wird's schon gut gehen. Was willst du zum Frühstück?«
Er überhörte ihre Frage.
»Jedenfalls werde ich nicht länger als einen Monat wegbleiben. Stephen Douglas spricht hier für Franklin Pierce, und ich habe vor, ihm zu antworten.«
Stephen Douglas war offenbar der einzige, der ihn noch seiner Stimmung entreißen konnte... ja, um seinetwillen kam Abraham sogar von der Reise heim.
Sie biß sich auf die Lippen und sagte nichts; sie trat an den Herd und tat Eier und Speck in die Pfanne.

Für Improvisationen hatte Mary nicht viel übrig; sie gab gern Gesellschaften, aber sie mußten rechtzeitig angesetzt sein, damit das Essen sorgfältig vorbereitet werden konnte, das Haus blitzte und blinkte, die Gastgeberin Zeit hatte, sich entsprechend anzuziehen. Und da sie ihre

Freunde nie dazu ermutigt hatte, unverhofft bei ihr einzudringen, war sie fast immer ganz allein.

Eliza Francis kam zu ihr, nicht sosehr, um sie aufzuheitern, sondern um ein Band zwischen ihrer beider Kümmernisse zu knüpfen. Denn der einzige andere Mann in Springfield, der ebenso unglücklich und erfolglos zu sein schien wie Abraham Lincoln, war Simeon Francis. Bei der Zersplitterung der Whig-Partei, bei ihren ständigen Niederlagen in Illinois hatte Simeon schließlich sein ›Journal‹ so absinken lassen, daß es schließlich tief unter dem ›Register‹ stand und kaum anderes enthielt als landwirtschaftliche Nachrichten. Simeon wollte eine Gärtnerei beginnen, denn »wenn Pflanzen auch von Frost und Sturm vernichtet werden können, so werden sie doch nicht von den alljährlichen Wahlen zerfressen«. Aber er fand keinen Käufer für sein Blatt.

Als sie und Eliza im Wohnzimmer saßen und in verzweifelter Stimmung Kaffee tranken, fragte sich Mary, ob das, was Abraham und Simeon zustieß, das allgemeine Schicksal des Mannes war, der die mittleren Jahre erreicht und die Unerfüllbarkeit seiner Wünsche erkannt hatte. Abraham war erst dreiundvierzig Jahre alt, und doch hieß er allgemein der ›alte‹ Abe. Als ihr Vater mit achtundfünfzig starb, war er noch Mitglied des Parlaments von Kentucky, war Direktor der Bank und verschiedener Fabriken, leitete eine Anzahl Firmen, war jung in seiner Liebe für alle guten Dinge des Lebens.

Sie selbst sah sich mit ihren dreiunddreißig noch als junge Frau an. Ihr Glaube an Abraham war unzerstörbar, sie hatte ihn um dieses Glaubens willen liebgewonnen, ihn um dieses Glaubens willen geheiratet, um dieses Glaubens willen die Jahre geduldigen Wartens überdauert. Doch aus irgendeinem, in seinen eigenen Bedürfnissen beschlossenen Grund ließ Abraham sich abwärts gleiten durch Dantes Fegefeuer bis in die tiefste Tiefe des Abgrunds, wo die letzte seiner Bestrebungen sich an den harten Felsen zu Staub zerrieb. Und je mehr die Zukunft sich ihm verschloß, desto mehr wandte er sich von ihr ab.

In den Liebesromanen der Weltliteratur hatte sie gelesen, wenn ein Mann in der Außenwelt Enttäuschungen erlebte, würde er Trost bei der Gefährtin seiner Liebe suchen, dort erneute Lebenskraft schöpfen. Wenn aber ein Mann die Lust am Leben verloren hatte, verging dann auch seine Lust an der Liebe?

Eines Nachmittags kam ihre Schwester Ann, die kürzlich mit ihrem Mann, Clark Smith, nach Springfield übersiedelt war. Die rundliche kleine Gestalt hastete durch die Eighth Street, als ob jede gewonnene Sekunde von entscheidender Bedeutung wäre.

»Ann, du zitterst ja so! Das muß eine besonders gute Nachricht sein, die du mir bringst!«

»Ich wollte, es wäre eine gute Nachricht, Mary... aber immer ist's die Frau, die's zuletzt erfährt.«
Marys Knie begannen zu wanken.
»Willst du nicht eine Tasse Kaffee, um dich zu stärken, während du deine schlechten Nachrichten auspackst?«
»Dieses Frauenzimmer ist's... diese Lois Hillis... die Sängerin... es scheint, daß Abraham zu allen ihren Konzerten geht... allein... er will nicht einmal mit Stuart oder seinen Freunden zusammensitzen...«
»Er ist immer gern allein bei Unterhaltungen.«
»Ja, ja, kann sein... aber das ist's nicht, was Clark heute in seinem Geschäft gehört hat. Jeder bei der Gerichtsreise soll es bemerkt und deinen Mann gewarnt haben, sich nicht einzulassen...«
»Nun, nun, Ann!«
»Vorige Woche waren sie, wie's heißt, in demselben Hotel, und Abraham hat diese Mrs. Hillis aufgefordert, ihm einige seiner Lieblingslieder zu singen, und das hat sie getan, und dann sagte sie, nun müsse er auch etwas zur Unterhaltung beitragen, und da ist er aufgestanden und hat alle Verse von ›Ach, warum sollte der Sinn des Sterblichen stolz sein?‹ vorgetragen. Und als das vorüber war, ist diese Lois Hillis auf Abraham zugegangen und hat ihm gesagt, wie schön das war und ob sie nicht eine Abschrift haben könnte. Da sagte Abraham: ›Das ist die einzige Frau, die mich je genügend geschätzt hat, um mir ein Kompliment zu machen‹, und da erklärte Richter Davis: ›Was, Lincoln, und ich meinte doch, Sie wären der Liebling des schönen Geschlechts!‹ Und da haben alle Männer ein stürmisches Gelächter erhoben.«
Mary glühte. War es kein Kompliment, daß sie sich in ihn verliebt, ihn geheiratet hatte? Ann sah, daß sie eine Flamme entzündet hatte, und rückte näher.
»Am nächsten Morgen war der Anwalt, der es Clark erzählt hat, sehr früh aufgestanden, und als er in den Speisesaal hinunterkam, da stand Abraham hinter dem Stuhl der Hillis, während sie das Gedicht las, das er für sie aufgeschrieben hatte! Und was sagst du dazu?!«
Mary ahnte, was Ann gern gehört hätte, und so erwiderte sie ausweichend: »Abraham schläft unterwegs immer nur wenig. Es hat ihm sicher Vergnügen bereitet, das Gedicht aufzuschreiben. Da sagt man immer, daß die Frauen verklatscht sind; wenn dieser Anwalt die Sache nicht Clark erzählt hätte und Clark nicht dir, wie hättest du dann mit dieser ergötzlichen Geschichte zu mir kommen können?«
Sie fütterte ihre Schwester mit Kaffee und Kuchen, doch als Ann gegangen war, warf sie sich aufs Bett und lag schwer atmend da. Es war unvorstellbar... nein, sie durfte sich nicht erlauben, eine Kränkung zu empfinden... oder sich mit Eifersucht zu quälen.

Doch am nächsten Morgen war sie zu elend dran, um aufzustehen. Sie schickte Robert zu Francis hinüber und ließ bitten, Dr. Wallace möchte doch vorbeikommen. Als er kam, redete sie sich die ganze qualvolle Geschichte der vergangenen zwei Unglücksjahre vom Herzen.

»Warum habe ich so wenig Selbstbeherrschung, William? Warum muß ich so zusammenbrechen, wenn andere Frauen doch ebenso, vielleicht auch mehr gelitten und es doch fertiggebracht haben, ruhig zu bleiben?«

»Nur scheinbar«, erwiderte William Wallace ausdruckslos. »Du kennst die Art ihres Leidens nicht so gut, wie du dein eigenes kennst. In Anbetracht der Schwere, der Unerträglichkeit deiner Bürde, Mary, möchte ich sagen, daß du dich recht gut hältst.«

Sie hob sich auf die Ellbogen und starrte ihn ungläubig an.

»Das glaubst du wirklich, William?«

»Ja, du hast es schwer, und ich weiß, wie hart du geprüft bist.«

»Ach, William, wenn ich nur abgestumpfter wäre...«

»Dann wärst du nicht Mary Todd Lincoln, sondern diese oder jene Frau, die du nicht sein möchtest. An deiner Stelle würde ich mich damit abfinden, ich selber zu sein. Ich habe in der letzten Zeit einiges über Vererbung gelesen. Vielleicht verstehst du dich besser, wenn du erkennst, daß dir nicht gerade die besten Möglichkeiten mitgegeben wurden, um eine phlegmatische Natur zu werden. Deine Mutter und dein Vater waren Cousins zweiten Grades, und auch deine Großmutter Parker hat ihren Cousin geheiratet.«

»Ich dachte, die Ablehnung von Ehen zwischen Verwandten hätte etwas mit der Moral zu tun.«

»Es hat etwas mit dem Blut zu tun. Wenn zwei verschiedene Blutströme sich kreuzen, so haben sie die Neigung, ihre Stärken und Schwächen zu mischen; sind es aber Strömungen des gleichen Bluts, so verstärken sie die gleichen Stärken und Schwächen. Wären deine Eltern und Großeltern stumpfe Menschen gewesen, so wärst du wahrscheinlich ziemlich empfindungslos geworden. Da sie aber empfindsame Menschen waren, hat das deine eigene Empfindsamkeit nur gesteigert.«

Sie nickte verständnisvoll.

»William, es ist eine schlechte Zeit. Es ist wie in den zwanzig Monaten, bevor wir heirateten.«

»Du hast diese zwanzig Monate überlebt. Ich meine damit nicht, daß du einfach nur am Leben geblieben bist, sondern daß du auch deine Liebe und Treue lebendig zu erhalten vermochtest. Wer unter solchen Bedingungen fest bleiben konnte, wird sich durch ein vorübergehendes Schwanken des Gatten nicht vernichten lassen.«

»Nein, William, nicht, wenn es vorübergehend, nicht, wenn es nur ein Schwanken ist. Was aber, wenn es sich als dauernd erweist?«

»Nichts ist dauernd, jede Stunde kennt eine Bewegung in der Million Bruchteile von Umständen. Gegen Sorgen, gegen Beschwernisse gibt es keine Medikamente, Mary. Steh jetzt auf, geh deinen Pflichten nach, bis das, was Shakespeare ›die Pfeil' und Schleudern des wütenden Geschicks‹ nennt, nicht länger auf dich herabhagelt.«
Sie tat, was der Arzt ihr geraten hatte.

Als Abraham Ende Oktober heimkam, brauchte sie nur einen Blick auf ihn zu werfen, um zu erkennen, daß der Gedanke an das in ihr wachsende Kind seine Stimmung nicht zu heben vermocht hatte. Er wirkte, wenn möglich, noch magerer, noch düsterer als früher. Sie bemerkte kein Zeichen einer Belebung an ihm, bis sie endlich, nur mit einem leisen Hauch von Ernst, den Namen Lois Hillis nannte.
»Ich habe von dem romantischen Frühstück bei Morgengrauen mit der reizenden Sängerin gehört, Lothario Lincoln.«
»Es war kein romantisches Frühstück, Mary; es war überhaupt kein Frühstück. Ich hatte nur das Gedicht niedergeschrieben, das ich am Abend rezitiert hatte, und brachte es ihr, bevor die Truppe weiterreiste.«
»Schlimm genug für mich... der boshafte Klatsch darüber, daß mein Mann nie heimkommt. Und jetzt wird noch der Name einer jungen Dame genannt...«
Sein Gesicht öffnete sich zu einem breiten Lachen, und er legte den Arm um ihre Schultern.
»Mary, das ist das größte Kompliment, das du einem häßlichen Mann machen kannst – deine Eifersucht! Als ich in Bloomington war, schaute ich in den Spiegel und beschloß, wenn ich je einen häßlicheren Mann erblicken sollte, würde ich ihn auf der Stelle niederschießen. Am nächsten Morgen begegnete ich in der Stadt einem neuen Anwalt und sagte zu ihm: ›Halt, Sir, ich habe mir vorgenommen, wenn ich je auf einen Mann stoßen sollte, der häßlicher ist als ich, so werde ich ihn erschießen. Machen Sie sich also bereit zu sterben.‹ ›Gut, Mr. Lincoln‹, erwiderte er und sah mir fest ins Gesicht, ›wenn ich häßlicher bin als Sie, so schießen Sie nur‹.«
Er warf den Kopf zurück und lachte. Sie brachte kaum ein Lächeln zustande.
»Kein Mensch würde einer Klatscherei über mich und ein hübsches junges Mädchen Glauben schenken, Mary. Wenn ich aber gewußt hätte, daß du eifersüchtigt bist...«
»Ich bin nicht eifersüchtig. Ich habe nur einen ausgeprägten Besitzsinn. Du bist mein Mann. Du gehörst mir. Gott weiß, daß ich das mit all meinem Elend verdient habe!«
»Ja.« Sein Gesicht wurde geradezu feierlich. »Das hast du. Aber es ist ein geringer Lohn.«

Ihr zehnter Hochzeitstag stand bevor – der 4. November 1852. Sie war entschlossen, diesen Tag nicht unbeachtet vorübergehen zu lassen. Sie bestellte ein Abendessen im American House, besprach mit dem neuen Küchenchef sehr eingehend das Menü. Dann lud sie Familie und Freunde ein und engagierte eine Truppe von Chorsängern, die nach Tisch für Unterhaltung sorgen sollte.
Abraham teilte sie ihre Pläne erst mit, als alles arrangiert war. Er sah sie an, sagte kein Wort, und sie merkte, daß er den Hochzeitstag völlig vergessen hatte. Und darum mußte er schweigen, und sein Schweigen bedeutete Zustimmung. Sie nützte ihren Vorteil aus und veranlaßte ihn, sich zu diesem Anlaß eine neuen modischen Anzug und neue Stiefel zu kaufen.
Das Fest im American House mußte unbedingt gelingen; das wäre eine Antwort auf den Klatsch im Ort. Sie zog ein neues Brokatkleid mit Spitzenkragen an und steckte sich Blumen ins Haar.
Der Speisesaal war hell erleuchtet, jeder, mit Ausnahme von Abraham, trank zu den Hors d'œuvres eisgekühlten Champagner, an dem langen Tisch herrschten Fröhlichkeit und Lachen. Den einzigen Mißton verschuldete Simeon Francis, der mit der Nachricht kam, daß Franklin Pierce zum Präsidenten gewählt worden war; die Demokraten in Illinois hatten so große Erfolge errungen, daß an dem Zusammenbruch der Whigs nicht länger gezweifelt werden konnte. Abraham nahm die Botschaft gelassen auf, denn die Niederlage war vorauszusehen gewesen. Die Chorsänger stimmten ›Komm, wohn bei mir‹ an und dann ein neues Lied ›Mein altes Kentucky-Heim‹. Mit Heimweh im Herzen fragte sich Mary, was aus ihrem Leben geworden wäre, wenn sie Desmond Fleming geheiratet und das Blaugras von Kentucky nie verlassen hätte.
Erst um Mitternacht fand das Fest ein Ende. Alle dankten herzlich für den köstlichen Abend und sprachen den Wunsch aus, auch zum zwanzigsten Hochzeitstag der Lincolns eingeladen zu werden.
Und das wünschte sie, mit einiger Wehmut, auch.

Als sie daheim waren und im Vorzimmer standen, wandte sie sich zu ihm.
»Hat dein zehnter Hochzeitstag dir Freude gemacht?«
»Ja, ja, es war sehr nett.«
Ihre ganze heitere Stimmung war dahin. Sie ging in das dunkle Wohnzimmer, setzte sich auf den Rand eines Stuhls und begrub das Gesicht in den Händen. Abraham zündete eine Lampe an, und dann trat er vor sie hin. Sie hob den Kopf und fragte:
»Abraham, was habe ich getan?«
Er starrte sie sekundenlang verständnislos an.

»Du meinst das Fest heute abend. Es hat mir doch große Freude gemacht...«
»Selbst einem Verbrecher muß man doch sagen, worin sein Verbrechen bestanden hat, bevor man ihn verurteilt. Worin besteht mein Verbrechen, Abraham? Welches Ehegesetz habe ich gebrochen?«
Seine Züge verdüsterten sich.
»Du hast gar nichts getan, Mary.«
»Warum liebst du mich dann nicht mehr?«
Er nahm die Lampe vom Kamin und sah Mary aufmerksam an.
»Warum stellst du mir diese Frage?«
»Weil ich sie mir in diesem vergangenen schrecklichen Jahr tausendmal gestellt habe, wenn du fortgeblieben bist oder nur heimkamst, um wie ein Gespenst durch diese Zimmer zu schleichen.«
»Es ist mir nie bewußt geworden, daß du es so empfindest.«
»Sag mir, Abraham, habe ich dich dazu gezwungen, Dinge zu tun, die du nicht tun wolltest? Ging mein Ehrgeiz in eine Richtung, die deinem Streben entgegengesetzt oder die dir unsympathisch war? Habe ich dich irgendeiner Aufgabe für unwürdig gehalten, zu der du berufen wurdest?«
»Nein... nein..., es ist nichts von alledem... es hat nichts mit dir zu tun...«
»Es muß doch so sein, sonst hättest du mich doch nicht aus deinem Leben verdrängt.« Sie saß steif und starr auf dem Stuhl, die Hände auf der Brust gefaltet. »Was hat sich an der Vertrautheit unseres Zusammenlebens geändert, daß du dich von mir abwendest, monatelang auf Reisen bist... wenn es doch nicht notwendig ist?«
»Das... das ist mir furchtbar peinlich...«
»Peinlich!« Ihre Stimme war ein Hilfeschrei zum Himmel. »Und glaubst du denn, daß ich gar nicht gelitten habe?«
Er legte ihr die Hand auf die Schulter.
»Ich habe nicht begriffen, daß du gelitten hast, Mary... wahrscheinlich, weil ich von meiner eigenen Stimmung verblendet war.«
»Ich weiß, daß ich Fehler begangen habe, Abraham. Ich hätte mich nie mit den Leuten bei Mrs. Sprigg zanken sollen, auch geduldiger mit den Dienstleuten sein. Ich führe das Haus nicht so geschickt wie Mammy Sally. Manchmal geize ich mit dem Penny, aber du bist es, der mich gelehrt hat, sparsam zu sein, damit du deine Schulden zahlen könntest. Ich liebe schöne Stoffe und gebe mehr Geld dafür aus, als ich sollte, aber ich lasse mir doch keine teuren Kleider aus New York kommen. Ich kaufe nur den Stoff und nähe meine Kleider selber...«
»Mary... bitte..., du bist mir keine Rechenschaft schuldig...«
Sie stand auf, trat zu einem der beiden Tischchen neben dem Kamin.
»Warum demütige ich mich so? Ich bin ja nie eine häßliche Frau gewesen,

ich bin nicht schlecht gewachsen, ich bin nicht ganz unwissend, es hat mir nie an Freunden gefehlt... oder auch an Bewerbern. Ich wurde mir darüber klar, was ich vom Leben wollte, und in dir hatte ich es gefunden. Ich habe dich geliebt. Ich war nie imstande, jene entsetzlichen zwanzig Monate zu begreifen, als du von mir davongelaufen warst, auch nicht, warum du uns in solchen Jammer reißen mußtest. Vielleicht sind es nur die Kinder, ist es nur dein Pflichtgefühl, das dich davon abhält, jetzt ganz aus meinem Leben zu verschwinden...«

Er ließ den Kopf hängen und stieß heiser hervor:

»Ich habe das verdient.«

»Mich interessiert nicht, was du verdient hast. Ich möchte nur wissen, warum ich keine Anziehungskraft mehr auf dich ausübe. Du hast mich klug, gescheit gefunden...«

»Dein Urteil habe ich immer geachtet«, unterbrach er.

»Bin ich also verdummt? Verstehe ich nicht mehr die Dinge, auf die es uns ankommt?«

Er wandte sich von ihr ab, schaute blicklos in den Spiegel auf dem Tisch zwischen den beiden Straßenfenstern und begann leise zu sprechen.

»Meine Gefühle für dich haben sich in keiner Beziehung abgeschwächt, Mary. Auch bist du keineswegs die Ursache... meiner... meiner Verdrossenheit. Alles, was über mich kommt, ist außerhalb unseres Heims entstanden – daß ich in Ungnade gefallen, zu einem Leben ohne Sinn verurteilt bin, daß nichts da ist, worauf man hoffen darf. Es gibt Zeiten, da kann ich den Gedanken nicht ertragen, daß ich niemandem etwas zu geben habe, nicht einmal meiner Frau. Aber du kannst nicht ahnen, welche Hölle ich durchleiden mußte. Du hast mich nie gekränkt; ganz gewiß bist du für mich nie zu ehrgeizig gewesen; im Gegenteil, immer war mein eigener Ehrgeiz größer...« Er verstummte, zog, ohne es zu merken, seine Uhr mit dem Kupferschlüssel auf. »Ich war immer in meinem eigenen Jammer eingeschlossen. Nie ist es mir in den Sinn gekommen, zu fragen, wie das alles auf meine Frau wirken mußte. Ich wußte nicht, daß du unglücklich warst, Mary; ich kenne die Frauen ja nicht.«

»Willst du behaupten, du hättest nicht gewußt, wie tief deine Trennung von Frau und Kindern reicht?«

Er tastete mit den Händen durch die Luft, seine Schultern sanken herab, sein langer Körper beugte sich zu ihr. Seine Antwort war ausweichend.

»Auf der Reise mit dem Gericht bin ich ein beschäftigter Anwalt, fahre, inmitten der Geschäftigkeit meiner Kollegen und des Durcheinanders von Gericht und Klienten und jungen Anwälten, die sich bei mir Rat holen, von Ort zu Ort. Da bin ich ein tätiger, ein erfolgreicher Mann, tue all das, was jeder Mensch tun muß...«

»Und wenn du heimkommst?«

»Hier in Springfield? Hier erkenne ich, daß die Anwaltstätigkeit nur einen kleinen Teil meines Lebens erfüllen kann ... daß alles Übrige leer ist.« Er packte ihre Schultern mit so hartem Griff, daß es sie schmerzte. »Versuch doch, mich zu verstehen, Mary. Nur wenn ich heimkomme, wird mir bewußt, daß ich versagt habe. Dann spüre ich, daß ich überall auf der Welt lieber sein wollte als hier.«
Ihre Stimme wurde sanfter, gütiger. »Ich habe dir nie auch nur mit einem Blick zu verstehen gegeben, daß du versagt haben könntest.«
Er stand so nahe vor ihr, daß der rauhe Stoff seiner Hose den Brokat ihres Kleides streifte.
»Nein, Mary, das Gefühl des Abstiegs sitzt tief in mir selber. Wir haben mit so großen Hoffnungen begonnen, du hast mir dein Leben, dieses eine, einzige Leben geschenkt, wo du doch anderswo Besseres gefunden hättest; Männer von besserer Herkunft, besserer Erziehung, ganz gewiß besseren Aussichten ...«
»Meine Gefühle sind unverändert ...«
»Jetzt ist's zu spät. Wenn ich erkenne, wie vollständig ich dich enttäuscht habe, wie ich zum letzten unter den Männern geworden bin, die wir kennen, fällt es mir schwer, heimzukommen ... nicht, daß ich dich nicht mehr lieben würde, Mary! Es liegt daran, daß ich mir selber verhaßt bin. Die Jahre haben sich wie Schwaden auf meinen Geist gelegt.«
Es wurde still in dem dunklen, kalten Zimmer. Dann begann sie.
»Warum hast du deinen Blick in die Weite verloren, Abraham? Jedermann weiß, daß die Politik wandelbar, daß die Niederlage bei einer Wahl kein Maßstab für den Wert eines Mannes ist.«
»Die Politik interessiert mich nicht mehr, Mary.«
»Ist das nicht auch nur eine Flucht?« Ihre Stimme war weich, denn sie wollte ihn nicht kränken, und dennoch war Beharrlichkeit in ihrem Ton.
»In einen Dschungel, in dem es vor Verzweiflung dampft?« Er lächelte leer. »Das glaube ich nicht. Es ist einfach die Erkenntnis, daß ich am falschen Baum gebellt habe.«
»Du hast zu Gibson Harris gesagt, daß du einen Baum im Winter lieber hast als im Sommer, weil du ihn dann in seiner ganzen unverhüllten Wahrheit sehen kannst. Der einzige Grund, weshalb du jetzt sagst, daß du am falschen Baum gebellt hast, ist, daß der Baum für uns keine Früchte getragen hat. Gefällt es dir aber, wenn er in voller Fülle seiner Früchte steht, dann muß er dir auch im Winter gefallen. Jetzt ist Winter für uns; das heißt aber nicht, daß der Baum der Politik tot ist.«
Er lachte wehmütig.
»Ich hatte immer das Gefühl, man könnte mich nötig haben, ich könnte einem Zweck dienen. Doch der Mann, den man heute nötig hat, ist ein Stephen Douglas.«

»Du selber bist es, der gesagt hat, es sei Raum für euch beide vorhanden.«
»Wenn er durch seine Methoden zu Erfolg und Herrschaft gelangen kann, dann führen meine Methoden mich nirgendshin.«
»Die Zeit wandelt sich, die Bedürfnisse wandeln sich. Darf ich dir dein Lieblingswort aus dem ›Julius Caesar‹ zitieren: ›Der Strom der menschlichen Geschäfte wechselt‹? Ich bin noch eine junge Frau. Ich fühle, daß das Leben noch vor mir liegt. Ich habe die Politik im Blut. Wir müssen die Köpfe hochhalten, müssen lesen und lernen und denken, bis der Tag kommt, an dem wir den Platz einnehmen, auf den wir ein Recht haben.«
Er schloß sie in die Arme, er flüsterte: »Du verlierst nie den Glauben an mich, nein?« Und dann küßte er zärtlich ihren Mund.
Irgendwer kam eiligst die Stufen heraufgehastet, pochte heftig an die Tür. Abraham ließ eine junge Frau eintreten.
»Mr. Lincoln, die alte Frau Westly ist im Sterben. Sie schickt mich zu Ihnen, sie will ihr Testament machen.«
Abraham wandte sich zu Mary.
»Willst du mir Gesellschaft leisten?«
Es war eine Stunde Fahrt duch die kalte Herbstnacht, die Felder lagen im Dunkeln. Als sie bei dem Bauernhaus angekommen waren, stellte Abraham der alten Frau einige einfache Fragen und setzte ihr Testament auf. Mit schwacher Stimme bat sie, er möge ihr doch aus der Bibel vorlesen. Einer der Söhne wollte ihm die Bibel reichen, doch er schüttelte den Kopf und rezitierte aus dem dreiundzwanzigsten Psalm:
»Und ob ich schon wanderte im Tal der Schatten des Todes, fürchte ich kein Unglück, denn du bist bei mir...«
Auf der Heimfahrt durch die Finsternis vor dem Morgengrauen, unter der Wagendecke dicht an Abraham gedrängt, sagte Mary:
»Für einen Mann, der angeblich keine Religion besitzt, haben Sie Ihre Sache wirklich gut gemacht, Pastor Lincoln.«
Abraham schaute auf. Der Himmel war voller Sterne. Er nannte einige mit ihren Namen.
»Ich begreife, daß ein Mensch auf die Erde herunterblicken und Atheist sein kann, aber ich kann nicht begreifen, daß er in den Himmel hinaufblickt und sagt, es gebe keinen Gott.«
Schweigend fuhren sie weiter, und dann spürte sie, wie seine Hand sich ausstreckte und ihre Hand faßte.

Es war, was die alten Siedler einen ›echten, rechten Winter‹ nannten, mit viel Schnee, Regen, Kälte.
In Abraham loderte keine stolze Flamme, doch die tiefe Bedrücktheit der vergangenen zwanzig Monate war nicht mehr da; nistete noch eine Spur

seiner Verzweiflung in den stillen Winkeln seines Herzens, so wußte er das vor Mary und vor der Welt geheimzuhalten. Er war aufmerksam und freundlich, verbrachte mehr Zeit als bisher mit den Kindern, spielte auf der Straße mit ihnen Murmeln, ging mit Robert in die Schule, um ihn aufsagen zu hören. Er ging auch zum Bankett von Marys Glocken-Verein im Senatssaal, um ihr bei der Aufbringung des Geldes für eine neue Kirchenglocke zu helfen, zu Stephen Douglas' Empfang im Capitol und zur Feier von Douglas' Wiederwahl in den Senat der Vereinigten Staaten auf eine Dauer von sechs Jahren. Es gehörte zu seiner geistigen Genesung, daß er seine Gefühle für Senator Douglas im Zaum hielt und sich durch ein Gedränge von fünfzehnhundert Gratulanten schob, um ihm die Hand zu drücken.

Bei der Geburt ihres vierten Kindes half ihr Dr. Wohlgemuth, neuzugezogener Geburtsspezialist, in den frühen Morgenstunden eines lichten Apriltags. Sie hörte ihn sagen: »Ein Knabe«, und dann bemerkte sie, daß das Schreien des Kindes seltsam hohl klang.

Die nächsten zwanzig Stunden schlief sie durch und erwachte rechtzeitig zur ersten Fütterung. In ihren Augen war dies das schönste von den vier Kindern. Abraham stand neben ihr und lachte.

»Es sieht wie eine Kaulquappe aus mit seinem großen Kopf und dem kleinen Körper.« Er ließ die Finger über das zarte blonde Haar des Kindes gleiten. »Du wirst zu gescheit sein, um ein wandernder Bezirksadvokat zu werden, was?«

Sie lächelte. Wie gut es war, ihm zuzuhören, wenn er sich über sich selber lustig machte! Sie lag in den Kissen und schaute in die Augen des Kindes, das sie nährte. Doch dann bemerkte sie, daß ein Teil der Milch in dünnem, aber beständigem Strom aus der Nase rann. Sie richtete sich auf, veränderte die Lage des Kindes, nahm es wieder an die Brust, doch die seltsame, ein wenig beängstigende Erscheinung hörte nicht auf.

Sie befragte Dr. Wohlgemuth. Er zauderte, dann sagte er:

»Ja... ich weiß..., es ist eine kleine Anomalie vorhanden...«

Der hohle Klang des ersten Schreis kam ihr in den Sinn.

»Was... was verstehen Sie unter... einer Anomalie?«

»Nun, eine kleine Öffnung im Gaumen des Kindes. Den größten Teil der Milch schluckt es, doch beim Atmen gelangt Milch durch die Öffnung in die Nasenpartie.«

Zu erschrocken, um zu überlegen, stützte sie sich auf die Ellbogen, ihre Augen bohrten sich in das Gesicht des Arztes. Dann öffnete sie dem Kind die Lippen. Der Arzt griff ein.

»Da ist nichts zu sehen und auch kein Grund zur Besorgnis, Mrs. Lincoln. Sobald das Kind einmal feste Nahrung zu sich nimmt, wird es kaum noch Behinderungen geben.«

»Warum kommt es zu so etwas?« rief sie angstvoll. »Wir sind doch beide gesunde, normale Menschen. Und es ist so ein schönes Kind.«
»Das ist es, Mrs. Lincoln. Solche Abweichungen kommen vor. Seine Gesundheit hat darunter keineswegs zu leiden.«
»Aber wenn es schreit... es klingt gar nicht wie bei anderen Kindern...«
»Ja, er wird vielleicht auch beim Sprechen gewisse Hemmungen haben. Man wird ihn unterweisen müssen; doch erst wenn er in die Schule kommt.«
»Weiß... weiß mein Mann davon?«
»Ich habe es ihm sofort gesagt. Er hat mich ersucht, es Ihnen erst mitzuteilen, sobald Sie wieder bei Kräften wären.«
Als Abraham kam, weinte sie in seinen Armen.
»Abraham, was haben wir getan, daß Gott unsere Kinder leiden läßt!«
»Nun, nun, die kleine Kaulquappe wird gar nicht zu leiden haben. Ich wette mein Anwaltspatent gegen dein Häubchen vom letzten Jahr, daß er das schönste Mitglied der Familie Lincoln ist. Ich habe mich in ihn verliebt, sobald ich ihn zu Gesicht bekommen habe.«
»Ich erinnere mich an ein Kind in Lexington, das eine Gaumenspalte hatte. Es konnte überhaupt nicht sprechen; nur seltsame Laute hat es hervorgebracht. Mutter und Vater behaupteten, sie verstünden ihn, aber die Kinder haben den Jungen geneckt, haben ihn einen Idioten genannt... O Abraham, unser Kind wird noch mehr zu leiden haben als Bobby!«
Sie barg den Kopf an seiner Brust. Er steichelte ihr das Haar.
»Du solltest Gott danken, daß du und der Junge gesund seid. Mrs. Dallman drüben hat zur gleichen Zeit ein Kind gekriegt, aber sie ist gefährlich erkrankt und kann ihren Sohn nicht nähren. Jetzt sucht man im ganzen Ort nach einer Amme.«
Mary sah ihn an und rief energisch:
»Abraham, hol das Kind und bring es mir!«
Abraham sprang auf, verschwand, war wenige Minuten später wieder zurück. Er hatte ein Bündel im Arm; es war der kleine Charles Dallman, den er Mary an die Brust legte. Das Kind war nichts als Haut und Knochen. Es trank gierig, dann schloß es die Augen und schlief ein. Abraham wickelte es in sein Tuch und trug es zurück.
Alle vier Stunden brachte er ihr das Kind, sie sah, wie es stark und lebhaft wurde. Ende der Woche mußte Abraham wieder seine Reise mit dem Gericht antreten. Mrs. Dallman hatte sich unterdessen so weit erholt, daß sie das Kind selber nähren konnte. Ihr Mann erschien mit einer mächtigen Schachtel Bonbons, Tränen der Dankbarkeit standen ihm in den Augen.
»Ohne Sie, Mrs. Lincoln, hätte ich meinen Sohn verloren. Wie kann ich Ihnen danken?«
»Gott ist gut«, erwiderte Mary.

Das hatte sie nicht sagen wollen; sie hatte nicht einmal gewußt, daß sie es gesagt hatte. Und doch hatte sie die Empfindung, als wäre das tragische Gebrechen ihres eigenen Kindes irgendwie dadurch gemildert, daß sie imstande gewesen war, dem kleinen Charles zu helfen.
Und ebenso schien alles Ungemach der vergangenen zwei Jahre weit hinter ihr zu liegen.

Sie erholte sich rasch und ohne die verschiedenen Beschwerden, an denen sie nach Williams Geburt gelitten hatte. Abraham war überzeugt, daß Dr. Wohlgemuths ausgezeichnete Behandlung das Verdienst daran zukam. Mit frischen Augen ging sie durch das Haus, sah, wie während der schlimmen Zeit alles verwahrlost war. Der Zaun mußte repariert werden, der Vorgarten war voll von Unkraut und Gestrüpp.
Nach drei Wochen kam Abraham zum Wochenende. Er war achtzig Meilen geritten! In das letzte Kind war er ganz verliebt, hob es beständig auf und trug es durchs Haus; er hatte ihm den Namen Tad oder Taddie gegeben, weil es bei der Geburt einer Kaulquappe, einem ›tadpole‹ geglichen hatte.
Als er im Juni wieder daheim war, erzählte er ihr, daß ihre Brüder, Levi und George, beim Gericht in Lexington eine Klage auf Zahlung von 472,54 Dollar angestrengt hatten; sie behaupteten, er habe das Geld von Leuten eingezogen, die es der Firma Oldham und Todd schuldig gewesen waren, und habe es nie abgeliefert. Es war das erste Mal, daß sie erlebte, wie ein Mensch Abrahams Korrektheit anzweifelte. Während der vergangenen trüben Jahre war es ihr einziger Trost gewesen, immer wieder zu hören, daß Abrahams Redlichkeit unangetastet geblieben war, ein Bollwerk, das kein Mann, kein äußerer Umstand zu durchbrechen vermochte. Die Leute nannten ihn einen anständigen Anwalt, die Richter erklärten öffentlich, die Künste der Täuschung, der Verstellung seien ihm fremd, die Anwälte sagten, er verdrehe das Gesetz auch dann nicht, wenn er sich dadurch einen Vorteil verschaffen könne. Die Klienten hatten das Gefühl, daß sie ihm folgen durften, ohne einen falschen Weg einzuschlagen, denn er würde eher einen Fall aufgeben, als sich für etwas Unrechtes einsetzen, und die Geschworenen betonten, sie könnten seine Darlegung des Gesetzes und des Falles ohne Skrupel übernehmen, denn sie wüßten, daß er das Gesetz nie mißdeutet, den Tatbestand nie verdreht hatte.
Daß die Klage von einem der führenden Staatsanwälte Lexingtons übernommen und in ganz Kentucky bekannt war, erfüllte Abraham mit Empörung. Sie schluckte hilflos ihren Zorn gegen die Brüder. Was hätte sie sagen sollen?
Als im Juli die Gerichtssession beginnen sollte, war die Sommerhitze so groß, daß Richter und Anwälte sich darauf einigten, die Verhandlungen

bis zum Eintritt kühleren Wetters zu vertagen. Mitte Juli war die Luft schwül und drückend, und nur selten kühlte ein Regenschauer sie ab. Und doch war es für Mary ein erfreulicher Sommer, denn trotz der anhaltenden Hitze herrschte in Springfield große Geschäftigkeit. Der Weizen von Illinois erzielte auf den neuen Märkten, die ihm die Eisenbahnen öffneten, hohe Preise, Kaufleuten und Farmern ging es gut, den Anwälten auch, und nicht zuletzt Abraham.
Der Herbst setzte ein, es wurde kühler, und Abraham trat seine lange Reise an. Marys größte Sorge war der kleine Tad. Als er sechs Monate alt war, begann sie, ihn mit fester Nahrung zu füttern, und lernte, ihn mit Liedern und Spielsachen abzulenken, damit er schnell schluckte. Sobald er soweit wäre, selbständig zu essen, würde sie schon Wege finden, um ihn zu unterweisen. William liebte den kleinen Bruder innig, bewachte ihn, wenn das Kind im Hof schlief, spielte mit ihm auf dem Fußboden in der Küche. Ihrem ältesten Sohn, Robert, erklärte Mary, so gut sie konnte, die Belastung, mit der der kleine Tad auf die Welt gekommen war; sie meinte, er würde Mitleid mit dem Kind haben, weil er ja selber benachteiligt gewesen war. Doch Robert sah es als persönliche Kränkung an, daß etwas an seinem Bruder nicht in Ordnung war, hatte den Eindruck, als hätten die Eltern seine, Roberts, Stellung unter den anderen Jungen geschädigt. Und wenn er an Tad vorüberging, wandte er stets die Augen ab.
Wie Abraham liebte auch Mary das Kind hingebungsvoll, und sein Mißgeschick lastete wie ein Stein auf ihrem Herzen.

Der Herbst war schön, das Wetter mild und freundlich. Abraham sandte ihr regelmäßig Nachrichten.
Mitte November erhielt sie einen Brief von Betsy, die ihr schrieb, Emilie würde gern zu einem Besuch nach Springfield kommen. Mary lud sie ein und verbrachte die nächsten vierzehn Tage damit, frische weiße Vorhänge für das Nähzimmer vorzubereiten. Abraham kehrte rechtzeitig zurück, um Emilie zu empfangen. Sie hatte rötlichblondes Haar, dunkelblaue Augen, eine Haut wie ein Pfirsich, feine Züge und erinnerte Mary an die Zeit, als sie selber achtzehn gewesen war. Abraham streckte die langen Arme aus und sagte wie schon in Lexington:
»Das ist also die kleine Schwester!«
»Als ich den ersten Abend bei Elizabeth war«, erzählte Mary beim Auspacken, »da stellten wir eine Kerze ins Fenster des Salons, damit alle jungen Leute des Orts wußten, daß wir daheim waren. Jetzt aber ist Springfield eine große Stadt, hat siebentausend Einwohner, und das wäre nicht mehr das Richtige. Ich habe ein Buffet und einen Ball im American House für dich arrangiert.«

»Das ist sehr lieb von dir, Mary«, sagte Emilie, »aber die Leute sollen nicht behaupten, ich sei auf der Suche nach einem Mann zu dir gekommen.«

»Gut, gut, ich verspreche dir, daß ich keine Anzeige in das ›Journal‹ geben werde; hoffentlich wirst du dich aber doch hier niederlassen.«

Ein Monat rauschte in heiterem Trubel vorüber. Mary veranstaltete Gesellschaften für Emilie, führte sie zu den großen Bällen in der Old Fellows' Hall. Am Silvesterabend hatte sie sämtliche Möbel aus Wohnzimmer und Salon forträumen lassen und eine Kapelle von vier Mann engagiert. Und die beiden Frauen standen Hand in Hand und empfingen die Gäste.

Das neue Jahr war erst drei oder vier Tage alt, als die Hölle entfesselt wurde.

Stephen Douglas legte dem Senat ein revidiertes Gesetz vor, in dem er die Klausel vorgesehen hatte, daß Territorien, sobald sie als Staaten in die Union aufgenommen würden, je nach ihrer eigenen Verfassung die Sklaverei dulden dürften oder nicht.

Wurde Douglas' Antrag zum Gesetz erhoben, so öffnete sich der ganze noch unbesiedelte Teil des Kontinents der Sklaverei.

Es sah aus, als wäre die Schlaffheit der letzten Jahre nie vorhanden gewesen; früher hatte Abraham die Politik als Mittel zum Aufstieg interessiert. Jetzt, wo ihn die Überzeugung befeuerte, daß die Sklaverei sich nicht ausbreiten dürfe, löste die egoistische Seite seines Interesses sich in der Hingabe an einen Grundsatz auf. Die Abende sahen ihn knietief in Zeitungen und Zeitschriften auf dem Boden im Wohnzimmer. Er ging nicht mehr in die Bibliothek des Regierungsgebäudes, um dort Kameradschaft und heitere Anregung zu finden, statt dessen studierte er den Wortlaut der Verfassung über die Frage der Sklaverei, die erste Verfügung, die im Jahre 1787 für die nordwestlichen Gebiete erlassen worden war, die ökonomischen Probleme der Sklaverei, die Debatten, die durch den Missouri-Kompromiß von 1820 und durch den Kompromiß von 1850 ausgelöst worden waren. Wenn er das Haus verließ, sagte er ihr, was er suchte. Und wenn er heimkam, sagte er ihr, was er gefunden hatte. Je mehr er aufhörte, sich seinen Freunden anzuvertrauen, desto mehr wurde sie seine Vertraute, seine Helferin.

Ihre Liebe blühte neu auf, wurde durch das gegenseitige Verständnis gestärkt, vertieft. Ihrer beider Leben hatten sich in einem gemeinsamen Glauben verschmolzen. Jetzt, da sie wieder die vollgültige Partnerin war, teilte er auch den langsamen, schmerzvollen Prozeß seiner Entwicklung mit ihr.

»Wenn mir alle Macht auf Erden verliehen wäre, Mary, wüßte ich nicht, was ich mit der vorhandenen Institution der Sklaverei tun sollte. Der

Sklaverei aber weiteres Wachstum zu erlauben, das wäre ein Verbrechen gegen Gott und die Menschheit; das weiß ich.«

Sie war nicht länger der Spiegel seines Versagens, sondern der Widerschein seiner Lebenskraft, seines Eifers. Er war imstande, seiner Frau gegenüberzutreten und sie zu achten, weil er sich selbst achtete.

Die Monate des Unglücks hatten ihren Tribut verlangt; Mary konnte nicht mehr beanspruchen, mit ihren fünfunddreißig Jahren jung auszusehen; ihre Figur war voll geworden, ihre Züge waren strenger, ihre Lippen, ihre Augen wirkten härter... Abraham dagegen verjüngte sich, seine Haut hatte wieder Farbe, seine Augen funkelten, das Gesicht wurde, in seiner Belebtheit, anziehend. Sobald er nur das Haus betrat, machte sich seine Persönlichkeit geltend. Jetzt konnte niemand mehr Abraham Lincoln unter die Abwesenden zählen; er war gegenwärtig, war bereit, sich zu erheben, man mußte mit ihm rechnen.

William Herndon bewarb sich um den Posten des Bürgermeisters von Springfield, und Abraham führte den Wahlfeldzug für ihn. Mary war davon überzeugt, daß Herndon der schlechteste Bürgermeister sein würde, den Springfield je gehabt hatte, doch zu ihrem Erstaunen wurde er nicht nur gewählt, sondern sorgte für die Sauberkeit der Stadt, die Straßen wurden in gerader Richtung geführt, erhielten Trottoire, er gab den Auftrag, an den Straßenecken Gaslaternen aufzustellen, der Müll durfte nicht mehr ganz nach Belieben abgeladen werden, die aufreizend schlechten öffentlichen Aborte wurden abgeschafft, und – wahrhaftig der Gipfel! – Herndon setzte beim Stadtrat eine Verfügung durch, derzufolge innerhalb der Stadtgrenzen kein Schnaps verkauft werden durfte.

»Widerwillig muß ich gestehen, Abraham, daß dein Partner doch schließlich gewisse Fähigkeiten zu besitzen scheint. Und ich bin so dankbar dafür, daß er den Schnaps verboten hat; auf diese Art wird man dich nicht in der Nacht wecken, damit du ihn aus dem Loch holst.«

»Nun, nun, Puß, das ist jetzt immerhin schon vier Jahre her!«

Während der bösen Jahre hatte er den Kosenamen Molly fallenlassen, und das hatte sie gekränkt. Jetzt nannte er sie Puß, wenn er zärtlich war. Sie wußte nicht, wo er das aufgepickt hatte, aber es klang vertraulich und gefiel ihr.

Abraham suchte nach einer Organisation freier Männer, die bereit wären, den alten politischen Groll zu begraben und gegen die Sklaverei zu kämpfen, wo immer man sie auf Grund der Verfassung treffen konnte. Man fragte ihn, was er von der neuen Republikanischen Partei halte, die ihre erste Versammlung im Februar in Ripon, im Staate Wisconsin, abgehalten hatte, und eine zweite, wenige Wochen später, in Jackson, Michigan.

»Ich habe keinen Einwand dagegen, mich mit wem immer zusammenzutun«, erwiderte Abraham fest, »wenn es nur auf der Grundlage geschieht, die ich für richtig halte. Doch diese Gruppe setzt sich aus so vielen radikalen Abolitionisten zusammen, daß ich nicht richtig erkennen kann, wie ich mich an sie anschließen soll, ohne den Süden zum Abfall zu ermutigen.«

Lyman Trumbull erschien, um Lincoln zu verständigen, daß er die Demokratische Partei verlassen und gegen das Kansas-Nebraska-Gesetz wirken werde. Gegen Ende des Sommers erklärte Lyman, er wolle im Herbst für den Kongreß kandidieren. Und er drängte auch Abraham, zur aktiven Politik zurückzukehren.

»Ich bin schon wieder dabei«, erwiderte Abraham. »Yates hat gesagt, er wolle für die Wiederwahl in den Kongreß kandidieren, wenn ich als Kandidat für das Staatsparlament auftrete und damit die Wahlaussichten verstärken helfe.«

Mary rief: »Ja aber, Abraham, du hast doch gesagt, für dich sei es zu spät, um in das Staatsparlament zurückzukehren.«

»Das war unter völlig anderen Umständen. Ich habe versprochen, bei der Wahlkampagne für Yates mitzumachen, und wenn er glaubt, daß mein Name auf der Liste einen Wert hat, so werde ich ganz gewiß kandidieren.«

Abraham und Logan wurden mühelos in die Gesetzgebende Versammlung gewählt; Abraham trat sofort zurück, um für den Senatssitz wählbar zu sein. Lyman Trumbull wurde auf Grund seines Auftretens gegen das Kansas-Nebraska-Gesetz in den Kongreß gewählt. Es war eine überwältigende Ablehnung von Stephen Douglas und seines für die Union so zwiespältigen Gesetzes.

Um Neujahr war Abraham Favorit im Kampf um die Senatorenwahl.

Anfang Januar erfuhr Mary, daß Bürgermeister William Herndon sich geweigert hatte, für Abraham Lincoln einzutreten, weil sein Freund Richard Yates, der bei der Wiederwahl in den Kongreß durchgefallen war, den gleichen Dienst beanspruchte. Und er schulde beiden die gleiche Freundschaftspflicht. »Aber keinem mehr als dem anderen. Ich trete für beide ein und gegen keinen von beiden.«

Mary geriet in Wut.

»So eine Undankbarkeit! Er schuldet dir nichts! Dieser Prachtkerl von einem Partner, den du an deinem Busen genährt hast! ›Billy ist treu‹, hast du gesagt. Er ist gar nicht treu, geschweige denn, daß er dir ergeben wäre.«

Abraham nahm sie in die Arme, küßte ihre berechtigte Entrüstung fort und sagte wehmütig: »Wirklich ergeben kann nur eine Frau sein.«

Am 19. Januar reiste die Gesetzgebende Versammlung bei schönem Wetter nach Chicago, wo über das Wochenende Parteiconvente stattfinden sollten. Abraham fuhr nicht mit, doch Stephen Logan und Simeon Francis fuhren, um Lincolns Wahl zu unterstützen. Die Abstimmung darüber, wer Senator werden sollte, würde stattfinden, sobald die Gesetzgeber zurückkehrten.

Als Julia Trumbull am Nachmittag zum Tee kam, vertraute Mary ihr erregt an: »In Chicago gibt's einen großartigen Traiteur, der einem sämtliche Speisen schon gekocht bringt, dazu Geschirr, Wäsche, Kaffeekannen. Ich habe ein Essen für dreihundert Personen bestellt, das kommt mit demselben Zug zurück wie die Abgeordneten. Sobald die Wahl vorüber ist, soll auch mein Siegesmahl fertig sein.«

Julia schwieg sekundenlang, und dann fragte sie zaudernd: »Mary, wäre es nicht sicherer gewesen... Wahlen nehmen manchmal einen seltsamen Verlauf... auf das Ergebnis zu warten?«

»Ach nein, Julia, dann hätte ich mich an eines unserer Hotels halten müssen, deren übliche Diners haben wir alle furchtbar über. Der Mann in Chicago soll hervorragend sein... er versteht sich zum Beispiel auf französische Saucen, wie wir sie hier in Springfield noch nie gekostet haben.«

Es begann zu schneien, und der Wind peitschte die Flocken zu wildem Tanz. Als das Wetter sich wieder beruhigt hatte, lag der Ort am Sonntag um fünf Uhr nachmittags eingeschneit da. Den größten Teil des Montags verbrachte man damit, Pfade von den Häusern zum Platz zu schaufeln. Alle Züge waren in den Schneeverwehungen steckengeblieben... und die ganze Gesetzgebende Versammlung mit ihnen. Mary war unbehaglich zumute. Was würde aus dem guten Essen werden, das im Gepäckwagen des Parlamentarierzugs harrte?!

Nach drei Tagen verständigte ein Telegramm Springfield davon, daß seine Gesetzgeber noch immer in sieben Passagierwagen verstaut, zwanzig Meilen vom nächsten Ort entfernt, in der verschneiten Prärie festsaßen. Man würde sie durch Rettungsmannschaften befreien müssen.

Mit einer Verspätung von zehn Tagen erreichte die Gesetzgebende Versammlung Springfield wieder. Die erste, die bei Lincolns erschien, war Eliza Francis, die sich, vor Neuigkeiten berstend, vom Bahnhof zum Haus durcharbeitete.

»Ach, meine Liebe, es war schrecklich; keiner von den Schneepflügen konnte durchkommen. Wir alle waren ganz verhungert. Montag früh sahen wir den rauchenden Kamin eines Bauernhauses, etwa eine halbe Meile entfernt, und da begaben sich vier Mann auf Proviantsuche. Sie kamen mit einem Bottich voll Kaffee, Brot, Butter, Kartoffeln und Eiern zurück. Als es Abend wurde, hatten wir wieder Hunger, und da erfuhr ich, daß die Leute deines Traiteurs mit all dem herrlichen Essen im Gepäckwagen hockten. Die Männer legten Geld zusammen, und wir haben dein Souper aufgekauft. Sie rissen die Holzverkleidung und die Bänke der Wagen heraus und machten damit ein Feuer an. Auf diese Art hatten wir eine großartige Mahlzeit. Du hast uns das Leben gerettet, Mary, wir müssen dir wirklich dankbar sein...«

Mary war ein wenig seltsam zumute. »Ich bin froh, daß ihr etwas zu essen gehabt habt. Aber ich weiß nicht so genau, ob ich so entzückt darüber bin, daß ihr mein Siegesbankett noch vor der Abstimmung verzehrt habt.«

Der Wahltag graute kalt, mit ein wenig Sonne und ein wenig Tauwetter. Die beiden Häuser sollten sich um zwei Uhr versammeln. Um eins zog Abraham ein frisches Hemd an, nahm einen frischen Kragen, hielt Mary sekundenlang in den Armen, während sie einander Glück wünschten, und dann begab er sich zu einer letzten Konferenz mit Logan ins Regierungsgebäude.

Kurz vor zwei erschien Eliza Francis, der die Aufregung ebenso in den Gliedern saß wie Mary. Julia erwartete sie in der Vorhalle.

Drei Uhr war es, als die Versammlung zur Tagesordnung schritt. James Shields, der bisherige Amtsinhaber, wurde zunächst in einer Rede nominiert, die bei den Douglas-Demokraten lebhaften Beifall fand. Abraham wurde von Stephen Logan in einem leidenschaftlichen Aufruf nominiert; die Gesetzgebende Versammlung möge doch der Ausbreitung der Sklaverei einen tödlichen Schlag versetzen. In ruhiger, würdiger Rede schlug Senator Palmer Lyman Trumbull vor. Gouverneur Matteson wurde in einer kurzen Rede nominiert, die es nur zu gemäßigtem Beifall brachte.

Mary war viel zu erregt, um sich Notizen zu machen, und so nahm ihr Julia Bleistift und Papier ab und notierte beim ersten Wahlgang jede Stimme, die abgegeben wurde. Am Ende des ersten Wahlganges hatte Abraham vierundvierzig Stimmen, James Shields einundvierzig Stimmen der Douglas-Demokraten und Lyman Trumbull fünf Stimmen der Anti-Nebraska-Demokraten. Acht Stimmen waren zersplittert. Der Vorsitzende gab Abraham seine Stimme.

Die Stimmung im Saal wurde gespannt, Julia griff nach Marys Hand und drückte sie ermutigend. Rund um sie auf der Galerie hieß es: »Lincoln braucht nur noch sieben Stimmen... bestimmt kann er sie von den Anti-Nebraska-Demokraten bekommen... für Shields gibt es unter keinen Umständen noch eine einzige Stimme mehr...«

Beim zweiten Wahlgang verlor Abraham vier von den Stimmen, die im ersten Wahlgang für ihn abgegeben worden waren, gewann dagegen zwei andere. Im dritten Wahlgang verlor er weitere zwei Stimmen.

Während des vierten Wahlgangs begann Mary zu frösteln; abermals fielen drei Stimmen ab, so daß nur noch achtunddreißig blieben. Sie sah, wie ihr Cousin Logan sich von seinem Platz erhob und die Vertagung beantragte; doch dieser Antrag wurde abgelehnt. Beim fünften Wahlgang verlor Abraham wieder vier Stimmen, während Lyman Trumbull es auf zehn brachte. Keine einzige Stimme wurde für Gouverneur Matteson abgegeben. Beim sechsten Wahlgang verlor Abraham zwei Stimmen, Lyman Trumbull drei.

Es war Abend geworden, im Saal wurden die Gaslampen angezündet. Bei Beginn des siebenten Wahlgangs marschierte die gesamte Streitmacht der einundvierzig demokratischen Stimmen für Gouverneur Matteson auf, und drei nicht-demokratische Stimmen taten mit. Abraham gewann wieder einige Stimmen und erreichte die achtunddreißig des vierten Wahlgangs, während Lyman Trumbull nicht über neun Stimmen herauskam.

Mary und Julia waren viel zu tief betroffen, um noch länger Notizen zu machen, denn es war beim achten Wahlgang offenbar, daß Matteson im Aufstieg war, Abraham dagegen im Abstieg. Der Zähler verkündete, daß Gouverneur Matteson sechsundvierzig Stimmen auf sich vereinigt hatte, Abraham siebenundzwanzig, Lyman Trumbull achtzehn. Mary hatte das Gefühl, als gehe es um einen Kampf zwischen Abraham und Gouverneur Matteson, doch bald merkte sie, daß das ein Irrtum war. Gouverneur Matteson erreichte siebenundvierzig Stimmen, nur vier fehlten ihm zum Sieg, Abraham fiel auf fünfzehn Stimmen zurück, während Lyman Trumbull tatsächlich alle Stimmen auf sich sammelte, die von Abraham abgefallen waren, und damit die überraschende Gesamtsumme von fünfunddreißig erreichte. Mary sah, wie Abraham zur Galerie heraufschaute, sie lange ansah und dann unschlüssig den Saal verließ. Vor der nächsten Zählung der Stimmen kam er aus der Vorhalle zurück und trat auf Logan zu. Die beiden Männer hatten eine kurze Besprechung. Als Logan sich umwandte, sah Mary, daß er tief verstört war. Abraham legte Logan kurz die Hand auf die Schulter und verließ wieder langsam den Saal. Vor dem nächsten Aufruf zur Abstimmung erhob sich Stephen Logan und erklärte:

»Die grundsätzlichen Forderungen gehen aller persönlichen Sympathie vor. Ich stimme für Lyman Trumbull.«

Die Hölle war entfesselt, als jetzt die restlichen unverzagten Anhänger Abrahams sich unter Trumbulls Banner scharten; und als der Zähler die Ergebnisse verlas, hatte Lyman Trubull einundfünfzig Stimmen erreicht. Somit war er der neugewählte Senator der Vereinigten Staaten für Illinois.

Mary sprang auf, ohne Julia einen Blick oder ein Wort zu schenken, hastete aus der Galerie, über die Treppe hinunter und auf die Straße hinaus.

Zu Hause ging sie von Zimmer zu Zimmer, Zorn, Verzweiflung und Mitleid mit sich selber tobten in ihr. All die Pläne der vielen Monate, alle Hoffnungen waren zusammengestürzt, wie schon so oft in der Vergangenheit. Wieder einmal hatten sie eine völlige Niederlage erlitten.

Scheinbar dauerte es ewig, bis Abraham heimkam, ins Schlafzimmer trat, wo sie, das Gesicht in den Kissen, auf dem Bett lag, sie in die Arme schloß und auf die Wange küßte. Als sie aufsah, bemerkte sie, daß sein Gesicht ein Schlachtfeld mit tiefen Furchen von Schützengräben und den Leichen vernichteter Hoffnungen war. Doch seine Augen blickten ergeben drein.
»Ich sehe, daß du dich mit deiner Niederlage abgefunden hast.«
»Ja; aber es war nicht leicht.« Er lächelte sanft. »Der junge Henry Whitney, einer meiner Partner in Urbana, kam in die Kanzlei und sagte, er habe mich nie tiefer in Schwermut versunken gesehen. Aber ich habe die Enttäuschung verwunden, und das mußt du auch tun.«
»Ach, Abraham, ich bin so tief gedemütigt! Jedermann in der Gesetzgebenden Versammlung wußte von dem Siegesbankett, das ich in Chicago bestellt hatte. Sie alle haben es doch in großer Stimmung verzehrt, als sie im Schnee festsaßen. Und ich war Julia gegenüber des Triumphes so gewiß. Und sie hat versucht, mich zu warnen; ich solle das Essen doch noch nich bestellen. Aber, Abraham, ist es gerecht, daß ein Mann, der anfangs nur fünf Stimmen hat, am Ende den Sieg davonträgt?! Konntest du nicht noch länger durchhalten, statt Lyman deine Stimmen zu überlassen?«
»Ich erkannte, daß es der einzige Weg war, um Mattesons Wahl zu verhindern. Und darum entschloß ich mich, sogleich zuzuschlagen, und empfahl Logan und meinen Freunden, für Trumbull zu stimmen. Ich konnte das gesamte politische Ergebnis nicht an einer persönlichen Frage scheitern lassen. Ich bedaure unsere Niederlage, aber die Nerven habe ich darum nicht verloren. Mattesons Niederlage macht mir mehr Freude, als meine eigene mich kränkt. Es ist doch ein großer Trost, zu sehen, daß Douglas' Anhänger weit schlimmer zugerichtet wurden als ich. Lyman wird ebenso entschieden gegen die Ausbreitung der Sklaverei kämpfen, wie ich es getan hätte. Und das ist für uns kein Ende, sondern ein Anfang.«
»Wieder ein Anfang!« bemerkte sie. »Werden wir nie eine Erfüllung erleben?«
»Vielleicht in der nächsten Welt.« Er steichelte sie.
»Abraham, was sollen wir jetzt tun?«
»Darüber müssen wir uns klar werden«, sagte er. »Wir warten ... bis Stephen Douglas sich zur Wiederwahl stellt.«
»Das sind doch noch vier Jahre!«
»Und dann tragen wir den Kampf vor das Volk von Illinois, bis in den kleinsten Weiler, bis zu dem Laden am Kreuzweg. Es wird eine große, eine entscheidende Wahl sein, denn bis dahin wird es den Menschen klar geworden sein, daß sie zwischen Sklaverei und Freiheit zu wählen haben.«
»Warten! Wie wir es 1843 getan haben, vier Jahre warten, um für eine

Session in den Kongreß zu kommen... vier Jahre lang sagen: Jetzt ist Abraham an der Reihe!«
»Ja, jetzt ist Abraham an der Reihe, um zu arbeiten! Nie in unserem Leben gab es eine Zeit, in der Arbeit so notwendig war, so viel erreichen konnte. Wir werden vier Jahre lang arbeiten und warten... auf die Niederlage im Jahr 1858!«
»Diesmal wird es anders sein. Douglas ist im Unrecht, furchtbar im Unrecht. Die Jahre und das Blutvergießen, das unvermeidlich kommen wird, werden das deutlich machen. Wir werden für das Recht einstehen. Und wir werden siegen.«
Er hatte sich zu seiner vollen Höhe erhoben. Mary hatte den Eindruck, als wäre er neun Fuß hoch und sie eine Zwergin neben ihm. Wie ein dunkler, brennender Pfeiler stand er da, den Kopf zurückgeworfen, die Augen funkelnd, der Mund, die hohlen Wangen, das Kinn mit dem Grübchen von Entschlußkraft erfüllt. Und vor seinem Feuer, das sie wärmte, vor seiner Gestalt, neben der sie sich so klein vorkam, vor dem Mut, mit dem er zu seinen Grundsätzen stand und der ihm die innere Kraft verlieh, allem zu trotzen, was das Leben ihnen noch bringen mochte, vor all dem wußte sie, tief im Schatten ihres Gatten und ihrer Liebe, daß sie endlich den Mann erblicken durfte, den sie in ihm geahnt hatte.

Sechstes Buch

Eine kleine Frau in der Achten Straße

Eines Morgens erschien ein untadelig gekleideter Anwalt namens Watson, um geschäftlich mit Abraham zu reden. Kurze Zeit darauf hörte sie, wie sich die Haustür schloß. Abraham erschien im Schlafzimmer, die Hand voller Banknoten.

»Sieh her, Mary! Vierhundert bare Dollar als Anzahlung auf ein Honorar von tausend. Ein Prozeß um die Patente und Vorzüge von Erntemaschinen. Ich glaubte, ich würde dieses Jahr damit verbringen, die Krümel meiner verlorenen Praxis zu sammeln, aber das sieht doch wie ein ganzer Laib Brot aus!«

Sofort beschäftigte er sich mit dem Fall – Erfindungen hatten ihn immer schon interessiert.

Im September fuhr er nach Cincinnati, wo die Verhandlungen stattfanden. Als er nach zehn Tagen wiederkam, fragte sie ihn, ob seine Auslegung sich durchgesetzt hatte.

»Ich ... habe ... gar nichts ... auszulegen gehabt ... Als ich in Cincinnati ankam ... wurde ich ersucht, das Mandat niederzulegen.«

»Ja, aber warum?«

Er biß sich auf die Lippe.

»Anscheinend war ich überhaupt nur damit betraut worden, weil der Fall vor Richter Drummond in Chicago zur Verhandlung kommen sollte, und dort wollte man einen Anwalt aus unserem Staat haben, der Einfluß auf den Richter hätte. Für Cincinnati brauchte man mich nicht mehr.«

»Und was ist aus deinem Gutachten geworden?«

Er schüttelte den Kopf.

»Ich habe mein Manuskript Watson gegeben und ihm gesagt, er könne es nach Gutdünken verwenden. Kein Mensch hat es je aufgeschlagen. Doch der Fall war eine Offenbarung für mich; mit welcher Vollendung haben da hervorragende Anwälte einen großen Prozeß geführt! Als alles vorüber war, sagte ich ihnen: ›Jetzt fahre ich heim und werde Jura studieren‹.«

»Abraham, du hast die Demut eines Heiligen! Bleibst eine Woche lang im Gerichtssaal, nachdem man dich fortgeschickt hat!«

»Meine Darlegung wirkte geradezu primitiv. Wie man dort Prozesse führt, das hat mit unseren Methoden in Illinois kaum etwas gemeinsam.«

Wenige Wochen nachdem der Prozeß entschieden war, kam ein Brief von Mr. Watson, in dem sechshundert Dollar lagen, das restliche Honorar. Dem Begleitbrief entnahm sie, daß Abraham einen früher gesandten Scheck zurückgeschickt hatte. Er habe ihn nicht verdient!
»Du hast wahrhaftig das Geld zurückgeschickt?« fragte sie. »Das heißt der Kränkung noch ein Unrecht zufügen! Ich werden einen Teil davon für ein neues Kleid ausgeben. Ich brauche es für den Empfang des Gouverneurs. Diese hochnäsigen Yankee-Anwälte mögen dich vielleicht nicht für den tüchtigsten Anwalt im Westen halten, aber deine Frau soll die bestangezogene Dame diesseits von New York sein.«
Die eben erst vollendete Residenz des Gouverneurs stand auf einem Hügel, mitten unter hohen Bäumen, und die Auffahrt führte durch gepflegte Rasenflächen. Gouverneur Matteson hatte sozusagen ganz Springfield eingeladen. Vom Augenblick an, als sie beim Eintritt in den Empfangssaal im Erdgeschoß die prachtvolle breite Treppe, die großen, hohen Räume mit den Kristallüstern und den Glastüren bis zur Decke sah, die sie an ähnliche Herrensitze in Kentucky erinnerten, war ihr Herz verloren.
»Abraham, du hättest doch für die Stellung des Gouverneurs kandidieren sollen!«
Er lachte und hielt ihren Arm im festen Griff.
»Ich hätte dir das Haus von Dr. Houghan kaufen sollen, Puß. Dann hätten wir nicht Gouverneur werden müssen... oder Präsident...«
»Nein, das wäre nicht nötig gewesen, aber hübsch wär's doch!«
Als sie in ihr eigenes enges Vorzimmer heimkam und die kleine Wohnung dazu betrachtete, wartete sie, bis Abraham Rock und Weste abgelegt und sich in einen großen Lehnstuhl geräkelt hatte.
»Abraham, ich habe einen Plan, wie wir unser Haus vergrößern könnten. Wir heben das Dach, machen aus den zwei Kammern richtige Zimmer und bauen noch Schlafzimmer für die Kinder an...«
»Oho, Mary, ich hätte dich nie zu diesem Empfang mitnehmen sollen!«
»Jetzt können wir's uns doch leisten! Wir sind im ganzen Kreis unserer Verwandten und Freunde die einzigen, die noch in einem so schäbigen Haus wohnen.«
Er zog die Knie bis unter das Kinn.
»Ich fühle mich hier sehr behaglich!«
»Nun, ich nicht! Ich glaube nicht, daß unser Schlafzimmer hinter dem Salon liegen sollte. Ich brauche ein Dienstmädchenzimmer und ein Gastzimmer, damit ich Emilie, wenn sie mit Ben Hardin Helm auf der Hochzeitsreise herkommt, anständig unterbringen kann.«
»Ja aber, Mary«, brummte er. »Wir sind eben erst daran, wieder Fuß zu fassen.«
»Wir können doch immerhin einen Kostenvoranschlag einholen!«

Armstrong und Conelly waren bereit, den Umbau für zweitausendfünfhundert Dollar auszuführen.
»Abraham, du gibst dreizehnhundert Dollar und ich zwölfhundert, die ich noch von Vaters Hochzeitsgeschenk habe.«
»Nein, Mary, ich will nicht, daß du dein Geld dafür ausgibst. Ich werde dir deinen zweiten Stock ausbauen lassen, aber nicht jetzt; es ist einfach zu teuer.«
Wenige Tage später ging er mit dem Gericht auf die Reise. Am selben Nachmittag hatte sie bei Frances erfahren, daß auch Hannan und Ragsdale solche Umbauarbeiten ausführten. Sie ging nach Hause, machte eine flüchtige Skizze dessen, was sie haben wollte, und dann ließ sie die Unternehmer kommen.
»Ich habe zwölfhundert Dollar, wir können für das Dach die alten Schindeln verwenden, die Fenster im Erdgeschoß können bleiben. Für die zusätzlichen Schlafzimmer oben brauchen wir kein großes Treppenhaus zu bauen, es genügt eine kleine Treppe, die von der Küche zu den Hinterzimmern hinaufführt. Glauben Sie, daß Sie das für dieses Geld machen können?«
Ein Schreiner verbrachte zwei Stunden damit, sich im Erdgeschoß umzusehen und dann die Mauern der Dachkammern zu inspizieren. Hannan und Ragsdale berichteten:
»Wir können es dafür machen, Mrs. Lincoln, bis auf das Blechdach über dem Anbau, dafür brauchen Sie einen Spezialisten. Wir garantieren Ihnen, daß die ganze Sache nicht mehr als dreizehnhundert Dollar kosten wird.«
»Einverstanden«, rief Mary. »Mir wär's lieb, wenn Sie es fertig hätten, bevor mein Mann zurück ist. Er wird zwei Monate fortbleiben.«
Am nächsten Morgen um sieben erschienen die Arbeiter und begannen, das Dach abzutragen.
»Es war schon höchste Zeit, daß wir ein anständiges Haus bekommen, Mutter«, sagte Robert kühl und anmaßend. »Ich habe immer gefunden, daß dieses Bauernhaus unserer nicht würdig ist.«
Sie übersiedelte William und Robert in das Wohnzimmer, während die Arbeiter Schindeln und Sparren forträumten, dann die Mauer des Oberstocks auf zwölf Fuß erhöhten. Sobald das Dach wieder aufgesetzt worden war und die neuen Fenster verglast, brachte sie die drei Kinder oben unter, so daß die Arbeiter den Kamin in der Küche entfernen, die Hinterwand abtragen und einen Träger einsetzen konnten, der die Mauer des oberen Stockwerks stützte. Während dieser Zeit kochte sie am Kamin im Wohnzimmer oder, wenn das Wetter günstig war, im Hinterhof.
Der Plan sah auch Holzöfen vor, wo sie bisher nur mit dem Kaminfeuer geheizt hatten, eine Glocke im Eßzimmer, Bücherregale für Abrahams

Fachbibliothek. Im letzten Augenblick entschied sie sich gegen die Einrichtung von Gasbeleuchtung. Sie hatte das Dach über die Vorderfront vorziehen lassen, so daß das Haus einem Schweizer Chalet glich, ließ es hellbraun steichen und die Läden dunkelgrün.

An der Haustür wurde eine schwarze Platte angebracht, auf der mit silbernen Lettern stand

A. LINCOLN

Jetzt hatte Abraham endlich sein eigenes Zimmer, in dem er den größten Teil der Nacht bei seinen Büchern verbringen konnte, ohne Mary zu wekken. Sie ließ das Ehebett in das neue Schlafzimmer hinaufbringen, und dann ging sie in den Ort und kaufte für Abraham das größte Mahagonibett, das sie nur auftreiben konnte. Es hatte zwar nicht die verheißene Länge von neun Fuß, doch er konnte sich darin nach Herzenslust ausstrecken und blieb doch ganz unter der Decke.

Als alles fertig war, trat sie auf die Straße hinaus und betrachtete ihr Werk; das Haus besaß unleugbar eine architektonische Einheit, einen gewissen Stil, den es dem ausgebauten Oberstock und dem hohen, vorspringenden Dach verdankte, und gleichzeitig wirkte es ganz charmant. Von Abraham kam die Nachricht, er könne am folgenden Mittwoch seine Tätigkeit bei Gericht beenden und nach Anbruch der Dunkelheit heimkommen.

Sie gab den Kindern sehr früh zu essen, putzte die Küche, zündete die Petroleumlampen im Wohnzimmer, im Salon und in den beiden großen Schlafzimmern im Oberstock nach der Straße an, und dann setzte sie sich ans Fenster, von wo aus sie ihn sofort sehen konnte, wenn er vom Bahnhof kam.

Es war ein freundlicher Abend und die Nachbarn zumeist nicht in ihren Häusern; die Männer arbeiteten im Garten, andere standen schwatzend an der Straßenecke, die Frauen saßen strickend auf den Veranden oder besuchten einander.

Jetzt sah sie Abraham, einen blauen Regenschirm in der Hand. Sie wurde ganz schwach vor Aufregung. Würde er zufrieden sein? Würde er finden, sie sei sehr tüchtig gewesen, weil sie so große Veränderungen für so wenig Geld zustande gebracht hatte? Oder würde er sich ärgern, weil sie ohne seine Zustimmung vorgegangen war?

Abraham blieb stehen, legte den Kopf zur Seite und betrachtete das Haus. Langsam, sehr langsam setzte er dann seinen Weg fort. Noch einmal blieb er stehen. Er trat vom Trottoir hinunter in die Mitte der Straße, stellte sich dem Haus gegenüber auf, musterte es, schüttelte ungläubig den Kopf. Dann begann er, die Hände unter den Schößen des Rocks, vor dem Haus auf und ab zu gehen. Endlich näherte er sich einer Gruppe von Männern,

die an der Straßenecke standen. Seine Stimme drang in höchsten Tönen durch die stille Abendluft.
»Verzeiht, Freunde, aber ich bin Abe Lincoln, und ich suche mein Haus. Ich glaubte, es sei hier gegenüber, aber als ich vor einigen Wochen wegfuhr, war es ein ebenerdiges Haus, und jetzt hat es einen Oberstock. Ich muß mich wohl verirrt haben.«
Die Nachbarn brachen in schallendes Gelächter aus. Marys Wangen glühten. Sie stand hinter den Vorhängen versteckt. Jetzt trennte sich Abraham von der Gruppe, ging auf die Haustür zu, blieb aber noch einmal stehen. Durch das offene Fenster rief sie ihm halblaut zu:
»Komm herein, du alter Narr! Erkennst du dein eigenes Haus nicht?!«

Ihm gefiel sein Schlafzimmer mit den beiden Fenstern, ihm gefielen seine neuen Bücherregale im hinteren Teil des Salons, ihm gefiel die halbgeschlossene Veranda im Süden.
Abraham ließ noch eine niedrige Backsteinmauer gegen die Straße zu bauen und darauf einen weißen Zaun. Am Sonntagmorgen war er noch immer in so guter Stimmung, daß er einen Scheck auf sechsunddreißig Dollar für die Jahresmiete des Kirchenstuhls Nummer zwanzig in der Ersten Presbyterianischen Kirche ausschrieb. Und als er sah, daß sein Freund Benjamin Fox ihnen gegenüber in der fünften Reihe seinen Stuhl mit einem neuen Teppich und Kissen für seine junge Frau ausgeschmückt hatte, flüsterte Abraham:
»Zum Lohn für deine Tüchtigkeit werde ich dir auch einen neuen Teppich und ein paar Kissen für deinen Kirchenstuhl kaufen, dann wird jedermann glauben, daß du auch eine frischverheiratete Frau bist.«

Im Juni 1856 überraschte der Convent der Demokraten die Lincolns und Stephen Douglas dadurch, daß er James Buchanan als Kandidaten aufstellte.
Zwei Wochen später, in Philadelphia, wo der erste nationale Convent der Republikaner zusammentrat, wurde John Charles Fremont, jener Verfasser der Berichte aus dem Westen, der Mann, der die großen Wanderungen nach Kalifornien und Oregon angeregt hatte, unter wilder Begeisterung als Präsidentschaftskandidat aufgestellt. Dann zeichnete sich eine Bewegung ab, die Lincoln als Vizepräsidenten nominiert haben wollte, und schon im ersten Wahlgang gab es hundertundzehn Stimmen für Abraham.
»Das muß ein anderer Lincoln sein«, knurrte Abraham. »Es gibt drüben in Massachusetts einen, der auch Lincoln heißt.«
Im zweiten Wahlgang wurde William L. Dayton nominiert. Abraham trat den Wahlfeldzug durch das südliche Illinois an wie im Jahre 1840. Damals

hatte er versucht, Demokraten zu Whigs zu machen; jetzt war sein Ziel, möglichst viele dieser Bekehrten in Republikaner zu verwandeln.
Im weiteren Verlauf des Wahlkampfes steigerten sich die Gefühle zu einem geradezu religiösen Fanatismus. Freundschaften litten darunter, Familien konnten ihre Beziehungen nur mit gemeinsamer großer Anstrengung aufrechterhalten.
Von Marys Familie aus Kentucky kamen Briefe, unglückliche Nachrichten, weil Abraham sich den Republikanern angeschlossen hatte.
Nach der Wahl Buchanans wurde es ruhiger in der Stadt. Als die New-England-Gesellschaft kurz vor Weihnachten ein Bankett veranstaltete, nahmen alle Mitglieder der Familie, Stuart, Edwards und Abraham, aller Gegnerschaft zum Trotz, die Einladung an. Es war ein milder Tag, und so lud Mary alle Kinder auf den Platz, wo die ganze Jugend des Ortes Raketen steigen ließ. Sei sah ihnen beim Spiel zu und beglückwünschte sich selber zu ihrer Zurückhaltung, denn nicht ein einziges Mal während der langen, erhitzten Monate des Wahlkampfes hatte sie jemanden wissen lassen, wie sie selber zu der Wahl stand.
Nur Abraham wirkte verdrossen; er brummte:
»Ich habe die Arbeit geleistet, und mein Lohn war ein Bannstrahl. Sprich gar nicht von der Wahl, die Geschichte ärgert mich nur. Ich kann nicht umhin, festzustellen, wie miserabel die Dinge auf der Welt eingerichtet sind. Es ist nicht meine Neigung zur Schwermut, es liegt nur daran, daß jetzt alles klar ist wie Schlamm, ein alter, kranker Mann ins Weiße Haus einzieht, der nicht die Kraft besitzt, sich in Fragen der Moral einzusetzen.«
Für die Leute war die Republikanische Partei immer noch gleichbedeutend mit Abolitionismus und Krieg. Abraham meinte, der Name müsse vermieden werden, bis die Mitglieder das Land davon überzeugt hätten, daß auch sie eine Partei des Friedens seien.
Genau diesen Augenblick wählte einer seiner Anhänger, um in Springfield eine neue Zeitung zu gründen, den ›Republican‹.
»Ich halte die Gründung dieses Blattes für unglücklich«, klagte Abraham. »Die Zeit ist noch nicht reif dafür. Ich kann das einfach nicht gutheißen.«

Wenige Wochen später wurde die erste Nummer des ›Republican‹ ins Haus gesandt.
Mary schrieb dem Herausgeber einen vorwurfsvollen Brief und schickte die Nummer zurück.
Zu ihrer Überraschung brachte er in seiner Zeitung einen Kommentar zu ihrem Schreiben. Im ganzen Ort wurde darüber geredet; Abraham sagte:
»Mary, Mary, der Korporalstock ist für Erwachsene ebensowenig geeig-

net wie für Kinder. Jetzt ist es uns gelungen, uns mit einem Mann zu verfeinden, der nur unser Freund sein wollte.«
»Aber du hast mir doch gesagt, daß du nichts mit dem Blatt zu tun haben wolltest!«
»Ich meinte, ich könne den Gedanken an eine republikanische Zeitung nicht gutheißen oder ihr mit Geld helfen. Doch ich muß sie immerhin so weit unterstützen, daß ich sie abonniere. Jetzt sagen die Demokraten, wenn wir Republikaner nicht einmal in unserer Familie Frieden halten können, wie wollten wir es innerhalb der Nation tun?«
Nach vielen Monaten der Zurückhaltung und des Schweigens hatte sie sich mit einem einzigen Ausbruch bloßgestellt. Doch hatte sie durch den Zwischenfall eine gute Freundin gewonnen; Hannah Rathbun, eine junge Witwe von neundundzwanzig Jahren, war nach dem Tod ihres Mannes zu ihrem Bruder, Pfarrer Noyes Miner, gezogen. Hannah besuchte Mary, die sich im Zorn über sich selber verzehrte, und erzählte ihr, wie sie selbst einmal durch ihr leichtentzündliches Temperament ihren Mann in eine noch hundertmal schwierigere Lage gebrachte hatte.
»Der ganze Ort lachte mich aus, mein Mann war wütend, aber nach einem Monat hatten die anderen Leute es vergessen, und es war nur noch eine heitere Erinnerung für meinen Mann und mich.«
Mary und Hannah glichen einander sehr; in ihrer temperamentvollen Art, ihrer lebhaften Sprache, ihrer Schlagfertigkeit, ihrer Vorliebe für schöne Kleider. Als Abraham verreiste, zog Hannah mit ihren Jungen zu Mary, und das Haus war von Freundschaft erfüllt. Mary konnte Hannah anvertrauen, mit welch aufreibender Mühe sie versuchte, dem vierjährigen Tad beizubringen, wie er seine Behinderung ausgleichen könnte. Der Kleine konnte viele Buchstaben überhaupt nicht aussprechen, kein s, kein r. Trotzdem lebte er glücklich, denn er war sich seines Gebrechens gar nicht bewußt, ein liebenswürdiges Kind mit schneller Auffassungsgabe, aber außerstande, sich Fremden verständlich zu machen.
Fast jeden Abend gab es Gesellschaften, und Mary nahm Hannah mit, um sie einzuführen. Das fiel ihr nicht immer leicht, denn Hannah war hübscher und von sanfterem Wesen, und da ihr Mann ihr ein ansehnliches Vermögen hinterlassen hatte, konnte sie sich sehr gut anziehen. Doch Mary hielt tapfer durch.
Nachdem etliche Feuersbrünste einen Teil der Häuser auf dem Platz zerstört hatten, spendeten Mary und Abraham fünfundzwanzig Dollar für eine Sammlung zum Ankauf einer Feuerspritze. Zwei Kompanien Freiwillige Feuerwehr trugen mit ihren leuchtenden Uniformen, ihren Paraden und Picknicks zur Unterhaltung des Ortes bei. Elizabeth und Ninian gaben eine Gesellschaft, Benjamin und Helen Edwards mieteten einen mächtigen, mit Pferden bespannten Omnibus, um ihre Gäste zu einem

Musikabend in das Houghan-Haus zu schaffen, dann luden Mary und Abraham fünfhundert Personen ein, darunter die neuen Staatsbeamten, die meisten Mitglieder der Gesetzgebenden Versammlung, die Richter und die Anwälte. Browns Hotel, eben erst eröffnet, lieferte Speisen und eine kleine Musikkapelle.

Es regnete den ganzen Tag. Nur dreihundert Gäste fanden sich ein. Mary stand, in ihrem prächtigen dekolletierten Kleid, in der Halle und empfing die Gäste. Das Essen, die Musik, die Unterhaltung waren gut genug, um vergessen zu lassen, daß Abraham keinen Alkohol erlaubt hatte.

Marys Freundinnen versicherten ihr, es sei ein sehr gelungenes Fest. Und zu ihrer eigenen Überraschung hörte sie, wie sie die Gäste aufforderte, sie doch jederzeit zu besuchen.

Und das taten sie auch. Nicht nur die Gäste kamen, um ihr zu sagen, wie gut man sich unterhalten habe, sondern auch einige, die durch den Regen verhindert gewesen waren.

Abraham war verärgert über die Illinois Central, eine Eisenbahngesellschaft, für die er einen größeren Steuerprozeß gewonnen und Hunderte von Arbeitsstunden aufgewandt hatte. Von der Akontozahlung von zweihundertfünfzig Dollar abgesehen, hatte er keinen Dollar mehr erhalten. Bei seiner nächsten Reise nach Chicago wollte er sich das Geld holen, doch kehrte er mit leeren Händen, das Gesicht von Verlegenheit gerötet, zurück.

»Als ich ihnen meine Rechnung über fünftausend Dollar vorlegte, sagte man mir: ›Dafür hätten wir ja einen erstklassigen Anwalt haben können‹.«

Sie wurde wütend.

»Abraham, warum glauben diese Leute, daß sie dich ungestraft beleidigen dürfen? Erst die Anwälte im Prozeß um die landwirtschaftlichen Maschinen und jetzt die Illinois Central!«

»Da ich anscheinend eine sehr imposante Front biete, geben sie mir einen Fußtritt in die Kehrseite. Richter Davis hat mich einmal beschuldigt, ich verdürbe durch meine kläglichen Honorarforderungen den ganzen Anwaltsberuf. Das ist das erste größere Honorar, auf das ich ein Recht zu haben glaubte... und wir werden es bekommen! Und wenn ich bis zur Direktion nach New York fahren muß.«

»Dabei könnten wir am Niagarafall vorbei und über Canada fahren«, sagte sie verträumt. »Diese Reise hat mir der Ehrenwerte Abraham Lincoln im Jahre 1848 versprochen, als wir den Wahlfeldzug für General Taylor in New England führten. Erinnerst du dich?«

Am 7. März 1857, drei Tage nachdem Präsident Buchanan in seiner Antrittserklärung Frieden und Einigkeit prophezeit hatte, verlas Oberrichter

Roger B. Taney vom Obersten Gerichtshof der Vereinigten Staaten das mit fünf zu vier Stimmen gefällte Urteil im Fall Dred Scott, den ganz Springfield mit Spannung verfolgt hatte. Dred Scott war ein Sklave, der nach Wisconsin gebracht worden war, dort eine Sklavin heiratete, die sein Herr später kaufte. Bei Rückkehr nach St. Louis hatte dieser Herr Dred Scott und dessen Familie wieder mitgenommen. Als er starb, strengte Scott einen Prozeß an.
Er verlangte die Freiheit, weil er auf einem freien Gebiet gelebt hatte und somit ein freier Mann geworden war, den man nicht länger in Sklaverei halten durfte. Oberrichter Taney verkündete, Dred Scott und seine Familie seien dadurch, daß sie nördlich von der Linie des Missouri-Kompromisses gelebt hatten, keineswegs frei geworden, weil der Kongreß nie ein Recht gehabt hatte, die Sklaverei auf den Territorien zu verbieten.
Mary und Abraham lasen in der kühlen Abgeschlossenheit ihres Salons die Berichte der Springfielder Zeitungen über diese Entscheidung. Oberrichter Taney verkündete, die Neger seien nicht ›in jenen Teil der Unabhängigkeitserklärung einbezogen, in dem festgestellt wurde, daß alle Menschen gleich geschaffen seien‹. Und darum hätten, der Verfassung gemäß, die Neger ›keine Rechte, welche die Weißen zu achten verpflichtet wären‹.
Jetzt stand das Problem in seiner ganzen nackten Scheußlichkeit da, die auch moralisch Blinde erkennen mußten.
Langsam hob Mary den Kopf und sah zu Abraham hinüber. Er hatte recht gehabt, als er von der Republikanischen Partei gesagt hatte, es gäbe keine andere Stelle, wo freie Menschen sich sammeln könnten. Sie war für die Freiheit. Und jetzt hatte auch sie das Recht erkannt. Sie stand Schulter an Schulter neben Abraham, obgleich ihre Schulter ihm nur bis zu den Rippen reichte.
Wahrscheinlich würde Abraham nächstes Jahr der Kandidat der Republikaner für den Senat sein. Stephen Douglas würde sich, als Vertreter der Demokraten, zum Kampf um seine Wiederwahl stellen müssen. Zum erstenmal in den zwanzig Jahren ihrer Nebenbuhlerschaft würden die beiden Männer sich um dasselbe Amt bewerben. Dank der Entscheidung im Fall Dred Scott, die sich für Douglas' Volkssouveränität aussprach, konnte auch das Volk entscheiden.
Sie selber stand zu Abraham. Und Illinois?

Sie sollten ihre Reise nach New York haben; sie fuhren nach dem Osten, um das Honorar der Illinois Central zu holen, das ihnen vom Gericht in Illinois zugesprochen worden war. Hannah Rathbun zog mit ihren beiden Kindern ins Gastzimmer, um William und Tad zu hüten. Robert nahmen sie mit auf die Reise.

Mary hatte immer gewußt, daß das Leben in einer Stadt ihr gefallen würde, New York aber war eine unerschöpfliche Quelle des Entzückens. Und sie fühlte sich auch gar nicht fremd. Sie hatte seit so langer Zeit die New Yorker Zeitungen gelesen, daß die Theater, die Geschäfte, die lokalen Ereignisse ihr vertraut waren. Sie wohnten im Astor House, und Abraham fuhr mit ihnen im Wagen vom Central Park, in den man ein wildes, felsiges Stück Land umgewandelt hatte, zum Battery Park. Mit dem Fährboot setzten sie nach Staten Island hinüber, gingen die Piers entlang. Am Ende der Canal Street lag die ›Atlantic‹, und sie erhielten die Erlaubnis, das große Schiff zu besichtigen, das sich eben zur Fahrt nach Europa rüstete. Als sie über die Laufbrücke hinuntergingen, wandte sich Mary zu Abraham und sagte wehmütig:

»Du hast keine Ahnung, wie sehr ich mich danach sehne, nach Europa zu reisen. Ich habe beschlossen, daß mein nächster Mann reich sein muß.«

»Dann werde ich zunächst einmal meine fünftausend einkassieren gehen.«

Am nächsten Morgen empfingen die Beamten der Illinois Central sie mit kalter Höflichkeit, doch ohne Geld. Als sie das Haus verließen, fragte Abraham:

»Würde es dir gefallen, eine Eisenbahn zu besitzen, Mary? Wenn wir das Geld nicht bekommen, sobald wir wieder daheim sind, dann muß ich den Sheriff im McLean-Bezirk auffordern, die Illinois Central zu beschlagnahmen.«

»Hat die Illinois Central auch eine Linie, die nach Europa führt?«

Noch zwei Tage blieben sie in New York. Mary verbrachte die Nachmittage in den Geschäften. Abraham ging mit ihr in Niblo's Garden zu Lustspiel und Ballett und am nächsten Abend in Wallack's Theater in den ›Kaufmann von Venedig‹. Am Morgen darauf fuhren sie nach dem Niagarafall. Mary sah in dem Schauspiel vor allem die überwältigende Größe und Schönheit, doch Abraham schob die ästhetischen Erwägungen mit der Frage beiseite:

»Woher kann nur all das Wasser kommen? In meinen wissenschaftlichen Büchern habe ich nie eine Antwort auf diese Frage gefunden.«

Als sie heimkamen, war noch immer kein Geld von der Illinois Central überwiesen worden, und so forderte Abraham den Sheriff auf, einen Teil des Besitzes der Gesellschaft zu beschlagnahmen, um dem Richterspruch Genüge zu tun. Sofort waren viertausendachthundert Dollar da! Mary hielt den Scheck vor sich hin.

»Ich komme mir sehr reich vor, ich denke, ich werde für uns ein schönes Kentucky-Haus bauen. Mit viertausendachthundert Dollar kommt man schon ziemlich weit.«

»Mit zweitausendvierhundert Dollar. Die andere Hälfte gehört Billy.« Sie preßte den Scheck an die Brust.
»Abraham, das ist nicht gerecht. Zwei Jahre lang hast du den größten Teil deiner Arbeitszeit daran gewendet, dieses Honorar zu verdienen. Nie ist Herndon mit dem Gericht gereist, nie hat er einen deiner Fälle übernommen. Er hat nichts von diesem Geld verdient!«
»Ich kann nicht die kleinen Honorare teilen und mich bei großen drükken.«
»O Abraham, diese Partnerschaft wird immer sinnloser!«
Er nahm ihren Einwand nicht zur Kenntnis.
»Ich werde unsere Hälfte von dem Geld in Grund und Boden in Iowa anlegen. Wir werden schon reich werden.«

Der Mann ihrer Schwester Emilie, Ben Hardin Helm, mit dem Mary auch durch die Familie Hardin verwandt war, kam nach Springfield, um hier einen Prozeß zu führen. Er war eine jüngere Ausgabe ihres schönen Vetters Hardin, mehr als sechs Fuß groß, mit durchdringenden blauen Augen, vollem braunem Haar, einem offenen freundlichen Gesicht, das mitfühlend, aber auch streng wirken konnte. Er hatte West Point absolviert, eine Zeitlang bei der Kavallerie gedient, dann aber an der Universität in Louisville und in Harvard Jura studiert, war nach Kentucky zurückgekehrt und als Partner in die Kanzlei seines Vaters eingetreten, des früheren Gouverneurs von Kentucky. Mary brachte Ben im Gastzimmer unter; er war klug, hatte ein ruhiges Wesen und nahm gegenüber der Politik, die die Nation erschütterte, eine gemäßigte Haltung ein.
Als Abraham ihn nach den Ansichten der Leute in Kentucky über die Frage der Sklaverei fragte, erwiderte er:
»Ich glaube, daß die Randstaaten eine schrittweise Emanzipation annehmen werden.« Er sah Mary an und setzte hinzu: »Dein Vater hat auf diesem Gebiet gute Arbeit geleistet, Mary.« Und wieder zu Abraham gewandt, sagte er: »Ich glaube aber nicht, daß die Baumwollstaaten die Emanzipation in irgendeiner Form annehmen werden. Selbst wenn man ihnen eine Entschädigung garantiert. Verstehen Sie wohl, Vetter Abraham, es handelt sich nicht nur um Investitionen, die sie zu verlieren fürchten, es ist ihre ganze Lebensform. Sie haben Angst, ihnen könnte alles, was sie schätzen, entrissen werden.«
Im Herbst 1857 wurde in Lecompton, nach einer Reihe von Wahlschwindeleien zugunsten der Sklaverei, die Verfassung für Kansas niedergelegt, laut der es als schweres Verbrechen galt, wenn man einem Sklavenhalter das Recht absprach, sein Eigentum an Menschen zu behalten. Als Präsident Buchanan den Kongreß drängte, die Verfassung von Lecompton gutzuheißen, damit Kansas zum Staat werden könnte, da brach Senator

Stephen Douglas mit der Verwaltung... und klagte Präsident Buchanan an.
Abraham rief:
»Für uns ist das ausgezeichnet! Voriges Jahr bei der Wahl waren wir zersplittert und besiegt worden; wenn Douglas und die Verwaltung uneinig sind, besteht die Aussicht, daß wir siegen.«
Doch seine Freude war von kurzer Dauer; weil Douglas gegen Buchanan auftrat und sich widersetzte, Kansas als Sklavenstaat in die Union zu bringen, verlangten viele republikanische Zeitungen, die ihn früher bekämpft hatten, er sollte als republikanischer Senator für Illinois nominiert werden. Die Oppositionsblätter in Illionis spotteten und machten sich über Abraham lustig, als wäre er bereits ausmanövriert worden. Die ›Constitution‹ in Urbana schrieb: ›Der Ehrenwerte Abe Lincoln ist zweifellos der unglücklichste Politiker, der je versucht hat, in Illinois in die Höhe zu kommen. In allem, was er auf dem Gebiet der Politik unternimmt, ist er anscheinend zur Niederlage verdammt. In seinen politischen Plänen ist er so oft gescheitert, daß es genügen würde, aus jedem normalen Menschen das Leben auszuquetschen.‹
»Nur gut, daß du kein normaler Mensch bist!« meinte Mary.
Seine grauen Augen blitzten auf; er war ihr dafür dankbar, daß sie seine Stimmung aufrechthielt.
Das Lincolnsche Heim wurde zum Trauerhaus, als Freunde aus Washington und dem Norden kamen und berichteten, daß immer mehr von den republikanischen Führern zu Douglas übergegangen waren.
Nachdenklich schrieb Abraham auf die Rückseite von alten Briefumschlägen die Rede, die er 1858 beim Republikanischen Convent halten sollte. Mary gegenüber bemerkte er, die Rede werde unter dem Leitsatz stehen, den er während ihres Aufenthaltes im ›Globe‹ geprägt hatte, als er ein Rundschreiben für die Whigs verfaßte: »Ein Haus, das in sich selbst zerfallen ist, kann nicht bestehen.« Als er aber am Abend des 15. Juni aus der Staatsbibliothek heimkehrte, wo er vor der Tafelrunde der Führer seiner Partei die Rede erprobt hatte, gestand er:
»Meine Freunde hatten viel gegen ›das Haus, das in sich selbst zerfallen ist‹ einzuwenden; sie wollten, ich solle das ändern, aber ich glaube, daß ich diese Frage noch gründlicher gesprüft habe als sie, und ich erklärte, ich würde zu meiner Rede stehen, was auch geschehen möge.«
Mary saß unbeweglich da und beobachtete ihn.
»Ich möchte sie dir vorlesen, wie ich sie ihnen vorgelesen habe, Puß. Eine ganze Anzahl Wörter habe ich unterstrichen, um sie richtig zu betonen:
›Herr Präsident und meine Herren vom Convent,
Wenn wir vorerst wissen könnten, wo wir stehen und wohin wir streben, dann könnten wir besser beurteilen, was zu tun ist und wie es zu tun ist.

Wir sind jetzt bereits weit im fünften Jahr, seit eine Politik begonnen wurde mit dem eingestandenen Ziel und der zuversichtlichen Verheißung, der Agitation zugunsten der Sklaverei ein Ende zu setzen.
Unter der Wirkung dieser Politik hat die Agitation nicht nur nicht aufgehört, sondern sie hat beständig zugenommen.
Meiner Ansicht nach wird sie nicht aufhören, bevor eine Krise erreicht und überwunden ist.
Ein Haus, das in sich selbst zerfallen ist, kann nicht bestehen.
Ich glaube, daß dieses Regime, halb Sklaverei, halb Freiheit, nicht dauern kann.
Ich erwarte nicht, daß die Union aufgelöst wird, ich erwarte nicht, daß das Haus einstürzen wird – aber ich erwarte, daß es aufhört, in sich selbst zerfallen zu sein.
Es wird ganz das Eine oder ganz das Andere sein.‹«
Seine Stimme war von tiefster Aufrichtigkeit erfüllt. Sie schwieg, die Sätze schwangen durch ihren Geist, sie fühlte sich in ihre Flitterwochen im ›Globe‹ zurückversetzt, als Abraham gesagt hatte: ›Ich will mir einen Stil aneignen, aber ich schreibe noch nach dem Gehör.‹ Jetzt hatte er seinen Stil gefunden. Sie entsann sich ihrer Beobachtung, daß Abraham im Grunde weder Anwalt noch Politiker, sondern Literat war.
»Das ist schön, Liebster. Wie können sie nur etwas gegen das ›zerfallene Haus‹ einzuwenden haben? Es stammt doch aus der Bibel!«
»Einer sagte, es sei der Zeit voraus, ein anderer, es würde die Wähler aus den demokratischen Reihen vertreiben, ein dritter erklärte, es sei eine ›verdammt törichte Redensart‹, weil es klinge, als träte ich für Uneinigkeit und Krieg ein.«
Sie begleitete ihn am nächsten Abend ins Regierungsgebäude, um zuzuhören, wie er seine Rede einem Saal von hemdärmeligen, schwitzenden Republikanern vorlas, die sich einstimmig für seine Nominierung erklärten... seine Wahl hing jedoch davon ab, ob die Republikaner in der Gesetzgebenden Versammlung eine Mehrheit errangen.
Während sie durch die Dunkelheit heimgingen, erklärte ihr Abraham, er müsse nicht nur seine gesamten Reisespesen für die Wahlreisen selber bezahlen, sondern auch einen Beitrag zum Landesfonds leisten. Und da er zuviel mit der Wahl zu tun haben werde, um Prozesse zu führen, würde sich in den kommenen Monaten auch ihr Einkommen verringern.
Sie entließ ihr Dienstmädchen, gab nur noch für die Ernährung Geld aus. Er wandelte das Wohnzimmer zum Hauptquartier des Wahlfeldzugs um.
Ihre Freundin Hannah hatte unterdessen Dr. John Shearer geheiratet, einen liebenswürdigen Pennsylvanier. Mary half ihr beim Einzug in ein neues Haus in nächster Nähe.

Am Ende der ersten Juliwoche griff Abraham nach seiner Reisetasche und fuhr nach Chicago, um Stephen Douglas zu hören, der dort die erste Rede des Feldzugs hielt, und ihm zu antworten. Mary hatte ihm aus dem Fenster nachgeschaut, dann ging sie durchs Wohnzimmer und sah, daß auf dem Tisch ein Schriftstück ausgebreitet lag. Ihr Blick haftete an dem ersten Satz der Schrift, die den Titel trug ›Kampf gegen die Sklaverei‹: ›Ich habe mich den Ehren einer offiziellen Stellung gegenüber niemals gleichgültig gezeigt; und täte ich es jetzt, so würde ich mich nur lächerlich machen‹.

Sie konnte nicht widerstehen, sie griff nach dem Blatt und las weiter: ›Und doch habe ich nie verfehlt, dessen eingedenk zu sein, daß es in der republikanischen Sache ein höheres Ziel gibt als lediglich ein Amt. Ich habe mir nicht erlaubt zu vergessen, daß der Abschaffung des Sklavenhandels durch Großbritannien ein Kampf von hundert Jahren voranging, bevor schließlich der Erfolg sich einstellte; daß die Maßnahme ihre Widersacher hatte, daß diese Widersacher Ämter erhielten und ihre Gegner nicht. Aber ich habe mich auch daran erinnert, daß sie wohl ein Jahrhundert lang brannten wie Talgkerzen, am Ende aber in ihren Haltern flakkerten, erstarben, kurze Zeit noch im Dunkeln Gestank verbreiteten, dann aber durch nichts mehr im Gedächtnis lebten, nicht einmal mehr durch ihren Gestank.‹

Mary hatte Tränen im Auge. Wie kräftig wußte er seinen Glauben an das Rechte auszudrücken! Eben erst war er zum Wahlfeldzug aufgebrochen; hatte er sich bereits mit einer neuerlichen Niederlage abgefunden?

Die Zeitungsberichte aus Chicago über Abrahams erstes Scharmützel erreichten Springfield noch vor ihm. Seine Freunde hatten mit ihrer Prophezeiung recht gehabt; der Rede vom zerfallenen Haus wegen beschuldigte ihn Douglas, gegen die Union zu sein und zum Krieg zu hetzen.

Mary saß auf dem Boden, umgeben von den zwei Zeitungen und ihren drei Söhnen, las ihnen aus der Douglas-Zeitung, der ›Times‹, und dann aus der Lincoln-Zeitung, der ›Tribune‹ vor und versuchte, den Jungen zu erklären, wie in der Politik zwei entgegengesetzte Ansichten über dieselbe Frage wahr erscheinen konnten, als es plötzlich läutete. Mary öffnete die Haustür, und vor ihr stand Helen Edwards.

Sie führte Helen in den Salon, der nach dem überfüllten Wohnzimmer kühl und unbenützt wirkte.

»Ich habe unangenehme Nachrichten«, begann Helen.

»Doch nicht über Abraham …«

»Ach nein, nichts Persönliches.« Jetzt redete sie schneller. »Ben ist zu Stephen Douglas übergegangen. Ich weiß, daß dir das weh tun wird, dein Mann ist ja zu Ben so gut gewesen …«

Mary spürte, wie ihr das Blut zu Kopf stieg. Konnte Abraham mit seiner

Rede so unrecht gehabt haben, daß selbst seine Freunde ihn schleunigst verließen?
»Ich wollte dir mitteilen«, fuhr Helen hastig fort, »daß Ben den offiziellen Empfang für Douglas in Springfield in unserem Haus veranstalten will. Der Zug, mit dem er ankommt, wird bei unserem Gehölz stehenbleiben, und dort wird Douglas seine große Rede halten.«
Mary zuckte zusammen – im geliebten Houghan-Haus sollte sich das abspielen: Helen legte ihr die Hand auf den Arm, dann aber wandte sie sich zur Tür. »Ich muß jetzt heim und meiner republikanischen Familie in New York einen Brief schreiben. Ich muß versuchen, ihr auseinanderzusetzen, warum mein Mann zu den Demokraten abgesprungen ist, nachdem er 1856 gesagt hatte: ›Lieber würde ich dem Teufel die Hand schütteln, als in der Sache der Sklaverei Stephen Douglas' Hand zu ergreifen‹.«
Am nächsten Tag kehrte Abraham zurück. Als sie ihm von Benjamin Edwards berichtete und daß die Versammlung beim Houghan-Haus stattfinden werde, schluckte er einigemal; dann sagte er: »Jeder Mann muß seinen eigenen Weg gehen.«
Vierundzwanzig Stunden später nahm er den Zug nach Bloomington, wo Douglas sprechen sollte.
»Ich weiß nicht, ob ich eine Gelegenheit haben werde, ihm zu antworten, aber ich möchte doch an Ort und Stelle sein.«
Nach der Versammlung in Bloomington sollte er den Zug nehmen, der mit den Douglas-Anhängern nach Springfield fuhr, und sich zu den anderen Passagieren gesellen, wenn der Zug neben der Besitzung von Benjamin Edwards hielt.
In jener Nacht lag sie schlaflos im Bett, hörte das schwache Plätschern des Regens auf dem Dach und dann das Prasseln eines Wolkenbruchs. Sie flüsterte heiter: ›Gott, verzeihe mir meine Lieblosigkeit, aber ich hoffe, daß dein Regen die ganze Versammlung sprengen wird.‹
Bei Tagesanbruch wurde sie durch Kanonenschüsse geweckt. In jäh aufflammendem Zorn begriff sie, daß die Douglas-Demokraten die Kanonen abgefeuert hatten. Das Donnern dauerte den ganzen Tag; im Verlauf des Vormittags hörte sie die Klänge der Musikkapellen, die sich auf dem Platz versammelten, und dann begannen die Demokraten unter lautem Jubelgeschrei ihren Umzug. Die Reden würden zwei, drei Stunden dauern; das bedeutete, daß sie lange warten mußte, bis Abraham heimkam.
Sie trat ans Vorderfenster, um zu sehen, ob der Regen aufgehört hatte. Dort, auf der Eighth Street, die Reisetasche in der Hand, den geschlossenen Regenschirm in der anderen, die Rockschöße im Winde flatternd, den Kopf vorgestreckt, kam Abraham daher.
Sie führte ihn in die Küche, wo sie ihm die nassen Stiefel auszog; sie holte

ihm trockene Socken und die gehäkelten Pantoffel, auf die sie A. L. gestickt hatte. Er lehnte den Stuhl an die Wand, ließ sich von Mary eine Tasse starken schwarzen Kaffee reichen. Dann legte sie Holz aufs Feuer und kochte ihm einen frischen Seefisch. Keiner von beiden erwähnte, daß Abraham sichtlich anderen Sinnes geworden war und darauf verzichtete, heute seinen Gegner anzuhören.

Als die Versammlung zu Ende war und die Menge sich wieder nach Springfield verzogen hatte, sprach man im ganzen Ort nur von Douglas' privatem Eisenbahnwagen. Robert fragte, ob er auf den Bahnhof gehen dürfe, um den Wagen zu sehen. Eine Stunde später war er wieder zurück, schilderte mit aufgerissenen Augen die Losungsworte und die Fahnen, die die ganze Länge des Wagens schmückten, ferner die Plüschmöbel im Salon, die Sofas, auf denen man schlafen konnte, die Tische, an denen man aß und schrieb, die Musikkapelle, einen Mann, der die Reden mit der neuen, Stenographie genannten Methode niederschrieb ... und den Wagen mit den zwei Kanonen.

»Vater, wenn du wieder zum Wahlfeldzug ausziehst, wirst du auch so einen schönen Wagen haben?«

»Anscheinend stellt die Illinois Central Douglas diesen Wagen für wenig Geld zur Verfügung«, erwiderte Abraham. »Man meint wohl, daß er wiedergewählt wird.«

»Und warum mußt du im gewöhnlichen Wagen fahren? Warum kannst du nicht einen Zug haben, der ›Lincoln-Sonderzug‹ heißt? Wir sind doch ebenso viel wert wie Douglas, nicht?«

»Vielleicht aber nicht so reich. Unser Freund hat halb Chicago aufgekauft, als es noch eine Wildnis war.«

Robert straffte sich, streckte das Kinn vor und verkündete:

»Wenn ich groß bin, werde ich auch so reich sein wie Senator Douglas. Ich werde meinen eigenen Wagen haben, wenn ich auf Reisen gehe, und niemand wird auf mich herunterschauen dürfen.«

»Dann solltest du lieber noch ein Stück wachsen, mein Junge«, bemerkte sein Vater trocken.

Abraham hatte angezeigt, daß er an diesem Abend im Regierungsgebäude sprechen werde. Nach dem Abendessen nahm er ein Bad, zog frische Wäsche und seinen leichtesten Anzug an. Mary brannte darauf, die neue Mrs. Douglas zu sehen; Stephens erste Frau war vor fünf Jahren im Kindbett gestorben. Abraham fuhr den Wagen vor die Haustür. Da es noch ein wenig früh war, machten sie die Runde auf dem Platz. Als sie am Hotel St. Nicholas vorüberkamen, wo Douglas wohnte, wurde ihr Pferd durch tosendes Gebrüll aufgeschreckt. Mary sah, hoch vom Wagen her, Stephen Douglas aus dem Haus treten, an seinem Arm Adele Cutts.

Mary hatte schon viel von der neuen Mrs. Douglas gehört; als Großnichte

Dolly Madisons war sie in den besten Kreisen von Washington aufgewachsen; es hieß, sie habe zahlreiche Bewerber gehabt und hätte nach Belieben wählen können. Jetzt galt sie als die charmanteste Hausfrau von Washington, und ihr Haus hatte dem Weißen Haus den Rang abgelaufen, wo Harriet Lane, die Nichte des Präsidenten, die Rolle der Hausfrau übernommen hatte.
Im starken Licht der Gaslampen sah Mary, daß die Berichte von Adele Cutts' Schönheit nicht übertrieben waren; Mrs. Douglas hatte ein köstlich geformtes ovales Gesicht, eine griechische Stirn, und schwere Flechten von kastanienbraunem Haar wanden sich um ihren Kopf. Sie war ausgezeichnet angezogen, trug ein Kleid aus Seidentaft mit einer Tunika im italienischen Stil, die ihre hohe, edle Gestalt voll zur Geltung brachte.
Marys Blicke verzehrten das schöne, erfolgreiche Paar, und ein heftiges Gefühl wallte in ihr auf. War es die Zurücksetzung, war es Neid, war es Haß? Sie wußte es nicht. Sie wußte nur, daß sie kaum atmen konnte, so heftig pochte ihr Herz in der Brust.
»Fahr zu, Abraham, es ist Zeit für die Versammlung!«

Der Saal des Repräsentantenhauses war kaum voll zu nennen; Senator Douglas erschien nicht, um seinen Gegner anzuhören. Die republikanische Hörerschaft begrüßte ihn stürmisch. Er zählte die Benachteiligungen auf, unter denen die Republikanische Partei arbeiten mußte, und fuhr fort: »Senator Douglas ist weltberühmt. All die besorgten Politiker seiner Partei haben zu ihm aufgeschaut, weil sie in ihm, in nicht allzu ferner Zeit, den Präsidenten der Vereinigten Staaten erblickten. In seinem runden, freundlichen, vielverheißenden Gesicht haben sie Postämter, Landämter, Ministerposten, Botschafterposten, Missionen im Ausland gesehen, alle bereit, sie sich in ihre gierigen Hände legen zu lassen. Daß ich Präsident werden könnte, hat, im Gegensatz dazu, niemand erwartet. Kein Mensch hat je aus meinem mageren Gesicht solche Gemüse sprießen gesehen.«
Mary hatte keine Freude an dem Gelächter, das diesen Worten folgte.
Als sie daheim waren und Mary den Schlafrock anzog, den sie in New York gekauft hatte, brachte sie Eislimonade in Abrahams Schlafzimmer, wo er sich, die Hände unter dem Kopf, auf dem Bett räkelte. Ohne den Blick von der Zimmerdecke abzuwenden, fragte er:
»Was hast du für einen Eindruck gehabt?«
»Das Ende war gut.«
»Und der Anfang?«
»Als du die halbe Zeit damit verbracht hast, Steve zu antworten, hast du ihm die Hälfte deiner Tribüne eingeräumt. Du solltest lieber deinen eigenen Drachen steigen lassen. Die Leute sagen, daß du nicht viel Publikum

hast. Vielleicht kommt das daher, daß du dich mit Douglas beschäftigst, statt mit dem, worum es bei der Wahl wirklich geht.«
Er dachte sekundenlang nach.
»Einige Freunde haben mir schon geraten, in die Offensive zu gehen. Wie wär's, wenn Douglas und ich an einigen wichtigen Orten miteinander reden würden?«
»Du meinst eine Reihe von Debatten? Ausgezeichnet!« Ihre Augen glänzten bei diesem Vorschlag.
»Jede Zeitung im Land würde darüber berichten.«
Er setzte sich auf.
»Ich werde das den Freunden vom Zentralausschuß in Chicago vorschlagen müssen. Sie werden bestimmt dafür sein.«
»Und Steve? Was hat er dabei zu gewinnen?«
»Du mußt das von der anderen Seite her betrachten. Kann er sich's leisten, abzulehnen?«

Abraham reiste ab; er wollte die Frage einer Herausforderung Stephen Douglas' mit den beratenden Ausschüssen besprechen. Stephens Antwort kam in Form eines Briefes. Sie konnte nicht widerstehen, sie mußte den Brief öffnen. Douglas warf Abraham vor, daß er diesen Vorschlag nicht bereits gemacht hatte, als sie beide in Springfield waren und Douglas den Plan seines Wahlfeldzugs festgelegt hatte. Dann erklärte er sich einverstanden, in Freeport, Ottawa, Galesburg, Quincy, Alton, Jonesboro und Charleston mit ihm zu diskutieren.
Sie vollführte einen Freudentanz um die Möbel des Wohnzimmers und schwenkte den Brief. Als Abraham am nächsten Morgen heimkehrte, fragte sie ihn:
»Abraham, dürfte ich mitkommen, wenn du mit ihm diskutierst? Ich wäre für dich nicht weniger wert als Adele Cutts für Steve.«
»Das gewiß, Puß, aber die Douglas' können es sich leisten, für diesen Wahlfeldzug eine Menge Geld auszugeben. Bei uns geht es an unsere mageren Ersparnisse. Ich werde Tag für Tag unterwegs sein müssen. Dir würde nichts übrig bleiben, als stundenlang auf schmutzigen Bahnhöfen zu sitzen, in überfüllten Zügen zu reisen... manchmal die ganze Nacht hindurch...«
»Das wäre mir gleich.«
Er schüttelte den Kopf.
»Besser wär's, wenn wir uns nur an den strategischen Punkten treffen könnten.«
Sie war enttäuscht.
Zwei stille Wochen hatten sie vor sich, um seine Reise durch die kleinen Orte vorzubereiten, bevor die Debatten in Ottawa in aller Form eröffnet

wurden. Dann, an einem heißen Freitagmorgen gegen Ende August, stieg auch sie in den Zug.
Um die Mitte des Nachmittags langte sie in Morris an, einem kleinen Dorf, dessen Häuser unter grünen Schattenbäumen nisteten. Abraham war auf dem Bahnhof. Sie verbrachten die Nacht bei Freunden, und am nächsten Morgen stiegen sie in den Sonderzug der Republikaner, in dem ihre Anhänger sich drängten. Kurz nach zwölf war es, als sie in Ottawa ankamen.
Feiertagsstimmung hatte sich über Ottawa gebreitet, Läden und Straßen blinkten vor Sauberkeit, etwa zehntausend Menschen waren, wie der Bürgermeister Mary erzählte, am Abend zuvor herbeigeströmt, zu Pferd, in Bauernwagen, in Sonderzügen, in Booten den Illinois und den Fox aufwärts. Und rings um den Ort hatten die Lagerfeuer der Leute gebrannt, die das große Schauspiel nicht versäumen wollten.
In der Mitte des Platzes hatte man eine Tribüne errichtet, die ein Bretterdach vor der erbarmungslosen Sonne beschützte. Kein Mensch hatte daran gedacht, einen Pfad zu der Tribüne frei zu lassen, und so mußten die Soldaten Zoll um Zoll den Lincolns den Weg erkämpfen; das dauerte eine halbe Stunde. Von einer andern Richtung her mußte das Ehepaar Douglas mit seiner demokratischen Begleitung die gleichen Qualen erdulden. Endlich saßen sie alle auf der Tribüne, sie und Abraham mit ihrer Delegation auf der einen Seite, Douglas und seine Frau auf der anderen. Mary bemerkte, wie Adele Cutts Douglas sie musterte.
Unterhalb der Tribüne stand ein Tisch, an dem sich die Berichterstatter der bedeutendsten Zeitungen und einige Stenographen drängten.
Douglas kam zuerst zu Wort. Er trug ein Seidenhemd mit Rüschen, einen dunkelblauen Rock mit funkelnden Knöpfen. Er sprach ruhig, seine Rede war ein rauschender, ungebrochener Strom, seine Stimme gewichtig und voll. Er schüttelte sein langes, schwarzes Haar, er ging auf der Tribüne mit der sprungbereiten Anmut eines Panthers auf und ab. Mary erinnerte sich an ihn, wie sie ihn in der ersten Springfielder Zeit gekannt hatte; welche Kraft hatte sich in ihm entwickelt! Welch erstaunliche Führereigenschaften! Wenn er Abraham über die Grundsätze des Springfielder Republikanertums zur Rede stellte, wurde das mit den Rufen »Hurra für Douglas!« und »Gib's ihm!« begrüßt.
Sie warf einen Blick auf Abraham. Er war erregt. Häufig schüttelte er verwirrt und abwehrend den Kopf.
Als er in dem Rock mit den zu kurzen Ärmeln und der sackartig hängengen Hose aufstand, wurde er mit anhaltendem Beifall begrüßt. Das hob Marys Stimmung, obgleich Abrahams Ausdruck sich nicht veränderte. Er hatte eine nasale Stimme von wenig angenehmem Klang; die Zuversicht des gestrigen Abends war verschwunden, und dementsprechend war auch

die Rede, die er daheim mühsam niedergeschrieben und auf den Hauptplätzen kleiner Ortschaften zwischen Springfield und Ottawa geprobt und korrigiert hatte. Douglas' Angriff hatte ihn aus dem Gleichgewicht gebracht. Er unterließ es, auf Douglas' Fragen zu antworten, schweifte ab, brachte nur Flickwerk zustande, und nach dreißig oder vierzig Minuten verstummte er bereits.

Sie war zu verdrossen, um etwas von Douglas' Gegenrede zu hören; dem Beifall der Zuhörer konnte sie entnehmen, daß er an diesem Tag den Sieg davongetragen hatte.

Sie war müde; am liebsten wäre sie von der Tribüne hinuntergestiegen, hätte sich in das Haus des Bürgermeisters geflüchtet, in das stille, abgelegene Schlafzimmer, das er ihnen eingeräumt hatte. Dann sah sie, wie Mrs. Douglas auf sie zukam. Sie wandte sich ab, versuchte die Stufen auf ihrer Seite der Tribüne zu erreichen, doch die Menschen standen zu dicht beieinander. Sie spürte eine Hand auf dem Arm und drehte sich um. Keine Spur von Triumph war in Adele Douglas' Zügen, nur ein freundliches Lächeln.

»Sie erinnern sich nicht an mich, Mrs. Lincoln; aber ich bin Ihnen vor mehreren Jahren in Washington vorgestellt worden.«

»In Washington?« fragte Mary verblüfft.

»Ja, im Haus meiner Tante, Mrs. Madison. Ich war damals nur vierzehn Jahre alt, aber ich entsinne mich noch Ihrer wunderschönen Schultern. Und ich weiß auch, was für ein Kleid Sie getragen haben – weiße Seide mit blauen Brokatblumen durchwoben.«

Mary, völlig aufgetaut, streckte der jüngeren Frau die Hand entgegen.

»Ich freue mich, daß wir uns hier getroffen haben, Mrs. Douglas. Wir wollen Freundinnen sein. Ich reise gern, und ich beneide Sie darum, daß Sie die ganze Fahrt mitmachen können.«

Am Abend brachte der Stenograph den Text von Abrahams Rede, die bereits in normale Schrift umgeschrieben war, um an die Zeitungen geschickt zu werden. Abraham las sie, wandte sich mit einem verzerrten Lächeln zu Mary.

»Ich sage, was der alte Mann sagte, als er eine Daguerreotypie von sich zu sehen bekam: ›Es sieht mir schrecklich ähnlich!‹«

In den nächsten vierzehn Tagen, während sie ihm mit Hilfe der Zeitungsberichte folgte, kam er durch alle Täler, über alle Prärien von Illinois; zu Pferd, im Wagen, mit Eisenbahn, auf Kanälen, auf Flußbooten, redete er in raschem Nacheinander von Monticello bis Mattoon, von Hillsboro bis Edwardsville, von Hughland bis Greenville.

Im September gelang es Abraham, für ein Wochenende heimzukommen. Eines Samstagnachmittags, zu später Stunde, tauchte er auf. Kaum hatte sie das Schlafzimmer aufgeräumt, kaum stapfte er in seinen Pantoffeln

im Haus umher, als auch schon der Republikanische Klub, eine Musikkapelle an der Spitze, etwa tausend Mann stark, vor dem Haus anmarschiert kam. Es war offenbar, daß die Leute sich nicht verziehen würden, bevor er gesprochen hätte, und so nahm Abraham Marys Arm, und die beiden traten auf die Vorderveranda, um für die Zurufe zu danken. Die drei Jungen schauten aus dem Fenster im Oberstock. Abraham dankte seinen Freunden für den Empfang, versicherte ihnen, die Aussichten für den Triumph der Grundsätze, die ihnen allen teuer seien, stünden gut.
Mary beobachtete die Gesichter der Leute, während sie Abrahams Worten folgten, sie spürte die Wärme einer Gemeinschaft, von der Abraham und sie umfangen waren. Sie war tief bewegt, es war beinahe eine Wiederaufnahme in ein Vaterland; und abermals fühlte sie sich diesem Ort eng verbunden, wo sie doch so oft unglücklich gewesen war und unter dem Eindruck gelebt hatte, eine unerwünschte Fremde zu ein.

Am Wahltag schließlich blieb die Dämmerung aus. Bleifarbene Himmel gossen unendliche Sturzregen herab. Abraham meinte, Regen und Schlamm würde ziemlich viele gute Republikaner unter den Farmern vom Gang zur Urne abhalten. Als Mary ihn kurz vor zwölf in den Ort begleitete, sah sie, daß alle Leute gründlich durchnäßt und entmutigt waren; erstaunlich viele Betrunkene gab es, die sich auf den Straßen rauften, und die Polizei mußte die Kampflustigen in das Stadtgefängnis bringen.
Spät abends verließen sie die Redaktion des ›Journal‹, wo sie die telegraphischen Ergebnisse notiert hatten; obgleich Abraham und die Republikaner die Mehrheit der Stimmen gewonnen hatten, fiel, durch die ungerechte Zuteilung der Mandate, die Mehrheit der Sitze an die südlichen Bezirke, und daraus ergab sich ein demokratischer Sieg, der Douglas die Wiederwahl in den Senat sicherte.
Sie sprachen kein Wort, während sie sich durch den Schlamm schleppten. Abraham war so in seine Gedanken verloren, daß er in der Eighth Street ausrutschte und beinahe gefallen wäre. Mary sah, daß er zusammenzuckte, und fragte besorgt:
»Hast du dir weh getan?«
Er lächelte spöttisch.
»Ich bin nur ausgeglitten – nicht gefallen!«
»Glaubst du also, daß wir in der Zukunft noch irgendwelche Aussichten haben?«
Lange schwieg er.
»Ich bin froh, daß wir das Rennen mitgemacht haben, Mary; es geht um die große, dauernde Frage unserer Zeit. Glaube nicht, daß all die Arbeit vertan ist. Selbst wenn wir aus dem Blickfeld verschwinden und vergessen werden, haben wir doch manches festgelegt, das noch lange, nachdem wir

nicht mehr sind, für die Sache der bürgerlichen Freiheit wirken wird. Und von jetzt an kämpfen wir eben in Reih und Glied.«

Und so kehrte sie zu ihrem Haushalt und Abraham zu seiner Anwaltspraxis zurück. Da er, während der Wahlkampagne, gegen niemanden persönlich ausfällig gewesen war, hatte er sich auch keine Feinde gemacht; doch gleichzeitig fanden sich plötzlich eine Menge neuer Freunde, und sein Name war im ganzen Land bekannt geworden. Beinahe sofort strömten ihm die Fälle zu, und zwar nicht bloß von den üblichen Klienten, sondern es handelte sich um bedeutende Prozesse. Die Illinois Central und verschiedene Industriegesellschaften ließen sich von ihm vertreten. Obgleich das alles lange, schwere Arbeitsstunden kosten würde, konnten doch auch die großen Rechnungen bezahlt werden, die sich in den verschiedenen Geschäften angehäuft hatten. Der Zwang, jeden Dollar einzig und allein für das Essen ausgeben zu müssen, war endlich gewichen.
Mary wandte ihre Aufmerksamkeit Roberts Erziehung zu, denn er wurde jetzt sechzehn, und Abraham schien gesonnen, seinen Sohn die staatliche Universität von Illinois besuchen zu lassen. Mary aber, im Bannkreis der Transylvanischen Universität aufgewachsen und somit imstande zu vergleichen, wollte nicht, daß Robert gezwungen sein sollte, seine höhere Ausbildung auf das zu beschränken, was ihm die vier Lehrer beibringen konnten, aus denen die Fakultät in Illinois bestand. Abraham war sichtlich überrascht.
»Du wirst doch für unsere Söhne etwas Besseres wollen«, sagte sie ruhig.
»Es ist besser als irgendwas, das ich gehabt habe.«
»Das ist kaum ausschlaggebend, nicht? Man muß ihnen das Beste bieten, das erreichbar ist; die Brown-Universität oder Yale, wo Cassius Clay studiert hat. Boston ist der Mittelpunkt der Kultur, und ich würde Harvard vorziehen.«
Er zauderte.
»Von der Abc-Schule nach Harvard!«
»Nun, nun, Abraham, spiel jetzt nicht den Self-made-man! Deine Söhne beginnen, wo du aufgehört, nicht, wo du begonnen hast. Die Anwälte aus dem Osten haben dir in Cincinnati doch furchtbar imponiert!«
»Da hast du recht«, sagte er ernst. »Ich kann Robert nicht mit demselben Schuhriemen hinunterziehen, mit dem ich mich hinaufgezogen habe. Was würde mein Vater für Augen machen, wenn er seinen Enkel in Harvard sehen könnte! Zu mir hat er immer gesagt: ›Ich hab' nie keine Ausbildung nicht gehabt, und damit hab' ich mich ganz gut durchgeschlagen.‹ Aber das hat er gar nicht! Sag einmal – glaubst du, daß Bob überhaupt noch mit uns reden wird, wenn er Student in Harvard ist?«
Die Aussicht auf Harvard bedingte, daß Robert im Frühjahr in sechzehn

Fächern geprüft werden sollte; da einige davon in seiner Schule nur sehr skizzenhaft gelehrt wurden, ließ Mary sich die Lehrbücher kommen und unterrichtete ihn selber. Und bei dieser Arbeit kamen sie einander viel näher.

Nach jenem einzigen Gespräch an dem Morgen, da die Geschütze Douglas begrüßt hatten, wurde im Haus kein Wort von Politik mehr gesprochen. Sie war froh darüber, daß sie ihre Zeit mit Roberts Unterricht ausfüllen konnte. Und Abraham war anscheinend dankbar dafür, daß jeder Tag ihm neue Fälle brachte.

Abraham wollte seinen fünfzigsten Geburtstag nicht festlich begehen, er brummte etwas davon, daß wahrhaftig nicht viel Anlaß zum Feiern vorhanden sei, doch sie erklärte, diese Gelegenheit wolle sie nicht versäumen. Sie setzte sich hin und schrieb die Einladungen:

Mr. und Mrs. Lincoln werden sich freuen, Sie Mittwoch um sieben Uhr bei sich zu sehen.

Sie hatte nicht beabsichtigt, eine große Gesellschaft zu veranstalten, doch am Ende waren mehr als hundert Paare eingeladen worden. Der Tag war bewölkt und blieb bis zum Abend düster. Sie brauchte nur eine Gesellschaft zu veranstalten, klagte Mary, damit das Wetter schlecht wurde; doch um acht Uhr, als sie auf der Schwelle der Empfangsräume stand, in denen es sehr lebhaft zuging, geplaudert und getanzt wurde, und als sie begann, die Häupter zu zählen, da stellte sie fest, daß auch nicht eines der eingeladenen Paare fehlte. Abraham trat zu ihr und sagte heiter: »Das ist der schönste fünfzigste Geburtstag, den ich je erlebt habe!«

Bald ging das Frühjahr in einen langen, heißen Sommer über. Abraham schrieb Briefe, hielt gelegentlich eine Rede, verfolgte alles, was Douglas tat.

Aus Cambridge erhielten sie betrübliche Nachrichten; die Harvard-Universität teilte mit, daß Robert bei fünfzehn der sechzehn Prüfungsthemen versagt hatte. Das war nicht nur eine herbe Kritik an den Bildungsmöglichkeiten von Springfield, sondern auch ein vernichtendes Urteil über Marys monatelange Tätigkeit als Lehrerin. Sie war wie zerschmettert; diese schmähliche Niederlage war einzig und allein ihre Schuld, denn Abraham hatte nicht gewünscht, daß der Junge seine Studien in Harvard beginnen sollte.

Auch Tad gab Anlaß zur Sorge und Beängstigung, denn er hatte seine Sprachhemmung nie überwunden; kein Mensch, außerhalb der Familie, verstand, was er sagte, die Nachbarskinder fingen an, sich über ihn lustig zu machen. Unmöglich war es, ihn in die Schule zu schicken... er wäre nie zugelassen worden. Was aber sollte aus ihm werden, sobald er einmal sein Leben in einer Welt der Erwachsenen verdienen mußte? Er war klug, mutig, doch wer konnte das feststellen, wenn man ihn nicht verstand, wenn die Leute, die ihn kennenlernten, ihn für geistig zurückgeblieben hielten?

Manchmal nahm Abraham William und Tad mit in die Kanzlei; er achtete aber nicht weiter auf sie, und so verstreuten sie die Akten auf dem Boden, zogen Bücher aus den Regalen, warfen Tintenfässer um... und Billy Herndon konnte Geschichten von ungezogenen Jungen herumtragen.

Wenn sie und Abraham in die Kirche gingen und sie ein schönes Kleid und das dazu passende Häubchen trug, dann kam Tad mit verschwitztem Gesicht, blieb neben Abraham stehen und wollte, der Vater solle hinausgehen und Ball spielen. Eines Sonntagsmorgens, als Mary darauf bestand, alle fünf Lincolns müßten in die Kirche gehen, stand Tad mitten in der Predigt auf und der Vater mußte ihn festhalten.

Sie brachte es nicht über das Herz, den Knaben zu strafen. Auch bei ihrer einzigen vertrauten Freundin, Hannah Shearer, konnte sie sich keinen Trost holen, denn Hannahs Mann war an Schwindsucht erkrankt, und sie war mit ihm in seine Heimat, nach Pennsylvanien, gefahren.

Einen anderen großen Verlust erlitt sie dadurch, daß Eliza Francis von ihr Abschied nehmen mußte. Sie und Simeon gingen nach Portland in Oregon, nicht als Pioniere, sondern es war wie die geplante Flucht Abrahams nach Bogotà. Die Landwirtschaftszeitung, die Simeon, nach dem Verkauf des ›Journal‹, herausgegeben hatte, war kein Erfolg gewesen. Eliza hatte den Eindruck, alles habe sich in ihren Händen in Staub verwandelt, und sie hätten jetzt, in vorgeschrittenen Jahren, im Grunde nichts vollbracht. Auf Mary wirkten die beiden alt, bekümmert, besiegt. Waren aber Lincolns erfolgreicher gewesen?

Sie wußte, wie wichtig es war, Abraham, wenn er sich entmutigt fühlte, eine heitere Miene zu zeigen, doch zu ihrem Gram versagten ihre Nerven manchmal, und dann erfolgte ein Temperamentsausbruch, ohne Rücksicht darauf, wer gerade anwesend war. Sie schalt Abraham wegen jeder Kleinigkeit, und wenn sie ihn ersuchte, den Schnee von den Wegen fortzuschaufeln, und Abraham eine Stunde später in einem Stuhl vor dem Kamin, in eine deutsche Grammatik versunken fand, dann schrie sie: »Abraham, du bist zu gar nichts nütze, wenn du einmal zu Hause bist. Du tust nichts, als dich vor dem Feuer wärmen und lesen!«

Sie verkauften ihre Kuh, weil Abraham sich nicht um sie kümmerte; jeden Tag mußte sie William oder Tad mit einem Eimer ausschicken, um irgendwo Milch zu holen... und eine halbe Stunde später schickte sie Abraham auf die Suche nach seinem Sohn.

Sie vermochte sich nicht zu beherrschen. So bezahlte sie den fünfzehnjährigen Philip Dingley dafür, daß er die Holzkiste ständig nachfüllte, die

Wege von Schnee frei hielt, den Wagen schmierte; als sie ihn aber erwischte, wie er sich auf einem Stuhl in Roberts Zimmer räkelte und eine Pfeife rauchte, da warf sie seine Sachen durch das Fenster auf die Straße hinunter. Wenn einer der Jungen ein wenig Vogelleim in den Mund bekam, lief sie hilfeschreiend hinaus, statt dem Kind einfach den Mund auszuspülen; wenn ein wenig Fett in der Pfanne Feuer fing, rief sie »Feuer! Feuer!« Die Frau des Pfarrers Miner nahm die Pfanne und tauchte sie in einen Wassereimer. Sie engagierte und entließ die Dienstleute so rasch, daß sie sich kaum noch an die Gesichter erinnern konnte. Wenn sie in ihre Vorratskammer im Keller ging und fand, daß es dort säuerlich roch, weil ein schmutziger Lappen liegengeblieben war, entließ sie das Dienstmädchen auf der Stelle.

Sie saß zusammengesunken auf einem Küchenhocker vor dem kalten Herd und tat sich unendlich leid, als sie ein Klopfen an der Hintertür hörte. Sie öffnete, und vor ihr stand ein Mädchen mit dunklem Haar und dunkler Haut. Sie erkannte sie; es war Frances Affonsa, die junge Portugiesin, die bei Miners in Dienst war. Mrs. Miner hatte ihr zugeredet, Mrs. Lincoln zu helfen, die in mäßig gutem Zustand war.

»*Eu sou uma boa lavadeira*«, sagte Frances. »Ich waschen Wäsche, Mrs. Lincum.«

Frances war eine zähe Arbeiterin, stellte riesige Töpfe mit Wasser zum Kochen auf, wusch die Wäsche, spülte sie an der Zisterne im Hof. Am Ende des Tages stand sie triumphierend vor Stapeln von sauberen Hemden und Leintüchern. Mary sagte:

»Frances, in Springfield behauptet man, ich sei schwer zufriedenzustellen. Ich hatte eine Menge Dienstmädchen, aber sie sind nie lange geblieben.«

»*Se o trabalho for bem feito*, Mrs. Lincum *nao e dificil*. Wenn Arbeit gut, Mrs. Lincum nicht schwierig.«

Am nächsten Tag erhielt sie einen Brief aus Harvard; wenn Robert in Phillips Exeter Academy in New Hampshire geschickt würde, um dort ein Jahr ausgebildet zu werden, könnte er wahrscheinlich die Aufnahmeprüfung für die Universität bestehen. Sie wollte das bei Tisch mit Abraham besprechen und noch am selben Tag an die Exeter Academy schreiben.

Sonntag war Ostern; durch ihr Fenster sah sie beim Erwachen einen strahlenden Himmel. Ihre Nichte, Julia Baker, mit einem der Männer verheiratet, die das ›Journal‹ gekauft hatten, ließ heute in der Kirche ihr Kind taufen. Mary roch den Kaffee; Frances Affonsa arbeitete bereits in der Küche. Abraham kam in Marys Schlafzimmer, frisch rasiert, um die Augen ein leises Lächeln.

»Komm zum Straßenfenster in mein Zimmer, Mary.«

Sie folgte ihm durch die beiden Schlafzimmer; vor dem Haus stand ein

blinkender schwarzer Wagen mit schwarzem Lederdach. Zwischen den Deichselstangen erblickte sie ein prächtiges schwarzes Pferd. Ganz verblüfft sah sie zu Abraham auf.
»Ein Ostergeschenk für dich, Puß. Ich wußte, daß du zur Taufe von Bakers Kind in die Kirche wolltest, un da habe ich beschlossen, dich auf die eleganteste Art hinzubringen.«
Er hatte sich auch ein modisches Hemd gekauft, wie es erst in den letzten Wochen in Springfield aufgetaucht war; es hatte einen weichen Kragen, fest am Hemd angenäht.
»Wie ein neuer Mensch siehst du aus!« rief sie.
»Du brauchst auch einen neuen Menschen. Gestern habe ich wieder angefangen, Handball zu spielen. Drei Spiele habe ich gewonnen, das Spiel zu zehn Cent, und diesen unehrlichen Gewinn habe ich dazu verwendet, Pferd, Wagen und neumodische Hemden zu kaufen.«
Sie weckte die drei Jungen, zwang sie zu einem warmen Bad; Frances hatte unterdessen das Frühstück im Eßzimmer aufgetragen, wo Marys bestes Silber und Porzellan auf dem Tisch stand.
»Einer von uns muß wohl heute getauft werden«, bemerkte William.
Die beiden jüngeren Knaben waren entzückt von dem neuen Wagen; Robert murrte, warum man den Wagen gerade gekauft hatte, wenn er nach Exeter mußte.
Nach dem Gottesdienst gingen sie zu Elizabeth und Ninian, wo es einen Empfang und ein Festessen gab. Um die Mitte des Nachmittags flüsterte Abraham Mary zu:
»Ich habe Robert aufgetragen, die Jungen heimzubringen, sobald sie fertig sind. Fahren wir doch ein Stück über die Prärie.«
Es war ein schöner Nachmittag. Der Regen der letzten Wochen hatte das Gras wachsen lassen, und die Feldblumen leuchteten in Sonne und Wind. Abraham ließ die Zügel locker; mochte das Pferd sich den Weg selber suchen! Sie war von Glück und Liebe erfüllt.
Abraham begann zu reden. Seine Stimme war klar und wohltönend. Er sagte nicht ausdrücklich, er wolle sich um die Kandidatur zur Präsidentschaft bewerben, aber er ließ keinen Zweifel daran, daß er entschlossen war, auf wirksame Art für die Nominierung zu arbeiten.

Um Mitte Juni waren die Erdbeeren reif, und es gab Abend für Abend Erdbeercreme und Erdbeereis. Gegen Ende des Monats lud Mary siebzig Personen ein. Auch bat sie die jungen Leute des Ortes zu einem Abschiedsfest für Robert und seinen Freund, die jetzt nach Exeter fuhren.
Als Abraham das nächste Mal nach Chicago reiste, regte Mary an, er solle doch William mitnehmen. Und William schrieb an einen Freund:
›Diese Stadt ist sehr schön. Ich und Vater sind in zwei Theatern gewesen.

Ich und Vater haben miteinander ein sehr nettes Zimmer. Auf einem Waschtisch haben wir zwei kleine Krüge. Der kleinere ist für mich, der größere für Vater. Und auf den Krügen liegen zwei kleine Handtücher, das kleinere ist für mich, das größere für Vater.
Wir haben zwei kleine Betten im Zimmer. Das kleinere ist für mich, das größere für Vater. Wir haben auch zwei kleine Waschbecken, das kleinere für mich, das größere für Vater. Das Wetter hier in der Stadt ist sehr schön...‹
Tad amüsierte sich köstlich über diesen Brief, und Mary mußte ihm die Worte vorlesen, bis er sie auswendig kannte.
Am Neujahrstag 1860 stand sie früh auf, weil sie Gäste erwartete; als sie in den Salon trat, um die Silberschalen mit Bonbons, Mandeln, Haselnüssen zu füllen, blickte sie aus dem Fenster und sah Abraham, der auf dem Bretterpfad zwischen ihrem und dem Haus von Smith' auf und ab ging, das Baby von Smith' auf der linken Schulter, und die Rede überdachte, die er im Februar in Henry Ward Beechers beühmter Kirche in New York halten sollte.
Sie ging in die Küche, um die Vorbereitungen zum traditionellen Austernmahl zu überwachen, als die Türglocke läutete. Sie öffente, und vor ihr stand ihr Cousin Logan, in weitem Mantel, das weiße Haar hochgebürstet, als wäre es erfroren.
»Ich sehe, wie Abraham mit dem Smithschen Baby spazierengeht«, sagte er. »Das bedeutet wohl, daß er an seiner New Yorker Rede arbeitet.«
»Hoffentlich ist er bald damit fertig. Mrs. Smith macht sich schon Sorgen, ob es gut ist, daß das Kind so lange draußen an der kalten Luft bleibt.«
Gegen Mittag war das Haus überfüllt. Zahlreiche Freunde und Abrahams politische Anhänger aus der Umgebung waren gekommen, um ihnen Glück zu wünschen. Sie trug ein Kleid aus dunkelrosa Pariser Samt. Der Tag verlief glücklich und erfüllte sie mit Fröhlichkeit und Energie; nachdem sie eben erst zu Williams neuntem Geburtstag ein großes Fest mit sechzig Buben und Mädchen veranstaltet hatte, war sie überzeugt gewesen, daß sie nie wieder einer großen Gesellschaft standhalten könnte; doch wenn es sich um politische Ziele handelte, war das etwas anderes.

Am 1. März 1860 kam die New Yorker ›Tribune‹ mit aufregenden Nachrichten in Springfield an: Abrahams Rede war im letzen Augenblick unter das Patronat der Zentralunion der republikanischen jungen Männer gestellt und nicht in der Kirche in Brooklyn, sondern in der Cooper Union gehalten worden, dem Sammelpunkt aller geistig interessierten Kreise der Stadt.
Horace Greeley von der ›Tribune‹ schrieb: ›Seit Tagen von Clay und Webster hat kein Mann zu einem größeren Kreis von Intellekt und geisti-

ger Kultur unserer Stadt gesprochen.‹ Der Reporter der ›Tribune‹, Noah Brooks, schrieb: ›... Tonart, Gestik, Ausdruck des Auges und Heiterkeit des Blicks spotten aller Künste des Berichterstatters. Kein Mann hat je zuvor bei seinem ersten Auftreten solchen Eindruck auf ein New Yorker Publikum gemacht.‹

Am nächsen Tag war Abraham von New York nach Exeter gefahren, um Robert zu besuchen, und dann kam er heim. Aus Botschaften und aus Zeitungsberichten erfuhr sie, daß seine Reise eine Triumphfahrt durch New England gewesen war, mit Aufforderungen, an den verschiedensten Orten zu sprechen. Abraham war offenbar der einzige, der keine Zeitungen las, denn sein letzter Brief aus Exeter besagte:

›Es war mir unmöglich, mich dieser Fron zu entziehen. Hätte ich das vorausgesehen, so wäre ich wahrscheinlich überhaupt nicht nach dem Osten gefahren. Die Rede in New York, die ich schon erwogen hatte, bevor ich anfing, ist leidlich verlaufen und hat mir keinerlei Schwierigkeiten bereitet. Die Schwierigkeit bestand darin, neun andere vor einem Publikum zu halten, das ja alle meine Ideen bereits im Druck gelesen hatte.‹

Nach diesem Brief stellte sie sich vor, Abraham würde vollkommen erschöpft heimkommen; doch, ganz im Gegenteil, er war bei bester Gesundheit, bester Stimmung, wußte Erfreuliches über Roberts Fortschritte in Exeter zu berichten, ferner die schmeichelhafte Nachricht, daß die New York Central-Eisenbahngesellschaft ihm zehntausend Dollar im Jahr angeboten hatte, wenn er ihre Vertretung übernehmen wollte. Als Mary fragte, was er darauf erwidert habe, setzte er eine düstere Miene auf, übertrieb seine nasale, schleppende Redeweise und sagte:

»Was sollte ich wohl mit zehntausend im Jahr anfangen? Es würde nur meine Familie zugrunde richten, wenn ich ein solches Einkommen hätte!«

Sie zuckte die Achseln.

»Ich glaube, dieser Katastrophe könnten wir standhalten. Warum solltest du aber der Anwalt der New York Central werden, wenn du als unabhängiger Anwalt so gut gestellt bist. Das war es doch, woran du gedacht hast, nicht?«

Am nächsten Morgen las sie William und Tad Geschichten vor, doch als Abraham von einer Versammlung heimkam, legte sie das Buch beiseite und fragte, wie die Aussichten stünden. Die Furchen um seine grauen Augen zogen sich zusammen, bevor er antwortete:

»Unser Name ist noch neu, und für viele sind wir nicht gerade die erste Liebe. Ich habe versucht, keinen zu kränken und sie in eine Stimmung zu versetzen, in der sie zu uns kommen könnten, wenn sie aufgefordert werden sollten, ihre erste Liebe zu vergessen. Senator Seward ist der beste Kandidat, den wir für den Norden von Illinois haben könnten, und der schlechteste für den Süden. Bates aus Missouri wäre der beste Kandidat für den Süden von Illinois und der schlechteste für den Norden...«

»Also – da die Republikaner Illinois gewinnen müssen, um bei den Wahlen überhaupt zu siegen, ist der Ehrenwerte A. Lincoln der geeignetste Mann für ganz Illinois.«

»Genau das richtige Gefühl, Ehrenwerte Mrs. Lincoln.«

Der Convent wurde offiziell am 16. Mai 1860 in Chicago eröffnet. Jede Stunde brachte ein neues Telegramm ins Lincolnsche Haus.

»Ich habe keine Angst«, sagte Mary zu Abraham. »Wie soll man da ruhig sein?«

Sie sprachen bis spät in die Nacht, aber nicht über Politik oder die Nominierung, sondern über ihr gemeinsames Leben. Sie schlief für etwa eine Stunde ein; jedesmal wenn sie erwachte und in Abrahams Zimmer ging, fand sie ihn mit offenen Augen daliegen und zur Decke starren.

Sehr früh standen sie auf, nahmen ein leichtes Frühstück und blieben auf der Veranda sitzen. Der Morgen war hell und warm, in der Nachbarschaft begann es sich zu regen. Es lag Spannung in der Luft. Um acht Uhr zog Abraham seinen Rock an.

»Ich werde mich wohl ein wenig um meine Praxis kümmern.«

»Wirst du imstande sein, dich darauf zu konzentrieren?«

»Meine Gedanken sind in Chicago. Aber ich will einmal bei James Conkling vorübergehen; er ist gestern abend von dort heimgekommen.«

»Sobald du eine Nachricht hast, läßt du's mich wissen...«

Er küßte sie auf die Wange.

»Ich werde dir selber die Nachricht bringen.«

Sie ging in den Oberstock, zog die Leintücher ab, drehte die Matratzen um, machte die Betten. Ein Seitenblick auf das Dienstmädchen belehrte sie darüber, daß ihre Bewegungen unbeholfen waren, doch innerlich fühlte sie sich ruhig, zumal nachdem sie ins Gästezimmer gegangen war, wo sie ihre Nähsachen aufbewahrte, nach einem Kleid griff, an dem sie gerade arbeitete, und sich an die knifflige Aufgabe machte, schwarze Perlen auf ein Ballkleid zu nähen.

Ihre Gedanken wanderten zurück durch die Furchen von Zeit und Erinnerung; sie stand auf der Brücke im Grunde des Toddschen Gartens in Lexington, blickte in das klare Wasser des Bachs hinunter, während Sandy McDonald sie fragte, ob sie ihn heiraten wollte, und ihr anbot, sie zur Herrin auf seiner Plantage zu machen. Hätte sie Sandy geheiratet, wäre sie nach Mississippi gegangen und wäre jetzt begeistert für die Sklaverei, würde den Norden, die Republikanische Partei und Abraham Lincoln hassen. Ihre Großmutter Parker hatte gesagt: »Draußen in der Weite des Blaugrases von Kentucky, Mary, da ist ein Gefährte für dich.« Sie hatte Lexington verlassen, war nach Springfield gefahren, in die erhitzte poli-

tische Debatte in einem erhitzten, überfüllten Raum geraten, hatte zwei lange Beine von der Decke herunterbaumeln und Abraham Lincoln, sichtlich vom Himmel, in ihr Leben fallen gesehen.
Ihre Schwester Elizabeth hatte Stephen Douglas begünstigt, hatte ihr zugeredet, zu warten, bis ihre Zuneigung zu Stephen zur Liebe werden könnte. »Er wird es weit bringen«, hatte Elizabeth gesagt. Hätte sie Stephen Douglas geheiratet, so wäre sie für die Volkssouveränität und die Demokraten eingetreten. Doch sie hatte gewußt, daß sie Abraham Lincoln liebte, daß er der Mann und sein Leben das war, nach dem sie sich gesehnt hatte. Edwards' hatten gerufen: »Er ist der letzte Mann auf der Welt, den du lieben kannst, dieser ungeschliffene Diamant! Er hat dir am wenigsten zu bieten!«
Der Weg war hart gewesen, gleich von Anfang an; Jahre hatte es gegeben, die ohne Sinn, ohne Glück verstrichen. Andere aber, die reich an Arbeit und Gemeinschaft gewesen waren. In manchem war er noch immer ein ungeschliffener Diamant, doch was sie selber von ihrem eigenen letzten Schliff zu geben hatte, das hatte sie von ganzem Herzen gegeben.
Sie hatte weder gehört, wie die Haustür sich schloß, noch seinen Schritt auf der Treppe; jetzt, plötzlich, als sie von ihrer Arbeit aufschaute, stand er vor ihr, blaß, doch glücklich. In seiner Hand hielt er ein Telegramm. Lange sah sie ihn an, ohne zu sprechen. Er beugte sich vor, hob sie vom Stuhl, das Kleid und Hunderte schwarze Perlen fielen geräuschlos auf den teppichbedeckten Boden.
»Wir haben die Nominierung, Mary... beim dritten Wahlgang. Ich war in der Redaktion des ›Journals‹, als das Telegramm ankam. Es lautete: ›Wir haben es geschafft, gelobt sei Gott!‹
Ich sagte: ›Da gibt's eine kleine Frau in der Achten Straße, die sich für diese Nachricht interessieren wird‹, und dann bin ich sogleich heimgegangen.«
Kanonenschüsse dröhnten vom Platz her, dutzendweise, dann begannen allenthalben im Ort die Glocken zu läuten. In der Ferne brüllten Männer, hallten Trompeten. Und doch konnte sie das alles kaum hören, so heftig pochte ihr Herz, als er sie jetzt fest an sich gepreßt hielt und seine Lippen auf ihren Lippen lagen.
Und wieder erlebte sie die erste Umarmung vor fast zwanzig Jahren. Sie hatte damals gewußt, was sie jetzt wußte, und es hatte keiner Kanonen, keiner Glocken bedurft, um es ihr zu sagen. Kein anderer Mensch hatte Abraham erkannt, weil kein anderer Mensch ihn geliebt hatte. Die Liebe hatte ihr alles offenbart, samt dem Ende, das schon im Anfang beschlossen gewesen war. Sie hatte sich in den letzten Mann verliebt, den irgendeine andere Frau sich gewünscht hätte, denn sie hatte gewußt, daß er der Erste, der Beste von ihnen allen war.

Siebentes Buch

Die Präsidentin

Sie stand im Wohnzimmer, während Abraham im Salon den Ausschuß empfing, der sogleich vom Convent in Chicago angereist war, um ihm seine Nominierung mitzuteilen. Am selben Nachmittag hatten Freunde bereits einen großen Korb Champagner geschickt; man sollte dem Ausschuß doch eine Erfrischung anbieten können.

»Wir haben in diesem Haus sechzehn Jahre lang keinen Alkohol angeboten«, sagte Abraham, »und wir sollten nichts an unseren Gewohnheiten ändern. Eiswasser wird sie auch erfrischen.«

»Eiswasser! Meine Ahnen in Kentucky werden sich in ihren Gräbern umdrehen!«

Vom Fenster aus konnte sie Raketen zum Himmel steigen sehen, und an jeder Straßenecke brannten Freudenfeuer. Das galt offenbar für den ganzen Norden, denn als ihr Cousin Logan vom Bahnhof kam, rief er:

»Ich hoffte, ich würde im Zug schlafen können, aber die Kanonen donnerten längs der ganzen Strecke, und so viele Feuer brannten, daß man ebensogut in der Mittagssonne hätte reisen können.«

Im Salon erhob sich Stimmengewirr, als Abraham jetzt mit seiner Antwort fertig war. Sie hörte ihn zu Richter Kelley aus Pennsylvanien sagen:

»Sie sind groß, Richter! Was messen Sie?«

»Sechs Fuß drei.«

»Da bin ich Ihnen über! Ich habe ohne Stiefel mit hohen Absätzen sechs Fuß vier.«

»Pennsylvanien beugt sich vor Illinois«, sagte Kelley. »Ich bin froh darüber, daß wir einen Präsidentschaftskandidaten gefunden haben, zu dem wir aufsehen können.«

Lautes Gelächter erscholl, und dann erkläre Abraham:

»Mrs. Lincoln wird sich freuen, Sie kennenzulernen, meine Herren. Sie ist drüben im Wohnzimmer.«

Mary strich sich über den Kragen ihres Kleides und lächelte ein warmes Lächeln, als sie die Hand ausstreckte. Da die Herren vom Ausschuß bereits im Chenery House reichlich gegessen und getrunken hatten, nahmen sie nur wenig von den angebotenen Erfrischungen und verabschiedeten sich auch bald, doch Mary nützte die Zeit nach besten Kräften aus, sprach mit jedem einzelnen und ließ sie wissen, daß das Haus Lincoln während des Wahlfeldzugs immer offenstehen werde. Als Richter Kelley vor die Haustür trat, hörten sie ihn mit seiner dröhnenden Stimme sagen:

»Nun, wir hätten eine aufsehenerregendere Wahl treffen können, aber kaum eine bessere.«

Sie war glücklich; beim ersten Zusammentreffen hatten sie gesiegt – und mit Eiswasser.

Bei Abraham änderte sich durch die Nominierung nicht viel, nur daß er seinen Sonntagsanzug jetzt täglich trug, daß er sich einen neuen Hut kaufte, bevor der alte völlig verschlissen war. Doch Marys Tageslauf war völlig umgewandelt. Um acht Uhr begannen die Gäste an der Tür zu läuten, um sechs mußte sie schon mit den neuen Dienstboten an der Arbeit sein, unter ihnen auch Frances Affonsa, die jetzt Haushälterin war, ferner die irische Mary, die mit einer stämmigen Cousine zurückgekehrt war, und ein silberhaariger Neger von ruhigem Wesen, der auf den Namen William hörte und die Tür öffnen mußte. Wer gerade zu Mahlzeiten kam, mußte am Familientisch Platz nehmen, und mehrmals in der Woche schickte sie auch förmliche Einladungen aus.

Da die letzten Gäste das Haus meist erst knapp vor Mitternacht verließen, blieben ihr nur zwei frühe Morgenstunden, um aufzuräumen, frische Blumen in die Vasen zu ordenen, eine Liste der notwendigen Einkäufe aufzustellen, das Frühstück zu erledigen und sich anzuziehen, um den ganzen Tag das Gewimmel von Verwandten, Freunden und politischen Anhängern zu empfangen. Auch Elizabeth kam, ein wenig verblüfft, freute sich aber für ihre Schwester. Ninian hielt sich zurück, denn er war ja für Stephen Douglas eingetreten; Vetter Stuart war stolz für die Familie. Auch Dr. Wallace war sehr erfreut, dagegen waren die Glückwünsche von Frances kühl, und Ann ließ sagen, Mary werde so sehr von Gästen überlaufen sein, daß sie sie nicht stören wolle. Mary stellte fest: je entfernter die Verwandtschaft, desto ehrlicher die Glückwünsche.

Der Wahlkampf setzte mit voller Kraft ein. Von Anfang an spürte man in dem Überschwang der Gefühle für Abraham und die Republikaner eine religiöse Glut.

Abraham blieb ruhig daheim, hielt keine Reden, nahm auch nicht, wie das Sitte war, am Wahlfeldzug teil. Er verbrachte seine Tage im Bureau des Gouverneurs, das ihm für diese Zeit zur Verfügung gestellt worden war, und empfing die Hunderte, die nach Springfield strömten, um ihn kennenzulernen und mit ihm zu verhandeln. Das hatte Logan so eingerichtet, und Mary war ihm dankbar dafür, daß er das Hauptquartier des Feldzugs nicht in der schmutzigen Kanzlei von Lincoln und Herndon aufgeschlagen, und auch für die fünftausend Dollar, die er bei zehn Anhängern in Springfield zur Deckung der Kosten aufgebracht hatte.

William und Tad brannten darauf, ihren Vater hinter dem Schreibtisch des Gouverneurs zu sehen, und so ging sie mit ihnen in das erste Stockwerk des Capitols hinauf und dann durch den dunklen, engen Gang, wo die wartenden Scharen ihnen den Weg freigaben. Im Zimmer des Gouverneurs saß in einer Ecke ein Maler und versuchte mit seinen Ölfarben etwas zu erzielen, das Abraham ähnlich sah, und in einer anderen Ecke, hinter einem kleinen Schreibtisch, Stöße von Post vor sich, John G. Nicolay, Abrahams Sekretär, achtundzwanzig Jahre alt, schlank, deutscher Herkunft, tadellos gekleidet und ohne sich von der bunten Menge von Politikern stören zu lassen, rauhen Männern, den Hut auf dem Kopf, die brennende Zigarre im Mund, die Hosen in die Stiefel gesteckt; manche wollten mit Abraham sprechen, andere ihm nur die Hand schütteln oder ihn wenigstens anstarren.
Von der Schwelle her beobachtete sie ihn, wie er die Besucher begrüßte, jeden höflich behandelte, ohne doch die Informationen zu geben, auf die sie aus waren. Er warf Mary einen verschmitzten Blick zu, und als die Männer sich verzogen hatten, flüsterte sie ihm zu:
»Du hast vermutlich den Artikel in der heutigen New Yorker ›Times‹ nicht gelesen? Darin wird kategorisch festgestellt, daß ich um fünfzehn Jahre jünger bin als mein Mann.«

Unmöglich war es, die Abfalldrohungen zu überhören, die täglich lauter wurden; führende Zeitungen des Südens behaupteten, Abrahams Wahl würde die Zersplitterung der Union bedeuten, klagten den Norden an, er plane ›einen gigantischen Aufstand, wenn auf ein Signal die Sklaven sich gegen ihre Herren erheben, Ortschaften und Siedlungen in Brand stecken und die Eigentümer und ihre Familien abschlachten‹ würden. Mary kannte den zügellosen Stolz und das heiße Temperament der Leute im Süden; besaß sie diese Eigenschaften nicht selber? Hinter ihren Arbeitsstunden und der Hoffnung auf den Erfolg schwelte doch, immer gegenwärtig, die Furcht vor dem, was der Süden tun mochte.
»Könntest du nicht noch einen letzten Appell an sie richten, Abraham?« fragte sie. »Ihnen versichern, daß du nicht die Absicht hast, dich in die Frage der Sklaverei einzumischen, wo die Sklaverei noch besteht?«
»Was für einen Zweck sollte es haben, Mary, das alles noch einmal an die Zeitungen im Süden zu schreiben, da sie ja doch nie geruht haben, meine Reden an erster Stelle zu bringen, oder wenn sie es taten, nur für ihre Zwecke entstellt? Eine Wiederholung würde als Schwäche oder Feigheit ausgelegt werden.«
Etwa zwanzig Jahre Politik hatten sie durchlebt, ohne persönlich angegriffen zu werden. Aber jetzt waren die Schleusentore geöffnet, und in der oppositionellen Presse wurde Abraham als Null, als Ungebildeter, als

drittklassiger Provinzanwalt hingestellt, der nicht grammatikalisch richtig sprechen konnte, derbe Witze riß, kein Gentleman war, aussah wie ein Gorilla und einen Gang hatte wie ein Pavian. Mary nahm nichts davon ernst, dagegen verübelte sie den Reportern, daß sie ihn mit solchem Wohlgefallen als den ›alten Abe‹ bezeichneten. Als sie das Abraham sagte, erwiderte er:

»Das ist gute Politik, dadurch entsteht eine gewisse freundliche Vertrautheit. Solange sie nicht anfangen, meine Frau ›alte Mary‹ zu nennen ...«

»Und was werde ich sein, Abraham, wenn du Präsident bist?«

»Ach – dieselbe alte Närrin, die du immer gewesen bist.«

Rote Flecken färbten ihre Stirn. Schon war sie drauf und dran in Empörung auszubrechen, doch dann entsann sie sich, wie sie ihm einst durchs Fenster zugeflüstert hatte: ›Komm herein, du alter Narr, kennst du denn dein eigenes Haus nicht, wenn du es siehst?‹ Und sie lachten, bis ihnen die Tränen aus den Augen rollten.

Der Morgen des 8. August, der Tag des großen Treffens von Illinois, stieg heiß und hell herauf. Es war berichtet worden, daß über fünfzigtausend Republikaner zusammengeströmt waren, und zwar nicht nur aus Illinois, sondern auch aus einem halben Dutzend Nachbarstaaten. Von ihrer Veranda aus sah Mary Hunderte, die ringsum auf dem Rasen schliefen. Auf dem Marktgelände gab es fünf Podien für Redner, ferner riesige Gruben, in denen gebraten werden sollte.

Am Nachmittag stand sie mit Abraham auf der Vorderveranda, als der Zug begann, an ihrem Haus vorbeizumarschieren. Sie trug ein Baumwollkleid, Abraham einen weißen Leinenanzug mit schwarzer Krawatte. Etwa hundert ihrer Freunde und Nachbarn drängten sich auf dem schmalen Rasenstreifen und auf den Stufen rund um sie, um den acht Meilen langen Festzug mitanzusehen.

In der Nacht vor der Wahl wurde es dann still, der letzte Besucher verzog sich. Mary entließ die Dienstboten, tischte in der Küche ein einfaches Mahl auf und brachte die Jungen dazu, früh ins Bett zu gehen, weil sie doch morgen auch sehr früh aufstehen müßten. Abraham ging in seine Kanzlei, um noch eine letzte Besprechung mit den Ausschußmitgliedern von Illinois abzuhalten.

Als er ging, fühlte sie sich einsam; nach Monaten höchster Spannung, höchster Zuversicht, wuchs jetzt eine Riesenhand aus der Nacht empor und würgte sie. Und was, wenn sie sich abermals getäuscht hatten, wie es in der Vergangenheit so oft geschehen war? Wenn sie morgen glatt geschlagen würden, wie Stephen Douglas sie vor zwanzig Jahren geschlagen hatte? Wenn all die Menschen, auf die sie zählten, sie verlassen würden?

Sie zog sich aus, ging in Abrahams Zimmer und zündete die kleine Lampe

neben seinem Bett an. Sie wußte, keiner von beiden würde in dieser Nacht Schlaf finden.
Am Frühstückstisch fragte sie:
»Was prophezeien die Propheten dir heute, Abraham?«
In seinen klaren grauen Augen nistete gute Laune, ein Lächeln glitt durch die Furchen seiner Wangen und verzerrte den großen Mund.
»Wenn du mir versprichst, es heute keinem Wähler auszuplaudern – ich wäre lieber für eine volle Session im Senat, wo ich mich fähiger fühlen würde, die mir auferlegten Pflichten zu erfüllen, und wo mehr Aussicht besteht, sich einen guten Ruf zu machen, und weniger Gefahr, ihn zu verlieren, als in den vier Jahren der Präsidentschaft.«
Cousine Lizzie half ihr, die Zeit des langen Nachmittags zu vertreiben, später zog Mary den Jungen ihre dunklen Anzüge an und ging mit ihnen in den Ort, wo sich die Menge auf dem Platz, um das Regierungsgebäude, in den Restaurants, den Läden drängte. Es herrschte gedämpfte Erwartung, und die größte Gruppe hatte sich vor dem Telegraphenamt angesammelt, obgleich vor dem Abend keine Nachrichten von Bedeutung einlangen konnten.
Sie war eingeladen worden, sich zu den republikanischen Damen bei Watson zu gesellen, wo vorbereitet wurde, was ein Festessen werden sollte, sobald der Draht die Nachrichten brachte, daß Illinois, Indiana, Pennsylvanien und New York für Lincoln gesichert waren. Mindestens hundert Frauen hatten sich zusammengefunden, als sie in den glänzend erhellten großen Saal trat.
Abraham war zum Telegraphenamt gegangen, um die Depeschen zu lesen, die eingingen. Endlich kam die Meldung, daß Philadelphia mit fünftausend Stimmen republikanisch geworden war. Pennsylvanien war ohnehin gesichert und Illinois auch, obgleich er im Sangamon-Distrikt gegen Douglas unterlegen war. Indiana wurde auch als sicher bezeichnet. Es bedurfte nur der Entscheidung von New York, um den Endsieg herbeizuführen. Mary gab sich die größte Mühe, nichts von ihrer Erregung merken zu lassen.
Um Mitternacht kam Abraham zu Watson. Er griff nach ihrer Hand, schüttelte aber gleichzeitig den Kopf. Das letzte Wort war noch nicht gesprochen.
Wenige Minuten später kam ein Bote vom Telegraphenamt gelaufen. Draußen erhob sich ein gewaltiges Geschrei. Mary wußte, bevor Abraham ihr blaß und feierlich das Telegramm reichte, daß er gesiegt hatte. Als sie von der Depesche aufsah, schloß er sie in seine Arme.

Wenn sie diesmal mit Abraham nach Washington fuhr, würde sie nicht in einer Pension absteigen müssen, kein Hinterzimmer mit Ausblick auf

Schweinekoben und Latrinen bewohnen; diesmal würde sie nicht in der Stadt auf die Suche nach dem besten Viertel gehen müssen und dann ein Haus finden, dessen Miete sie aus ihren Ersparnissen zahlen könnte – nur damit Abraham sich weigerte, es zu beziehen. Diesmal würde die einheimische Gesellschaft des Südens sie nicht abfahren lassen, diese Gesellschaft, die ihr nicht erlaubt hatte, auch nur die Spitze eines Schuhs über die Schwelle ihrer wohlbehüteten Häuser zu setzen.

Sie erwischte Abraham in einem stillen Augenblick, und er mußte sich mit ihr auf das Sofa im Salon setzen.

»Abraham, da wir jetzt acht Jahre von Springfield fort sein werden – wäre es nicht klüger, das Haus zu verkaufen?«

Er fuhr auf, als ob er verärgert wäre, dann aber sah er sie mit erheitertem Blick an.

»Weißt du denn nicht, Mary, daß die Präsidenten nur für vier Jahre gewählt werden?«

»Washington, Jefferson, Madison, Monroe und Jackson sind zweimal gewählt worden. James Conkling sagt, er könnte uns mehr als viertausend für das möblierte Haus verschaffen. Dann würden wir keine Sorge mit Reparaturen haben...«

»Ja aber, Mary, das ist doch unser Heim! Das einzige Heim, das ich je besessen habe! Ich hänge daran. Überdies sind mir für das unmöblierte Haus dreihundertfünfzig Dollar Jahresmiete angeboten worden. Und dann, wenn unsere Arbeit getan ist, haben wir doch ein Heim, in das wir zurückkehren können.«

»Nach Springfield? Nach den Jahren in der Hauptstadt wirst du doch gewiß in einer weiteren Welt leben wollen!«

»Wenn ich in all den Jahren in Washington kein Heim habe, an das ich mich erinnern kann, werde ich mir völlig enteignet vorkommen. Als ich heute früh in die Kanzlei ging, sagte ich zu Billy, er solle das Schild nur unverändert hängen lassen; wenn ich es erlebe, würde ich zurückkommen, und dann könnten wir unsere Anwaltspraxis fortsetzen, als ob nichts geschehen wäre.«

Sie hörte einigermaßen erleichtert, daß er nicht die Absicht hatte, Herndon nach Washington mitzunehmen.

»Die New York Central hat dir zehntausend Dollar im Jahr angeboten, wenn du sie vertrittst, und das war noch, bevor du nominiert worden warst. Was wärst du in New York oder Boston wert, nachdem du einmal das Oberhaupt des Staates gewesen bist?«

Er ging nach wie vor tagsüber in das Bureau des Gouverneurs, um den Andrang der Menschen vom Haus fernzuhalten, denn zumeist waren es völlig fremde Leute, die ihn um Ämter in der Regierung baten; doch auch Führer der Republikanischen Partei erschienen, um die endgültigen

Wahlergebnisse zu studieren. Abraham hatte wohl die starke Mehrheit der Stimmen der Wahlmänner der einzelnen Staaten erhalten, doch nur 1866452 Volksstimmen, erheblich weniger als die Mehrheit der abgegebenen Stimmen, denn Douglas, Breckinridge und Bell hatten es zusammen auf 2815617 Stimmen gebracht.
In den späten Abendstunden beantwortete er Briefe von Zeitungen, Anhängern im Süden, radikalen Abolitionisten, von Konservativen, denen die Erhaltung der Union am Herzen lag und die sehr besorgt waren.
»Das Kabinett ist es, das mir Sorgen macht«, vertraute er Mary an. »Als der Convent in Chicago zusammentrat, telegraphierte ich: ›Trefft keine Abmachungen, die mich binden!‹ Als ich nominiert wurde, glaubte ich, frei zu sein; jetzt entdecke ich, daß man die ganze Zeit über rund um mich geschoben, mich hundertmal gekauft und verkauft hat. Ich kann nicht damit beginnen, die Verpflichtungen einzuhalten, die in meinem Namen übernommen wurden: Simon Cameron für die Stimmen Pennsylvaniens, Caleb Smith für die Stimmen von Indiana...«
Mary saß ihm gegenüber und schrieb jedem, den Abraham zur Feier seines Amtsantritts einladen wollte: ihre Stiefmutter Betsy, ihre Brüder Levi, George und Alexander, ihre Schwester Katherine in Lexington; ihre Brüder David und Samuel, die als Geschäftsleute in New Orleans lebten, ihre Schwestern Elodie und Martha mit ihren Männern aus Alabama, ihre Schwester Margaret Kellogg mit ihrem Mann in Cincinnati. Aus Springfield lud sie Elizabeth und Ninian mit den beiden Töchtern ein – Elizabeth nahm für sich und ihre Töchter an, Ninian lehnte ab. Lizzie Grimsley, Frances und William Wallace – hier war es Frances, die ablehnte. Mary wollte so viele von ihnen in der ersten Woche der Empfänge bei sich behalten, wie das Weiße Haus in seinen Gastzimmern aufnehmen konnte. Ihre Schwester Ann überging sie, denn Ann hatte es nicht für nötig gehalten, während des Wahlfeldzugs oder in den Tagen nach der Wahl zu ihr zu kommen.
Am 20. Dezember schied South Carolina aus der Union aus, womit es schon seit 1830 gedroht hatte. In den ersten Wochen des neuen Jahres beschlossen die Gesetzgebenden Versammlungen von Mississippi, Florida, Alabama, Georgia, Louisiana und später von Texas den Austritt aus der Union, und Vertreter der sieben ausgeschiedenen Staaten trafen sich in Montgomery, in Alabama, um die Konföderierten Staaten von Amerika zu bilden, Jefferson Davis zum Präsidenten zu wählen und eine eigene Regierung zu bilden.
Obgleich die Presse des Südens seit vier Jahren dem Norden warnend vorhergesagt hatte, die Südstaaten würden abfallen, sobald ein Republikaner gewählt wurde, versetzte dieser Bruch der Union nach achtzig Jahren das Haus in der Eighth Street doch in tiefste Betrübnis.

Mit dem Herannahen des 4. März vervielfachten sich die Drohungen; Abraham werde sein Amt nie antreten, er werde ermordet werden, bevor er Springfield verließ, und sollte er je Washington erreichen, so würde er dort niedergeschossen werden, bevor er seinen Eid leisten könnte. Eines Morgens wurde ihm eine Kiste mit der Mumie eines Negers zugestellt, Mary erhielt ein Ölbild, das Abraham darstellte, geteert und gefedert, die Füße in Ketten, einen Strick um den Hals, an einem riesigen Baum hängend.

So niedergeschlagen sie auch über die Wendung der Ereignisse waren, hielt Mary doch an dem Entschluß fest, sich nicht einschüchtern zu lassen. Sie würde Springfield nicht verlassen, ohne für die treuen Freunde in Illinois einen Abschiedsempfang zu veranstalten. Abrahams Züge erhellten sich, als sie ihm von ihrem Plan erzählte.

»Ja, tu das, Mary. Und dann, wenn's vorüber ist, wollen wir einiges von unsern Möbeln verkaufen. Es wird gleichzeitig eine Art Abschied von diesem Haus sein!«

Während er in seine Heimat fuhr, um seiner Stiefmutter Lebewohl zu sagen und Blumen auf das Grab seines Vaters zu legen, schickte Mary etwa tausend Einladungen zu ihrer Gesellschaft aus. Am Abend des Empfangs erschien, kurz vor sieben, eine Gruppe von Springfielder Frauen und brachte eine reichverzierte Nähmaschine. Mary war von diesem großartigen Geschenk sehr gerührt.

Sie und Abraham standen Seite an Seite, Abraham begrüßte die Gäste, die Frauen bewunderten Marys weißes Seidenkleid mit der langen Schleppe und dem kleinen Kragen aus französischen Spitzen. Robert, der sein Examen bestanden hatte und nach Havard gehen durfte, war heimgekommen, reichte dem Vater die Hand und sagte: »Guten Abend, Mr. Lincoln«, was Abraham mit einem leichten Klaps zur Kenntnis nahm. Um Mitternacht hatten siebenhundert Glückwünschende das Haus gefüllt, auch ihre Freunde unter den Demokraten hatten alle politischen Grundsätze fallengelassen, um Lincolns glückliche Reise zu wünschen.

Doch am nächsten Morgen erfuhr Mary, daß ihre und Abrahams glückliche Reise nicht mit demselben Zug stattfinden sollte. Infolge der Drohungen war ihm geraten worden, sie und die jüngeren Söhne nicht mitzunehmen. Sie würden sich in etwa zehn Tagen in New York, im Astor House treffen. Mary war wütend, mußte sich aber fügen, denn General Winfield Scott, der Kriegsminister, verlangte es.

So beschloß sie denn, am Tag, als Abraham ostwärts fuhr, den Zug nach St. Louis zu nehmen und dort Besorgungen zu machen. Auf diese Art konnte sie das Gesicht wahren. Freunde und Nachbarn hatten die meisten von den großen Möbelstücken gekauft, der Rest kam mit etlichen Aktenkisten in einen Speicher. Sie entließ auch Frances Affonsa mit einem zärt-

lichen Kuß auf die Wange und schenkte ihr noch ein Kleid für die bevorstehende Hochzeit des Mädchens.
Abraham vermietete das Haus, dann mietete er einige Zimmer im Chenery House, jedes mit einem Holzofen und neueingerichteten Klingelzügen für die Dienerschaft versehen. Am Abend vor ihrer Abreise verschnürte er im Vorzimmer die großen Koffer. Sie fragte mit gehobenen Brauen:
»Bist du auch ganz sicher, daß sich das für den Präsidenten der Vereinigten Staaten schickt?«
»Nur gewählter Präsident! Ich verspreche dir, daß ich es nach der Eidesleistung am 4. März nicht mehr tun werde.«
Sie fand nicht viel Schlaf. Übermorgen war Abrahams Geburtstag, und sie würde nicht bei ihm sein.
Der Tag begann in aschgrauer Dämmerung. Um sieben Uhr wurde das Frühstück aufgetragen. Robert kam sich sehr wichtig vor. »Ich geh mit Vater und laß mich mit ihm in die Luft sprengen; und ihr Kleinen bleibt schön daheim!« Mary fand, es sei für dergleichen Galgenhumor doch noch etwas früh am Tag, doch Abraham lachte. Keiner von ihnen vermochte einen Bissen zu essen, sie schlürften nur ihren starken Kaffee. Um halb acht sollte der Wagen kommen.
Es fiel ein dünner Regen. Abraham war blaß. Er trug einen grauen Wollschal um Hals und Schultern. Als sie an dem kleinen Backsteinbahnhof der Great Western ankamen, sahen sie überrascht, daß sich einige Hundert Menschen versammelt hatten. Die Lokomotive ließ ihren scharfen Pfiff hören, Tad und William klammerten sich an Vaters Beine, ließen sich von ihm aufheben. Mary begleitete Abraham dorthin, wo ein kleiner Sonderzug, bestehend aus einer rauchgeschwärzten Lokomotive, einem ziegelroten Kohlenwagen, einem Gepäckwagen und einem einzigen Personenwagen wartete.
Sekundenlang hielt er sie an sich gedrückt, dann stieg er die Stufen hinauf und blieb auf der hinteren Plattform des Waggons stehen.
Schirme waren gegen den Nieselregen aufgespannt worden. Er blickte auf Mary, William und Tad hinunter, dann an ihnen vorbei auf die stillen Gesichter der Freunde, die alle gekommen waren, um ihm Lebewohl zu sagen.
Der Zug war zur Abfahrt bereit. Abraham nahm den Hut ab, zog den Wollschal fester um die Schultern, hielt ihn mit der linken Hand auf der Brust zusammen und begann mit gefaßter Stimme zu sprechen:
»Keiner, der sich nicht in meiner Lage befindet, vermag meinen Kummer über diesen Abschied zu ermessen. Diesem Ort und der Güte seiner Bewohner schulde ich alles. Hier habe ich ein Vierteljahrhundert gelebt, bin aus einem jungen Mann ein alter Mann geworden. Hier sind meine Kin-

der geboren, und hier liegt eines begraben. Ich gehe jetzt und weiß nicht, wann oder ob ich je wieder zurückkehre. Ohne die Hilfe des göttlichen Wesens kann mir nichts gelingen. Mit seiner Hilfe kann ich nicht versagen. Im Vertrauen auf Gott, der mit mir gehen und bei euch bleiben und überall sein kann, wollen wir zuversichtlich hoffen, daß alles gut ausgeht. Seiner Hut empfehle ich euch, wie ich hoffe, daß ihr, in euren Gebeten, mich Ihm empfehlen werdet. Und so entbiete ich euch meinen herzlichen Abschiedsgruß.«

Der Zug setzte sich in Bewegung. Die Menge öffnete sich, um Mary einen Pfad freizugeben. Sie bemerkte, daß viele der Männer und Frauen rund um sie Tränen in den Augen hatten; aber sie wußte nicht, daß auch in ihren Augen Tränen waren.

Eine Stunde bevor sie nach St. Louis reisen wollte, kam ein Telegramm von General Winfield Scott, der sie aufforderte, sich am nächsten Morgen in Indianapolis einzufinden und in den Zug des Präsidenten zu steigen. Der Präsident wäre, von Frau und Kindern umgeben, in größerer Sicherheit. William und Tad waren ganz außer sich vor Freude, Mary eher betäubt von diesem jähen Umschwung.

Schon wartete der Zug auf sie, und Abraham empfing sie, als sie aus ihrem Waggon ausstieg. Sie hob sich auf die Fußspitzen, um ihm einen Kuß auf die Wange zu drücken und zu flüstern:

»Alles Gute zum Geburtstag!«

»Du bist das liebste Geschenk, das man mir machen konnte«, erwiderte er.

Als er sie in den Salonwagen führte, sperrte sie den Mund auf. Es war geradezu eine Revolution im Waggonbau! Ein Fabrikant in Buffalo hatte ihn eigens für diese Reise herstellen lassen. Sie umfaßte mit einem Blick den üppigen Teppich, die großen Glasscheiben anstelle der vielen kleinen, die geschnitzten, schwarzen Nußholzmöbel mit ihrer reichen Polsterung, das Sofa, das Abrahams Maße berücksichtigt hatte. Auch eine Bar gab es, an der man sich unterwegs erfrischen konnte.

Bald fuhr der Zug ab und eilte mit einer Geschwindigkeit von dreißig Meilen in der Stunde durch Indiana. Bei jeder Station wehten Fahnen, hatten sich die Menschen versammelt, jubelten, ließen Kanonen dröhnen. In Cincinnati drängten sich Hunderttausend auf dem Bahnhof, den Plätzen und Straßen. In Columbus, im Staate Ohio, wurden sie in das Regierungsgebäude geführt und dort vom Gouverneur und der Gesetzgebenden Versammlung empfangen. Am nächsten Morgen um halb acht ging die Fahrt weiter. Der Himmel war bewölkt, und eine halbe Stunde später setzte heftiger Regen ein. Abraham vertraute Mary an, er sei nicht weiter bekümmert darüber, denn auf diese Art würde er weniger Reden halten

müssen. Doch nicht Regen, nicht Kälte, nicht Schlamm konnten verhindern, daß sich auf der kleinsten Station die Menschen drängten und den Zug mit Musik, Geschrei und Kanonenschüssen begrüßten.
Für die drei Jungen war die Reise eine Kette von Entzückungen. Robert verbrachte die halbe Zeit beim Lokomotivführer, die andere Hälfte bei den Erfrischungen. Jedesmal, wenn der Zug hielt und Fremde einstiegen, stürzte Tad ihnen entgegen und rief in seiner unverständlichen Sprechweise: »Wollt ihr den alten Abe, den Präsidenten, kennenlernen?« Und dann wies er auf irgendeinen Herrn von Lincolns Umgebung.
An einem Bahnhof rief die Menge auch nach Mary. Sie hörte, wie Abraham sagte: »Ich will sehen, ob ich Mrs. Lincoln dazu bringen kann, sich zu zeigen. Aber ich glaube nicht. Es ist mir nie sehr gut gelungen, sie zu irgend etwas zu veranlassen, was sie nicht tun wollte.«
Sie wartete, bis die Röte aus ihren Wangen gewichen war, und dann trat sie zu ihm auf die Plattform des Waggons. In einem andern Ort, als sie neben ihm stand, sagte Abraham: »Jetzt seht ihr die ganze Präsidentschaft in aller Länge und Kürze vor euch.«
Für Mary war das große Ereignis der Aufenthalt in New York. Aus einem Koffer nahm sie die silberne Bürste, die sie Abraham zu seinem Geburtstag geschenkt hatte.
»Abraham, für diese Stadtleute werde ich dich doch ein wenig herrichten!«
Sie kämmte und bürstete ihm das Haar, zog einen kunstgerechten Scheitel und band ihm auch die Krawatte sorgfältig.
»Seh ich jetzt schön aus, Mutter?« fragte er zärtlich.
»Ich weiß nicht, ob du etwas Rechtes mit dem Backenbart anfangen wirst, der dir, nach Ansicht des kleinen Mädchens und des Republikanischen Ausschusses, ein würdigeres Aussehen verleihen soll. Vorläufig ist er noch recht struppig.«
Denn unter den Zuschriften, die er erhalten hatte, war auch der Brief eines fremden Mädchens gewesen, das ihm empfahl, sich einen Bart stehen zu lassen. Damals hatte er geantwortet:
»Ich habe nie einen Bart getragen; glauben Sie nicht, daß man es töricht nennen wird, wenn ich jetzt damit anfange?«
Doch kurz darauf entschloß er sich tatsächlich zu dieser Veränderung seines Gesichts.
In einem offenen Wagen fuhren sie beim Hotel Astor vor, hatten kaum Zeit, sich zu waschen, als schon ein Empfang begann, bei dem die Veteranen aus dem Krieg des Jahres 1812 in voller Uniform aufmarschierten. Abrahams Hand war derart geschwollen, daß Dr. Wallace ihm weiteres Händeschütteln untersagte. Mary begrüßte, zwischen ihrer Schwester Elizabeth und Lizzie Grimsley stehend, die New Yorker Gesellschaft und

fühlte sich in ihrem stahlfarbenen Kleid mit goldenem Kopfschmuck sehr wohl.

Kurz nach der Zeremonie des Aufziehens der Fahne an der Independence Hall in Philadelphia, bemerkte Mary, daß irgend etwas Abraham Sorgen machte, etwas, das nicht mit der wachsenden Besorgnis vor dem Chaos zusammenhing, das er in Washington vorfinden würde. Wenige Stunden zuvor hatte er noch einer Menge gestanden: »Ich fühle mich zu unwohl, um viele Worte machen zu können.« Doch als sie um eins in Harrisburg ankamen, ließ er sich nicht von ihr abhalten und sprach zu den Versammelten. Sie hatte ihn beschworen, die zwei geplanten Reden nicht zu halten, sondern sich lieber auszuruhen, bevor das letzte Stück der Reise, die Fahrt durch Maryland und Baltimore, an die Reihe kam, der einzigen Stadt auf dem ganzen Weg, wo der gewählte Präsident nicht begrüßt wurde, noch eine offizielle Eskorte erhielt, als die mit Pferden bespannten Wagen von einem Bahnhof zum anderen fuhren. Und doch begriff sie erst vollständig, wie gereizt er war, als er, dunkel vor Ärger, in ihr Zimmer stürzte.

»Wo ist Robert? Er hat die Tasche, in der meine Antrittsrede ist. Wenn ein Reporter diese Rede in die Hand bekommt…«

»Er ist beim Republikanischen Jugend-Club draußen.«

»Wir müssen ihn auf der Stelle herschaffen!«

John Nicolay, den Abraham als Privatsekretär nach Washington mitnahm, durchstöberte Harrisburg und kehrte mit einem verblüfften Robert zurück.

Als sein Vater ihn fragte, ob die Tasche verloren oder gestohlen worden sei, erwiderte Robert:

»Sie ist doch beim übrigen Gepäck unten!«

Abraham sprang, drei Stufen auf einmal, die Treppe hinunter, eilte an einem verdutzten Angestellten vorbei auf den Stapel von Koffern zu und begann zu suchen. Mary war ihm ein wenig langsamer nachgekommen und sah ihm zu, bis er die Tasche gefunden und den Verschluß geprüft hatte. Auf seiner Stirn standen Schweißtropfen.

»Gott sei Dank! Wenn diese Rede in den Zeitungen gedruckt worden wäre, bevor ich sie gehalten habe, wäre ich in schlimmster Verlegenheit gewesen!«

»Komm hinauf! Die Leute starren dich an. Und in Zukunft überlaß einem Jungen nicht, was die Sache eines Erwachsenen ist – steck deine Rede zu dir!«

Kurz nach vier trat er wieder in ihr Zimmer und ließ sich in einen Stuhl sinken. Ohne sie anzusehen, sagte er:

»Mary, wir werden unsere Pläne ändern müssen.«

Sie beobachtete ihn, sagte aber nichts. Nach einer Pause fuhr er fort:

»In Baltimore gibt's anscheinend eine Verchwörung, die ein Attentat versuchen will, während wir mit den Wagen durch die Stadt fahren. Norman Judd hat einen Detektiv engagiert, einen gewissen Allan Pinkerton, und gestern in Philadelphia berichteten sie mir, sie seien überzeugt, daß ein Barbier namens Fernandina, das Haupt einer militärischen Geheimgesellschaft, mich töten will.«
An der Wand stand ein hochlehniger Stuhl; den zog sie Abrahams Lehnstuhl gegenüber.
»Ist es nicht ein wenig weit hergeholt«, sagte sie, »zu glauben, daß ein Barbier in Baltimore dich ermorden könnte, wenn du von zwanzig Freunden und einem halben Dutzend Soldaten umgeben bist, die die Heeresleitung zu deinem Schutz beistellt?«
Er ließ den Kopf hängen wie ein Lamm im Sturm. »Die Leute glauben, daß tatsächlich eine Gefahr vorhanden ist. Sie wollen, daß ich Harrisburg nachts in aller Heimlichkeit verlassen soll; der fahrplanmäßige Zug nach Washington wird in Philadelphia warten, und damit werde ich nach Washington fahren, ohne daß jemand eine Ahnung davon hat.«
»Soll der gewählte Präsident sich in Washington einschleichen?«
»Mir gefällt das nicht besser als dir, Mary!« rief er ungeduldig.
»Schön«, sagte sie ergeben. »Dann werde ich sofort packen.«
Sie sah den schmerzlichen Ausdruck auf Abrahams Zügen.
»Mary, ich werde die Reise in die Hauptstadt, von einem einzigen Mann, von Hill Lamon begleitet, unternehmen. Wenn du und die Kinder dabei wären, ließe sich die Änderung des Plans nicht geheimhalten.«
Sie setzte sich auf den Bettrand.
»Ach, Abraham, schon wieder!«
Bekümmert sah er sie an.
»Ich will Norman Judd und Alexander McClure rufen; er ist der Freund des Gouverneurs... vielleicht können sie dich überreden!«
Er eilte durch den Vorraum. Kurz darauf hatte sich der ganze Kreis versammelt – Norman Judd, Richter David Davis, Ward Hill Lamont, W.S. Wood, der vom Osten geschickt worden war, um den Zug des Präsidenten zu leiten, vier Offiziere unter dem Befehl des weißhaarigen Obersten Summer, der von Washington bestellt worden war, um Abraham zu beschützen, und Alexander McClure, der Vertreter Gouverneur Curtins von Pennsylvanien.
Judd war der Sprecher. Er setzte die Lage in Baltimore auseinander; mindestens die Hälfte der Stadt war sezessionistisch gesinnt und in übler Stimmung, der Polizeichef sympathisierte mit den Sezessionisten und würde Mr. Lincoln keinen Schutz gewähren, eine Bande sollte auf dem Bahnhof eine Rauferei anfangen, um die vorhandenen Polizeikräfte abzulenken, und dann würden Fernandina und seine Geheimgesellschaft

sich um Lincoln scharen, und Fernandina würde ihn entweder erschießen oder erdolchen. Es wäre ein herber Schlag für die Nation, wenn Mr. Lincoln ermordet werden sollte.
Mary stand da und musterte die zwanzig Männer, die sich im Halbkreis vor ihr aufgestellt hatten.
»Schön, ich will nicht weiter über diese Beleidigung der Würde des Präsidentenamtes reden; wenn Sie aber so sicher sind, daß meinem Mann eine wirkliche Gefahr droht, dann will ich bei ihm sein. Wer hat mehr zu verlieren als ich, meine Herren?«
»Wenn Mr. Lincoln allein fährt, besteht keine Gefahr«, sagte McClure bedächtig. »Wir stellen die telegraphische Verbindung ab, so daß keine Nachricht Baltimore erreichen kann, wenn der Zug abgefahren ist...«
»Wenn Sie gar so viele Mittel wissen, um zu verhindern, daß Mr. Lincoln etwas zustößt, Mr. McClure, dann werden Sie doch gewiß auch nicht um ein Mittel verlegen sein, um mich und meine Kinder zu beschützen.«
Norman Judd trat vor. Er war ein breitschultriger Mann mit rosiger Gesichtsfarbe, üppigen grauem Bart, eine Zigarre im Mund, die nicht brannte.
»Mrs. Lincoln, es bedarf nur eines einzigen Wahnsinnigen mit einem Messer in der Hand...«
Sie spürte, wie ihre Stimme aus tiefstem Zorn emporstieg.
»Und haben wir wirklich keine tapferen Männer, um das zu verhindern? Werden wir uns in den vier Jahren der Präsidentschaft verstecken, werden wir beständig fliehen müssen? Wenn wir nichts Besseres haben, um die Union zu verteidigen, dann sei Gott uns gnädig!«
Sie standen vor ihr, manche starrten sie an, andere hatten die Augen gesenkt.
»Wir werden uns in Washington einschleichen, meine Herren, doch wenn einem Mitglied der Familie Lincoln etwas zustößt, dann soll es geschehen, während wir alle vereinigt sind. Und jetzt bitte ich Sie, das Zimmer zu verlassen. Ich muß packen.«
Die Männer gingen langsam durch die Tür, Abraham mit ihnen, und Oberst Summer sagte zum Abschied:
»Mrs. Lincoln, ich bleibe heute nacht bei dem Präsidenten, und ich möchte Ihnen versichern, daß ihm kein Leid geschehen wird.«
Nur Judd und McClure blieben. Als die Tür sich geschlossen hatte, sagte Judd:
»Nein, Mrs. Lincoln, Sie werden nicht mit Ihrem Mann reisen.«
Und damit packten die Männer sie bei den Armen, schoben sie ins Nebenzimmer, und dann hörte sie, wie ein Schlüssel sich im Schloß drehte.
Die ganze Nacht saß sie wach, zog sich nicht aus, hörte, wie die Männer aus Lincolns Umgebung auf dem Korridor hin- und hergingen und in ge-

dämpftem Ton miteinander sprachen. Am Morgen, als sie mit ihren drei Söhnen im Speisesaal saß und mechanisch frühstückte, wurde ihr die Nachricht gebracht, Abraham sei in Washington angekommen und der Sonderzug sei zur Abfahrt bereit, sobald sie und ihre Begleitung ihn benützen wollten.

Während der dreizehn Jahre, seit sie Washington verlassen hatte, war ihr völlig die Erinnerung daran entfallen, wie stark der Süden hier vorherrschte; schon am ersten Tag in der Hauptstadt wurde ihr das klar, als sie erfuhr, daß auf Abraham Lincoln, wenn der Columbia-Distrikt das Wahlrecht gehabt hätte, kaum eine Handvoll Stimmen entfallen wären. Daß es nicht nur die Familien aus Virginien und Maryland waren, die so empfanden, sondern beinahe die Gesamtheit der Regierungsbeamten und ebenso die Geschäftsleute. Obgleich sie höflich empfangen wurde und Willards sie in der Halle ihres Hotels erwarteten und in die ihr vorbehaltene Flucht von fünf luxuriösen Zimmern im zweiten Stock geleiteten, spürte sie doch, als sie durch die Halle ging, eine Atmosphäre von Ablehnung.

Schon hatten einige wichtige Senatoren und Mitglieder des Repräsentantenhauses mit flammenden Reden ihren Rücktritt bekanntgegeben und waren heimgefahren; am ersten Abend, als Lincolns den Speisesaal betraten, hatte ein Gegner Lincolns die Kapelle veranlaßt, das Dixielied zu spielen, das Trutzlied des Südens. Sie hörten, daß die Hauptstadt seit Wochen voll von Gerüchten über die ungehobelten Manieren des bäurischen Präsidenten und seiner Frau war, während die sezessionistischen Damen sich mit Anekdoten über die Unbeholfenheit der »Ersten Dame« aus dem Blockhaus amüsierten.

Sollte die geringste Aussicht auf einen respektvollen, wenn schon nicht herzlichen Empfang vorhanden gewesen sein, so war sie durch die Art von Abrahams Ankunft völlig verdorben worden. Ein Reporter in Harrisburg, der beim Aufwachen feststellte, daß der Präsident fort war, und der nicht wußte, wie er seinen Bericht jetzt ausschmücken sollte, erfand, daß Abraham Lincoln sich in einer schottischen Mütze und einem langen Soldatenmantel in Washington eingeschlichen habe. Karikaturen von Abraham in dieser Verkleidung erschienen in der Presse und wirkten katastrophal; selbst seine Freunde und Anhänger schämten sich. Als Mary in Willard's Hotel angekommen war, führte er sie in das letzte Schlafzimmer ihres Appartements, wo eine Wand von Spiegeln seine magern gebeugten Schultern zeigte.

»Mary, das war der schwerste Fehler, den ich je begangen habe. Ich wußte es bereits, als ich in Philadelphia ankam und Pinkerton mir aus Baltimore meldete, er zweifle, daß die Verschwörer den Mut haben würden, ein Attentat zu versuchen. Von jetzt an werde ich meine Entscheidungen selber treffen. Nie wieder dürfen auch die bestgemeinten Wünsche unserer Freunde für mich zum Gesetz werden. Was geschehen ist, geschah ... weil ich noch nicht recht wußte, wer der Herr ist. Jetzt weiß ich es. Ich bin der Präsident. Kein Mann, keine Gruppe wird sich je wieder zwischen uns schieben dürfen.«

Sie hob die Hände und streichelte seine Wangen. »Ich danke dir, Abraham! Jetzt hast du mich zur Herrin im Weißen Haus gemacht!«

Sie blieben im Hotel und warteten den Tag der feierlichen Amtseinführung ab. Abraham stellte einen Arbeitstisch in der Ecke eines Zimmers auf. Senator Seward, der im Dezember den Posten des Staatssekretärs angenommen hatte, war eben zurückgetreten, »... weil ich die Männer meiner Wahl den Männern seiner Wahl vorziehe«, erklärte Abraham. »Er weigerte sich, mit Senator Chase aus Ohio zusammenzuarbeiten, den ich als Staatssekretär für das Schatzamt haben will. Die Abolitionisten wollen ausschließlich Leute im Kabinett haben, die sich für die unverzügliche Emanzipation erklären, die Konservativen wollen keine Abolitionisten, sondern nur Vertreter der Randstaaten. Es gibt beinahe keinen Menschen, den ich ernennen könnte und der nicht auf starke Opposition stößt. Ich kann Seward nicht die erste Geige spielen lassen.«

Als sie einige Tage im Hotel gewohnt hatten, ohne daß auch nur eine einzige Dame der Kreise des Südens einen Besuch gemacht hätte, fragte sich Mary:

Sollen wir als Ausländer behandelt werden?

Die Antwort kam zur Teezeit in Gestalt der schönen Adele Douglas in grüner Seide mit rosa Schleifchen, einem Spitzenhäubchen und dazu passenden Handschuhen. Mary dankte ihr für ihr Kommen.

»Mrs. Douglas, die Frauen in Washington können doch unmöglich glauben, daß ich wirklich die ungebildete, unbeholfene Grenzerfrau bin, die man aus mir macht?«

Adele Douglas ergriff Marys Hand, und ihre großen braunen Augen leuchteten verständnisvoll.

»Das sind politische Angriffe, meine liebe Mrs. Lincoln, und keine persönlichen. Viele von unseren Familien sind nach Washington gezogen, als es kaum mehr als ein Moor war. Sie haben Häuser gebaut, haben Bücher, Musik, Malerei hierhergebracht ... und all die Kultur, die sie in zweihundert Jahren entwickelt hatten.«

»Ich habe den größten Respekt ...«

»Unglücklicherweise hat sich hinter ihren hohen Mauern eine gewisse Inzucht gebildet. Häßliche Dinge wären über die Frau eines jeden siegreichen Republikaners gesagt worden; die Damen fürchten, daß es mit ihrer Macht und Herrschaft zu Ende ist. Doch wenn sie Sie erst einmal kennenlernen, wird jede Feindseligkeit verschwinden.« Sie lächelte leicht. »Sie müssen barmherzig gegen die Besiegten sein.« Und dann setzte sie hinzu: »Das Weiße Haus ist abgewirtschaftet und schäbig, keineswegs so glänzend und eindrucksvoll wie zur Zeit meiner Großtante, Dolly Madison. Machen Sie es zum schönsten Haus im Land, Frau Präsidentin; denn wir wollen wieder versuchen ...«

Mary ließ Tee bringen. Bald darauf erschien Abraham und nur wenige Minuten später kam auch Stephen Douglas, der ziemlich blaß war. Weder sie noch Abraham hatten Douglas seit der Debatte in Alton im Jahre 1858 gesehen.

»Mary, Sie haben mich damals mit Rosen bekränzt, als wir zu Watson Eis essen gingen. Einige zwanzig Jahre ist das her. Aber Sie dürften immer gewußt haben, daß Abraham mit der Präsidentschaft bekränzt werden sollte.«

»Hätte ich ihn sonst geheiratet?« erwiderte sie erhobenen Hauptes.

Sie wurden durch die Ankunft von Marys Schwester Margaret und deren Mann, Charles H. Kellogg, aus Cincinnati unterbrochen, und gleich hinter ihnen erschien ihr Halbbruder Alexander, der rothaarige Junge, der erst acht Monate alt gewesen war, als sie Lexington mit Springfield vertauscht hatte. Betsy war leidend und konnte nicht kommen, Samuel und David meinten, die Reise von New Orleans sei zu lang, George erklärte, er wolle der Amtseinsetzung eines Republikaners nicht beiwohnen, auch ihre Schwester Elodie hatte sich der sezessionistischen Sache verschrieben, dagegen stellten ihre Schwester Martha und deren Mann, die auch in Alabama lebten, Familienbande über Politik. Marys größte Enttäuschung war es, daß Emilie und Ben Hardin Helm nicht kommen konnten, doch er hatte wichtige Gerichtsverhandlungen, die nicht verschoben werden durften.

Abraham hatte keinen einzigen seiner Verwandten zur Eidablegung eingeladen.

Wie sehr wünschte sie, der 4. März möge sich beeilen, damit sie endlich wieder in ein eigenes Heim käme. Das Leben im Hotel war ihr jetzt ebenso wenig angenehm wie damals in der Zeit des kleinen Schlafzimmers im ›Globe‹. Es gab keine Abgeschlossenheit, nur Hallen, Salons, Speisesaal, und der Vorraum zu ihren Zimmern war Tag und Nacht dicht gedrängt von Stellungsuchenden, die von allen Teilen der Union kamen und mit allerlei Akten bewiesen, daß man sie in die lukrativen Ämter einsetzen solle an Stelle der Demokraten, die es nicht verdienten.

Der Tag der Amtseinsetzung graute wolkig und rauh. Um Mittag erschien Präsident Buchanan im Hotel, das Gesicht kreideweiß, den Hals mit einer riesigen weißen Krawatte umschlungen. In dem kleinen Salon verbeugte er sich förmlich vor Mary und fragte dann, ob Abraham bereit sei. Mary und ihre drei Söhne verließen hinter ihnen das Haus; als sie auf die Straße kamen, begann die Musik zu spielen, sie traten zu dem offenen Wagen, und der Zug setzte sich feierlich in Bewegung.

Marys Wagen fuhr ungefähr in der Mitte des Zuges, nach denen der Kongreßmitglieder, Juristen, Geistlichen und Diplomaten. Längs beider Seiten der Pennsylvania Avenue, die sauber gefegt worden war, marschierten Soldaten. Während ihre Wagen langsam auf die unbeendete Kuppel des Capitols zufuhren, dessen stählerne Ladebäume zum Himmel aufragten, bemerkte sie in den Fenstern und auf den Dächern Scharfschützen. Vor Abrahams Wagen marschierten, schwer bewaffnet, Pioniere aus West Point. Dicht gedrängt, zu beiden Seiten des Wagens, ritt Kavallerie, und dahinter kamen Abteilungen von Marine und Miliz. Kaum konnte sie die Ailanthusbäume sehen, in solchen Mengen war die Infanterie ausgerückt, die den Zug beschützen sollte; und als die Wagen über die Straßenkreuzungen fuhren, konnte sie feststellen, daß General Scotts reguläre Truppen die Flanken des Zuges schützten.

Vor vier Jahren war Präsident Buchanan zwischen Fahnen und jubelnden Massen zu seiner Amtseinsetzung gefahren. Jetzt, als Mary die Gesichter auf der Pennsylvania Avenue beobachtete, blickten die meisten feierlich, viele aber auch einfach verdrossen drein. Die Fensterläden waren dicht verschlossen, es gab keinen Laut, vom Marschtritt der Infanteristen und dem Rumpeln der Räder über das Pflaster abgesehen; keine Musikkapellen, keine Zurufe, kein Gedränge fröhlicher Menschen, die dem Präsidenten den traditionellen begeistert lärmenden Empfang in Washington bereiteten. General Scott hatte diesen Zug zur Amtseinsetzung als »Manöver« dargestellt, bestimmt, nicht nur das Leben des neuen Präsidenten zu beschützen, sondern auch die angedrohte Invasion der Hauptstadt zurückzuschlagen. – So hatte sie es sich nicht erträumt.

Sie nahm ihren Platz in der zweiten Reihe der Estrade ein, die vor dem Osteingang des Capitols errichtet worden war. Starke Infanterieabteilungen hatten die Nacht über hier Wache gehalten, denn man hatte auch gedroht, die Estrade in die Luft zu sprengen. Rund um die Estrade häuften sich Granitblöcke, Drähte, Bauhütten, Arbeitsgerät, alles war unvollendet und vernachlässigt. Und in jedem Fenster des Capitols standen Scharfschützen.

Ihre Söhne saßen neben ihr, und neben ihren Söhnen Stephen und Adele Douglas. Vor der Estrade hatten sich wahrscheinlich weniger Menschen versammelt als damals auf dem öffentlichen Platz in Ottawa, als 1858 Abrahams Debatten gegen Stephen Douglas begonnen hatten.

Abraham hatte seinen Freund Edward Baker ausgewählt, um sich von ihm einführen zu lassen. Edward Baker, zu dessen Verteidigung er durch die

Saaldecke und in ihr Leben herabgestiegen war; der stattliche, weißhaarige Edward Baker mit dem rötlichen Gesicht, der im Jahre 1852 ausgewandert war, um ein neues Leben zu beginnen, war als einziger republikanischer Senator von der Küste des Stillen Ozeans nach Washington geschickt worden, um die neue Verwaltung zu unterstützen. Dieses Amt eines Senators von Oregon hatte Abraham 1849, nach der Enttäuschung mit dem Landamt, beinahe veranlaßt, seine Wurzeln aus dem Boden zu reißen und die lange Wanderung nach dem Westen anzutreten.

Abraham stieg jetzt aufs Podium. Sein Bart wuchs nun schon in gerader Linie an den Ohren vorbei und war zu beiden Seiten des Kinns recht buschig geworden. Doch die Oberlippe und die eingefallenen Wangen blieben nach wie vor glattrasiert. Es gab schwachen Applaus. Senator Baker hielt seine Einführung ziemlich kurz. Dann stand Abraham auf, legte den Stock mit dem goldenen Griff, den man ihm geschenkt hatte, auf einen kleinen Tisch, nahm den hohen Seidenhut ab, wußte nicht recht, wo er ihn hinstellen sollte, da auf dem kleinen Tisch kein Platz mehr war, und Stephen Douglas beugte sich vor, nahm ihm den Hut ab und hielt ihn auf dem Schoß.

Nur wenig Bewegungsraum war Abraham gegönnt worden. Er zog die Blätter mit seiner Rede aus der Innentasche seines Rocks, legte sie auf den Tisch und setzte die Brille auf. Die Zuschauer verhielten sich ebenso still wie die Granitblöcke, die auf dem Rasen umherlagen. Als er zu sprechen begann, war seine Stimme hoch, ein wenig nasal, dieselbe Stimme, die sie zu zahllosen Hörerschaften von Illinois sprechen gehört hatte. Nur wenige Sätze hatte er gesagt, als die Spannung aus Mary wich und sie sich bequem in ihrem Stuhl zurücklehnte; denn Abraham sprach diese Antrittsrede, als hätte er sein ganzes Leben lang nichts anderes getan.

Zunächst versuchte er, den Süden zu beruhigen:

»Unter der Bevölkerung der südlichen Staaten scheint die Besorgnis zu herrschen, daß durch die Einsetzung einer republikanischen Verwaltung ihr Besitz, ihr Friede, ihre persönliche Sicherheit gefährdet wären... Ich habe, weder mittelbar noch unmittelbar, die Absicht, mich in die Einrichtung der Sklaverei in den Staaten einzumischen, wo sie vorhanden ist.«

Dann ließ er den Süden wissen, daß ein Abfall unmöglich war.

»Kein Staat kann der Verfassung nach die Union verlassen, und Beschlüsse und Verfügungen, die darauf abzielen, sind ungültig... Somit betrachte ich, im Hinblick auf die Verfassung und die Gesetze, die Union als ungebrochen, und im ganzen Ausmaß meiner Kräfte werde ich dafür Sorge tragen, daß die Gesetze der Union redlich durchgeführt werden.«

Dann breitete er die langen Arme aus, als wollte er alle Menschen der ganzen Nation umfassen, und rief mit einer Stimme, darin Liebe und Sorge sich mischten:

»In euren Händen, meine unzufriedenen Mitbürger, und nicht in meinen liegt die Entscheidung über den Bürgerkrieg. Die Regierung wird euch nicht angreifen. Ihr werdet keinen Konflikt haben, ohne selber zu Angreifern zu werden. Ihr habt dem Himmel keinen Eid geleistet, die Regierung zu stürzen, während ich den feierlichsten Eid leisten werde, sie ›zu bewahren, zu beschützen und zu verteidigen‹ ... Wir sind nicht Feinde, sondern Freunde. Wir müssen nicht Feinde sein ... die geheimnisvollen Saiten der Erinnerung, die sich von jedem Schlachtfeld, von jedem Patriotengrab zu jedem lebendigen Herzen und jedem Herd über dieses ganze weite Land strecken, werden den Chorgesang der Einigkeit anstimmen ...«
Diesmal klang der Beifall begeisterter. Der frühere Oberrichter Taney, dessen Entscheidung im Fall Dred Scott, zu der er erklärt hatte, Sklaven seien keine menschlichen Wesen, so entscheidend für Abrahams Wahl gewesen war, trat mit einer in braunem Samt gebundenen Bibel vor. Abraham legte die linke Hand auf die offene Bibel, hob den langen, knochigen rechten Arm zum Himmel und wiederholte die Worte, die der Oberrichter ihm vorsagte:
»Ich, Abraham Lincoln, schwöre feierlich, daß ich das Amt des Präsidenten der Vereinigten Staaten in Treue ausüben und die Verfassung der Vereinigten Staaten nach besten Kräften bewahren, beschützen und verteidigen werde.«
Die Würdenträger auf der Tribüne umdrängten ihn und wünschten ihm Glück. Er wandte sich zu Mary und küßte sie. Die Batterien auf dem Hügel begannen zu feuern und meldeten der Welt, daß die Vereinigten Staaten einen neuen Präsidenten hatten.
Mary dachte: Hoffentlich ist das bis ans Ende meiner Tage die letzte Kanone, die ich schießen höre!

Sie fuhren jetzt zum Haupteingang des Weißen Hauses. Ex-Präsident Buchanan schüttelte Lincoln zum Abschied die Hand.
»Wenn ihr beide das Weiße Haus mit so viel Freude betretet, wie ich es verlasse, so seid ihr die glücklichsten Menschen auf der Welt!«
Mary erschauerte, als der alte kranke Mann in seinen Wagen stieg und davonfuhr.
Abraham nahm ihren Arm. Gemeinsam überschritten sie die Schwelle. Höflich verbeugte sich vor ihnen der alte Edward, der langjährige irische Türhüter. Mary spürte, wie ihr das Blut in den Ohren pochte, als sie sich jetzt an Abrahams Arm klammerte, weil ihre Knie zu versagen drohten.
»Abraham«, flüsterte sie, »wir sind daheim!«
Nicht mehr als drei Schritte waren sie im Vorraum gegangen, als General Winfield Scott aus der Loge des Türhüters trat; er trug eine schimmernde

Uniform mit mächtigen Epauletten, goldenen Knöpfen, gelber Feldbinde. In seinen Händen hielt er einen Stoß Akten aus dem Kriegsministerium.
»Herr Präsident, diese Nachricht ist eben von Major Anderson, dem Kommandanten von Fort Sumter in Charleston Harbor eingelaufen. Er ist von einem Ring der Küstenbatterien umzingelt, die ihn zu beschießen drohen... er erklärt, wenn bis zum 15. März kein Entsatz einträfe, wäre er gezwungen, das Fort zu räumen.«
Abraham dankte dem General, der sich zurückzog. Sie setzten ihren Weg durch den zugigen Vorraum hinauf über die Haupttreppe fort. Mary wandte sich zu Abraham, auf ihrer Stirn flammten rote Flecken.
»Konnte General Scott uns nicht Zeit lassen, das Haus zu besichtigen, in dem wir leben, und uns die Hände zu waschen? Muß er dir in den ersten Sekunden deines Eintritts in das Weiße Haus einen Krieg aufzwingen?«
Er zog ihre Hand unter seinen Arm, beugte den langen Hals und flüsterte ihr mit freundlicher Ironie ins Ohr:
»Mary, wir sind daheim!«
Ihre Räume lagen zu rechten Seite im Westflügel und sollten von der Amtstreppe aus, über die die Geschäfte der Nation in Abrahams Arbeitszimmer gebracht wurden, unzugänglich sein. Stackpole, der Kabinettskurier des Weißen Hauses, erwartete sie auf dem oberen Treppenabsatz, führte sie durch eine Reihe von Sekretariatskanzleien und Wartezimmern, bevor er ihnen die Tür von Abrahams Arbeitszimmer öffnete, einem großen, hohen Raum. Die Südwand hatte zwei riesige Glastüren bis zur Decke, ähnlich jenen, die ihr im Houghan House so großen Eindruck gemacht hatten; sie boten einen prachtvollen Blick über den grünen Rasen, den Park des Präsidenten, den Sumpf, der sich zum Potomac hinunterzog, und vor allem auf das weniger als zur Hälfte vollendete Denkmal Washingtons. Abraham verzog den Mund.
»Es sieht aus, als hätte ich vor allem Unvollendetes geerbt; die offene Kuppel des Capitols, das halbe Denkmal Washingtons... eine Bundesgarnison in einem Hafen in South Carolina, umzingelt von Küstenbatterien, die sie zusammenschießen wollen, wenn wir versuchen, zu Hilfe zu kommen. Und doch erinnere ich mich, daß ich heute erklärt habe, die mir anvertraute Macht werde dazu verwendet werden, Eigentum und Stätten, die der Regierung gehören, zu bewahren. Damit habe ich mich doch sozusagen gebunden, oder nicht, Frau Präsidentin?«
Mary trat an den hohen Schreibtisch, der zwischen den beiden Südfenstern stand. An der Westwand, über einem Kamin aus weißem Marmor, hing ein Porträt Andrew Jacksons. Den Blick auf diesen Mann gerichtet, dessen Politik und Partei Abraham nie unterstützt hatte, fragte sie:
»Was hätte dieser andere magere Präsident mit dem langen Gesicht getan?«

Auf Abrahams Zügen erschien ein grimmiges Lächeln; seit der Wahl hatte er dreißig Pfund verloren, und die Knochen standen aus seinen Wangen hervor wie gezackte Klippen aus einem dunklen Meer.
»Dasselbe, was er im Jahre 1832 getan hat, als South Carolina ein Gesetz erließ, das ein Zollgesetz des Bundes ungültig erklärte und abzuspringen drohte, wenn die Bundesregierung versuchen sollte, den Zoll mit Gewalt einzutreiben. Er schickte ein Kriegsschiff und sieben Zollboote nach Charleston, und dann erklärte er: ›Kein Staat hat das Recht auszutreten. Die Union muß unter jeder Bedingung und um jeden Preis erhalten werden. Die Verfassung bestimmt eine Regierung, nicht irgendein Bund. Zu behaupten, jeder Staat könne nach Belieben aus der Union austreten, heißt, zu behaupten, die Vereinigten Staaten seien keine Nation. Widersetzlichkeit mit Waffengewalt ist Hochverrat‹.«
Er wandte die Augen von Jacksons weißem Schopf und hohlen Wangen ab, und sah Mary an.
»Du merkst, Liebe, daß seine Worte sich mir in den Sinn gebrannt haben. Bis zu diesem Augenblick habe ich nie gewußt, was für ein großer Mann er war.«
An der Tür wurde geklopft. Stackpole meldete, daß Senator William H. Seward den Präsidenten zu sprechen wünsche. Abraham wies Mary einen Stuhl in der fernsten Ecke des Zimmers an. Mit Interesse beobachtete sie den Mann, der als stärkster politischer Kopf ihrer Partei galt, ein schlanker Mann, leicht vorgebeugt, den großen Kopf nur mühsam auf einem langen, mageren Hals tragend; unter der vorspringenden Adlernase ein beweglicher Mund, sichtlich zum Sprechen geschaffen.
»Herr Präsident«, Sewards Stimme war durch die Zigarre behindert, die er ständig im Mundwinkel hatte, »ich möchte Ihnen sagen, daß ich mich den Wünschen füge, die Sie in Ihren Briefen an mich ausgesprochen haben, und meine Demission zurückziehe.«
»Ich danke Ihnen, Senator«, sagte Abraham, »da Sie der erste Mann waren, den ich mir für mein Kabinett ausgesucht hatte, war Ihre Demission für mich die schmerzlichste Sorge.«
Seward wandte sich mit höflicher Verbeugung zu Mary.
»Als Staatssekretär werde ich wohl das erste Staatsdiner geben.«
Auch Mary hatte grüßend den Kopf geneigt, erwiderte aber, bei aller Höflichkeit, sehr fest:
»Mr. Lincoln ist Präsident; es erscheint mir richtig, daß wir das erste Staatsdiner geben.«
Senator Sewards großer Kopf senkte sich auf die magere Brust, während er zu Mary hinüberblickte; er sah aus, als wollte er gleich wieder demissionieren. Doch statt dessen sagte er halblaut: »Herr Präsident, Frau Präsidentin...« und ging.

Lange sahen Mary und Abraham einander an. Dann legte er seinen Arm in ihren und sagte:
»Wir sind zwei alte Narren, Mary, aber es scheint doch, daß wir schließlich Herren im Haus sein könnten.«

Sie gingen miteinander durch den Westflügel, bestimmten, welche Zimmer der Familie, welche den Gästen dienen sollten, und dann über die Familientreppe, die aus dem kleinen Empfangsraum in die Haupthalle hinunterführte.
Aus den Kanzleiräumen kam gerade John Nicolay. Er war ein stiller Mensch, außerordentlich mager, hatte kühle blaue Augen und einen kurzen dunkelbraunen Bart. Als sie ihn fragte, wie er sich fühle, erwiderte Nicolay in seiner zurückhaltenden Art:
»Wir haben schöne Amtsräume, Mrs. Lincoln, und ein hübsches großes Schlafzimmer in der Nordostecke; aber ich muß gestehen, daß alle Zimmer dringend neue Möbel und Teppiche brauchten.« Dann gönnte er ihr ein seltenes Lächeln. »Obgleich ich annehmen möchte, daß das alles binnen kurzem geändert sein wird.«
Ja, dachte sie, als sie in den offiziellen Speisesaal trat, der genau unter ihrem Schlafzimmer lag, all das wird geändert werden, doch nicht gleich; zunächst mußten die Staatsgemächer an die Reihe kommen, nach denen die Welt ihr Urteil über die Verwaltung fällen würde. Sie selber konnten noch eine Weile wie arme Verwandte hausen, bis die offiziellen Räume im Weißen Haus den Glanz erhalten hatten, den sie, nach Adele Douglas' Ansicht, sehr wohl ausstrahlen konnten.
Der offizielle Speisesaal, bei dem sie ihren kritischen Rundgang begann, war ein Raum von schönen Maßen, doch der Teppich war schmutzig, die Lüster seit Jahren nicht gewaschen, die Vorhänge verschlissen. Sie ging durch die mächtige Tür in das ›Rote Zimmer‹ und stand vor dem Porträt des Präsidenten Washington, das Dolly Madison aus dem Rahmen genommen hatte, als die Regierung 1814 vor den anrückenden Engländern geflohen war. In früheren Jahren war dieses Zimmer für die Sitzungen des Kabinetts verwendet worden; es war nicht allzu groß, lag unmittelbar unter Abrahams Schlafzimmer; die Tapeten waren verblaßt, die Möbel ungeeignet.
Jetzt wandte sie sich in das ovale Empfangszimmer, unter ihrer Bibliothek, und an diesem Raum mit seiner romantischen Anmut gewann sie sogleich Gefallen. Dann kam das ›Grüne Zimmer‹ an die Reihe, das nur als Warteraum für Gäste benützt wurde, denn die giftgrünen Wände ließen die Wangen der Damen fahl und kränklich wirken. Es war der schäbigste, der vernachlässigste Raum im ganzen Haus. Sie wußte, daß es nicht immer so gewesen war. Adams, Jefferson und Madison hatten ihn

als Speisesaal benützt, James Monroe hatte ein Spielzimmer daraus gemacht mit Beleuchtungskörpern aus Glas und Gold, mit brokatbespannten Rosenholzmöbeln. Sie nahm sich vor, dem Raum seine frühere Eleganz wiederzugeben.

Sie sperrte den Mund auf, als sie nun in den großen Ostsaal trat, der die gesamte Breite des Weißen Hauses durchlief, achtzig Fuß lang, vierzig breit, mit vier Kaminen, Riesenspiegeln über Konsolen, mächtigen Kristallüstern. Hier fanden die offiziellen Empfänge statt ... hier hatte im Jahre 1800 Abigail Adams die Wäsche der Familie an lange Leinen gehängt. Der Velourteppich war abgenützt, und durch die Wandbespannung hindurch konnte sie den Rupfen sehen.

Sie stieg über die Familientreppe hinauf, ihr schwindelte vor der Unmenge der Arbeit, die da zu leisten war; sie müßte das beste Material für die Fauteuils suchen, französische Tapeten, Teppiche, Kunstgegenstände. Abgesehen von einem Wintergarten, den Buchanan angelegt hatte, war seit etwa zehn Jahren nicht viel für das Weiße Haus ausgegeben worden, nicht seit der Zeit, da für Mrs. Fillmore in der Küche ein Kohlenherd installiert worden war und sie vom Kongreß fünftausend Dollar bewilligt erhalten hatte, um die erste ständige Bibliothek im Wohnzimmer des oberen Stockwerks einzurichten. Alles war saubergemacht worden, doch auch die größten Anstrengungen des besten Dienstpersonals waren nicht imstande gewesen, zu verhindern, daß das Weiße Haus aussah, als gehörte es armen Leuten, die einmal wohlhabend gewesen, dann aber heruntergekommen waren.

Sie fand Abraham in seinem Arbeitszimmer, wie er an seinem Stehpult Akten ordnete, und begann sofort mit ihren Plänen. Er musterte sie über die Ränder seiner Brille wie ein Schulmeister einen aufgeregten Schüler.

»Na, na, Mary, hast du die Schatzkammer geplündert? Bist du auch sicher, daß diese Zeiten ... die passenden sind, um das Haus neu herzurichten? Mit sieben Staaten, die keinen Cent mehr beitragen ...?«

»Das ist ein richtiger Einwand, Herr Präsident, doch das Gegenteil ist ebenso richtig. Das Weiße Haus in seinem jetzigen kläglichen Zustand zu lassen heißt, unsere Unsicherheit einzugestehen. Bleiben wir so schäbig, so ermutigt das den Süden dazu, uns schäbig zu behandeln. Und wie steht's mit den Diplomaten, die uns hier wohnen sehen wie arme Verwandte? Werden ihre Berichte über unsere jämmerlichen Verhältnisse und noch jämmerlicheren Aussichten uns nicht im Ausland schaden, wenn die abgesprungenen Staaten anerkannt sein wollen?«

Abraham kaute an dieser Antwort und mußte sie schmackhaft finden. »Im Grunde hast du natürlich recht. Wir sind kein Land von armen Schluckern, und keiner im Norden will, daß wir in vornehmer Armut leben ... noch weniger wollen die Leute, daß wir dem Süden gegenüber

Schwäche zeigen. Und so sind unsere Probleme ähnlicher Art; jeder von uns beiden muß seine Kraft gebrauchen, seine Hilfsmittel, um wiederaufzubauen, was vernachlässigt worden war, was man auseinanderfallen ließ. Ich will zusehen, daß der Kongreß dir das Geld für deine Pläne bewilligt.«
Gemeinsam hatten sie den Schatten James Buchanans vertrieben.

Vor sieben erwachte sie und sah jenseits eines alten Kanals den Potomac in der hellen Sonne glitzern, auf dem kleine Boote segelten, sie sah die grünen Hügel von Arlington Heights in Virginien. Es war ein Blick, nicht minder bezaubernd als irgendeine Aussicht im Blaugrasstaat, und der einzige dunkle Fleck war das Irrenhaus auf einer nicht allzuweit entfernten Höhe.
In einem Ankleidezimmer neben ihrem Schlafzimmer schliefen William und Tad, während Robert und Dr. Wallace im Oberstock untergebracht worden waren. Auf der anderen Seite des Vorraums hatten Elizabeth, ihre Töchter und Lizzy Grimsley das große Prinz-von-Wales-Gastzimmer mit Beschlag belegt, die anderen Verwandten drängten sich in drei weiteren Zimmern. Es war wie einst im Haus Todd in Lexington.
Sie hörte Abraham im Nebenzimmer in seinen Pantoffeln umherstapfen, sie klopfte und trat ein. Auch dies war ein großes Zimmer; es grenzte an die ovale Bibliothek, die Mary als Wohnzimmer der Familie zu verwenden gedachte. Darin stand ein massiges, neun Fuß langes Mahagonibett, das ihre Freunde in Springfield bestellt und hergeschickt hatten, damit Präsident Lincoln seine erste Nacht im Weißen Haus darin verbringen konnte; auch der schwarze Betthimmel war neun Fuß groß – groß genug, um ein Regiment zu zerschmettern, wenn er je herunterfiel.
»Guten Morgen, Herr Präsident Lincoln.«
»Guten Morgen, Frau Präsident Lincoln.«
»Haben Sie auf Ihrer königlichen Bettstatt auch gut geschlafen?«
»Ich konnte kaum die Augen schließen, so froh war ich, daß ich mich darin räkeln konnte. Und Sie sind wohl schon auf der Haussuche?«
Sie lächelte.
»Mein Gatte hat ein Haus für mich gefunden; besten Dank. Darf ich mich jetzt um das Frühstück kümmern? Der Betrieb dieser Gastwirtschaft ist mir immer noch ein Mysterium.«
»Nur eine Stunde, um den Akt des Kriegsministeriums über Fort Pickens in Florida durchzusehen. Auch das wird Verstärkungen brauchen.«
Sie saß vor dem Schreibtisch in ihrem Schlafzimmer und versuchte, sich darin zurechtzufinden, wie man in dieser Verbindung von Amtsräumen, Empfangsräumen und Familienwohnung das Geschäft der Hausherrin ausüben sollte. Offenbar war ihr oberster Vorgesetzter der Kommissär

für die Öffentlichen Gebäude, der alle Türhüter, Kuriere, Nachtwächter, Heizer, Gärtner anstellte und besoldete, nicht aber das Küchenpersonal, die Diener oder Kutscher, deren Lohn die Hausherrin anging. Der Kommissär bezahlte eine Haushälterin Jane Watt, die Frau des Obergärtners, die den Stab der Dienstleute zu beaufsichtigen hatte, dagegen mußte Mary, soweit sie erkennen konnte, die Putzfrauen und Küchenmädchen bezahlen. Die Regierung trug die Kosten für Heizmaterial, Blumen, Seife, Bett- und Tischwäsche, Mary aber mußte Speisen und Getränke von Abrahams Gehalt bezahlen. Die Regierung sorgte für einen Stall, doch Pferde und Wagen hatten Lincolns zu kaufen. Nicolay und John Hay, der junge Mann, den Abraham aus Springfield mitgebracht hatte, noch recht knabenhaft, schnell zum Lachen aufgelegt, noch schneller zu unreifen Urteilen, wurden von der Regierung bezahlt, Mary aber mußte für ihre Unterkunft sorgen und sie am Familientisch verköstigen ... wie sie auch die Pferde im Familienstall füttern mußte. Die Regierung bewilligte ihr einen bescheidenen Betrag zur Führung des Haushalts, doch das Geld kam nie in ihre Hände, sondern die Sekretäre des Präsidenten bezahlten die Rechnungen, nicht ohne sie geprüft und für richtig befunden zu haben. Bräuche und Regeln hatten sich in einem Zeitraum von sechzig Jahren angesammelt und rührten daher, daß der Wohnsitz des Präsidenten und seine Amtsräume sich innerhalb derselben Mauern befanden. Es gab keine Möglichkeit zu einem Privatleben. Das Leben des Präsidenten und seiner Familie war öffentliches Eigentum, und sie mußten jederzeit dem Blick des Publikums standhalten.

Gut denn, da sie eine öffentliche Persönlichkeit war, wollte sie der Welt zeigen, wie sie sich als Herrin im Weißen Haus bewähren würde. Sie sah in der Wohnung der Familie nicht nur eine Anzahl von Räumen, in denen sie, Abraham und die Knaben leben sollten, nein, sie hatte ihre eigene Auffassung von ihrer Stellung als Burgfrau dieses ganzen Teils des Weißen Hauses.

Jetzt, da sich ihr höchstes Streben erfüllt, da sie ihr stolzestes Ziel erreicht hatte, war sie entschlossen, Temperament und Zunge im Zaum zu halten, allzu starke Neigungen und Abneigungen zu beherrschen, zu aller Welt freundlich und liebenswürdig zu sein, die abwechselnd auftretenden Anfälle von Sparsamkeit und Verschwendungssucht zu unterdrücken. Nein, sie wollte eine würdige Herrin im Weißen Haus sein.

Die größte Überraschung für sie war, in welchem Ausmaß das Weiße Haus jedermann offenstand; jeder einzelne, jeder Ausschuß, der den Präsidenten sprechen wollte, trat einfach durchs Haupttor ein, durchquerte die Eingangshalle, stieg die große Treppe hinauf und nahm seinen Platz oben in der Reihe der Wartenden ein oder in Nicolays Arbeitszimmer. Wichtige Persönlichkeiten brauchten nicht im allgemeinen Warteraum zu warten, sondern saßen in der Halle im oberen Stockwerk, bis der Beamte sie meldete: Senatoren, Abgeordnete, Geistliche, Bankiers, Journalisten ... alle warteten auf eine Privataudienz. Der Andrang der Postenjäger war noch immer so groß, daß Mary oder die Familie weder die Haupttreppe noch die Vordertür benützen konnten; das ganze breite Treppenhaus war voll, die Eingangshalle war voll, und die Flut ergoß sich sogar in den Korridor und in den Roten, Blauen und Grünen Salon. Wollte sie in eines der Zimmer gehen, wo ihre Schwestern wohnten, mußte sie sich von Zimmer zu Zimmer schleichen und drei Seiten eines Rechtecks zurücklegen. Der Lärm der Einlaß heischenden Männer und Frauen war durch die Wände hindurch vernehmbar, und bis zu der Stunde, da sie die Schlüssel im Schloß umdrehte, wurden sogar die Türen zu den Zimmern der Familie geöffnet und fremde Gesichter spähten hinein. Und dieser Sturm endete auch nicht mit dem Arbeitstag; nach dem Abendessen im Familienkreis zog Abraham einen langen Schlafrock und die Pantoffeln mit den gestickten Initialen an, ließ die Gaslampen in seinem Arbeitszimmer anzünden, den Kamin heizen und empfing bis Mitternacht Besucher.

Eines Nachmittags, spät, kam er in Marys Schlafzimmer, um sich zu erholen, warf sich auf einen Diwan, das Gesicht grau vor Müdigkeit.

»Ach, Mary, wie eine Heuschreckenplage fallen sie über mich her!«

Sie lächelte und setzte sich auf den Rand des Diwans.

»Sag, Abraham, wie gefällt's dir, Präsident zu sein?«

Er lachte und fragte: »Kennst du die Geschichte von dem Burschen, der geteert und gefedert und mit der Eisenbahn aus dem Ort befördert wurde? Als ihn einer aus der Menge fragte, wie ihm das gefalle, erwiderte er, wenn's nicht der Ehre wegen wäre, würde er viel lieber zu Fuß gehen.«

Dann aber wurde er ernster.

»Offen gestanden, es ist, als ob man mitten im schlimmsten Sturm das Kommando über das Schiff übernehmen würde. Wenn ich Fort Sumter und Fort Pickens nicht entsetzen kann, fallen sie in die Hände der Konföderierten. Und doch darf ich nichts tun, was zum ersten Kugelwechsel führt. Vor diesen Stellungsuchenden komme ich mir wie ein Mann vor, der Wohnungen zuweist, während das Haus in Flammen steht.«

Während der nächsten Tage hatte auch sie ihr Fort Sumter, ihr Fort Pikkens. Bei dem ersten Empfang am Freitag, bei dem ersten offiziellen Diner, drei Wochen später, durfte sie es auch, wie Abraham gesagt hatte, nicht zum ersten Kugelwechsel kommen lassen, durch den der Krieg entfesselt würde. Gleichzeitig mußte sie die Cliquen des Südens in Schranken halten, denn diese Kreise hatten es darauf abgesehen, Lincolns in allen Hauptstädten der Welt lächerlich zu machen. Gelang ihnen das, so würden der Rote, der Grüne Salon, der Ostsaal verlassen sein und die Verwaltung auch. Durch ihre Herkunft, ihre Beherrschung gesellschaftlicher Formen, ihre Fähigkeit, Empfänge zu veranstalten, würde sie die Verleumder Lügen strafen und die Achtung der Nation und der fremden Botschaften erringen. Das war der größte Dienst, den sie in diesen Tagen der Krise ihrem Mann leisten konnte.

Da sie wußte, daß die Damen aus dem Süden sich in Washington durch ihre prächtigen Toiletten hervortaten und daß der Geschmack des Hauses Todd strengster Prüfung standzuhalten hätte, ließ sie vier Schneiderinnen kommen, um die Frauen im Weißen Haus gleichfalls entsprechend zu kleiden. Mary wählte eine schöne Negerin, Elizabeth Keckley, aus, die ihr ein hellrosa Moirékleid anfertigen sollte. Vier Tage hatte sie nur vor sich, und Freitag abend stand Mary in Strümpfen und Korsett und zahlreichen Unterröcken und Reifen da, ihres Vaters Perlen um den Hals, Rosen im Haar, doch ohne Kleid, das sie bei ihrem ersten Empfang tragen sollte: Schon packte sie die Angst...

Mrs. Keckley erschien eine volle Stunde zu spät, ohne sich zu entschuldigen, doch als Mary sich im Spiegel betrachtete, da wußte sie, daß jede Entschuldigung überflüssig gewesen wäre. Das rosa Moirékleid war herrlich.

Abraham kam wenige Minuten vor acht, in einem neuen Anzug, dazu frischgewichste Stiefel und neue weiße Handschuhe. Mary hatte in New York sechs Dutzend Paar weiße Handschuhe gekauft, gewiß, eine wahre Verschwendung, doch sie wußte, daß das Händeschütteln bei Empfängern jedesmal etliche Handschuhe abnützte. Als Abraham Marys Kleid erblickte, spitzte er die Lippen zu einem unhörbaren Pfeifen.

»Reizend siehst du aus!«

»Ich möchte auch die Königin des Festes sein.«

Sie gingen über die Haupttreppe in den Vorsaal hinunter, wo eine Marinekapelle spielte. Binnen weniger Minuten war der Raum voll von Kabinettsmitgliedern mit ihren Frauen, Kongreßmitgliedern, Offizieren von Armee und Marine in ihren farbigen Uniformen, fremden Diplomaten. Abraham reichte den Männern die rechte, den Frauen die linke Hand; dann wurden die Gäste von Dr. Blake, dem Kommissar für die Öffentlichen Gebäude, Mary vorgestellt. Mary empfing, als stünde sie im Empfangsraum des Hauses Todd in Lexington, und keiner konnte sich ihrer strahlenden Stimmung entziehen. Bei denen, die sie erkannte oder deren Namen ihr etwas bedeuteten, blieb sie ein wenig länger stehen. Und die Gäste ließen sich von der Aufrichtigkeit ihres Grußes, ihres Händedrucks überzeugen.

Sie spürte, daß sie kühl beobachtet, daß ihr Kleid bewundert wurde. Sie warf einen Blick auf Abraham, der mit Kopf und Schultern aus dem Gedränge hervorragte, wie Saul über Israel; er gab sich ungezwungen, ein freundliches Lächeln auf den Zügen, erinnerte sich an allerlei Vorkommnisse, erzählte da und dort eine Anekdote. Kein Zweifel – er fühlte sich sehr wohl!

Der Empfang war für die Zeit von acht bis zehn angekündigt worden, doch um zehn hatte das Gedränge noch nicht nachgelassen, die Türen waren unpassierbar, und mancher kletterte durchs Fenster. Kurz nach halb elf flüsterte Abraham ihr zu: »Meine Hand ist vollkommen gelähmt«, und da machte sie einen letzten Rundgang, und die Marinekapelle spielte ›Yankee Doodle Dandy‹ zum Zeichen, daß der Empfang nun beendet war.

Am Fuß der Haupttreppe verabschiedete sich Dr. Blake:

»Herr Präsident, Mrs. Lincoln, ich bin einer der ältesten Gäste im Weißen Haus, und ich erinnere mich nicht, je bei einem Empfang so viele Menschen beisammen gesehen zu haben.« Ein Beamter, der unter den Präsidenten Pierce und Buchanan gedient hatte, setzte hinzu: »Noch hat es je einen glänzenderen Empfang gegeben.«

Mary dankte den Herren für ihre Freundlichkeit. Und auf dem Weg über die Treppe dachte sie:

Damit wäre Fort Pickens gerettet; wenn ich jetzt ebensogut für Fort Sumter sorgen kann...

Am nächsten Morgen sagte sie ihren Verwandten Lebewohl bis auf Cousine Lizzie, die noch einige Zeit als Gesellschafterin bei Mary bleiben sollte; und dann bereitete sie sich auf den zweiten Waffengang vor, das Staatsdiner, bei dem sie pflichtgemäß den Vizepräsidenten, die Kabinettsmitglieder, den Oberbefehlshaber der Armee und den Oberbefehlshaber der Marine harmonisch um sich vereinigen sollte. Das war keine leichte Aufgabe, denn Abraham hatte, in seinem Bestreben, einen Ausgleich zwischen Radikalen und Konservativen, früheren Whigs und früheren Demokraten, New England und den Randstaaten zu schaffen, eine Gruppe von Männern in sein Kabinett berufen, die einander nicht nur mißtrauten und nicht ausstehen konnten, sondern auch überzeugt waren, sie selber hätten eigentlich den Vorsitz an dieser Tafel zu führen. Abraham fügte sich Marys Begehren, amerikanische Weine zu servieren. Sie sollte sie dringend brauchen.

Sie empfingen im Blauen Salon, und Mary hieß die Mitglieder ihrer offiziellen Familie willkommen; William Seward, der sie mit kühlen Blicken musterte, Montgomery Blair, aus Maryland, den Generalpostmeister, der Dred Scotts Anwalt gewesen war, Gideon Welles aus Connecticut, Marineminister, Caleb Smith aus Indiana, Innenminister, den seine Frau begleitete, eine würdige, weißhaarige Dame, mit der Mary sich sofort verstand. Smith war ein zurückhaltender Konservativer, den David Davis Abraham beim Convent aufgezwungen hatte. Simon Cameron, Kriegs-

minister, hochgewachsen, mit grauem Haar und grauen Augen, ein skrupelloser Politiker, gleichfalls durch die Versprechungen bei dem Convent Abraham aufgenötigt; Salmon Chase, Finanzminister, früher Senator und Gouverneur aus Ohio, dreiundfünfzig Jahre alt, mit durchdringenden blauen Augen; ihn begleitete seine reizende Tochter Kate, die, dem Klatsch von Washington zufolge, nur den Ehrgeiz hatte, ihren Vater zum Präsidenten zu machen und selber als Herrin im Weißen Haus zu herrschen. Schließlich noch Generalstaatsanwalt Edward Bates aus Missouri, langbärtig, vorsichtig, kampfbereit, wenn er gereizt wurde; er hatte gegen die Berufung eines unbekannten Anwalts auf einen hohen Richterposten protestiert. Abraham strich sich durch das Haar.
»Nun, nun, Bates, es ist nicht halb so schlimm, wie Sie glauben. Einmal, als ich zwölf Meilen weit zu einer Gerichtsverhandlung zu gehen hatte, überholte der Richter mich mit seinem Wagen. ›Hallo, Lincoln, steigen Sie ein, es ist Platz für Sie.‹ Der Wagen rumpelte in jedes Loch, über jeden Stein auf der Straße. Ich sagte: ›Richter, Ihr Kutscher dürfte heute früh einen Tropfen zu viel getrunken haben.‹ Der Richter steckte den Kopf zum Fenster hinaus und schrie: ›Was, du verdammter Lump, du bist ja besoffen!‹ Und der Kutscher drehte sich gemächlich um und erwiderte: ›Bei Gott, das ist das erste richtige Urteil, das Sie in den letzten zwölf Monaten gefällt haben!‹«
Alle lachten, das Eis war gebrochen. Auf dem Weg in den Speisesaal fand Mary eine Gelegenheit, ihm zuzuflüstern:
»Deine Anekdoten können sich im Gesellschaftsleben als großer Vorteil erweisen. Erinnere mich daran, daß ich dich häufig zu meinen Abenden einlade!«
Mit den Gewitterwolken, die über dem Land dräuten, war im Grunde keiner in Stimmung, fröhlich zu sein, und doch war bald eine lebhafte Unterhaltung im Gang. Das Menü, das sie mit Mrs. Watt zusammengestellt hatte, war ausgezeichnet, das lodernde Feuer in den beiden Kaminen wärmte den Saal. Vier Stunden lang verweilten die Gäste bei Tisch, und Mary spürte, daß sich endlich eine gewisse Gemütlichkeit einzustellen begann. Als man schließlich aufstand, sagte Abraham halblaut zu ihr:
»Ich habe eine Kabinettsitzung in mein Arbeitszimmer einberufen. Erwarte mich!«
Sie ging in ihr Schlafzimmer und vertauschte das Abendkleid aus rosa Seide mit einem bequemen Schlafrock. Es wurde ihr bewußt, daß längst Frühling war und sie trotzdem keinen Anfall jener Kopfschmerzen erlitten hatte, die um diese Jahreszeit in Springfield so unerträglich gewesen waren. Kam das daher, daß ihr Ziel erreicht worden war? Es war schon so, die Lästermäuler, die sich mit der Frau des Präsidenten beschäftigten, begannen abzurüsten.

Wenn das doch auch bei Abraham der Fall wäre! Seine Gegner klagten ihn an, er schwanke, weil er noch nichts gegen die rebellischen Südstaaten unternommen, noch Fort Sumter entsetzt hatte: weil er sich von den zahllosen Stellungsuchenden überfluten ließ, während das Schicksal der Regierung an einem Faden hing.
Und irgendwie vermochte Washington sich nicht an seine Erscheinung zu gewöhnen. Der schlenkernde, fahrige Gang, die gebeugten Schultern, die pendelnden Arme, die außerordentlich großen Hände und noch größeren Füße, der schlechtsitzende schwarze Anzug, in dem er, nach der Ansicht übelwollender Journalisten, wie ein Leichenbestatter aussah, der umgeschlagene Kragen, der den sehnigen, gelben Hals enthüllte, die schwarze Seidenkrawatte, deren Enden über die Rockaufschläge flatterten, das seltsam häßliche Gesicht und der Schopf, der als ›wildes Republikanerhaar‹ bezeichnet worden war. Sie tat, was sie konnte, um seinem Äußeren nachzuhelfen, seine Anzüge waren stets gebügelt, in seiner Kommode häufte sich der Vorrat an weißen Hemden derart, daß Abraham dreimal am Tag die Wäsche wechseln konnte, wenn es nötig wäre. Doch sie mußte ihre Bemühungen verdoppeln, sie mußte sich unbedingt an die besten Schneider von ganz Washington wenden.
Mitternacht war es, als er in ihr Zimmer trat. Mitleid wallte in ihr auf.
»Einer der Nachteile des Weißen Hauses«, bemerkte sie. »Die Küche ist zu weit, als daß ich dir eine Tasse Tee holen könnte.«
Er sank in einen Lehnstuhl.
»Nur einen oder zwei Tage haben wir vor uns, um wegen Fort Sumter einen Entschluß zu fassen. General Scott sagt, man könne es nicht entsetzen, und wir müßten es räumen. Kapitän Fox von der Marine, den ich vor vierzehn Tagen nach Charleston schickte, meldete, wir könnten die Besatzung von Sumter dadurch verstärken, daß wir die Truppen mit Schiffen befördern. Das Kabinett ist gespalten; drei Stimmen dafür, um jeden Preis zu räumen, drei Stimmen dafür, um jeden Preis auszuharren. Cameron hat sich der Stimme enthalten. Der Staatsconvent von Virginia hat seit Februar getagt; man weigert sich, die Tagung zu schließen, solange eine Möglichkeit besteht, daß wir mit Gewalt gegen South Carolina vorgehen. South Carolina weiß ganz genau, daß es der einzige Weg ist, Virginia für die Konföderation zu gewinnen, wenn wir den Krieg beginnen oder auch nur einen Schuß abfeuern. Ich will Virginia einen Vorschlag machen; ich werde Sumter räumen, wenn der Convent sich vertagt, ohne aus der Union auszutreten. Ein Staat gegen ein Fort ist kein schlechtes Geschäft.«
Sie schaute aus dem Fenster auf die dunklen, schlummernden Hügel von Virginia. Wenn Virginia absprang, dann lag Washington, lag das Weiße Haus in Reichweite der Artillerie der Rebellen.

»Ich habe den Auftrag gegeben, zwei Expeditionen der Flotte in New York vorzubereiten. Die eine wäre für Fort Pickens bestimmt. Können wir ohne Schwierigkeiten Verstärkungen landen, dann darf ich Sumter räumen lassen, ohne daß die Regierung ihr Gesicht verliert...«
Vierzehn Tage später zog sie sich zum Frühstück an, als ein Kurier sie in das Arbeitszimmer des Präsidenten holte. Abraham stand vor dem Kamin, schaute zu Jackson auf und hielt ein Telegramm in den Händen. Er reichte es ihr, und sie las:

Fort Sumter diesen Morgen 12. April vier Uhr dreißig von Küstenbatterien der Rebellen beschossen – nachdem General Beauregard zur Übergabe aufforderte und Major Anderson ablehnte, wird Beschießung fortgesetzt.

Sie sah zu ihm auf, ihr Herz pochte ungestüm.
»Abraham, was soll das bedeuten?«
Er trat an eines der großen Südfenster und blickte durch einen Regensturm auf das unvollendete Denkmal Präsident Washingtons, das sich gegen die Hügel von Virginia abzeichnete. Als er sprach, klang seine Stimme heiser:
»Ich werde Truppen aufbieten müssen...«
»O Abraham... ein Bürgerkrieg... unsere eigenen Leute, die einander töten sollen...«
Sie empfand weder Zorn noch Bitterkeit, nur Kummer. In Abrahams dunklen Augen sah sie keinen Haß, kein Verlangen nach Rache, nur tiefen Gram.
»Ich muß diesen Streit durchkämpfen, bis wir siegen, oder bis ich sterbe, oder bis ich unterliege, bis meine Amtszeit vorüber ist oder Kongreß und Land mich im Stich lassen.«
Sie trat an seine Seite, Tränen in den Augen. Trotz Abrahams Bemühungen, eine Versöhnung herbeizuführen, waren die ersten Schüsse gefallen. Wieviel Blut würde vergossen, wie viele Leben würden verloren, wieviel vom Land zerstört werden, bevor Abraham Präsident aller Staaten der Union sein konnte?
Sie legte den Kopf an seine Brust, und Schmerz überflutete sie, um ihn und um all die Millionen von Familien, im Norden und im Süden, denn da wie dort war es ihr und Abrahams Land, war es ihr und Abrahams Volk. Haß und Vernichtung würden herrschen; doch die Liebe durfte nicht untergehen! Wer würde das Herz und die Demut und das Gefühl für die Liebe haben, während er sein Schiff durch einen Wirbel führte? Sie sah in das gefurchte Gesicht ihres Mannes, sah die eingefallenen Wangen, die tiefeingesunkenen Augen, in denen Tränen standen, sah die

zitternden Lippen, wußte, daß in seiner Brust aller Schmerz, alle Trauer über eine auseinandergerissene Nation wühlten.
War Abraham der rechte Mann dafür? Er mußte es wohl sein.

Die Reaktion auf die Beschießung von Fort Sumter und auf das Aufgebot von fünfundsiebzigtausend Mann ließ nicht auf sich warten. Die Randstaaten weigerten sich kategorisch. Kentucky erklärte: ›Wir stellen keine Truppen für das verfluchte Vorhaben, unsere Bruderstaaten im Süden zu unterjochen.‹ Der Gouverneur von Missouri telegraphierte: ›Ihr Aufgebot ist gesetzwidrig, verfassungswidrig, in seiner Absicht revolutionär, unmenschlich, teuflisch und kann nicht durchgeführt werden‹, während Tennessee erklärte: ›In einem so unheiligen Kreuzzug wird kein tapferer Sohn von Tennessee je den Degen ziehen.‹ Doch aus Illinois kam ein Telegramm: ›Der Gouverneur hat bereits das Angebot von vierzig Kompanien erhalten‹, aus Indiana: ›Wir haben sechstausend Mann hier im Lager und werden bis morgen abend achttausend haben‹, von dem Gouverneur aus Ohio: ›Ich habe bereits im Lager mehr als dreizehn Regimenter; ohne den Eifer der Bevölkerung ernstlich zu hemmen, kann ich mich kaum auf weniger als zwanzig Regimenter beschränken.‹ Vermont telegraphierte an das Weiße Haus: ›Unsere Bürger werden mit großer Begeisterung jedem Ruf folgen, um die Regierung gegen die Pläne der Verschwörer zu schützen‹, und der Gouverneur von Iowa telegraphierte: ›Vor zehn Tagen hatten wir hier im Staat zwei Parteien, heute haben wir nur eine ... bedingungslos für die Union.‹
Die patriotische Glut des Nordens war allerdings die einzige gute Nachricht. Mittwoch, zwei Tage nach Abrahams Aufgebot, fiel Virginia ab, und wie er Mary auseinandersetzte, würden Virginias Abfall zweifellos auch North Carolina, Tennessee und Arkansas folgen. Der Süden würde den Reichtum, die Fähigkeit und die bewaffnete Macht zum Kampf besitzen. Alle Hoffung auf eine friedliche Wiederherstellung der Union war gewichen. Washington war durch einen nicht allzu breiten Fluß von dem militärisch stärksten Staat der Aufrührer getrennt.
Abraham rief General Winfield Scott ins Weiße Haus. Leider war der vierundsiebzigjährige, starkknochige, energische, furchtlose Soldat, dieser Vater der Berufsarmee des Landes, nicht mehr imstande, den Oberbefehl mit solcher Energie zu führen wie im Krieg 1812, im Indianerkrieg und im mexikanischen Krieg. Mary beobachtete ihn bekümmert, wie er sich, seiner Gicht wegen, nur mühsam in einen Lehnstuhl niederlassen konnte.
»General, ich muß Ihnen die Frage ganz ohne Umschweife stellen«, sagte Abraham. »Läßt Washington sich verteidigen?«
General Scott schloß die müden Lider über den vergilbten Augen.

»Washington läßt sich nicht verteidigen. Alle regulären Truppen sind von Präsident Buchanan nach dem Westen geschickt worden; meine gesamten zur Abwehr bereiten Kräfte belaufen sich auf zweitausendeinhundert Mann. General Beauregard hat Tausende.«
Abrahm zog den Vorhang zurück.
»Ich glaube, wenn ich General Beauregard wäre, würde ich Washington besetzen. Welch ein Schlag für den Norden, die Hauptstadt zu verlieren!«
»Nein, Sir, die Hauptstadt kann nicht besetzt werden. Wir sind imstande, das Weiße Haus, das State Department, das Finanz-, Kriegs-, Marineministerium zu verstärken und eine lange Belagerung erfolgreich auszuhalten.« Er wandte sich zu Mary. »Aber ich würde vorschlagen, daß die Frau Präsidentin und ihre Kinder sogleich nach dem Norden fahren.«
Mary erhob sich zu ihrer vollen Höhe.
»Soll ich George Washingtons Porträt aus dem Rahmen nehmen?«
Sie hörte Abraham lachen.
Nur wenige Minuten waren sie oben in der Bibliothek, als William durch sein Fernrohr spähte und erregt ausrief:
»Tad, Tad, komm schnell! Drüben auf den Hügeln von Virginia steht eine Mörserbatterie.«
»Können sie uns Kanonenkugeln in dieses Zimmer schießen?« fragte Tad in seiner nur den Eltern verständlichen Sprache.
»Da wäre ich weiter gar nicht überrascht«, meinte Abraham trocken, »hol dir nur einen Korb, Tad, und heb sie gleich auf!« Doch zu Mary sagte er:
»Die meisten Offiziere aus West Point sind aus den abgefallenen Staaten. Während der letzten vier Jahre hat Buchanan zugelassen, daß der Süden Truppen, Geschütze, Gewehre und Munition an sich gerissen hat...«

Jeder Tag brachte seine eigene Katastrophe mit sich. Mittwoch schloß Virginia sich den Sezessionsstaaten an, Donnerstag wurde in Harper's Ferry das Arsenal von der Bundesgarnison, die es nicht halten konnte, in die Luft gesprengt, wurde eine wichtige Brücke, die nach Washington führte, verbrannt. Freitag wurde die staatliche Werft in Norfolk samt den Schiffen zerstört, bevor der Süden sich ihrer bemächtigen konnte, Samstag schnitt die Vernichtung der letzten Bahnverbindung durch die Rebellen Washington nach Norden ab, und zwar nicht nur von der Zufuhr von Proviant und Post, sondern auch vom Truppennachschub, Sonntag beraubte die Unterbrechung der Telegraphenlinien Washington der letzten Verbindung mit dem Norden, Montag meldete General Scott, etwa zweitausend Mann sezessionistischer Truppen lagerten unterhalb Mount Vernon, brächten Geschütze in Stellung und weitere Tausende seien von Harper's Ferry flußabwärts unterwegs, während ein sezessionistischer

Pöbel von Baltimore heranziehe, und konföderierte Kanonenboote führen den ungeschützten Potomac herauf...

Um vier Uhr wollte sie Abraham dazu bewegen, eine Stunde mit ihr auszufahren.

»Sonst hast du den ganzen Tag keine frische Luft gehabt!«

Doch vermochte sie ihn nicht der Schar von Generälen zu entreißen, und so fuhr sie allein. Die Pennsylvania Avenue, sonst zu dieser Promenadenstunde überfüllt, war leer, alle Läden geschlossen, die Fenster verriegelt, selbst das Hotel Willard, noch vor wenigen Tagen von Hunderten von Gästen bewohnt, stand verlassen da, als hätte eine Seuche es entvölkert. Die sezessionistischen Familien schlossen ihre Häuser und machten sich auf den Weg nach dem Süden, während die Leute aus dem Norden in Vehikeln jeglicher Art, zu Pferd, zu Fuß aus der Stadt flohen. Selbst die öffentlichen Gebäude wirkten verödet, denn ganze Scharen von Regierungsbeamten, vom letzten Hilfsarbeiter bis zum Generaladjudanten der Armee und dem Commodore der Flotte waren zurückgetreten und zu den Rebellen übergegangen. Vor den wichtigsten Gebäuden standen Wachen, das Schatzamt war mit Sandsäcken verbarrikadiert.

Eine halbe Stunde nach Marys Rückkehr erschien Abraham im Wohnzimmer. Er blickte finster drein.

»Ich bin den Fluß entlang bis zum Arsenal gegangen; die Tore standen weit offen und nirgends eine Wache! Mein Gott, Mary, die Truppen des Südens hätten einfach über den Fluß rudern und das Haus ausplündern können, ohne daß wir es auch nur gemerkt hätten!«

»Abraham, was hat man getan, um dich zu beschützen? Oder kann man zu dir ebenso leicht kommen wie ins Arsenal?«

»Nein, das doch nicht. General Stone hat in den Gebüschen Doppelposten aufgestellt, und im Kellergeschoß ist eine Abteilung untergebracht. Wenn ich umkomme, ist mein Nachfolger ebenso schlimm für sie; doch in einem Land, wo die Gewohnheiten so simpel sind und bleiben sollen, ist ein Mord immer möglich.«

»Verzeih, aber ich kann mich mit diesem orientalischen Fatalismus nicht abfinden«, erwiderte sie bitter. »Ich habe keinen Vize-Gatten, der automatisch deinen Platz einnehmen könnte.«

Nicolay meldete, daß einige der verwundeten Soldaten und Offiziere, die beim Marsch durch Baltimore angegriffen worden waren, den Präsidenten sehen wollten. Mary begleitete Abraham in den ovalen Salon. Als der kommandierende Offizier fragte, wo eigentlich die Hauptmacht der nördlichen Truppen stehe, erwiderte Abraham spöttisch:

»Ich glaube nicht, daß es noch einen Norden gibt. Das Siebente New Yorker Regiment ist eine Sage, Rhode Island ist in unserer Geographie nicht länger bekannt. Ihr seid die einzige Wirklichkeit des Nordens!«

Als Mary am nächsten Morgen vor sechs erwachte, war Abraham schon fort. Und als er zurückkehrte, hatte er keinen großen Hunger. Er hatte die Abwehrstellungen der Stadt inspiziert, hatte Fort Washington am Ufer des Potomac im Zustand letzter Vernachlässigung gefunden, die Lafetten unbrauchbar, die Kugelpyramiden verrostet. Die Schiffswerft war wohl in besserem Zustand, hatte aber so viel von ihrem Mannschaftsstand verloren, daß sie keinem Angriff standhalten konnte. Der Proviantvorrat der Stadt war so gering, daß das Militär sechs Speicher mit Mehl und Getreide in Georgetown beschlagnahmt hatte. Ohne Truppennachschub aus dem Norden war die Hauptstadt verloren; denn fünfzehntausend Rebellentruppen sollten bei dem nahen Alexandria stehen, achttausend in Harper's Ferry, zweitausend in Mount Vernon.
John Hay kam, wie gewohnt, mit den neuesten Gerüchten. Die noch in der Stadt verbliebenen Leute aus dem Süden sagten voraus, daß binnen kurzem Jefferson Davis an Abraham Lincolns Schreibtisch sitzen und Befehle erteilen werde; und Mrs. Varia Davis werde in Marys Bett schlafen.
Doch damit war die Neige endlich erreicht. Um zwölf Uhr mittags am nächsten Tag, während sie mit den Jungen im Wohnzimmer saß, hörte sie die Musik maschierender Soldaten. Und Abraham kam mit strahlendem Gesicht aus seinem Arbeitszimmer herbeigeeilt, gefolgt von General Stone.
»Es ist das New Yorker Siebente! Tausend Mann stark! Drei Tage sind sie in Annapolis gesessen, dann haben sie sich auf den Weg gemacht, haben die Eisenbahnlinie wieder instandgesetzt. Komm zum Nordeingang, sie werden vor uns vorbeimarschieren!«
Mary stellte die beiden Jungen an die großen Fenster und ging mit Abraham hinunter. Das New Yorker Siebente Regiment zog in seinen schönen grauen Uniformen nach dem Takt der Musik seiner eigenen Kapelle vorbei; grüßte Lincoln mit einem scharfen »Augen rechts!« Wenige Stunden später rückte auch das Achte Regiment aus Massachusetts an und hinter ihm das Erste von Rhode Island ... und dann kam eine Flut von Zeitungen, Telegrammen, Briefen aus allen Teilen des Nordens.
Die Belagerung war zu Ende. Weder ihr Gatte noch ihre Kinder noch sie selber konnten gezwungen werden, zu fliehen oder sich im Schatzamt zu verbarrikadieren oder sich von den Rebellen gefangen nehmen zu lassen. Sie war sehr nahe daran gewesen, kürzere Zeit im Weißen Haus residiert zu haben als je eine andere Erste Dame in der Geschichte des Landes.

Vor dem Zwischenfall mit Fort Sumter war Abraham vorgeworfen worden, er habe keine Politik, keine Tatkraft; jetzt aber übte er die vollziehende Gewalt in ihrem ganzen Umfang aus; er ließ die Telegraphenämter besetzen, die Habeas-Corpus-Akte wurde aufgehoben, die südlichen Häfen blockiert, Truppen aufgeboten, das Schatzamt mußte Millionen von Dollar für Kriegsmaterial hergeben, und er weigerte sich, den Kongreß vor dem 4. Juli einzuberufen, denn auf diese Art gewann er Zeit, um den Krieg zu organisieren, bevor die Debatten im Kongreß einsetzten. Sie sah, wie er jeden Morgen, bevor die ersten Besucher zugelassen wurden, einen Berg von Akten unterzeichnete, wie er Karten und statistische Tabellen studierte, aus denen Produktionskraft und Mannschaftsbestände der sechzehn nördlichen Staaten im Vergleich mit den elf südlichen Staaten zu entnehmen waren, wie er versuchte, ein Kabinett zu einer Einheit zusammenzuschmelzen, das von persönlichem Haß, unversöhnlichen politischen Gegensätzen und Ambitionen zerrissen war, wie er stündlich mit Generälen konferierte, die aus einer Masse von Angestellten, Bauern, Arbeitern, Studenten, Anwälten, die zumeist noch keine Flinte abgeschossen hatten, disziplinierte Soldaten machen sollten; wie er den zu keinem Krieg gerüsteten Norden, ohne entsprechende Werften oder Fabriken zur Herstellung von Kriegsmaterial, organisierte; wie er schließlich eine gewisse Zusammenarbeit zwischen den Hunderten von Ausschüssen im ganzen Land zu schaffen wußte, die sich bemühten, alles für die zahllosen Bedürfnisse einer Armee zu kaufen oder zu produzieren. Und sie sah mit wahrem Entzücken, wie er, der darauf beharrte, nie den Wunsch noch die Begabung besessen habe, dergleichen zu tun, die größte Geschicklichkeit in der Behandlung einer Vielfalt von Einzelheiten bewies.

Sein Arbeitstag war endlos. An die Stelle der Postenjäger waren jetzt die Anwärter auf Offizierspatente getreten, und dazu kam eine Horde ungebetener Ratgeber. Während einer einzigen Stunde, die sie in seinem Arbeitszimmer, auf einem Stuhl in einem Winkel mit ihrer Strickerei, verbracht hatte, hörte sie, wie man ihm empfahl, den Süden aufzugeben, eine Mauer zwischen Norden und Süden zu errichten, Baltimore in Brand zu stecken, alle Verräter aus dem Süden zu verhaften und zu hängen, Charleston zu zerstören, sein Kabinett zum Rücktritt zu zwingen, eine Armee von dreihunderttausend Mann aufzubieten, alle Sklaven freizugeben und zu bewaffnen.

»Warum läßt du das über dich ergehen?« fragte sie, als sie ihn schließlich aus seinem Arbeitszimmer in die Bibliothek zog, wo eine kleine Mahlzeit von Biscuit, Obst und Milch für ihn bereitstand.

Er strich sich über die Augen.

»Ich kann dieses Bad in der öffentlichen Meinung nicht entbehren; es stellt die Verbindung zwischen mir und dem einfachen Mann her. Da war, zum Beispiel, heute früh einer, der wie ein Geistlicher ausgesehen hat. Ich war schon überzeugt, jetzt wäre ich ihm ausgeliefert. Doch als er mir die Hand schüttelte, sagte er: ›Herr Präsident, ich glaube, daß Sie alles für das Wohl des Landes tun, was zu tun in der Macht eines Menschen steht. Als einer Ihrer Wähler sage ich Ihnen jetzt: Tun Sie in Zukunft, was, zum Teufel, Sie für richtig halten, und ich werde Sie unterstützen!‹ Der Kerl hat mir solche Freude gemacht, daß ich ihn für morgen zum Mittagessen eingeladen habe.«

Auch sie war sehr beschäftigt. Sie verbrachte den Morgen in der sonnigen Bibliothek mit alten Freunden wie Edward Baker, mit neuen Freunden wie Chevalier Wikoff, einem eleganten, sprachgewandten Weltmann, dem die Königin von Spanien einen Orden verliehen hatte, der mit der französischen Königsfamilie eng befreundet gewesen war und ihr von dem Leben an den europäischen Höfen erzählen konnte. Nachmittags empfing sie im Roten Salon, da erschienen Fabrikanten und Finanzmänner mit ihren prächtig geputzten Gattinen, aber auch Farmer in hohen Stiefeln. Abends empfing sie im Blauen Salon, lud Schauspieler, Musiker, Sänger, Maler ein, die sich gerade in Washington aufhielten. Und am Samstag begrüßte sie ihre Gäste im Wintergarten, und jeder Besucher durfte einen kleinen Blumenstrauß mit nach Hause nehmen.

Dann beabsichtigte sie, mit Lizzie nach New York zu fahren, um dort Einkäufe für das Weiße Haus zu erledigen. Abraham bat sie, bei Brewster einen offenen Wagen zu kaufen. Sie hatte nur sechstausend Dollar zur Verfügung, denn erst wenn am 4. Juli der Kongreß zusammentrat, konnte Abraham ihr weitere Zuschüsse verschaffen. Abgesehen von dem unerläßlich Notwendigen, wie Leintücher, Handtücher, Matratzen für die Schlafzimmer, wollte sie den größten Teil ihres Geldes für die offiziellen Empfangsräume ausgeben, wo das Publikum sich selber von der Wirkung überzeugen konnte.

Sie fuhren mit dem Schiff den Potomac hinunter, dann an der Küste entlang bis Perth Amboy, wo sie den Zug nach New York bestiegen. Im Metropolitan Hotel schlugen sie ihr Quartier auf. Nachdem sie aus eigener Tasche einen prachtvollen Wagen bei Brewster gekauft hatte, besorgte sie Teppiche, Bodenbelag, das beste Leinen für die Gastzimmer. Für den Speisesaal kaufte sie ein Porzellanservice in Rot und Gold von hundertneunzig Tellern, das das Wappen des Präsidenten tragen sollte, ein Dessertservice, ein Tee- und ein Frühstücksservice; ferner ein Service aus geschliffenem böhmischem Glas mit dem Wappen der Vereinigten Staaten, zehn Dutzend Tischmesser mit elfenbeinernem Griff, dazu passend sechs Dutzend Dessertmesser. Dann kamen die Möbel an die Reihe – Fauteuils, Stühle, ein Sofa, mit französischem Satin bezogen, einen schönen Mitteltisch aus Rosenholz, Stoffe für Vorhänge und Wandbespannungen, französischen Brokat, ein Bett aus Rosenholz, Waschtische, Kommoden und rotseidene Bettvorhänge für die Gastzimmer.

Auch gelang es ihr, köstliche französische Kleiderstoffe ausfindig zu machen. Als Lizzie bedenklich die Brauen hob, rief Mary:
»Ich muß viel Geld ausgeben, Lizzie. Die Damen von Washington begutachten alles, was ich trage, mit sehr kritischer Neugier.«
»Ich wollte keine Kritik üben, Mary; ich glaube selber, daß du nur das Beste tragen sollst, nicht so sehr der Damen von Washington wegen, sondern weil dein Mann dich gern in großer Toilette sieht.«
Wohin sie auch ging, folgten ihr die Reporter, die jede Einzelheit wissen wollten und allen ihren Einkäufen nachspürten.
Als sie wieder in Washington war, fragte Abraham: »Könnte ich den Spitzenschal für dreitausend Dollar zu sehen bekommen, den du, nach den Zeitungsberichten, gekauft hast?«
»Einen Schal für dreitausend Dollar?« Die Entrüstung rötete ihre Stirn. »Ich habe nicht einmal einen Schal für drei Dollar gekauft! Ach, Abraham, warum sind die Zeitungen so grausam? Die Reporter haben mich buchstäblich gehetzt... ich soll wahre Vermögen in Geschäften ausgegeben haben, die ich überhaupt nicht betreten habe!«
Sie war sehr darauf erpicht, die Neuigkeiten aus Washington zu vernehmen, doch erst um Mitternacht kam er in ihr Schlafzimmer und streckte sich in voller Länge neben ihr aus; der Eisenbahnverkehr mit dem Norden war wiederaufgenommen worden, Regierungstruppen hatten Alexandria und Arlington Heights in Virginia kampflos besetzt, und so war vom Weißen Haus aus keine Fahne, keine Artillerie der Konföderierten mehr zu erblicken; doch in Washington standen die Truppen zu Tausenden ohne irgendwelche sanitären Einrichtungen, tranken, waren in ihrer erzwungenen Muße schwierig zu behandeln, erschwerten das Leben in der Stadt.
»John Hay sagt, Washington stinke wie zehntausend tote Katzen. Jeder hat Angst vor Epidemien, aber was mich mehr beunruhigt, ist der Zusammenbruch der Disziplin. Diese Männer sind gekommen, um zu kämpfen, nicht um den ganzen Tag gedrillt zu werden, und in ihrer Untätigkeit fangen sie Streit mit den Offizieren an, feuern zum Scherz ihre Gewehre ab, begehen Verbrechen...«
Ein Uhr war vorüber, als er sie verließ. Und bevor er in sein Schlafzimmer ging, gab Abraham ihr noch einen Kuß und sagte: »Es ist doch gut, dich wieder daheim zu haben!«
Sie war glücklich – er brauchte sie immer noch!

Als Virginia Truppen aushob, war Abraham überzeugt, daß das Schicksal der Sezession von den Randstaaten abhing: Kentucky, Missouri, Maryland, Delaware.
Diese Staaten, die einen Zaun zwischen den Sklavenstaaten des Südens

und dem freien Norden bildeten, hatten innerhalb ihrer Grenzen die Sklaverei wohl nicht ganz abgestellt, doch ihre Anhänglichkeit an die Union war geblieben.
»Kentucky zu verlieren, dürfte beinahe heißen, daß das ganze Spiel verloren ist«, sagte er zu Mary. »Ist Kentucky abgefallen, so können wir Missouri und, wie ich glaube, Maryland auch nicht halten. Das alles gegen uns – und unsere Aufgabe wird zu schwer! Da könnten wir ebensogut gleich der Sezession zustimmen. Ich habe einige wunderschöne Briefe von Josh Speed; er verlangt Waffen, die unter Männer von erprobter Treue verteilt werden sollen. Vor allem aber müssen wir die Führer an die Sache der Union binden.«
Binnen einer Stunde hatte Mary eine Einladung an John Breckinridge geschickt, den früheren Vizepräsidenten unter Buchanan, Gegenkandidat der Sklavenstaaten im Kampf um die Präsidentschaft, derzeit Senator von Kentucky. Im Hause Todd war er ein- und ausgegangen, sie zählte auf die langjährige Beziehung und hoffte, es werde ihr gelingen, ihn zu gewinnen.
Als Breckinridge den Dessertteller wegschob, wandte er sich zu Lizzie Grimsley:
»Cousine Lizzie, ich möchte nicht, daß Sie Ihren Aufenthalt im Weißen Haus früher abbrechen müssen, als Sie erwartet hatten.« Seine Stimme hatte einen spöttischen Klang. »Und so lade ich Sie ein, als Gast hier zu bleiben, wenn die Konföderation das Haus in Besitz nimmt.«
Auch Mary schob den Teller weg, sie spürte, daß hinter diesem Scherz Senator Breckinridges Entscheidung lag. Und mit einiger Schärfe erwiderte sie:
»Bis dahin wollen wir sie gern bei uns behalten.«
Am nächsten Morgen erschien Ben Hardin Helm im Weißen Haus. Ben, der West Point absolviert, der in Texas militärische Erfahrung gesammelt hatte, erklärte, er wolle wieder in die Armee eintreten. Abraham hieß den jungen Mann willkommen.
»Ich habe keinen Anspruch an Sie, Herr Präsident«, gestand Ben, »ich war gegen Ihre Kandidatur.«
Abraham erledigte das mit einer Geste.
»Worauf es jetzt ankommt, Ben, ist Ihre Treue zur Union.« Er trat an den hohen Schreibtisch zwischen den Fenstern und zog aus einem Fach einen versiegelten Umschlag hervor. »Hier ist die Ernennung zum Major in der Abteilung des Kriegszahlmeisters. Auf diese Art werden Sie nie die Waffen gegen die Leute des Südens gebrauchen müssen.«
»Sie sind sehr großherzig...«
Mary legte Ben die Hände auf die Schultern.
»Geh nach Kentucky zurück, Ben, und bring Emilie hierher ins Weiße

Haus. Ich brauche sie ebenso, wie die Armee gebildete, würdige junge Männer wie dich braucht.«
Als Ben zwei Nächte später wiederkam, waren seine Züge tief gefurcht.
»Herr Präsident, liebe Mary, ich habe eben meinen alten Freund, Oberst Robert E. Lee aufgesucht...«
»Wir haben die größte Achtung vor Oberst Lee«, unterbrach Abraham. »General Scott ist bereit, zurückzutreten und die Unionsarmee Lees Befehl zu unterstellen.«
Ben sprach mit zugeschnürter Kehle.
»Oberst Lee leidet sehr unter der Entscheidung, zu der er sich gezwungen fühlt. Aber er sagt, er könne nicht gegen seine eigenen Leute kämpfen; sein Anwesen gehört seinen Kindern, und alles, was sie besitzen, liegt in Virginia. Er sagt, er könne die Hand nicht gegen seine Kinder erheben... und so legt er seine Stelle in der Armee der Vereinigten Staaten nieder.«
Abraham war der erste, der die Fassung wiedergewann. Seine Stimme war sanft.
»Das ist ein harter Schlag. Die Union braucht Oberst Lee. Aber er ist ein Virginier, und Virginia ist abgesprungen.« Jetzt wurde seine Stimme fester. »Für Sie gilt das nicht. Kentucky ist nicht abtrünnig geworden, es stellt kein Heer gegen uns auf, Sie würden nicht genötigt sein, gegen Ihre Angehörigen zu kämpfen...«
Als Ben nicht antwortete, rief Mary:
»Ben, du wirst doch nicht zu den Rebellen übergehen? Kein Grund auf Erden ist dazu vorhanden. Du bist kein Sklavenbesitzer, kein Pflanzer...«
Ben atmete schwer.
»Ich gehe, mich der Armee der Konföderierten anzuschließen.«
Unausgesprochene Worte zerklüfteten den Raum. Dann, als Mary im Begriff war, zur Tür zu gehen, sagte Abraham väterlich: »Ich weiß es zu würdigen, Ben, daß Sie gekommen sind, um uns das selbst zu sagen. Es kann Ihnen nicht leichtgefallen sein. Leben Sie wohl. Hoffentlich sehen wir uns wieder... in glücklicheren Zeiten.«
Ben küßte Marys Wange mit einem Kuß, der ihr die Haut sengte. Mit tiefem Kummer sagte Abraham:
»Seine Sympathien sind beim Süden und nicht beim Norden. Warum? Und wenn er, den alle Logik veranlassen müßte, loyal zu bleiben, unser Angebot einer Offiziersstelle ausschlägt, um sich der Rebellenarmee anzuschließen, wie viele gute, redliche Seelen seines Schlags, deren Gewissen arg bedrängt ist, werden wir verlieren?«
In ihrem Innern gab Mary sich selber die Antwort. Fast meine ganze Familie in Kentucky! Was ich gefürchtet habe, ist eingetreten – wir sind ein Haus, das in sich zerfallen ist.

Die Wochen verstrichen in einem Wirbel von Tätigkeit, als sie jetzt Scharen von Arbeitern ins Weiße Haus berief; die alten Farben mußten abgekratzt, Fenster, Decken, Gesimse gereinigt werden. Lüster, Bilder, Glokkenzüge, alles wurde entfernt, die Böden mit Matten und Teppichen belegt. Den frühen Nachmittag behielt sie Besuchen in den Unterkünften der Soldaten rings um Washington vor, insbesondere dem Camp Mary Lincoln, das Tad und William bevorzugten. Zur Teestunde kehrten sie gewöhnlich heim und wurden von Bud und Holly Taft erwartet, zwei jungen Burschen, die in der Nähe wohnten und mit ihrer sechzehnjährigen Schwester Julia zu Marys Söhnen kamen. Das Mädchen hatte sich sehr an Mary angeschlossen, die ihr erlaubte, die Romane in der Bibliothek des Weißen Hauses zu lesen – ein Zeitvertreib, den die Mutter des Mädchens durchaus nicht begünstigte.
Tad sorgte dafür, daß das Haus nie zur Ruhe kam. Mit seiner Fröhlichkeit und seinen Streichen war er allerdings auch die Verzweiflung der Dienstboten. Der Gärtner Watt nannte ihn ›Madames Wildkatze‹. Als ein Besucher ihm einen Ball schenkte, verwandelte Tad die geräumige Empfangshalle in einen Spielplatz und zerbrach sofort einen Spiegel. William und die jungen Tafts sahen entsetzt drein, aber Tad meinte:
»Ich glaube nicht, daß Pa was sagen wird!«
Seine Aussprache hatte sich gebessert, doch man verstand ihn wohl vor allem darum leichter, weil die Leute sich bemühten, ihn zu verstehen.
»Der Spiegel gehört nicht Pa; er gehört der Regierung der Vereinigten Staaten.«
Doch das beeindruckte Tad sehr wenig. Wenn er eine wichtige Konferenz in Abrahams Arbeitszimmer dadurch unterbrach, daß er eine kleine Kanone abfeuerte, oder die Trommel schlug, sagte sein Vater mild:
»Mein Sohn, könntest du nicht ein wenig weniger Lärm machen?«
Und dann nahm die Sitzung ihren Fortgang.
Während der zehn Tage von Marys Abwesenheit hatte Abraham es offenbar aufgeben, zum Frühstück ins Eßzimmer der Familie zu kommen. Sie klopfte an die Tür seines Arbeitszimmers und trat ein, ohne auf eine Antwort zu warten. Und da stand sie Abraham und seinen sieben Ministern gegenüber, die sie anstarrten. Nach kurzer Pause sagte Abraham:
»Nun, Mrs. Lincoln? Was kann die Regierung für Sie tun?«
»Die Regierung kann zum Frühstück kommen.«
»Ja, aber, Mrs. Lincoln, die Regierung hat einige dringende Geschäfte zu erledigen«, protestierte Seward in einem Ton, der bestimmt war, sie in die Flucht zu schlagen.
»Haben Sie schon gefrühstückt, Mr. Seward?«
»Ja... allerdings...«
»Dann muß ich Ihnen sagen, daß Mr. Lincoln heute, seit er aufgestanden

ist, noch kein Frühstück, nicht einmal eine Tasse Kaffee zu sich genommen hat. Mr. Lincoln muß essen, wenn er bei Kräften bleiben soll; Sie wollen offenbar nicht unterbrochen werden, aber ich versichere Ihnen, daß ein toter Präsident Ihnen nicht viel helfen könnte.«

Abraham lächelte, senkte den Kopf auf die linke Schulter, als wolle er sagen ›Das genügt!‹ Und dann befreite er sich für eine Viertelstunde. Den Blicken der Kabinettsmitglieder konnte sie entnehmen, daß sie die Herren von nichts anderem überzeugt hatte, als davon, daß die Frau Präsidentin eine zudringliche Wichtigtuerin war.

Es verging übrigens kaum ein Tag, ohne daß in der demokratischen Presse ein Angriff gegen sie erschienen wäre. Alltagsgeklatsch von ihrer Günstlingswirtschaft, davon, daß hundert Todds stellensuchend in Washington seien, Anklagen wegen ihrer Verschwendungssucht, wegen der Tausende, die sie sinnlos in New York ausgegeben hatte. Man bezichtigte sie des schlechten Geschmacks, der Naivität. Tad kam mit blutiger Nase heim, weil er sich auf dem Lafayette Square mit einem Burschen gerauft hatte, der sich eine freche Bemerkung über Lincolns erlaubte. Der Washingtoner ›Standard‹ berichtete:

›Ihre Majestät, Mrs. Lincoln, trägt viel dazu bei, König Abraham unbeliebt zu machen. Ihr Benehmen ist das einer unerzogenen Frau ohne gesunden Menschenverstand, die unglücklicherweise in eine Sphäre aufgestiegen ist, der sie sich nicht anzupassen vermag.‹

Sie ging, die Zeitung in der Hand, zu Abraham und rief erbittert:

»Abraham, wir müssen einfach auf all diese unsinnigen Anklagen antworten! Die Geschichte von dem Schal für dreitausend Dollar ist in jedem Käsblatt des Landes abgedruckt worden!«

Abraham beruhigte sie.

»Mary, wenn wir versuchen wollten, all die Angriffe zu lesen und gar zu beantworten, die gegen uns erscheinen, könnte ich meinen Laden für alle anderen Geschäfte schließen. Wir wollen nach unsern besten Kräften, nach unserm besten Wissen handeln; und das wollen wir bis zum Ende durchhalten. Wenn das Ende gut ist, dann zerfällt alles, was gegen uns geredet wurde, in nichts. Ist das Ende schlecht, dann würden auch zehn Engel nichts daran ändern, die schwören, daß wir im Recht waren.«

Sie freute sich auf das erste offizielle Diner für die Botschaften. Die Diplomaten waren bei dem ersten Empfang ziemlich kühl zu Lincolns gewesen; diesmal hoffte sie, sich unter ihnen Freunde zu machen. Der Speisesaal war frisch gemalt worden. Eben hatte sie einen letzten Blick auf das Menü geworfen, als ihr die Nachricht überbracht wurde, daß Senator Stephen Douglas in seinen Räumen im Tremon House von einem heftigen Fieber befallen und nach wenigen Tagen gestorben war.

Abraham war in seinem Schlafzimmer, die Augen tränennaß.

»Mir ist, als hätte ich meinen besten Freund verloren«, sagte er, »und doch waren wir unser ganzes Leben lang Gegner. Er wird uns sehr fehlen!«
»Er war wie ein Bruder. Ich habe Steve erst kennengelernt, als ich achtzehn war, und doch hatte ich das Gefühl, als seien wir miteinander Kinder gewesen. Arme Adele. Ich will ihr sofort schreiben.« Sie hielt inne. »Willst du verkünden, daß das Weiße Haus in Trauer ist? Soll ich den Diplomaten schreiben, daß das Diner verschoben werden muß?«
»Die Tätigkeit der Regierung muß weitergehen... wer auch sterben mag.«
Sie hatte die Absicht, sich in Schwarz zu kleiden, doch Abraham meinte, das würde die Stimmung des Abends beeinträchtigen, und so wählte sie ein dunkelgrünes Taftkleid mit kleinem Spitzenkragen und trug weder Schmuck noch Blumen.
Das Abendessen verlief ganz nach Wunsch, die Unterhaltung war sehr angeregt. Botschafter und Gesandte mit ihren nach der letzten Mode gekleideten Damen waren in bester Laune. Und Abrahams Blick erwärmte sich, als er sah, wie Mary sich mit dem französischen und mit dem chilenischen Botschafter in französischer Sprache unterhielt.
Wenige Tage später las sie im New Yorker ›Star‹:
›Dienstag abend gab der Präsident dem diplomatischen Korps ein Diner, das in vieler Hinsicht die glänzendste Veranstaltung dieser Art war, die je im Weißen Haus stattgefunden hat. Dank dem guten Geschmack Mrs. Lincolns waren die steifen künstlichen Blumen verschwunden, die sonst den Tisch zu zieren pflegten, und an ihre Stelle traten duftende natürliche Blumen aus den Treibhäusern und Gärten des Weißen Hauses. Das Diner wurde in einem Stil serviert, der beweist, daß Mrs. Lincolns Geschmack und Urteil auch auf diesem Gebiet ausschlaggebend gewesen ist.‹
Sie drückte die Zeitung an die Brust. »Man muß das Schlimme mit dem Guten nehmen, nicht wahr, Abraham? Und beides zu überleben versuchen.«
Abraham schaute bedächtig über den silbernen Rand seiner Brille. »Aus Todeswunden wird Weisheit gekeltert!«

Um Mitte Juni hatte sich eine erstickende Hitze über Washington gelagert; doch diese Hitze war nichts im Vergleich zu der Hitze des Drucks, der auf Abraham ausgeübt wurde, damit er der Rebellion ein schnelles Ende bereitete. Horace Greeley begann in seiner New Yorker ›Tribune‹ einen Feldzug, der wie ein Lauffeuer auf ausgedörrte Wiesen wirkte: ›Auf nach Richmond! Der Kongreß der Rebellen darf nicht am 20. Juli dort stattfinden! Bis dahin muß die Nationale Armee die Stadt besetzt haben. Auf nach Richmond!‹

Abraham stand vor der Karte von Virginia, die an der Wand seines Arbeitszimmers hing.
»Auf nach Richmond! Das ist alles, was ich höre. Ich fürchte, die Begeisterung des Nordens wird erlöschen, wenn wir keine Schlacht schlagen.«
Er wies mit dem langen Zeigefinger auf Manassas, wo dreißigtausend Mann der Konföderierten stehen sollten. »Als ich General Scott fragte, warum er keine Aufklärung durchgeführt habe, erwiderte er mir: ›Ich habe keinen Offizier, auf den ich mich für diese Aufgabe verlassen könnte. Sie würden in eine Falle geraten oder einen größeren Zusammenstoß herbeiführen, den ich weder suche noch wünsche.‹ Als ich General McDowell fragte, was er über Kräfte und Stellungen des Feindes wisse, da klagte er, er besitze keine zuverlässige Landkarte der Gegend, noch habe er eine Ahnung von Kräften und Stellungen des Feindes. Der einzige, der einen ausführlichen Spionageplan vorgelegt hat, ist dein Lieblingsdetektiv Allan Pinkerton...«
Diesen Gedanken spann er nicht aus; seine Stimmung war zu düster, als daß er scherzen konnte.
»McDowell hat nicht die Absicht, es in diesem Sommer auf einen Kampf ankommen zu lassen; er sagt, es sei falsch, die Soldaten gleichzeitig zu organisieren, drillen, marschieren und kämpfen zu lassen. Ich meinte: ›Sie sind unerfahren, das ist wahr, aber die andern sind es auch.‹ Der General will diese Schlacht bei Manassas nicht, er möchte eine gigantische Operation im Tal des Mississippi im Herbst und im Winter unternehmen, mit einer Entscheidungsschlacht bei New Orleans, die das Schicksal der Konföderierten besiegeln soll.«
Sorge im Blick, wandte er sich zu ihr.
»Das kann Jahre beanspruchen; und wir haben keine Jahre! Das Kabinett will die Schlacht, der ganze Norden will die Schlacht.« Er blickte aus dem Fenster. »Ja, und ich will es auch. Ich bin zu der Überzeugung gelangt, je rascher wir diesen Krieg beenden, desto weniger kostspielig ist er für alle. Können wir die Konföderierten bei Manassas schlagen und dann Richmond nehmen, ist der Rebellion das Rückgrat gebrochen.«
Endlich brachte er ihr die Nachricht, der Angriff solle binnen zehn Tagen beginnen. Die Türen des Weißen Hauses standen Tag und Nacht offen. Sie gab keine Gesellschaften, hielt die Zimmer der Familie geschlossen, damit er doch dann und wann hier einige Minuten Ruhe und Frieden finden könne. Sie selber verließ das Haus nur, um Adele Douglas aufzusuchen und in der Besuchergalerie des Senats neben der Witwe zu sitzen, während für den verstorbenen Senator von Illinois eine schwungvolle Trauerrede gehalten wurde.
Als der Tag der Schlacht anbrach, war niemand bereit; es war sehr heiß, und die Mechanik, die eine Bundesarmee auf einem Schlachtfeld manö-

vrieren sollte, klappte noch keineswegs. Erst sechs Tage später stand Mary beim Nordtor, zwischen Abraham und General Scott, und sah die Truppen vorüberziehen, deren Ziel die Long Bridge nach Virginia war: das Vierte Regiment aus Pennsylvanien, das Achte, das Dreizehnte, das Einundsiebzigste aus New York, das Erste aus Massachusetts, das Dritte aus Maine, die Freiwilligen aus Minnesota und Wisconsin, deutsche Truppen, die ›O du lieber Augustin‹ sangen, schottische Hochländer in ihren Kilts, französische Einwanderer in Zuavenuniformen mit weißen Gamaschen und roten Hosen, Iren vom New Yorker Neunundsechzigsten mit grünen Fahnen zwischen den Sternenbannern.

Washington war von der Zuversicht durchdrungen, die daraus erwuchs, daß doch endlich etwas geschah, daß lange Züge von Truppen, Marketenderwagen und Ambulanzen sich nach Virginia in Bewegung setzten. General Scott verkündete: »Samstag stehen wir in Richmond!« Doch als Mary aus dem Fenster ihres Ankleidezimmers sah und Abraham erblickte, der nach dem Kriegsministerium hastete, den Filzhut im Nacken, mit einem roten Taschentuch den Schweiß von der Stirn wischend, da dachte sie: Ja, allerdings, er hat recht, besorgt zu sein. Denn jedermann in Washington konnte die genaue Truppenzahl aus den Zeitungen erfahren, ihre Aufmarschwege und den Ort, wo die Schlacht geschlagen werden sollte.

Samstag bekam sie Abraham den ganzen langen Tag kaum zu Gesicht, so groß war das Gedränge jener, die ins Weiße Haus kamen und Pässe erbaten, um die Schlacht in der Nähe mitanzusehen. Und das waren nicht nur Journalisten und Senatoren, sondern Gruppen aufgeregter Zivilisten, die jedes Pferd, jedes Vehikel mieteten, das nur vorhanden war. Die Nachfrage nach Eßkörben und Getränken war derart gestiegen, daß die Hoteldirektoren ihre Preise verdreifachten.

Allerorts riefen die Leute:

»Montag früh gehört die ganze Rebellion der Vergangenheit an!«

Und das hoffte sie auch.

Sie erwachte früh; ein schöner Tag war angebrochen, die Luft war klar und kühl. Vor ihr glänzte der Potomac wie ein breites Silberband. Um elf Uhr bestiegen sie und Abraham den Wagen und fuhren in die Presbyterianische Kirche in der New York Avenue. Nach der Predigt Pfarrer Gurleys fuhren sie durch stille Straßen heim; nur vor dem Kriegsministerium drängte sich die Menge in Erwartung der Nachrichten von der Front... und lauschte dem fernen Rollen des Donners der Geschütze. Die beiden Jungen und die drei Taft-Kinder warteten in der Bibliothek.

Abraham setzte sich an den Tisch, las aus der Bibel die Geschichte von Jakob und Esau vor und erläuterte sie den jungen Menschen. »Jeder ge-

bildete Mensch sollte etwas von der Bibel und ihren Erzählungen wissen.«
Der Kanonendonner dröhnte stärker. William fragte:
»Pa, ist dieser Lärm die Schlacht in Virginia?«
»Ja, Willie, das sind die großen Kanonen, die schießen.«
»Klingt, wie wennn Ma die Türen zuwirft«, meinte Tad.
Es wurde geklopft. Ein Bote aus dem Kriegsministerium reichte Abraham eine Depesche. Seine müden Züge erhellten sich jäh. Er reichte ihr das Blatt, und sie las:
›Bull Run, der Schlüssel der feindlichen Stellung, ist genommen, der Feind in die Flucht geschlagen.‹
Um vier Uhr sagte Abraham, er wolle zu General Scott gehen; eine halbe Stunde später kam er wieder. Der General hatte in tiefem Schlaf gelegen. Ein Telegramm hatte gemeldet, die Sezessionstruppen seien um zwei oder drei Meilen zurückgedrängt worden.
»Jetzt ist mir erheblich wohler, Mary. Könnten wir nicht den Wagen anspannen lassen und ein wenig ausfahren?«
Um halb sieben kehrten sie, erfrischt von der Fahrt, zurück. Auf den obersten Stufen standen Nicolay und Hay und erwarteten sie; eben sei Staatssekretär Seward dagewesen, um den Präsidenten davon zu benachrichtigen, daß General McDowell auf dem Rückzug sei. Die Schlacht von Bull Run sei verloren, und er habe General Scott befohlen, dringend weitere Truppen aufzubieten, um die Hauptstadt zu retten.
Ungläubig schüttelte Abraham den Kopf und ging sogleich ins Kriegsministerium. Als er wiederkam, fragte sie:
»Wie schlimm steht es, Abraham?«
»Verflucht schlimm! Eben haben wir noch eine Depesche von McDowell erhalten, die die erste Meldung bestätigt; seine Truppen sind in voller Flucht, sie wollen sich nicht umgruppieren lassen. Er verlangt schleunige Hilfe.«
Es begann zu regnen; jener Regen, der anscheinend unabänderlich fiel, wenn ein Mißgeschick hereinbrach. Ein dutzendmal während des Abends verließ Abraham das Weiße Haus und eilte ins Kriegsministerium hinüber.
Um Mitternacht ging sie in sein Arbeitszimmer, wollte ihn überreden, doch endlich zu Bett zu gehen. Er saß auf einem Sofa, hörte den Senatoren Wade, Chandler, Trumbull, dem Kongreßmann Riddle und verschiedenen Reportern zu, die ihm berichteten, was sie mit eigenen Augen gesehen hatten. Sie blieb auf der Schwelle stehen. Immer wenn einer der Männer innehielt, nahm ein anderer den Faden auf:
»Die Schlacht begann mit einer schweren Kanonade; wir nahmen nichts wahr als Rauchwolken und das Knattern der Gewehre. Wir gingen in den

Wald und fanden dort das Zwölfte aus New York, das längs der Straße rastete, dahinter lag das Zweite aus Ohio. In der Ferne, gegen Manassas zu, erhob sich eine dichte Staubwolke. Das sollte der Feind sein, der sich zurückzog. Jedermann sagte, die Schlacht sei vorüber, der Feind geschlagen, und unsere Jungen erwarteten ihre Befehle für den anbrechenden Abend.

Der vorübergehende Erfolg der Mittagsstunde war von weniger als zwei Dritteln der gesamten Truppenmacht erfochten worden, die sich in einer langen, unregelmäßigen, kaum zusammenhängenden Linie ausdehnte; die Mannschaften waren müde und litten unter Hunger und Durst. Doch für ein zweites Vorrücken waren nur wenige Offiziere und Soldaten aufzubringen. Gegen vier Uhr fühlten sich die Rebellen stark genug, um die Offensive zu ergreifen. Plötzlich tauchte am Waldrand eine kleine Kavallerieabteilung auf und sprengte in vollem Galopp auf uns zu. Irgendwer rief: ›Das sind sie! Auf! Macht euch bereit!‹ Doch schon waren sie auf fünfzig Yards heran und feuerten auf unsere Truppen. Rebellenkavallerie, verstärkt durch Artillerie, beschoß unsere Straßensperre.

Nun war es, als hätte der Teufel der Furcht und der Feigheit jeden einzelnen Soldaten, Offizier und Zivilisten gepackt. Kein Offizier machte auch nur den Versuch, die Truppen zu sammeln oder sonst irgendwas zu tun; nur eines galt – die Flucht nach Centreville! Je weiter sie liefen, desto verängstigter wurden sie. Sie warfen Decken, Tornister, Feldflaschen und schließlich auch Musketen und Patronenbüchsen weg. Wir riefen ihnen zu, versuchten, ihnen begreiflich zu machen, daß sie überhaupt nicht bedroht waren, flehten sie an, standzuhalten. Wir zogen unsere schweren Revolver, drohten, sie niederzuschießen, doch alles vergebens. Eine sinnlose, unverhüllte, hemmungslose Panik hatte sich jedes einzelnen bemächtigt. Wir wurden von der Masse mitgerissen, vermochten uns dem Gedränge nicht zu entziehen, und die Straße war von Fuhrwerken verrammelt, die nicht vom Fleck kamen. Kongreßmitglieder und Zivilisten verließen ihre Wagen und suchten mit den Soldaten ihr einziges Heil in der Flucht. Diese Menge in ihrem kopflosen Entsetzen bot ein klägliches, ein erniedrigendes Schauspiel.«

Langsam hob Abraham den Kopf.

»Sie haben den Eindruck, daß wir die Rebellen geschlagen haben und dann vor ihnen davongelaufen sind?«

Darauf erwiderte Riddle:

»Wir sind davongelaufen, und darum wurden wir geschlagen. Wir sind nicht im Feld besiegt worden.«

Am Morgen fuhren Mary und Abraham durch die Pennsylvania Avenue. Jetzt regnete es in Strömen. Über die Long Bridge, aus Virginia, zogen

die völlig demoralisierten Soldaten der Union, schleppten sich einzeln oder in regellosen Haufen, durchnäßt vom Regen, schlammbedeckt, ohne Tornister, ohne Gürtel, ohne Musketen, oft ohne Schuhe und Mantel, viele mit verkrustetem Blut auf dem Gesicht.
Immer wieder fiel der oder jener vor Erschöpfung zu Boden. Andere taumelten blindlings weiter, sanken auf Türschwellen zusammen und blieben da liegen. An den Straßenecken schenkten Frauen den Soldaten, die noch eine Schale halten konnten, Kaffee ein, während Neugierige verdutzt und hilflos dabeistanden und nicht begreifen konnten, was ihre Augen erblickten.
Abraham stieg aus. Ein Soldat begann zu reden:
»... wie viele tot sind... hab' ich nicht mehr gezählt... sind durch die Wälder gezogen... Männer habe ich gesehen... greulich anzuschauen... Arme und Beine weggeschossen... einen hab' ich unter einen Baum gezogen... halber Schädel war fort...«
Abraham befragte die heimkehrenden Kavalleristen, die in ihren Sätteln hingen, erfuhr, daß ein Teil der fliehenden Truppen auf der virginischen Seite geblieben war. Nirgends ein Zeichen dafür, daß General Scott frische Truppen zu senden oder die alten zu reorganisieren versuchte.
Abraham stieg wieder in den Wagen; er hielt den Kopf in den Händen.
»Ich kann gar nicht begreifen, wieso General Beauregard noch nicht hier ist. Er muß ja wissen, daß wir ihm nicht einmal Widerstand leisten könnten!«
»Abraham, glaubst du, daß wir diesen Männern das Weiße Haus öffnen, daß wir ihnen etwas Warmes zu essen bereiten sollten?«
Er hatte sie nicht gehört. Ihr Wagen fuhr am Bahnhof vorüber, wo Hunderte von den Soldaten sich in die Waggons drängten, Männer, die sich für drei Monate gemeldet hatten und deren Dienstzeit jetzt um war, sie saßen da, die Köpfe gesenkt, die Augen abgewandt, wollten nur aus der Hauptstadt fort, bevor die Konföderierten zuschlugen.
Als sie in das Weiße Haus traten, wandte sich Abraham zu ihr:
»Dieser Tag ist bitterer als Galle; aber wir dürfen uns nicht übermannen lassen. Wir müssen uns selbst und die Union aus dieser Niederlage erheben!«
Er legte den Arm um ihre Schultern; entschlossen stiegen sie die breite Treppe hinauf, kehrten zu dem Werk, zu dem Leid zurück, danach es sie so leidenschaftlich verlangt hatte.

Wie ein Leichentuch lastete die Stimmung über Washington; alle Wege des Vorwurfs, des Tadels führten durch tiefste Niedergeschlagenheit ins Weiße Haus. Wenn Mary das Netzwerk der Furchen sah, das sich unter Abrahams Augen über die hohlen Wangen zog, konnte sie nicht entscheiden, welches die bitterste Pille war, die sie schlucken mußten; daß General Scott ins Weiße Haus kam und ausrief: »Ich bin der größte Feigling in Amerika! Ich verdiene die Absetzung, denn ich bin nicht aufgestanden, als meine Armee nicht kampfbereit war, und ich habe mich nicht widersetzt!« Daß die demokratischen Blätter schrieben, man müsse dem Blutvergießen ein Ende machen, auch wenn das die Anerkennung der Konföderation bedeutete; daß mehr als hundertfünfzig Journalisten eine Petition unterzeichneten, dem ›jetzigen unheiligen Krieg‹ sei ein Ende zu machen; oder der Brief, den sie von Horace Greeley erhielten, und in dem stand:

›Wenn unsere Katastrophe unabwendbar ist, dann wäre jeder Blutstropfen, der hinfort in diesem Streit vergossen wird, leichtfertig geopfert. Wenn die Union unwiderruflich dahin ist, dann sollte sogleich ein Waffenstillstand vorgeschlagen werden, um eine friedliche Einigung zu finden.‹

Sie beobachtete Abraham, der, die Hände auf dem Rücken, den Kopf gesenkt, seufzend, in den Zimmern auf und ab ging. Sie wußte nicht, wie sie ihn trösten sollte... nur daß sie einfach da war und zuhörte, sobald er endlich imstande war zu reden.

»Eines haben wir aus dieser Niederlage gelernt: Die Rebellion ist kein Sommerausflug. Der Norden versteht nichts vom Krieg. Wir müssen alles lernen, was es da zu lernen gibt, und mit diesen Kenntnissen eine Armee aufbauen. Als Oberbefehlshaber kann ich mich dieser Verantwortung nicht entziehen; mit blinden Augen vorzugehen, kostet allzu viele Menschenleben, im Süden wie bei uns.«

Sein erster Schritt war, General George B. McClellan nach Washington kommen zu lassen, der einige Scharmützel im westlichen Virginia gewonnen hatte. Er sollte an die Stelle McDowells treten.

Um der erstickenden Hitze des Washingtoner Sommers zu entfliehen, hatte Mary beabsichtigt, in das zum Soldatenheim gehörige Anderson Cottage zu übersiedeln, das auf einem Hügel, drei Meilen nördlich von der Hauptstadt, lag, inmitten von fünfhundert Morgen schattigen Wäldern und grünen Wiesen, die sich zum Potomac hinunterzogen.

»Du willst also nicht mitkommen?« fragte sie.

»Ich glaube, daß wir am besten hier sitzen bleiben...«

»O nein, ich werde nicht sitzen bleiben und meine Wunden lecken!« unterbrach sie ihn. »Wenn Washington sieht, daß wir unsere Tätigkeit im Weißen Haus nicht unterbrechen, wird man vielleicht aufhören, durch das Fernrohr nach der Rebellenarmee auszuspähen.«

Mit den zwanzigtausend Dollar bewaffnet, die der Kongreß bewilligt hatte, beschäftigte sie eine ganze Schar von Malern, die die Fassade des Hauses frisch anstrichen, bis es in seinem neuen weißen Glanz schim-

merte; dann mußten die Maler auch im Innern des Hauses Holzwerk und Decken in Arbeit nehmen. Sie ließ die Wände neu tapezieren, hängte weiße Schweizer Spitzenvorhänge an die Fenster, im Ostsaal französische Brokatvorhänge mit goldenen Quasten.
Als sie hörte, Prinz Napoleon wolle nach Washington kommen, rief sie Nicolay und Hay und ließ sich von ihnen eine Liste der Würdenträger aufstellen, die zu einem Staatsdiner mit ihm eingeladen werden sollten. Bei Chevalier Wikoff, der von Louis Napoleon mit dem Kreuz der Ehrenlegion ausgezeichnet worden war, holte sie sich Rat, wie man Persönlichkeiten aus einem regierenden französischen Haus zu empfangen habe. Staatssekretär Seward führte den Prinzen und dessen Gefolge ins Weiße Haus. Mary hatte sich von Mrs. Keckley, ihrer schwarzen Schneiderin, in ein weißes Kleid helfen lassen, und dann ging sie in Abrahams Schlafzimmer und fand ihn auf einem Stuhl am Fenster sitzen; er las im verblassenden Sonnenlicht seine Post, während ein Diener ihm Oberlippe und Wangen rasierte.
»Mr. Lincoln, es ist halb sieben, in einer halben Stunde ist der Prinz da!«
»Ich brauche nur das Hemd und den eleganten schwarzen Rock anzuziehen, den der Schneider mir gebracht hat.«
Sie ging in Lizzies Schlafzimmer, von dessen Fenster man die nördliche Anfahrt überblickte. William und Bud spielten unten Ball. Aus der Pennsylvania Avenue bog Sewards Wagen ein. William richtete sich zu voller Höhe auf, zog die Mütze und machte eine tiefe Verbeugung, die Prinz Napoleon und sein Gefolge höflich erwiderten. Als Mary mit Abraham über die Haupttreppe hinuntergingen, erzählte sie es ihm:
»William benimmt sich schon wie ein Botschafter!«
Sie führte den Prinzen durch den Roten, den Blauen, den Grünen Salon und in den Ostsaal. Er war entzückt über die französischen Tapeten und die Sèvres-Bonbonnieren. Das neue Porzellan und Glasservice war angekommen, der Speisesaal wirkte recht prunkvoll. Nach Tisch bemerkte der Prinz in beredtem Flüsterton, so daß auch Abraham, Seward und der englische Botschafter, Lord Lyons, es hören konnten:
»Madame, nachdem mir die elegante Gastlichkeit Ihres Hauses zuteil wurde, muß ich bekennen, daß Paris doch nicht die Welt ist.«
Sie errötete vor Vergnügen; doch am nächsten Tag, als sie am Schreibtisch in ihrem Schlafzimmer saß und die Rechnungen betrachtete, da stellte sie entsetzt fest, daß der Abend neunhundert Dollar gekostet hatte. Sie sandte einen Boten zu Nicolay und Hay. Sie blieben auf der Schwelle stehen, als hätten sie keine rechte Lust einzutreten.
»Meine Herren, hier habe ich die Rechnungen für den gestrigen Abend. Wollen Sie sie doch, bitte, aus dem Haushaltsfonds des Weißen Hauses bezahlen.«

Die Sekretäre wechselten einen raschen Blick, und dann erwiderte Nicolay gelassen:
»Ich bedaure, Frau Präsidentin, aber es ist uns nicht erlaubt, Staatsdiners aus diesem Fonds zu bezahlen.«
»Wie, Mr. Nicolay, warum soll der Präsident neunhundert Dollar für den Empfang des Prinzen Napoleon und des diplomatischen Korps ausgeben, wenn doch das Wohlwollen dieser Herren von solcher Bedeutung für unsere Regierung ist?!«
»Ich gebe zu, daß es nicht logisch ist, Mrs. Lincoln; ich habe nur einfach nicht die Befugnis, diese Rechnungen zu bezahlen.«
Er verbeugte sich förmlich, wandte sich halb ab, wartete auf das Kopfnikken, das sie entließ, und dann zog er Hay mit sich fort. Sie fühlte sich gedemütigt. Durfte es wirklich in der Macht der Sekretäre stehen, ihr dergleichen abzuschlagen? Aus welchem Fonds sollte sie diese Rechnungen bezahlen? Die für den Gärtner bewilligten Ausgaben waren vielleicht verfügbar. Doch als Mr. Watt erschien und Mary ihm erklärte, was er für sie tun sollte, da trat er verlegen von einem Fuß auf den anderen.
»Ich wäre ja mehr als glücklich, Mrs. Lincoln, aber ich muß jede Rechnung an den Kommissar für die Öffentlichen Gebäude schicken, und wenn er zehn Dollar entdeckt, die nicht für Pflanzen ausgegeben wurden, so schickt er sie mir zurück. Ich wüßte wirklich nicht, wo ich neunhundert Dollar unterbringen sollte!«
Nun wandte sie sich an Kommissar Wood, der für das Weiße Haus verantwortlich war. Konnte er das Geld nicht unter die Ausgaben für die Renovationen buchen? Doch auch er weigerte sich entschieden.
Sie war wütend, steckte den Stapel Rechnungen in einen großen Umschlag, den sie an den Innenminister Caleb Smith sandte; seinem Departement unterstanden alle öffentlichen Gebäude, somit auch das Weiße Haus. Doch die Rechnungen kamen mit einem höflichen Brief an sie zurück; der Staatssekretär des Innern könne sein Departement nicht ermächtigen, sie zu bezahlen.
Gegen Abend war die Geschichte von Mrs. Lincolns rastlosen Bemühungen, jemanden zu finden, der das Essen für den Prinzen Napoleon bezahlte, in ganz Washington Stadtgespräch. Als Lizzie von einem Tee bei Mrs. Charles Eames zurückkehrte, einem Mittelpunkt der Bildung und des Klatsches der Hauptstadt, konnte sie Mary ihr Gespräch mit Nicolay und Hay wörtlich wiederholen.
Erbittert verließ Mary die Bibliothek, ging durch die Kanzleien anderer Beamter hindurch zu Nicolay, der gerade Briefe unterzeichnete, während Hay die Post ordnete.
»Meine Herren, ich bin erstaunt über Ihren Mangel an Loyalität und über den schlechten Geschmack, den Sie beim Erzählen von Geschichten zu-

tage treten lassen. Das Weiße Haus mag der Arbeitsplatz meines Mannes sein, doch es ist auch mein Heim, und Sie sind Gäste in meinem Heim. Ich habe kaum erwartet, daß Sie unsere Gespräche weitertragen und vertrauliche Mitteilungen ausplaudern.«
Hay sah mit offenem Mund zu Nicolay hinüber, der blaß geworden war, nicht aber die Haltung verlor.
»In welcher Beziehung sollen wir Ihr Vertrauen mißbraucht haben, Mrs. Lincoln?«
»Die Geschichte von dem, was heute früh zwischen uns gesprochen wurde, ist in ganz Washington bekannt, und zwar im genauen Wortlaut. Wenn Sie sie nicht weitergetragen haben, wer soll es sonst gewesen sein?«
»Das kann ich bestimmt nicht sagen«, erwiderte Nicolay kühl. »Aber ich bin ein Ehrenmann, und kein Wort, das je im Weißen Haus zu mir gesprochen wurde, ist je über meine Lippen gekommen.«
Die Aufrichtigkeit dieser Erklärung konnte nicht in Zweifel gezogen werden, und sie merkte auch dem beinahe verächtlichen Ausdruck auf den Zügen John Hays an, daß ihre Beschuldigungen gegen die beiden Männer unbegründet waren. Sie stammelte eine Entschuldigung und zog sich zurück; es brannte schmerzhaft in ihr, daß sie ihren wichtigsten Entschluß nicht aufrechterhalten hatte – nie die Selbstbeherrschung zu verlieren. Doch neunhundert Dollar für ein einziges Abendessen!

Als sie nachmittags in den Wagen stiegen, um auszufahren, bemerkten sie, daß, trotz Abrahams Protesten, eine berittene Eskorte sie umringte. Das Klirren von Säbeln und Sporen war so laut, daß Mary und Abraham sich kaum verständigen konnten. Abraham beugte sich hinaus und rief: »Offen gestanden – unsere Eskorte scheint so jung und im Gebrauch von Feuerwaffen so ungeübt zu sein, daß ich mich vor einer zufällig losgehenden Flinte mehr fürchte als vor der Kugel eines Mörders.«
Plötzlich setzte sich die Truppe mit dem Lärm eines ganzen Regiments in Trab und bedeckte Mary und Abraham mit einer Staubwolke. General McClellan war es, an der Spitze seines imposanten Gefolges von Adjutanten, der in sein Hauptquartier auf der anderen Seite des Lafayette Square ritt; und er tat das mit dem leidenschaftlichen Nachdruck, mit dem er alles tat. Er hatte die geschlagenen Truppen neu organisiert und in ihnen soviel Kampfgeist zu erwecken vermocht, daß die Gefahr von Beauregards Vordringen sich verzogen hatte. Auch hatte er Washington von Nachzüglern, von Betrunkenen gereinigt, die die Sicherheit der Stadt bedrohten. Mary beobachtete den blendend aussehenden jungen General, wie er über die Pennsylvania Avenue verschwand, und sagte zu Abraham:
»Er ist doch ein großer Heerführer, nicht?«

Obgleich McClellan West Point absolviert hatte und vom Kriegsministerium als Beobachter zu europäischen Armeen und in den Krimkrieg geschickt worden war, hatte Abraham ihn kennengelernt, als der junge Offizier den Dienst quittierte und Vizepräsident der Illinois Central geworden war.

»Meiner Meinung nach ist er ein großartiger Ingenieur. Die Befestigungen, die er zum Schutz von Washington bauen ließ, sehen unüberwindbar aus; wenn er als Kämpfer leistet, was er als Organisator geleistet hat, dann sollte der Aufstand eine Frage von Monaten sein.«

Da sie über Abrahams Stimmung beruhigt war, plante sie, der Augusthitze zu entfliehen und den Jungen Ferien an der Küste von New Jersey zu gönnen. Sie schrieb darum an Hannah Shearer.

›Wir wollen nach Long Branch fahren und eine Woche oder zehn Tage dort bleiben. Wir haben von drei verschiedenen Hotels Einladungen erhalten. Wir haben auch Fahrkarten, und die Reise wird uns nichts kosten, was in diesen Zeiten für uns alle sehr günstig ist. Wie sehr wünschte ich, du würdest alle Schwierigkeiten beiseite lassen und dich uns anschließen. Es wird dich für das kommende Jahr kräftigen. Bring deine Jungen mit, das wird für alle vergnüglicher sein.‹

Hannah sagte zu.

Bevor sie Washington verlassen konnte, erlitt die Union noch eine zweite empfindliche Niederlage, diesmal in Missouri, wo der fähige, beliebte General Nathanael Lyon beim Angriff auf erheblich überlegene Streitkräfte der Konföderierten bei Wilson's Creek nicht nur mehr als zwölfhundert Mann an Toten, Verwundeten und Vermißten verlor, sondern auch selber, ins Herz getroffen, fiel.

Mary war bereit, die Reisepläne aufzugeben, doch Abraham wollte nichts davon hören. So fuhr sie denn mit William und Tad, Lizzie, Mrs. Watt und dem alten William, der die Jungen und das Gepäck beaufsichtigen sollte, traf sich auf dem Bahnhof in Philadelphia mit Hannah, und sie setzten die Reise nach Long Branch fort, wo sich die elegante Gesellschaft von New Jersey einfand.

Sie hatten schöne Zimmer mit Aussicht auf das Meer. Das Wetter war ideal. Am Morgen ging sie mit den vier Jungen baden. Nachmittags, während die Jungen ihre Ponys strandauf, strandab galoppieren ließen, besuchte sie mit Hannah die Rettungsstation der Küstenwache, oder sie wanderten über die Klippen, die in den Strahlen der untergehenden Sonne erglänzten.

»Es war so lieb von dir, mich einzuladen, Mary«, sagte Hannah.

»Du ahnst ja nicht, wie dringend ich eine Freundin brauche«, erwiderte Mary. »Einen Menschen, zu dem ich in vollem Vertrauen reden kann, manchmal sogar in aller Torheit. Ich bin von Dutzenden von Menschen umgeben, und doch fühle ich mich im Weißen Haus einsam. Lizzie muß nach Springfield zurück, alle Freunde im Weißen Haus sind noch so neu wie der Anstrich der Fassade. Jedes Wort, das ich sage, wird sofort zum Stadtklatsch.« Sie blieb stehen. »Hannah, könntest du mit deinem Mann und den Jungen nach Washington übersiedeln und bei uns im Weißen Haus wohnen? Wenn wir für ihn eine Stelle fänden...«

Hannah ergriff Marys Hand; doch sie mußte ›nein‹ sagen.

»Mein Mann ist nicht wohl genug; aber selbst wenn das nicht im Wege stände, würde Washington es dir doch sehr verübeln, daß du eine ganze Familie ins Weiße Haus einziehen läßt. Nur die Familie des Präsidenten hat dort zu wohnen. Das gehört zu deinen Pflichten, Mary, allein mitten im Gedränge zu leben.«

Mary schaute auf das Meer hinaus, ihre Lippen zitterten.

Sie hatte Hannah ruhige Ferien versprochen, und so nahm sie nur zwei Einladungen an, eine zu einem Empfang mit nachfolgendem Ball zu ihren Ehren, die andere eine harmlose Tanzerei, zu der auch die Leute vom Land herbeigeströmt kamen. Zu dem großen Ball trug sie das Kleid, das für den Empfang des Prinzen Napoleon angefertigt worden war, und der New Yorker ›Herald‹ verglich sie mit Königin Victoria und schrieb: ›Mrs. Lincoln sah mit ihrer Blumenkrone und ihrer langen Schleppe wie eine Königin aus.‹

Über New York kehrte sie nach Washington zurück. Als sie über die Schwelle des Weißen Hauses trat, erfrischt und vorbereiet, ihre Pflichten wieder aufzunehmen, fand sie Abraham vor einer neuen Krise. General John C. Fremont, den Abraham damit betraut hatte, in Missouri eine Armee zu organisieren, hatte eine Proklamation erlassen, darin er verkündete, die Sklaven aller Einwohner von Missouri, welche die Waffen gegen die Regierung ergriffen hatten, seien frei.

Die Abolitionisten tobten vor Begeisterung, doch Abraham zeigte Mary ein Telegramm aus St. Louis, das besagte: ›Die Emanzipation muß augenblicklich widerrufen werden, sonst ist Kentucky verloren.‹ In einem Brief Joshua Speeds hieß es: ›Seit ich Fremonts törichte Proklamation gelesen habe, kann ich weder essen noch schlafen. Die öffentliche Meinung in Kentucky ist so heftig gegen die Emanzipation der Neger, daß man ebensogut die Religionsfreiheit im Norden angreifen kann, wie in einem Sklavenstaat den Krieg auf der Grundlage solcher Prinzipien zu beginnen.‹ Die Journalisten des Nordens erklärten, sie würden selbst mit ihrem Leben für die Erhaltung der Union kämpfen, nicht aber an einem Krieg gegen die Sklavenhaltung teilnehmen.

»Ich meinerseits, Mary«, sagte Abraham, »ich sehe als bestimmende Idee in diesem Streit nicht den Kampf gegen die Sklaverei, sondern die Notwendigkeit zu beweisen, daß unsere vom Volk gewählte Regierung kein

Widersinn ist. Ein für allemal müssen wir darüber einig werden, ob in einer freien Regierungsform die Minderheit das Recht hat, das Regime zu stürzen, wann immer es ihr beliebt. Versagen wir, so wird die Unfähigkeit des Volkes, sich selbst zu regieren, bewiesen. Im Rahmen des Regimes, wie wir es vorgefunden haben, werden wir sehen, ob die Mehrheit es schützen kann. Es muß uns immer bewußt sein, daß diese neue, wunderbare demokratische Regierungsform, unsere letzte, beste Hoffnung auf Erden, nicht vernichtet werden darf. Es mag selbstsüchtig klingen, wenn wir die Union für wichtiger halten als die Sklavenbefreiung; doch wenn die Demokratie vernichtet wird, dann wird nirgends mehr eine Möglichkeit übrig bleiben, zu Freiheit zu gelangen.«

Er breitete die Karte aus, zeigte auf die Randstaaten. »Dieses ganze Land verlieren wir durch so ein Vorgehen!«

»Du kannst doch General Fremonts Proklamation ungültig erklären«, meinte sie. »Schließlich bist du ja sein höchster Vorgesetzter!«

»Ja, aber er ist ein tüchtiger Mann. Ich möchte sein Ansehen nicht untergraben. Ich werde ihm einen vertraulichen Brief schreiben und ihn bitten, die Proklamation selbst zu widerrufen.«

Die Ruhe, die sie während ihrer Ferien genossen hatte, wurde durch die Spannung aufgesogen, die in den nächsten Tagen im Weißen Haus herrschte, denn General Fremont lehnte es ab, nach dem Vorschlag des Präsidenten zu handeln. Und so sah sich Abraham gezwungen, die Proklamation selber ungültig zu erklären. Die abolitionistischen Senatoren schrien: »Nur einer, der aus armseliger weißer Hefe stammt, konnte sich so benehmen!« Senator Sumner von Massachusetts erklärte: »So wie der Krieg jetzt geführt wird, können wir mit den Rebellen nicht fertig werden!« Geistliche klagten ihn von der Kanzel an, Journalisten in der abolitionistischen Presse und republikanische Parteiführer in New York und Boston schworen, im Jahre 1864 werde Fremont an Stelle von Lincoln ihr Kandidat sein.

Doch als ein Brief aus Springfield eintraf, in dem Näheres über William Herndons Angriff gegen Abraham stand, sah sie ihn verweifelt die Arme heben. Denn Herndon hatte gesagt:

»Großer Gott! Was macht Lincoln denn ? Unser Volk muß sich jetzt oder in der Zukunft mit der Negerfrage auseinandersetzen. Glaubt er denn, er könne diesen gewaltigen Aufstand mit Knallpistolen unterdrücken, die er mit Rosenwasser füllt? Wenn ich Lincoln wäre, ich würde erklären, alle Sklaven seien frei. Dann wäre ich der große Held unseres Zeitalters!«

Abraham stöhnte.

»Selbst mein Partner wendet sich gegen mich! Kann er denn nicht erkennen, daß eine Emanzipation, die wir jetzt erklären, uns die Randstaaten, den Krieg, die Einheit verlieren läßt; daß just das, wogegen sie kämpfen, dadurch verewigt würde? Wird die Konföderation einmal zum unabhängigen Staat, dann wird man auch in tausend Jahren dort die Sklaverei nicht abschaffen. Nur dadurch, daß wir den Süden in der Union behalten, können wir ihn dazu bringen, die Sklavenhaltung aufzugeben.«

Am selben Tag hörte sie, daß Mrs. Keckleys einziger Sohn bei einem Scharmützel in Missouri gefallen war. Sie schrieb der Negerin sogleich einen Brief, darin sie ihr ihre Teilnahme aussprach. Mrs. Keckley kam, die Augen vom Weinen gerötet, ins Weiße Haus.

»Sie wissen nicht, was Ihr Brief für mich bedeutet hat! Sich vorzustellen, daß die Präsidentin mitten in all ihrer Tätigkeit noch Zeit findet, mit mir um meinen Jungen zu trauern...«

»Söhne sind ein wertvolles Gut, Mrs. Keckley. Nur eine Mutter weiß, was es heißt, sie zu verlieren.«

Mrs. Keckley wandte sich ab, und dann sagte sie: »Sie sind eine gute Frau, Mrs. Lincoln, Sie haben ein gütiges Herz. Aber Sie haben Feinde. Sie müssen sehr vorsichtig sein.«

»Was meinen Sie damit?«

»Eines Morgens kam eine Frau zu mir und bestellte bei mir ein Kleid. Und als das Kleid fertig war, sagte sie: ›Mrs. Keckley, Sie kennen doch Mrs. Lincoln. Hören Sie – ich will Ihnen einen Vorschlag machen. Ich habe so viel von Mrs. Lincolns Güte gehört, daß ich mir wünsche, in ihrer Nähe zu leben. Liebe Mrs. Keckley, möchten Sie mich Mrs. Lincoln nicht empfehlen? Ich sei eine Freundin von Ihnen und hätte keine Arbeit. Ob sie mich nicht als Zimmermädchen in ihren Dienst nehmen würde. Das könnte Ihnen einige tausend Dollar einbringen‹.«

Mary war völlig verblüfft. »Einige tausend Dollar! Was kann ihr daran so viel Geld wert sein?!«

Nur wenige Tage war sie wieder daheim, als der Regen von Druckerschwärze, der nach Bull Run auf Abraham niedergeprasselt war, sich in einem Wolkenbruch mit schwarzem Hagel über ihr eigenes Haupt ergoß. Jetzt merkte sie, daß die Artikel des ›Heralds‹, darin sie mit Königin Victoria verglichen worden war, einen Grund hatten. Man sagte, sie sei in Long Branch von einem Hofstaat umgeben gewesen, habe in kostspieligen Kleidern geprunkt. Und jetzt griffen das die Zeitungen der kleineren Orte und der Landgebiete auf, wo die Menschen mit bescheidenen Mitteln einen schweren Kampf ums Dasein führten. Es wurde harte Kritik an ihrer gewissenlosen Vergeudung geübt. Sie sei eine Verschwenderin, hieß es, und ein schlechtes Beispiel im Weißen Haus in diesen tragischen Zeiten; sie schade dem Norden und seiner Sache, gebe Geld aus, das die Union für Kanonen und Medikamente brauche, sei leichtfertig im Angesicht von Niederlage und Tod, unwert, die Erste Dame zu sein. Im ›Express‹ wurde der Brief einer Mutter veröffentlicht, bevor Mary ihn erhalten hatte:

›Soll die Nichtigkeit eines Ballsaals jetzt unser Leben bestimmen? Wenn die Angst um unsere Lieben, die dieser Krieg bedroht, die Augen der wertvollsten Menschen unseres Landes umflort, können Sie sich die Zeit und die Gedanken mit dem Lachen schmausender Scharen und dem summenden, seelenlosen Insektenleben jener vertreiben, die in diesen Dingen ein Ziel für ihre innere Hohlheit finden? Gilt es denn nicht, Selbstaufopferung, republikanische Schlichtheit zu lernen, da Bankrott, Armut, Unglück in unserem einst so blühenden Land die Heime von Tausenden bedrohen?‹

Die Angriffe waren jetzt auf einem neuen Feld entbrannt; man warf ihr vor, sich in Ernennungen und Verteilungen von Stellen einzumischen. Gewiß, sie hatte Pfarrer James Smith, ihrem Seelsorger in Springfield, die Stelle als Konsul in Dundee verschafft, Dr. William Wallace eine Stelle als Zahlmeister, einem Cousin in Lexington eine Stelle als Postmeister, schließlich einen Posten in der Regierung dem Vater der Taft-Kinder, als er aus seiner Abteilung entlassen worden war; mit den anderen hundert Posten, die sie verschafft haben sollte, hatte sie nichts zu tun, auch nicht mit der Ernennung Edward Bakers zum Oberst. Abraham selber war es gewesen, der Senator Bakers Bitte gewährte, weil Baker sich im Mexikanischen Krieg ausgezeichnet geschlagen hatte.

Abraham mußte buchstäblich Tausende von Posten besetzen, und er sah nicht ein, warum er nicht sachkundige Freunde ernennen sollte; Ward Hill Lamon wurde Distriktleiter von Washington, Norman Judd kam zur Gesandtschaft nach Berlin, Simeon Francis wurde Zahlmeister in Fort Vancouver, Dr. Anson Henry Generalinspektor des Gebiets von Washington. Und warum sollte Mary nicht ihre Ansicht äußern? War ihr Urteil über Charakter und Fähigkeiten nicht ebensoviel wert wie das Urteil von Tausenden, die sich monatelang in der Empfangshalle, im Treppenhaus drängten, um Posten für sich oder für Freunde zu ergattern?

Ein Brief, den sie an General Meigs geschrieben hatte, machte die Runde:

›Ich habe jetzt eine besondere Bitte, die einzige, die ich je an Sie gerichtet habe: Gestatten Sie den Ankauf von fünfhundert bis tausend Pferden, die einem vertrauten Freund von mir in Kentucky gehören. Er ist ein zuverlässiger Anhänger der Union, und für mich, da Kentucky mein Heimatstaat ist, wäre es eine große Freude, einige Pferde von dort auf dem Schlachtfeld zu wissen.‹

Der Sturm von Kritik war verheerend.

»Wir können's anscheinend nicht rechtmachen, Puß«, sagte Abraham. »Es ist schwer, jeden Morgen aufzuwachen und die Luft dick von Kugeln zu finden, doch bis zu dem Tag, da der Aufruhr niedergeschlagen ist, müssen wir als einfache Soldaten dienen.« Er strich ihr das Haar hinter

die Ohren zurück und küßte ihre heißen, müden Lider. »Wir sind wie Reisende, die sich in pechschwarzer Nacht in einem wilden Land verirrt haben. Ein Sturm tobt. Plötzlich zuckt ein Blitz, gefolgt von dröhnendem Donner. Da knieten die Reisenden nieder, und einer von ihnen betete: ›O Herr, wenn es dir gleich ist, dann gib uns doch ein wenig mehr Licht und viel weniger Lärm!‹«
Sie lachte und fühlte sich sogleich wohler.

Gegen Ende September mußte sie sich mit einer heftigen Erkältung ins Bett legen. General McClellan schickte ihr eine Kiste Trauben aus Cincinnati, Senator Sumner einen Strauß Herbstblumen, Mrs. Caleb Smith brachte ihr einen schön gebundenen Band Gedichte, und Kate Chase kam mit den neuesten französischen Romanen. Nach zehn Tagen durfte sie wieder aufstehen, und Abraham fuhr mit ihr aus. Er zeigte ihr, wie McClellan seine ganze Armee in blaue Uniformen gesteckt hatte, wie stramm die Soldaten marschierten und sich für ihren vergötterten General drillen ließen, den sie Little Mac nannten.
»Abraham, ich bin tief beeindruckt. Und wann schlägt er zu?«
Ein verlegenes Schweigen folgte.
»Das ist die Schwierigkeit. Er sagt, er sei noch nicht bereit. Die Rebellen seien zahlenmäßig viel stärker. Er hat unterdessen Allan Pinkerton nach Washington berufen, um ein Spionagesystem aufzubauen. Und Pinkerton ist's, der ihm gesagt hat, der Süden sei viel stärker, obwohl ich, weiß Gott, nicht einzusehen vermag, wieso.«
»Ich möchte glauben, daß alles, was Pinkerton über den Feind berichtet, soviel Beziehung zur Wahrheit hat, wie ich zu Kleopatra.«
»Ich werde McClellan nicht zwingen, zuzuschlagen, bevor er bereit ist. Die drei abolitionistischen Senatoren haben mich besucht, die noch vor Beginn der Sitzungen nach Washington gekommen sind, um mir bei der Kriegführung zu helfen. Mein alter Freund Lyman Trumbull hat sie begleitet, der anscheinend auch keine hohe Meinung mehr von mir hat. Sie erklärten, ich müsse kämpfen, und zwar jetzt, sofort, denn eine Niederlage sei nicht schlimmer als ein Aufschub. Sie haben ja die Verantwortung für die Niederlagen nicht zu tragen; ich schon. Die Armee der Aufständischen braucht uns nicht anzugreifen, sie braucht keine Schlachten zu gewinnen, sie braucht sich nur gegen unsere Angriffe zu verteidigen.«
Wenn sie und Abraham das Leben im Weißen Haus nicht ganz so idyllisch fanden, wie es in Utopia sein mochte, so hatten ihre Söhne doch die größte Freude an dem neuen Heim. Ständig erhielten sie Geschenke, darunter vor allem zwei Ziegen, Nanny und Nanko, die sie vor kleine Karren spannten und mit denen sie durch die geräumige Vorhalle des Weißen Hauses rollten. Tad nahm Nanny nachts mit sich in sein Zimmer, und

als Nanko einmal entwischt war, mußte das ganze Weiße Haus sich auf die Suche machen, bis man ihn in einem Blumenbeet fand, wo er einige von Mr. Watts Lieblingspflanzen ausgescharrt hatte.
Am nächsten Nachmittag wurde sie von Julia Taft auf den Dachboden geführt, wo vor einem Publikum von Soldaten, Seeleuten, Gärtnern und Dienstleuten eine richtige Zirkusvorstellung stattfand. Alle Zuschauer waren über die Hintertreppe hinaufgeschmuggelt worden und mußten fünf Cent Eintrittsgeld bezahlen. Mary saß in der ersten Reihe zwischen der Köchin und einem Dienstmädchen. Tad erschien, die silbergeränderte Brille auf der Nase und begann zu singen:

Der alte Abe Lincoln ein Holzfäller war,
Der schlägt eines Tags auch der Feinde Schar.

Mary unterbrach ihn mit einem Flüsterton, der im ganzen Raum hörbar war: »Tad, bist du auch sicher, daß du dieses Lied singen sollst?«
»Pa hätte nichts dagegen. Es weiß doch jeder Mensch, daß er Holzfäller gewesen ist!«
John Hay unterbrach die Vorstellung.
»Hat einer von euch Jungen die Brille des Präsidenten? Er kann ohne sie keine Akten lesen.«
»Sagen Sie Pa, daß ich sie hab'«, erwiderte Tad. »Und er soll doch heraufkommen und zuschauen.«
»Er kann nicht, die Generale sind bei ihm.«
Widerstrebend lieferte Tad die Brille aus.
»Sagen Sie ihm, er soll heraufkommen, wenn die Generale weg sind!«
Wenige Minuten später erschien Abraham, zahlte fünf Cent, quetschte sich zwischen Mary und die Köchin und lachte herzlich über die Späße der Jungen.
»Ich wüßte nicht, was ich ohne Willi und Taddie anfangen sollte«, sagte er. »Denen gelingt's immer, mich aufzuheitern.«
Die Jungen bildeten eine Kompanie, genannt Mary Lincolns Zuaven. Abraham verschaffte ihnen etliche ausrangierte Uniformen. Als Mary aus dem Garten ein Geschrei hörte, rief sie: »Was ist denn jetzt wieder los?«
Julia Taft, die über einem Roman saß, erklärte ihr:
»Die Jungen müssen wieder einmal Jack begraben, die Puppe in Zuavenuniform. Sie stellen ihn jeden Tag vors Kriegsgericht und verurteilen ihn zum Tode. Dann graben sie ein Grab unter den Rosen und begraben ihn.«
»Julia – sie sollen keine Löcher unter den Rosen graben. Watt sagt, daß das die jungen Pflanzen zugrunde richtet.«
Sie fanden die Jungen rund um ein frisches Grab stehen, in dem die Puppe

Jack lag. Der Gärtner Watt kam gerade dazu und betrachtete den Schaden mit hilflosem Ärger. Plötzlich erhellten sich seine Züge.
»Jungen, warum laßt ihr Jack nicht begnadigen?«
Diese Idee gefiel Tad.
»Los! Gehen wir zu Pa! Er soll ihn begnadigen!«
Abraham, in seinem Arbeitszimmer, erwog die Frage mit gutgespieltem Ernst.
»Es ist ein sehr wohlbegründetes Gesetz, daß ein Mann nicht zweimal wegen derselben Schuld bestraft werden kann. Ihr habt Jack jetzt schon ein dutzendmal erschossen und begraben. Ich glaube, daß er Anspruch darauf hat, begnadigt zu werden.«
Er wandte sich zu seinem Schreibtisch, schrieb auf ein Blatt Papier einige Zeilen und reichte es Tad.
Die Jungen stürmten aus dem Zimmer. Mit wehmütigem Lächeln sagte Abraham zu Mary:
»Ich wollte, es ginge in allen Fällen so leicht. Gerade jetzt werde ich angegriffen, weil ich einen jungen Menschen begnadigt habe, der auf Posten eingeschlafenn ist. Sein General hat ihn zum Tode verurteilt, und McClellan hat das Urteil für richtig befunden. Der Feind tötet schon so viele von uns, ich kann's nicht ertragen, daß wir uns auch noch selber umbringen. Ich habe ihnen gesagt, sie sollen ihn lieber kämpfen lassen, statt ihn zu erschießen. Nach einem harten Tagewerk ist's eine Erholung für mich, wenn ich eine Ausrede finden kann, um einem Menschen das Leben zu retten.«
Mary streichelte ihn. »Einmal habe ich sagen hören: ›Ich glaube nicht daran, daß man einen Soldaten dadurch bessert, daß man ihn erschießt.‹ Und das klingt vernünftig; besonders in den Ohren der Mütter, deren Söhne man rettet.«

Sorgte Tad für die Erheiterung des Weißen Hauses, so war William der Liebling aller, ein zärtlicher Junge, der sich an seine Eltern schmiegte, wo er sie auch traf. Häufig, wenn Tad tagelang verschwunden war, in dem benachbarten Haus der Familie Taft aß und schlief, um sich der Öffentlichkeit des Lebens im Weißen Haus zu entziehen, verbrachte William seine Stunden in der Bibliothek bei Mary, kauerte im Sonnenschein in einem Lehnstuhl und verschlang die Bücher von Irving und Longfellow, las englische Gedichte und schrieb auch selber Geschichten und Verse.
Auch William hatte seinen Spaß an Tads Scherzen, doch gleichzeitig lebte er sein eigenes Leben, übte Klavier, nahm Stunden bei einem Hauslehrer, denn die vom Ideengut des Südens getragenen Schulen in Washington waren geschlossen worden. Mary war stolz auf Williams Fleiß und Feingefühl; er hat so viel von Abraham, dachte sie, mit seiner bedächtigen Art,

Probleme durchzudenken. Vielleicht wurde aus William ein Dichter, ein Schriftsteller! Bei dieser Aussicht errötete sie vor Freude.

Es war gut, daß die Kinder eine Atmosphäre von Wärme und Leben schufen, denn die Tage waren von trüben Nachrichten erfüllt. Ihr Freund Oberst Edward Baker war, als er eine Abteilung über den Potomac gegen Leesburg führte, bei Ball's Bluff von konföderierten Truppen aus dem Hinterhalt angegriffen und gegen den Fluß zurückgedrängt worden. Hunderte von Soldaten der Union waren ertrunken, waren gefallen oder gefangengenommen worden. Auch Oberst Baker war tot. Der erste bedeutende Zusammenstoß seit Wilson's Creek und abermals eine furchtbare Niederlage für die Unionsarmee.

Der Norden war in gedrückter Stimmung, und die Besorgnis wurde zu Angst und Verzweiflung. Bull Run, Wilsons's Creek, Ball's Bluff... sollten wirklich alle Schlachten verlorengehen? Sollten alle Unionssoldaten fallen, bis keiner zum Kämpfen übrig blieb und auch keine Union, für die man kämpfte? Die Abolitionisten im Kongreß beschuldigten Abraham, die höchsten Stellen nur mit Demokraten zu besetzen. Stone, ein Demokrat, hätte vorsätzlich Oberst Baker und dessen Truppen ausgeschickt, damit sie den Tod fanden; McClellan, ein Demokrat, plante hinterlistig, nie eine Schlacht gegen die Konföderierten zu schlagen, die so nahe in Virginia standen, daß wieder einmal ihre Batterien von Washington aus sichtbar waren.

Diese Anklagen hatten einen besonders bitteren Beigeschmack für Abraham. McClellan hatte ihn gezwungen, General Scott abzusetzen, weil er behauptete, General Scott sei es, der ihn daran hindere, zuzuschlagen; und nun war McClellan Oberbefehlshaber und beschränkte seine Tätigkeit noch immer darauf, Washington zu befestigen.

Die Familie ging zu einer der großen Paraden, die McClellan abhielt. Lauter Jubel erscholl aus den Reihen der Soldaten, als McClellan an der Spitze von etwa achtzehnhundert Berittenen vorübersprengte. Präsident Lincoln dagegen wurde mit Schweigen begrüßt. Der General wandte sich zu seinem Adjutanten:

»Wie die braven Burschen an mir hängen, und welche Kraft ihre Liebe mir verleiht! Was kann mich davon abhalten, die Regierung in die Hände zu nehmen?!«

An jenem Abend sagte Abraham zu Mary, er wolle zu McClellan gehen und darauf bestehen, daß der General seine Pläne für den kommenden Feldzug darlege und daß diese Pläne auch von Kabinett und Generalstab geprüft würden. Keine Stunde dauerte es, da war er sichtlich verstört wieder zurück.

»Ich neige gewiß nicht zu Temperamentsausbrüchen, aber diesmal bin ich doch ein wenig verärgert; auf alle meine Fragen erwiderte der General:

›Wenn der Präsident Vertrauen zu mir hat, dann ist es weder richtig noch notwendig, daß er meine Pläne dem Urteil anderer unterbreitet; ist aber Ihr Vertrauen zu mir so gering, daß Sie verlangen, die Pläne des kommandierenden Generals müßten von anderen Leuten bestätigt werden, dann sollten Sie einen Mann an meine Stelle setzen, der Ihr volles Vertrauen besitzt.‹ Heute früh habe ich bemerkt, daß der ›Herald‹ seinen Spitznamen Little Mac in Little Napoleon abgeändert hat. Was soll man aber Napoleon antworten?«

Der November verging, und noch immer gab es keinen Plan für den ›Marsch nach Richmond‹, nach dem Presse und Publikum verlangten. Als die letzte Woche des Monats mit grauem Himmel und den ersten Anzeichen des kommenden Winters begann, da sah Abraham, wie die Senatoren Wade, Chandler und Trumbull durch den Park auf das Weiße Haus zukamen.

Er ging in sein Arbeitszimmer und hatte eine lange Besprechung mit den drei Männern. Als er wieder ins Wohnzimmer kam, wirkte er gereizt.

»Ich muß zu McClellan ins Hauptquartier«, sagte er. »Ich nehme Tad mit, und unterwegs hole ich mir auch Seward aus seinem Amt.«

Tad war es, der, als sie mehrere Stunden später heimkamen, die Geschichte erzählte. Sie waren zu McClellan gegangen und erfuhren, der General sei bei der Hochzeit eines Offiziers. Sie hatten eine Stunde gewartet; dann kam McClellan, man meldete ihm, daß Mr. Lincoln ihn zu sprechen wünsche, woraufhin er sich in das obere Stockwerk verzog, ohne sich dem Präsidenten zu zeigen. Nach einer weiteren halben Stunde wurde ein Diener hinaufgeschickt, um dem General mitzuteilen, daß der Präsident und der Staatssekretär auf ihn warteten. Der Diener kam zurück und meldete, der General sei zu Bett gegangen.

Mary war entrüstet.

»Abraham, du hast ihm doch sicher deine Meinung gesagt!«

»Ich will McClellan das Pferd halten, wenn er uns nur einen Erfolg heimbringt«, erwiderte Abraham gelassen. »Man gewinnt nichts dabei, wenn man sich auf Etikette und persönliche Würde versteift. Meiner Meinung nach hat er uns eine prächtige Armee aufgebaut.«

»Zum Kampf oder zur Parade?« Sie war wütend über die Beleidigung, die Abraham angetan worden war, und ihre Wangen flammten. »Er veranstaltet großartige Paraden, doch das ganze Land verlangt eine Entscheidungsschlacht. Wir sollen ja zweihunderttausend kampfbereite Männer unter den Waffen haben!«

»Pinkerton hat McClellan gemeldet, daß die Konföderierten bei Manassas neunzigtausend stehen haben; McClellan erklärte, er könne nur sechsundsiebzigtausend Mann dagegen aufbieten. Er sagt, er brauche noch mehr Soldaten, und wenn sie ausgebildet wären, wolle er kämpfen.«

»Aber wir haben doch einen Sieg so bitter notwendig! Und wenn's nur ein kleiner Erfolg wäre...«
Am nächsten Morgen schneite es, und da traf Abraham der härteste Schlag seit Ball's Bluff. General McClellan ließ seine Leute Bäume fällen und Winterquartiere errichten. Seine Armee werde erst im Frühjahr und bei gutem Wetter kämpfen. Abraham war in düsterster Stimmung. Abermals gönnte man den Aufständischen vier oder fünf Monate, um ihre Armee zu rekrutieren und auszubilden, um ihre Verpflegung sicherzustellen, um die Eisenbahnen und die anderen Verbindungslinien zu organisieren, Steuern einzutreiben, Baumwolle nach Europa zu exportieren und dafür alles Material zu kaufen, das sie brauchten: Tag um Tag wurde ihre Regierung stärker, saß fester im Sattel. Sie verhandelten darüber, diplomatische Vertreter in die europäischen Hauptstädte zu schikken, sich die Anerkennung als selbständiger Staat zu verschaffen, in Europa Anleihen aufzunehmen, Waffen und Munition zu kaufen, ihre eigenen Schiffe zu bauen, ihre eigene Kriegsindustrie zu organisieren. Im kommenden April dauerte der Krieg bereits ein Jahr – konnten die Rebellenstaaten je wieder in die Union gezwungen werden?!
Er wandte sich zu Mary. »Jetzt ist das Urteil gefällt; mein alter Freund und Anhänger Lyman Trumbull hat eben den Leuten in Illinois erklärt, in normalen Zeiten wäre ich vielleicht ein erfolgreicher Präsident geworden, doch die jetzige Krise übersteige meine Kräfte.«
»Wie harmlos!« entgegnete sie. »Du hast Senator Wades Antwort auf meine Einladung zu einem Empfang nicht gelesen. Er schreibt: ›Vom Nordwesten wurden Truppen herbeigezogen, um es Mrs. Lincoln zu ermöglichen, ihr Französisch und ihr Tanzen ohne Unterbrechung fortzusetzen.‹ Ach, Abraham, welche Sünden haben wir denn nur begangen, daß unsere eigenen Leute erbarmungsloser zu uns sind als der sogenannte Feind?!«
Er legte den Arm um sie, führte sie ans Fenster, wo die beiden Jungen den ersten Schneefall beobachteten.
»Hoffentlich wird er so hoch sein wie der Zaun!« rief Tad.
William schaute zum Fenster hinaus und sagte, den Tränen nahe: »Pa hat keine Zeit mehr, mit uns zu spielen. Ich weiß nicht, ob's gar so ein Vergnügen ist, Präsident zu sein...«
Abraham wandte sich zu den Jungen.
»Komm, Willi, wir wollen den Schlitten suchen gehen und den Hügel hinunterfahren. Allem Augenschein nach kann ich ruhig fortbleiben, die Regierung ist ohne mich viel besser dran. Kommst du, Mary?«

Eine Anzahl Bundessoldaten, die bei Bull Run gefangengenommen und nachher ausgetauscht worden waren, kamen in Washington mit Ge-

schichten von einem ›dicken, bösen Leutnant‹ an, der das Gefängnis in Richmond leitete.
Der Name dieses Kerkermeisters war David Todd.
Und wie die Zeitungen des Nordens ausführlich klarmachten, war er der Bruder der Präsidentin.
Sie konnte die Geschichten über David einfach nicht glauben. Hatte sie nicht herrliche Stunden mit ihm verbracht, wenn sie zusammen durch die Wälder um Lexington und Buena Vista gewandert oder geritten waren? Er war doch so ein guter, liebenswürdiger Junge gewesen! Konnte ein Krieg ruhige, anständige Männer so schnell in wilde Bestien verwandeln? Das wollte sie nicht glauben.
Doch der Norden glaubte es und hatte keinen Grund, daran zu zweifeln. Und da die Zeitungen einmal begonnen hatten, meldeten sie, daß noch drei andere Brüder der Präsidentin, Alexander, Samuel und George, als Offiziere in der Konföderierten Armee dienten; daß ihr Schwager Ben Hardin Helm Oberst im Ersten Kavallerieregiment von Kentucky war, das er für die Sezessionisten rekrutiert und ausgebildet hatte; daß die Präsidentin elf Vettern zweiten Grades bei den Leichten Dragonern von Carolina habe, daß ihre Schwester Elodie mit Oberst Dawson verheiratet sei und ihre Schwester Martha mit Hauptmann White, beide in der Armee der Konföderierten; daß ihre Mutter mit einer sezessionistischen Tochter in Alabama lebe. Artikel über ihre Herkunft aus dem Süden, über ihre Erziehung im Süden erschienen, berichteten, ihr Vater sei selber Sklavenhalter gewesen, habe Sklaven auf dem Block versteigern lassen. Vorher waren die Angriffe gegen sie nur in der Oppositionspresse erschienen; jetzt waren es die republikanischen Blätter, die von ihr sagten: Zwei Drittel sezessionistisch, ein Drittel für die Sklaverei!
Geschichten gingen von Mund zu Mund, von Brief zu Brief, von Großstadtzeitungen in die Provinzblätter. Mary Todd Lincolns Sympathien gehörten dem Süden, sie wünsche den Sieg der Konföderierten. Und jetzt endlich wurde die ganze Wahrheit enthüllt:
Frau Präsidentin Lincoln war eine Spionin!
Sie wurde beschuldigt, ein Spionagesystem für die Armeen des Südens organisiert zu haben, Briefe von Generalen der Konföderierten zu erhalten, Informationen über die Stärke und Pläne der Bundesarmee weiterzugeben, ihre bevorzugte Stellung im Herzen der Regierung, im Weißen Haus, zu mißbrauchen, um die geheimsten Pläne des Präsidenten, des Kabinetts, der Armeeleitung zu erfahren.
War das nicht eine Erklärung für die Niederlagen von Bull Run, Wilson's Creek und Ball's Bluff? Für die Tatsache, daß General McClellans Armee noch keinen Angriff unternommen hatte?
Die Briefe, die an sie gerichtet waren, wurden immer heftiger. Es gab

keine Beschimpfung, die man ihr ersparte. Sie wurde für den Tod der Männer bei Ball's Bluff verantwortlich gemacht, deren Leichen man jetzt unter der Long Bridge aus dem Fluß fischte. Sie sollte vor ein Kriegsgericht gestellt, erschossen, gehängt, aus dem Weißen Haus hinausgepeitscht werden!

William Stoddard, ein sechsundzwanzigjähriger Sekretär, der jetzt zum Stab des Weißen Hauses gehörte, suchte sie auf. Er war während der Debatten des Jahres 1858 Redakteur in Illinois gewesen und hatte 1860 unermüdlich für Abrahams Wahl gearbeitet. Mary fand, er sei von allen Beamten des Weißen Hauses der sympathischste.

»Sie sind ja ganz aufgeregt, Mr. Stoddard!«

»Der schuftige Kerl, der die Akten ablegt, Mrs. Lincoln, hat eine Reihe der an Sie gerichteten Briefe in die Hände bekommen und jeden einzelnen geöffnet. Ich habe ihn erwischt, bevor er sie lesen konnte, aber ich weiß nicht, was ich mit ihm tun soll.«

Stoddards Andeutung war unmißverständlich; der Beamte hatte in den Briefen nach Informationen und Klatsch forschen wollen.

»Mr. Stoddard, ich wünschte, Sie würden jeden Brief lesen, der an mich gerichtet ist. Sie haben ja schon viele gesehen, und so müssen Sie begreifen, warum mir daran liegt.«

»Gewiß begreife ich es, Mrs. Lincoln, aber ich hätte gern Ihre Erlaubnis, die Schmähbriefe in den Papierkorb zu werfen. Nicolay und Hay tun das jetzt mit den Briefen an den Präsidenten. Sie brauchten diese vergifteten Briefe ebensowenig zu lesen, wie Sie vergiftete Speisen essen würden.«

Sie war gerührt.

»Tun Sie es, bitte, Mr. Stoddard, und ich werde Ihnen sehr dankbar sein.«

Stoddard trat ans Fenster, schob den Vorhang zur Seite, sah auf den Garten hinunter.

»Sie werden mir vielleicht erlauben, Ihnen in einer bestimmten Angelegenheit behilflich zu sein. Es hat Sie unglücklich gemacht, daß die Zeitungen Ereignisse meldeten, die sie nur von vertrautesten Freunden des Weißen Hauses erfahren haben konnten. Ich weiß jetzt ganz genau, wo die undichte Stelle ist. Ich habe den Betreffenden mehrmals dabei erwischt, wie er vor der Tür gehorcht hat. Und er ist von Anfang an ein willkommener Gast gewesen.«

Marys Wangen röteten sich.

»Einer unserer Freunde sollte vertrauliche Gespräche weitergeben?«

»Ja, Mrs. Lincoln, es ist Henry Wikoff.«

»Wikoff! Das kann ich nicht glauben! Ein vollendeter Weltmann, ein Mann mit Privatvermögen ...«

»Wenn Sie Anspielungen auf völlig erfundene Ereignisse in seiner Gegenwart fallen lassen und er der einzige ist, der Ihr Vertrauen täuschen kann, so werden Sie ihn binnen einer Woche erwischen, davon bin ich fest überzeugt.«

Stoddard hatte recht gehabt; sie ertappte Wikoff auf frischer Tat. Er hatte dem ›Herald‹, in New York zwei Geschichten hinterbracht, die sie eigens zu diesem Zweck erfunden hatte. Und nun erfuhr sie erst, daß er genau zu diesem Zweck von Bennett, dem Besitzer des ›Heralds‹, ins Weiße Haus geschickt worden war. Marys Zusammenstoß mit Nicolay und Hay war die Folge des Verrats dieses Mannes, den sie als Freund und Ratgeber willkommen geheißen hatte.

Dieser Schlag traf sie zutiefst. Sie zog sich in ihr Zimmer zurück, sagte alle Verabredungen ab, ertrug es kaum, andere Menschen zu sehen als ihre nächste Familie.

Dann, eine Woche nach der Einberufung des Kongresses, Anfang Dezember, ließ sie davon ab, über ihr eigenes Mißgeschick zu trauern, denn jetzt brauchte Abraham alle Teilnahme, deren sie fähig war. Eine Gruppe von Abolitionisten brachte im Senat und dann im Repräsentantenhaus ein Gesetz durch, das einen Kongreßausschuß ermächtigte, die Kriegführung zu überprüfen. Obgleich es nicht ihr eingestandener Plan war, die Administration anzugreifen, sondern nur dafür zu sorgen, daß der Krieg mit aller Kraft fortgesetzt werde, begannen sie doch gleich mit einer Untersuchung, die sich auf die militärischen Niederlagen bei Bull Run, Wilson's Creek und Ball's Bluff erstreckte, auch die kommandierenden Offiziere einbezog, und nahmen sich das Recht, Offiziere zu verhören und sich über alle Pläne informieren zu lassen. Jetzt würde Abraham auf dem Hals haben, was er ›einen hysterisch unverantwortlichen Ausschuß‹ nannte, der ›gewillt war, die Emanzipation auf Kosten der Union durchzuführen‹.

Wie umfangreich die Macht dieses Ausschusses war, erfuhr Mary erst, als William Stoddard durch einen Freund benachrichtigt wurde, daß der Ausschuß noch an diesem Morgen in einem Raum des Weißen Hauses zusammentreten sollte, um sich mit Mrs. Abraham Lincoln zu beschäftigen.

»Ja, warum denn?« rief sie.

Stoddard fand nur mühsam Worte.

»Wegen wichtiger Informationen, die den Geheimagenten der Konföderierten zugekommen sind. Zu ihrer Rechtfertigung behaupten sie, falls die Geschichten, die ihnen zugetragen worden waren, sich als wahr erweisen sollten, so hefte sich die Anklage wegen Verrats an die Familie des Präsidenten im Weißen Haus. Irgend etwas muß sofort geschehen, wenn man dem ein Ende machen will!«

Heiße Tränen rannen ihr über die Wangen. Stoddard zog sich zurück. Das war die schmerzlichste Demütigung, die ihr je zuteil geworden war – der

Senat der Vereinigten Staaten klagte sie des Verrats an! Keine Frau, kein Verwandter eines Präsidenten hatte je in der Geschichte der Nation solche Schmach erdulden müssen. Das wäre für sie das Ende; keine Aussicht gab es mehr, während Abrahams Präsidentschaft gute, nützliche Arbeit zu leisten. Nicht länger könnte sie die Erste Dame bleiben. Sie würde ihre Koffer packen und mit ihren Kindern nach Springfield zurückkehren müssen.

Von den Kreisen des Südens in Washington hatte sie die Klatschgeschichten über niedrige Herkunft und Bildung erdulden müssen. Nun, diese Menschen hatten eine Niederlage erlitten und waren verbittert; sie hatte die ungeheuerlichen Berichte über ihre Sympathien für die Konföderierten und ihren Mangel an Mitgefühl mit den Gefallenen der Union über sich ergehen lassen; das waren die demokratischen Blätter gewesen und somit die Opposition. Sie hatte den täglichen Fluten von Hysterie und Beschimpfungen standgehalten, die sich in den Briefen bis in ihr Heim ergossen; nun, diese Menschen waren krank, sie konnte ihnen vergeben; sogar den Verrat eines vertrauten Freundes hatte sie überlebt... wie aber sollte sie diesem amtlichen Vorgehen der eigenen Regierung gewachsen sein?

Ihr Atem ging kurz, sie spürte eine Leere in der Brust, einen dumpfen, pochenden Schmerz in ihrer Kehle. Sie biß die Zähne zusammen, klammerte sich an die Armlehnen ihres Stuhls. Und als sie sich halbwegs beruhigt hatte, ließ sie Abraham rufen.

Seine Augen wurden zu Abgründen von schwarzer Wut. Er stapfte aus dem Zimmer, zog den schweren Wollmantel an, ging aus dem Haus. Vom Schlafzimmer aus konnte sie ihn sehen, wie er über die Anfahrt auf die Pennsylvania Avenue hinausmarschierte. Und bei all ihrem Elend hatte sie Mitleid mit ihm. Gab es auf Erden einen einsameren Menschen?

Sie kehrte ins Wohnzimmer zurück und wartete. Er kam und küßte ihr väterlich die Wange.

»Mutter, du brauchst dir nie wieder über diesen Unsinn Sorgen zu machen. Das ist erledigt.«

Und ohne ein weiteres Wort zu sagen, machte er kehrt und ging.

Am 1. Januar 1862 erwachte sie früh; es war ein heller, milder Tag. Der traditionelle Neujahrsempfang sollte um Mittag beginnen. Mrs. Keckley erschien um neun, um ihr bei der Toilette zu helfen. Mary verbarg ihre Nervosität, während Mrs. Keckley ihr in die Unterröcke und in die Stahlreifen half, die dem grauseidenen Kleid den rechten Sitz verleihen sollten. Dieser Empfang würde der schwierigste im Verlauf ihrer zehn Monate im Weißen Haus sein. Glaubten denn die Menschen in Washington, daß die Angriffe auf Marys Ehre und Treue berechtigt waren? Man hatte viel über ihre Verschwendungssucht gehört, doch nie Gelegenheit gehabt, das Weiße Haus in seinem jetzigen Zustand zu sehen. Wie würde man das aufnehmen?

Wenige Minuten vor zwölf erschien Abraham. Auch für ihn war dieser Empfang eine Prüfung; wie stand es um seine Beliebtheit in Washington und im Norden überhaupt? Welche Erfolge hatte er aufzuweisen? Als er in sein Amt eingeführt wurde, waren sieben Staaten abgefallen, jetzt hatte die Union elf Staaten verloren; als er seinen Eid abgelegt hatte, war es noch zu keinem bewaffneten Zusammenstoß gekommen, jetzt standen die beiden Hälften der Union einander von Virginia bis New Orleans auf Schlachtfeldern gegenüber. Als er das Weiße Haus betreten hatte, wurde ihm in Europa Achtung gezollt; jetzt drohte England mit Krieg, weil der Norden zweimal Waren für den Süden auf britischen Schiffen beschlagnahmt hatte; Frankreich war erzürnt, weil die Blockade es von den Baumwollzufuhren aus dem Süden abschnitt, und konnte sich sehr wohl mit England verbünden. Als er sein Amt angetreten hatte, war die Staatskasse wohlgefüllt gewesen, die Geschäfte der Nation standen günstig; jetzt war die Staatskasse leer, und man mußte Papiergeld drucken. Abraham gab Tag um Tag eine Million Dollar für Armeen aus, die nicht kämpften, und die Geschäfte der Nation waren zu völligem Stillstand gekommen. Anklagen wegen Unfähigkeit und Korruption konnten nicht länger überhört werden, denn der Kriegsminister Cameron hatte Kontrakte mit Leuten abgeschlossen, von denen die Armee Schußwaffen bezog, die nicht schossen, Pferde, die untauglich waren, Uniformen und Stiefel, die beim ersten Regen zerfielen.

Kurz vor zwölf kamen sie über die Haupttreppe hinunter; die Musik der Marine spielte, und das Präsidentenpaar stand im Ostsaal, um die Offiziere von Armee und Marine, das Kabinett, die Botschafter und Gesandten und ihre Attachés zu empfangen. Punkt eins öffneten sich die Tore, und das Volk strömte ein.

Von allen Seiten hörten sie billigende, begeisternde Bemerkungen. Leute, die zum ersten Mal kamen, und andere, die das Weiße Haus seit Jahren kannten, waren einer Meinung. Man sagte ihr:

»Mrs. Lincoln, das ist eine erstaunliche Veränderung! Sie haben aus einem schäbigen alten Haus ein wahres Schmuckstück gemacht!«

Adele Douglas, ganz in Schwarz, die sich seit der Trauerfeier des Senats nicht in der Öffentlichkeit gezeigt hatte, war auch gekommen.

»Mrs. Lincoln«, sagte sie, »ich war überzeugt, daß Sie etwas wirklich Schönes aus dem Weißen Haus machen würden.« Sie hielt sekundenlang inne. »Ich weiß, daß Sie es unter sehr schweren Bedingungen getan haben.«

Nachdem der Empfang vorüber war, zogen sie sich in Marys Schlafzim-

mer zurück und tauchten die schmerzenden Hände in heißes Wasser. Abraham erzählte ihr, daß er nur Lobsprüche über ihren Geschmack und ihr Urteil gehört habe.
»Das hätte meinem Vater Freude gemacht«, flüsterte sie wehmütig. »Er hat es mich gelehrt.«
Nun war der Augenblick da, um ein Problem zur Sprache zu bringen, über das sie in den letzten zwei Monaten geschwiegen hatte. Sie holte tief Atem und sagte mit einer Stimme, die möglichst ruhig klingen sollte:
»Ich freue mich, daß es dir gefällt, Abraham, denn es kostet einen Haufen Geld.«
»Nun, wir wollen einmal nachrechnen, erst einmal sechstausend, und weitere zwanzigtausend vom Kongreß ...«
»Es tut mir leid, Abraham, aber ich hätte das ganze Haus nicht mit sechsundzwanzigtausend Dollar neu herrichten können; nicht ohne minderwertiges Material zu benützen ...«
Er sah sie scharf an.
»Was soll das heißen, Mary?«
»Es gibt noch eine Rechnung, die nicht bezahlt worden ist; es ist die letzte, aber sie umfaßt eine ganze Menge Dinge.«
»Du willst damit sagen, daß du die bewilligten Beträge überschritten hast?«
»Ja. Um 6850 Dollar und achtzig Cent.«
»Aber, Mary, es ist kein Geld mehr vorhanden! Warum hast du das getan?«
»Weil das nun eben die nötigen Auslagen waren. Hier, sieh dir die Rechnungen selber an; du wirst merken, daß gerade jene Dinge darauf stehen, die am meisten Bewunderung geerntet haben.«
Er griff nach der Abrechnung und begann laut zu lesen:
»Tapeten für vier Zimmer, Zimmer des Präsidenten Dollar 432,50, Zimmer der Präsidentin Dollar 254,45 ...« Er sah mit leisem Lächeln auf. »Ich merke, daß du nur halb so viel gekostet hast wie ich. Tapete für den Ostsaal aus Paris Dollar 832,–, Roter Salon Dollar 392,–, Blauer Salon Dollar 399,50 ...«
»Zu all diesen Ausgaben bin ich im letzten Sommer von Mr. Wood ermächtigt worden. Wieviel die Gesamtsumme ausmachen würde, habe ich vorher nicht wissen können. Aber ich habe in den Archiven nachgesehen, Abraham: Andrew Jackson hat für die Renovation des Weißen Hauses fünfundvierzigtausend Dollar ausgegeben, das sind um zwölftausend Dollar mehr, als ich ausgegeben habe; und Martin Van Buren hat sechzigtausend Dollar ausgegeben, das Doppelte von dem, was ich ausgegeben habe. Franklin Pierce, der keine Gesellschaften veranstaltet hat, hielt es dennoch für notwendig, fünfundzwanzigtausend Dollar für die Herrich-

tung des Hauses auszugeben, Monroe hat die gesamte Einrichtung aus Frankreich kommen lassen. Das ist kein verschwendetes Geld, Abraham, und es ist auch nicht verloren, denn jetzt wird das Weiße Haus auf Jahre hinaus seinen Zweck würdig erfüllen können.«
Es bedeutete eine wesentliche Erleichterung für ihn, als sie ihm im einzelnen aufzählte, was andere Präsidenten ausgegeben hatten.
»Ich bin gewiß nicht unempfindlich für das, was du fertiggebracht hast, Puß, aber ich kann jetzt nicht zum Kongreß gehen und noch mehr Geld verlangen; wir haben zu viele Gegner, die das zum neuen Vorwand für ihre Kritik nehmen werden. Ich ziehe es vor, das aus eigener Tasche zu bezahlen.«
Er stand auf, ging in sein Arbeitszimmer und kam mit einer Handvoll von Gehaltsanweisungen zurück. »Das macht beinahe dreizehntausend Dollar aus. Wir können uns also leisten, die 6900 zu bezahlen.«
»Großer Gott, ich werde doch nicht erlauben, daß du drei oder vier Monate von deinem Einkommen für ein Haus ausgibst, das uns nicht gehört! Es waren heute genug Kongreßmänner da, denen die Renovation gefallen hat; sie werden das Geld schon bewilligen.«
Nach kurzer Pause fragte er kläglich:
»Und ist es damit zu Ende? Werden wir nichts mehr verlangen müssen?«
»Keinen Dollar! Das heißt – wenn nicht gerade das Dach über uns einfällt.«
»Schön, wenn es also wirklich damit sein Bewenden hat, werde ich schon den rechten Augenblick finden, um den Kongreß noch um siebentausend Dollar zu ersuchen. Aber ich möchte doch lieber warten, bis die Armee wenigstens ein Scharmützel gewonnen hat... sonst ist man imstande, uns zu kündigen!«

Nach dem Neujahrstag war Billy Herndon der erste Gast im Weißen Haus; Marys Schwester Elizabeth hatte geschrieben, in Springfield glaube man, Herndon fahre nach Washington, um von seinem Partner den Posten eines Gesandten in Italien zu erbitten. Um Mittag, als Abraham nach der ersten Besprechung mit Herndon ins Wohnzimmer kam, lachte er.
»Ich weiß, du hast dir Sorgen gemacht, ich könnte ihn zum Gesandten ernennen; aber er will von mir, daß ich ihm zu einer neuen Frau verhelfe; die alte ist vor einigen Monaten gestorben.«
»Eine neue Frau? Bist du vielleicht, was unser Freund Dr. Isachar Zacharie einen ›Schadchen‹ nennt?«
Sich als Heiratsvermittler zu sehen war eine Vorstellung, die Abraham erheiterte.
»Herndon bewirbt sich um eine Schöne. Und sein zukünftiger Schwager

hat versprochen, die Werbung zu unterstützen, wenn Herndon ihm eine gute Stelle verschaffen kann.« Er zauderte. »Ich habe ihn ins Innenministerium geschickt... und dann habe ich ihn zum Abendessen eingeladen; weniger können wir doch nicht tun, Puß.«
Sie setzte sich auf ihrem Stuhl auf und schluckte.
»Vermutlich nicht.«
Mitte Januar mußte sie die unvermeidliche Reihe von offiziellen Diners über sich ergehen lassen. Das würde die dreitausend Dollar aus dem Familienvermögen kosten. Die beständigen Angriffe hatten ihr derart zugesetzt, daß sie gern bereit gewesen wäre, auf dergleichen förmliche Festlichkeiten zu verzichten, doch, seltsam genug, nun wurde von den Familien der Kongreßmitglieder aus dem Norden ein erheblicher Druck auf sie ausgeübt; sie müsse unbedingt eine große Gesellschaft geben, weil in Washington eine wahre Begräbnisstimmung herrschte. Die Niedergeschlagenheit hatte alle Kreise ergriffen, nicht zuletzt, weil General McClellans Truppen Winterquartiere bezogen hatten. Vielleicht, wenn Mrs. Lincoln für ein wenig Heiterkeit sorgen könnte, das würde ganz Washington gut tun.
Sie wartete, bis Abraham an jenem Abend um elf Uhr in ihr Schlafzimmer kam, um mit ihr zu plaudern, bevor er sich zurückzog, und dann erzählte sie ihm von ihrer Idee, einen großen Empfang zu veranstalten und dafür die offiziellen Diners vom Programm zu streichen.
»Ich fürchte, daß das der Tradition widerspricht«, meinte er.
»Wir sind im Krieg, Abraham, und da kann man sich über die Tradition hinwegsetzen.«
»Ja, aber wir dürfen nicht nur ans Sparen denken.«
Sie errötete und sagte rasch: »Öffentliche Empfänge sind demokratischer als Staatsdiners. Für dieselben tausend Dollar, die es uns kostet, dreißig Gäste zu bewirten, können wir einen Empfang, einen Ball und um Mitternacht ein Souper haben, das ich bei Maillard in New York bestellen würde. Auf diese Art können wir das Kabinett, das Bundesgericht, den Kongreß, die Departementchefs, die Richter, das ganze diplomatische Korps, die Generale, Admirale, Gouverneure einladen... es gibt außerdem eine Menge Fremde in der Stadt, die wir wohl zu Empfängen einladen können, nicht aber zu Staatsdiners.«
»Du bist der geborene Advokat!«
»Seward hat gemeint, wir sollten einen Empfang mit geladenen Gästen geben; wir würden nicht mehr als fünfhundert Einladungen ausschicken, dann wäre bequem Raum zum Tanzen und Promenieren.«
Unverzüglich setzten Proteste ein: von jenen, die am Brauch der offiziellen Diners festhalten wollten, von Journalisten, die nicht zum Empfang eingeladen worden waren, von allerlei Privatpersonen, die meinten, auch

ihnen hätte eine Einladung gebührt. William Stoddard erklärte, es handle sich um einen offiziellen Empfang, doch die Angriffe wurden so heftig, daß Mary noch einige hundert Einladungen ausschicken mußte, obgleich sie wußte, daß das Weiße Haus nun von Krinolinen hoffnungslos überfüllt sein werde und man sich bestimmt nicht rühren, geschweige denn tanzen konnte.

Unvorbereitet trafen sie die achtzig Absagen der Abolitionisten im Kongreß unter Führung von Senator Benjamin Wade:

›Ist der Präsident, ist sich Mrs. Lincoln dessen bewußt, daß wir mitten in einem Bürgerkrieg sind? Wenn sie es nicht sind, so sind es doch Mr. und Mrs. Wade, und aus diesem Grund lehnen sie es ab, an Tafeln und Tanzen teilzunehmen.‹

Ende des Monats hatte der Regen die Straßen in Flüsse und Sümpfe verwandelt. Das erinnerte sie an jene trostlosen Winterwochen, als sie und Abraham mit Robert und Edward in dem Hinterzimmer von Mrs. Spriggs Pension eingepfercht gewesen waren. Der erste Februar war ein ganz besonders rauher, regnerischer Tag; zwölf Jahre waren jetzt seit dem Tod des kleinen Edward verstrichen. Sie bat Julia, in den Roten Salon zu kommen und ihr vorzuspielen.

»Diese Gedenktage gehen mir so schrecklich nahe.«

Als sie William und Tad zuletzt gesehen hatten, waren die beiden in ihr Spielzimmer unter dem Dach hinaufgestiegen, doch spät am Nachmittag kamen sie völlig durchnäßt heim; sie waren auf ihren Ponys den Potomac entlang geritten. Beim Schlafengehen niesten sie, und am Morgen war die Erkältung da. Mary hatte für den Nachmittag einen kleinen Empfang in der Familienbibliothek und abends einen zweiten im Roten Salon angesetzt, doch sie sagte beide ab und blieb bei den Jungen.

Als sich am nächsten Morgen keine Besserung zeigte, ließ sie Dr. Robert K. Stone kommen, der die Kinder untersuchte und versicherte, es handle sich lediglich um eine Erkältung. Doch dann setzte er hinzu:

»Ich würde empfehlen, die beiden Jungen voneinander zu trennen; es tut nicht gut, wenn sie während ihrer Krankheit so nahe beisammen bleiben.«

Mary ließ das große Prinz-von-Wales-Zimmer heizen, das Bett mit Bettflaschen wärmen, dann wickelte Abraham William in Decken und trug ihn in das Bett im Gastzimmer. Mary und Mrs. Dorothea Dix, Oberschwester beim Sanitätsdienst der Armee, blieben die ganze Nacht wach und gingen von einem Krankenzimmer ins andere. Als Abraham sich am Morgen zeigte, war Mary sichtlich beunruhigt.

»Die Jungen sind richtig krank. Ich würde den Empfang gern absagen.«

Abraham meinte: »Nun, nun, Mutter, wir haben etwa achthundert Ein-

ladungen ausgeschickt. Meiner Ansicht nach sollte man den Empfang nicht absagen. Aber fragen wir doch Dr. Stone.«
Dr. Stone war enttäuscht, weil Williams Fieber nicht sinken wollte, sah aber keinen rechten Grund dafür, den Empfang abzusagen. Mary blieb die ganze Nacht vor dem Kaminfeuer sitzen und beobachtete William, dessen Atem rasselnd ging. Tad schlief ruhig.
Obgleich sie zwei Nächte ohne Schlaf verbracht hatte, ließ sie es sich nicht nehmen, selber mit Maillard alle nötigen Anordnungen zu treffen, der mit seinen eigenen Köchen und Kellnern und den herrlichsten Speisen aus New York eingetroffen war. Dann machte sie mit Mrs. Watt und etlichen Dienstboten des Weißen Hauses die Runde, überzeugte sich selbst davon, daß alles vorbereitet war, die Vasen reichlich mit Blumen, die Schalen reichlich mit Süßigkeiten gefüllt.
Sie empfingen im Ostsaal. Nachdem sie den Gästen die Hände geschüttelt hatten, gingen sie durch den Grünen, den Blauen, den Roten Salon. In einer Ecke der Halle spielte die Marinekapelle. Abraham hätte gar keinen Einwand gegen das Tanzen erheben müssen, denn um neun Uhr war das Gedränge so dicht, daß an Tanzen nicht zu denken war.
Dreimal stahl sie sich hinauf in Williams Zimmer; auch Abraham ging zweimal zu dem Knaben; William stöhnte im Schlaf, doch Mrs. Dix meinte, er brauche derzeit keine besondere Pflege.
Als Mary und Abraham um elf in den Speisesaal gehen wollten, entdeckten sie, daß dem Butler, der die Tür den ganzen Abend hindurch versperrt gehalten hatte, der Schlüssel abhanden gekommen war. Da die Menge den Roten Salon und dahinter den Blauen Salon füllte, rief ein Gast: »Ich bin dafür, vorzurücken!« Und ein Witzbold erwiderte: »Das Vorrücken an die Front wird ja nur durch die Torheit der Befehlshaber verhindert!«
Schließlich öffneten sich die Türen, und Mary strahlte vor Entzücken, so prächtig war der Tisch dekoriert. In der Mitte erhob sich, von kunstfertigen Zuckerbäckern erbaut, das Dampfschiff ›Union‹ mit ragendem Sternenbanner, und auf einem Seitentisch stand ein Modell von Fort Sumter, ganz aus Zucker. Eine mächtige Bowle war bis an den Rand mit Champagnerpunsch gefüllt, Nymphen aus Nougat verzierten einen Springbrunnen, und über die ganze Länge der Tische reihten sich Fasanen, Schinken, Truthähne, Enten, Rebhühner, Rehbraten, und an den Enden waren Bienenkörbe aufgestellt, die das Dessert enthielten.
Erst um drei Uhr verließ der letzte Gast das Haus und nach allgemeiner Ansicht hatte es seit Jahren keine so gelungene Veranstaltung gegeben. Erschöpft zog Mary sich in ihr Zimmer zurück.
Tad kam langsam wieder zu Kräften, dagegen magerte William ständig ab. Trotz den ermüdenden Nachtwachen war sie nicht ernstlich besorgt, bis Dr. Stone ihr mitteilte, die Krankheit beginne einen typhoiden Cha-

rakter anzunehmen. Mit Dr. Stones Zustimmung wurde auch Dr. Neal Hall berufen.
Am 19. Februar brachte Stoddard ihr ein Päckchen.
»Mrs. Lincoln, da ausdrücklich darauf steht ›persönlich und privat‹ und es aus einem Ort in der Nähe der Heimat kommt, dachte ich, der Absender könnte ein Verwandter sein, und so habe ich es nicht geöffnet.«
Sie dankte ihm, riß das Streifband auf und entfaltete eine Zeitung. Es war eine Nummer der ›Axis‹ aus Menard in Illinois vom 15. Februar. Unter dem Namen John Hill fand sie einen Leitartikel von zwei Spalten, der mit Tinte angestrichen war. Es handelte von Abrahams Jahren in New Salem; und dann kam ein Absatz, den jemand mehrmals unterstrichen hatte: ›Jetzt betätigte er sich auf einem neuen Schauplatz. Zufällig lernte er eine Dame kennen, in der er den Gipfel der Vollkommenheit zu erblicken glaubte. Nur an sie konnte er denken, nur von ihr konnte er träumen. Bald gestand er ihr seine Gefühle und durfte entzückt erfahren, daß sie erwidert wurden. Das war für ihn höchste Seligkeit, und ungeduldig erwartete er das Kommen des Tages, der ihnen die letzte Vereinigung bringen würde. Doch, ach, dieser Tag sollte nie anbrechen. Die liebenswürdige Schöne wurde von Krankheit befallen und starb. Der junge Mann hatte sein Herz völlig an sie verloren gehabt, und das war mehr, als er zu ertragen vermochte. Er geleitete sie zur letzten Ruhestätte, und als die kalten Schollen dumpf auf den Sarg aufschlugen, da zog es den Liebenden zu ihr in die Gruft. Schwermut übermannte ihn; er war völlig umgewandelt. Seine Freunde bemerkten diese seltsame Veränderung seines Benehmens und bewachten ihn; sie fürchteten, er könnte Selbstmord begehen...‹
Erstarrt saß sie da, unfähig, einen Gedanken zu fassen, irgend etwas zu begreifen. Ihre Blicke wanderten über den unterstrichenen Absatz. ›Nur an sie konnte er denken, nur von ihr konnte er träumen... die letzte Vereinigung... geleitete sie zur letzten Ruhestätte... da zog es den Liebenden zu ihr in die Gruft...‹
Wie tief sind wir gesunken, dachte sie. Die Geschichte konnte doch nur erfunden sein! Hatte Abraham ihr nicht geschworen, sie sei die erste Frau, die er liebte? Auf wen konnte sich das beziehen? Abraham hatte Mary Owens nie geliebt, noch war sie gestorben. Einmal hatte es in der Nachbarschaft der Lincolnschen Farm ein Mädchen gegeben, das ihm gefiel, doch sie war vor ihm davongelaufen, weil er der häßlichste Bursche in der Gegend war. Sonst aber hatte weder er noch ein anderer je ein Mädchen erwähnt, mit dem er in Liebe verbunden, ja verlobt gewesen, das gestorben war und um dessentwillen ihn ›Schwermut übermannt‹ hatte!
Sie erhob sich, die Zeitung in der Hand, ging auf die Tür zu, die zu Abrahams Arbeitszimmer führte, doch, den Knauf in der Hand, erkannte sie, daß sie nicht zu Abraham davon reden konnte. Nicht jetzt!

Doch auch als sie sich von der Tür abwandte, quoll in ihr der Zorn hoch über den schlechten Geschmack dieses Zeitungsschreibers, der einen Lobgesang auf Abraham anstimmte, um dann eine Ente über eine tragische Jugendliebe loszulassen. Das alles konnte ja nur darauf berechnet sein, der Familie des Präsidenten eine peinliche Verlegenheit zu bereiten!
Sie verschloß das Blatt in einem Fach ihres Schreibtischs, und dann ging sie zu ihrem kranken Kind.
William war furchtbar geschwächt. Sie versuchte, ihm ein wenig von der Suppe einzuflößen, die Mrs. Keckley gebracht hatte, doch er konnte nur mühsam schlucken. Sie blieb ruhig, wollte die Hoffnung nicht aufgeben und hielt auch die Tränen zurück, die ihr in die Augen traten, wenn sie den blassen, dahinschwindenden Knaben beobachtete. Doch am Nachmittag flüsterte William ihrem Geistlichen von der Presbyterianischen Kirche zu:
»Dr. Gurley, geben Sie, bitte, meine Ersparnisse der Missionsgesellschaft für die Sonntagsschule!«
Großer Gott, was sollte das bedeuten? Wußte William, daß er sterben mußte? Sie warf einen Blick tiefster Verzweiflung auf Abraham. Hegte auch er keine Hoffnung mehr? Nein, sie wollte sich nicht von solchen Gefühlen überwältigen lassen!
Am nächsten Morgen wurde die Tür zum Arbeitszimmer nicht geöffnet. Abraham blieb mit Mary am Bett ihres Kindes. Kurz nach der Mittagsstunde starb William. Mary sank neben dem Bett in die Knie, verbarg das Gesicht in den Decken. Das Letzte, was sie hörte, waren Abrahams Worte: »Mein Junge ist nicht mehr; mein Junge ist gestorben.«

Ein Sturm brach über sie herein, tobte durch ihren erschöpften Körper, durch ihren fiebernden Geist. Verschwommen hörte sie Stimmen: Abraham, der versuchte, sie zu trösten, Mrs. Keckley, die ihr das Gesicht mit einem warmen Tuch wusch, die Pflegerin. Orville Browning, der an Stelle von Stephen Douglas zum Senator von Illinois gewählt worden war, kam mit seiner Frau. Es war gut, jemanden bei sich zu wissen, der aus der Heimat kam, jemanden, den sie noch vor ihrer Heirat gekannt, der William von seiner Geburt an gekannt hatte.
Plötzlich war auch Robert im Zimmer; er war aus Harvard gekommen, ihr ältester Sohn, blaß und ohne ein Wort zu sagen.
Sie schlief. Es war Morgen. Abraham saß an ihrem Bett, beugte sich mit gramvollem Gesicht über sie.
»Es war hart, daß er sterben mußte«, flüsterte er, »aber noch härter ist es für uns, Mary, ohne ihn weiterzuleben. Dr. Gurley hält im Ostsaal die Trauerfeier ab. Alle unsere Freunde werden dabeisein... Willis Freunde...«

Sie schloß die Augen, grub das Gesicht in die Kissen. Er drängte sie nicht. Sie erwachte, als sie jemanden mit schwerem Schritt auf und ab gehen hörte, immer auf und ab. Sie merkte, daß es Abraham war. Dann verstummten die Schritte, doch sie hörte ein hemmungsloses Schluchzen. Sie richtete sich auf, ging durch die Tür, die ihr Zimmer mit Abrahams Zimmer verband. Er saß in einem Stuhl, hatte das Gesicht in den langen, knochigen Fingern. Die Vorhänge waren zugezogen, das Zimmer verdunkelt. Sie trat zu ihm, zog sanft die Hände von seinem Gesicht, küßte seine nassen Wangen, seine nassen Augen.

»Abraham... du darfst nicht... du darfst nicht...«

»Heute ist es genau eine Woche her... es ist hart, daß er sterben mußte...«

»Liebster, denkst du daran, was du mir gesagt hast, als Eddie starb? Der Herr hat's gegeben, der Herr hat's genommen. Wenn du es damals geglaubt hast, so mußt du es auch heute glauben.«

Doch indem sie die Worte aussprach, wurde ihr der Unterschied bewußt. Damals waren sie jung gewesen, durften hoffen, noch andere Söhne zu haben. Jetzt gab es für sie keine Kinder mehr.

»Es geht ja nicht nur um Willi... denk an all die Burschen auf den Schlachtfeldern... Bull Run, Ball's Bluff und was noch bevorstehen mag... so sinnlos, so unnütz sterben sie. Was glaubst du, Mary, wenn wir in Springfield geblieben, wenn Stephen Douglas ins Weiße Haus eingezogen wäre, hätten dann wir Eltern alle unsere Söhne behalten?«

Sie preßte ihre Wange an seine, bis er sich beruhigt hatte. An der Tür wurde leise geklopft. Abraham öffnete. Es war Nicolay.

»Verzeihen Sie mein Eindringen, Herr Präsident, doch der Botschafter des Königs von Siam ist schon zum drittenmal in dieser Woche bei mir. Er möchte unbedingt wissen, ob Sie die Zuchtelefanten annehmen wollen, die der König Ihnen zu senden wünscht.«

Abraham brachte ein grimmiges Lächeln auf.

»Teilen Sie dem König von Siam mit, daß ich mit größtem Respekt sein Angebot ablehnen muß, da ich gerade jetzt schon mit einem Elefanten zu tun habe, der meine volle Aufmerksamkeit in Anspruch nimmt und mit dem die gesamte Weisheit der Nation nichts anzufangen wüßte.«

Sie hatte ihrem Mann geholfen; wie aber sollte sie sich selber helfen? Als sie wieder allein in ihrem Schlafzimmer war, zog sie die Decken über den Kopf und weinte, weinte in verheerendem Schmerz. So tief hatte sie William geliebt, und auch er hatte sie geliebt, mit der ganzen Wärme seines guten, zärtlichen Wesens. Wie sollte sie jetzt all die öden Stunden, die langen, gramvollen Tage ertragen? Wie sollte sie aufstehen, sich anziehen, ihren Haushalt leiten, Empfängen beiwohnen, eine Frau sein?

Abends um neun kam Browning mit Elizabeth Edwards. Der Anblick der starkknochigen, grauhaarigen Elizabeth mit den kräftigen Zügen, der ruhigen Art wirkte erfrischend; Elizabeth war es gewesen, die sie nach Springfield gerufen hatte, weil es ›eine Lücke‹ zu füllen galt.
Elizabeth setzte sich auf den Rand des Bettes, hielt die Schwester in den Armen, die ihren Tränen freien Lauf ließ und schließlich erschöpft in die Kissen sank.
Als sie endlich aufstehen konnte, war sie nicht fähig, das Zimmer zu betreten, in dem William gestorben war; die Tür wurde verriegelt. Noch konnte sie in den Saal gehen, wo man William feierlich aufgebahrt hatte. Sie sagte sämtliche Empfänge ab. Eines Nachmittags empfing Elizabeth die Leute, die kamen, um der Familie ihr Beileid auszusprechen. Als die Marinekapelle Samstag nachmittags im Park des Präsidenten spielte und ganz Washington sich im schönen Frühlingswetter erging, da bat sie Abraham, diese Konzerte abzustellen. Er drängte sie, sich nicht allzusehr von ihren Gefühlen übermannen zu lassen, doch am 4. März, als seine Sekretäre in der Bibliothek erschienen, um ihm Glück zu wünschen, da wiederholte Abraham langsam:
»Der 4. März? Ich bin jetzt genau ein Jahr Präsident der Vereinigten Staaten, und wenn einer von Ihnen glaubt, daß es schön ist, Präsident der Vereinigten Staaten zu sein, dann möge er's nur versuchen!«
Im Frühjahr stellten sich bei ihr so heftige Kopfschmerzen ein, daß sie kein helles Licht ertragen konnte; plötzliche Geräusche ließen sie auffahren und am ganzen Körper zittern. Häufig überkam sie eine Erschöpfung, wie sie sie seit den zwanzig Monaten nicht mehr gekannt hatte, als Abraham aus ihrem Leben verschwunden gewesen war. Es gab Tage, an denen sie nicht aufzustehen vermochte. An anderen Tagen wiederum zog sie eines der Trauerkleider an, die Mrs. Keckley ihr geliefert hatte, übte die Alltagspflichten aus, saß als Hausherrin am Tisch. Doch nie konnte sie voraussagen, wie sie sich am nächsten Tag fühlen würde.
Am Ende der ersten Aprilwoche wurde die größte und blutigste Schlacht des Krieges ausgefochten, die Schlacht bei Shiloh in Tennessee, wo die Konföderierten überraschend General Ulysses S. Grant angriffen. Doch Grant gelang es, seine Truppen umzugruppieren, einen Gegenangriff zu unternehmen und die Aufständischen zurückzuwerfen. Es war der erste größere Sieg des Bürgerkriegs, doch im Weißen Haus herrschte Trauer darüber, daß mehr als dreizehntausend Soldaten der Union gefallen, vermißt oder gefangen waren. Der ganze Norden war entsetzt und wandte sich gegen General Grant, als wäre er für das Gemetzel verantwortlich.
Abraham vertraute Mary an, daß Gouverneur Curtin von Pennsylvanien, einer seiner zuverlässigsten Anhänger, Alexander K. McClure aus Harrisburg zu ihm schickte, um ihn zu überreden, er solle General Grant ab-

berufen. McClure wurde von Hay in die Bibliothek geführt; ohne Mary zu grüßen, begann er sogleich mit einem heftigen Angriff gegen Grant, nannte ihn einen Schlächter, einen Trunkenbold, dessen Entlassung der ganze Norden verlange.
Mary hatte den Eindruck, als forderte McClure den Präsidenten nicht auf, Grant abzuberufen, sondern als sei es gewissermaßen ein Befehl. Würde Abraham sich dem fügen? Er saß tief in Gedanken versunken, den Kopf gesenkt, da; dann aber hob er den Kopf langsam und sagte:
»Ich kann diesen Mann nicht entbehren; er kämpft!«
Abends bemerkte sie, daß Elizabeth offenbar etwas auf dem Herzen hatte. Elizabeth holte tief Atem.
»Es ist wohl am besten, wenn du es von mir erfährst: Unser Bruder Samuel ist in der Schlacht bei Shiloh gefallen... im Kampf gegen Grant...«
»Sam ist tot...«
Sie sah ihren Bruder vor sich, den schönen jungen Menschen mit dem strahlenden Gesicht, hochgemut, immer zum Scherzen bereit, stolz und sicher auf seinem Pferd sitzend... und dann verblichen die Bilder, Samuel war dahin, nur der Kummer blieb, und sie sagte zu Elizabeth:
»Der Tod muß mein Freund sein; er will mich gar nicht mehr verlassen!«

Wieder war sie krank. Im April konnte sie kaum das Bett verlassen. Bei den seltenen Gelegenheiten, bei denen sie in einen Spiegel schaute, sah sie dunkelviolette Ringe unter den Augen, und tief in den Augen den Fremden, der von ihnen Besitz ergriffen hatte. Sie wußte nicht, was sie ohne Elizabeths stets hilfsbereite Hände angefangen hätte.
Schließlich war es Tads Einsamkeit, die alle Mauern ihrer Absonderung durchdrang.
»Ma, ich hab's satt, immer allein zu spielen...«
»Armer Taddie, dir fehlt Willi, nicht wahr? Nun, wir wollen zu den Ställen gehen und Hütten für deine Kaninchen zimmern lassen.«
Sie liebte Tad um so tiefer, als sie bemerkte, daß der Schlag ihn nicht weniger hart betroffen hatte als sie. Sie hatte Tad nicht viel Zeit gegönnt, sie brauchten einander nur anzusehen, und schon war der Gedanke an William wach; Abraham aber hatte sich um Tad gekümmert, arbeitete an dem kleinen Schreibtisch in Tads Zimmer, unterschrieb dort Dokumente, und Tad freute sich, den Vater in seiner Nähe zu haben.
Der Mai verging, dann kam der Juni und mit ihm die Sommerhitze. Sie wußte wenig von dem, was um sie herum geschah, nur daß der Krieg noch immer unentschieden stand, daß Abraham General McClellan noch immer nicht dazu gebracht hatte, zuzuschlagen, denn wie viele Truppen, Geschütze, Pferde die Union auch zur Verfügung haben mochte, der General war überzeugt, daß die Konföderation von allem noch mehr besaß.

Es gab Tage und Wochen, wo ihr Kummer unüberwindlich war, wo sie lange Stunden in ihrem Zimmer weinte. Abraham richtete gütige, geduldige Worte an sie, doch sie war nicht zu trösten. Eine hochgewachsene, magere Frau namens Bonpoint schrieb Artikel über Spiritismus für die Zeitungen, die diesem Thema immer mehr Raum gönnten, weil gleich nach Kriegsbeginn viele Leute zu spiritistischen Sitzungen gegangen waren. Sie wollte Mary dazu übereden, sie zu einer Sitzung zu begleiten.
»Kommen Sie doch morgen nachmittag zu Mrs. Laury in Georgetown. Sie kann die unmittelbare Verbindung mit Ihrem William herstellen und Ihnen von seinem Leben in der anderen Welt berichten. Wenn Sie nur wirklich daran glauben, kann sie Ihnen Ihren William wiederbringen.«
Mary lehnte ab, doch sie verbrachte eine schlaflose Nacht. Als Mrs. Bonpoint am nächsten Morgen wieder in sie drang, hatte sie nicht mehr die Kraft, sich zu weigern. Im verdunkelten Zimmer Mrs. Laurys saß sie Hand in Hand mit Fremden um einen Tisch und hörte gespenstische Laute, dazwischen das Rasseln einer Trommel und ferne Glocken. Vertraute Einzelheiten aus Williams Leben wurden kundgemacht. Sprach Mrs. Laury wirklich mit Williams Geist? Mrs. Laury stellte Fragen und wiederholte Williams Antworten; er war mit Edward zusammen, ihre Trauer tat ihm weh, und in dieser Nacht wollte er sie in ihrem Schlafzimmer im Weißen Haus aufsuchen.
Sobald sie daheim war, ging sie ins Bett und sank rasch in tiefen Erschöpfungsschlaf. Einige Stunden später – sie wußte nicht, daß es tiefschwarze, stille Nacht war – erwachte sie und spürte mehr, als sie sah, ein Licht am Fußende ihres Bettes. Dort stand William, das süße Lächeln auf den Zügen, das er immer gehabt hatte.
Sie hob sich von den Kissen, das Licht verblich, William war fort. Erschauernd sprang sie aus dem Bett, nahm Schlafrock und Hausschuhe und tastete sich in Abrahams Zimmer. Sie fand ihn wach bei seiner Bibel. In überströmender Freude warf sie sich ihm an die Brust.
»Er lebt, Abraham! Er lebt! Er kann jede Nacht zu mir kommen, wenn ich nur daran glauben will!«
Abraham zog sie unter die Decke, hielt sie in den Armen.
»Mary, du darfst dich solchen Dingen nicht hingeben. Diese Leute finden ihre Opfer unter den Einsamen und Trauernden. Die Bereitschaft, an den Spiritismus zu glauben, gehört zu deiner Krankheit. Versprich mir, daß du all dem keinen Glauben mehr schenken wirst!«
Sie gab keine Antwort. Am nächsten Morgen, als er in ihr Schlafzimmer kam und sie am Fenster stand, legte er den Arm um sie.
»Mary, du siehst das Irrenhaus oben auf dem Hügel. Viele der unglückseligen Insassen sind dort, weil sie nicht imstande waren, ihre Gefühle zu beherrschen.«

Sie entzog sich seinem Arm; seine Warnung schien ebenso ihm selber zu gelten wie ihr.
»Heute nachmittag besuche ich das Spital auf dem Judiciary Square. Wie wär's, wenn du mitkämst?«
Sie trug ein schwarzes Kleid mit langem Kreppschleier. Sie gingen um die Tische im Speisesaal, schüttelten den Genesenden die Hand, erkundigten sich nach Heimat und Familie. Dann gingen sie in die Krankensäle; hier wurden keine Hände geschüttelt, die Luft war schwer vom Geruch von Blut und Tod und schwärenden Wunden. Bei jedem Bett blieb Mary stehen, sprach mit jenen, die reden konnten, legte die Hand auf die Decke jener Männer, deren ausgedörrte Lippen kein Wort hervorbrachten.
Als sie zum Wagen zurückkehrten, sagte sie: »Ich schäme mich all der Tränen, die ich über meinen eigenen Verlust vergossen habe; ich hätte sie für diese Burschen vergießen sollen, für ihre Mütter, die nicht hier sein können, um selber für Pflege und Trost ihrer Kinder zu sorgen.«
»Du brauchst dir keine Vorwürfe zu machen, Mary; es gibt genug Tränen für alle.«
An jenem Abend betete sie für die Lebenden, nicht aber für die Toten.
Sie ging in den Wintergarten, ersuchte Watt, alle blühenden Blumen zu schneiden, und dann fuhr sie abermals ins Krankenhaus, verbrachte die Nachmittage bei den Leidenden, legte frische Blumen auf die Kissen, fand Worte der Hoffnung, der Ermutigung für all die einsamen jungen Menschen, die so fern von ihrer Heimat waren und aus deren Augen die Furcht starrte, sterben zu müssen, bevor sie gelebt hatten.
Sie machte die Runde durch die Spitäler, jeden Tag ging sie in ein anderes, kein Mensch wußte, daß sie kam, doch sogleich erkannte man sie. Als sie erfuhr, daß die Patienten sich nach so bescheidenen Genüssen sehnten wie Bonbons, Kuchen, Konfitüre, mußten sämtliche Geschenke dieser Art, die ins Weiße Haus gelangten, in die Krankenhäuser geschafft werden, und überdies trug sie auch dem Küchenpersonal auf, Kuchen für die Kranken zu backen. Stellte sie fest, daß für den Sonntag keine besonderen Anordnungen getroffen worden waren, so leerte sie die Vorratskammer des Weißen Hauses und schickte sämtliche Hühner, die sich darin fanden, in die Spitäler. Und da das bei weitem nicht genügte, nahm sie hundert Dollar von ihren Ersparnissen, damit jeder Patient der Washingtoner Spitäler am Sonntag ein Stück Geflügel essen könne.
Die Freude auf den Zügen der jungen Menschen, wenn sie den düstern Saal betrat, war Labsal für ihr gebrochenes Herz. Bald kannte sie Heimatort und Familie von Hunderten, und sie begann jeden Nachmittag Dutzende von Briefen für die Verwundeten zu schreiben, die selber nicht schreiben konnten:

Meine liebe Mrs. Berdin,
ich sitze am Bett Ihres lieben Jungen und schreibe für ihn. Er ist verwundet worden, aber es geht recht gut vorwärts mit ihm. Er läßt Ihnen sagen, daß Sie sich keine Sorgen um ihn machen sollen, es wird schon alles in Ordnung kommen.

Herzlichst
Ihre Mrs. Abraham Lincoln

Ein grauhaariger alter Arzt, der den wohlverdienten Ruhestand unterbrochen hatte, um in dieser Zeit der Not zu helfen, nahm ihre Hände in seine.

»Das also ist die Frau, von der die Zeitungen sagen, daß sie ihre Trauer allzu deutlich zur Schau trägt. Frau Präsidentin, ich wünschte, mehr von unseren Washingtoner Damen würden auf solche Art trauern; da ginge es unseren Burschen bald besser.«

Die einzige Freundin, die sie auf ihren Wegen durch die Krankenhäuser traf, war die Frau des Innenministers Caleb Smith; die weißhaarige, mütterliche Frau verfolgte die gleichen Ziele. Und sie vereinigten ihre Kräfte, wenn es sich um Pläne handelte, die eine einzelne Frau nicht auszuführen vermochte, wie etwa die Beschaffung von Orangen und Zitronen; die Armee fand nicht, daß die Verwundeten so etwas brauchten, doch die Ärzte waren anderer Ansicht. Gab es keinen anderen Weg, so kaufte sie das alles aus ihrer eigenen Tasche; und dann fand sie manchmal, höchst mysteriös, Geld in ihrem Nähkorb.

Ihr vertrauter Helfer im Weißen Haus war William Stoddard, der stets treu und verschwiegen blieb und irgendwie zu der Erkenntnis gelangt war, daß er am Ende auch dem Präsidenten, der Regierung und der Union diente, wenn er die Frau des Präsidenten beschützte. Als sie eines Morgens in Zeitungen des Ostens kritische Bemerkungen gegen sie las, weil sie keine Empfänge im Weißen Haus veranstaltete und die Kapelle der Marine im Sommer nicht mehr spielen ließ, da sagte Stoddard:

»Mrs. Lincoln, Sie lassen sich viel günstige Gelegenheiten entgehen! Wenn Sie weltklüger wären, würden Sie Reporter, Frauen und Männer, mitnehmen, wann immer Sie in die Spitäler gehen, und die würden notieren, was Sie zu den Verwundeten sagen. Noah Brooks, von der ›Union‹ in Sacramento, sagt, wenn Sie die Reporter nachher ins Weiße Haus zu Kuchen und Kaffee einladen würden, könnten Sie viel dazu beitragen, den Inhalt so mancher Zeitung zu entschärfen... und ganz gewiß auch den Inhalt meines Papierkorbs.«

Doch sie erwiderte mit wehmütigem Lächeln:

»Wenn ich bei alldem mehr zu gewinnen hätte als meine eigene Freude am Geben, so würde es seinen Sinn für mich verlieren. Und wie viele mei-

ner Schwierigkeiten habe ich selber über mich gebracht! Die wahre Tragödie entsteht ja nicht aus dem, was uns von außen her zustößt, obgleich auch das, weiß Gott, schlimm genug sein kann, sondern aus dem, was wir durch unser eigenes Wesen über uns heraufbeschwören. Aber kein Wort an die Zeitungen, Mr. Stoddard!«
Einige Tage später stürzte Stoddard, die New Yorker ›Tribune‹ in der Hand, zu Mary in die Bibliothek.
»Ich schwöre, daß ich daran unschuldig bin!« sprudelte er hervor.
Mary nahm die Zeitung und las:
›Mrs. Lincoln hat mehr als irgendeine andere Washingtoner Dame aus ihrer eigenen Börse dazu beigetragen, die Leiden unserer Verwundeten zu lindern. Tag für Tag ist ihr Wagen vor einem der Spitäler zu sehen, wo sie mit eigenen Händen Leckerbissen verteilt, die in der Küche des Weißen Hauses zubereitet worden sind.‹
Sie dachte an das, was sie dem jungen Stoddard gesagt hatte, sie dachte auch an Dr. Ward, der ihr eingeprägt hatte, daß bei der Entwicklung des Menschenlebens die Gegebenheiten des Charakters wichtiger sind als die Einwirkungen des äußeren Geschicks. Er hatte recht gehabt – vom Tod ihrer zwei Söhne abgesehen, war alles, was im Guten wie im Bösen ihr Leben beeinflußt hatte, ihrer eigenen Natur, ihren eigenen Notwendigkeiten entsprossen.

Ihre alten Interessen wurden wieder lebendig. Sie wollte alle wichtigen Geschehnisse erfahren, die sich im Verlauf dieser letzten Monate ereignet hatten. Und Abraham war froh, daß er wieder zu ihr sprechen konnte.
Er begann mit den guten Nachrichten. Die Union hatte einige Erfolge zu verzeichnen gehabt. Am 25. April hatte eine Flottenabteilung New Orleans erobert, hatte Truppen gelandet und beherrschte jetzt den größten Seehafen der Konföderierten. Er selber hatte sich in die Festung Monroe in der Chesapeake Bay, gegenüber von Richmond, begeben, hatte den Kanonenbooten den Befehl erteilt, die Geschützstellungen der Konföderierten anzugreifen, hatte selber die geeignetste Landungsstelle für die Unionstruppen ausgesucht, die daraufhin Norfolk besetzten, sechstausend Gefangene einbrachten und die Konföderierten zwangen, ihr erstes mit Stahlplatten belegtes Schiff, die ›Merrimac‹, in die Luft zu sprengen, das wohl dazu bestimmt gewesen sein mochte, den Potomac hinaufzudampfen und die Hauptstadt in Schutt und Asche zu schießen. Und in der Schlacht von Fair Oaks war General McClellan zwar nicht zu einem Angriff zu bewegen gewesen, hatte aber dem Angriff der Hauptmacht der Konföderierten erfolgreich Widerstand geleistet.
Abraham hatte sich des Kriegsministers Simon Cameron entledigt, ohne doch die Unterstützung von dessen Anhängern in Pennsylvania zu ver-

lieren, indem er ihn als Botschafter nach Rußland schickte, ein Posten, den Cassius Clay nicht länger begehrte. An Camerons Stelle hatte er den redlichen, tüchtigen Edwin Stanton ernannt. Als Mary erfuhr, daß Stanton der Anwalt war, der Abraham im Fall der landwirtschaftlichen Maschinen in Cincinnati ausgebootet hatte, schüttelte sie den Kopf. Da aber jedermann fand, Stanton sei der beste Mann für das Amt des Kriegsministers, wäre Abraham bereit gewesen, Stantons Aktenmappe zu tragen, wenn der neue Staatssekretär ihm nur Siege brachte.

Und Abraham hatte auch ein Gesetz unterzeichnet, demzufolge die Sklaven im Columbia-Distrikt frei erklärt wurden, wenn er auch darauf bestanden hatte, daß die Besitzer der Sklaven aus Bundesmitteln zu entschädigen seien.

Dann allerdings durfte er auch die schlechten Nachrichten nicht verschweigen; es hatte mehr Niederlagen als Siege, mehr Rückschläge als Fortschritte gegeben. Seine unermüdlichen Anstrengungen, die treugebliebenen Randstaaten dazu zu bringen, daß sie der Sklavenemanzipation gegen eine Entschädigung zustimmten, war gescheitert. Als die Konföderierten Manassas geräumt hatten, wurde festgestellt, daß die schweren Geschütze, derentwegen McClellan Winterquartiere bezogen und keinen Angriff gewagt hatte, nichts als schwarzgestrichene Stämme gewesen waren. Und Pinkertons Meldungen von der zahlenmäßigen Überlegenheit der Konföderierten erwiesen sich ebenfalls als unsinnig. Stonewall Jackson, der Kommandant einer ungemein beweglichen konföderierten Armee, hatte die Truppen der Union bei Winchester, Cross Keys und Port Republic geschlagen, obgleich Abraham Pläne geschmiedet hatte, Jackson zu umgehen und seine Kräfte zu vernichten. Als Abraham McClellan aufforderte, auf dem Landweg gegen Richmond vorzurücken, hatte McClellan den Plan entwickelt, den Wasserweg zu benützen. Noch immer konnte Abraham ihn nicht dazu bestimmen, die Offensive zu ergreifen.

»Ich mußte ihn vom Oberkommando entheben und ihm nur die Armee am Potomac lassen«, sagte Abraham. »Jetzt muß er weniger als fünf Meilen von Richmond sein; wenn er diesmal versagt, so sitzen wir beide in der Patsche.«

Ende Juni, elf Monate nach der Niederlage der Union bei Bull Run, ließ General McClellan seine Truppen zum Angriff antreten. Doch von Anfang an lauteten die Nachrichten ungünstig. General Robert E. Lee war dem zaudernden McClellan zuvorgekommen und hatte ihn bei Mechanicsville geschlagen. Das war das erste der blutigen Gefechte, die sieben Tage dauerten; McClellan war stets in der Defensive, gewaltige Vorratslager wurden verbrannt oder aufgegeben, und einmal war seine Armee in größter Gefahr, vernichtet zu werden. Keines der Ziele der Union wurde erreicht; nicht ein einziges. Und als der Norden erfuhr, welche

Opfer das alles gekostet hatte, erfuhr, daß die großartig organisierte und mit allem Nötigen versorgte Armee McClellans weder Lees Streitkräfte zu schlagen noch Richmond zu besetzen vermocht hatte, da sank die Stimmung auf einen neuen Tiefstand.

Keiner entging dem harten Tadel. General McClellan wurde als moralischer und physischer Feigling bezeichnet, Kriegsminister Stanton war ein Narr, Staatssekretär Seward mischte sich ungerufen in alles ein... und Präsident Lincoln war ein Schwächling, der die Nation langsam, aber sicher zugrunde richtete.

Mary war noch spät in der Nacht bei ihm, während er an seinem Schreibtisch arbeitete. Ihr alter Freund Orville Browning trat ein.

»Herr Präsident«, sagte er, »Sie sollten nicht so spät in der Nacht noch arbeiten; Sie brauchen Ruhe!«

Abraham sah von seinen Akten auf.

»Browning, einmal müssen wir alle sterben.«

Mary warf einen Blick auf sein sorgendurchfurchtes Gesicht und betete stumm: Herr, laß nicht zu, daß ihm etwas zustößt!

Sechzehn Monate war er jetzt im Amt und vom Ende des Aufstands erheblich weiter entfernt als am Tag, als er seinen Eid geleistet hatte. Und England und Frankreich drohten mit Krieg! Was anfangs ein Familienzank zu sein schien, den man ohne ernste Schädigungen für beide Seiten gütlich beizulegen gehofft hatte, war jetzt zu einem Blutbad geworden, dessen Ende sich nicht absehen ließ; jedes Haus, jeder Staat der Union konnte dabei vernichtet werden.

Auch für Abraham bedeutete es, daß er den Kelch bis zur Neige leeren mußte; das wußte sie. Denn New York, Pennsylvanien, Ohio, Indiana und Illinois, die 1860 republikanisch geworden waren, würden bei den Kongreßwahlen im Oktober und November demokratisch stimmen, und das wäre ein Mißtrauensvotum für die republikanische Verwaltung und für den Präsidenten. Die Demokraten würden die Mehrheit im Kongreß erringen, um Frieden bitten und die Konföderation vor aller Welt als unabhängigen Staat anerkennen. Die Union aber wäre damit begraben.

Zutiefst aufgewühlt ging er im Zimmer auf und ab. Dann blieb er vor ihrem Stuhl am Mitteltisch stehen, und seine Augen blitzten.

»Kein Mensch weiß besser als du, Mary, daß es in diesem Kampf mein wichtigstes Ziel war, die Union zu erhalten, nicht aber die Sklaverei zu retten oder abzuschaffen. Trotz meinem oft genug ausgesprochenen Wunsch, daß alle Menschen überall frei sein sollten, ist es meine Amtspflicht, die Union zu erhalten. Könnte ich die Union retten, ohne auch nur einen einzigen Sklaven zu befreien, so täte ich's; und könnte ich die Union dadurch retten, daß ich alle Sklaven befreie, so täte ich's auch.«

Seine Stimme hob sich.

»Wir haben unsere physischen Kräfte bewiesen; doch das hat nicht genügt. Jetzt müssen wir unsere geistigen Kräfte beweisen. Es bedeutet den völligen Zusammenbruch des Südens, etwas, das ich in schlaflosen Nächten und gehetzten Tagen zu vermeiden bemüht war. Und doch ist es zu spät, an die Rettung des Südens zu denken, und wir gehen mit ihm zugrunde.«

Marys Herz wollte aussetzen.

»Abraham, du willst die Emanzipation der Sklaven verkünden?«

»Gestern wäre es zu früh gewesen; jetzt sind die Randstaaten an uns gebunden, denn unsere Truppen stehen auf ihrem Boden. Morgen wird es zu spät sein. Jetzt wird der Norden den Krieg nie mehr abbrechen können, selbst wenn die Demokraten bei den nächsten Wahlen siegen; denn Krieg, Union und Freiheit der Neger werden unlöslich aneinandergekettet sein.«

Jetzt war seine Stimme ruhiger geworden; ein Glanz in seinen Augen verlieh dem häßlichen Gesicht den Ausdruck innerer Schönheit.

»Wir wollen doch beweisen, daß die Menschen fähig sind, sich selber zu regieren.«

Jenseits von ihrem Kummer, ihrem Mitgefühl für den Süden, für Freunde und Nachbarn, die gute Herren und gute Bürger gewesen waren, die alles, was sie besaßen, in Pflanzungen und Sklaven gesteckt, prächtige Menschen, welche die Sklaverei nicht erfunden, sondern ererbt hatten, für die sie eine Lebensform war und die jetzt ruiniert wurden – jenseits dieser Empfindungen aber blühte eine Freude auf, die sich kaum beherrschen ließ. Das wäre das Ende von dem, was Cassius Clay das ›letzte Übel‹ genannt hatte. Nie wieder würde ein kleines Mädchen auf dem Rasen vor dem Haus ihrer Großmutter stehen und das Stöhnen der Sklaven hören, die in ihren Baracken zusammengepfercht waren; nie würde sie sehen, wie ein Neger ausgepeitscht wurde, wie Kinder auf dem Auktionsblock von den Eltern gerissen wurden. Nie wieder würde ein redlicher Mann wie ihr Vater gezwungen sein, weil man nun einmal in einer Welt des Geschäfts lebte, Sklaven auf offenem Markt versteigern zu lassen und sich damit zum Mitschuldigen am Weiterbestehen der Sklaverei zu machen.

»Der Sieg wird nicht allzubald errungen werden«, sagte Abraham gedämpft. »Noch mancher junge Mensch wird sterben, manche Eltern werden den schwersten Verlust erleiden müssen. Doch es wird etwas Großes, Edles getan, das uns für unser Elend belohnen wird.«

Er setzte sich an den großen Schreibtisch, entnahm seinen Taschen zahllose kleine, beschriebene Papierfetzen, und sein Mund verzog sich zu einem leisen Lächeln.

»Du siehst, Mary, daß ich noch immer an meiner Arbeitsweise festhalte.«

Achtes Buch

Wen habe ich im Himmel?

Sie trat auf die Veranda des Landhauses, das zum Soldatenheim gehörte, drei Meilen vom Weißen Haus entfernt; hierher hatten sie sich vor der Sommerhitze der Stadt geflüchtet. Der Duft von frischgemähtem Gras durchdrang die Luft. Im Wohnzimmer schlug eine Uhr elf. Jede Minute müßte Abraham jetzt daheim sein. Nach dem Abendessen kehrte er oft noch einmal ins Weiße Haus zurück. Für diese Fälle stand ihm ein Kavalleriepferd, namens ›Old Abe‹, zur Verfügung. Sie hatte nichts dagegen, allein zu bleiben. Abraham konnte in diesen Abendstunden manches erleben; es fiel ihm schwer, sein Arbeitszimmer zu verlassen, wo alle Nachrichten zusammenliefen, und häufig versammelten sich auch Freunde aus Springfield um ihn, Joshua Speed, Ward Hill Lamont, Orville Browning und ein Dutzend anderer. Dann wurden allerlei Geschichten erzählt, und Abraham bedurfte der Kameradschaft und der Aufheiterung.

Am 11. Juli hatte Abraham an die Stelle von Winfield Scott General Henry W. Halleck zum Oberbefehlshaber ernannt, der McClellans Armee am Potomac sogleich den Befehl erteilte, auf dem Wasserweg nach Norden vorzurücken und sich mit General Popes frisch organisierter Armee von Virginia zu vereinigen. Doch Stonewall Jackson an der Spitze der Konföderierten Armee schlug vorher, bei Cedar Mountain, zu und brachte General Popes Truppen eine schwere Niederlage bei.

Einen Monat war es jetzt her, daß Abraham die Proklamation der Negerbefreiung niedergeschrieben und seinem Kabinett vorgelesen hatte. Staatssekretär Seward hatte erklärt, diese Proklamation sollte doch lieber auf einen militärischen Sieg folgen als auf eine Niederlage; andernfalls würde sie wie ein Akt der Verzweiflung wirken. Da die Wochen seither aber nur Niederlagen gebracht hatten, schlummerte die Proklamation noch immer in seinem Pult.

Sie hörte Old Abe den Hügel hinaufstapfen, stand auf und trat auf den Pfad hinaus. Der Knall eines Schusses zerriß die nächtliche Stille, und dann hörte sie, wie das Pferd in wildem Galopp heraufsprengte.

Sie eilte am Haus vorbei zum Stall.

»Abraham, was war das für ein Schuß?«

»Kein Schuß, Liebste, nur ein lautes Geräusch! Old Abe ist darüber scheu geworden.«

»Wo ist denn dein Hut?«

»Mein Hut...? Ach... Old Abe hat einen Satz gemacht, und da ist mein Acht-Dollar-Hut hinuntergefallen. Morgen finde ich ihn schon.«
»Wir wollen ihn gleich suchen!«
Etwa fünfzig Yard entfernt, auf der Straße, hob sie die staubige schwarze Ofenröhre auf. Eine Kugel hatte sie durchbohrt. Mary wandte sich mit aufgerissenen Augen zu Abraham.
»Zwei Zoll tiefer, und es wäre dein Kopf gewesen!«
»Dürfte die verirrte Kugel eines Strauchdiebs sein.« Doch die jähe Blässe seiner Wangen strafte den scherzenden Ton Lügen. »Wir wollen darauf achten, daß nichts in die Presse kommt. Es hat keinen Zweck, die Leute zu alarmieren.«
»Abraham, du mußt dich auf dem Hin- und Rückweg von einer Kavallerieabteilung begleiten lassen. Und erzähl mir nicht, daß es sich nicht für einen Präsidenten schickt, von Soldaten mit blanken Säbeln eskortiert zu werden, als ob er sich für einen Kaiser halten würde!«
Sie löschten die Lichter in dem sehr unpersönlichen Wohnzimmer, gingen die Treppe hinauf ins Schlafzimmer, in dem ein Mahagonibett, eine Kommode und ein Waschtisch standen. Abraham ließ den Rock auf das Bett fallen, trat ans Fenster und blickte südwärts über den Potomac.
»Es ist fast Mitternacht. Gehen wir schlafen!« riet sie.
Um sechs am nächsten Morgen waren sie schon auf, denn Abraham mußte um sieben im Telegraphenamt des Kriegsministeriums sein. Die Sonne brannte bereits. Als Abraham nach seinem Sonnenhut griff, erklärte Mary, sie wolle ins Weiße Haus zurückkehren; die einsamen Ritte um Mitternacht müßten ein Ende haben.
Er hatte nicht nur mit General Pope seine Not, dem besiegten General, und mit McClellan, der sein Lager nicht abgebrochen hatte, wodurch kostbare Zeit verstrichen war, sondern auch mit seinem neuen Kriegsminister Edwin Stanton, der sein Amt mit so nachdrücklichem Eifer ausübte, daß Tag für Tag Leisetreter zu Lincoln schlichen, um sich über Stantons diktatorische Methoden zu beschweren.
Der Kongreßmann Owen Lovejoy aus Illinois erschien zum Mittagessen, um zu empfehlen, man sollte die östlichen und westlichen Truppen mischen. Abraham schickte ihn mit einer zustimmenden Notiz zu Stanton. Mary, Abraham und Tad waren noch bei Tisch, als Lovejoy mit rotem Gesicht zurückkehrte.
»Als ich Stanton Ihren Brief zeigte, sagte er: ›Der Präsident ist ein verdammter Narr!‹«
Mary und Tad waren empört, Abraham lachte nur.
»Wenn Stanton es sagt, wird's schon stimmen; er hat fast immer recht.«
Am selben Nachmittag kam Stanton ins Weiße Haus. Sein Weg führte über den Rasen, wo Tad mit der Gartenspritze spielte. Als Stanton in

Reichweite war, richtete Tad den Schlauch gegen ihn und bespritzte ihn von oben bis unten.
Völlig durchnäßt und wutschäumend schleifte Stanton den Jungen zu Abraham und Mary.
»Ich werde ihn lehren, meinen Vater einen verdammten Narren zu nennen!« schrie Tad.
Und Abraham wandte sich zu dem Staatssekretär.
»Stanton, Sie sollten sich mit Tad versöhnen. Sie machen sich überall unbeliebt mit Ihrem Fluchen und Schimpfen, und Tad ist nicht der einzige, der Ihnen verübelt, was Sie zu mir und über mich sagen. Wenn Sie sich mit dem Jungen befreunden können, so werden Sie den Krieg eher gewinnen und die Union retten können.«
Zwei Tage später brachte Stanton dem neunjährigen Tad die Uniform eines Leutnants bei den Freiwilligen der Vereinigten Staaten. Und damit war der Friede im Weißen Haus wiederhergestellt.

Die Luft in Washington war vom Geruch der Sümpfe schwer und erstikkend; doch noch weit schwerer und erstickender war das Bahrtuch des Schweigens, das sich über die Hauptstadt gelegt hatte; während der seltenen Stunden, da es ihr gelang, Abraham in die Privaträume zu locken, wo er eine kühle Limonade trinken oder sich ausruhen konnte, vertraute er ihr einmal an, daß General Popes Armee von vierzigtausend Mann südlich von Bull Run verlorengegangen war; seit drei Tagen gab es weder telegraphische Nachrichten von ihr noch einen Kurier. McClellan, der endlich bis Aquia Creek, etwa fünfundzwanzig Meilen südlich von Bull Run, vorgerückt war, wollte sich nicht mit der Armee von Virginia vereinigen, wenn General Halleck ihm nicht zusicherte, daß er, McClellan, den Oberbefehl über die vereinigten Streitkräfte erhielt, nicht aber General Pope.
»Die Hälfte meiner Zeit verbringe ich damit, festzustellen, wo die Generale sind«, knurrte Abraham, »und die andere Hälfte damit, daß ich versuche, Nachrichten von der Front zu erhalten.«
Und nun, Ende August, erfuhren sie, warum alle Nachrichten ausgeblieben waren; eine Abteilung der Aufständischen hatte sich zwischen Popes Armee und Washington geschoben. Den ganzen Freitag hörte man den Kanonendonner. Mary hoffte Abraham dadurch abzulenken, daß sie ihn in den Wintergarten führte und ihm das leuchtende Rot und Violett der späten Sommerblumen zeigte.
Er sagte zerstreut: »Ich kann Farben nicht unterscheiden; darum habe ich mir auch nie viel aus Blumen gemacht.«
Den ganzen Tag war das Dröhnen der Geschütze jenseits der Berge von Virginia gedämpft vernehmbar. Am Nachmittag trieb der Wind den Ge-

ruch von Pulver und Rauch bis ins Weiße Haus. Um Mitternacht, während sie in der Bibliothek saßen und sich mit Fächern gegen die Myriaden von Mücken wehrten, die durch die offenen Fenster flogen, kam John Hay mit einem Bericht von General Halleck. Die größte Schlacht des Jahrhunderts sei im Gange, Halleck habe seine letzten Reserven ausgeschickt, um Popes Truppen zu verstärken, und bei Sonnenaufgang sollten günstige Berichte eintreffen.
Als sie wenige Stunden später erwachte, sah sie Abraham vor sich stehen; sein Gesicht war aschfahl.
»Mary, wir sind wieder geschlagen worden! General Popes Armee ist vollkommen besiegt.«
Sie sprang auf.
»Wie war das möglich? McClellans Armee war doch schon in nächster Nähe!«
»McClellan hat sich nie mit Pope vereinigt. Was ich befürchtet hatte, ist eingetreten. Lee ist mit ungeheurer Geschwindigkeit in nördlicher Richtung vorgerückt, hat sich mit Stonewall Jackson vereinigt und unsere Leute zu Paaren getrieben. Es ist eine zweite Katastrophe bei Bull Run.«
Sie gingen zu der Anlegestelle in der Sixth Street, wo die weißen Flußboote mit den Verwundeten anlegten. Vom Ufer aus sah Mary die Umrisse der Toten unter ihren Hüllen. Lautlos legten die Boote an, lautlos kamen die Träger aus den Spitälern mit Bahren, achteten sorgfältig darauf, daß sie nicht auf die Verwundeten traten, deren Leiber jeden Zoll des Verdecks füllten, trugen ihre blasse, hagere Last in die Ambulanzwagen, die in die Spitäler rollten.
»Die armen Burschen«, sagte Abraham mit Tränen in den Augen. »Wie schrecklich ist dieses Leiden, dieses Sterben! Ich kann's nicht ertragen!«
Tausende flohen aus der Hauptstadt, in Zügen, auf allerlei Wagen, ganz wie im April 1861. Wieder häuften sich Sandsäcke vor dem Kriegsministerium, wurden wichtige Dokumente fortgeschafft, wurden Beamte der Ministerien auf den Straßen ausgebildet.
Mary verbrachte ihre Zeit im Krankenhaus und tröstete die Verwundeten, so gut sie es vermochte. Soldaten lagen auf Decken in den Gängen, in den Operationssälen amputierten die Chirurgen Arme und Beine, zogen Kugeln aus Fleisch und Eingeweide. Der Tod ist der einzige Sieger, dachte sie. Wir arbeiten und hoffen und beten und kämpfen; wir gewinnen ein Geringes, doch der Tod raubt alles.
In der Dämmerung kam sie heim. Abraham ging in seinem Arbeitszimmer auf und ab. Als er sie eintreten hörte, rief er:
»McClellan wollte Popes Niederlage; jetzt ist er so entsetzt über das, was er getan hat, daß er mit Diarrhöe im Bett liegt. General Halleck hat einen Nervenzusammenbruch erlitten. Chase sagte, daß wir kein Geld mehr

aufbringen können. Stanton erklärt, Pope sei ein Unglück! Unsere Armeen sind geschlagen, zu unseren Generalen hat man kein Vertrauen mehr, unser Geld ist fort. Ich weiß einfach nicht, was ich tun soll, Mary, ich weiß nicht, was ich tun soll.«

»Wir sollten Lebensmittel ins Haus schaffen; wie wollen wir General Lee würdig empfangen, wenn er vor das Weiße Haus geritten kommt, um unsere Kapitulation entgegenzunehmen?«

Er straffte die gebeugten Schultern.

»Sie werden Eisen in unsere Seelen bohren müssen, bevor sie mit uns fertig sind!«

Sie brachte mühsam den Hauch eines Lächelns auf.

Sie dachte an die Toten unter den Tüchern auf dem Verdeck der Boote.

»Manchmal glaube ich, daß das alles ist, was wir noch haben; keine Seelen mehr, nur das Eisen, das sie ersetzt hat.«

An Schlaf war nicht zu denken. Gegen Morgen zog sie sich an, belud den Wagen mit allem, was es an Getränken, an Speisen, an Blumen im Weißen Haus gab, dann entnahm sie einer verschlossenen Schublade alle ihre Ersparnisse, um noch weitere Lebensmittel zu kaufen. Vor dem Spital auf dem Judiciary Square lagen die Toten in Reihen nackt ausgestreckt, während Schreiner aus Brettern Särge machten. An ihr vorüber rollten Karren und Bauernwagen und brachten die Toten auf den Friedhof beim Soldatenheim in Arlington.

Pope hatte vierzehntausend Mann verloren, Lee neuntausend. Die Zeugnisse gegen McClellan waren überwältigend. Abraham war am Frühstückstisch der Familie sehr schweigsam. Berichte aus dem Kriegsministerium meldeten General Lees Vorrücken in Maryland, wodurch dem Führer der Konföderierten die Straße nach Pennsylvanien offenstand. Zum ersten Mal drang eine Rebellenarmee in das Gebiet des Nordens ein. Nun lautete die Frage nicht mehr, ob der Norden den Süden besiegen konnte, sondern ob der Süden nicht den Norden überwältigen würde.

»Ich habe keine Wahl. Wir müssen uns der Werkzeuge bedienen, die wir haben. Es gibt keinen in der Armee, der sich auf den Bau von Befestigungen auch nur halb so gut versteht wie er. Seine Stärke ist es, andere kampfbereit zu machen.«

Mary sah ihn verblüfft an.

»Du kannst doch nicht an McClellan denken?!«

»Ich gehe jetzt zu ihm und fordere ihn auf, den Befehl über Popes Truppen zu übernehmen. Nur auf diese Art können wir Washington retten.«

Mary war empört. Die Presse fiel über McClellan her, die Mitglieder des Kabinetts verdammten ihn; sie konnte sich vorstellen, wie man Abraham angreifen würde, wenn er diesen Entschluß kundgab.

Doch Abraham hatte recht gehabt. McClellan, in seinem Entsetzen über

die offene Gegnerschaft, die sich erhob, vollbrachte wahre Wunder der Reorganisation. Binnen achtundvierzig Stunden hatte er eine Vorhut ausgesandt, um General Lees Stellungen auszukundschaften, und am nächsten Tag ließ er seine Armee vorrücken. Wieder einmal trat Mary neben Abraham vor das Nordtor und sah eine Armee ausmarschieren, die dem Aufstand ein Ende bereiten sollte.
Abraham rief: »Ich schwöre feierlich, daß ich alle Sklaven frei erkläre, wenn General Lee aus Pennsylvanien vertrieben wird. Die öffentliche Meinung wird mich unterstützen!«
Eine Woche später erfuhr man, daß McClellan einen Kurier mit Lees Instruktionen für Jackson abgefangen hatte. Die beiden mächtigen Armeen stießen bei Antietam Creek in Maryland aufeinander, in der ersten großen Schlacht, die auf dem Boden des Nordens ausgefochten wurde. Am Ende des Tages lagen zwanzigtausend Mann von beiden Armeen tot oder verwundet in Obstgärten und auf reifen Maisfeldern. General Lee, selber schwer verwundet, mußte seine Armee nach Virginia zurückziehen.
»Die Zeit ist gekommen, Mary«, sagte Abraham. »Ich wollte nur, wir wären besser dran. Aber mein Versprechen werde ich erfüllen!«

Die Proklamierung der Sklavenbefreiung wurde in den Zeitungen veröffentlicht. Am 1. Januar 1863 sollte sie Gesetzeskraft erhalten. Am Sonntagnachmittag häuften sie sämtliche Blätter um sich, denn sie wollten doch sehen, wie die Nachricht aufgenommen worden war. Abraham lag auf dem Boden und las die Leitartikel. Horac Greeley schrieb: ›Gott segne Abraham Lincoln!‹ Die ›Tribune‹ aus Chicago schrieb: ›Der Präsident hat die größte Kundgebung besiegelt, die je von Menschen erlassen worden ist!‹ Im Norden schöpften die meisten Leute Mut, spürten, daß es einst, nach dem Sieg, nie wieder eine Sklaverei geben durfte, um die Nation zu besudeln.
Doch die demokratische Presse verurteilte ihn; er habe das Land unter dem Vorwand in den Krieg geführt, daß er die Union erhalten wolle, während doch sein verborgener Plan die Befreiung der Sklaven gewesen sei. Der New Yorker ›Herald‹ beschuldigte ihn, den ›Abolitionisten einen fetten Bissen hinzuwerfen‹, die ›World‹ erklärte, man ›treibe einem radikalen Fanatismus entgegen‹. Der Washingtoner ›National Intelligencer‹ schrieb: ›Wir werden nur zu glücklich sein, wenn wir entdecken, daß durch diese Erkärung des Präsidenten kein Schaden angerichtet worden ist.‹ Der grausamste Angriff kam von der Londoner ›Times‹, ein Angriff, der überall in den Vereinigten Staaten Verbreitung fand: ›Ist Lincoln ein Name, den man am Ende in der Reihe der Ungeheuer, der Massenmörder und Schlächter dieser Art nennen wird?‹

Abraham fuhr nach Antietam, um McClellans Armee zu besuchen; McClellan hatte Lee nicht verfolgt, und so hatte Lee seine Armee in aller Sicherheit über den Potomac gebracht. Der Krieg war ebensowenig zu Ende, wie er es vor Antietam gewesen war. Als Abraham zurückkehrte, war sein fahles Gesicht tief durchfurcht, und das linke Auge trat beinahe aus seiner Höhle. Er taumelte zu seinem Schreibtisch, setzte sich und sprach mit Grabesstimme von den schweren Zeiten, von den Leiden, die noch bevorstanden, wie lange und blutig der Krieg sein werde, und nirgends ein Silberstreifen am Horizont.

Sie erschauerte; trotz den Niederlagen, dem unablässigen Druck, unter dem er lebte, war dies doch das erste Mal, daß er wieder seinem gefürchteten Leiden verfiel. Sie ließ den Bottich im Kellergeschoß mit lauem Wasser füllen, legte frische Wäsche zurecht, aus der Küche brachte man ihm Orangenschnitten. Sauber und frisch rasiert kam er wieder ins Wohnzimmer, doch das Auge wollte noch immer nicht den gewohnten Platz einnehmen. Als sie ihn fragte, wie er die Armee am Potomac vorgefunden habe, brummte er:

»Du hältst das für die Armee am Potomac? Es ist General McClellans Leibgarde. Ich sagte, ich würde ihn abberufen, wenn er Lee abziehen ließe. Wen aber soll ich an seine Stelle setzen?«

Das war das letzte Wort, das er sprach. Die ganze Nacht hörte sie ihn in seinem Schlafzimmer auf und ab gehen. Am Morgen blieb die Tür seines Arbeitszimmers verschlossen. Noch einen zweiten Tag lang redete er kein Wort. Ihre eigenen Nerven wollten versagen, wenn sie versuchte, sich einzureden, das alles werde in ein oder zwei Tagen vorüber sein.

Immer schlimmere Nachrichten kamen: die Wahlen in den Staaten brachten Niederlagen, die Demokraten hatten New York, Pennsylvanien, Ohio, Indiana, New Yersey erobert, wo im Jahre 1860 Abraham Sieger gewesen war. Auch in Illinois hatte die Gesetzgebende Versammlung eine demokratische Mehrheit, Marys Cousin John T. Stuart besiegte als unabhängiger Kandidat Abrahams republikanischen Freund Leonard Swett im Kampf um den Platz im Kongreß, der neue Gouverneur von New York, Horatio Seymour, war ein Demokrat, der stets als Abrahams Gegner auftrat. Lincoln, als Minderheitskandidat gewählt, war jetzt mehr als je in der Minderheit.

Der Diener William kam in das kleine Empfangszimmer, wo Mary Spitzen an Taschentücher nähte.

»Mister Lincum nichts essen schon drei Tage. Bitten um Verzeihung, Madame Lincum, aber Köchin hat Essen auf Tisch. Wenn Sie könnten ihn holen...«

In Abrahams Arbeitszimmer war das Kabinett um den großen Tisch versammelt. Abraham schwieg, doch zwischen den Ministern Seward und

Chase hatte sichtlich ein heftiger Auftritt stattgefunden. Sie trat neben Abraham.
»Abraham, William meldet mir, daß du nichts von dem Essen angerührt hast, das ich dir geschickt habe. Ich verlasse dieses Zimmer nicht, wenn du nicht mit mir kommst.«
»Schön, Mary«, erwiderte er heiser.
Er folgte ihr bis zur Tür, dann packte er sie bei den Ellbogen, hob sie über die Schwelle und schloß die Tür hinter ihr.
Am selben Nachmittag erhielt sie einen Brief aus Lexington. Ihr Bruder David sei in einer Schlacht am Mississippi tödlich verwundet worden. Und in der Nummer vom 8. November von ›Harper's Weekly‹ wurde dem Land mitgeteilt, daß der Bruder der Präsidentin, der eben in der Schlacht gefallen war, in Richmond die Rolle eines Kerkermeisters bei den Unionstruppen gespielt hatte...
Wenige Tage später erwachte Abraham ohne Kopfschmerzen. Mit einem warmen Lächeln trat er in Marys Schlafzimmer und küßte sie.
An jenem Tag begann sie mit Mrs. Caleb Smith für das Weihnachtsessen in den Spitälern Vorsorge zu treffen; die beiden Frauen hatten monatelang Geld gesammelt und waren imstande, große Mengen an Hühnern, Truthühnern, Butter, Kuchen, Konfitüre und Puddings zu erstehen.
Bei Abrahams Erholung spielte es keine geringe Rolle, daß er General Ambrose E. Burnside zum Kommandeur der Armee am Potomac ernannte und daraus erneute Hoffnung schöpfte. Burnside hatte Pläne zur Eroberung Richmonds entworfen und versprochen, sogleich zu marschieren, wenn ihm General Halleck die Pontonbrücken zur Verfügung stellte, die er für seine Truppen zur Überschreitung des Rappahannocks brauchte.
Eine Woche später hatte Burnside noch nichts unternommen, weil die Pontonbrücken nie angekommen waren; so hatte General Lee reichlich Zeit gewonnen, um seine Truppen auf den Höhen oberhalb von Fredericksburg, halbwegs auf der Hauptstraße nach Richmond, aufzustellen. Burnside glaubte, er könnte den Fluß in aller Sicherheit auf selbstgebauten Pontons überqueren und mit seiner Armee von hundertzehntausend Mann die zweiundsiebzigtausend Lees vor sich hertreiben.
Abraham konnte nicht schlafen; Mary blieb die ganze Nacht des Freitags bei ihm, denn Burnside hatte erklärt, er wolle bei der Dämmerung des Samstags angreifen. Berichte meldeten, die Armeen seien in voller Stärke aufeinandergestoßen. Am Nachmittag ging sie mit ihm ins Kriegsministerium, wo die Telegraphenapparate mit höchster Geschwindigkeit klapperten. »Eine furchtbare Schlacht ist entbrannt. Jede Minute kommen Verwundete an.« – »Das Knattern der Musketen ist beinahe betäubend.« – »Noch nichts Endgültiges über den Verlauf der Kämpfe zu melden.« –

Um sechs, kurz nach Anbruch der Dunkelheit, hieß es: »Das Feuern hat aufgehört.« Doch kein Wort darüber, wie die Schlacht geendet hatte.
Am Sonntag war alles still; weder Telegramm noch Kuriere vom Schlachtfeld. Auch die Glocken läuteten nicht, denn viele Kirchen waren in Spitäler umgewandelt worden. In den Privaträumen der Familie war es ruhig. Es ließen sich keine Gäste blicken. Um neun Uhr abends endlich kam die Nachricht, Henry Villard von der New Yorker ›Tribune‹ sei im Hotel gesehen worden und habe erzählt, was er als Augenzeuge der Schlacht gesehen hatte. Abraham schickte nach ihm. Der Journalist kam sofort; er war noch in dem staubigen, verschwitzten Anzug, den er auf dem Schlachtfeld getragen hatte.
Mary und Abraham empfingen ihn im kleinen Salon im ersten Stock, und Abraham sagte:
»Ich bin Ihnen sehr dankbar dafür, daß Sie gekommen sind. Mrs. Lincoln und ich sind sehr gespannt und haben bisher nur wenig gehört.«
Mary setzte sich auf einen Stuhl beim Fenster und ließ die beiden Männer am Tisch allein. Es war eine traurige Geschichte, die sie vernehmen mußte. General Burnside hatte seine Truppen über Felder geführt, die im Bereich von Lees Artillerie lagen, dann über offene Hänge, wo sie von den gutverschanzten Rebellen niedergemäht wurden. Mehr als zwölftausend Soldaten der Union waren tot oder verwundet.
Gouverneur Curtin aus Pennsylvanien stürzte ins Zimmer und berichtete, mit welch großartigem Mut die Truppen der Union sich in die Hölle des Schrapnellfeuers und des Kugelregens gestürzt hatten.
»Herr Präsident, es war keine Schlacht, es war ein Schlachten.«
Abraham konnte sich kaum aufrecht halten. Mary eilte auf ihn zu. Gouverneur Curtin hatte seine Selbstbeherrschung wiedergefunden.
Die ganze Nacht hindurch hörte Mary die schweren Schritte Abrahams, der in seinem Zimmer auf und ab ging. Welche Last mochte auf seinen Schultern, auf seinem Herzen liegen!
Am nächsten Abend hörte sie das unheilverkündende Pfeifen der Schiffe. Sämtliche Ambulanzwagen von Washington warteten an der Anlegestelle. Sie hörte den Schrei: »Dampfer in Sicht!« Und abermals kam ein Schiff mit seiner Fracht von Tod und Elend durch den Regen gefahren. Die ganze Nacht, den ganzen nächsten Tag, die ganze nächste Nacht... Tausende von Männern, auf den Feldern, in den Gräben, auf den eingesunkenen Straßen, auf den offenen Hängen von Fredericksburg niedergeschossen!
Der ganze Norden wurde zu einem Fredericksburg, und Schrapnell- und Musketenkugeln hagelten auf die Felder, Gräben, Hänge von Abrahams Verwaltung herab. Der Ausschuß, der sich mit der Kriegführung befaßte, verhörte General Burnside in so tiefem Geheimnis, daß Abraham den Be-

richt in der ›Tribune‹ lesen mußte. Burnside wurde beschuldigt, »die Armee dem Feind ausgeliefert zu haben«.
Abraham saß neben Mary, hielt ihre Finger in seinen kalten Händen.
»Ich habe Burnside ernannt; ich habe ihm erlaubt, seinen Plänen entsprechend, anzugreifen. Der Fehlschlag ist mein; alle Fehlschläge sind mein.«
»Darum muß auch der Triumph eines Tages dein sein«, sagte sie tröstend.

Sie hatte jetzt die Aufgabe, die Vorräte für das Weihnachtsessen unter die Verwalter der Spitäler zu verteilen; den ganzen Tag verbrachte sie in den kühlen, feuchten Kellerräumen, wo es roch wie in einem Landwirtshaus, und sah darauf, daß auch jedes Spital seinen gerechten Anteil erhielt. Am Tag vor Weihnachten war der Keller vollkommen geleert. Mary war erschöpft, doch sie mußte noch dem Empfang am Neujahrstag standhalten. Sie erinnerte sich daran, mit welchem Eifer sie bei ihrem ersten Neujahrsempfang Washington die großen Veränderungen im Weißen Haus gezeigt hatte. Jetzt hatten sich Verdrossenheit und Erbitterung über Washington gelagert. Mary stand der Sinn durchaus nicht nach Vergnügen.
Nichtsdestoweniger schritt sie an Abrahams Seite die große Treppe hinunter, um das diplomatische Korps, die Vertreter von Armee und Marine, die obersten Richter, die Mitglieder von Senat und Repräsentantenhaus zu begrüßen. Um elf Uhr öffneten sich die Tore, und das Publikum strömte ein, drängte sich in Gängen und Empfangsräumen; die Leute gingen in endloser Reihe am Präsidentenpaar vorbei, schüttelten Abraham und Mary die Hände und sagten wohl auch ein Wort der Ermutigung. Sie sah ein, daß sie unrecht gehabt hatte – dieser Empfang war, trotz Trauer, trotz allen Spannungen, eine symbolische Handlung.
Im Verlauf des Nachmittags ging Abraham mit ihr, gefolgt von einem Dutzend Mitgliedern des Kabinetts und des Kongresses, die Treppen hinauf in sein Zimmer. Aus einem Fach seines Stehpults zog er die Kopie der Negerbefreiungsproklamation; in der Nacht zuvor hatte Stoddard diese Kopie angefertigt, und am Morgen hatte Abraham die Namen der aufständischen Staaten eingefügt, an die diese Erkärung sich wandte.
Er setzte sich auf den gewohnten Platz am großen Tisch, die Männer hinter ihm, Mary neben ihm. Und sie las:
»Darum verkünde ich, Abraham Lincoln, kraft der mir verliehenen Macht als Oberbefehlshaber von Armee und Marine der Vereinigten Staaten, während dieses bewaffneten Aufstandes gegen Autorität und Regierung der Vereinigten Staaten und als passende und notwendige Maßnahme zur Unterdrückung dieses Aufstandes, an diesem ersten Tag des Januars unseres Herrn eintausendachthundertdreiundsechzig... befehle und erkläre

ich, daß alle Personen, die in den genannten Staaten und Staatsteilen als Sklaven gehalten werden, frei sind und von nun an frei bleiben sollen... Ferner erkläre ich und mache kund, daß solche Personen... in den Waffendienst der Vereinigten Staaten für Festungsgarnisonen, Stellungen und andere Orte, sowie auf Schiffe jeder Art in dem genannten Dienst aufgenommen werden.
Daß dieser Akt aufrichtig als ernster Akt der Gerechtigkeit empfunden, von der Verfassung als militärische Notwendigkeit verbürgt wird, dafür rufe ich das besonnene Urteil der Menschheit und die Gnade des allmächtigen Gottes an...«
Er tauchte die Feder in das Tintenfaß und hielt sie in der Hand, die vom Händeschütteln des Vortags noch geschwollen war und zitterte.
»Nie in meinem Leben war ich so davon überzeugt, daß ich recht handle, wie jetzt, da ich dieses Papier unterzeichne«, sagte er. »Doch wenn meine Hand beim Unterschreiben zittert, werden die Leute sagen: ›Er hat gezaudert‹.«
»Wenn die Sklaverei tot ist«, bemerkte Mary, »dann werden die Menschen, die du befreist, sich keine Gedanken darüber machen, wie deine Unterschrift aussieht.«
Er sah sie an, ohne zu lächeln. »Nun jedenfalls muß es geschehen.« Das Zittern verebbte, und er schrieb langsam, aber fest seinen Namen. Die Männer hinter ihm begnügten sich damit, ihm Glück zu wünschen. Und als der letzte gegangen war, wandte Abraham sich zu Mary und sagte ernst:
»Die Sklaverei ist noch nicht tot. Wir sind wie Walfischfänger, die lange auf der Jagd gewesen sind – wir haben dem Ungeheuer wohl die Harpune in den Leib gebohrt, doch nun müssen wir zusehen, wie wir zu steuern vermögen, sonst wird es uns noch immer mit einem einzigen Schwanzschlag in die Ewigkeit senden.«
»Nach dem Wort, das du in meinen Trauring geschrieben hast, ist in der Ewigkeit die Liebe. O Abraham, wenn der Krieg vorüber ist – glaubst du, daß es genug Menschen und Zeit für die Liebe geben wird?«

General Schlamm ergriff das Kommando. Die Armeen bezogen Winterquartiere. Der Waffenstillstand erstreckte sich auf das Weiße Haus, wo Abraham sich von der Niederlage bei Fredericksburg zu erholen begann. Auch Mary fühlte sich wieder wohler, sie wußte, daß sie bald besser aussehen, daß die Dunkelheit hinter ihrem Auge verschwinden werde.
Im Februar wüteten Schneestürme, denen ein frühes Frühjahr folgte, im Park des Präsidenten sangen die Drosseln, und die blühenden Büsche säumten farbenfroh den grünen Rasen. Weder sie noch Abraham hatten die Lust am Theater eingebüßt; während der ersten Kriegszeit war kaum

je eine Truppe nach Washington gekommen, und Abraham hätte auch zu viel zu tun gehabt. Jetzt aber führte sie ihn zu den Opern von Gounod und Verdi und zu den Dramen Shakespeares.
Ende April schlug Abraham vor, den ersten Ausflug seit seinem Regierungsantritt zu unternehmen; und zwar wollte er die Armee am Potomac besuchen. Ihr alter Freund aus Springfield, Dr. Anson Henry, begleitete sie. In Falmouth wurden sie in das Hauptquartier General Joseph Hookers geleitet, der zum Nachfolger General Burnsides ernannt worden war. Am nächsten Tag veranstaltete der »Kämpfer-Joe« Hooker eine große Parade, bei der Abraham mit dem hohen Seidenhut neben dem General ritt. Tad durfte mit der Kavallerie reiten, und sein grauer Mantel wehte hinter ihm her.
Zu Beginn der Reise hatte es geschneit, doch jetzt wurde das Wetter warm. Abraham hatte Dr. Stone, der ihm einen längeren Urlaub empfahl, erwidert: »Zwei oder drei Wochen würden mir nicht guttun; ich kann nicht vor meinen Gedanken davonlaufen.« Doch Mary merkte, daß seine Stimmung sich gehoben hatte und er wieder seine lustigen Geschichten erzählte.
Nach sechs Tagen kehrten Lincolns erfrischt nach Washington zurück. Als der Marineminister Welles Mary meldete, das Publikum wünsche, daß die Konzerte der Marinekapelle wieder aufgenommen werden sollten, gab sie ihre Zustimmung. Abraham war von dem Glauben erfüllt, diese großartig ausgerüstete Armee werde am Ende doch Lee schlagen, wenn General Hooker sie nur richtig zu verwenden wußte.
Am 1. Mai trat die Armee vom Potomac in Aktion, um dasselbe Fredericksburg zu erobern, wo Burnsides Truppen niedergemetzelt worden waren. Es war ein Angriffsplan General Hookers, der das Weiße Haus wissen ließ, er werde zu kräftig, zu schnell zuschlagen, als daß er Nachrichten senden könnte. Nach sechs Tagen und Nächten erreichten schließlich Meldungen von der Schlacht das Weiße Haus. Hookers Angriff hatte erfolgreich begonnen, doch dann habe Lee einen Gegenangriff unternommen. Hooker sei verwundet worden, habe den Überblick verloren, Stonewall Jackson habe die Flanke der Unionsarmee aufgerissen, und General Lee habe, obgleich nur halb so stark wie Hooker, seinen Gegner zum Rückzug auf der ganzen Linie gezwungen. Siebzehntausend Mann von den Bundestruppen, die Abraham und Mary eben erst besichtigt hatten, lagen jetzt tot oder verwundet im dichten Wald, im Unterholz bei Chancellorsville.
Abraham flüsterte heiser:
»Was wird das Land sagen?! Was wird das Land sagen?!«

Heiß brach der 2. Juli über Arlington an, wo Lincolns vor der erdrückenden Hitze der Hauptstadt Zuflucht gesucht hatten. An diesem Morgen war Abraham erst gegen drei heimgekommen, und um sieben war er schon wieder unterwegs zum Telegraphenraum des Kriegsministeriums; denn General Lee war in Pennsylvanien eingedrungen. Abraham hatte General George G. Meade an Stelle Hookers ernannt, und am Tag zuvor waren die beiden Armeen bei einem kleinen Ort aufeinandergestoßen, der Gettysburg hieß. Nun drängte es auch Mary, ins Weiße Haus zurückzukehren, um die neuesten Nachrichten zu erfahren.

Jehu, der Kutscher, fuhr mit dem offenen Wagen vor. Auf der Fahrt den Hügel hinunter wehte eine erfrischende Brise. Es war beinahe zehn geworden, als Jehu die Pferde auf den offenen Platz neben dem Mount Pleasant Hospital lenkte. Mary fächelte sich Luft zu und schaute zum Columbia College hinüber, als sie einen scharfen, metallischen Knall hörte; ein Teil des Kutschbocks hob sich, und Jehu überschlug sich in der Luft. Die Pferde scheuten und galoppierten über den Platz.

Blitzschnell überlegte sie; wenn sie wartete, lief sie Gefahr, daß der Wagen umgeworfen wurde; und wenn sie so weit hinaussprang, daß die Räder sie nicht erfassen konnten... und schon sprang sie...

Nach wenigen Schritten blieb sie stehen, brach sie zusammen. Ihr Kopf schlug auf etwas Hartes, Scharfes auf. Es war, als hätte man sämtliche Raketen des 4. Juli, die sie für Tad gekauft hatte, in ihrem Gehirn abgebrannt. Sie führte die Hand an den Hinterkopf, die Finger waren blutig. Sie hörte Stimmen, wurde aufgehoben und ins Spital getragen. Hinter dem Eingangstor stand schon ein Chirurg.

»Tragt sie in den Operationssaal!«

Sie öffnete die Augen, wurde auf einen Tisch in der Mitte eines sauberen, völlig geruchlosen Raumes gelegt; vor sich sah sie die Mahagonikästchen mit den chirurgischen Instrumenten. Der Arzt stand hinter ihr und sagte beruhigend:

»Es scheint nicht, daß Knochen gebrochen sind, Mrs. Lincoln. Ich werde Ihnen das Haar an dieser Stelle ein wenig schneiden müssen, um die Wunde an Ihrem Hinterkopf zu reinigen. Wir wollen dem Präsidenten eine Botschaft zukommen lassen...«

»Tun Sie das nicht, Doktor; er würde nur erschrecken...«

»Wie Sie wünschen, Frau Präsidentin. Ich muß die Wunde nähen; das wird wahrscheinlich weh tun...«

Sie beobachtete ihn, den blonden Mann mit der Brille, der jetzt aus einem Instrumentenkästchen Nadel und Faden nahm, den Faden mit den Lippen befeuchtete und zwischen den Fingern drehte. Sie hatte das Gefühl, daß eine Nadel sich in ihre Kopfhaut einbohrte; doch der einzige Schmerz kam von der Schulter her, die wie Feuer brannte.

Der Arzt bedeckte die Wunde mit Wachs, verband ihr den Kopf und half ihr in einen Wagen.
Von Arzt und Kutscher gestützt, konnte sie die Familientreppe zu ihrem Schlafzimmer hinaufgehen; mit einem rosaseidenen Häubchen bedeckte sie den häßlichen Verband. Und jetzt erlaubte sie, daß der Chirurg den Präsidenten verständigte.
Abraham kam eiligst herbei; so besorgt war er, daß es beinahe das Abenteuer gelohnt hatte, wenn sie sah, wie er sich um sie bemühte. Die Stimmen Abrahams und des Arztes kamen jetzt wie aus weiter Ferne, und Mary spürte, wie sie einschlief...

Ein Lid hob sich. Das Zimmer war dunkel. Sie versuchte, den Kopf zu bewegen. Jetzt hob sich auch das zweite Lid.
Wo war sie? Daheim, in dem Haus in der Main Street in Lexington? Nein, es mußte das Haus in der Eighth Street sein. Sie richtete sich auf einem Ellbogen auf. Nichts war ihr hier vertraut. Wer saß denn da, schlafend in einem Stuhl inmitten des Zimmers? Jetzt besann sie sich – Dorothea Dix war es, die William pflegte. Warum aber saß sie in ihrem, Marys Zimmer? William war wahrscheinlich eingeschlafen...
Doch jetzt wußte sie, wo sie war! Im Weißen Haus! Sie mußte den großen Empfang am 5. Februar vorbereiten. Achthundert Einladungen hatte sie ausgeschickt, die Krinolinen würden viel zu leiden haben!
Aber William und Tad waren ja krank! Sollte sie den Empfang nicht absagen? Nein, das wollte Abraham nicht, die Jungen würden morgen schon wieder wohl sein...
Irgend etwas hatte sie aufgerüttelt. Was war es nur? Richtig – jetzt stieg die Empörung in ihr hoch. Wer konnte nur so einen Artikel geschrieben haben? Es klang wie eine Lobrede auf den Präsidenten und war doch nur ein Hohn auf seine Ehe. Was hatte der schreckliche Mensch geschrieben? Abraham erwarte nur den Tag der endgültigen Vereinigung? Diese Vorstellung machte sie krank, obgleich die andere Frau ja weder Gesicht noch Namen besaß...
Ihre Gedanken schweiften zu William zurück. Tad hatte sich erholt, aber William war noch sehr krank. Sie schlüpfte aus dem Bett, stand vor dem Prinz-von-Wales-Zimmer. Warum war es denn verschlossen? Sie drehte den Schlüssel im Schloß, sie öffnete die Tür. Das Zimmer war leer. William lag nicht unter dem mächtigen Betthimmel. Sie hörte eine Stimme hinter sich, eine Pflegerin trat an sie heran.
»Mrs. Lincoln, Sie dürfen nicht herumgehen. Der Doktor sagte, daß Sie sich ganz ruhig verhalten müssen...«
Warum sollte sie im Bett bleiben? Ja, sie war erschöpft, sie hatte nicht genug geschlafen, hatte bei den Kindern gewacht; jetzt aber war der Mor-

gen da, und sie hatte so viel zu tun, weil ja der Traiteur Maillard mit seinen Köchen und Kellnern aus New York kam.
Ihre Knie wankten, sie ließ sich wieder ins Bett bringen. Als sie den Kopf auf das Kissen legte, spürte sie einen quälenden Schmerz. War denn Frühling? Die Zeit, wo sie unter den heftigen Kopfschmerzen litt?
Das Pochen wurde immer heftiger, kreiste in ihrem Schädel, erfüllte ihn, bis sie in völlige Bewußtlosigkeit versank.
Als sie erwachte, empfand sie den Druck der Julihitze. Jetzt wußte sie, warum sie William nicht zu finden vermocht hatte. William war tot, war ihr geraubt worden, das liebste aller Kinder. Wie sollte sie ohne William leben? All den endlosen Monaten von Angst und Einsamkeit standhalten?
Der verlogene Artikel John Hills über Abrahams erste Liebe? Abraham würde die Achseln zucken, würde sagen: »Ach, laß das doch, Mary; das erledigt sich schon von selber.«
Genau in diesem Augenblick trat Abraham ein, auf den Lippen ein breites Lächeln; eine Morgenzeitung hatte gemeldet, sie sei schwer verletzt worden. Er machte sich darüber lustig, daß sie ganz bewußt die Reporter irregeführt hätte. Sie nahm seinen Ton auf.
»Du solltest Robert telegraphieren, daß ich ganz wohl bin, sonst kommt er zum Begräbnis herbeigeeilt!«
Doch sie war nicht ganz wohl. Dr. Stone versicherte ihr, daß die Wunde gesäubert sei und heilte, meinte aber, die Möglichkeit eines Bruches sei doch vorhanden. Ganz gewiß schien die Kraft des Aufschlags ihr Gehirn mit seltsamen schwingenden Bewegungen erfüllt zu haben, die den gewohnten Denkvorgang verdrängten. Nicht nur fiel es ihr schwer, sich zu konzentrieren, sondern es war, als hätte irgendwas vom Innern ihres Kopfes Besitz ergriffen, eine völlig unabhängige Macht, die sie so schnell im Bereich von Raum und Traum und Zeit hin und her trieb, daß Mary nie ganz sicher wissen konnte, in welchem Haus, in welchem Jahr, in welcher Krise sie gerade lebte.
Tad wanderte trostlos in ihr Zimmer, aus ihrem Zimmer, saß auf dem Boden, saß am Bettrand, schnitzelte mit dem neuen Taschenmesser, das Abraham ihm geschenkt hatte, an Holzstückchen. Obgleich er schon mehr als zehn Jahre alt war, konnte er doch weder lesen noch schreiben; Mary hielt ihm einen Hauslehrer, teils weil Tad sich sonst allzu einsam gefühlt hätte, teils auch weil der Knabe sich Wissen anzueignen vermochte, wenn man ihm etwas zeigte oder einfach zu ihm sprach. Sie ließ ihre Finger durch sein dichtes braunes Haar gleiten.
»Tad, warum machst du nicht aus dem kleinen Schlafzimmer auf der andern Seite des Vorraums ein Theater? Vater wird gewiß erlauben, daß ein Schreiner dir eine Bühne zimmert.«

Tad warf ihr die Arme um den Hals, küßte sie und lief schnurstracks in Abrahams Arbeitszimmer.
Am nächsten Morgen kam Robert, der auf Abrahams Telegramm hin den ersten Zug genommen hatte.
»Vater sagt, du seist nur leicht verwundet worden, aber in der Zeitung habe ich gelesen, daß du mit dem Kopf gegen einen Stein gefallen bist. Da wollte ich doch bei dir sein.«
»Ich danke dir, Bobby.«
Zum ersten Mal, seit er vor vier Jahren nach Exeter gegangen war, nannte sie ihn mit seinem Kindernamen; doch im gleichen Augenblick war es ihr auch bewußt, daß dies die erste Aufmerksamkeit war, die ihr ältester Sohn ihr erwies; er erkundigte sich nach jeder Einzelheit des Unfalls. Er wollte unbedingt mit den Eltern in Marys Schlafzimmer essen. Und dann erzählte er auch, welchen Entschluß er gefaßt hatte. Sobald er Harvard absolviert hätte, wolle er Jura studieren.
Abraham ließ das Messer sinken.
»Du wirst ein besserer Anwalt sein, als ich es war, Robert. Alles, was ich wußte, mußte ich aus den Büchern aufschnappen, die ich mir von Mutters Cousin Stuart auslieh. Die habe ich zum größten Teil auf dem Weg von New Salem nach Springfield gelesen – das waren ja immerhin zwanzig Meilen.«
Die Erwähnung von New Salem durchzuckte Mary schmerzlich.
»Für einen Landanwalt hast du dich gar nicht so schlecht entwickelt«, versuchte sie zu scherzen, doch ihre Stimme klang gepreßt.
Abraham konnte mit zwei guten Nachrichten aufwarten: General Meades Truppen hatten bei Gettysburg in der größten Schlacht, die je in den Vereinigten Staaten ausgefochten worden war, Lees Angriff abgewehrt und fast die Hälfte der Armee der Konföderierten vernichtet. General Grant aber hatte Vicksburg eingenommen, achtunddreißigtausend Gefangene gemacht und ganz Mississippi besetzt.
Sie war dankbar für die Stunden, wenn ihr Kopf klar war, doch sie mußte einen teuren Preis dafür bezahlen, denn nachts war sie von Schmerzen geplagt und preßte den Kopf in die Kissen; Abraham im Nebenzimmer sollte ihr Stöhnen nicht hören.
Abraham kam am nächsten Tag aus dem Kriegsministerium mit den neuesten Nachrichten von den Kriegsschauplätzen. General Meade hatte Lees schwer erschütterte Armee nicht verfolgt, hatte ihm ermöglicht, den Potomac zu überschreiten und sich in das sichere Gebiet von Virginia zurückzuziehen. Dagegen hatte Meade seine Truppen dazu beglückwünscht, daß sie »den Feind von unserem Boden vertrieben« hatten.
»Genauso hatte es McClellan als Sieg ausposaunt, weil ›Pennsylvanien und Maryland‹ gesichert waren. Werden denn unsere Generäle sich nie

von solchen Vorstellungen befreien können?! Das ganze Land ist doch unser Boden!«

Anfang August war ihr rothaariger Bruder Alexander in der Schlacht bei Baton Rouge gefallen. Sie hatte einst das Kind Alexander auf den Schultern getragen, bevor sie Lexington verließ, um nach Springfield zu fahren. Alexander war der einzige Bruder, der zur Feier des Amtsantritts nach Washington gekommen, der stolz auf seine Schwester gewesen war. Als sie die Nachricht erfuhr, schloß sie sich in ihrem Schlafzimmer ein, fiel auf die Knie und weinte:

»Ach, kleiner Alex, warum mußtest du sterben?!«

Eine düstere Stimmung befiel sie. Sie war von Angst und Sorge gepeinigt; ihre Möbel waren bei Freunden in Springfield eingelagert, doch kein Mensch kümmerte sich darum, ihre Schwester Ann verbreitete häßliche Geschichten über die »Königin Mary«, die allzu vornehm war, um ihre jüngere Schwester für eine Saison ins Weiße Haus einzuladen. Sie hatte keine Geduld im Umgang mit den Dienstboten mehr, mit denen sie bisher so gut ausgekommen war, sie geriet mit Kate Chase in Streit, die bei Marys Empfängen ihren eigenen kleinen Hof hielt. Auch mit Nicolay und Hay hatte sie eine Auseinandersetzung über das Monatsgehalt von hundert Dollar für einen Hausverwalter, den man nicht mehr brauchte. Sie verlangte, die Sekretäre sollten ihr diesen Betrag für den Haushalt zugestehen, doch Nicolay erwiderte:

»Das Geld wird einem Hausverwalter bezahlt, oder es fällt an die Regierung zurück.«

Und John Hay fügte hinzu: »Mrs. Lincoln, das Geld gehört ja nicht uns, und wir dürfen es nur für den Zweck verwenden, für den es bewilligt wurde.«

Ihr paßte es nicht, sich von den jungen Menschen den Text lesen zu lassen.

»Für zwei vollkommen Fremde, die ich in meinem eigenen Haus haben muß, benehmen Sie sich doch recht willkürlich!«

Am nächsten Tag übersiedelten die beiden Sekretäre in ein Hotel. Abraham war das nicht lieb; oft waren sie abends noch einmal in die Kanzlei gekommen, um die Post zu erledigen. Und Abraham war gern in ihrer Gesellschaft gewesen und hatte ihnen heitere Kapitel aus den Büchern von Ward oder Nasby vorgelesen.

Es gab ein kleines Abendessen im Weißen Haus; Mary prüfte mit großer Sorgfalt die Liste der weiblichen Gäste. Sie hatte die Jahre des Fegefeuers an Abrahams Seite durchlebt, sie wollte nicht, daß jetzt irgendein hübsches junges Frauenzimmer, das über die Scherze des Präsidenten lachte und bewundernd zu ihm aufsah, ihr den Rang ablaufen sollte.

»Zweieinhalb Jahre lang hast du immer eine Dame erwählt, die mit dir an erster Stelle den Speisesaal betrat. Das ist eine unsinnige Sitte. Der Präsident hat in allem an erster Stelle zu stehen, und ich, als deine Frau, sollte den ersten Platz mit dir teilen«
Abraham hob die Brauen, hatte aber nichts dagegen einzuwenden.
Eines Morgens öffnete sie die Tür zu seinem Arbeitszimmer. Inmitten des Raumes stand Abraham, zu seinen Füßen kniete eine Frau und hielt seine Beine umfangen.
»Da muß ich schon sagen...«, rief Mary.
Die Frau stand auf, wurde dunkelrot.
»Mrs. Lincoln, ich habe den Präsidenten angefleht, mir in meinem Anspruch an die Regierung behilflich zu sein...«
»Und was veranlaßt Sie zu glauben, daß Ihr Anspruch dadurch wirksamer wird, wenn Sie sich auf dem Boden wälzen?!«
Die Frau verzog sich.
»Nun, Mutter«, sagte Abraham, »nicht gleich so hitzig! Ich habe die Frau nur empfangen, um dem Kongreßmann ihres Distrikts gefällig zu sein. Du bist doch gewiß nicht eifersüchtig? Auf den häßlichsten Mann im Sangamon-Distrikt?! Auf den einzigen Mann, mit dem kein Mädchen spazierengehen wollte, abgesehen von der großherzigen Mary Todd?!«
Das Wort »großherzig« besänftigte sie. Sie preßte die Fingerspitzen an die schmerzenden Nerven ihres Kopfes.
O Abraham, dachte sie, sag mir, daß es nicht wahr, daß alles eine Lüge ist! Die Geschichte von dem Mädchen in New Salem! Sag mir, daß ich die einzige Frau bin, die du je geliebt hast!
Abraham sah das Elend in ihren Zügen. Er legte den Arm um ihre Schultern.
»Warum fährst du nicht mit Tad und Robert nach Vermont in die Berge? Du würdest dich erholen, du würdest wieder ruhiger werden. Ich käme euch besuchen.«
»Versprichst du das, Abraham? Denn ich würde ganz gern für einige Zeit von der Hitze und den Mücken und ... und dem Unglück fortgehen. Wirst du aber auch wirklich kommen?«
Alles wurde vorbereitet. Sie brauchte nur in den Wagen zu steigen und dann in den Zug nach New York. In den New Yorker Zeitungen war ihre Ankunft angezeigt worden; als sie mit ihren Söhnen ins Metropolitan Hotel kam, wurde sie von den kommandierenden Offizieren der Werft in Brooklyn erwartet, die sie baten, ob sie nicht am nächsten Tag die Offiziere mit ihren Frauen an Bord der ›North Carolina‹ empfangen würde.
Sie ging über das Verdeck des Schiffs und sah zwischen sich und der Estrade, die für sie errichtet worden war, eine Fahne der Konföderation über die Planken gebreitet. Umgehen konnte sie die Fahne nicht. Kapitän

Richard W. Meade, der Kommandant der ›North Carolina‹, bemerkte ihr Zaudern und fragte:
»Ist irgend etwas nicht in Ordnung, Frau Präsidentin?«
»Ich halte es nicht für richtig, über die Fahne zu gehen.«
»Es ist die Fahne des Feindes, Mrs. Lincoln.«
»Der Präsident sagt, wir dürften sie nicht als Feinde betrachten«, erwiderte sie würdig. »Allzu viele tapfere Burschen aus dem Süden sind gefallen, als daß ich etwas mit Füßen treten wollte, wofür sie gefallen sind, wenn es auch die unrechte Sache war. Ich muß Sie bitten, Kapitän, die Fahne entfernen zu lassen; andernfalls kann ich die Estrade nicht erreichen, um die Offiziere und ihre Frauen zu empfangen.«
War es eine Falle gewesen? Hatte jemand daran gedacht, daß alles, was sie tun mochte, kritische Bemerkungen nach sich ziehen mußte? Oder war es einfach eine Gedankenlosigkeit? Das zu glauben zog sie vor, und doch ließ der Zwischenfall ihr das Blut heftig in den Schläfen pochen. Wie gern hätte sie hinzugefügt: Zu viele meiner Brüder sind gefallen, als daß ich mit Füßen treten würde, woran sie zutiefst geglaubt haben. Doch sie beherrschte sich. Wie lange aber sollte sie noch ertragen, daß der Kampf nicht nur auf den Schlachtfeldern ausgefochten wurde, sondern auch in ihrer eigenen Brust?

Sie war ganz entzückt von Manchester, dem beliebtesten Sommerort von Vermont, und zwar nicht zuletzt darum, weil die kleine neuenglische Stadt mit ihren Häusern im Kolonialstil und den weißen Säulen der Veranden, hinter glatten Rasenflächen, an ulmengesäumten Straßen sie an Lexington erinnerte. Tad war ganz bezaubert von den Marmorplatten des Trottoirs.
Wenn etwas die Unruhe ihres Herzens, ihres Kopfs zu mildern vermochte, so war es diese klare, duftende Bergluft, in der nichts sie störte. Abraham schrieb häufig:

8. August 1863

Meine liebe Frau,
sag dem lieben Tad, daß die arme Ziege Nanny verlorengegangen ist, und Mrs. Cuthbert und ich sind ganz unglücklich darüber. Am Tag deiner Abreise hat Nanny noch inmitten von Tads Bett ihr Futter wiedergekäut. Doch jetzt ist sie fort! Und man hat seither nichts mehr von ihr gehört. Das Wetter hier ist nach wie vor trocken und furchtbar heiß. Die Wahl in Kentucky ist sehr gut verlaufen... Nach Mr. Crittendens Tod war Brutus Clay, Cassius' Bruder, für den Kongreß aufgestellt worden und wurde mit großer Mehrheit gewählt. Doch genug.

Zärtlichst A. Lincoln

Tad fand Spielgefährten seines Alters und war den ganzen Tag unterwegs. Robert war aufmerksam, fuhr mit ihr in die Wälder mit den Tannen, den Birken, den Ahornbäumen, saß mit ihr auf der Veranda. Und ein oder zwei Stunden las sie Bücher über die Hauptstadt der Nation, über die Geschichte des Weißen Hauses.

Welch ein trauriges Heim war es für die meisten seiner Bewohner gewesen! Andrew Jackson, dessen Frau bei der Wahlkampagne des Jahres 1828 derart mit Verleumdungen überschüttet worden war, daß sie daran starb, hatte acht einsame Jahre in diesen Mauern verbracht. William Henry Harrison war nach kaum einem Monat gestorben. Die Frau John Tylers, der Harrisons Nachfolger gewesen war, zog als Leidende ein und erlag kurz darauf einem Schlaganfall. Zachary Taylor starb im Weißen Haus nach anderthalb Präsidentenjahren. Mrs. Millard Fillmore kränkelte während der ganzen Zeit ihres Aufenthaltes im Weißen Haus und starb, nur drei Wochen nach Ablauf der Präsidentenschaft, im Hotel Willard – wie man sagte an den Folgen der Anstrengungen, die die Stellung als Erste Dame ihr auferlegt hatte. Mrs. Franklin Pierce, die Nachfolgerin Mrs. Fillmores, hatte drei Wochen, bevor sie nach Washington kam, ein Eisenbahnunglück miterlebt, hatte ihren Sohn, das letzte von drei Kindern, vor ihren Augen sterben sehen, als die Waggons eine Böschung hinunterrollten. Nie erholte sie sich von diesem Schlag, nie vermochte sie als Herrin dem Weißen Haus vorzustehen. James Buchanan war Junggeselle gewesen; während seiner Amtszeit war das Weiße Haus zumeist dunkel und freudeleer geblieben.

Gegen Ende August kamen Abrahams Briefe seltener. Er sagte nichts davon, daß er sie besuchen wollte. In seinen Botschaften war kaum anderes enthalten als Kriegsnachrichten.

29. August 1863

Alles wohl. Fort Sumter ist ganz gewiß zerschossen und für den Feind völlig unbenützbar; hier glaubt man, ist dessen allerdings nicht ganz sicher, daß wohl Sumter wie Fort Wagner von unseren Kräften besetzt sind. Es ist auch gewiß, daß Gen. Gilmore Charleston beschossen hat.

A. Lincoln

6. September 1863

Alles wohl und nichts Neues, außer, daß Gen. Burnside Knoxville, Tennessee, besetzt hat.

A. Lincoln

Robert kehrte nach Boston zurück und ließ sie allein mit Tad. Abrahams telegraphische Nachrichten bestanden jetzt nur aus drei Worten: Alles geht gut! Die Wochen der Ruhe und Erholung wurden durch die nagende Furcht gestört, daß Abraham sie nicht länger in seiner Nähe brauchte oder wünschte. Wie wechselvoll waren doch Liebe und Ehe – jetzt hell und sonnenwarm, dann kalt und nachtdunkel, von allen Übeln bestürmt, die Geist und Fleisch entfesseln konnten.

Ende September wurde es kühl. Sie erkältete sich. Sie wollte in das Fifth Avenue Hotel in New York übersiedeln, wo sie ihrem Heim näher wäre, und dort warten, bis Abraham sie zurückrief. Sie hatte unrecht gehabt, sich ihrem Leiden hinzugeben, sich von der Wirrnis in ihrem Kopf überwältigen zu lassen. Sie mußte sich aufraffen, mußte ein Lächeln zur Schau tragen, nie das häßliche Wort »Schmerz« erwähnen... nicht zulassen, daß dieser Schmerz sie in die Falle von Gemütserregungen lockte. Wenn sie nicht den Mut aufbrachte, Abraham jenen Artikel vorzulegen, weil die Gefahr damit verbunden war, daß er gestand, es sei doch ein Körnchen Wahrheit an der Geschichte, dann mußte sie ihre Eifersucht im Zaum halten. Sie mußte wieder an ihr Äußeres denken, mußte heiter sein, mußte sich sagen, daß es besser war, zu lachen als zu seufzen.

Nur wenige Tage war sie in New York, als sie einen Brief von der Verwalterin des Weißen Hauses, Mrs. Cuthbert, empfing, die ihr im Auftrag des Präsidenten mitteilte, »Washington sei ungesund und Sie sollten unter keinen Umständen kommen«. Sie war verletzt, gedachte aber ihres Entschlusses. Und am folgenden Tag kam ein Telegramm:

22. September 1863

Mrs. Cuthbert hat mich nicht richtig verstanden. Ich hatte sie angewiesen, dir zu sagen, daß du nach Belieben bleiben oder kommen sollst. Ich habe nichts von »ungesund« gesagt, noch daß du unter keinen Umständen kommen sollst. Soweit ich sehe oder weiß, war das Klima nie gesünder, und ich wünsche aufrichtig, dich wiederzusehen.

A. Lincoln

Wieder spürte sie, daß man sie brauchte. Sie telegraphierte Abraham, wann der Wagen sie am Bahnhof erwarten solle.

Eben wollte sie das Hotel verlassen, als ihr ein zweites Telegramm gebracht wurde. Es war von Abraham und berichtete über die Schlacht bei Chickamauga zwischen dem General der Union Rosecrans und dem General der Konföderierten Bragg.

24. September 1863

Das Ergebnis ist, daß, wenn wir überhaupt den kürzeren gezogen haben, es sich auf den Umstand beschränkt, daß wir, als die Schlacht vorüber war, das Feld räumten und so unsere Artillerie und unsere Verwundeten zu beträchtlichem Teil verlorengeben mußten. Wir verloren an Generälen einen, der gefallen ist, und drei oder vier verwundete, durchwegs Brigadiere; während nach uns zugekommenen Berichten der Aufständischen auf ihrer Seite sechs gefallen sind... darunter dein Schwager Helm.

Ben, Emilies Mann... dem Abraham ein Majorspatent beim Kommissariat angeboten hatte, wo er weder kämpfen noch fallen mußte... und jetzt war er gefallen. Emilie, ihre geliebte kleine Schwester, war Witwe.
Sie unterdrückte einen Schrei. Wie viele Brüder habe ich schon verloren! Samuel, Alexander, David, Ben! Wie lange wird es dauern, bis wir alle tot sind, alle?!
Sie zwang sich zu einem Lächeln und schritt durch die Menge in der Halle zu ihrem Wagen.

Sie saß in ihrem Schlafzimmer, in einem weißen Kaschmirschlafrock, den sie aus New York mitgebracht hatte. Abraham saß neben ihr, auf dem Tisch vor ihnen eine Schale mit Obst und eine Schachtel Bonbons. Die Petroleumlampen waren heruntergeschraubt; in dem Zwielicht sah Abraham durchaus nicht übel aus, sein Gesicht war schmal, hatte aber ein wenig Farbe. Ihre eigenen Wangen glühten. Die Ferien hatten sie gekräftigt; sie war glücklich darüber, daß sie wieder in ihrem Schlafzimmer im Weißen Haus war, Abraham neben sich hatte, den beruhigenden kameradschaftlichen Druck seiner Hand spürte, seine Stimme hörte, als er jetzt die Geschehnisse der zwei vergangenen Monate berichtete.
»Deine Mutter hat mich um einen Paß ersucht; sie wollte nach Atlanta fahren und Emilie und die beiden kleinen Töchter nach Lexington bringen; ich habe ihn ihr geschickt.«
»Vielen Dank, Abraham«, flüsterte sie. »Du bist immer so gut zu meiner Familie gewesen.«
Die Kriegslage war noch immer recht schwierig. Rosecrans' schwere Niederlage war abermals das Ergebnis einer falschen Beurteilung gewesen. Nachdem er Chattanooga ohne Schwertstreich genommen hatte, verfolgte er Bragg in südlicher Richtung und war in eine Falle geraten, wo Bragg den Vorteil einer starken Verteidigungsstellung besaß.
»Ich werde Rosecrans abberufen müssen«, seufzte er. »Wir haben nur einen einzigen General, der kämpfen und siegen will; das ist Ulysses S. Grant. Ich werde ihm den Oberbefehl über die neue Division am Mississippi übergeben.«
Eines Tages, Mitte November, kam Abraham ins Wohnzimmer.
»Senator Sumner brachte mir einen Brief von maßgebenden Bostoner Geschäftsleuten, in dem verlangt wird, ich solle doch eine Gelegenheit finden, um dem Volk das Ziel dieses Kriegs auseinanderzusetzen. Am

Neunzehnten wird ein Friedhof eingeweiht, und man hat mich aufgefordert, zu sprechen. Ich habe seit sehr langer Zeit nicht mehr in der Öffentlichkeit gesprochen, doch das könnte der richtige Ort und die richtige Stunde sein. Den größten Teil meiner Rede habe ich im Kopf schon ausgearbeitet.«
Er setzte sich an den großen Tisch, griff nach einem Briefbogen mit dem Kopf des Weißen Hauses. Die erste Seite hatte er rasch gefüllt, strich am Ende einen Satz aus, schrieb ein halbes Dutzend Zeilen auf die zweite Seite.
»Es ist kurz, aber das ist alles, was ich zu sagen habe. Unterwegs werde ich die Möglichkeit haben, es zu überdenken.«
Er reichte ihr das Blatt. Sie las:

»Vor siebenundachtzig Jahren haben unsere Väter auf diesem Erdteil eine neue Nation gegründet, in Freiheit geplant und dem Gedanken geweiht, daß ›alle Menschen gleich geschaffen‹ seien.
Nun stehen wir in einem großen Bürgerkrieg und erproben, ob diese Nation oder irgendeine auf dieser Grundlage gegründete und diesem Ziel geweihte Nation lange Zeit zu bestehen vermag. Wir vereinigten uns auf einem großen Schlachtfeld dieses Krieges. Wir sind gekommen, um einen Teil dieses Schlachtfeldes als Ruheplatz für jene einzuweihen, die hier gestorben sind, auf daß die Nation leben könne. Das dürfen wir nach Recht und Fug tun. Doch in höherem Sinn können wir diesen Boden nicht weihen, nicht widmen, nicht heiligen. Die tapferen Männer, ob lebend oder tot, die hier kämpften, sie haben ihn geheiligt, weit über unsere armen Kräfte hinaus, dem etwas zuzufügen oder wegzunehmen. Die Welt wird nur wenig beachten, wird nicht lange dessen gedenken, was wir hier sagen; dagegen kann sie nie vergessen, was jene hier taten.
Es ist eher an uns, den Lebenden, daß wir hier der großen Aufgabe geweiht werden, die vor uns liegt – daß wir von den Toten, die wir ehren, jener Sache geweiht werden, um derentwillen sie hier liegen, für die sie ihr letztes, größtes Opfer gebracht haben – daß wir den festen Entschluß fassen, diese Toten mögen nicht vergebens gestorben sein, die Nation möge eine Wiedergeburt der Freiheit erleben, die Regierung des Volkes, durch das Volk, für das Volk möge nicht von dieser Erde vergehen!«

Sie sah auf, sagte ruhig:
»Das ist sehr tief empfunden, Abraham.«
Am nächsten Morgen fuhr er nach Gettysburg. Als er um Mitternacht des nächsten Tages heimkam, wartete sie auf ihn.
»Wie war es?«
»Recht gut, glaube ich«, sagte er nachdenklich. »Edwart Everett, der be-

rühmte Redner aus Massachusetts, sprach zwei volle Stunden und riß das Publikum zu jeder Gefühlsregung hin, die es überhaupt gibt; meine Rede dauerte nur zweieinhalb Minuten, und so war ich wahrscheinlich fertig, bevor die Leute auch nur zur Besinnung gekommen waren. Es gab ein wenig Beifall, nicht viel. Ich fühlte mich so merkwürdig müde; ich weiß nicht recht, warum.«

Dr. Stone nannte es zuerst eine Erkältung, dann ein Gallenfieber, dann, als ein Ausschlag sich zeigte, Scharlach, doch am Ende war es eine gutartige Form der Pocken. Abraham sah mit schwachem Lächeln zu Mary auf.

»Jetzt habe ich doch endlich etwas, das ich jedem weitergeben kann.«

Er irrte sich; kaum hatte die Nachricht sich verbreitet, als das Weiße Haus schon verödet lag. Abraham arbeitete im Bett, las die Telegramme, die von General Grants Siegen südlich von Chattanooga berichteten, wo er an Stelle von Rosecrans getreten war und General Bragg sogleich geschlagen hatte. Während sie und Tad ihm in den letzten Stadien der Genesung Gesellschaft leisteten, lief ein anderes Telegramm ein, das Nachrichten von ihrer Mutter und Emilie brachte. Als die beiden Frauen Fort Monroe an der Chesapeake Bay erreichten, hatte Emilie sich geweigert, der Union den Treueid zu leisten, der von jedem verlangt wurde, bevor er die Grenze des Gebiets der Union überschritt. Sie sagte, diesen Eid zu leisten wäre ein Verrat an ihrem toten Gatten.

»Armes Kind«, sagte Mary. »Sie ist unglücklich, sie ist verwirrt, aber ihr Mut ist nicht geschwunden.«

»Nie ist einem aus dem Süden der Mut geschwunden«, erwiderte Abraham grimmig. »Andernfalls hätten wir diesen Krieg schon lange gewonnen.« Er griff nach einem Telegrammformular und schrieb:

»Schickt sie zu mir. A. Lincoln«

Mary ging zum ersten Mal seit Williams Tod in das Prinz-von-Wales-Zimmer, tat ihr Möglichstes, um dem Zimmer ein freundliches Aussehen zu verleihen. Emilie kam, bleich, mit langem, schwarzem Kreppschleier. Emilie, die noch vor wenigen Jahren so schön gewesen war, die Wangen rot, auf den Lippen ein glückliches Lachen! Sie hatte ihre vierjährige Tochter mit, während Betsy die jüngere nach Lexington gebracht hatte.

Mary ließ das Essen für sie beide in ihrem Schlafzimmer auftragen; sie waren glücklich, einander wiederzusehen, und doch war es eine traurige Begegnung. Emilie sagte: »Die Gegenwart ist eine frische, blutende Wunde, und die Zukunft hat nichts in sich als Verzweiflung.« Als sie von alten Freunden in Lexington sprachen, rief Mary:

»Nächste Woche habe ich meinen fünfundvierzigsten Geburtstag – o ja, ich werde alt, Emilie! Ich denke, ich werde eine kleine Gesellschaft geben,

nur für die nächsten Freunde. Du sollst doch das Weiße Haus sehen, wenn es sich mit Gästen freut.«
Nach Tisch führte sie Emilie hinunter, ließ die Lampen in den Salons anzünden und erzählte vom Weißen Haus und seiner Erneuerung.
Der nächste Morgen war kühl. Als nachmittags die Sonne durchbrach, fuhr Mary mit Emilie im geschlossenen Wagen aus, um ihr die Sehenswürdigkeiten von Washington zu zeigen. Sie bot alles auf, um von Emilie frische Erinnerungen an den Gram fernzuhalten, doch das war mehr, als sie für sich selber tun konnte, denn der Norden empfand es schmerzlich, daß die Schwester der Präsidentin sich geweigert hatte, den Treueid zu leisten, und zum Lohn ins Weiße Haus eingeladen worden war.
Abermals betonten die Zeitungen, daß Mary eben doch südlicher Herkunft war, stellten ihre Treue in Frage. Als sie ein Blatt der Konföderierten in die Hand bekam, worin sie auch eine Verräterin genannt wurde und man wissen wollte, warum sie nicht in den Süden zurückkehrte, wo ihre Heimat war, da rief sie:
»Gib mir einen Kuß, Emilie, und sag mir, daß du wenigstens mich lieb hast! Ich bin anscheinend der Sündenbock für beide, für den Norden und für den Süden.«
Sie hörten Abrahams lange Schritte in der Halle. Mary brachte ein Lächeln auf. Emilie sah sie erstaunt an. Doch Mary erklärte ihr:
»Ich darf ihn meine Tränen nicht sehen lassen; er hat Bürden genug!«
Als Abraham die beiden Frauen begrüßt hatte und in seinem Arbeitszimmer verschwunden war, fragte Mary:
»Ach, Emilie, werden wir denn je aus diesem gräßlichen Alptraum erwachen?!«
»Nein, Schwester«, sagte Emilie nachdenklich. »Es gibt Abschnitte darin, aus denen wir nie erwachen werden. Und doch gibt es auch Schönes – wie etwa die Aufmerksamkeit, mit der du und Lincoln einander behandelt. Erst heute früh sagte er zu mir: ›Kleine Schwester, hoffentlich kannst du den Sommer mit uns in Arlington verbringen. Du und Mary, ihr habt einander lieb. Es ist gut für sie, daß sie eine Schwester bei sich hat. Ich mache mir Sorgen um sie. Vor mir kann sie nicht verbergen, unter welchem Druck sie lebt – geistig und körperlich‹.«
Sie wurden durch die Ankunft John Stuarts unterbrochen, des neugewählten Kongreßmannes aus Springfield. Er und Mary umarmten einander herzlich. An jenem Abend blieb man im engsten Familienkreis, und nach Tisch ging man in den Roten Salon. Tad saß mit Katherine, Emilies Tochter, auf dem Teppich vor dem Kamin und zeigte ihr Photographien. Er hatte gerade eine von seinem Vater in der Hand und sagte:
»Das ist der Präsident!«
Die Vierjährige schüttelte nachdenklich den Kopf.

»Nein, das ist nicht der Präsident. Mr. Davis ist der Präsident.«
Daraufhin schrie Tad: »Hurrah für Abe Lincoln!«
Und Katherine schrie nicht minder laut: »Hurrah für Jeff Davis!«
Ein Diener meldete, General Daniel Sickles, der bei Gettysburg ein Bein verloren hatte, sei mit Senator Ira Harris aus New York gekommen und wünsche vor allem Mrs. Helm zu begrüßen. Der General hinkte ins Zimmer.
»Ich hörte, daß Mrs. Helm gerade aus dem Süden kommt, und da dachte ich, sie könnte mir vielleicht sagen, wie es meinem alten Freund, dem General John Breckinridge, geht.«
»Es tut mir leid, General, aber ich habe General Breckinridge seit einiger Zeit nicht mehr gesehen.«
Senator Harris richtete an Emilie verschiedene Fragen, die die Armee der Konföderierten betrafen, doch sie erwiderte ruhig, von alldem wisse sie nichts.
»Wir haben die Rebellen bei Chattanooga verprügelt«, dröhnte der Senator. »Die Lumpen sollen ja wie die Hasen gelaufen sein!«
Emilies Stimme zitterte. »Sie haben das Beispiel befolgt, das ihr ihnen bei Bull Run gegeben habt.«
Senator Harris wandte sich zu Mary.
»Warum ist Robert eigentlich nicht eingerückt? Er ist doch alt und kräftig genug, um seinem Land zu dienen!«
Sie fühlte, wie sie blaß wurde.
»Robert bereitet sich jetzt darauf vor, in die Armee einzutreten, Senator Harris. Er wollte sich schon seit langem melden. Wenn jemand eine Schuld trifft, bin ich es. Ich habe darauf bestanden, daß er erst das College absolvieren soll, weil ich der Ansicht bin, daß ein gutausgebildeter junger Mann seinem Land zweckmäßiger dienen kann.«
Harris hob einen langen Zeigefinger.
»Ich habe nur einen einzigen Sohn, aber er kämpfte bereits für sein Land.«
Und zu Emilie gewendet, fuhr er fort: »Madam, wenn ich zwanzig Söhne hätte, müßten sie alle gegen die Rebellen kämpfen.«
»Und wenn ich zwanzig Söhne hätte, Senator Harris«, ewiderte Emilie, »müßten sie alle gegen Ihre Söhne kämpfen.«
Damit sprang sie auf und verließ das Zimmer.
General Sickles ließ Abraham gegenüber ein Wort des Tadels fallen, doch Abraham wandte sich zu John Stuart und meinte mit listigem Zwinkern:
»Emilie hat eine Zunge wie die anderen Todds auch!«
Das erbitterte General Sickles; er schlug mit der Faust auf den Tisch und schrie: »Sie sollten keine Aufständischen in ihrem Haus dulden!«
Das war nun doch zuviel.
»Verzeihung, General«, sagte Abraham streng, »meine Frau und ich ha-

ben die Gewohnheit, unsere Gäste selbst zu wählen. In diesem Punkt brauchen wir von Freunden weder Rat noch Beistand. Zudem ist diese ›Aufständische‹ gekommen, weil ich sie gerufen habe – nicht aus eigenem Antrieb.«

Am nächsten Morgen beim Frühstück sagte Emilie:

»Schwester Mary, Bruder Lincoln, ich bin jetzt seit einer Woche hier; gestern hat es sich erwiesen, daß ich euch nur Verlegenheiten bereiten kann. Ich würde gern bei dir bleiben, Mary, aber du begreifst gewiß, daß ich gehen muß.«

Mary vermochte nicht zu sprechen, doch Abraham sagte gütig:

»Wir verstehen das; ich werde dir einen Geleitbrief ausstellen lassen.«

Am Nachmittag begleiteten sie Emilie zum Nordportal, wo ein Wagen wartete. Als sie im schwarzen Kreppschleier einstieg und wegfuhr, legte Abraham den Arm um Marys Schultern.

»Mir ist, als könnte ich nie mehr froh werden. Wenn der Herrscher der Hölle es so schwer hat wie ich, dann könnte ich in meinem Herzen Mitleid mit Satan selber finden.«

Die Wende des Jahres 1864 brachte eine neue Belebung der politischen Lage; beide Parteien würden ihre Convente abhalten und Präsidentschaftskandidaten nominieren. Mit der militärischen Niederlage waren die Demokraten stärker geworden, nicht minder weil der Norden befürchtete, es werde sich als unmöglich erweisen, den Aufstand überhaupt zu unterdrücken. Die Demokraten sprachen davon, ihren stärksten, volkstümlichsten Mann aufzustellen, General George B. McClellan, und zwar auf Grund des Programms »Frieden um jeden Preis«. Damit hatten sie große Aussichten, bei der Wahl zu siegen.

Finanzminister Chase war in Abrahams Kabinett in der festen Überzeugung eingetreten, er selbst werde der nächste republikanische Präsident der Vereinigten Staaten sein. Seine Anhänger ließen eine Flugschrift kreisen, aus der ganz klar hervorging, Chase sei der einzige Mann, der die Nation retten könne. Die Flugschrift fand auch ihren Niederschlag in den Zeitungen, und das war Chase so peinlich, daß er bereit war, zu demissionieren.

Mary und Robert, der zu den Ferien heimgekommen war, saßen im Wohnzimmer, als Abraham mit Chases Demissionsschreiben eintrat; er lächelte.

»Du wirst seine Demission doch hoffentlich annehmen«, sagte Mary.

»Wenn du die Flugschrift gelesen hast, bestimmt!« meinte auch Robert.

»Ich werde sie aber nicht lesen«, erwiderte Abraham. »Von solchen Dingen möchte ich so wenig wie möglich wissen. Chase ist ein ausgezeichneter Finanzminister. Ich werde seine Demission ganz gewiß nicht aus per-

sönlichen Gründen annehmen. Die Sache, um die es geht, ist viel zu groß, als daß ich dergleichen tun könnte.«
Als Mary die Liste der Einladungen zum traditionellen Staatsdiner zusammenstellte, bei dem die Mitglieder des Kabinetts Ehrengäste waren, dachte sie: Ich werde Chase und seine Tochter nicht einladen. Wenn wir schon Schlangen an unserem Busen zu nähren haben, muß es doch nicht am Familientisch geschehen!
Doch der umsichtige John Nicolay mischte sich ein.
»Es ist meine Pflicht, Mrs. Lincoln, die Liste der Einladungen für dieses Diner durchzusehen. Und ich merke, daß Sie die Familie Chase übergangen haben. Das können Sie nicht tun; es wäre eine Verletzung des Protokolls. Es gibt nun einmal gewisse Verpflichtungen, denen sich die Erste Dame nicht entziehen kann. Ich bitte Sie, die Sache noch einmal in Erwägung zu ziehen.«
»Ich habe nicht vor, die Sache noch einmal in Erwägung zu ziehen!«
Nicolay verbeugte sich und ging.
In den nächsten zwei Nächten fand sie keinen Schlaf. Und mitten in der dritten Nacht wurde ihr bewußt, daß sie unrecht gehabt hatte. Sie stand sehr früh auf, schickte Einladungen an Chase und seine Tochter, ferner eine Botschaft an John Nicolay, den sie zum Frühstück im Familienkreis bat. Nicolay erschien, war höflich, aber zurückhaltend.
»Mr. Nicolay, ich bitte Sie um Entschuldigung. Ich habe Chases bereits Einladungen geschickt. Ich hoffe aufrichtig, daß Sie mir verzeihen und selber zum Staatsdiner kommen werden.«
»Vielen Dank, Mrs. Lincoln, ich komme mit Vergnügen. Ich hatte immer gewußt, daß Sie schließlich tun würden, was von der Frau des Präsidenten verlangt wird.«
Von der Frau des Präsidenten verlangt wird? Ja, das war es, was sie immer tun mußte. Wie aber konnte man Abrahams Größe erreichen, den ein Mitglied seiner engsten politischen Umgebung verriet und der dennoch auf jede Rache verzichtete? Wie war er doch gewachsen, und wie sehr sehnte sie sich danach, seiner würdig zu sein!

Zu ihren üblichen Empfängen am Dienstagabend erschienen immer viele Gäste. Am 8. März war der Blaue Salon überfüllt, als plötzlich ein kleiner Mann in staubiger, verschlissener Uniform in der Tür stand, die Zigarre im Mundwinkel, ein gedrungener, ungelenker Mann, der beim Gehen schlingerte wie ein Schiff. Als er Abraham die Hand drückte, begriff sie, daß dies Ulysses S. Grant sein mußte, der nach Washington gekommen war, um offiziell zum Generalleutnant sämtlicher Armeen der Vereinigten Staaten ernannt zu werden. Staatssekretär Seward stellte ihr Grant vor. Sie reichte ihm die Hand.

»Ich freue mich, Sie kennenzulernen, General.«
»Vielen Dank, Mrs. Lincoln, ich wäre aber nicht gekommen, wenn ich gewußt hätte, daß Sie Gesellschaft haben.«
»O nein, General, Sie konnten zu keiner besseren Stunde kommen. Sehen Sie nur diese Menschen – jeder möchte Ihnen die Hand schütteln.«
Die Gäste schrien und jubelten. Grant wurde rot wie ein Schulmädchen; dunkel und stark trat eine Ader an seiner Stirn vor, der Schweiß tropfte ihm an dem braunen Backenbart hinunter. Er wandte sich zu Mary.
»Hier ist mir heißer als je in einer Schlacht.«
Sie erfuhr, daß Grant vier Tage in Washington bleiben würde, und so veranstaltete sie für Freitag ein Diner, zu dem sie zwölf Militärs in führenden Stellungen einlud. Doch kurz bevor die Gäste kamen, erschien Abraham in ihrem Schlafzimmer.
»Tut mir leid, Mary, aber wir haben unseren Löwen verloren; er ist auf den Bahnhof gegangen und nimmt den Zug nach Westen. Ich sagte ihm, dein Diner ohne ihn wäre ›Hamlet‹ ohne Hamlet. Er erwiderte, er wisse die Ehre zu schätzen, doch seine Zeit sei gerade jetzt sehr bemessen, und so müßten wir ihn entschuldigen...«
Im Weißen Haus und im ganzen Norden herrschte bald die beste Stimmung, denn General Grant reorganisierte die Armee am Potomac, um eine gewaltige Offensive gegen Lee zu beginnen, während General William T. Sherman, einer der erfolgreichsten Generale der Union, seine Truppen durch Georgia führte.
Regimenter aus dem Norden zogen durch Washington, um zu Grants Armee am Potomac zu stoßen; und dann, am 4. Mai, überschritt Grant den Rapidan und drang in die dicht bewaldete Wildnis ein, in der Lee Stellungen bezogen hatte. Drei Tage lang wogte die Schlacht in der Wildnis, drei Tage lang gab es keine Nachrichten von Grant, und Abraham fand keinen Schlaf.
Nach acht Kampftagen erst wurde gemeldet, Grant sitze tief im Schlamm; er habe Lee schwere Verluste zugefügt, sei aber nicht imstande gewesen, ihn aus seiner Stellung zu werfen. Grant verlor beinahe ein volles Drittel seiner Armee, doch er hielt verbissen aus und telegraphierte:

»Ich fechte auf dieser Linie weiter, und wenn es den ganzen Sommer dauert.«

Abraham war beruhigt, wenn er auch düster blickte.
»Grant ist der erste General, den ich bisher gehabt habe. Ich bin froh, daß ich einen Mann finden konnte, der auch ohne mich vorwärts kommt.«
Am 3. Juni griff Grant seinen Gegner neun Meilen nordöstlich von Richmond an. Er verständigte das Weiße Haus, daß Lee abermals in der Lage gewesen sei, eine starke Verteidigungsstellung auszubauen; doch selbst

Grant war entsetzt über das furchtbare Gemetzel unter den Truppen der Union; etwa fünf Morgen weit lagen dicht nebeneinander die Toten, der Gestank war unerträglich, und Grant weigerte sich dennoch, einen Waffenstillstand zu erbitten, um die Leichen zu begraben.
»Kannst du ihn nicht aufhalten, Abraham? Wenn du's nicht tust, wird er jeden waffenfähigen Mann im Norden opfern!« rief Mary, als man in Washington überall von Grant als von dem »Schlächter« sprach.
»Nein, ich kann ihn nicht aufhalten. Wenn ich es tue, haben wir keine Möglichkeit, den Krieg zu beenden. Es ist wahr – unsere Verluste sind schrecklich, aber die Verluste, die er Lee zufügt, sind im Verhältnis zur Truppenzahl noch schlimmer. Unser General Butler ist bei Drewry's Bluff geschlagen worden, General Sigel im Shenandoahtal, Banks wurde am Red River beinahe vernichtet; Sherman rückt gegen Atlanta vor, aber langsam, sehr langsam. Wenn ich zu Grant halte, wird er den Krieg für uns gewinnen.«
General Grant vollführte eine Schwenkung südlich von Richmond und griff Lees Nachschublinien an, um ihn zu zwingen, eine offene Schlacht zu wagen; doch Lee lag eingegraben hinter den Feldbefestigungen bei Petersburg. Grant würde den Ort belagern müssen.
Den Anhängern Chases und den unbefriedigten Abolitionisten gelang es nicht, eine Spaltung in den Reihen der Republikaner zu erzielen. Der Convent in Baltimore, der Anfang Juni stattfand, nominierte abermals Abraham Lincoln, weil es »nichts taugt, die Pferde zu wechseln, während man einen Strom überquert«.
»Ich habe in Springfield vorausgesagt, daß du seit Jackson der erste Präsident sein wirst, der für eine zweite Amtsperiode gewählt würde«, rief Mary, als Abraham ihr die Nachricht brachte.
»Na, na, Mary, ich bin noch nicht gewählt, nur nominiert. Eine zweite Amtsperiode wäre eine große Ehre, aber auch eine große Anstrengung.«
General Lee fuhr fort, die besten militärischen Köpfe der Union zu überlisten; Anfang Juli schickte er General Jubal Early aus, der Grants Armee umgehen und Washington angreifen sollte. Early unterbrach die Bahn- und Telegraphenverbindungen, und die Hauptstadt füllte sich mit verängstigten Familien aus den Dörfern in Maryland. Jeder taugliche Mann mußte in die Miliz des Columbia-Distrikts eintreten, und die Neueingerückten wurden in den Straßen gedrillt. Selbst im Weißen Haus konnte man das Geschützfeuer deutlich hören, um so mehr in dem Sommerhäuschen, wohin Mary sich zurückgezogen hatte und das nur drei Meilen vom Schlachtfeld entfernt lag.
Sie begleitete Abraham bei einer amtlichen Reise zum Fort Stevens. Sie standen auf der Brustwehr des Forts und beobachteten die Angriffe von General Earlys Truppen. Ein Unionsoffizier, der nur wenige Fuß hinter

ihnen stand, wurde von einer Kugel getroffen. Ein junger Offizier schrie Abraham an:
»Machen Sie, daß Sie weiterkommen, Sie verdammter Narr, bevor Sie erschossen werden!«
Zwei Unionsregimenter griffen die Konföderierten an und trieben sie zurück, ohne sie aber zu verfolgen.
Am 18. Juli mußte Abraham neuerdings eine halbe Million Mann aufbieten. Der Norden protestierte wütend, in New York drohten Unruhen. Um Mitte August, als Grant noch immer vor Petersburg stand, erklärten die Führer der Republikanischen Partei Abraham, seine Wahl sei unmöglich.
»Gibt es eine Möglichkeit, daß du selber hinausgehst und Stimmen gewinnst?« fragte Mary.
»Nein; ich kann die politische Maschine nicht in Gang halten. Ich habe ohnehin genug Lasten auf mir. Wenn sie dem Feuer den Rücken drehen und sich den Hintern verbrennen, dann werden sie merken, daß sie eben auf den Brandblasen sitzen müssen.«
»Wir werden überhaupt nur aus Brandblasen bestehen«, meinte sie.
»Die Demokraten nominieren zweifellos McClellan, und so werde ich an das Kabinett eine Botschaft schreiben, siegeln und jedes Mitglied ersuchen, zu unterzeichnen.«
Als er fertig war, reichte er ihr das Schriftstück.

23. August 1864

»Heute wie seit einigen Tagen, ist es außerordentlich wahrscheinlich, daß die Verwaltung nicht wiedergewählt wird. Dann wird es meine Pflicht sein, mit dem gewählten Präsidenten zusammenzuarbeiten, um zwischen Wahl und Amtsantritt die Union zu retten; denn er wird seine Wahl auf der Grundlage eines Programms sichern, das es ihm nachher nicht möglich macht, die Union zu retten.«

Sie sah über den Tisch hinüber Abraham an.
»Dann wirst du also am 4. März im Wagen zum Hotel Willard fahren, General McClellan abholen und ins Weiße Haus bringen, wo er vereidigt wird. Und du und ich werden ebenso blaß und elend und zynisch vom Weißen Haus wegfahren wie Mr. Buchanan, ja?«
»Blaß und elend, ja, das gewiß; aber ich glaube nicht, daß wir zynisch sein müssen. Wir haben unser Bestes getan, und mehr kann niemand von uns verlangen.«
»Und was werden wir nachher anfangen?«
»Nachher?« Er hob die Brauen. »In das Haus in der Eighth Street zurückkehren, in meine alte Anwaltskanzlei...«

»Aber nicht wieder Lincoln und Herndon!«
Er zuckte die Achseln.
»Ich muß unser Leben verdienen. Die Anwaltskanzlei ist mein Geschäft.«
Der ganze Stolz, der ganze Kampfgeist der Todds überflutete sie; sie sprang auf, trat neben ihn.
»Kein Wort von alldem glaube ich. Ich glaube nicht, daß das Volk dieses Landes so blind sein kann! Niemals wird man dir befehlen, McClellan das Pferd zu halten! Du bist ein guter Präsident gewesen; du hast all die widerstreitenden Cliquen in der Regierung vereinigt, du hast Problemen getrotzt, wie sie das Land noch nie erlebt hatte. Nicht deine Schuld ist es, wenn du die Generale nicht dazu bringen kannst, Schlachten zu gewinnen – du hast ja schließlich nicht West Point absolviert!«
»Nein, ich bin nicht über die Abc-Schule hinausgekommen.«
Ihre Augen sprühten.
»Du kannst mir Prophezeiungen erzählen, soviel du willst, wenn aber das Volk im November zur Urne geht, dann wirst du wiedergewählt werden. Nie wird man dich aus diesem Amt stoßen!«
»Nun, Mary«, erwiderte er sanft, »wir sind bald dreieinhalb Jahre im Amt gewesen, und selbst die besten Freunde der Union müssen zugestehen, daß dies die dunkelsten Tage des Krieges sind. Im Norden heißt es, es gebe keine ›Lincoln-Leute‹ mehr. In New York macht sich eine Bewegung bemerkbar, deren Ziel es ist, von der Kandidatur zurückzutreten, weil ich den Republikanern doch nur eine Niederlage einbringen kann.«
Er lächelte ihr zu.
»Alles, was ich auf der anderen Seite als Unterstützung habe, ist dein Beschluß, daß ich nicht geschlagen werde.«

Die Unionsgenerale waren es, die Marys Voraussagen Kraft verliehen. Am 2. September besetzte Sherman Atlanta, am 19. September schlug Sheridan im Shenandoahtal Early endgültig, und Grant hielt Lees Armee bei Petersburg derart unter Druck, daß Lee den anderen Armeen der Konföderierten in ihrer Not nicht zu Hilfe kommen konnte.
Die Gegner Lincolns sattelten um, und schließlich tat sogar Abraham etwas, das ihm nützen konnte; er veranlaßte, daß General Sherman seinen dreißig und mehr Regimentern Urlaub gab, damit sie heimfahren und wählen konnten.
Die Wahlkampagne war erbittert, und ganze Vermögen wurden auf Zeitungen, Flugschriften und rednerische Angriffe gegen Lincoln und seine Frau ausgegeben. Man warf ihm die Unfähigkeit der Republikaner, den Krieg zu beenden, vor, und auch die Emanzipationserklärung. Denn die Demokraten im Norden erkannten, daß die einzige Hoffnung auf Fort-

dauer der Sklaverei ein Wahlsieg McClellans war, der sofort einen Waffenstillstand schließen, Abrahams Proklamation widerrufen und dem Süden die Unabhängigkeit zugestehen würde. Unter dem gleichen Zwang mußten sämtliche Republikaner, selbst jene, die in aller Öffentlichkeit erklärten, »die Verwaltung habe politisch, militärisch und finanziell versagt, und ihr unvermeidliches Weiterbestehen sei für das Land bedauerlich«, für Abraham stimmen oder entdecken, daß die Union und die vier Jahre blutigen Kampfes unwiederbringlich verloren waren.

Der Wahltag brach grau und kalt an. Heftige Winde wehten den Regen durch die verlassenen Straßen. Abraham und Tad standen an einem der Südfenster und beobachteten, wie die Wachen des Weißen Hauses ihre Stimmen abgaben. Beim Mittagessen fragte Mary Abraham, wie ihm zumute sei.

»Unsicher. Es ist doch ein wenig seltsam, daß ich, der ich kein rachsüchtiger Mensch bin, bei Wahlen immer in Kämpfe von besonderer Erbitterung hineingezogen werde.«

Nach dem Abendessen ging Abraham mit John Hay in den Telegraphenraum des Kriegsministeriums. Gegen zehn erhielt Mary einen Stoß von Telegrammen, daß Abraham in Indiana, Massachusetts, New York führte, obgleich der Vorsprung knapp war. Sie fragte den Boten, ob der Präsident etwas hinzugefügt habe.

»Ja, Ma'am«, erwiderte der Bote und grinste. »Er sagte: ›Tragen Sie das rasch zu Mrs. Lincoln hinüber; sie ist besorgter als ich‹.«

Drei Uhr früh wurde es, bevor Abraham heimkehrte. Jetzt war es bereits offenbar, daß er in allen Staaten mit Ausnahme von New Jersey, Delaware und Kentucky siegen werde. Mary konnte sich nicht enthalten, ihrer Freude über die Niederlage eines besonders heftigen Gegners in Maryland Ausdruck zu geben. Abraham meinte:

»Vielleicht empfinde ich zuwenig persönlichen Groll, aber ich hatte nie den Eindruck, daß Groll sich lohnt. Der Mensch hat nicht die Zeit, sein halbes Leben in Streitigkeiten zu vergeuden. Wenn einer aufhört, mich anzugreifen, werde ich nie die Vergangenheit gegen ihn aufleben lassen. Das gilt auch für den Süden; wir müssen ihm einen freundlichen, hilfsbereiten Frieden anbieten, damit er sich so rasch wie möglich wieder erholen kann.«

Mary streckte die Arme aus und umschlang ihn in Begeisterung und Jubel.

»Jetzt ist es mir vollkommen klar, Abraham. Du bist der Heilige der Familie, und ich werde deine Prophetin sein.«

Die Wochen, die der Wahl folgten, waren die geschäftigsten, an die sie sich entsinnen konnte. General Grant, der in den Feldzügen des Sommers

und Herbstes einen so großen Teil seiner Armee verloren hatte, war jetzt dabei, frische Truppen auszubilden, mit denen er im kommenden Frühjahr gegen Lee marschieren wollte. Sheridan säuberte das Shenandoahtal, so daß er sich um die Jahreswende mit Grant vereinigen konnte. Sherman unternahm, nach dem Fall von Atlanta, seinen Marsch durch ganz Georgia ohne Nachschub, ohne Vorräte, um diesen Staat aus dem Krieg hinauszudrängen und den ungemein wichtigen Hafen Savannah zu sperren.
Abraham machte sich um Sherman Sorgen, denn die Presse der Konföderierten meldete, seine Truppen seien verhungert und in Fetzten. Alle anderen Nachrichten aus dem Süden aber waren ermutigend. Die Konföderation begann unter der vierjährigen heldenhaften Anstrengung gegen einen an Reichtum, an Bevölkerungszahl vielfach überlegenen Gegner zusammenzubrechen. Die Flotte der Union blockierte die meisten Häfen des Südens, der Mississippi war in den Händen der Bundesregierung, und so war die Lebensmittelzufuhr aus Arkansas, Louisiana und Texas unterbunden. Lees Armee wurden die Rationen gekürzt, Berichte meldeten in Washington, daß seine Soldaten auf Vorposten halberfroren überliefen, Desertionen dezimierten die Reihen seiner Truppen, die Männer entwichen bei Nacht, um ihre Heime gegen Sherman zu verteidigen.
Früher hatte es Niederlage nach Niederlage gegeben; jetzt häuften sich die Siegesbotschaften. Der Unionsgeneral George Thomas schlug bei Nashville die Armee der Konföderierten unter General Hood derart, daß sie nie wieder kampffähig gemacht werden konnte. Um Weihnachten kam ein Telegramm von Sherman, darin es hieß: »Ich erlaube mir, Ihnen als Weihnachtsgeschenk Savannah zu bescheren.« Sherman hatte furchtbare Spuren hinter sich gelassen, fast jedes Gebäude, jede Pflanzung niedergebrannt.
Georgia war aus dem Krieg ausgeschieden, Sherman hatte die Hände frei und konnte durch die beiden Carolinas marschieren, um seine kampferprobten Truppen mit den Truppen Grants zu vereinigen.
Die wachsenden Hoffnungen der Union widerspiegelten sich in dem Neujahrsempfang, am 2. Januar 1865, als sich die Menge im Weißen Haus drängte wie noch nie zuvor.
Abrahams größte Sorge war jetzt, wo das Ende des Aufstands in Sicht kam, die Notmaßnahme des Kriegs, die Emanzipation der Neger, durch einen Zusatz zur Verfassung der Vereinigten Staaten zum dauernden Gesetz des Landes zu erheben. Er hatte geholfen, einen dreizehnten Zusatz im Senat durchzubringen, wurde aber nachher im Repräsentantenhaus niedergestimmt. Bei der nächsten Session war er wieder einmal zum Politiker des Sangamon-Distrikts geworden, hatte drei widerstrebende demokratische Stimmen gewonnen, indem er einem der Männer für dessen Bruder ein Amt versprach, dem zweiten Unterstützung bei der Wieder-

wahl, dem dritten günstige Behandlung einer Angelegenheit der Eisenbahn, für die dieser Volksvertreter sich einsetzte.
Am 3. Januar wurde das Dreizehnte Amendement im Repräsentantenhaus angenommen. Hundertmal dröhnte zur Feier des Tages die Kanone in Washington. Im Weißen Haus trafen Nachrichten ein, Maryland, Arkansas und Louisiana hätten die Sklaverei abgeschafft. Ein Zug bewegte sich zum Weißen Haus, um dem Präsidenten ein Ständchen zu bringen und zu danken. Abraham stand mit Mary auf dem Balkon und winkte der Menge zu. Als die Musik eine Pause machte, wandte er sich zu Mary und sagte ganz sachlich:
»Wie die Dinge nun einmal sind, ist dies der wichtigste Akt meiner Präsidentschaft und das große Ereignis des neunzehnten Jahrhunderts.«
Später ging er in der Bibliothek auf und ab, den Kopf auf der Brust, nachdenklich. Sie beugte sich über ihre Näharbeit und wartete, bis er sprach.
»Weißt du, Mary, ich habe immer die Ansicht vertreten, daß alle unsere Staaten die Verantwortung für die Sklaverei teilen. Wenn der Süden morgen die Feindseligkeiten einstellen und die Sklaverei freiwillig abschaffen würde, so sollte die Bundesregierung die Sklavenhalter entschädigen. Ich habe mir den Betrag beiläufig ausgerechnet – es würde etwa vierhundert Millionen Dollar ausmachen.«
Ohne aufzuschauen erwiderte sie: »Dadurch hätten die Leute im Süden Geld, um wieder auf die Füße zu kommen... sie könnten ihre Farmen mit bezahlten Arbeitskräften bebauen. Doch jetzt, wo der Krieg beinahe zu Ende ist – wird sich der Norden einem besiegten Feind gegenüber so großherzig zeigen?«
»Ich will es morgen dem Kabinett vortragen.«
Am nächsten Tag kam er ins Wohnzimmer; die Kabinettssitzung war vorüber, und er sah niedergeschlagen drein.
»Keine Aussicht! Man ist einstimmig dagegen. Wir hätten Schlachten und Blutvergießen ersparen können, hätten viel dazu beigetragen, den Haß zu entwurzeln! Die Herren stimmten aber derart erbittert dagegen, daß ich sie ersucht habe, gar nicht von meinem Vorschlag zu sprechen.«
Sie wußte nicht, ob es die Enttäuschung war oder die Reaktion auf die Jahre von Sorge und Überarbeitung, doch am nächsten Tag, just vor seinem sechsundfünfzigsten Geburtstag, hörte sie zornige Stimmen aus seinem Arbeitszimmer und trat zur rechten Zeit ein, um zu hören, wie Generalstaatsanwalt James Speed, Joshuas Bruder, Abraham Vorwürfe machte, weil der Präsident eine größere Anzahl von Unionssoldaten begnadigt hatte, die wegen Fahnenflucht vor Gericht standen. Abraham sprang auf und rief:
»Wenn Sie glauben, daß ich freiwillig auch nur noch einen einzigen Blutstropfen vergießen lasse...«

Plötzlich wurde er leichenblaß, sank in seinen Stuhl zurück – er war ohnmächtig geworden.
Mary half, ihn ins Bett zu bringen. Als Dr. Stone erschien, hatte Abraham das Bewußtsein wiedererlangt und zwang sich sogar ein schwaches Lächeln ab. Dr. Stone wandte sich zu Mary.
»Ich habe dem Präsidenten vorausgesagt, daß seine Nerven der Erschöpfung nahe sind. Sie müssen ihn ein, zwei Tage im Bett halten, Mrs. Lincoln, und ihn dann veranlassen, weniger zu arbeiten.«
Sie verbrachte einige stille Tage in Abrahams Schlafzimmer, las, schrieb an Hannah Shearer und Lizzie Grimsley, setzte sich für Adele Douglas' Bruder ein, der aus der Armee ausgestoßen werden sollte.
Die Zeit verflog so schnell, daß Mary den Tagen und Wochen kaum bewußt folgen konnte. Vor der zweiten Amtseinsetzung fuhr sie nach New York, kaufte Broschen mit Amethysten und Perlen, Ringe mit Perlen und Brillanten, kaufte Uhren, Vasen, Dessertlöffel, silberne Halter für Blumensträuße und dergleichen. Sie wußte, daß sie sich diese Verschwendungen leisten konnte, denn von dem Gehalt der ersten Präsidentenjahre hatte sie etwa siebzigtausend Dollar erspart.

Am 4. März stand sie früh auf. Mrs. Keckley half ihr in das neue, mit Hermelin besetzte Samtkleid. Sie hatte gehofft, diese zweite Feier, bei der es keines Truppenaufgebots, keiner Scharfschützen an den Fenstern bedurfte, würde fröhlich verlaufen; doch es hatte fast die ganze Nacht geregnet, die Pennsylvania Avenue war ein Sumpf, der Himmel bewölkt, ein kalter, böiger Wind peitschte den Zuschauern auf den Trottoiren die Tropfen bald ins Gesicht, bald gegen den Rücken.
Um elf stieg sie vor dem Weißen Haus in den Wagen; mit ihr waren Robert, Senator Harlan aus Iowa und dessen reizende Tochter Mary, das erste Mädchen, für das Robert Interesse gezeigt hatte. Nachdem sie im Capitol der Eidablegung des Vizepräsidenten Andrew Johnson aus Tennessee beigewohnt hatte – eine sehr peinliche Angelegenheit, bei der Johnson, der ein wenig zu viel getrunken hatte, eine kriegerische Rede hielt –, trat sie zu der Estrade, wo der Präsident seinen Eid ablegen sollte. Just in diesem Augenblick kam die Sonne hinter den Wolken hervor und badete die wartende Menge in ein starkes, klares Licht.
Abraham erhob sich und wurde von Oberrichter Salom P. Chase vereidigt, den er zum Präsidenten des Bundesgerichts ernannt hatte, als Roger Taney gestorben war.
Die Menge verstummte, die Gesichter hoben sich. Abraham begann zu reden. Er sprach von den Fortschritten der Bundesarmeen, von dem Unterschied zwischen dieser Feier und jener, die vor vier Jahren stattgefunden hatte:

»Während ich damals meine Rede von dieser Stelle aus hielt, ganz dem Ziel zugewandt, die Union ohne Krieg zu retten, waren aufständische Agenten in der Stadt am Werk, um die Union ohne Krieg zu vernichten; doch der eine wollte lieber Krieg führen, als die Nation am Leben zu lassen, und der andere wollte sich lieber mit dem Krieg abfinden, als die Nation zugrunde gehen zu lassen. Und so kam es zum Krieg.
Keine Partei war auf die Größe, die Dauer des Kriegs gefaßt gewesen. Noch setzte eine von beiden voraus, daß der Grund des Konflikts wegfallen würde, wenn der Konflikt erlosch, oder sogar vorher. Jeder hoffte auf einen billigen Triumph und auf ein Ergebnis, das weniger grundlegend, weniger verblüffend sein würde.«
Dann, beide Arme erhoben – eine Geste, an die sie sich von seinem ersten Amtsantritt her entsann –, als wollte er die Menge, die sich vor ihm drängte, ja, als wollte er die ganze Nation umfangen, schloß er:
»Ohne Groll gegen wen immer, mit Barmherzigkeit für alle, mit Festigkeit im Rechten, wenn Gott uns das Rechte erkennen läßt, wollen wir vorwärtsschreiten, um das Werk zu vollenden, das wir unternommen haben; die Wunden der Nation verbinden, an jene denken, die in der Schlacht gefallen sind, an ihre Witwen und Waisen – alles tun, was dazu führen mag, einen gerechten, einen dauernden Frieden zwischen uns und mit allen Nationen zu schaffen.«
Sie saß mit geschlossenen Augen da und dachte: Beinahe zwanzig Jahre bin ich mit Abraham verheiratet gewesen, und ich bin überzeugt, daß er kein Anwalt, kein Politiker, nicht einmal ein Staatsmann ist. Er ist ein Dichter. Und ich glaube, daß er stets das zu sein gewünscht hat.
Bei dem Empfang dieses Abends war kein Platz für Begeisterung. Etwa fünfzehntausend Männer und Frauen überschwemmten das Weiße Haus, eine Menge von Menschen, deren Gesichter sie nie gesehen hatte; die Leute stiegen auf die Möbel, zerbrachen Vasen, schleppten Kunstgegenstände als Andenken mit sich fort. Nachdem endlich, vier Stunden später, auch der letzte Gast das Haus verlassen hatte, gingen Mary und Abraham durch die Räume; es sah aus, als hätte ein Regiment der Aufständischen hier sein Quartier aufgeschlagen und die Erlaubnis zum Plündern erhalten. Ein großes Stück roter Brokat war aus einem Vorhang im Ostsaal herausgeschnitten worden, ein zweites Stück aus einem Vorhang im Grünen Salon. Aus den Spitzenvorhängen hatten Liebhaber mit dem Taschenmesser Blumenmuster ausgeschnitten, die Empfangsräume waren ein Schlachtfeld. Abraham war wie benommen.
»Warum tun die Leute das, Mary? Schließlich ist es doch ihr eigener Besitz, ihr eigenes Weißes Haus!«
»Vielleicht gerade darum, Sie glauben, weil es ihnen gehört, können sie damit machen, was sie wollen. Du solltest den Kongreß morgen hierher

berufen, um den Schaden zu besichtigen. Man wird mir viel Geld bewilligen müssen, damit ich die Spuren von diesem Vandalismus wieder entfernen kann.«

All ihre Energie hatte sie an diesen Empfang und den Ball gewendet, der nun folgte, dann hatte sie auch noch große Gruppen der Republikanischen Partei, Familienmitglieder und Freunde bewirten müssen; und jetzt war sie müde.

Genau jetzt gab Julia Baker, die Tochter ihrer Schwester Elizabeth, die mit ihrem Mann zu den Feierlichkeiten nach Washington gekommen war, den Zungen von ganz Washington Anlaß zum Klatsch, als sie am hellen Tage im geschlossenen Wagen mit einem Herrn spazieren fuhr, der nicht ihr Gatte war – der Gatte lag unterdessen noch im Himmelbett und schlief. Und in der nächsten Nacht erwachte Mary und sah Abraham in seinem langen Schlafrock an ihrem Bett stehen.

»Mary, es ist mir zuwider, daß ich dich wecken muß, aber es ist zwei Uhr, und Julia ist noch immer in der Bibliothek und schwatzt so laut, daß ich nicht schlafen kann.«

Mary griff nach Schlafrock und Pantoffeln und ging in die Bibliothek. Auch diesmal war der Herr, der Julia Gesellschaft leistete, nicht der Gatte, und so bat Mary ihre Nichte, nach Springfield zurückzukehren.

Ninian, der Abraham gedrängt hatte, ihn zum Kommissar für Kriegslieferungen zu ernennen, weil er sich in bedrängten Verhältnissen befand, sollte, nach Aussage zuverlässiger Freunde in Springfield, ein Vermögen angehäuft haben, indem er den Demokraten Lieferungskontrakte verschaffte, zumal jenen, welche geschworene Feinde der Verwaltung waren und die Truppen mit minderwertigen Waren überschwemmten. Abraham ließ Ninian nach Washington kommen, untersuchte die Beschuldigungen und versetzte ihn als Quartiermeister nach Chicago, wo er nicht mehr die Macht besaß, Kontrakte abzuschließen.

Den erbosten Protest Elizabeths folgte sogleich ein Zwischenfall mit Clark Smith, dem Mann von Marys Schwester Ann. Eines Nachmittags stürmte Abraham in Marys Schlafzimmer und schwenkte einen Brief vor ihrer Nase.

»Hör nur, was dein Schwager die Stirn hat, mir zu schreiben: ›Wenn Sie mir rechtzeitig eine Botschaft oder doch eine Andeutung zukommen lassen könnten, daß die Sache ihrem Ende zugeht, hätte ich die Möglichkeit, mich meiner Waren im Wert von mehreren hunderttausend Dollar zu entledigen, bevor ein Preissturz kommt. Ich werde die Information streng vertraulich behandeln. Sie können mir an eine Privatadresse in New York schreiben. Kein Mensch wird je erfahren ...‹« Er warf den Brief hin, und seine Züge flammten vor Entrüstung.

Dann mußte sie den schlimmsten Schlag erleiden. Ihre Schwester Martha, mit dem Hauptmann Clement White in der Armee der Konföderierten verheiratet, fragte, ob sie Schwester und Schwager in Washington besuchen dürfe. Abraham gab Marys Bitten nach und ließ Martha einen Paß ausstellen. Als Martha nach Richmond zurückkehrte, veröffentliche die New Yorker ›Tribune‹ die Nachricht, die Dame habe sich an der Grenze geweigert, ihr Gepäck durchsuchen zu lassen, habe geprahlt, alle Koffer seien mit Schmuggelware gefüllt, und der Präsident habe verboten, das Gepäck zu öffnen. Wochenlang kreisten in der Presse des Landes Geschichten darüber, Martha White habe ihr Gewicht an Chinin zu den Rebellen gebracht, das drüben dringend benötigt wurde, und den Präsidenten und die Präsidentin hinters Licht geführt.

»Ich fange an zu begreifen, warum kein Mitglied deiner Familie bei der Feier war, Abraham«, sagte Mary. »Nie hast du einem von deinen Leuten auch nur den kleinsten Posten verschafft oder ihn ins Weiße Haus eingeladen. Ich hatte wahrhaftig genug Familie für zwei!«

Abraham lächelte leicht.

»Nun, mein Vetter Dennis Hanks ist einmal hergekommen und hat um Handelsbewilligungen für seine Schwiegersöhne gebeten. Und ich habe sie ihnen auch verschafft; aber dir habe ich nie etwas davon erzählt. Jetzt kannst du es ja erfahren.«

Die furchtbaren Kopfschmerzen stellten sich wieder ein; jetzt spürte sie den Druck auf ihrem Gehirn wie ein Brennen auf der Kopfhaut. Tagelang konnte sie mit keinem Menschen reden, nicht einmal mit Tad, der verloren durch die Zimmer wanderte. Als William Stoddard an Typhus erkrankte und Washington verließ, war es ihr bester Freund, den sie missen mußte. Sie empfand das zutiefst.

Eines Abends zwang sie sich hinunterzugehen, weil einige Gäste gekommen waren, doch das endete mit einem Wortwechsel mit Senator Sumner, der die Regierung der Südstaaten nicht wieder in den Händen jener Männer sehen wollte, die diese Staaten aus der Union hinausgeführt hatten. Sumner verließ gekränkt das Weiße Haus, und am nächsten Morgen mußte sie sich entschuldigen:

Worte sind kaum eine Genugtuung für die respektlose Art, mit der ich gestern zu Ihnen sprach. Darum bitte ich Sie, dieses kleine Sühnegeschenk für Ihren Tisch anzunehmen – ein paar frische Blumen, die der Gärtner mir gebracht hat.

Im Vertrauen darauf, daß Sie, mit Ihrem gütigen Wesen, mir vergeben werden, bleibe ich

achtungsvoll
Mary Lincoln

Abraham beabsichtigte, an die Front zu reisen; er hoffte, beim Fall von Richmond und der Kapitulation General Lees anwesend sein zu können. Sie erinnerte sich an ihren Ausflug zur Armee am Potomac im Frühjahr 1863, und wie gut ihr das bekommen war. Tad konnte mitfahren, und sie würden Robert wiedersehen, denn sie hatte bei Abraham durchgesetzt, daß ihr Sohn im Stab General Grants Dienst tat.
Abraham war mit diesem Plan einverstanden.
Am 23. März traten sie auf der ›River Queen‹ ihre Reise an. Mary und Abraham bewohnten die Kapitänskajüte, Tad und Mrs. Keckley waren in benachbarten Kabinen untergebracht. Am nächsten Abend um neun erreichten sie City Point mit den vielfarbigen Lichtern der Schiffe im Hafen; die kleine Stadt zog sich hellbeleuchtet vom Ufer die Hänge hinauf, und oben brannten die Lichter von General Grants Hauptquartier.
Eine Stunde später bestiegen Mary und Abraham einen Militärtransportwagen hinter einer langsam fahrenden, mächtig qualmenden Lokomotive, die sie zur Front brachte.
Als Mary den Waggon verließ, erstarrte sie vor Grauen beim Anblick der Hunderte von Soldaten der Union und der Konföderation, die tot oder verwundet auf dem Feld lagen; die Totengräber taten ihre Arbeit, die Sanitätsabteilungen leisteten den Verwundeten erste Hilfe, das Sanitätskorps der Konföderierten begrub unter der Flagge des Waffenstillstands seine Toten.
General Grants Sekretär, Adam Badeau, half ihr und Mrs. Grant auf die Sitze eines halboffenen Wagens und setzte sich ihnen gegenüber. Abraham und die anderen Männer waren zu Pferd. Die Straße war eine ununterbrochene Reihe von Schlammlöchern, durch die der Wagen rumpelte.
Adam Badeau erklärte:
»Eine Entscheidungsschlacht dürfte binnen kurzem stattfinden. Die Frauen der Offiziere sind heimgeschickt worden; nur für die Frau des Generals Griffin wurde eine Ausnahme gemacht, weil sie eine Sonderbewilligung des Präsidenten hat.«
Mary wäre beinahe von ihrem Sitz aufgesprungen.
»Was soll das heißen, Sir? Wollen Sie damit sagen, daß der Präsident sie in Privataudienz empfangen hat?«
Badeau starrte sie an und verzog das Gesicht zu einem Lächeln.
»Das ist ein sehr zweideutiges Lächeln, Sir. Lassen Sie mich sofort aussteigen. Ich werde den Präsidenten fragen, ob er sie allein empfangen hat.«
Badeau war verstummt. Mrs. Grant meinte begütigend:
»Mrs. Lincoln, wir sind in wenigen Augenblicken an der Front mit dem Präsidenten beisammen. Setzen Sie sich nur ruhig nieder und machen Sie sich keine Gedanken!«

Bald waren sie angekommen. General Meade half Mary aus dem Wagen und reichte ihr den Arm. Nach wenigen Schritten begann sie:
»General Meade, hat Mrs. Griffin die Erlaubnis, hier zu bleiben, vom Präsidenten erhalten?«
General Meade musterte ihr verstörtes Gesicht und erwiderte gelassen:
»Das wäre ganz unmöglich, Frau Präsidentin; ihre Erlaubnis kam unmittelbar von Kriegsminister Stanton, an den sie sich gewendet hatte.«
Mary kehrte zu dem Wagen zurück und sagte triumphierend zu Mrs. Grant und Badeau: »General Meade versichert mir, daß es nicht der Präsident war, der Mrs. Griffin die Erlaubnis erteilt hat, sondern Mr. Stanton.«
In der betretenen Stille, die nun folgte, merkte sie, daß die beiden peinlich berührt waren. Sie schüttelte heftig den Kopf, als wollte sie Klarheit in ihre Gedanken bringen. Nein, sie mußte sich besser beherrschen!
Abends speiste sie mit Abraham in aller Ruhe auf der ›River Queen‹. Als sie am nächsten Morgen auf das Verdeck kam, hatten die kalten Winde sich gelegt, die Sonne war warm, die Luft leicht und duftend. Der Hafen, wo die Flüsse Appomattox und James sich vereinigten, war voll von Kanonenbooten, Segelbooten, Transportschiffen, Passagierschiffen. Die ›River Queen‹ verließ ihre Anlegestelle und fuhr in der Morgensonne den James hinunter. Am Ufer waren Soldaten von Sheridans Armee, schwammen, tränkten ihre Pferde, lachten und sangen wie Schuljungen, die Ferien hatten. Die ›River Queen‹ steuerte durch eine Flottille von Schiffen der Union, alle hatten geflaggt, und die Männer jubelten Abraham zu, der Arm in Arm mit Mary an der Reling stand, in schwarzem Frack, den hohen Seidenhut auf dem Kopf.
Gegenüber von City Point schifften sie sich aus; ein gutgefederter Wagen erwartete sie diesmal, um ihnen die Fahrt zu den Truppen am Ufer des James unter dem Kommando General Ords bequemer zu machen. Abermals stieg Badeau zu den Damen, diesmal auch Oberst Porter.
Bei einer Gabelung irrte sich der Kutscher, und so kamen sie schließlich zu einem Pfad im Wald und mußten kehrtmachen. Der Schlamm war noch nicht trocken, und die Fahrt dauerte ziemlich lang. Fast um zwei Stunden zu spät kamen sie zu der Parade, doch noch immer zurecht, damit Mary Abraham mit den Generalen Grant und Ord zwischen den Musikkapellen reiten sah. Und neben Abraham ritt eine Frau.
Mary wandte sich zu den Offizieren im Wagen.
»Wer ist denn die Frau, die neben dem Präsidenten reitet?«
»Das ist doch Mrs. Ord, die Frau des Kommandanten der Truppen, die eben besichtigt wurden.«
»Was denkt sie sich dabei, neben dem Präsidenten zu reiten? Welches Recht hat sie, zu tun, als wäre sie die Frau des Präsidenten?!«

»Ach Gott, ich bin überzeugt, daß ihr so etwas ganz fern liegt, Mrs. Lincoln«, erwiderte Mrs. Grant. »Jeder weiß doch, wer Sie sind. Nur weil wir zu spät zur Besichtigung gekommen sind...«
In diesem Augenblick kam Major Seward, ein Neffe des Staatssekretärs und häufiger Gast im Weißen Haus, herangesprengt und sagte lachend:
»Das Pferd des Präsidenten ist sehr galant, Mrs. Lincoln; es will unbedingt neben Mrs. Ord bleiben.«
So! Und alle Zeitungen würden berichten, wie die Frau des Präsidenten in einen Wagen abgeschoben worden war, während Mrs. Ord neben dem Präsidenten ritt! Das wäre wieder einmal der Anfang von einem erbärmlichen Klatsch!
Mrs. Ord hatte Marys Wagen erblickt und ritt zu ihr.
»Frau Präsidentin, ich bin ja so froh, daß Sie gekommen sind! Der General meinte, ich sollte Ihren Platz einnehmen, da Sie leider große Verspätung hatten.«
»Sie haben meinen Platz eingenommen! Darf ich Ihnen die Mitteilung machen, daß niemand meinen Platz einzunehmen hat?! In Zukunft werde ich Ihnen dankbar dafür sein, wenn Sie sich nicht als Frau des Präsidenten aufspielen wollen.«
Mrs. Ord brach in Tränen aus.
»Mrs. Lincoln«, sagte Mrs. Grant, »ich glaube nicht, daß Sie auf diese Art zu Mrs. Ord reden sollten. Sie hatte nichts Böses gemeint, sie hat einfach die Anordnungen ihres Mannes befolgt.«
»Ich wäre Ihnen verbunden, wenn Sie nicht ihre Partei nehmen würden. Sie haben meine Partei zu nehmen, die Partei der Ersten Dame! Ich beginne zu glauben, daß die ganze Sache eine Verschwörung ist!«
Ein tiefes Schweigen folgte.
Mrs. Ord und Major Seward ritten zurück. Mrs. Grant entschuldigte sich und ließ Mary allein im Wagen. Sie befahl dem Kutscher, sie zur ›River Queen‹ zurückzufahren.
Diese Rückfahrt war ein Alptraum, bei dem sie nur halb bei Bewußtsein war; in ihr brannte die Demütigung, die sie erlitten hatte. Alle waren gegen sie verbündet; am liebsten hätte man sie ihrer Stellung als Erste Dame enthoben, und eine andere Frau hätte den Platz eingenommen. Doch das würde sie nicht zulassen! Zu lang hatte sie gelitten, zu viel hatte sie erduldet, um sich jetzt zum Gespött der Welt machen zu lassen! Auch Abraham war nicht frei von Tadel, er hätte mit der Besichtigung warten können, bis sie kam; das wäre er ihr doch schuldig gewesen!
Sie schloß sich in der Kabine ein, warf sich auf das Bett, ihr Kopf schmerzte furchtbar. Es war dunkel, als Abraham kam. Mehrmals klopfte er an die Tür.
»Mary, bist du da? Kann ich hinein?«

Sie öffnete die Tür. Er stand vor ihr, ein Lächeln des Bedauerns auf den Zügen.
»Mary, es tut mir schrecklich leid, daß euer Kutscher sich verirrt hatte. Das war eine unglückselige Geschichte, aber die Division stand schon stundenlang in Reih und Glied. Länger konnte ich die Truppe nicht warten lassen; das wäre nicht richtig gewesen.«
»Und so hast du eben eine andere Dame erwählt, die neben dir reiten durfte! Wie konntest du nur, Abraham?! Das war mein Platz! Nur mein Platz! Jetzt glauben die Truppen, daß sie die Frau des Präsidenten ist. Jede Zeitung wird ihre Glosse dazu machen.«
Abraham war ehrlich erstaunt.
»Warum sollte man über so eine Nichtigkeit eine Glosse machen? Die Truppen kennen ja Mrs. Ord. Sie hat die Erlaubnis, an der Front zu bleiben. Gott weiß, daß wir jeden nur denkbaren Angriff über uns ergehen lassen mußten, aber ganz gewiß hat noch kein Blatt meinen Namen mit dem einer anderen Dame in Verbindung gebracht.«
Sie wurde dunkelrot; wie Blitze durchzuckten die Schmerzen jeden Winkel ihres Kopfes. Sie wollte es ihm nicht sagen; das war die einzige Demütigung, die sie nie über ihre Lippen lassen wollte. Abraham hob sie vom Kissen.
»Möchtest du dich jetzt nicht anziehen? Wir haben General Grant, seine Frau und seinen Stab zum Abendessen. Sie bringen eine Musikkapelle an Bord mit.«
»Wird auch Mrs. Ord dabei sein?«
»General Ord und seine Frau kommen auch.«
»Dann komme ich nicht.«
Länger konnte sie Schmerzen und Kummer nicht beherrschen; sie brach in Tränen aus, begrub ihr Gesicht in den Armen. Abraham stand vor ihr, streichelte ihr das Haar.
Sie beschloß, nach Washington zurückzukehren.
Hier in der Abgeschlossenheit ihrer Zimmer im Weißen Haus wurde ihr die Ungeheuerlichkeit dessen bewußt, was sie getan hatte. Großer Gott, wie konnte sie sich das je vergeben!? Was sollte sie gegen diese Kopfschmerzen tun, die sie jeder wechselnden Stimmung zugänglich machten, ihre Urteilskraft verdrängten, die Jahre von Zucht und Zurückhaltung zunichte werden ließen?!
Abraham sandte ihr Telegramme, als ob nichts geschehen wäre, Botschaften mit den Einzelheiten der Kämpfe, so wie er während der vier Jahre im Weißen Haus Strategie und Ergebnisse des Feldzugs mit ihr besprochen hatte.

Hauptquartier der Armeen der Vereinigten Staaten
City Point, 2. April 1865

Mrs. Lincoln, Washington,
Gestern abend telegraphierte General Grant, Sheridan habe mit seiner Kavallerie und dem 5. Korps drei Infanteriebrigaden gefangengenommen, einen Zug und mehrere Batterien erbeutet... heute früh hat General Grant einen Angriff auf der ganzen Linie befohlen.

A. Lincoln

Wenige Stunden später ein zweites Telegramm aus City Point:

Um 4.30 Uhr nachmittags telegraphierte General Grant, er habe Petersburg von Fluß zu Fluß vollkommen eingeschlossen und seit Beginn des Angriffs letzten Mittwoch etwa 12000 Gefangene und 50 Geschütze eingebracht. Er schlägt vor, daß ich ihn morgen aufsuchen soll...

A. Lincoln

Am nächsten Tag erfuhr sie, daß General Lee Petersburg geräumt hatte; binnen weniger Stunden besetzte General Grant auch Richmond, das die Truppen und die Regierung ebenfalls geräumt hatten. Das Kriegsministerium berichtete ihr, daß in der Erbitterung über die Niederlage eine Verschwörung ausgeheckt worden sei, um Abraham zu ermorden. Sie schrieb an den Generalprofoß der Polizei in Washington, um zu verlangen, daß zwei gutempfohlene Beamte, Joseph Sheldon und John F. Parker, im Weißen Haus Wache halten sollten. Und die beiden meldeten sich noch am selben Abend zum Dienst.
Abraham kehrte zurück, überglücklich, denn während er unterwegs war, hatte Lee sich Grant ergeben. Sobald General Johnston sich mit dem Rest der Armee der Konföderierten General Shermann ergab, würde der Krieg zwischen den Staaten zu Ende sein.

Sie erwachte Karfreitag, den 14. April, an dem Tag, den Abraham für den ganzen Norden zur Danksagung bestimmt hatte, und sah in einen hellen, schönen Frühlingsmorgen hinaus. Genau vor vier Jahren war Major Robert Anderson gezwungen worden, in Fort Sumter die amerikanische Fahne einzuziehen. Heute hißte er diese selbe Fahne über dem Fort.
Seit dem vergangenen Sonntag, an dem Lee sich General Grant bei Appomattox ergeben hatte, herrschte überschwengliche Freude in der Stadt; so viele Festsalven waren abgefeuert worden, daß überall die Fensterscheiben zerbrochen waren. Die Kirchenglocken läuteten, die Geschäfte waren geschlossen, die großen Verkehrsadern wimmelten von Menschen, die Häuser waren von Fahnen bedeckt, Flaggentücher wurden über die

Straßen gespannt. Abends überströmte ein Lichtermeer die Stadt, jedes Haus, jedes Hotel, jedes öffentliche Gebäude war von Tausenden von Kerzen erhellt, längs der Mauern hingen Laternen, Musikkapellen marschierten durch die Straßen, ließen ihre Trompeten dröhnen, und an jeder Ecke knatterten Raketen.

Es war sieben Uhr, als sie aufstand; Abraham saß bereits an seinem Schreibtisch. Er hatte das Ehepaar Grant eingeladen, um mit ihnen an diesem Abend in Ford's Theater zu gehen, wo Laura Keene in »Unser Vetter aus Amerika« auftrat.

Um acht führten sie Tad und Abraham hinunter zum gemeinsamen Frühstück. Hauptmann Robert Lincoln trat ein, die Uniform mit Staub und Schmutz bedeckt, einen Dreitagebart im Gesicht. Er umarmte sie alle.

»Du bist mit General Grant in Appomattox gewesen«, sagte Abraham stolz. »Erzähl uns doch von General Lees Kapitulation.«

Abraham hatte von Grant verlangt, Lee und seine Leute sollten großherzig aufgenommen werden. Und Roberts Bericht bewies, daß Grant die Befehle des Präsidenten ausgeführt hatte. Die halbverhungerten Soldaten des Südens wurden mit den Rationen der Union gespeist und durften in ihre Heimat zurück, nachdem sie sich schriftlich verpflichtet hatten, nicht mehr für die Konföderation zu kämpfen. Die Offiziere durften Säbel und Gepäck behalten, die Soldaten ihre Pferde und Maultiere, die sie jetzt zur Feldarbeit brauchten.

»Ich habe ein Bild von Lee mitgebracht«, berichtete Robert und reichte es Abraham, der das Bild vor sich auf den Tisch legte.

»Ein gutes Gesicht«, sagte Abraham mit tiefer Empfindung. »Das Gesicht eines edlen, tapferen Mannes. Ich bin froh, daß der Krieg endlich vorüber ist.«

Mary sah über den Tisch hinweg ihren Gatten an; Abraham hatte sich sehr früh rasiert, es war Farbe in seinen Wangen, Haar und Backenbart waren säuberlich gebürstet, er trug einen frischgebügelten Anzug.

»Sie müssen ja heute Gesellschaft erwarten, Herr Präsident«, sagte sie in scherzender Herausforderung. »Wird es die große Sängerin Patti sein oder Laura Keene?«

Abrahams Augen glänzten heiter; er war froh, daß sie wieder über seine Beziehungen zu anderen Frauen scherzen konnte.

»Ach nein, so reizend sind meine Besucher nicht, Mary; Schuyler Colfax, der Präsident des Repräsentantenhauses, kommt um neun, nachher Senator Croswell aus Maryland, der mich bitten wird, einen seiner Freunde aus einem konföderierten Gefangenenlager zu befreien. Unser alter Freund Richard Yates, der eben in den Senat gewählt wurde, bringt Oberst William Kellogg mit, der einen Posten in der Hafenverwaltung

von New Orleans anstrebt. John Hale, der neue Botschafter in Spanien, kommt sich Instruktionen holen. Eine Menge von Senatoren und Mitgliedern des Repräsentantenhauses kommen, um die Frage der künftigen Regierungen von Virginia und Louisiana zu erörtern. Davon abgesehen muß ich rasch ins Kriegsministerium hinüber, um mich zu vergewissern, daß General Johnson sich Sherman ergeben hat, dann habe ich um elf eine Kabinettssitzung, an der auch Grant teilnehmen wird.«
Sie stand auf und gab ihm einen Kuß.
»Du vertrödelst wie gewöhnlich deinen Morgen! Robert, du bist heute abend frei. Willst du nicht mit uns ins Theater gehen?«
»Vielen Dank, Mutter, aber ich habe seit zwei Wochen in keinem Bett geschlafen. Ich möchte mich sehr früh hinlegen.«
»Kann ich an seiner Stelle gehen?« rief Tad.
Ein Bote brachte eine Einladung von Grover's Theater zu der Aufführung von »Aladin und die Wunderlampe«. Mary erzählte Tad rasch die Geschichte und setzte hinzu: »Ich glaube, Taddie, dir und deinem Hauslehrer wird ›Aladin‹ viel besser gefallen als ›Unser Vetter aus Amerika‹. Wie wär's, wenn du heute den Präsidenten Lincoln spielen würdest?«
Zu Mittag aß sie mit ihren beiden Söhnen; Abraham war noch bei der Kabinettssitzung. Später kam er ins Wohnzimmer, berichtete, daß Major J. B. Mervin aus Connecticut nicht rechtzeitig gekommen sei. Ob er mit ihm hier oben zu Mittag essen könnte? Er wollte näheres über Mervins Plan hören, der vorsah, Neger einen Kanal durch die Landenge von Panama bauen zu lassen.
Kurz vor vier Uhr brachte Abraham ihr einen Gast – die irische Mary, das Dienstmädchen aus Springfield, das ihr während der Monate des Wahlfeldzugs 1860 so treu zur Seite gestanden war. Mary schüttelte ihr herzlich die Hand.
»Ich freue mich, Sie zu sehen. Der Präsident wird wohl den Befehl gegeben haben, daß man Ihren Mann aus dem Dienst entläßt.«
»Ja, ja, Mrs. Lincoln, das hat er getan; er ist ja immer so gütig!«
Mary nahm einen Obstkorb, der tags zuvor gebracht worden war, und schenkte ihn ihrer früheren Magd. Mit einem Knicks verabschiedete sich die irische Magd beglückt.
Abraham nahm die Hand seiner Frau, setzte sich mit ihr auf das Sofa.
»Um eine Sache mache ich mir große Sorgen; das sind die Abolitionisten im Kongreß, die einen harten Frieden und eine schwere Bestrafung des Südens verlangen. Wenn wir klug und zurückhaltend sind, werden wir den Südstaaten helfen, sich wiederaufzurichten, ihre Regierungen werden arbeitsfähig sein, es wird Ruhe und Ordnung herrschen und die Union wiederhergestellt werden, bevor im Dezember der Kongreß zusammentritt. Es sitzen Leute im Kongreß, die von Haß und Rachsucht er-

füllt sind, und dafür habe ich nichts übrig; das sind keine Gefühle, die ich zu teilen vermag.«
Er stand auf und trat ans Fenster.
»Hoffentlich wird es keine Verfolgungen, kein Blutvergießen geben. Zu groß ist bei einigen unserer guten Freunde die Begierde, sich zu Herren zu machen, in den Südstaaten zu diktieren, die Leute dort nicht als Mitbürger zu behandeln. Zu wenig Respekt vor ihren Rechten ist vorhanden. Wir müssen unseren Groll vergessen, wenn wir Eintracht, wenn wir eine wirkliche Union erhoffen.«
»Du mußt den Frieden gewinnen, Abraham, wie du den Krieg gewonnen hast!«
Der Türsteher meldete, daß der Wagen vorgefahren war. Sie gingen über die Haupttreppe in die Eingangshalle hinunter. Am Fuß der Treppe stand ein einarmiger Soldat.
»Fast würde ich meine zweite Hand dafür geben«, sagte er, »wenn ich die Hand Abraham Lincolns schütteln dürfte.«
Abraham reichte ihm die Hand, erkundigte sich nach Namen und Regiment, sagte ihm freundliche, tröstende Worte.
Als sie zum Tor kamen, sahen sie, daß die Sonne sich wieder hinter den Wolken verzogen hatte. Abraham befahl dem Kutscher, aufs Land hinaus zu fahren. Sie fuhren durch die Vororte. Abraham hielt Marys Hand.
»Ich bin sehr glücklich, Mary; heute ist dieser Krieg zu Ende gegangen. In Zukunft müssen wir fröhlicher sein; während des Kriegs und durch Willis Tod ist unser Leben sehr traurig gewesen.«
»Wir waren schlimm dran«, erwiderte sie.
»Wir haben etwas Geld beiseite gelegt, und während der nächsten vier Jahre werden wir trachten, noch mehr zu sparen. Und dann gehen wir nach Illinois zurück, und ich werde in Springfield oder in Chicago eine Anwaltskanzlei eröffnen.«
»Bevor wir das tun, wollen wir uns doch aber schöne, lange Ferien gönnen, nicht, Abraham?«
»Ja, Mary, das wollen wir; wir machen die Reise nach Europa, von der du dein ganzes Leben lang geträumt hast.«
Sie sah zu ihm auf, merkte, daß es ihm ernst war. Eine Reise nach Europa. Welch eine wunderbare Krönung!
Die Familie speiste allein. Mary war enttäuscht, als sie erfuhr, daß General Grant und seine Frau Abrahams Einladung ins Theater abgelehnt hatten. Sie spürte die Kränkung. Nun, sie würde den rechten Weg, die rechte Stunde finden, um ihren Frieden mit Mrs. Grant zu machen. Und sie schickte eine Einladung an die Tochter des Senators Harris; das junge Mädchen möge auch ihren Bräutigam, Major Rathbone, mitbringen.
Sie wählte ein schwarzes Seidenkleid mit kleinen weißen Blümchen,

setzte das weiße, gesteppte, mit schwarzen und weißen Spitzen besetzte Häubchen auf das sorgfältig frisierte Haar. Als Abraham von einem letzten Gang ins Telegraphenamt zurückkehrte, ließ er Zeichen der Ermüdung merken.

»Mary, ich hätte Lust, die ganze Geschichte fallenzulassen!«

»Schön, schön, wenn du lieber nicht gehen willst – du hast ja einen sehr vollen Tag hinter dir!«

»Es ist aber angezeigt worden, daß wir kommen, und ich möchte die Leute nicht enttäuschen. Zudem – wenn ich daheim bleibe, werden den ganzen Abend Gäste kommen, ich werde ihnen die Hand schütteln, mit ihnen reden müssen, und da finde ich überhaupt keine Ruhe.«

Es war Zeit, ins Theater zu fahren. Mary nahm den schwarzen Samtmantel, griff nach Fächer und Opernglas.

Sie hatten sich schon eine halbe Stunde verspätet.

Nun stiegen sie in den Wagen. Auf dem Bock, die Zügel in den Händen, saß der Kutscher Francis Burns, während Abrahams Diener Charles Forbes neben dem Schlag stand, um ihnen zu helfen. Rasch fuhren sie durch die Straßen, holten Clara Harris und Major Rathbone ab, und dann war es höchste Zeit. Vor Ford's Theater in der Tenth Street hielt der Wagen. Forbes sprang vom Bock, öffnete den Schlag, half Mary, Abraham und Miss Harris beim Aussteigen auf den Bretterboden, der über den Schlamm gelegt worden war. John Parker, einer der beiden Polizeibeamten, die im Weißen Haus zu wachen hatten, erwartete sie.

Das Foyer war leer; es war bereits halb neun, und das Stück hatte vor einer halben Stunde begonnen. Ein Theaterdiener führte sie über die Treppe hinauf und dann zu ihrer Loge. Eine weiße Tür öffnete sich zu einem Vorraum, eine zweite zu der Loge selbst.

Mary ging voran, trat in die Loge mit den roten Tapeten. Von oben bis unten hingen Vorhänge aus dichtgewobenen Nottinghamer Spitzen, hinter denen man beinahe völlig abgeschlossen war. Doch das Publikum erkannte das Präsidentenpaar, es gab Applaus und einige Zurufe. Die Schauspieler unterbrachen sekundenlang das Spiel, dann ging es weiter.

In der Loge standen bequeme Fauteuils, ein kleines Sofa, ein Schaukelstuhl für Abraham. Mary setzte sich in einen Fauteuil an der Logenbrüstung, Abraham in den Schaukelstuhl zu ihrer Linken, hinter dem Vorhang, so daß er dem Publikum unsichtbar blieb. Miss Harris saß neben Mary, Major Rathbone hinter seiner Braut. Parker hatte seinen Posten im Vorraum bezogen, Forbes, der die Familie so oft ins Theater gefahren hatte, durfte im Hintergrund der Loge sitzen und zusehen.

Sie hatten das Stück schon früher gesehen, doch Abraham erheiterte immer wieder die englische Schilderung der Amerikaner – siebzehn Fuß lang, schwarzes Haar bis zu den Fersen, mit Tomahawks und Skalpmes-

sern bewaffnet. In den Zwischenakten lachten und plauderten sie, ohne die Loge zu verlassen.
Nach Beginn des dritten Aktes wurde es in der Loge kalt und zugig. Mary riet Abraham, seinen Mantel anzuziehen. Er stand auf, nahm den Mantel und setzte sich wieder in den Schaukelstuhl. Mary beugte sich zu ihm, stützte den Ellbogen auf sein Knie und sah lächelnd zu ihm auf.
»Was wird Miss Harris davon denken, daß ich mich so an dich lehne?!«
Abraham lächelte nachsichtig.
»Sie wird sich überhaupt keine Gedanken machen.«

Hinter ihnen ertönte ein lautes Geräusch; wie eine Explosion. Sie sprang auf; die Loge füllte sich mit weißem Rauch.
Sie sah, wie Abrahams Lider sich langsam schlossen, als schliefe er ein. Das zärtliche Lächeln verschwand, als er jetzt rückwärts sank. Der Schaukelstuhl, in dem Abraham sich in der Vertrautheit ihres Flüsterns vorgebeugt hatte, schwankte, und Abrahams Kopf, die Stuhllehne hoch überragend, schlug an die Wand.
Ein Schrei entrang sich ihr.
Jetzt, zum ersten Mal, wurde sie noch eines Mannes in der Loge gewahr: schwarzes Haar, ein schwarzer Anzug, das Gesicht bekannt, wild rollende Augen, die erst Abraham, dann sie anstarrten.
Major Rathbone sprang von seinem Stuhl am anderen Ende der Loge auf, kämpfte mit dem Fremden; Mary konnte jede Bewegung des erbitterten Ringens spüren. Sie stand auf, preßte die Hände ans Herz, ein Messer blitzte, ein Arm stieß zu, Rathbone stöhnte.
Der dunkle Mann drängte sich zwischen ihr und Abraham hindurch, stieg auf die Logenbrüstung. Rathbone hastete an Mary vorbei, wollte ihn festhalten. Noch einmal stieß das lange Messer zu, und dann sprang der dunkle Mann auf die Bühne hinunter.
»Haltet ihn!« brüllte Rathbone. »Haltet ihn!«
Sie fiel vor Abraham auf die Knie, streckte die Arme aus, nahm sein Gesicht zwischen ihre Hände.
»Abraham, wo bist du verwundet? Was ist geschehen? Sag es mir!«
Sein Kopf fiel vorwärts in ihre Hände. Er sagte nichts, öffnete die Augen nicht, sie fühlte, wie sein Körper zusammensackte. Sie schlang die Arme um ihn, hielt ihn aufrecht im Stuhl. Sein Kopf sank auf ihre Schulter. Sie hatte ihn an ihre Brust gepreßt, kaum vermochte sie seinen Atem zu spüren. Sie hörte, wie Rathbone ins Publikum nach einem Arzt rief.
»Abraham, sprich zu mir! Sag mir, wo du verwundet bist!«
Die Logentür wurde aufgerissen. Ein Mann in Uniform stürzte herein.
»Mrs. Lincoln, ich bin Dr. Leale, Arzt vom Allgemeinen Krankenhaus.«
»Nehmen Sie sich seiner an, Doktor!«

Dr. Leale und Rathbone, der aus einer Armwunde reichlich Blut verlor, hoben Abraham aus dem Stuhl und legten ihn auf den teppichbelegten Boden. Sie stand neben ihnen, ihr Herz pochte ihr so laut in den Ohren, daß sie Dr. Leale kaum zu hören vermochte.
»... Blut an der Schulter ... kann ein Messerstich sein ... Rock und Hemd aufschneiden ...«
Die Loge füllte sich mit Menschen. Laura Keene versuchte sie zu trösten, ein anderer Schauspieler brachte Wasser, ein junger Mann stellte sich als Dr. Charles Sabin Taft vor, noch mehr Ärzte erschienen. Sie beobachteten, wie Dr. Leale versuchte, Luft in Abrahams Lungen zu atmen, wie er ihm ein wenig Cognac zwischen die Lippen tropfte.
»Können wir ihn nicht nach Hause bringen?« bat sie. »Es wäre so viel besser für ihn!«
»Leider nicht, Mrs. Lincoln; der Präsident würde sterben, bevor wir das Weiße Haus erreichen.«
Sterben! Abraham sterben!
Sie sank auf die Knie, legte einen Arm unter Abrahams Kopf, hob ihn zu sich. Wo ihre rechte Hand seinen Kopf fest an ihre Brust drückte, spürte sie etwas Feuchtes, Klebriges. Sie zog die Hand hervor, sah einen Klumpen Blut. Wortlos, verständnislos starrte sie es an, dann hob sie die Augen zu den Ärzten, die sie beobachteten. Und nach kurzer Pause sagte Dr. Leale:
»Es tut mir leid, Mrs. Lincoln. Auf den Präsidenten ist geschossen worden ... er ist in den Hinterkopf getroffen ...«

Vier Soldaten, die im Zuschauerraum gewesen waren, und drei Ärzte hoben Abraham auf und trugen ihn aus dem Theater. Mary folgte, gestützt von Major Rathbone. Die Menge in der Tenth Street war jetzt so dicht, daß ein Hauptmann ihnen mit gezogenem Säbel den Weg bahnen mußte. Abraham wurde, die Füße voran, getragen; noch einige Soldaten gesellten sich zu dem Zug, stützten den Präsidenten unter den Hüften.
Den Mond am Himmel bedeckten jetzt dunkle Wolken.
Das Haus gegenüber, wohin Dr. Leale Abraham bringen wollte, war geschlossen. Von der Schwelle des Nachbarhauses winkte ihnen ein Mann, der eine brennende Kerze in der Hand hielt. Sie gingen einige Stufen zur Tür hinauf, dann durch ein langes Vorzimmer, an zwei Türen vorbei. Ein Zimmer mit einem Bett öffnete sich. Die Soldaten zogen sich zurück. Die Begleiter wie die Neugierigen, die bis ins Haus gefolgt waren, wurden zurückgedrängt. Man zog einen Stuhl für Mary an das Bett; sie setzte sich, hielt Abrahams Hand.
Das Bett war zu kurz für ihn. Abraham mußte mit angewinkelten Knien darauf gelegt werden. Die Ärzte versuchten, das Fußende des Betts zu

entfernen, doch das mißlang. Dr. Leale legte ihn so, daß er quer auf dem Bett lag – wie er in Springfield geschlafen hatte.
Kissen wurden unter seinen Kopf geschoben. Das Bett wurde in die Mitte des Zimmers gezogen, so daß Abraham unter der Gaslampe lag. Dr. Taft stand am Kopfende des Bettes, hielt die Hand auf die Wunde gepreßt. Noch mehr Ärzte tauchten auf. Sie hörte das Geflüster ihrer Beratung, konnte aber kein Wort verstehen. Abraham hatte noch seine schweren Stiefel an und den langen Frack. Dr. Leale sagte, man wolle ihn jetzt entkleiden, um nachzusehen, ob noch andere Wunden vorhanden seien. Sie möge unterdessen ins Nebenzimmer gehen.
Clara Harris half ihr aufstehen. Sie ging in den Vorraum, in ein Wohnzimmer. Es war dunkel. So schwer lag der Duft des Flieders in der Luft, daß sie kaum zu atmen vermochte. Sie bat, man möge doch Robert kommen lassen, auch Dr. Stone, Mrs. Keckley, Mrs. Wells. Sie sank in einen Stuhl, das Gesicht in den Händen.
Dr. Taft erschien; sie könne wieder zum Präsidenten zurück. Abraham war jetzt unter der Bettdecke, doch er hatte das Bewußtsein nicht wiedererlangt. Von Zeit zu Zeit entrang sich ein Seufzer seinen Lippen. über dem Kissen waren frische Überzüge, um die Blutflecken zu verdecken. Sie stand vor ihm und weinte: »Abraham, lebe! Du mußt leben!«
Pfarrer Gurley kam, kniete zwischen Mary und Abraham nieder und begann zu beten. Auch Dr. Stone war gekommen und ließ sich Bericht erstatten. Den Cognac, den man Abraham in den Mund träufelte, schluckte er nicht mehr.
Immer wieder kamen Leute; die Minister, Senator Sumner, der den Arm um Marys Schulter legte, Colfax, der Präsident des Repräsentantenhauses, noch ein halbes Dutzend Ärzte, bis der Raum überfüllt war. Man öffnete ein Fenster und die Tür einer Veranda.
Robert stürzte ins Zimmer, ans Bett, Dr. Stone zog ihn beiseite, flüsterte ihm etwas zu, und die Tränen strömten über das Gesicht des jungen Menschen. Er trat zu seiner Mutter, legte den Kopf in ihren Schoß wie ein Kind und weinte. Sie streichelte ihm das Haar, ihre Blicke blieben auf Abraham gerichtet, dessen linke Gesichtshälfte jetzt zu zucken begann. Als ein Arzt ihm die Lider hochzog, sah sie, daß seine Augen, wie bei allen Krisen, nicht im Gleichgewicht waren.
Jetzt beschlossen die Ärzte, die Kugel zu suchen. Wieder wurde sie gebeten, das Zimmer zu verlassen. Robert stützte sie, ging mit ihr in das Wohnzimmer. Als sie wieder zu Abraham durfte, sah sie sogleich, daß es schlechter um ihn stand. Das linke Auge war dunkel und geschwollen, sein Atem ging unregelmäßig. Sie wollte sich über ihn werfen, Augen und Mund mit Küssen bedecken, ihre Liebe, ihr Leben dieser reglosen Gestalt einhauchen. Sie wandte sich zu Robert.

»Hol doch Tad; er wird zu Tad sprechen wollen, er hat ihn so lieb.«
Es war still. Dann sagte jemand: »Nein!«
Sie brach in Tränen aus.
»Ach, wenn mein kleiner Tad seinen Vater noch einmal sehen könnte!«
Niemand rührte sich.
Sie saß mit Robert im Wohnzimmer. Jetzt brannte die Gaslampe. Ihr Zischen war das einzige Geräusch. Mary saß da, während die Nachtstunden verrannen.
Wieder kehrte sie an Abrahams Bett zurück. Seine Züge waren jetzt verzerrt, sein Atem ging röchelnd. Die Ärzte umstanden das Bett, taten nichts mehr, um ihm zu helfen, senkten die Köpfe. Senator Sumner saß neben Abraham, hielt Abrahams Hand, schluchzte.
Jäh nahmen ihre Blicke den ganzen Raum in sich auf, die zwei Dutzend Männer in Frack oder Uniform, das Bild an der Wand hinter Abraham, Rosa Bonheurs »Pferdemarkt«, die Kommode, den Holzofen, den Waschtisch, den Brüssler Teppich, den sie erst wahrnahm, als sie ohnmächtig zu Boden fiel.
Sie kam wieder zu Bewußtsein. Dr. Stone gab ihr ein Stärkungsmittel ein. Alle Zucht, alle Selbstbeherrschung waren jetzt verschwunden. Abraham starb, und kein Mensch half ihm. Wenn sie ihn nur dazu bringen könnte, ihre Stimme zu hören. Sie hatte die Lippen fast auf seinen Lippen, schrie:
»Liebster, lebe – einen Augenblick lang lebe! Sprich noch einmal zu mir! Sprich zu unseren Kindern!«
Sie lauschte; doch nichts war zu hören, als das Schluchzen von Männern; Stanton, der Kriegsminister, erteilte Befehle, endlose Befehle.
Ein durchdringender Schrei drang aus ihrem tiefsten Innern. Sie fiel neben Abrahams Kissen in die Knie, schluchzte mit der ganzen Kraft, der ganzen Verzweiflung ihrer gemarterten Seele. Dann hörte sie eine strenge Stimme sagen:
»Bringt diese Frau aus dem Zimmer und laßt sie nicht wieder herein!«
Es war Stanton.
Sie hatte gerade nur Zeit zu denken: »Jetzt bin ich diese Frau, und Abraham kann mich nicht mehr schützen! O Abraham, Abraham, was soll ohne dich aus mir werden?!«
Hände hoben sie vom Boden, halfen ihr, sich durch das Vorzimmer zu tasten, zu dem Sofa im Wohnzimmer. Still schluchzte sie. Zweimal stand sie auf, wollte zu Abraham. Zweimal hielt man sie zurück.
Die Minuten vertickten. Die Stunden. Sie verlor jedes Gefühl für Zeit und Umgebung. Die Welt entzog sich ihrem Bewußtsein. Wieviel an ihr war tot, wieviel lebte noch? Sie wußte es nicht, es war ihr in diesem Moment gleichgültig.

Dann wurde es Morgen, ein grauer, grämlicher Morgen. Robert kam sie holen. Er führte sie bei der Hand durch das dunkle Vorzimmer in das Schlafzimmer. Sie trat ein. Die Männer wandten sich ab, sie sah Abraham an.
Er war tot.
Sie warf sich an seine Brust, bedeckte sein Gesicht mit Küssen.
»O mein Gott, und ich habe meinen Gatten hergegeben, damit er stirbt!«

Die Vertrautheit des eigenen Schlafzimmers war ihr unerträglich. Sie schlief in einem kleinen Gastzimmer.
An ihrer Tür vorbei herrschte ein ständiges Kommen und Gehen, ertönten gedämpfte Stimmen, die Stimmen der Ärzte. Abraham war ins Weiße Haus gebracht, im Prinz-von-Wales-Zimmer aufgebahrt worden.
Sonntag früh schien die Sonne hell und leuchtend.
»Wie kann die Sonne scheinen«, fragte sie laut, »wenn doch Abraham tot ist?!«
Nur Tad war im Zimmer.
»Das ist ein Zeichen dafür, daß Vater im Himmel glücklich ist. Seit er hierhergekommen ist, war er nie glücklich. Es war kein gutes Haus für ihn.«
Das Schluchzen packte sie in Wellen, rüttelte an ihrem innersten Wesen. Als sie den Kopf aus dem Kissen hob, sah sie Tad am Fußende des Bettes kauern, das Gesicht schmerzlich verzogen.
»Wein doch nicht so, Mama, du brichst mir das Herz!«
Ein Knall wurde laut. Sie fuhr mit einem Schrei auf. Mrs. Keckley war im Zimmer, beruhigte sie wieder.
»Das sind die Schreiner im Ostsaal, Mrs. Lincoln. Sie schlagen Nägel ein.«
»Jeder Nagel, den sie einschlagen, ist wie ein Pistolenschuß. Kann man ihnen das nicht verbieten?«
Robert war lautlos eingetreten.
»Es ist für... die Zeremonie... sie schlagen den... Katafalk auf...«
Den ganzen Tag hörte sie Schritte im Vorraum. Robert brachte Karten von Leuten, die ihr Beileid aussprechen wollten.
»Ich bin zu elend, Robert, ich kann niemand sehen.«
Elizabeth bei sich zu haben wäre gut gewesen; doch Elizabeth war stumm geblieben.
Dr. Stone fütterte sie mit Beruhigungsmitteln.
Sie schlief, erwachte. Kanonen feuerten. Washington war belagert. Und dann wiederum war alles nur ein entsetzlicher Alptraum... Abraham lebte ja noch!
Robert saß neben ihrem Bett.

»Mutter, es ist Zeit für ... für die Zeremonie ... Dr. Gurley hält die Trauerrede, Mrs. Keckley und Mrs. Wells werden dir beim Anziehen helfen. Willst du jetzt nicht aufstehen und dich in den Ostsaal führen lassen?«
Die Kirchenglocken begannen in der ganzen Stadt zu läuten. Mary erbebte; erst waren es nur die Hände, die zitterten, dann die Arme, die Schultern, die Brust, bis ihren ganzen Körper ein krampfhaftes Zittern gepackt hatte. Sie zog die Decken über den Kopf.
Das Haus war still. Mrs. Keckley saß in einer Ecke. Die Tür öffnete sich. Es war Dr. Anson Henry. Sie schlang die Arme um seinen Hals, klammerte sich an ihn, während sie weinte. Und dann erzählte sie die Geschichte des letzten Tages. Und das brachte ihr eine gewisse Erleichterung.
Mittag war es. Abermals läuteten die Kirchenglocken. Die Geschütze dröhnten wieder. Es war Zeit.
Sie stand auf, ging im Nachthemd ans Fenster, das über die nördliche Zufahrt und die Pennsylvania Avenue schaute. Sechs graue Pferde stapften aus dem Tor, zogen einen schwarzverhangenen Leichenwagen. Die Menschen bildeten ein dichtes Spalier auf der Pennsylvania Avenue, hockten auf den Bäumen, auf den Dächern. Regimentskapellen spielten den Trauermarsch. In langer Reihe zogen langsam die Truppen dahinter her. Jetzt waren ihre Augen trocken. Sie empfand nur eine völlige Leere. Sie entsann sich jenes ersten Augenblicks, da sie die Schwelle des Weißen Hauses überschritten hatten; sie hatte Abrahams Arm genommen, hatte gesagt: »Abraham, wir sind daheim!«
Wie oft hatte sie an einem Fenster gestanden, hatte ihn beobachtet, wie er über den Rasen ins Kriegsministerium, ins Schatzamt gegangen war! Und jetzt zog er durch das Tor – zum letztenmal!
In Springfield hatte sie geweint: »Wenn ich vernichtet werden muß, warum kann es nicht im Rahmen einer gewaltigen Tragödie geschehen, bei der ich mein Glück für eine große, edle Sache opfere?«
Zu laut habe ich das gerufen, dachte sie. Die Götter haben mich gehört.
Robert trat ein.
»Ich habe Richter David Davis telegraphisch ersucht, nach Washington zu kommen. Er wird deine Angelegenheiten in die Hände nehmen. Er und ich und Orville Browning, wir halten es für das Beste, daß Vater in Springfield begraben wird. Dort hat er begonnen, dort hat er seine Laufbahn angefangen ...«
»Für mich gibt es viele Erinnerungen in Springfield. Mir wäre eine andere Stadt lieber. Chicago vielleicht. Ich möchte auch, daß Willi mit Vater zusammen begraben wird ...«
»Ja, Mutter. Das Kabinett hat den ganzen Tag damit verbracht, den Fahrplan des Trauerzugs festzulegen. Man möchte Vater auf demselben Weg

heimführen, auf dem er nach Washington gekommen ist. Und er wird in jeder Stadt aufgebahrt werden – in der City Hall in New York, in der Independence Hall in Philadelphia...«
Sie straffte sich. Nie war sie imstande gewesen, dem Tod ins Gesicht zu schauen. Jetzt sollte der arme Abraham von Stadt zu Stadt geführt werden, schutzlos daliegen, während Millionen von Fremden ihn anstarrten.
»Vater ist zu müde. Er sollte nicht zweitausend Meilen weit über die Schienen, durch Stadtstraßen geschleppt werden. Der Tod ist kein Theaterstück. Sag ihnen doch, daß ich nichts von diesem Trauerzug wissen will.«
Nach einer Stunde kehrte er zurück. Er war verstört.
»Sie sagen, Vater gehöre uns nicht mehr. Er gehöre der Ewigkeit!«

Mrs. Keckley wusch ihr mit einem warmen Tuch das Gesicht, bürstete ihr das Haar, legte Kissen hinter ihren Rücken. Mary fragte nach Tad.
»Heute früh fand ich ihn schlafend unter Mr. Lincolns Schreibtisch im Arbeitszimmer. Als ich ihn weckte und fragte, ob er nicht zum Frühstück kommen wolle, sagte er: ›Pa ist tot. Ich werde ihn nie wiedersehen‹.«
»Bringen Sie ihn zu mir. Wenn es nicht um den kleinen Taddie wäre, würde ich darum flehen, zu sterben; ich bin so elend.«
Tad kam. Sein Gesicht war verzerrt, die Augen zwei dunkle Höhlen, wie Abrahams Augen, wenn er litt. Im Vorraum sah sie einen Mann.
»Wer ist das?« fragte sie Mrs. Keckley.
»Der Polizeibeamte; Mr. Parker.«
»Er soll hereinkommen!«
Parker trat ein, ein Mann mit plumpem Gesicht und halbgeschlossenen Lidern. Er zitterte.
»Warum waren Sie nicht bei der Tür? Warum haben Sie den Mörder nicht aufgehalten?« rief sie wild.
Parker ließ den Kopf hängen.
»Ich habe es bitter bereut. Aber wie hätte ich glauben können, daß jemand versuchen würde, so einen guten Menschen so in aller Öffentlichkeit umzubringen? Und deswegen hatte ich nicht aufgepaßt. Ich habe gar nicht gemerkt, wie der Kerl in die Loge gegangen ist!«
»Sie hätten ihn sehen müssen! Sie durften nicht so nachlässig sein.« Sie fiel in die Kissen zurück, bedeckte das Gesicht mit den Händen. »Gehen Sie. Nicht Sie sind es, dem ich nicht verzeihen kann; der Mörder ist es!«
»Wenn Pa leben würde«, sagte Tad, »er würde dem Mann verzeihen, der ihn erschossen hat. Pa hat jedem Menschen verziehen.«
Beleidskundgebungen kamen in großer Menge, rührende Briefe von Fremden, die ihr schrieben, wie sehr sie den verstorbenen Präsidenten ge-

liebt und verehrt hatten. Es gab auch Briefe von Betsy und Emilie, Levi und Dr. Wallace, Lizzi Grimsley und Hannah Shearer. Doch Elizabeth kam nicht, und auch kein anderes Mitglied ihrer Familie.
Robert fragte:
»Fühlst du dich wohler, Mutter? Wir müssen nämlich anfangen, unsere Sachen zu packen. Es ist jetzt eine Woche her. Johnson und seine Familie haben das Recht, ins Weiße Haus zu übersiedeln.«
»Ich bin noch so elend, Robert. Wie soll ich aufstehen, einpacken, übersiedeln? Ich weiß nicht einmal, wohin!«
»Nun, wir ziehen wieder in das Haus in der Eighth Street.«
»Ich kann nicht nach Springfield zurück. Die Erinnerungen würden mich erdrücken!«
Einen Aufschub verschaffte ihr John Hay. Er war zu einem einflußreichen Senator gegangen, der mit Andrew Johnson befreundet war, und drängte ihn, der neue Präsident möge doch Mrs. Lincoln wissen lassen, daß sie sich Zeit lassen könne. Und Johnson sandte ihr diese Botschaft.
Hay fuhr mit dem Trauerzug durch das Land. Sie schrieb ihm, sie dankte ihm für diesen letzten Beweis seiner Treue.
Am 4. Mai, fast drei Wochen, nachdem Abraham ermordet worden war, teilte Robert ihr mit, daß Abraham auf dem Oak-Ridge-Friedhof in Springfield seine letzte Ruhestätte gefunden hätte.
Mit seiner Beerdigung hatte auch das Regime Lincoln ein offizielles Ende erreicht.
Kein Mensch zeigte sich mehr im Weißen Haus. Es wirkte völlig verödet, Wächter und Dienstleute verzogen sich, waren nicht imstande, das Schweigen, die Schwermut zu ertragen, die darauf lasteten.
In tiefer Nacht hörte sie Geräusche, gedämpfte Stimmen, leise Schritte. Mrs. Keckley erklärte ihr, es seien Vandalen am Werk, die die Gesellschaftsräume plünderten, Sofas und Fauteuils zerschnitten, Spitzenvorhänge herunterrissen, Vasen, Silber stahlen, Möbel fortschleppten.
»Es sei Ihre Schuld, Mrs. Lincoln, heißt es. Sie haben den Hausverwalter entlassen, und kein Mensch ist da, der alles überwachen würde.«
In ihren Wangen flammte die Entrüstung.
»Der Kriegsminister Stanton hat doch eine ganze Armee in Washington! Er brauchte nur ein paar Soldaten zu schicken!«
Mrs. Keckley sah sie verständnislos an.
»Man sagt, daß Sie zu lange hierbleiben; Sie müßten ausziehen, heißt es, damit Präsident Johnson einziehen, die Geschäfte übernehmen und das Weiße Haus beschützen kann.«
Sie fiel zurück; aus ihren Augen tropften die Tränen.

Mrs. Keckley half ihr beim Anziehen. Sie ging durch die Halle in ihr Schlafzimmer; zum erstenmal seit Abrahams Tod. Und sie taumelte wie unter einem Schlag zurück, bevor sie eintreten konnte.
Sie ließ alle Koffer und Kisten, die sich im Keller fanden, heraufbringen, begann zu arbeiten wie unter dem Zwang einer Besessenheit, sammelte alles um sich, was Lincolns aus Springfield mitgebracht oder im Verlauf der vier Jahre im Weißen Haus angeschafft hatten.
Sie vermochte sich nicht soweit zu überwinden, Abrahams Schlafzimmer zu betreten. Sie ließ seine Kleidungsstücke und persönlichen Effekten ausräumen, verschenkte sie unter Freunden, Mitarbeitern und Dienstboten, die an ihm gehangen hatten – goldene Manschettenknöpfe, die er am Abend des Mordes getragen hatte, schenkte sie Dr. Charles Sabin Taft, einen Stock Charles Sumner, einen anderen Slade, einem Kurier; den Hut Pfarrer Gurley, Kamm und Bürste Mrs. Keckley.
Von ihren eigenen Sachen konnte sie nichts wegschenken, noch vermochte sie sich von ihren ältesten Kleidern zu trennen. Sie häufte die Häubchen, die Schals, die Pelze, die Spitzen, die Handschuhe, jedes Stückchen Stoff, jedes Band, jeden Knopf, denn sie lebte in der Angst, sie könnte nicht genug Geld haben, um sich und ihre Söhne zu ernähren. Und so füllte sie Koffer und Kisten, packte vom frühen Morgen bis spät in den Abend und schöpfte neue Energie aus ihrer Tätigkeit.
Robert war gar nicht einverstanden.
»Es hat doch keinen Sinn, all diese alten Fetzen mitzunehmen! Du mußt hier fünfzig oder sechzig Kisten haben, ganz abgesehen von dem Dutzend Koffer. Was willst du denn mit all den zerrissenen Kleidern anfangen?«
»Ach, laß mich nur, Robert! Ich werde schon Verwendung dafür haben.«
»Nie im Leben! Die Leute fangen schon an zu klatschen; die behaupten, daß du alles, was im Haus einen Wert hat, nimmst und in deine Kisten packst!«
Sie war entsetzt.
»Wie grausam die Menschen sind! Ich habe nichts genommen, was hierher gehört; einzig und allein Vaters Tischchen, auf dem er seine Bürsten und sein Rasierzeug hatte. Er hatte es so gern, und darum wollte er mir erlauben, es mitzunehmen, wenn seine zweite Amtszeit vorüber war, unter der Bedingung, daß ich ein anderes beschaffe. Ich möchte es für Taddie aufbewahren.«
Er verlor die Geduld.
»Wie lange wirst du noch mit all dem Trödel die Zeit vergeuden, wenn doch alle uns aus dem Haus haben wollen? Ich hoffe zu Gott, daß der Waggon mit diesen Kisten auf dem Weg nach Chicago Feuer fängt und dein ganzer Plunder in Rauch aufgeht!«

»Plunder? Warum nennst du meine persönliche Habe Plunder?«
»Weil es... weil es unverantwortlich ist... verrückt! Wenn du jetzt nicht aufhörst, all diesen geschmacklosen Kram einzupacken, will ich einfach nichts mehr damit zu tun haben.«
Geschmacklos... Plunder...? Dieses rosa Moirékleid, in dem sie zum erstenmal als Erste Dame empfangen und die bewundernden Blicke der strengen Washingtoner Damen auf sich gelenkt hatte? Dieses weiße, geblümte Satinkleid mit dem dazugehörigen Kopfschmuck, das dem diplomatischen Corps Eindruck gemacht hatte?!
Sie warf den Kopf zurück. Die beiden roten Flecken flammten auf ihrer Stirn. Robert musterte sie kalt.
»Ich glaube, daß du jetzt genug gesagt hast, Robert. Ich bitte dich, mein Zimmer zu verlassen.«
Endlich war sie mit dem Packen fertig; für sich und für Tad. Sie ordnete den ansehnlichen Stoß von Rechnungen, der sich in den letzten Monaten angehäuft hatte, und ließ Dr. Henry kommen.
»Wollen Sie so freundlich sein, diese Zahlungen so günstig wie möglich für mich zu erledigen? Es sind Sachen, die ich in New York gekauft habe. Hier sind siebentausend Dollar. Das dürfte wohl reichen.«
Um sechs ging ihr Zug nach Chicago.
Fünf Wochen waren seit Abrahams Tod verstrichen.
Steif saß sie in dem schweren, schwarzen Trauerkleid und dem Kreppschleier da. Doch sie wußte, daß sie nicht gehen konnte, ohne einen letzten Blick in Abrahams Schlafzimmer zu werfen, ohne in ihrem Wohnzimmer, in seinem Arbeitszimmer gewesen zu sein.
Ihre Beine trugen sie kaum durch den Ansturm der Erinnerungen hindurch, der Erinnerungen an die vier Jahre der Präsidentschaft, an die ersten Stunden im Weißen Haus mit seinem Blick auf die Hügel von Virginia, an Andrew Jacksons Porträt, an Abrahams Schwur, die Union zu bewahren, an die sorgenvollen Zeiten von Bull Run, Fredericksburg, Antietam, Gettysburg, wo all die jungen Menschen starben, an den großen Mahagonitisch, an dem Abraham saß, die Emanzipationserklärung schrieb, sie ihr zu lesen gab, ihre Billigung erwartete...
Abrahams Schlafzimmer mit dem mächtigen Bett, das Stampfen seiner schweren Schritte, als ihr Sohn eine Woche tot gewesen und sie gekommen war, um ihren Gatten zu trösten. Ihr Wohnzimmer mit der Bibliothek, wo sie die Pläne zur Erneuerung des Weißen Hauses ausgearbeitet hatte, damit es ein stolzer Sitz der Regierung werden sollte... wie viele vertrauliche, gute Stunden hatte sie hier mit Abraham verbracht... wie entsetzlich einsam würde sie ohne ihn sein!
Tad kam zu ihr.
»Ma, es ist Zeit, der Wagen wartet.«

Sie gingen über die Haupttreppe hinunter, durch die große Tür. Sie stand mit Tad auf der obersten Stufe, sah über den Rasen.
Das Herz in ihr war kalt und tot. Sie war halb blind vom Weinen. Wie sollte sie einer gleichgültigen, einer feindseligen Welt standhalten? Wie gern wäre sie gestorben, jetzt, hier, auf diesen Stufen!
Sie hob die linke Hand, zog den Trauring vom Finger. Langsam, aus Blindheit, aus Blicklosigkeit heraus, wurden die verblichenen Worte der Inschrift deutlich, standen hell und stark vor ihr, eine lebendige, eine letzte Wahrheit:

LIEBE IST EWIG

Das also war es, was ihr geblieben war: Ihre Liebe für Abraham, seine Liebe für sie.
Sie nahm Tads Hand in ihre Hand. Und so gingen sie die Stufen hinunter.

Inhalt